Crescendo!

Crescendo!

An Intermediate Italian Program

SECOND EDITION

Francesca Italiano
University of Southern California

Irene Marchegiani
State University of New York, Stony Brook

HEINLE
CENGAGE Learning™

Australia • Brazil • Japan • Korea • Mexico • Singapore • Spain • United Kingdom • United States

Crescendo! Second Edition
Francesca Italiano, Irene Marchegiani

Executive Editor: Carrie Brandon

Development Editor: Barbara Lyons

Editorial Assistant: Margaret Grebenc

Marketing Manager: Lindsey Richardson

Senior Marketing Communications Manager:
Stacey Purviance

Senior Content Project Manager: Lianne Ames

Senior Art Director: Bruce Bond

Print Buyer: Betsy Donaghey

Permissions Researcher: Antonella Giglio

Production Service: Elm Street Publications

Text Designer: Jean Hammond

Photo Manager: Sheri Blaney

Photo Researcher: Lauretta Suprenant

Cover Designer: Bruce Bond

Cover Photo: © Aaron Graubart/Iconica/
Getty Images

Compositor: Pre-Press Company, Inc.

For product information and technology assistance, contact us at
Cengage Learning Customer & Sales Support, 1-800-354-9706

For permission to use material from this text or product,
submit all requests online at **cengage.com/permissions**
Further permissions questions can be emailed to
permissionrequest@cengage.com

Library of Congress Control Number: 2006923992

ISBN-13: 978-1-4130-1135-7

ISBN-10: 1-4130-1135-7

Heinle
25 Thomson Place
Boston, MA 02210
USA

Cengage Learning is a leading provider of customized learning solutions with office locations around the globe, including Singapore, the United Kingdom, Australia, Mexico, Brazil, and Japan. Locate your local office at:
international.cengage.com/region

Cengage Learning products are represented in Canada by
Nelson Education, Ltd.

For your course and learning solutions, visit **academic.cengage.com**

Purchase any of our products at your local college store or at our preferred online store **www.ichapters.com**

Printed in the United States of America.
5 6 7 09 08

Indice generale

Capitolo 7: Le tradizioni e la cultura popolare   214

Temi

Strutture

Ascoltiamo

Testi e contesti

Per scrivere

Capitolo 8: Mangiare all'Italiana   248

Temi

Strutture

Ascoltiamo

Testi e contesti

Per scrivere

Capitolo 9: L'Italia del passato: il Ventennio fascista e il neorealismo   286

Temi

Ascoltiamo

Testi e contesti

Per scrivere

Capitolo 12: Ricapitoliamo   402

Strutture

Overview

Crescendo! is a comprehensive intermediate Italian program designed to help you build proficiency in all four language skills (listening, reading, speaking, and writing), and to expand your cultural knowledge of contemporary Italy. The main goal of the textbook and the accompanying workbook and laboratory manual is to encourage you to use your language skills actively and creatively in meaningful communication. The text reviews and expands on all important grammatical structures and stresses the use of the language in meaningful contexts. To promote these goals, grammar and vocabulary are taught for their communicative value and not as ends in themselves. Chapters are thematically organized, and the vocabulary and grammar structures emphasized in each chapter are those that you need to express your thoughts on the topics featured. Look for resource icons located in the margins of your book to integrate the rich resources available.

Text Organization and Study Hints

This second edition of **Crescendo!** consists of twelve chapters. Each chapter (with the exception of **Capitolo 12;** see below), is organized around two inter-related topics to which the grammar presentation is in turn closely related. For example, in **Capitolo 2, Tanti racconti del passato,** the two topics are (1) memories of childhood, friends, family, and school, and (2) memorable events, and the grammar presentation focuses on the past tenses. The vocabulary presentation and activities, the corresponding authentic readings, and the grammar exercises all work together to promote a comprehensive and correlated approach to language acquisition.

Each chapter consists of five major sections. The first, **Facciamo conversazione,** emphasizes chapter-focused vocabulary review and acquisition, and corresponding short cultural readings with related activities. In this section, you are provided with numerous opportunities to use the language to express yourself in real-world contexts. The second section, **Strutture,** is a review of and expansion upon functionally related grammatical structures, with related practice. The third section, **Ascoltiamo,** emphasizes the development and practice of listening skills in a chapter-related context. The fourth section, **Testi e contesti,** is devoted to the reading of a longer authentic text by a famous Italian author, including pre-reading tasks and activities as well as post-reading comprehension and discussion questions. The fifth section, **Per scrivere,** focuses on the presentation and practice of a specific writing strategy.

Capitolo 12 (Ricapitoliamo: La realtà italiana) focuses on the review and expansion of grammar topics, with an emphasis on presentation and practice of lower-frequency structures that not everyone will cover at the intermediate level.

Chapter opening page

Each opening page presents an outline of the chapter topics and grammar structures. An engaging photo with a short caption encourages you to begin sharing thoughts about the chapter topic.

Facciamo conversazione

- The first section, entitled **Facciamo conversazione,** presents the two chapter topics along with related vocabulary and readings. It opens with activities based on photos or realia that prompt you to remember and use vocabulary that you already know.
- A short literary quote introduces each of the topics in this two-part section. A related question, which is an integral part of the chapter, checks your comprehension of the quote and connects it with your own experience and culture.
- New topically oriented vocabulary is listed in functional groupings in the two **Parole utili** sections. Each list is preceded by a short paragraph in Italian to contextualize the vocabulary and to provide you with relevant background information. The **Le parole in pratica** section provides activities designed to reinforce and master the new vocabulary. We strongly recommend that you study the **Parole utili** sections at home before proceeding to **Le parole in practica** and other chapter activities. Additional vocabulary practice can be found in the *Quaderno degli esercizi e Manuale d'ascolto* (workbook and laboratory manual).
- The **Discutiamo insieme** section contains a series of communicative activities that provide further practice of new vocabulary while discussing chapter topics in meaningful contexts. Some activities are realia-based and many culminate in written practice that encourages the use of e-mail.

    Most of the **Discutiamo insieme** activities are pair- or group-based. Don't be afraid to express your opinions and don't be overly concerned with accuracy. Focus on completing the tasks required. Try to use newly acquired vocabulary and cultural information in all your discussions. Be sure to take notes so you can report back on your findings.
- The **Prima di leggere** activities serve as advance organizers so you can move gradually from what you already know to new material. They provide the necessary guidance to approach the authentic texts by focusing your attention on the application of various reading strategies, such as using background knowledge and predicting content or themes from titles or visuals. These activities also explore terms and concepts central to each text, which will help facilitate your understanding of the authentic materials to follow.
- The **Leggiamo** section features reading selections from different authentic sources such as literature, newspapers, magazines, and historical texts to expose you to different writing styles and genres as well as language written by and for native speakers. In addition, the selections are an invaluable source of cultural information. English glosses are provided for passive, low-frequency vocabulary, so you will not have to consult a dictionary.

The prereading tasks and activities should give you a general idea of the topics and themes treated in the selections. Always remember to take a moment to try to predict what the authors will be discussing before you start reading. Then read each selection for meaning, concentrating on the general message the author is trying to convey and getting the gist of the content. Don't worry about the grammatical structures used or unfamiliar words. Don't look up words in the dictionary. Try skipping new words or guessing their meaning from the context. Avoid literal translation, which will only confuse you. Always read with a purpose. Skim the **Parliamo e discutiamo** section and then reread each passage and underline the information required to complete the designated tasks.

- Post-reading activities that encourage different levels of reading, from basic comprehension to making inferences, appear in **Parliamo e discutiamo,** where cross-cultural comparisons are also encouraged. The activities in this section require you to use various reading strategies such as scanning, skimming, guessing and predicting, as well as your critical-thinking skills to extract meaning, make inferences, form opinions, and draw conclusions from the various texts.

- At the end of the **Facciamo conversazione** segment, a section entitled **Per conoscere l'Italia e gli italiani,** focuses on the chapter's cultural content. Through a series of activities it encourages you to explore texts for cultural information and to make cross-cultural comparisons.

- **In rete** is another innovative feature of the present edition. You are invited to explore specific web sites (through the *Crescendo!* Website) in order to find specified information. Often, the sites and related activities are chosen to encourage you to familiarize yourself with some traditional aspects of Italian culture.

- **Caro Diario** is another new feature of the Second Edition. The writing of a diary is formally introduced in the first chapter and then carried out in assignments throughout the book that encourage you to express yourself freely with regard to chapter-related topics.

Strutture

- At the beginning of the **Discutiamo insieme** section, you are encouraged to review key grammar topics necessary for completion of the activities presented.

- The choice and sequence of the grammatical structures presented in each chapter provide an enhanced focus on practical and functional usage of the language.

- The grammar presentations are streamlined. Marginal boxes are provided to offer a quick review of grammar topics or to expand on grammatical details not presented within the main text.

The grammar section provides a complete and comprehensive review of all important structures. Each point is illustrated with numerous examples that recycle and reinforce the chapter's vocabulary and themes. The explanations are written in English so that you can study them independently.

You should read the explanations and accompanying examples carefully, paying special attention to any exceptions to the rules. The grammar charts highlight important information you should know.

Grammar exercises are contextualized, and they culminate in an open-ended pair- or group-activity that encourages you to use the grammar structures in a meaningful communicative activity. Every exercise has a realistic context so that you can see how the structure is used in everyday language. If you require more practice on a certain concept, remember that additional activities and exercises can be found in the workbook and laboratory manual.

Ascoltiamo

 The **Ascoltiamo** section emphasizes the development and practice of listening skills in a chapter-related context. You will listen to various authentic language samples on the Text Audio CD and answer related comprehension and expansion questions.

Testi e contesti

- The readings in the **Testi e contesti** section appear toward the end of each chapter.
- Each reading is preceded by a brief introduction and relevant pre-reading work.
- The post-reading activities check your comprehension but also relate more broadly to your personal experience and make connections with your own cultural background. In addition, the post-reading activities serve as an introduction to some of the basic literary aspects of the readings.

    When you read the **Testi e contesti** texts, follow the same basic procedures as for the **Leggiamo** selections. As you read, keep in mind the **Mentre leggete** activities. In addition, try to identify the narrator's point of view, the setting, and the main characters. After a first reading, briefly summarize the author's main ideas in your own words. Next, skim the **Parliamo e discutiamo** section. Then as you reread the text, locate and underline the information necessary to answer the questions. Later, you can review this information thoroughly. Implementing these procedures will help you better understand the author's themes, message, language, and style and prepare you to discuss the short story in class.

Per scrivere

- The presentation of each writing strategy— in English—has been integrated with a process approach to writing. Each strategy and the related suggestions prepare you for an actual writing assignment, specifying the intended readership and goals.

Reference Materials

Maps

An up-to-date map of Italy appears on the inside cover of the text for quick reference. Throughout the course, you may be asked to locate countries, regions, provinces, or cities as they are mentioned in the text. This will help you understand the development of Italian civilization and culture better.

Appendices

To assist with your writing, Appendix A provides a list of verbs and adjectives commonly followed by a preposition. The conjugations of regular Italian verbs are in Appendix B. Appendix C supplies conjugations for the verbs **avere** and **essere,** and Appendix D lists verbs conjugated with **essere.** Appendix E includes the irregular conjugation of high-frequency verbs, while Appendix F classifies verbs and expressions that require the subjunctive. Appendix G lists common third-conjugation verbs.

Vocabolario italiano-inglese

The Italian-English vocabulary lists all active vocabulary in the text and selected passive vocabulary. Active vocabulary is identified by the number of the chapter in which it first appears.

Indice alfabetico

This is a complete index of all grammatical structures taught in the text.

Supplementary Materials

Quaderno degli esercizi e Manuale d'ascolto

This supplement is an integral part of the **Crescendo!** program. Its twelve chapters correspond to those of the textbook, providing integrated opportunities for reading and written work as well as listening and oral practice.

Reading and written practice

- Varied contextualized exercises and activities offer both structured and open-ended practice of chapter vocabulary and grammar.
- A reading section, **Cosa sappiamo degli italiani?**, appears in six of the chapters. It expands on important aspects of the history, civilization, social customs, and traditions of contemporary Italian society mentioned in the textbook. At times the main text refers you to these sections in the workbook and lab manual, which serve as an important source of background information. In the remaining chapters, a **Leggiamo** section includes a chapter-related reading on a topic of current interest. Both types of readings are preceded by pre-reading activities, and followed by comprehension exercises and open-ended questions designed to encourage personal involvement with the content.
- A writing section—**Scriviamo**—in each chapter provides opportunities for students to apply the writing strategy taught in the corresponding textbook chapter and to comment further on aspects of the chapter content. An Internet-based section—**Navighiamo nella rete**—encourages students to explore chapter-related topics in more depth and to comment in writing on their findings.

Aural/oral practice:

- Aural/oral expansion activities in the sections entitled **Ascolta!** support vocabulary acquisition, reinforce learning of grammar structures, and practice correct pronunciation.

- Listening comprehension skills are enhanced in the **Ascoltiamo** section as students hear and are asked to respond at various levels to two conversations in colloquial Italian based on real-life situations.

Lab Audio CD Program

The Lab Audio CD Program for *Crescendo!* is fully supported by the *Manuale d'ascolto.* Each chapter provides forty to sixty minutes of material recorded by native speakers of Italian. First, a series of structured and contextualized exercises for listening-and-speaking or listening-and-writing reinforces each chapter's grammar points. The recordings of each chapter's listening comprehension section (**Comprensione auditiva**) follow.

Based on actual conversations, announcements, news programs, and other authentic materials, these recordings provide the comprehensible input you need to strengthen your listening skills for functioning in real-life situations. The Audio CD Program may be used in the language laboratory or at home since it can be purchased.

Acknowledgments

We would like to thank all the people at Heinle, Cengage World Languages who helped put together this second edition. We are especially grateful to Carrie Brandon and Barbara Lyons for their expertise, guidance, and dedication. Francesca would also like to express her deep appreciation to the production staff at Heinle/Cengage for their thorough work. Special thanks go to Lianne Ames and Anastasia Schulze for their dedication and painstaking thoroughness in preparing every aspect of the manuscript. Thanks also to Lauretta Suprenant and Antonella Giglio for never giving up. This book would never have been possible without them.

Francesca is also very grateful to all her friends in Italy for their continuous assistance and infinite patience in helping her compile this second edition. She would also like to express her deep appreciation to her colleagues and graduate students at USC for all their comments and suggestions: Alessio Filippi, Lisa Brunetti, Federica Santini, Sabrina Ovan, Cristina Villa, Paolo Matteucci, Margaret Rosenthal, Karen Pinkus, and Mario Saltarelli. Francesca would also like to thank all her students at USC, a constant source of inspiration. Special thanks go to Cecilia Boggio and a dear friend, Day Jones, who was always there to help and in ways too infinite to list.

Finally, we would like to thank the following colleagues who reviewed the manuscript for their helpful suggestions and comments.

Jan Aski, *Ohio State University*
Antonella Bassi, *University of California, Davis*
Francesca Behr, *University of Houston*
Susan Briziarelli, *University of San Diego*
Nadia Ceccacci, *University of Oregon*
Cynthia Craig, *Michigan State University*
Rita D'Amico, *Pasadena Community College*
Laura Gardinali, *Santa Barbara City College*
Guilia Guarnieri, *Monmouth University*
Margherita Heyer-Caput, *University of California, Davis*
Lina Insana, *University of Pittsburgh*
Ilona Klein, *Brigham Young University*
Dora Labate, *Rutgers University*
Elise Magistro, *Scripps College*
Maria Mann, *Nassau Community College*
Cristina Mazzoni, *University of Vermont*
Garrett McCutchan, *Louisiana State University, Baton Rouge*
Concettina Pizzuti, *University of Georgia*
Michael Sherberg, *Washington University*
Tom Simpson, *Northwestern University*
Barbara Spinelli, *Columbia University*
Roberta Tabanelli, *Pennsylvania State University*
Josephine Tardio, *New Hyde Park High School*

Capitolo 1

*Giovani ragazzi italiani.
A coppie descrivete i
ragazzi nella foto.
Immaginate anche il loro
carattere.*

Temi
La descrizione fisica
  e psicologica
La routine giornaliera

Strutture
L'articolo
I nomi
Gli aggettivi
I pronomi personali
  soggetto
Il presente indicativo
I verbi riflessivi

Ascoltiamo
La descrizione delle
  persone

Testi e contesti
«Lui e io», Natalia
  Ginzburg

Per scrivere
Come tenere un
  diario

© David Frazier/The Image Works

Conosciamoci meglio!

E tu, che tipo sei?

Facciamo conversazione

La descrizione fisica e psicologica

A **Li conoscete?** A coppie, osservate le foto e spiegate chi sono le persone, di dove sono, come sono e cosa fanno.

B **Che tipo è?** Quali dei seguenti aggettivi, secondo te, descrivono meglio il carattere delle persone nelle foto? Perché?

1. allegro e divertente
2. antipatico e difficile
3. gentile e simpatico
4. noioso e pigro
5. stressato e nervoso
6. sportivo e atletico
7. calmo e tranquillo
8. triste e infelice
9. energico e dinamico
10. debole ed egoista
11. forte e altruista
12. ottimista e positivo
13. pessimista e negativo
14. sensibile e comprensivo
15. bugiardo e cattivo
16. bravo ed estroverso
17. coraggioso e onesto
18. timido e introverso

L'Individuo

Ginevra de' Benci (obverse), Leonardo da Vinci, Ailsa Mellon Bruce Fund, © National Gallery of Art, Washington, c. 1474.

Leonardo da Vinci, Ritratto di Ginevra Benci

La faccia, di fronte e di profilo, è la parte del corpo che distingue un essere umano dall'altro. È, si diceva una volta[1], lo specchio dell'anima[2]. Noi entriamo in contatto con gli altri, prima ancora di parlare o di emettere un suono, con lo sguardo[3] e con l'espressione della faccia.

[1]*once* [2]*soul* [3]*glance*

(Da «Il volto e la maschera», di P. Chiara, *Gli anni e i giorni*, p. 5. Edizioni Studio Tesi, 1998.)

Sei d'accordo con la citazione? Quando incontri una persona per la prima volta, quali aspetti noti di più? Cosa possono rivelare del carattere e del temperamento di una persona le mani, gli occhi, l'espressione del viso e i vestiti?

*P*er descrivere una persona, possiamo fare un ritratto fisico: osserviamo le diverse parti del corpo, come la testa, il viso, gli occhi, il naso, la bocca e magari i vestiti. Oppure descriviamo la personalità e parliamo delle qualità e dei difetti del carattere.

PAROLE UTILI

Per parlare dell'aspetto fisico
la carnagione *complexion*
la corporatura *body, build*
i lineamenti *features*
la pelle *skin*
il peso *weight*
la statura *height*
il viso/il volto *face*

Per descrivere l'aspetto fisico
abbronzato/-a *tanned*
chiaro/-a *light*
liscio/-a *smooth, straight*
olivastro/-a *olive-skinned*
pallido/-a *pale*
minuto/-a *small*
morbido/-a *soft*
ondulato/-a *wavy*
riccio/-a *curly*
scuro/-a *dark*
rugoso/-a *wrinkled*

Per parlare del carattere e del temperamento
affabile *cordial*

aperto/-a *frank, sincere, open*
buffo/-a *funny*
colto/-a *cultured*
disponibile *available, free*
emotivo/-a *emotional*
espansivo/-a *demonstrative*
estroverso/-a *extroverted*
fantasioso/-a *imaginative*
furbo/-a *sly, shrewd*
loquace *talkative*
ostinato/-a *stubborn*
prepotente *overbearing, arrogant*
rampante *driven, aspiring*
socievole *sociable*
sveglio/-a *quick*
taciturno/-a *sullen*
viziato/-a *spoiled*

Le connessioni
ma, però *but, however*
mentre *while*
inoltre *in addition*
allo stesso tempo *at the same time*
oltre a *besides*

LE PAROLE IN PRATICA

 A **Quali aggettivi?** A coppie, indicate quali aggettivi si possono usare per descrivere:

1. la statura
2. i capelli
3. gli occhi
4. la carnagione
5. la pelle

B **Che significa?** Per ogni parola della colonna A trova la definizione giusta nella colonna B.

A	B
1. loquace	a. le parti del viso
2. i lineamenti	b. fa amicizia facilmente
3. ostinato	c. non cambia mai idea
4. buffo	d. ha molta immaginazione
5. fantasioso	e. dice cose divertenti
6. affabile	f. una persona ambiziosa che vuole fare carriera
7. rampante	g. parla molto

C Sinonimi e contrari! Per ogni aggettivo della lista seguente, trova un sinonimo o un aggettivo contrario.

1. espansivo
2. taciturno
3. aperto
4. introverso
5. emotivo
6. socievole

D Nessuno è perfetto! Secondo te, come dovrebbero essere le seguenti persone?

1. i genitori ideali
2. l'amica del cuore
3. uno studente modello
4. il professore ideale

E Che cos'è? Prima scrivi quattro parole che si usano per parlare dell'aspetto fisico di una persona. Poi indica tre aggettivi per descrivere l'aspetto fisico e tre aggettivi per descrivere il carattere e il temperamento. Infine, lavorando a piccoli gruppi, uno studente/una studentessa descrive la sua parola e gli altri indovinano di quale vocabolo si tratta.

DISCUTIAMO INSIEME

A Cosa abbiamo in comune? Parla con tre compagni e scopri sei cose che avete in comune. Poi riferisci alla classe quello che hai scoperto.

B Sono... In una chat hai conosciuto da poco una persona e desideri farti conoscere meglio da lei. Le mandi una mail e descrivi come sei. Segui lo schema seguente.

Capelli: _____
Occhi: _____
Statura: _____
Qualità/Pregi: _____
Difetti: _____

C Conosciamoci meglio. Usa il seguente schema per intervistare un compagno/una compagna. Poi scrivi una mail ai tuoi compagni di classe per presentare il tuo compagno/la tua compagna. Spiega anche cosa avete in comune e in che cosa siete diversi.

1. Usa tre aggettivi per descriverti.
2. La mattina, appena ti svegli, ti trovi...
3. Quando ti senti irresistibile?
4. La tua qualità più grande... e il tuo difetto più grande...
5. Il tuo film preferito.
6. L'ultimo libro che hai letto.
7. La prima cosa che metti in valigia e l'ultima.
8. Con chi andresti su un'isola deserta?
9. Quali persone non sopporti (*can't stand*)? Quali invece ammiri?

(Adattato da Stefano Cardini, «50 domande a Serena», *Donna Moderna*, 9 giugno 2004, pp. 126–127, Mondadori.)

> Studia gli articoli, i nomi e gli aggettivi.

A Ritratti. Lavorando a gruppi, ogni studente prepara una breve descrizione di una delle seguenti persone. Poi la legge e gli altri devono indovinare chi è.

1. un bambino di sei anni
2. una persona anziana ma in forma
3. un'istruttrice d'aerobica
4. una dirigente di banca
5. un artista
6. un'adolescente

B Cerchi amore? Prima compila il seguente modulo per trovare l'anima gemella (*soulmate*). Poi discuti le tue risposte con i compagni. Puoi incontrare l'anima gemella nella tua classe?

---

10 domande per parlare di te

1. Quali sono i tuoi hobby?

2. Che cosa ti piace di te?

3. Che cosa cambieresti di te?

4. Qual è il più grosso rimprovero (*criticism*) che ti fanno gli amici?

5. Cosa faresti se vincessi 500.000 euro?

6. Quante volte ti sei innamorato/-a (*fallen in love*)?

7. In tre parole descrivi l'uomo/la donna dei tuoi sogni.

8. Dove lo/la inviteresti per la prima uscita a due (*first date*)?

9. Che cosa faresti per conquistarlo/la (*win him/her over*)?

10. Hai mai fatto follie per amore? Quali?

Il verbo piacere

mi piace +
sing. noun /
piacciono +
pl. noun   I like

ti piace +
sing. noun /
piacciono +
pl. noun   you (*sing.*) like

gli piace +
sing. noun /
piacciono +
pl. noun   he likes

le piace +
sing. noun /
piacciono +
pl. noun   she likes

ci piace +
sing. noun /
piacciono +
pl. noun   we like

vi piace +
sing. noun /
piacciono +
pl. noun   you (*pl.*) like

(«10 domande per parlare di te», da *Per trovare l'anima gemella, Donna Moderna*, 9 giugno 2004, p. 236, Mondadori.)

Le persone nei brani che seguono cercano l'anima gemella.

Questi single
vogliono incontrare l'anima gemella

Massimiliano
Biella
impiegato
33 anni
numero di riferimento 725

Le risposte di Massimiliano. **Quali sono i tuoi hobby?** Lo sci, il nuoto, il cinema e la lettura. **Cosa ti piace di te?** L'ottimismo e l'onestà. **Cosa cambieresti di te?** Nulla. **Qual è il più grosso rimprovero che ti fanno gli amici?** Che sono troppo serio. **Cosa faresti se vincessi 500.000 euro?** Sistemerei il mio appartamento, farei un viaggio intorno al mondo e della beneficenza. **Quante volte ti sei innamorato?** Una sola. **In tre parole descrivi la donna dei tuoi sogni.** Dolce, intelligente e simpatica. **Dove la inviteresti per la prima uscita a due?** A guardare le stelle in riva al mare. **Cosa faresti per conquistarla?** La guarderei negli occhi: così sarebbe impossibile mentire. **Hai mai fatto follie per amore?** L'ho aspettata per ore sotto casa nell'inverno più rigido degli ultimi 20 anni. Massimiliano è alto 1,70, pesa 62 chili, è dei Gemelli, non fuma, non ha figli e ha un cane e un gatto.

Christina
Bologna
impiegata
35 anni
numero di riferimento 726

Le risposte di Christina. **Quali sono i tuoi hobby?** Viaggiare, leggere, fare trekking e immersioni. **Cosa ti piace di te?** Che, nonostante le delusioni, ho tanta grinta. **Cosa cambieresti di te?** Vorrei essere meno esigente con me stessa. **Qual è il più grosso rimprovero che ti fanno gli amici?** Che ho poca autostima. **Cosa faresti se vincessi 500.000 euro?** Aprirei un bed and breakfast o una birreria. **Quante volte ti sei innamorata?** Una. **In tre parole descrivi l'uomo dei tuoi sogni.** Paterno, benestante e intelligente. **Dove lo inviteresti per la prima uscita a due?** A un giro di enoteche a Bologna. **Cosa faresti per conquistarlo?** Vorrei che si desse da fare lui: io sono molto timida. **Hai mai fatto follie per amore?** Ho mollato tutto per un uomo sposato...
Christina è alta 1,71, pesa 56 chili, è dei Gemelli, non fuma, non ha figli e non ha animali.

Giovanni
Milano
imprenditore
55 anni
numero di riferimento 721

Le risposte di Giovanni. **Quali sono i tuoi hobby?** I viaggi, il teatro e le automobili. **Cosa ti piace di te?** Che sono sincero e spontaneo. **Cosa cambieresti di te?** L'età, perché dentro mi sento ancora giovane. **Qual è il più grosso rimprovero che ti fanno gli amici?** Che sono sempre troppo disponibile. **Cosa faresti se vincessi 500.000 euro?** Organizzerei tante feste, con amici nuovi e vecchi, in luoghi diversi. **Quante volte ti sei innamorato?** Tre, ma voglio riprovarci. **In tre parole descrivi la donna dei tuoi sogni.** Rotondetta come me, coi capelli lunghi e che pensi più a me che alla casa. **Dove la inviteresti per la prima uscita a due?** A cena. **Cosa faresti per conquistarla?** Le dimostrerei quanta comprensione e amore posso ancora offrire. **Hai mai fatto follie per amore?** Sì: ho cambiato alcune volte la mia vita. Giovanni è alto 1,68, pesa 73 chili, è del Leone, non fuma, non ha figli e non ha animali.

Rosalba
Milano
impiegata
58 anni
numero di riferimento 722

Le risposte di Rosalba. **Quali sono i tuoi hobby?** Mi piace ballare, leggere e passeggiare. **Cosa ti piace di te?** Gli occhi, il sorriso e il carattere. **Cosa cambieresti di te?** Niente. **Qual è il più grosso rimprovero che ti fanno gli amici?** Mi dicono che sono sempre troppo disponibile con tutti. **Cosa faresti se vincessi 500.000 euro?** Aiuterei quelli che hanno bisogno e i miei figli. **Quante volte ti sei innamorata?** Due. **In tre parole descrivi l'uomo dei tuoi sogni.** Mi piacerebbe che fosse sincero, romantico e disponibile. **Dove lo inviteresti per la prima uscita a due?** Lascerei a lui la scelta. **Cosa faresti per conquistarlo?** Cercherei di essere il più possibile me stessa. **Hai mai fatto follie per amore?** Sì, ma sarebbe troppo lungo raccontarle. Rosalba è alta 1,60, pesa 68 chili, è del Capricorno, non fuma, ha due figli che vivono fuori casa e un cagnolino.

(Da «Questi single vogliono incontrare l'anima gemella», *Donna Moderna*, 9 giugno 2004, pp. 233–234. © 2004 Arnoldo Mondadori Editore S.p.A.)

Parliamo e discutiamo

A Chi è... ? A coppie, completate il seguente schema. Motivate le vostre risposte. Secondo voi, dei quattro single, chi è:

1. il/la più giovane?
2. il più alto/la più alta?
3. il più sportivo e dinamico/la più sportiva e dinamica?
4. il/la più pessimista?
5. il più impulsivo/la più impulsiva?
6. il più generoso e altruista/la più generosa e altruista?
7. il più aperto/la più aperta?
8. il più fantasioso/la più fantasiosa?
9. il più/la più affabile e socievole?
10. il più romantico/la più romantica?
11. il più/la più loquace?
12. il più/la più simile a te?
13. ?

B Ti piacciono? Delle quattro persone, quale ti piace di più? Perché? Quale non ti piace? Perché?

C L'anima gemella. A coppie, rileggete le risposte dei quattro single e decidete come accoppiare le persone. Motivate le vostre risposte.

D Sono simili o diversi? Secondo voi, i single nei brani hanno gli stessi interessi, caratteri e bisogni dei single nel vostro Paese? Perché?

La routine giornaliera

© Cecilia Boggio

A Una coppia moderna. A coppie, descrivete la foto. Chi sono le persone? Cosa fanno? Immaginate una storia basata sulla foto.

B Cosa fanno? A coppie, discutete quali di queste attività compiono ogni giorno le persone nella foto e in quale ordine.

1. alzarsi
2. vedersi
3. vestirsi
4. pettinarsi
5. farsi la barba
6. svegliarsi
7. telefonarsi
8. truccarsi
9. lavarsi
10. fare il bagno
11. mettersi il rossetto
12. asciugarsi
13. salutarsi
14. lavarsi i denti
15. baciarsi

C Abitudinario o impulsivo? Intervista un compagno/una compagna e scopri se è abitudinario/-a o impulsivo/-a. Prima prepara una lista di otto domande sulla sua routine giornaliera. Poi spiega alla classe che tipo è il tuo compagno/la tua compagna. Giustifica le tue opinioni.

Promemoria

Ci sono cose da fare ogni giorno:
lavarsi, studiare, giocare,
preparare la tavola a mezzogiorno.
Ci sono cose da fare di notte:
chiudere gli occhi, dormire,
avere sogni da sognare,
orecchie per non sentire.

(Da *Il secondo libro delle filastrocche*, p. 115, di Gianni Rodari, 1985, Trieste: Einaudi. © Edizioni EL.)

A La routine giornaliera. Prepara una breve lista delle attività che fai ogni mattina, ogni pomeriggio e ogni sera e l'ordine in cui le fai. Che cosa fai che corrisponde alle attività della filastrocca? Che cosa non corrisponde? Perché?

B Cosa abbiamo in comune? Paragona la tua lista di attività giornaliere con quella di un compagno/una compagna. Fate le stesse cose nello stesso ordine?

Le abitudini sono le azioni e i gesti che ripetiamo tutti i giorni. Quando la vita giornaliera è sempre uguale si dice che segue una routine. Una persona che fa sempre le stesse cose è abitudinaria. Chi invece non ripete sempre le stesse attività e non segue una routine è estemporaneo, fantasioso e spesso impulsivo.

Gli oggetti che usiamo per prepararci

l'asciugacapelli (*m. sing.*) *hairdryer*
l'asciugamano (*m.*) *towel*
il dentifricio *toothpaste*
il deodorante *deodorant*
il dopobarba *aftershave*
il fondotinta *foundation, makeup*
il mascara / il rimmel *mascara*
l'ombretto *eyeshadow*
il pettine *comb*
il profumo *perfume*
il rasoio / il rasoio elettrico *razor / electric razor*
il rossetto *lipstick*
la schiuma da barba *shaving cream*
la spazzola *hairbrush*
lo spazzolino da denti *toothbrush*

Per descrivere come ci prepariamo

asciugarsi *to dry oneself*
cambiarsi *to change*
spogliarsi *to get undressed*
togliersi *to take off*
truccarsi *to put on makeup*

Per parlare delle nostre attività giornaliere

allenarsi *to train, to practice, to get in shape*
annoiarsi *to get bored*
fare commissioni *to run errands*
fare un pisolino *to take a nap*
incontrarsi *to meet with*
mantenersi in forma *to stay in shape*
parlare al cellulare *to talk on the cellular phone*
rilassarsi *to relax*
riposarsi *to rest*
ritrovarsi con *to get together with*
stancarsi *to get tired*

La sequenza temporale

dopo / poi / quindi *then*
infine / alla fine *finally, at last*
in seguito *after*
più tardi *later*
prima *first*

LE PAROLE IN PRATICA

A **Che cosa usiamo?** Indica che cosa in genere usano le persone per lavarsi, truccarsi e asciugarsi.

 B **Che cosa faccio?** Uno studente / Una studentessa mima una delle seguenti azioni. Gli altri studenti / Le altre studentesse devono indovinare di quale azione si tratta. Poi a gruppi gli studenti ripetono lo stesso gioco usando verbi diversi da quelli della lista.

lavarsi i denti	rilassarsi
mettersi il rossetto	allenarsi
farsi la barba	fare un pisolino
togliersi le scarpe	parlare al cellulare
incontrarsi con gli amici	

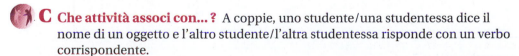 **C** **Che attività associ con...?** A coppie, uno studente/una studentessa dice il nome di un oggetto e l'altro studente/l'altra studentessa risponde con un verbo corrispondente.

Esempio: s1: «le scarpe»
s2: «togliersi»

DISCUTIAMO INSIEME

A Una festa. A coppie, immaginate di conoscere una persona ad una festa. Immaginate un dialogo facendo domande socialmente accettabili per un primo incontro, ma anche domande che non si fanno a chi non conosciamo bene. Poi a coppie ricostruite il dialogo davanti alla classe.

B Che tipo sei? Intervista un compagno/una compagna e scopri quali dei seguenti aggettivi descrivono meglio il suo carattere: **socievole, buffo, affabile, taciturno, colto, dinamico, viziato, impulsivo, abitudinario, studioso, serio, divertente, irresponsabile, pessimista, disponibile**. Prima prepara una lista di sei domande. Dopo spiega alla classe che tipo è il tuo compagno/la tua compagna. Giustifica le tue risposte.

C La nuova coinquilina (*roommate*). Sei una signora anziana, tranquilla e ordinata. Cerchi una compagna con cui dividere una casa. Una ragazza giovane, dinamica e disordinata si presenta. A coppie, ricostruite il dialogo. Usate il Lei.

PER LEGGERE
Prima di leggere

A Che tipo è? A coppie, esaminate la seguente agenda e poi rispondete alle domande.

(Da *Viaggi di Repubblica*, 4 novembre 2004, p. 7.)

1. Secondo voi, quali sei aggettivi descrivono meglio il carattere del proprietario / della proprietaria dell'agenda? Perché?
2. Immaginate la sua routine giornaliera.
3. Discutete com'è simile e com'è diversa dalla vostra routine giornaliera.

B **Sai esattamente quali sono le tue priorità nella vita?** Rispondi alle domande
e poi controlla il tuo punteggio per vedere che tipo sei. Ogni risposta affermativa
vale un punto.

Sei mosso (*moved*) da bisogni superficiali oppure da reali necessità?

1. Trascorri (*spend*) abbastanza tempo facendo le cose che più ti piacciono? ☐

2. Trascorri troppo tempo facendo cose che non ti piacciono? ☐

3. Ritieni (*believe*) che nella vita ci sia sufficiente allegria? ☐

4. Ti è facile delegare le responsabilità? ☐

5. Fai sempre in modo che le cose importanti della vita abbiano la precedenza? ☐

6. Sei sicuro/-a di non sprecare (*waste*) troppo tempo per guadagnare denaro
   (*money*) da spendere in beni di cui in realtà non hai bisogno? ☐

7. Dedichi abbastanza tempo al divertimento? ☐

8. Ti capita (*happens to you*) spesso di stare insieme a persone che non ti piacciono? ☐

9. Non ti capita mai di pensare che stai sprecando una grossa fetta (*slice*) della vita? ☐

10. Trascorri abbastanza tempo con la famiglia? ☐

11. Trascorri abbastanza tempo con gli amici? ☐

12. Dedichi abbastanza tempo ai tuoi hobby e interessi? ☐

13. Possiedi più di due cappotti? ☐

14. Possiedi più di sei paia di scarpe? ☐

15. Sprechi molto tempo per fare cose noiose e poco gratificanti? ☐

Controlla il tuo punteggio:
Se hai totalizzato 9 punti o più, hai ben chiare le tue priorità. Stai attento/-a a mettere al primo
posto le cose importanti della vita.

Se hai totalizzato da 4 a 8 punti, ti stai ancora sforzando (*struggling*) di definire le tue priorità.
Cerchi di dedicare tempo alle cose che per te sono particolarmente importanti, ma in un modo o
nell'altro ti lasci sedurre dal turbinio (*whirling*) della vita contemporanea.

Se hai totalizzato 3 punti o meno, la tua vita è un caos, tanto per parlar chiaro. Sprechi un sacco di
tempo per fare cose che detesti e ne dedichi troppo poco alle cose e alle persone che ti piacciono.

(Adattato da *75 Test per conoscersi e valorizzarsi*, p. 120, di Vernon Coleman, traduzione di
Chiara Vatteroni, 1996, Milano: FrancoAngeli s.r.l.)

 C **Allora, come sei?** A coppie, paragonate il vostro punteggio. Siete soddisfatti
dei risultati del test? Perché?

D **Rockstar per gioco.** Leggi il titolo dell'articolo che segue e immagina chi è Giovanna.

Leggiamo

Nell'articolo che segue una giovane donna milanese descrive una vita stressante ma piena di soddisfazioni personali.

La doppia vita di Giovanna, rockstar per gioco

Di giorno sta dietro una scrivania. Di sera sale su un palco. E canta dolcissime melodie. Per dare voce ai suoi sentimenti

Computer e telefono sempre in mano, Giovanna Garlati, trentenne milanese, di giorno è responsabile dell'ufficio stampa di un famoso sito di viaggi (www.lastminute.com). Di notte però si trasforma. Sale su un palco e si mette a cantare. Un rock morbido e coinvolgente, melodie scritte da lei per il suo gruppo: i Kech. In pratica è come se avesse due vite.

Ma come fa?

«Ho sempre voluto cantare. Ma non ci ho mai provato seriamente. Quando sei studente ti metti a suonare per divertimento, e pensi che fare la rockstar sia un sogno irraggiungibile. Ho studiato lingue, e adesso lavoro con Internet. È un settore giovane e informale che mi lascia molta libertà».

Cos'è la musica per lei?

«È una passione fortissima, quasi una malattia. Ma cantare e comporre canzoni è anche impegnativo: una volta alla settimana studio canto lirico, per migliorare la voce e la tecnica. Poi ci sono le prove e le serate. Poco tempo per gli amici e per me stessa».

Soddisfazioni?

«Tante. Con i Kech ho inciso un Cd e il 27 marzo suoneremo ai Campionati italiani di Snowboard a Madesimo. E pensare che quattro anni fa abbiamo iniziato per gioco...».

Che effetto fa salire su un palco?

«È un misto di terrore e benessere. Io, nella vita di tutti i giorni, sono timida. Ma, passato il primo impatto, il palco mi fa sentire più sicura, mi rilassa».

Isabella Fava

«Scrivo canzoni su quello che mi succede intorno. E dentro di me»

(Da «La doppia vita di Giovanna, rockstar per gioco», *Donna Moderna*, 24 marzo 2004, p. 35.
© 2004 Arnoldo Mondadori Editore S.p.A.)

Parliamo e discutiamo

 A **Che tipo è Giovanna Garlati?** A coppie rispondete alle seguenti domande.

1. Quali aggettivi descrivono meglio il carattere di Giovanna? Perché?
2. Indicate quattro cose che adesso sapete di lei.
3. Indicate se le seguenti affermazioni sono vere o false. Correggete le affermazioni false.

   _____   a. Giovanna Garlati è una famosa rockstar italiana.
   _____   b. Da giovane ha studiato canto lirico.
   _____   c. Le piace lavorare con Internet.
   _____   d. Giovanna canta soltanto.
   _____   e. Le sue canzoni parlano di problemi sociali.
   _____   f. Giovanna è una ragazza espansiva e estroversa.

B **Giovanna, una ragazza italiana moderna.** A coppie, discutete le seguenti domande.

1. Elencate gli aspetti negativi e positivi della vita di Giovanna.
2. Secondo voi, Giovanna sa esattamente quali sono le sue priorità nella vita? Motivate le vostre opinioni.
3. Come riflette la società moderna la vita giornaliera di Giovanna?

Per conoscere l'Italia e gli italiani

A **Psicomamme.** Secondo voi, a quale problema sociale si riferisce questo fumetto?

B **2in1 di TIM.** Leggete la pubblicità e poi trovate informazioni per giustificare le affermazioni che seguono.

1. TIM è un'azienda (*company*) di telefonia mobile.
2. La nuova Sim Card 2in1 è ideale per chi conduce una vita frenetica.
3. La nuova Sim Card è ottima per chi vuole mantenere un sano equilibrio fra il mondo del lavoro e la vita privata.
4. La vita giornaliera può essere molto stressante, ma gli Italiani sanno quando «staccare» (*to stop working*).
5. In Italia la vita degli affetti, famiglia e amici è molto importante.

2 in 1 di TIM

Due numeri su un'unica SIM Card da usare l'uno, l'altro o tutti e due insieme.

Staccare mente e telefonino dal lavoro nel weekend ma essere sempre reperibile per gli amici? È uno dei vantaggi di avere due numeri diversi. Uno per lavorare, uno per divertirsi; uno per la famiglia, uno per i colleghi. Da oggi puoi averli senza acquistare una nuova SIM Card grazie all'Opzione 2in1 di TIM. Infatti, su un'unica SIM hai **due numeri sempre attivi** da usare come e quando preferisci. Puoi essere contemporaneamente reperibile su entrambi, o spegnerne uno e tenere acceso l'altro, con la massima libertà di **inviare e ricevere chiamate e SMS**. Gestire i due numeri è facilissimo e gratuito. Attiva subito l'Opzione 2in1 di TIM[1] presso un negozio TIM, oppure chiamando il 119.

1 - L'Opzione ha un costo promozionale di 10 euro fino al 30/10/04. Per condizioni, limiti e tutte le altre informazioni, chiama il 119, vai nei negozi TIM o su www.tim.it

(Per gentile concessione di Telecom Italia.)

In rete

A **Leonardo da Vinci.** Trova informazioni sull'artista e rispondi alle domande. Poi in classe discutete a gruppi le informazioni e le vostre opinioni.

Clicca sul sito di *Crescendo!* per il Capitolo 1. academic.cengage.com/ Italian/crescendo

1. Quali sono le opere più famose di Leonardo da Vinci?
2. Quale episodio della sua vita ti sembra particolarmente interessante?
3. Chi fu il suo primo maestro?
4. Quali delle seguenti discipline erano particolarmente interessanti per Leonardo: anatomia, pittura, ingegneria, scienze sociali, storia, teatro?
5. Quale delle seguenti frasi ti sembra più adatta a descrivere Leonardo? Perché?
   a. Studiava sempre.
   b. Era molto curioso di tutto.
   c. Era ambizioso e voleva diventare ricco.

B **Un ritratto famoso.** Uno dei ritratti più famosi del mondo è la *Monna Lisa*, di Leonardo da Vinci. Cerca informazioni sulla *Monna Lisa** e fa' una breve descrizione del ritratto. Poi rispondi alle domande. Quindi in classe discutete a gruppi le vostre opinioni.

1. Come immagini che sia il carattere della donna?
2. Secondo te, perché sorride? Che cosa esprime il suo sorriso? E la sua espressione?
3. Perché questo ritratto ha affascinato tante persone per tanti secoli?

Mona Lisa, ca. 1503–06S, Leonardo da Vinci (1452–1519, Italian) Oil on wood panel, Musée du Louvre, Paris. © Superstock, Inc.

Leonardo da Vinci, La Gioconda

---

*Monna, da madonna, termine appellativo di rispetto che si usava con donne non più giovani.

Strutture

L'articolo

The article precedes the noun and agrees with it in number and gender. The form of the article also depends on the first letter of the noun or adjective it precedes.

A L'articolo indeterminativo

The indefinite article is equivalent to the English *a/an* and is used to indicate nonspecific objects and people.

Ho **un** amico molto caro che vive in Italia.

I have a very dear friend who lives in Italy.

The partitive is frequently used to indicate the plural of the indefinite article. It corresponds to the English *some* or *a few*.

Ho **delle** amiche e **degli** amici molto simpatici.

I have some very nice male and female friends.

Before	Masculine		Feminine	
	Singular	Plural	Singular	Plural
a consonant	**un** ragazzo	**dei** ragazzi	**una** ragazza	**delle** ragazze
a vowel	**un** amico	**degli** amici	**un'**amica	**delle** amiche
s + consonant	**uno** studente	**degli** studenti	**una** studentessa	**delle** studentesse
ps	**uno** psicologo	**degli** psicologi	**una** psicologa	**delle** psicologhe
z	**uno** zio	**degli** zii	**una** zia	**delle** zie

The indefinite article is omitted before nouns indicating professions. It is used, however, when these nouns are modified.

Giulio è avvocato.
BUT: Giulio è **un** bravo avvocato.

Giulio is a lawyer.
Giulio is a good lawyer.

> When professions are expressed with the verb **fare**, the definite article is used.
> Giulio fa l'avvocato.   Giulio is a lawyer.

B L'articolo determinativo

The definite article is equivalent to the English *the*.

Before	Masculine		Feminine	
	Singular	Plural	Singular	Plural
a consonant	**il** viso	**i** visi	**la** faccia	**le** facce
a vowel	**l'**occhio	**gli** occhi	**l'**amicizia	**le** amicizie
s + consonant	**lo** sguardo	**gli** sguardi	**la** statura	**le** stature
ps	**lo** psicologo	**gli** psicologi	**la** psicologa	**le** psicologhe
z	**lo** zio	**gli** zii	**la** zia	**le** zie

1. In Italian, the definite article is used before each noun in a series.

Io noto sempre **le** mani e **gli** occhi quando incontro una persona per la prima volta.

I always notice hands and eyes when I meet someone for the first time.

2. The definite article is also used with abstract nouns and nouns used in a generic sense.

La bellezza è interiore.	*Beauty is only skin deep.*
	(Literally: *Beauty is within.*)
L'amore è cieco.	*Love is blind.*

3. The definite article is used with titles when talking about someone. It is never used, however, when addressing a person directly.

Il signor Ruffini è sempre di buon umore.	*Mr. Ruffini is always in a good mood.*
BUT: **Signor** Ruffini, come sta?	*Mr. Ruffini, how are you?*

4. The definite article is frequently used with last names, especially when referring to famous writers and artists. Sometimes it is also used with a woman's first name.

Il Boccaccio scrisse *Il Decamerone*.	*Boccaccio wrote* The Decameron.
La Roberta ha begli occhi grigi.	*Roberta has beautiful gray eyes.*

5. The definite article is used with the verb **avere** to describe physical characteristics.

Ha gli occhi azzurri e i capelli castani.	*He has blue eyes and brown hair.*

6. To describe a routine action, the definite article is used with the day of the week or a time expression.

Andiamo in palestra **il** lunedì e **il** mercoledì.	*We go to the gym on Mondays and Wednesdays.*
La mattina facciamo colazione a casa.	*In the morning, we have breakfast at home.*

7. The definite article is used with names of seasons: **la primavera, l'estate, l'autunno, l'inverno**.

Preferisco **l'**inverno.	*I prefer winter.*

8. The feminine definite article is used in front of the number of the hour when telling time.

È **l'**una.	*It's one o'clock.*
Sono **le** due.	*It's two o'clock.*

9. The definite article is used with the names of continents, countries, regions, states, large islands, oceans, rivers, and mountains. It is omitted after **in** and **di** with singular, unmodified geographical names.

La Francia confina con **la** Svizzera.	*France borders on Switzerland.*
Si parlano tre lingue **in** Svizzera.	*Three languages are spoken in Switzerland.*
BUT: Si parlano tre lingue **nella bella** Svizzera.	*Three languages are spoken in beautiful Switzerland.*

The days of the week (**i giorni della settimana**), **lunedì, martedì, mercoledì, giovedì, venerdì, sabato, domenica**, are not capitalized. All are masculine, except Sunday (**domenica**). No preposition is used to specify the day of the week on which a particular event occurs.

I ragazzi arrivano **sabato**.	*The kids are coming on Saturday.*

To express A.M. and P.M., you can use **di mattina** (*in the morning*), **del pomeriggio** (*in the afternoon*), **di sera** (*in the evening*), and **di notte** (*at night*).

Mezzo/Mezza and **un quarto** can be used for half past and a quarter past or a quarter before the hour (but not with the 24-hour clock).

Sono le sei meno **un quarto**. Non è vero. Sono solo le cinque e **mezza**.
It's a quarter to six. That's not true. It's only half past five.

Noon and midnight are expressed with **mezzogiorno** and **mezzanotte**. Official schedules are expressed with the 24-hour clock.

Il treno parte alle **21.35** e arriva alle **22.50**.
The train leaves at 9:35 P.M. and arrives at 10:50 P.M.

A **Gli amici di Luigi.** Luigi parla di alcuni suoi amici. Completa le frasi con la forma corretta dell'articolo indeterminativo quando è necessario.

1. Giuseppe è _____ professore in _____ scuola americana a Milano. Giuseppe ha _____ moglie molto simpatica.
2. Luisa è _____ giovane avvocatessa. Lei ha _____ studio legale in centro.
3. Giovanna ha _____ azienda commerciale in _____ piccola città.
4. Bob è _____ studente americano molto simpatico. Lui ha _____ zio italiano che abita a Milano.

B **Il mio amico Alberto.** Sara parla del suo amico Alberto. Completa le frasi con la forma corretta dell'articolo determinativo.

1. Alberto è _____ mio miglior amico. Ha _____ carnagione olivastra e _____ occhi scuri ed espressivi, ma porta sempre _____ occhiali.
2. Fa _____ psicologo da due anni. _____ studio dove lavora è in centro ed ha molti clienti.
3. _____ clienti, sia _____ uomini che _____ donne, lo stimano e gli sono affezionati.

C **Il tempo libero di Alberto.** Sara racconta cosa fa Alberto quando non lavora. Completa le frasi con la forma corretta dell'articolo determinativo.

1. _____ lunedì non lavora. Passa sempre _____ weekend fuori città con _____ amici. _____ zii di Alberto hanno una casa in montagna che lui usa spesso.
2. _____ inverno è _____ stagione preferita di Alberto, perché gli piace _____ sci.
3. _____ estate poi va al mare. Ogni anno passa _____ mese di agosto in una località diversa. Gli piacciono molto _____ isole come _____ Sicilia e _____ Sardegna.

D **La classe d'inglese di Alessia.** Alessia descrive la sua classe d'inglese. Completa le frasi con la forma corretta dell'articolo indeterminativo, determinativo e del partitivo quando è necessario.

1. Nella mia classe d'inglese ci sono _____ studenti e _____ studentesse molto interessanti.
2. _____ studente, Paolo, è di Ischia, _____ piccola isola vicino a Napoli. _____ inglese piace molto a Paolo.
3. _____ altro studente, Giulio, studia anche _____ spagnolo. _____ lingue straniere piacciono molto anche a Giulio.
4. _____ professoressa insegna molto bene. Ogni giorno ci spiega _____ regole di grammatica e ci insegna _____ espressioni nuove. Lei è _____ brava professoressa.
5. _____ corso è molto divertente e _____ studenti imparano _____ cose nuove ogni giorno.

E La mia classe d'italiano. Adesso scrivi una mail a uno studente/una studentessa in un altro corso d'italiano e parla della tua classe d'italiano. Parla dell'aula e del professore/della professoressa. Descrivi anche tre studenti/studentesse in classe usando le seguenti parole: **lineamenti, statura, occhi, capelli, carattere**. Spiega anche come i tuoi compagni sono simili e come sono diversi.

Esempio: Ciao! Sono uno studente/una studentessa d'italiano nel corso delle...

I nomi

A Il genere dei nomi

In Italian, nouns have gender. They are masculine or feminine. Most masculine singular nouns end in **-o**. Most feminine singular nouns end in **-a**. Nouns ending in **-e** can be either masculine or feminine; their gender must be memorized. Nouns that end in **-ista**, which generally refer to professions, have the same masculine and feminine singular forms; the article indicates the gender.

il viso *face*	**la** carnagione *complexion*
la statura *height*	**il/la** musicista *musician* (*m./f.*)

Although most masculine singular nouns end in **-o** and most feminine singular nouns end in **-a**, the gender of some Italian nouns must simply be learned. The following rules, while not systematic, can be helpful:

1. In general, nouns that refer to males are masculine and nouns that refer to females are feminine.

il cantante *male singer*	**il** padre *father*
la cantante *female singer*	**la** moglie *wife*
la madre *mother*	**il** Papa *pope*

2. Nouns ending in **-ore** are usually masculine, and nouns ending in **-rice** and **-ione** are usually feminine.

Masculine	Feminine
l'att**ore** *actor*	l'att**rice** *actress*
il dirett**ore** *director*	la dirett**rice** *director*
il genit**ore** *parent* (*m.*)	l'educaz**ione** *upbringing*
il col**ore** *color*	l'opin**ione** *opinion*

3. Some masculine nouns that refer to people can be changed to the feminine form by replacing the masculine ending with a feminine ending.

Ending change	Masculine	Feminine
-o → -a	l'amic**o**	l'amic**a**
-ore → -rice	l'att**ore**	l'att**rice**
	l'aut**ore**	l'aut**rice**
	il dirett**ore**	la dirett**rice**
	lo scritt**ore**	la scritt**rice**
-ore → -oressa	il dott**ore**	la dott**oressa**
	il profess**ore**	la profess**oressa**
-ta → -tessa	il poe**ta**	la poe**tessa**

B Il plurale

Most nouns become plural by changing their endings.

Ending change	Singular	Plural
-a → -e	la ragazza	le ragazze
-o → -i	il ragazzo	i ragazzi
-e → -i	lo studente	gli studenti
	la scrittrice	le scrittrici
-ista ⟨ -isti (m.)	il protagonista	i protagonisti
-iste (f.)	la protagonista	le protagoniste

There are many exceptions to these rules; the following are some of the most common:

1. Feminine nouns ending in **-ca** and **-ga** add an **-h** in the plural in order to retain the hard pronunciation of the consonant.

Ending change	Singular	Plural
-ca → -che	l'amica	le amiche
-ga → -ghe	la collega	le colleghe

2. Masculine nouns ending in **-go** and **-logo** also add an **-h** in the plural to retain the hard pronunciation of the consonant.

Ending change	Singular	Plural
-go → -ghi	l'albergo	gli alberghi
-logo → -loghi	il dialogo	i dialoghi

Masculine nouns ending in **-logo** that denote professions form the plural in **-logi**:

-logo → -logi	il biologo	i biologi

3. The plural of nouns that end in **-co**, **-io**, and **-ia** depends on where the stress falls in the word.

Stress	Change	Singular	Plural
on syllable preceding -co	-co → -chi	il cuòco	i cuòchi
on second syllable preceding -co	-co → -ci	il mèdico	i mèdici
the -i is not stressed	-io → -i	lo stùdio	gli stùdi
	-ia → -e	la provìncia	le province
the -i is stressed	-io → -ii	lo zìo	gli zii
	-ia → -ie	la farmacìa	le farmacìe

4. Some nouns ending in -**ma** and -**ta** are masculine. Most are of Greek origin. They form the plural in -**i**.

Singular	Plural
il cli**ma** *climate*	i cli**mi**
il proble**ma** *problem*	i proble**mi**
il diplo**ma** *diploma*	i diplo**mi**
il progra**mma** *program*	i progra**mmi**
il panora**ma** *panorama*	i panora**mi**
il te**ma** *theme*	i te**mi**
il telegra**mma** *telegram*	i telegra**mmi**
il poe**ta** *poet*	i poe**ti**

5. One-syllable nouns and nouns ending in -**i**, -**ie**, a consonant, or an accented vowel do not change in the plural.

Singular	Plural
il **re** *king*	i **re**
la crisi *crisis*	le crisi
la serie *series*	le serie
il compute**r** *computer*	i compute**r**
la virt**ù** *virtue*	le virt**ù**

6. Some masculine nouns ending in -**o** have a feminine plural form ending in -**a**. Many of these nouns refer to parts of the body.

Singular	Plural
il bracci**o** *arm*	**le** braccia
il cigli**o** *eyelash*	**le** ciglia
il dit**o** *finger*	**le** dita
il ginocchi**o** *knee*	**le** ginocchia
il labbr**o** *lip*	**le** labbra
l'oss**o** *bone*	**le** ossa
il sopraccigli**o** *eyebrow*	**le** sopracciglia
l'uov**o** *egg*	**le** uova
il pai**o** *pair*	**le** paia

7. A few nouns have irregular plurals that follow no pattern.

Singular	Plural
il dio *god*	gli dei
la moglie *wife*	le mogli
il tempio *temple*	i templi
l'uomo *man*	gli uomini

8. Abbreviated nouns do not change in the plural and retain the same gender as the original noun.

Singular	Plural
l'aut**o** (automobile)	le aut**o**
la bic**i** (bicicletta)	le bic**i**
il cinem**a** (cinematografo)	i cinem**a**
la fot**o** (fotografia)	le fot**o**
il frig**o** (frigorifero)	i frig**o**
la radi**o** (radiotelefonia)	le radi**o**

ESERCIZI

A La prima. Un giornalista della RAI (Radiotelevisione Italiana) descrive agli spettatori un ricevimento dopo la prima (*premiere*) di un film. Cambia i nomi in corsivo dal maschile al femminile e dal femminile al maschile facendo tutti i cambiamenti necessari.

1. Nel salone ci sono molte persone famose: *il regista* del film, *il produttore*, e *le attrici protagoniste*.
2. C'è anche *un dottore tedesco famoso* con *un'amica italiana*.
3. C'è *il figlio* di *un poeta contemporaneo* con *un'amica scrittrice*.
4. *L'attrice* che ha il ruolo di *protagonista* del film è con *un famoso professore*.
5. Ci sono anche *molti musicisti. Il pianista* e *il violinista* discutono di musica con *un cantante francese*.

B Che cos'è? Leggi le seguenti descrizioni e indica di cosa si tratta. Non dimenticare l'articolo.

Esempio: Lo mandiamo a un amico quando si sposa e non andiamo al matrimonio.
Un telegramma.

1. Lo usiamo quando scriviamo una mail agli amici.
2. Gli studenti ci vanno per continuare a studiare dopo il liceo.
3. È una donna che scrive poesie.
4. Si vede dal finestrino del treno quando facciamo un viaggio.
5. È un uomo che scrive libri.
6. Possono essere lunghi, corti, lisci, ricci o ondulati.
7. È una donna che suona il piano.
8. Possono essere chiari, scuri, espressivi e ridenti.
9. È il fratello di tuo padre o di tua madre.
10. Ci mettiamo la frutta, l'acqua e il vino bianco.
11. Ci mettiamo i vestiti quando viaggiamo.
12. L'accendiamo quando siamo in macchina per ascoltare musica.

C Quanti ne ricordi? Qual è il plurale dei seguenti nomi?

1. l'amica
2. il dialogo
3. il re
4. il braccio
5. lo scrittore
6. il poeta
7. la moglie
8. la protagonista
9. la collega
10. il caffè
11. la farmacia
12. la serie
13. il programma
14. il dito
15. l'uovo
16. il bar

D **Inventiamo una storia!** Scrivi un brano (*passage*) originale e usa almeno otto delle parole indicate. Usa la tua immaginazione e non dimenticare di essere creativo/-a.

un uomo	una moglie	uno psicologo	un problema	la crisi
una cantante	il direttore	il colore	degli amici	il viso
la statura	lo sguardo	i lineamenti	la carnagione	la pelle

Gli aggettivi

In Italian, an adjective agrees in gender and number with the noun it modifies. Most Italian adjectives end in **-o**, **-e**, or **-ista**. The feminine form of an adjective ending in **-o** is **-a**. Adjectives that end in **-e** and **-ista** have the same form in the masculine and feminine singular.

Quel ragazz**o** biond**o** è molto giovan**e**.   *That blond boy is very young.*
È una donn**a** coraggios**a** e sensibil**e**.   *She is a brave and sensitive woman.*

Giovanna è una ragazz**a** altru**ista**   *Giovanna is an unselfish and*
  e ottim**ista**; Carlo, invece, è un   *optimistic girl; Carlo, on the other*
  ragazz**o** pessim**ista**.   *hand, is a pessimistic boy.*

A   Il plurale degli aggettivi

Most adjectives form the plural by changing their endings as nouns do.

Endings Change:

	Singular	Plural	Singular	Plural
(*m.*)	**-o** →	**-i**	un ragazz**o** disinvolt**o**	dei ragazz**i** disinvolt**i**
(*f.*)	**-a** →	**-e**	una ragazz**a** disinvolt**a**	delle ragazz**e** disinvolt**e**
(*m./f.*)	**-e** →	**-i**	un ragazz**o** affabil**e**	dei ragazz**i** affabil**i**
			una ragazz**a** affabil**e**	delle ragazz**e** affabil**i**
(*m./f.*)	**-ista** ⟋⟍	**-isti** (*m.*)	un ragazz**o** ottim**ista**	dei ragazz**i** ottim**isti**
		-iste (*f.*)	una ragazz**a** ottim**ista**	delle ragazz**e** ottim**iste**

1. The plural of some adjectives is not formed according to the rules illustrated above. The following are some of the most common exceptions.

   a. The adjectives of color **beige**, **blu**, **rosa**, and **viola** (*purple*) are invariable.

     Portava i pantaloni blu, un golf   *She was wearing blue pants, a pink*
       rosa e le scarpe beige.   *pullover, and beige shoes.*

   b. Some adjectives change their spelling in the plural according to the same patterns as similar nouns (see page **19**).

Ending change	Singular	Plural
-go → -ghi	lun**go** *long*	lun**ghi**
-ga → -ghe	lar**ga** *wide*	lar**ghe**
-ca → -che	simpati**ca** *pleasant*	simpati**che**
-co ⟨ -chi / -ci	stan**co** *tired* magnìfi**co** *magnificent*	stan**chi** magnìfi**ci**
-io ⟨ -i / -ii	ricc**io** *curly* restìo *reluctant*	ricc**i** resti**i**
-ia ⟨ -e / -ie	fradic**ia** *rotten, soaked* restìa *reluctant*	fradic**e** resti**e**

2. If one adjective modifies two or more singular nouns, the plural form of the adjective is usually used. If the nouns are of different genders, the masculine plural form of the adjective is used.

I ragazz**i** e le ragazz**e** in classe sono loquac**i** e buff**i**.	*The boys and girls in class are talkative and funny.*
Marc**o** e le sue sorell**e** sono taciturn**i**.	*Marco and his sisters are sullen.*

B La collocazione degli aggettivi

Adjectives usually follow the noun they modify.

Ha i capelli **biondi** e gli occhi **verdi**.	*She has blond hair and green eyes.*

But there are some exceptions:

1. Certain common adjectives, including **bello** (*pretty*), **brutto** (*ugly*), **buono** (*good*), **cattivo** (*bad*), **giovane** (*young*), **grande** (*large*), **nuovo** (*new*), **piccolo** (*small*), and **vecchio** (*old*), usually appear before the noun.

una **buona** ragione *a good reason*

un **brutto** pensiero *an ugly thought*

una **grande** sala *a large room*

un **piccolo** tavolo *a small table*

These adjectives can also appear after the noun for emphasis and/or contrast. The adjectives **vecchio** and **nuovo** have different meanings before and after the noun.

Ho una **vecchia** amica che abita a Francoforte.	*I have an old friend who lives in Frankfurt.*
Ho un'amica **vecchia** che suona il pianoforte.	*I have an elderly friend who plays the piano.*

2. Adjectives accompanied by **molto** or other adverbs always follow the noun.

È un uomo **molto** vecchio.	*He is a very old man.*
È un ragazzo **troppo** buono.	*He is too good.*

C Buono, bello, grande

1. When **buono** and **bello** precede the noun, their form changes according to the noun that follows. **Buono** follows the same pattern as the indefinite article, **un/uno**, **una/un'**. The plural forms are regular: **buoni** and **buone**. **Bello** follows the same pattern as the definite article, **il/lo/l'**, **la/l'**, **i/gli/le**.

buono		
Before	**Masculine**	**Feminine**
a consonant	buon **bambino**	buona **bambina**
a vowel	buon amico	buon'amica
s + *consonant*	buono **studente**	buona **studentessa**
ps	buono **psicologo**	buona **psicologa**
z	buono zio	buona zia

bello				
	Masculine		**Feminine**	
Before	**Singular**	**Plural**	**Singular**	**Plural**
a consonant	bel viso	bei visi	bella bocca	belle bocche
a vowel	bell'amico	begli amici	bell'amica	belle amiche
s + consonant	bello sguardo	begli sguardi	bella scarpa	belle scarpe
ps	bello psicologo	begli psicologi	bella psicologa	belle psicologhe
z	bello zio	begli zii	bella zia	belle zie

When **buono** and **bello** follow the noun, they have the same four forms as regular adjectives that end in **-o**: buono, buoni, buona, buone; bello, bella, belli, belle.

2. When the adjective **grande** appears before a noun, it usually means *great* or *big* in the sense of *major*. **Grande** can be shortened to **grand'** before singular or plural nouns beginning with a vowel. It can be shortened to **gran** before singular or plural nouns beginning with a consonant other than **s** + *consonant*, **ps**, or **z**.

È stato un **grand'**errore.	*It was a big mistake.*
Hanno sempre una **gran** fretta di finire.	*They are always in a big hurry to finish.*
BUT: Ho fatto un **grande** sbaglio.	*I made a big mistake.*

When **grande** follows a noun, it generally denotes physical size and has the same two forms as other adjectives ending in **-e**.

Pavarotti è un **gran** cantante.	*Pavarotti is a great singer.*
Pavarotti è un uomo **grande**.	*Pavarotti is a large man.*

> The adjective **santo** (*saint*) becomes **San** before masculine names beginning with a consonant other than **s** + a consonant, and **Sant'** before masculine and feminine names beginning with a vowel.
>
> | | |
> |---|---|
> | San Carlo | Santo Stefano |
> | Sant'Antonio | Sant'Anna |
> | Santa Caterina | |
>
> When **santo** is used to mean *blessed* or *holy*, it has the four regular forms—**santo, santi, santa**, and **sante**—which may precede or follow the noun.
>
> | | |
> |---|---|
> | È un luogo santo. | *It is a holy place.* |

ESERCIZI

A La mia famiglia. Completa il brano con la forma corretta degli aggettivi indicati.

Mia madre è (1. colto) _____ e (2. raffinato) _____. Le piace stare in compagnia, perché è molto (3. socievole) _____. Mio padre, invece, non è molto (4. espansivo) _____. Infatti è una persona (5. introverso) _____ e (6. orgoglioso) _____. I miei due fratelli sono molto (7. simpatico) _____ e (8. gentile) _____ con tutti. Le mie due sorelle invece pensano solo a sé e sono (9. egoista) _____ e (10. viziato) _____. Sono però molto (11. affabile) _____ con tutti.

B Non è vero! Giulia e Fabrizia discutono di alcuni conoscenti, ma Fabrizia non è d'accordo con le affermazioni dell'amica. Riscrivi le frasi seguenti sostituendo gli aggettivi in corsivo con degli aggettivi che indicano l'opposto. Fa' i cambiamenti necessari.

1. GIULIA: Il professore è sempre molto *paziente* e *espansivo*.
   FABRIZIA: Non è vero. _____.

2. GIULIA: Luigi e Carlo sono *tranquilli* e *calmi*.
   FABRIZIA: Non è vero. _____.

3. GIULIA: Renata ha *bei* capelli *lunghi* e *lisci*.
   FABRIZIA: Non è vero. _____.

4. GIULIA: La signora Rossi ha un *bel* viso. Ha la pelle *liscia*.
   FABRIZIA: Non è vero. _____.

5. GIULIA: Tua madre è una donna *giovane* e *loquace*.
   FABRIZIA: Non è vero. _____.

6. GIULIA: Sabrina e Lisa sono *ottimiste* e *altruiste*.
   FABRIZIA: Non è vero. _____.

C La famiglia di Mirella. Completa le frasi seguenti con la forma corretta di **bello** o **buono**.

1. Mirella ha tre _____ figli. Il figlio maggiore ha _____ occhi verdi e _____ capelli neri.

2. Il figlio minore è _____ e obbediente. La figlia ha anche lei un _____ carattere. Ha un _____ viso dolce e _____ lineamenti. È sempre di _____ umore.

3. Il marito di Mirella è un _____ uomo sui quarant'anni, con un _____ fisico da atleta.

4. Mirella è una _____ signora alta e snella. Suona il piano da molti anni e ha _____ dita lunghe e affusolate.

5. La domenica Mirella e la sua famiglia vanno in una _____ trattoria di campagna. Dopo un _____ pranzo, spesso vanno al cinema a vedere un _____ film.

D Venti domande. A turno, scegliete una delle persone della lista e fate domande sì/no al vostro partner per indovinare quali di queste avete scelto.

Esempio: s1: È un uomo?
   s2: Sì.
   s1: Ha gli occhi azzurri?
   s2: Sì.
   s1: È Frank Sinatra?
   s2: Sì.

Naomi Campbell	Bill Clinton	uno studente/una studentessa in classe
Yo-Yo Ma	Tony Blair	Donald Trump
Oprah Winfrey	Barbara Bush	Madonna
Tiger Woods	Frank Sinatra	Sofia Loren
Placido Domingo	Michael Schumacher	il tuo professore/la tua professoressa

I pronomi personali soggetto

Subject pronouns are used far less frequently in Italian than in English, because the verb ending usually indicates the person and number of the subject. They are only used for emphasis or clarification.

Fac**cio** commissioni ogni pomeriggio.	*I run errands every afternoon.*
Facc**iamo** commissioni ogni pomeriggio.	*We run errands every afternoon.*
Tu non vai mai in palestra, **noi** ci andiamo sempre.	*You never go to the gym, we always go.*

Singular	Plural
io	noi
tu (*inform.*)	voi (*inform.*)
Lei (*form.*)	Loro (*form.*)
lui/egli/esso	loro
lei/ella/essa	loro
esso	essi
essa	esse

Egli and **ella** are used in place of **lui** and **lei** only in formal written Italian. **Esso** is generally used to refer to animals and objects; **essa** can refer to people, animals, or objects. However, **esso** and **essa,** as well as their plural forms, are rarely used in spoken Italian.

Il presente indicativo

A L'uso del presente indicativo

The present indicative is used to describe actions and situations in the present. It has three English equivalents:

Andiamo al museo.	*We are going to the museum.* *We go to the museum.* *We do go to the museum.*

1. The present tense is also frequently used to talk about future actions that are fairly likely to take place.

Domani sera rincasiamo alle otto.	*Tomorrow evening we will return home at eight.*

2. The present tense also describes actions that began in the past and are continuing in the present. Such actions can be expressed in three ways:

a. *verb* + **da** + *duration*

Parla al cellulare da un'ora.	*She has been talking on her cell phone for an hour.*

b. **è/sono** + *duration* + **che** + *verb*

È un'ora che parla al cellulare.	*She has been talking on her cell phone for an hour.*

Subject pronouns are used with **stesso** and **altri** to emphasize the subject. **Stesso** agrees in number and gender with the subject pronoun. **Altri** is used with **noi** and **voi** (frequently written as a single word: **noialtri**, **voialtri**) to indicate a group of people.

Lo ha fatto **lei stessa**.
She did it herself.

Noialtri mangiamo fuori. Che cosa fate **voialtri**?
We're eating out. What are you guys doing?

c. è + **da** + *duration* + **che** + *verb*

È da un'ora che parla al cellulare.   *It's been one hour that she has been talking on her cell phone.*

3. As in English, the present tense is sometimes used to make past events seem more vivid and immediate. This usage is called the **presente storico**.

Nel 1950 conosce l'uomo dei
  suoi sogni.
           *In 1950 she meets the man of
  her dreams.*

B   I verbi regolari

There are three verb conjugations in Italian. The present tense is formed by dropping the infinitive endings -**are**, -**ere**, and -**ire**, and adding the endings shown below to the verb stems.

	First conjugation	Second conjugation	Third conjugation	
	parl**are**	scriv**ere**	dorm**ire**	fin**ire**
io	parl**o**	scriv**o**	dorm**o**	fin**isco**
tu	parl**i**	scriv**i**	dorm**i**	fin**isci**
Lei	parl**a**	scriv**e**	dorm**e**	fin**isce**
lui/lei	parl**a**	scriv**e**	dorm**e**	fin**isce**
noi	parl**iamo**	scriv**iamo**	dorm**iamo**	fin**iamo**
voi	parl**ate**	scriv**ete**	dorm**ite**	fin**ite**
Loro/loro	parl**ano**	scriv**ono**	dorm**ono**	fin**iscono**

1. There are two types of -**ire** verbs, as shown in the chart. Verbs such as **dormire** are conjugated by adding the present-tense endings directly to the verb stem.

Part**i** stasera?
           Are you leaving tonight?
No, part**o** domani.
           No, I'm leaving tomorrow.

In verbs like **finire**, -**isc**- is inserted before all endings except the first- and second-person plural. A list of common verbs conjugated like **finire** can be found in the Appendix (p. 458). Verbs that follow this pattern will also be identified throughout this book with (-**isc**-).

Pul**isc**o il mio appartamento
  il sabato.
           *I clean my apartment on
  Saturdays.*

2. Verbs that end in -**care** and -**gare**, like **cercare** (*to look for*) and **pagare** (*to pay*), add an **h** in the second-person singular and the first-person plural to retain the hard pronunciation of the **c** and **g**.

Gio**chi** spesso a tennis?
           Do you play tennis often?
Sì, io e Mario gio**chi**amo il
  venerdì pomeriggio.
           *Yes, Mario and I play every
  Friday afternoon.*

3. Verbs that end in -**ciare**, -**giare**, -**gliare**, and -**sciare**, like **cominciare** (*to begin*), **mangiare** (*to eat*), **sbagliare** (*to make a mistake*), and **lasciare** (*to leave behind*), maintain the soft pronunciation throughout the conjugation. The **i** of the stem is dropped in front of verb endings that begin with an **i**.

Mang**i** con noi stasera?
           Are you going to eat with us tonight?

4. Verbs that end in **-cere**, like **convincere** (*to persuade*), and **-gere**, like **leggere** (*to read*), do not retain the soft pronunciation of the **c** and **g** in the first-person singular and third-person plural. Instead, their pronunciation becomes guttural.

Cosa leg**gi**?	*What are you reading?*
Leg**go** un bel romanzo.	*I'm reading a great novel.*

5. Most verbs that end in **-iare**, like **studiare** (*to study*), drop the **i** of the stem in the second-person singular. If the **i** of the stem is stressed, however, as in **inviare** (*to send*) and **sciare** (*to ski*), it is retained in the second-person singular.

Quante ore al giorno stud**i**?	*How many hours a day do you study?*
Non stud**io** molto.	*I don't study very much.*
Sc**ii** con gli amici in inverno?	*Do you ski with your friends in winter?*
Sì, qualche volta sc**iamo** insieme.	*Yes, sometimes we ski together.*

ESERCIZI

A **La serata di Paola.** Paola Mancini è una giovane professionista che vive sola. Leggi come passa le serate e completa le frasi con la forma corretta del presente indicativo dei verbi in parentesi.

1. Dopo il lavoro, _____ (passare) dal negozio vicino casa e _____ (comprare) dei surgelati (*frozen foods*). Poi _____ (tornare) a casa, _____, _____ (aprire) la porta ed _____ (entrare) in salotto.
2. _____ (Mettere) la borsa sul divano e in fretta _____ (leggere) la posta. Poi _____ (accendere) la televisione. _____ (Seguire) con attenzione il telegiornale.
3. Più tardi _____ (telefonare) agli amici e insieme loro _____ (discutere) il programma per la serata. Qualche volta _____ (decidere) di ritrovarsi al caffè.

B **La realtà giornaliera.** Tiziana racconta cosa fanno ogni giorno i suoi amici. Completa le frasi con uno dei verbi della lista.

prendere	giocare	leggere	nuotare	suonare	dipingere
dormire	sciare	finire	disegnare	pulire	studiare

1. Giovanni _____ in piscina ogni giorno.
2. Luigi e Giuseppe prima _____ i compiti e poi _____ il giornale.
3. In estate io e Paolo _____ a tennis ogni pomeriggio. In inverno, invece, _____ in montagna.
4. Tu e Giuseppe _____ un caffè con gli amici.
5. Paola _____ dodici ore al giorno.
6. Renata _____ il suo appartamento.
7. Cecilia e Alessio _____ la chitarra.
8. Lisa _____ Belle Arti e lei _____ e _____ tutto il giorno.

C **Con quale frequenza?** Formula delle domande con i seguenti elementi e poi intervista due compagni/due compagne. Quindi scrivi un breve riepilogo delle loro risposte.

1. quanti / libri / leggere in un anno
2. quanti / film / vedere in un mese
3. quante / ore / al giorno guardare la TV

4. con quale frequenza / mangiare / in un ristorante
5. quante / mail / scrivere al giorno
6. quante / ore / passare al telefono
7. con quale frequenza / usare / il cellulare

C I verbi irregolari

Many verbs are irregular in the present tense. However, some follow recognizable patterns.

1. Some verbs form the present indicative by adding regular present-tense endings to the stem of an archaic form of the infinitive.

	dire (dicere)	**bere** (bevere)	**porre** (ponere)	**tradurre** (traducere)
io	dico	bevo	**pongo**	traduco
tu	dici	bevi	poni	traduci
Lei/lei/lui	dice	beve	pone	traduce
noi	diciamo	beviamo	poniamo	traduciamo
voi	**dite**	bevete	ponete	traducete
Loro/loro	dicono	bevono	**pongono**	traducono

Note the exceptions **dite**, **pongo**, and **pongono**. Compound verbs formed with **-dire**, **-porre**, and **-durre**, such as **contraddire** (*to contradict*), **opporre** (*to oppose*), and **ridurre** (*to reduce*), follow the same pattern.

2. The verbs **rimanere** (*to remain*) and **salire** (*to ascend, to get on*) follow the same pattern as **porre**, above, adding a **g** in the first-person singular and third-person plural. However, their stems are regular.

	rimanere	**salire**
io	rimango	salgo
tu	rimani	sali
Lei/lei/lui	rimane	sale
noi	rimaniamo	saliamo
voi	rimanete	salite
Loro/loro	rimangono	salgono

3. The verbs **tenere** (*to hold, to keep*) and **venire** (*to come*) add a **g** in the first-person singular and third-person plural and an **i** in the second- and third-person singular.

	tenere	**venire**
io	tengo	vengo
tu	tieni	vieni
Lei/lei/lui	tiene	viene
noi	teniamo	veniamo
voi	tenete	venite
Loro/loro	tengono	vengono

Compound verbs that end in **-tenere** and **-venire**, like **ottenere** (*to obtain*), **mantenere** (*to support, to maintain*), and **avvenire** (*to happen*), follow the same pattern.

4. In some verbs ending in **-gliere**, the **gl** of the stem becomes **lg** in the first-person singular and the third-person plural.

	scegliere (*to choose*)	togliere (*to take off*)
io	sce**lg**o	to**lg**o
tu	scegli	togli
Lei/lei/lui	sceglie	toglie
noi	scegliamo	togliamo
voi	scegliete	togliete
Loro/loro	sce**lg**ono	to**lg**ono

5. Some frequently used verbs follow no pattern at all.

    a. Among these verbs are **essere** and **avere**.

	essere	avere
io	sono	ho
tu	sei	hai
Lei/lei/lui	è	ha
noi	siamo	abbiamo
voi	siete	avete
Loro/loro	sono	hanno

    b. The verbs **dovere** (*to have to*), **potere** (*to be able*), **volere** (*to want*), and **sapere** (*to know*) follow no pattern.

	dovere	potere	volere	sapere
io	devo	posso	voglio	so
tu	devi	puoi	vuoi	sai
Lei/lei/lui	deve	può	vuole	sa
noi	dobbiamo	possiamo	vogliamo	sappiamo
voi	dovete	potete	volete	sapete
Loro/loro	devono	possono	vogliono	sanno

    c. The frequently used verbs **andare** (*to go*), **dare** (*to give*), **fare** (*to do, to make*), **stare** (*to stay*), and **uscire** (*to go out*) also follow no pattern.

	andare	dare	fare	stare	uscire
io	vado	do	faccio	sto	esco
tu	vai	dai	fai	stai	esci
Lei/lei/lui	va	dà	fa	sta	esce
noi	andiamo	diamo	facciamo	stiamo	usciamo
voi	andate	date	fate	state	uscite
Loro/loro	vanno	danno	fanno	stanno	escono

Other irregular verbs that follow no pattern can be found in the Appendix (pp. 446–456).

Several common idiomatic expressions are formed with the verb **avere**. Note that the equivalent expressions in English use the verb *to be*.

avere... anni *to be . . . years old*

avere bisogno di *to need*

avere caldo *to be hot*

avere fame *to be hungry*

avere freddo *to be cold*

avere fretta *to be in a hurry*

avere paura di *to be afraid of*

avere ragione *to be right*

avere sete *to be thirsty*

avere sonno *to be sleepy*

avere torto *to be wrong*

avere voglia di *to feel like doing something or having something*

ESERCIZI

A **Studi all'estero.** Giulia è una ragazza italiana che è andata a studiare per un anno in America. Nel diario racconta le sue esperienze. Completa le frasi con la forma corretta del presente indicativo dei verbi in parentesi.

1. Descrive la famiglia e le abitudini delle persone.
   a. (Io) _____ (vivere) in America ormai da sei mesi con la famiglia Bloom. I signori Bloom _____ (avere) due figli. La figlia minore, Judy, _____ (frequentare) l'università.
   b. Ryan _____ (essere) un ragazzo sportivo. Ogni mattina _____ (andare) in palestra o _____ (correre) per un'ora. A volte anch'io _____ (andare) con lui.
   c. Judy invece non _____ (fare) nessuna attività sportiva. _____ (Preferire) leggere o ascoltare musica.
   d. Il signor Bloom _____ (uscire) di casa ogni mattina alle sei, perché _____ (dovere) recarsi molto lontano. Lui _____ (costruire) villette in periferia. Non _____ (avere) mai tempo di fare colazione e _____ (bere) solo un caffè in piedi.
   e. La signora Bloom _____ (fare) l'avvocato in un importante studio del centro. _____ (Condurre) una vita frenetica. La mattina _____ (preparare) e _____ (servire) la colazione. Poi _____ (pulire) la cucina e _____ (stabilire) con il marito e i figli le attività della giornata. Dopo _____ (fuggire) di corsa al lavoro.

2. Giulia descrive anche una sua tipica giornata.
   a. Io non _____ (fare) altro che andare a scuola e ogni giorno _____ (conoscere) nuove persone. Purtroppo ancora non _____ (capire) bene l'inglese e _____ (dovere) seguire corsi di lingua.
   b. Ogni mattina Larry _____ (venire) a prendermi in macchina e insieme _____ (andare) all'università. Larry _____ (sapere) un po' d'italiano ed io ancora _____ (preferire) chiacchierare nella mia lingua. _____ (Proporre) sempre a Larry di conversare in italiano. A scuola però il professore d'inglese mi _____ (proibire) di parlare italiano. In classe noi studenti _____ (cercare) di capire l'insegnante anche quando _____ (usare) frasi idiomatiche.
   c. Larry _____ (dire) che ogni giorno (io) _____ (diventare) più brava. Infatti a scuola _____ (ottenere) sempre buoni voti e _____ (mantenere) una media alta.

B **Chi lo fa?** Trova due persone in classe che fanno le seguenti cose. Poi scrivi un biglietto (*note*) al tuo professore/alla tua professoressa e spiega chi fa che cosa.

1. Viene a scuola sempre in macchina.
2. Si toglie le scarpe appena arriva a casa.
3. Dice sempre buongiorno a tutti gli studenti quando entra in classe.
4. Mantiene una media alta in italiano.
5. Conduce una vita frenetica.
6. Esce con gli amici tutti i weekend.
7. Deve telefonare ai suoi genitori ogni giorno.
8. Va al cinema almeno quattro volte al mese.
9. Fa dello sport ogni giorno.
10. Propone agli amici sempre cose interessanti.

I verbi riflessivi

Reflexive verbs are used to express actions that one does to oneself. Reflexive verbs are far more common in Italian than in English, which often does not express the reflexive meaning.

Mi sveglio alle otto, ma non **mi alzo** fino alle nove.	*I wake up at eight, but I don't get up until nine.*

Some Italian verbs are not reflexive in meaning, but have reflexive forms.

Si arrabbia facilmente.	*He gets angry easily.*

A La coniugazione dei verbi riflessivi

Reflexive verbs are conjugated like other verbs. However, the reflexive pronoun is always used. The infinitive forms of reflexive verbs always end in **-si**.

	pettinar*si*	**metter*si***	**vestir*si***
io	**mi** pettino	**mi** metto	**mi** vesto
tu	**ti** pettini	**ti** metti	**ti** vesti
Lei/lei/lui	**si** pettina	**si** mette	**si** veste
noi	**ci** pettiniamo	**ci** mettiamo	**ci** vestiamo
voi	**vi** pettinate	**vi** mettete	**vi** vestite
Loro/loro	**si** pettinano	**si** mettono	**si** vestono

1. Reflexive pronouns always precede the conjugated form of the verb. In the infinitive form, the pronoun is attached to the end of the verb, which drops its final **-e**. The reflexive pronoun always agrees with the subject of the sentence, even when attached to an infinitive.

Mi piace mantener**mi** in forma.	*I like to keep in shape.*
Prefer**iscono** allenar**si** il pomeriggio.	*They prefer to train in the afternoon.*

2. When a reflexive verb is used with **dovere**, **potere**, or **volere**, the reflexive pronoun can be attached to the infinitive or placed in front of the conjugated verb.

Ci dobbiamo togliere le scarpe? Dobbiamo toglier**ci** le scarpe?	*Do we have to take our shoes off?*

3. Ordinary verbs are often used reflexively for emphasis.

Mi faccio un bel pisolino.	*I'm going to take a nice little nap.*
Ci mangiamo un bel panino.	*We are going to eat a nice sandwich.*

> When reflexive verbs are used with parts of the body and articles of clothing, the definite article is used.
>
> Mi lavo **la** faccia e poi mi trucco **gli** occhi.
>
> *I'm going to wash my face, and then I'm going to put some makeup on my eyes.*

B Il reciproco

The plural forms of reflexive verbs are also used for reciprocal actions with the reflexive pronouns **ci**, **vi**, or **si**. This meaning is expressed in English by the phrase *each other*.

Ci telefoniamo ogni sera, ma **ci vediamo** raramente.	*We call each other every night, but we rarely see each other.*

A Come si preparano? Per ognuna delle situazioni seguenti indica almeno quattro cose che le persone fanno per prepararsi.

1. Giovanna deve conoscere per la prima volta i genitori del futuro fidanzato.
2. Andrea deve partecipare ad un programma televisivo.
3. Due bambini di dieci anni vanno ad una festa di compleanno.
4. La signora Poli e il marito vanno ad un ballo in maschera.
5. Il signor Tommasini parte per l'Australia per un mese di lavoro.

B Cosa fanno? Immagina i rapporti fra le seguenti persone. Cosa fanno sempre, spesso, qualche volta? Cosa non fanno mai? Usa la forma reciproca dei verbi.

1. Due vicini che si detestano.
2. Tu e il tuo miglior amico.
3. Il professore e gli studenti del corso d'italiano.
4. Io e i miei genitori.

C La routine di un attore. Un presentatore televisivo intervista un famoso attore del cinema. Completa il dialogo con la forma corretta del presente indicativo dei verbi.

1. Gli fa domande sulla sua vita personale.
   a. DOMANDA: Lei, da quanto tempo _____ (fare) l'attore?
      RISPOSTA: _____ (Fare) questo mestiere da dieci anni.
   b. DOMANDA: Come _____ (svolgersi, *to unfold*) la Sua vita?
      RISPOSTA: La mia vita _____ (essere) molto movimentata, sempre fra un aeroporto e l'altro. Ogni mattina, quando _____ (svegliarsi), _____ (domandarsi) in che città _____ (trovarsi).
   c. DOMANDA: Come _____ (potere) definire la Sua vita privata?
      RISPOSTA: Io e mia moglie _____ (vedersi) raramente, ma ogni giorno, quando io _____ (viaggiare), noi _____ (sentirsi) al telefono. _____ (Ritenersi) molto fortunato, perché mia moglie non _____ (lamentarsi) mai.

2. Poi il presentatore chiede all'attore dei suoi rapporti con i figli e la moglie.
   DOMANDA: Come _____ (essere) i Suoi rapporti con i figli?
   RISPOSTA: Io e i miei ragazzi _____ (andare) molto d'accordo. (Noi) _____ (cercare) di passare il tempo libero insieme. _____ (Giocare) a tennis insieme, _____ (discutere) di tutto e _____ (raccontarsi) ogni cosa. Insomma, _____ (volersi) molto bene, nonostante il poco tempo che (noi) _____ (trascorrere) insieme. Noi _____ (rendersi) conto di avere una famiglia eccezionale.

D Cara Abby. Non vai d'accordo con due dei tuoi coinquilini, perché avete caratteri e abitudini diversi. Immagina di scrivere una lettera a Cara Abby. Nella lettera descrivi il problema e chiedi consigli e suggerimenti. Poi scambiate lettere e rispondete alla lettera del vostro compagno/della vostra compagna e dategli/le consigli e suggerimenti.

Ascoltiamo

La descrizione delle persone

A **Di chi parlano?** Alcuni invitati ad un matrimonio parlano di altri ospiti. Ascolta le conversazioni e indica accanto ad ogni registrazione la persona di cui parlano ritratta nel disegno.

1. Registrazione 1: _____
2. Registrazione 2: _____
3. Registrazione 3: _____

B **Gli è simpatico?** Secondo voi, quali delle persone nel disegno piacciono alle persone che parlano e quali non piacciono? Motivate le vostre risposte.

Testi e contesti

Leggi le informazioni biografiche su Natalia Ginzburg e trova tre notizie interessanti.

Natalia Levi Ginzburg è nata a Palermo nel 1916, ma ha trascorso l'infanzia e l'adolescenza a Torino. Nel 1938 ha sposato Leone Ginzburg, scrittore antifascista ucciso (*killed*) dai tedeschi durante la lotta di liberazione. Nel 1950 ha sposato Gabriele Baldini, professore di letteratura inglese.

Tra i suoi lavori ricordiamo: *Tutti i nostri ieri* (1952), *Valentino* (1957), *Lessico famigliare* (1963), *Caro Michele* (1973), da cui è stato tratto il film dello stesso titolo. Importante è anche il contributo che la scrittrice ha dato al teatro, con commedie fra le quali *Ti ho sposato per allegria* (1967), *Fragola e panna* (1966) e la raccolta *Paese di mare* (1972).

La scrittrice, una delle più importanti nella letteratura italiana del Novecento, scrive spesso della vita familiare, di persone della media borghesia, degli intellettuali e di tanti scrittori che ha conosciuto personalmente, sempre attenta alla Storia e al suo insinuarsi nella realtà giornaliera. Ad esempio, la guerra e le sue atroci sofferenze entrano a far parte del racconto quotidiano, mentre tutto è narrato con lucidità, obiettività e sempre con ironia sottile.

Il testo che leggeremo, «Lui e io», è tratto dalla raccolta *Le piccole virtù* (1962). Nel brano, Natalia Ginzburg descrive con un certo umorismo le grandi e piccole differenze fra lei e il marito.

La scrittrice è morta a Roma nel 1991.

PRIMA DI LEGGERE

A Lui ed io. Leggi i primi due paragrafi del racconto e rispondi alle domande:

1. Chi narra il racconto?
2. Chi sono i personaggi principali? Cosa puoi capire di loro?
3. Quale pensi che sia l'argomento principale del racconto?
   - a. diversità di carattere
   - b. diversità di gusti
   - c. letteratura
   - d. musica
   - e. viaggi
   - f. il rapporto fra due persone
   - g. due persone molto simili

B La narratrice. Le citazioni seguenti sono tratte dal racconto. Che cosa rivelano del carattere della persona che parla?

1. «Lo seguo anche ai concerti, ma mi addormento.»
2. «Amo e capisco una sola cosa al mondo ed è la poesia.»
3. «Per me, ogni attività è sommamente difficile, faticosa (*tiring*), incerta.»
4. «Lui non sta mai in ozio (*idleness*), fa sempre qualcosa.»
5. «Lui ama i viaggi, le città straniere e sconosciute, i ristoranti.»

Mentre leggete sottolineate tutte le informazioni che parlano di «lui» e segnate con un cerchio tutte le informazioni che si riferiscono alla narratrice.

Leggiamo

Lui e io

Lui ha sempre caldo; io ho sempre freddo. D'estate, quando è veramente caldo, lui non fa che lamentarsi[1] del gran caldo che lui ha. Si sdegna[2] se vede che m'infilo, la sera, un golf.

Lui sa parlare bene alcune lingue; io non ne parlo bene nessuna. Lui riesce a
5 parlare, in qualche suo modo, anche le lingue che non sa. Lui ha un grande senso dell'orientamento[3]; io nessuno. Nelle città straniere, dopo un giorno, lui si muove leggero come una farfalla[4]. Io mi spedo nella mia propria città; devo chiedere indicazioni per ritornare alla mia propria casa. Lui odia chiedere indicazioni; quando andiamo per città sconosciute, in automobile, non vuole
10 che chiediamo indicazioni e mi ordina di guardare la pianta topografica. Io non so guardare piante topografiche, m'imbroglio su quei cerchiolini[5] rossi, e si arrabbia.

Lui ama il teatro, la pittura, e la musica: soprattutto la musica. Io non capisco niente di musica, e mi annoio a teatro. Amo e capisco una sola cosa al
15 mondo, ed è la poesia.

Lui ama i musei, e io ci vado con sforzo[6], con uno spiacevole senso di dovere e fatica[7]. Lui ama le biblioteche, e io le odio.

Lui ama i viaggi, le città straniere e sconosciute, i ristoranti. Io resterei sempre a casa, non mi muoverei mai.
20 Lo seguo, tuttavia, in molti viaggi. Lo seguo nei musei, nelle chiese, all'opera. Lo seguo anche ai concerti, ma mi addormento. ...

Al cinematografo vuol stare vicinissimo allo schermo. Se andiamo con amici, e questi cercano, come la maggior parte della gente, un posto lontano dallo schermo, lui si rifugia, solo, in una delle prime file[8]. Io ci vedo bene,
25 indifferentemente, da vicino e da lontano; ma essendo con amici, resto insieme a loro, per gentilezza; e tuttavia soffro, perché può essere che lui, nel suo posto a due palmi dallo schermo, siccome non mi sono seduta al suo fianco sia offeso con me. ...

Per me, ogni attività è sommamente difficile, faticosa, incerta. Sono molto
30 pigra, e ho un'assoluta necessità di oziare[9], se voglio concludere qualcosa, lunghe ore sdraiata[10] sui divani. Lui non sta mai in ozio, fa sempre qualcosa; scrive a macchina velocissimo, con la radio accesa; quando va a riposare il pomeriggio, ha con sé delle bozze[11] da correggere o un libro pieno di note; vuole, nella stessa giornata, che andiamo al cinema, poi a un ricevimento[12], poi
35 a teatro. Riesce a fare, e anche a farmi fare, nella stessa giornata, un mondo di cose diverse; a incontrarsi con le persone più disparate. ...

Io non so amministrare il tempo. Lui sa.

Gli piacciono i ricevimenti. Ci va vestito di chiaro, quando tutti sono vestiti di scuro; l'idea di cambiarsi di vestito, per andare a un ricevimento, non gli
40 passa per la testa. Ci va magari con un vecchio impermeabile e col suo cappello sbertucciato[13]: un cappello di lana che ha comprato a Londra, e che porta calato[14] sugli occhi. Sta là solo mezz'ora, gli piace, per una mezz'ora, chiacchierare con un bicchiere in mano; mangia molti pasticcini[15], io quasi

[1]*complain...*; [2]*becomes indignant*

[3]*sense of direction*
[4]*butterfly*

[5]*little dots*

[6]*effort*
[7]*labor*

[8]*rows*

[9]*to idle*
[10]*lying down*

[11]*galleys*
[12]*reception*

[13]*worn out*
[14]*lowered*
[15]*pastry*

nessuno, perché vedendo lui mangiare tanto penso che io almeno, per
45 educazione e riserbo, devo astenermi dal mangiare; dopo mezz'ora,
quando comincio un poco ad ambientarmi[16] e a star bene, si fa impaziente e
mi trascina via[17]. ...

Tutto il giorno si sente musica, in casa nostra. Lui tiene tutto il giorno la
radio accesa. O fa andare dei dischi. Io protesto, ogni tanto, chiedo un po' di
50 silenzio per poter lavorare; ma lui dice che una musica bella è certo salubre per
ogni lavoro.

Si è comprato un numero di dischi incredibile. Possiede, dice, una delle più
belle discoteche del mondo. ...

Era, dice sua madre, da bambino, un modello di ordine e precisione; e pare
55 che una volta che doveva attraversare[18] certi rigagnoli pieni di fango[19], in
campagna, in un giorno di pioggia, con stivaletti bianchi e veste bianca, era alla
fine della passeggiata immacolato e senza una chiazza[20] di fango sull'abito e
sugli stivaletti. Ora non c'è in lui traccia[21] di quell'antico, immacolato bambino. I
suoi vestiti sono sempre pieni di macchie. È diventato disordinatissimo. ...

60 Io sono disordinatissima. Sono però diventata, invecchiando, nostalgica
dell'ordine e riordino, a volte, con grande zelo gli armadi. ... Il mio ordine, il mio
disordine, sono pieni di rammarico[22], di rimorsi, di sentimenti complessi. Lui, il
suo disordine è trionfante. Ha deciso che per una persona come lui, che studia,
avere il tavolo in disordine è legittimo e giusto.

[16]*to settle in*
[17]*drags me away*

[18]*cross;* [19]*mud*

[20]*spot*
[21]*trace*

[22]*regret*

(Da «Lui ed io», pp. 53–65, di Natalia Ginzburg, *Le piccole Virtù*, 1962, Torino: Einaudi. © Einaudi.)

DOPO LA LETTURA

Comprensione del testo. Dopo aver letto il brano una prima volta, trova
informazioni nel testo per giustificare le seguenti affermazioni.

1. «Lui» non è un tipo calmo. È impaziente e nervoso.
2. «Io», invece, è un tipo calmo e tranquillo.
3. «Lui» è socievole, ma «io» non è per niente socievole.
4. «Lui» raramente pensa agli altri, «io», invece, pensa anche troppo agli altri.
5. Da piccolo, «lui» era molto diverso, anche «io» è cambiata negli ultimi anni.

PARLIAMO E DISCUTIAMO

1. A coppie, discutete delle informazioni su di «lui» e «io» che avete trovato nel
   testo. Come sono simili i due protagonisti? Come sono diversi?
2. Elenca tutti gli aggettivi che secondo te meglio descrivono il carattere dei due
   protagonisti. Motiva le tue scelte.
3. Quale dei due protagonisti ti piace di più? Perché?
4. Immagina una conclusione alla storia.
5. Intervista un compagno/una compagna e scopri quale dei due personaggi è
   più simile a lui/a lei. Prima prepara una lista di domande. Dopo spiega alla
   classe se il tuo compagno/la tua compagna è più simile a «lui» o a «lei».
   Giustifica le tue opinioni.
6. A piccoli gruppi, scrivete un breve racconto dal punto di vista del marito. Poi
   leggete il vostro racconto alla classe.

Per scrivere

Come tenere un diario

*I*n a journal we note feelings and opinions and also record daily and special events. Since we feel free to write in a spontaneous, informal style, keeping a journal is very useful when learning a second language. As you progress with *Crescendo!*, you will be asked to write a journal entry in Italian in conjunction with each chapter. This will give you a chance to reflect about and note down your own experiences within different perspectives explored throughout the book. By the end of the course, you will have produced a unique document from which you may draw some interesting conclusions.

PRIMA DI SCRIVERE

As you set up your journal and think about your first and future entries, keep in mind the following practical suggestions:

1. Focus on the ideas or experiences that you personally wish to record and on the point of view that you want to express.
2. Write in a natural, "everyday" style.
3. Do not worry too much about grammatical accuracy.
4. Make an effort to use words, expressions, and structures you are familiar with or that you have just learned.

ADESSO SCRIVIAMO

Now, keeping these points in mind, write your first journal entry. Answer the question with which this chapter begins: **E tu che tipo sei?** You may choose to focus on a physical description of yourself, talk about your personality, or convey a sense of who you are by presenting your daily routine and habits.

Capitolo 2

Vecchio ritratto di famiglia. A coppie, descrivete la foto. In che periodo siamo? Secondo voi, chi erano le persone? Com'erano? Scegliete una persona che vi sembra particolarmente interessante e immaginate com'era il suo carattere.

© Granataimages.com

Temi

Tanti ricordi del passato: l'infanzia, l'adolescenza e i rapporti con gli amici e i familiari

Storie di esperienze e momenti indimenticabili

Strutture

Gli aggettivi e i pronomi possessivi

L'imperfetto indicativo

Il passato prossimo

Il passato prossimo e l'imperfetto

Il trapassato prossimo

Ascoltiamo

Le fiabe

Testi e contesti

«Tonino, l'invisibile», Gianni Rodari

Per scrivere

Come narrare una storia

Tanti racconti del passato

E tu, com'eri da piccolo/-a?

Facciamo conversazione

Tanti ricordi del passato: l'infanzia, l'adolescenza e i rapporti con gli amici e i familiari

© Cecilia Boggio

A **Chi sono?** A coppie, descrivete le persone nella foto. Chi sono? Come sono? Cosa fanno? Immaginate una storia basata sulla foto.

B **E tu, com'eri?** Descrivi il tuo aspetto fisico e il tuo carattere quando eri bambino/-a. Come sei cambiato/-a?

C **Cosa ti piaceva fare?** A coppie, discutete quali di queste attività vi piaceva fare da piccoli e anche con quale frequenza le facevate.

1. giocare con le bambole
2. giocare a campana (*hop-scotch*)
3. disegnare
4. guardare i cartoni animati
5. giocare a nascondino (*hide and seek*)
6. leggere i fumetti
7. andare in bici
8. colorare
9. leggere favole / fiabe
10. giocare a rincorrersi (*tag*)

D **Eri un bambino/una bambina felice?** Prepara otto domande per intervistare un compagno/una compagna e scoprire se era un bambino/una bambina felice. Prendi in considerazione: la famiglia, la casa, gli amici e le attività giornaliere. Poi scrivi un biglietto al tuo professore/alla tua professoressa e spiega se era felice o no e perché.

Vecchia fotografia

Io sono stata quel sorriso, il lampo[1]
spiritoso di quegli occhi a mandorla[2]
Che anno? Che stagione?
a chi mai sorridevo?

[1]*flash* [2]*almond-shaped*

(Da *La stella del libero arbitrio*, p. 36, di Maria Luisa Spaziani, 1986, Milano: Arnoldo Mondadori. © 1986 Arnoldo Mondadori Editore S.p.A.)

"Marie", Modigliani, Private Collection, Switzerland/ Giraudon/Art Resource

Amedeo Modigliani, Maria, figlia del popolo

A Maria, figlia del popolo. A coppie, descrivete il ritratto di Modigliani. Pensate al titolo dell'opera e immaginate anche il carattere e il passato della donna.

B A chi sorrideva? Perché pensi che la Spaziani non ricordi a chi sorrideva? A coppie, immaginate le risposte alle domande nei versi.

C Vecchie fotografie. Portate in classe vecchie fotografie di famiglia e spiegate ai compagni chi sono le persone ritratte.

I ricordi sono immagini e sensazioni presenti nella nostra memoria, che a volte sceglie che cosa ricordare e che cosa dimenticare. In certi momenti basta un profumo o un'impressione a richiamare alla memoria volti, sensazioni e immagini del passato che pensavamo persi per sempre.

PAROLE UTILI

Per descrivere il carattere di un bambino
affettuoso/-a *loving, affectionate*
capriccioso/-a *naughty*
bugiardo/-a *liar*
dolce *sweet*
educato/-a *polite, well-mannered*
maleducato/-a *rude, ill-mannered*
ubbidiente *obedient*
serio/-a *serious*
testardo/-a *stubborn*

Per parlare del comportamento (*behavior*)
andare d'accordo (con) *to get along (with)*
andare pazzo (per) *to be crazy about something/someone*
crescere *to grow up*
dire bugie *to tell lies*
dire parolacce *to swear/say bad words*
fare i capricci *to have tantrums*
fare impazzire *to drive someone mad*
litigare *to fight*
obbedire (**-isc**) *to obey*
odiare *to hate*
piangere (**p.p.** ho pianto) *to cry*
picchiare (**-rsi**) *to hit, to come to blows*
premiare *to reward*

punire (**-isc**) *to punish*
scherzare *to joke, to make fun of*
viziare *to spoil*
volere (**-rsi**) bene a *to love (to love each other)*

Per parlare dei rapporti con gli altri
autoritario/-a *authoritative*
esigente *demanding*
permissivo/-a *permissive*
severo/-a *strict*
avere un bell'/buon atteggiamento *to have a good attitude*

Per indicare la frequenza
di solito *usually*
qualche volta *sometimes*
non... mai *never*
ogni tanto *now and then*
ogni giorno/settimana/mese/anno *every day/week/month/year*
mentre *while*
raramente *rarely*
tutti i giorni *every day*
tutto il giorno *the whole day*
un giorno sì un giorno no *every other day*

LE PAROLE IN PRATICA

A L'opposto. Indica l'opposto delle seguenti parole ed espressioni.

1. capriccioso
2. punire
3. esigente
4. volere bene a
5. spesso
6. educato
7. severo
8. andare d'accordo
9. sempre
10. tutti i giorni

B L'intruso. A coppie, indicate quale di queste espressioni non ha niente a che fare con le altre e spiegate perché.

1. scherzare   fare lo spiritoso   litigare
2. dire parolacce   volere bene a   dire bugie
3. permissivo   autoritario   severo
4. capriccioso   viziato   affettuoso
5. dolce   educato   bugiardo
6. odiare   viziare   detestare
7. fare impazzire   obbedire   fare i capricci
8. spesso   qualche volta   mai
9. tutti i giorni   raramente   ogni giorno
10. educato   ubbidiente   maleducato

C Che cosa fa? A coppie, indicate che cosa fanno spesso le persone indicate. Che cosa non fanno mai?

1. un bambino bugiardo e capriccioso
2. un bambino dolce e affettuoso
3. un genitore permissivo
4. un padre severo e autoritario
5. un bambino con un brutto temperamento
6. un bambino cattivo e viziato
7. una madre testarda

DISCUTIAMO INSIEME

A Gusti e disgusti. A piccoli gruppi, discutete dei vostri gusti quando eravate bambini. Poi spiegate alla classe cosa avevate in comune.

> Studia gli aggettivi e i pronomi possessivi e l'imperfetto.

1. il vostro colore preferito
2. la vostra attività preferita quando pioveva
3. la vostra attività preferita quando faceva bel tempo
4. il vostro giocattolo preferito
5. i vostri cartoni animati preferiti
6. la vostra fiaba preferita
7. il vostro cibo preferito
8. la vostra bibita preferita
9. una cosa per cui andavate pazzi
10. una cosa che odiavate

B Com'erano i tuoi genitori? Intervista un compagno/una compagna e scopri se quando era piccolo/-a i suoi genitori erano permissivi o autoritari. Poi scrivi un biglietto al tuo professore/alla tua professoressa con i risultati.

1. I tuoi genitori giocavano spesso con te? Quali erano i vostri giochi preferiti?
2. Ti aiutavano a fare i compiti?
3. Ti punivano? Come?
4. Ti premiavano? Quando? Cosa ti davano?
5. Che cosa ti regalavano per il compleanno?
6. Come festeggiavate il tuo compleanno?
7. A che ora dovevi andare a letto?
8. Ti raccontavano favole? Quali?
9. Ti viziavano? Come?
10. Che cosa dovevi aiutarli a fare?
11. Potevi fare quello che volevi?
12. Che cosa non potevi mai fare?

C Vestivamo alla Marinara. Nel brano che segue Susanna Agnelli, la nipote del fondatore della FIAT, rievoca la sua infanzia negli anni Trenta. Dopo aver letto il brano, a coppie, rispondete alle domande che seguono.

> Se venivano molti amici facevamo una gara[1] di castelli di sabbia. I capi-squadra erano due fratelli, Emilio e Puccio Pucci. Puccio era basso di statura, aveva capelli neri e fisionomia mediterranea; piaceva a tutti. Emilio era alto, magro come uno scheletro, con una lunga, malinconica faccia equina. Nessuno voleva stare nella sua squadra. Miss Parker mormorava «*Now, Suni, be a good girl and ask to be on Emilio's team*». Accettavo di entrare nella squadra di Emilio e il castello di Puccio era sempre il più bello.
>
> Alle undici e mezzo Miss Parker diceva «*You can go in, now*» e ci precipitavamo in mare. Accompagnati dal bagnino, avanzavamo a guado[2] lungo i primi metri. Poi ci lasciavano[3] nuotare; quando il mare era grosso prendevamo le "girellate" appoggiati alle assi di legno, scivolando sull'acqua, sospinti dalle onde[4].
>
> A mezzogiorno meno dieci Miss Parker sventolava un fazzoletto[5] e il bagnino gridava «Fuori, fuori, è ora!». Se facevamo finta[6] di non vedere o sentire, o se tardavamo di cinque minuti, il giorno dopo non ci era permesso di fare il bagno.
>
> (Da *Vestivamo alla marinara*, pp. 30–31, di Susanna Agnelli, 1975, Milano: Arnoldo Mondadori Editore S.p.A. ©1975 Arnoldo Mondadori Editore S.p.A.)

[1]*contest*   [2]*wading* [3]*let us* [4]*pushed by the waves* [5]*handkerchief* [6]*pretended*

1. Che cosa descrive il brano?
2. Chi sono i personaggi principali? Cosa sapete di loro dal brano?
3. Vi piacerebbe avere una governante come Miss Parker? Perché?
4. Secondo voi, i ragazzi Agnelli hanno avuto un'infanzia bella o brutta? Perché?
5. Discutete dei pro e contro del crescere in una famiglia privilegiata.

A Mammoni? Leggi le informazioni nella tabella e poi rispondi alle domande che seguono.

1. Secondo te, cosa vuol dire *mammone*? e *nido*?
2. A gruppi, discutete delle statistiche nella tabella. Chi sono i meno «mammoni» d'Europa? e i più «mammoni»? E nel vostro Paese ci sono «mammoni»?
3. Secondo voi, cosa rivelano le statistiche del carattere degli italiani e della società italiana?

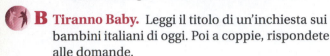

B Tiranno Baby. Leggi il titolo di un'inchiesta sui bambini italiani di oggi. Poi a coppie, rispondete alle domande.

«Mammoni» d'Europa

Gli italiani non lasciano il nido

Italia	71
Spagna	59
Grecia	49
Gran Bretagna	31
Danimarca	29
Svezia	26

La tabella mostra la percentuale di ragazzi di età compresa tra i 20 e i 29 anni che vive ancora a casa con i genitori.

Fonte: Eurostat

(Da «Mammoni» d'Europa, *Sorrisi e Canzoni*, 5 gennaio 2000, p. 1. © 2000 Arnoldo Mondadori Editore S.p.A.)

Tiranno BABY

Storie di piccoli despoti, tra capricci e malessere

Feste faraoniche, abiti griffati, vita sociale intensa fin dall'asilo e pochissimi no. Risultato: tanti bambini sono viziati, prepotenti e precocemente stressati. Viaggio tra i genitori schiavizzati dai figli.

(Da «Tiranno Baby», *Panorama*, 27 maggio 2004, p. 213. © 2004 Arnoldo Mondadori S.p.A.)

1. Quale pensate che sia l'argomento dell'articolo?
2. Secondo voi, si parla di bambini poveri o benestanti? Perché?
3. Quali sono tre aggettivi che descrivono meglio il carattere dei bambini di cui si parla?
4. Immaginate il rapporto tra i bambini descritti e i genitori.
5. Paragonate questi bambini ai bambini di oggi nel vostro Paese. Sono simili o diversi? Come?

C La scala dei valori dei giovani italiani. Nella tabella seguente sono riportati i risultati di una ricerca dell'Istituto Superiore di Sanità sui comportamenti e stili di vita dei giovani italiani di oggi. Dopo averli esaminati, rispondi alle domande che seguono.

Qual è la cosa più importante nella vita?		Cosa preferisci?	
La famiglia	55%	Un lavoro sicuro	60%
Gli amici	25%	Il successo	30%
L'amore	17%	Il potere	8%

(Grafico basato sui risultati dell'Istituto Superiore di Sanità, secondo il sito http://www.er.cna.it.)

1. Cosa rivelano le risposte sui loro rapporti con i genitori e la famiglia? e sulle loro idee sulla vita?
2. Come risponderesti tu alle stesse domande? e i giovani del tuo Paese?

Nei brani che seguono vengono descritte le infanzie di Lapo Elkann, il giovane nipote di Gianni Agnelli, Angela Missoni, il direttore creativo delle collezioni Donna della Casa di moda Missoni, e Fausto Bertinotti, leader del partito politico Rifondazione Comunista.

Lapo Elkann

Da ragazzino Lapo aveva i capelli biondi ed una personalità allegra e scherzosa. Era incuriosito da tutto e non si stancava mai di fare nuove conoscenze. Amava viaggiare, il mare e lo sport. Da piccolo si è sentito importante durante un viaggio in nave sulla *Queen Elizabeth* dall'Inghilterra fino agli Stati Uniti. Lapo ricorda ancora il suo primo viaggio per il Brasile alla tenera età di 4 anni. Seguirono gli anni della scuola, trascorsi tra New York, Parigi e Londra anche se, come tanti bambini, non amava molto studiare. Ha sempre avuto un rapporto molto bello, di grande complicità, con suo fratello e sua sorella, ed un rapporto «creativo» con i genitori.

Lapo Elkann

Angela Missoni

Angela era una bambina che amava molto la solitudine per pensare. Aveva un carattere molto forte ed era una ragazzina testarda che spesso litigava con i suoi fratelli. Dai genitori ha imparato le buone maniere e l'educazione. Non mancavano le opportunità per discutere su tutto in piena libertà anche se spesso erano assenti per lavoro. Il ricordo più bello dell'infanzia per Angela? Le vacanze in Dalmazia, su una piccola isola dove mancava la luce e l'acqua in casa. Lì imparò ad apprezzare le cose più semplici della vita.

Angela Missoni

Fausto Bertinotti

Fausto era un ragazzo determinato, piuttosto minuto e con dei capelli biondi che portava da una parte. I suoi genitori erano sempre presenti. La mamma di Fausto era una donna capace, una grande lavoratrice che spesso sosteneva la famiglia anche economicamente. Da lei ha imparato la disciplina. Il padre, invece, lavorava come macchinista delle Ferrovie dello Stato. Socialista convinto, da lui ha ereditato la passione per la politica. Fausto ricorda che da bambino amava andare con il suo fratello maggiore e gli amici alle feste dell'oratorio: una vera casa del popolo. L'infanzia di Fausto fu tranquilla. Ricorda una strada milanese: viale Monza, divideva il quartiere degli operai «rossi» da quelli «bianchi», i cattolici, ma lui aveva amici da tutte e due le parti. L'unico ricordo tragico è un bombardamento e la grande confusione che seguì.

Fausto Bertinotti

Parliamo e discutiamo

 A Com'erano da piccoli? A coppie, completate la scheda con informazioni tratte dai testi.

	Lapo Elkann	Angela Missoni	Fausto Bertinotti
Descrizione fisica			
Descrizione psicologica			
Classe sociale			
Descrizione della famiglia			
Rapporti con la famiglia			

B Paragoniamoli! A coppie, brevemente paragonate le tre persone. Come sono simili? Come sono diverse?

C Il più simpatico. Quale dei tre personaggi ti piace di più? Perché?

D La famiglia italiana. Rileggi i brani. Che informazioni ci sono nei testi sulla famiglia italiana tradizionale? Com'è cambiata?

E Simile o diversa? A coppie, paragonate la vostra famiglia e quelle di cui si parla nei testi. Come sono simili? Come sono diverse?

F Con chi ti immedesimi di più? Scrivi un biglietto al tuo professore/alla tua professoressa e spiega con quale persona fra quelle dei brani ti immedesimi (*identify*) di più e perché.

Storie di esperienze e momenti indimenticabili

a.

b.

c.

d.

e.

f.

Che cosa ha fatto Flavio il weekend scorso?

A Il weekend di Flavio. A coppie, mettete in ordine cronologico e logico le vignette e poi usate i seguenti verbi per raccontare che cosa ha fatto Flavio il weekend scorso.

1. uscire di casa
2. andare in discoteca
3. divertirsi con gli amici
4. svegliarsi
5. incontrarsi con gli amici
6. pranzare con gli amici
7. andare al supermercato
8. fare la spesa
9. giocare a calcio
10. ?

B **Natale in Italia.** A coppie, osservate l'agenda di Alessia e raccontate che cosa ha fatto in Italia. Poi ognuno/-a di voi immagina di essere Alessia e scrive due cartoline (*postcards*) ai genitori parlando di cosa ha fatto con i parenti e gli amici italiani.

20 dicembre
10.30: Partenza per Milano

21 dicembre
14.15: Arrivo a Milano
16.30: Appuntamento all'albergo con i cugini
20.00: Cena dal Pescatore con la famiglia di Cristina

22 dicembre
9.15: Firenze

23 dicembre
10.20: Galleria degli Uffizi
13.00: Pranzo con Gianni
18.00: Spese nei negozi del centro

25 dicembre
14.00: Natale a casa di Gianni

28 dicembre
11.00: Ritorno a Los Angeles

C **Parlami del tuo passato.** Chiedi a un compagno/una compagna informazioni sulla sua vita. Poi scrivi un biglietto al tuo professore/alla tua professoressa e riferisci cosa ti ha detto.

1. Dove sei nato/-a?
2. Sei sempre vissuto/-a nella stessa città?
3. Dove sei andato/-a a scuola?
4. Che cosa hai studiato?
5. Che lavori hai fatto?
6. Sei mai stato/-a in Italia? Quali città hai visitato?
7. Come hai festeggiato il tuo ultimo compleanno?
8. Cosa hai fatto durante le ultime vacanze estive?
9. ?

... di doman non c'è certezza

Quant'è bella giovinezza,
che si fugge tuttavia[1]!
Chi vuol esser lieto[2], sia:
di doman non c'è certezza[3].

[1]*nevertheless* [2]*happy* [3]*certainty*

(Da «Trionfo di Bacco e Arianna» di Lorenzo dei Medici.)

Lorenzo Medici the Magnificent (1449–1492) by Vasari. Florence, Uffizi Gallery. 1470. ©Roger-Viollet / Topham / The Image Works

Giorgio Vasari, Ritratto di Lorenzo il Magnifico

A **Lorenzo dei Medici.** Cosa sapete di Lorenzo dei Medici? Descrivete il ritratto di Vasari.

B **Quant'è bella giovinezza!** Secondo voi, questa poesia esprime una visione negativa o positiva della vita? Quali consigli dà il poeta al lettore? Che immagine della giovinezza è evidente nei versi?

A tutti piace raccontare e ascoltare storie. In genere, raccontiamo ad amici e conoscenti le ultime novità in famiglia o a scuola, l'ultima vacanza, esperienze divertenti o tristi. Possiamo anche raccontare una fiaba, la trama di un film o di un libro che ci è particolarmente piaciuto.

Per descrivere i sentimenti

abbracciarsi *to hug*
emozionato/-a *moved*
indimenticabile *unforgettable*
innamorarsi *to fall in love*
nervoso/-a *nervous*
sentirsi *to feel*
soddisfatto/-a *satisfied*
ridere (**p.p.** ho riso) *to laugh*
spaventare (**-rsi**) *to scare, to get scared*

Per indicare opposizione e conseguenze

comunque *anyhow, in any case*
eppure *yet*
invece *instead*

dunque, quindi *therefore*
tuttavia *nevertheless, yet*

Per indicare quando un'azione ha luogo

ieri *yesterday*
l'altro ieri *the day before yesterday*
l'anno passato/scorso *last year*
un anno/un'ora/un mese fa *a year/an hour/a month ago*

Espressioni per narrare una storia

avvenire (**p.p.** è avvenuto) *to happen*
improvvisamente *all of a sudden*
succedere (**p.p.** è successo) *to happen*

LE PAROLE IN PRATICA

A Che cosa? Completa le frasi con l'espressione corretta.

1. Una persona che ha sempre paura è una persona che _____ facilmente.
2. Due persone che si vogliono molto bene sono spesso _____.
3. Una persona che è sempre felice e contenta è probabilmente qualcuno che è _____ della propria vita.
4. Due persone innamorate quando si vedono spesso _____.
5. Un'esperienza che ricordiamo sempre è _____.
6. Quando qualcuno ci racconta una barzelletta (*joke*) o una storia buffa (noi) _____.
7. Quando avviene qualcosa, spesso domandiamo: «Che cosa _____?»
8. Quando qualcuno ci racconta una storia tragica, (noi) _____ tristi.

B Un sinonimo. Dà un sinonimo per ognuna delle seguenti parole.

1. comunque
2. quindi
3. invece
4. ma
5. l'anno passato

C Quando? Completa con un'espressione che indica quando un'azione ha luogo.

1. Oggi è martedì, _____ era domenica.
2. Siamo nel 2006. Ho conosciuto Lisa _____, nel 2002.
3. Oggi è mercoledì. _____ era martedì.
4. Sono le sette! Giovanna è uscita _____, alle 4.00.
5. Vado in palestra il lunedì, mercoledì, venerdì e domenica, cioè _____.

DISCUTIAMO INSIEME

Studia il passato prossimo e il trapassato prossimo.

A **Le ultime vacanze.** A coppie, completate il seguente schema e raccontate le vostre ultime vacanze.

Siamo andati/-e... _____

Descrivete il posto: _____

Descrivete le persone: _____

Descrivete il tempo: _____

Mi sentivo... _____

Di solito, la mattina noi... _____

Il pomeriggio, invece, ... _____

La sera... _____

Un giorno... _____

B **Il primo giorno di scuola.** A coppie, discutete del primo giorno di scuola elementare. Seguite il seguente schema.

1. Quando sei andato/-a? Con chi?
2. Cosa avevi fatto la notte prima?
3. Cosa portavi?
4. Come ti sentivi?
5. Com'era la scuola? e l'aula?
6. Com'erano gli altri scolari?
7. Cosa ricordi del professore/della professoressa?
8. Cosa avete fatto quel giorno a scuola?

C **Momenti indimenticabili.** Intervista un compagno/una compagna e scopri i particolari di un bel ricordo e di un brutto ricordo di scuola. Descrivi anche i suoi sentimenti in ogni occasione. Prima prepara una lista di sei domande.

D **Inventiamo una storia.** A piccoli gruppi, usate le indicazioni seguenti per scrivere una breve storia originale e divertente al passato. Poi leggete la vostra storia alla classe. La classe può decidere qual è la storia più buffa, più triste, più divertente.

Personaggi—Chi?	Ambiente—Dove?	Tempo—Quando?
una madre autoritaria	a scelta	due anni fa
una figlia viziata		
un fratello difficile		
e altri a scelta		

Azione—Cosa succede?	Oggetti—Che cosa?
arrivare, partire, volere, potere,	una borsa, una chiave,
venire, decidere, chiudere, aprire,	un libro, un cellulare,
fare, addormentarsi, divertirsi,	una valigia, dei soldi, una vespa
incontrarsi, dovere, sentire,	
spaventare, innamorarsi,	
conoscere, dimenticare	

PER LEGGERE
Prima di leggere

A Chi è Giorgio Bocca? Leggi le notizie biografiche e poi rispondi alle domande che seguono.

1. Indica tre informazioni che hai letto su Giorgio Bocca.
2. Per quali giornali e riviste ha scritto?
3. Di quali dei seguenti argomenti pensi che s'interessi?
   a. la seconda guerra mondiale
   b. questioni sociali
   c. il fascismo
   d. il dopoguerra
   e. la società contemporanea
   f. problemi di immigrati
   g. l'economia italiana
4. Trova informazioni per giustificare le seguenti affermazioni:
   a. Giorgio Bocca ha combattuto attivamente contro il fascismo e Mussolini.
   b. Giorgio Bocca è un intellettuale contemporaneo impegnato (*committed*).

B Biografia. Prepara una lista di dieci domande da fare ad un'altra persona per scrivere la sua biografia. Poi usa le tue domande per intervistare un compagno/una compagna in classe. Usa il *Lei*.

C Rita Levi Montalcini. Leggi i titoli dell'articolo che segue e poi, a coppie, immaginate l'argomento del testo.

Giorgio Bocca è nato a Cuneo nel 1920. Ha partecipato alla guerra[1] partigiana[2] nelle formazioni di GL; nel foglio di «Giustizia e Libertà» ha fatto, nell'immediato dopoguerra, i primi passi da giornalista. Redattore alla «Gazzetta del popolo», poi all'«Europeo», inviato del «Giorno» di Mattei diretto da Italo Pietra, è stato nel 1975 tra i fondatori di «Repubblica», conduce sull'«Espresso» la rubrica *L'antitaliano*. Vive e lavora a Milano. Tra i suoi libri: *Storia dell'Italia nella guerra fascista* (Laterza 1977), *Storia popolare della Resistenza* (Laterza 1978), *Il terrorismo italiano* (Rizzoli 1978, 1981), *Noi terroristi* (Garzanti 1985), *L'Italia che cambia* (Garzanti 1987), *Gli italiani sono razzisti?* (Garzanti 1988), *La disunità d'Italia* (Garzanti 1990), *Il provinciale* (Mondadori 1991).

(Da «L'inferno» di Giorgio Bocca, 1992, Milano: Arnoldo Mondadori. © 1992 Arnoldo Mondadori Editore S.p.A.)

[1]*war* [2]*partisan*

RITA LEVI MONTALCINI

ERA UNA GIOVANE DONNA EBREA[1], FACEVA IL MEDICO. IL FASCISMO LE TOLSE[2] IL LAVORO, COSTRINGENDOLA A SCOPRIRE LA RICERCA[3] SCIENTIFICA. FINO AL NOBEL.

Lauretta Colonnelli

... La sua carriera di «signora del microscopio», come l'hanno soprannominata i giornali quando è diventata celebre, comincia per caso. «Non **fui** io a deciderla, ma Mussolini e Hitler», ricorda. E lo dice in senso ironico, perché i fascisti e i nazisti, in realtà **fecero** tutto il possibile perché quella ragazza ebrea di 29 anni non avesse un futuro professionale. **Successe** nel 1938. Rita Levi Montalcini lavorava come medico di corsia nella clinica neuropsichiatrica di Torino. Vi era arrivata a furia di volontà. Il padre ingegnere, ebreo, e libero pensatore, riguardo all'educazione dei figli non aveva dubbi: l'università per i maschi, il matrimonio per le femmine. Così Rita viene iscritta a un «liceo femminile», dove le insegnano a diventare madre e moglie esemplare ... «Finché non **feci** il diavolo a quattro e **convinsi** mio padre a farmi prendere la maturità classica». La **preparò** in otto mesi e la **superò**[4] con il massimo dei voti. ... A ventisette anni già si era buttata a capofitto nel lavoro d'ospedale. Finché, nel '38, non **arrivò** quell'assurdo Manifesto sulla razza, che obbligava una come lei, ebrea, a lasciare il posto. **Fu** così che Rita Levi Montalcini **intraprese** la strada di ricercatrice pura. ... Con la guerra, l'attività in laboratorio diventa impossibile. ... Quando è costretta a rifugiarsi[5] a Firenze, diventa partigiana sotto il nome di Rita Lupani. ... Fino al termine della guerra. A quel punto torna a Torino, all'Istituto di anatomia ... Lavora fianco a fianco con Salvador Luria e Renato Dulbecco, premiati col Nobel, rispettivamente, nel '69 e

© Granata/Granataimages.com

nel '75. E un bel giorno il professor Victor Hamburger, tedesco di famiglia israelita, la invita a lavorare per qualche mese nei suoi laboratori alla Washington University di Saint Louis, nello stato del Missouri. «A quel tempo avevo un compagno. Si parlava di matrimonio. Io gli **dissi** che avremmo deciso al mio ritorno». Un ritorno che sarebbe avvenuto dopo trent'anni. Alle nozze[6] aveva rinunciato senza rimpianti[7]. ... Le luci del suo laboratorio rimanevano spesso accese fino all'alba[8]. Seguiva un'intuizione: trovare il Ngf (*Nerve growth factor*). (...) La scoperta **avvenne** a Rio de Janeiro il 15 dicembre 1952. Le **apparve** al microscopio quello che lei **definì** «l'alone fibrillare». ... È per questo che le hanno dato il Nobel.

(Da «Rita Levi Montalcini», *Amica*, novembre 1998, pp. 101, 103. © 1991 RCS MediaGroup S.p.A.)

[1]*Jewish* [2]*took away* [3]*research* [4]*passed* [5]*forced to hide* [6]*wedding* [7]*regrets* [8]*dawn*

Parliamo e discutiamo

A **Cosa sappiamo di Rita Levi Montalcini?** A coppie, indicate cosa sapete adesso di Rita Levi Montalcini. Seguite il seguente schema.

1. il suo carattere
2. informazioni sulla famiglia
3. informazioni sulla sua giovinezza
4. avvenimenti importanti nella sua vita

B **È vero che?** Trova informazioni nel testo per giustificare le seguenti affermazioni.

1. Il padre di Rita Levi Montalcini aveva idee precise sul ruolo degli uomini e delle donne nella società.
2. Da giovane Rita era intelligente, energica, intraprendente e indipendente.
3. Per la scienziata il lavoro e la carriera sono più importanti della vita personale.

C **L'Italia.** A piccoli gruppi, discutete che informazioni ci sono nell'articolo sui seguenti argomenti.

1. il sistema scolastico italiano
2. gli anni del fascismo
3. la seconda guerra mondiale

D **Ti ricordi il passato remoto?** Hai notato che l'autore dell'articolo usa il passato prossimo e il passato remoto per raccontare la vita di Rita Levi Montalcini? A coppie, rileggete il testo e trovate tutti i verbi al passato remoto e per ognuno indicate l'infinito e il soggetto. Usate il contesto per capire i verbi irregolari che non riconoscete.

Per conoscere l'Italia e gli italiani

A **Ritratti.** A coppie, osservate e paragonate il ritratto di *Ginevra de' Benci* di Leonardo da Vinci (p. 2) e quello di *Maria, figlia del popolo* di Amedeo Modigliani (p. 41).

1. Descrivete i lineamenti delle due donne.
2. Parlate dello sfondo (*background*).
3. Come erano le due fanciulle ritratte? Secondo voi, come e dove vivevano?

B **Che cosa ricordi della scuola italiana?** A piccoli gruppi, completate il seguente schema e paragonate il sistema scolastico italiano a quello del vostro Paese. (Leggete le informazioni in **Cosa sappiamo degli italiani,** *Quaderno degli esercizi,* Capitolo 2 per confermare le vostre risposte.) Secondo voi, quali sono i pro e i contro dei due sistemi?

	In Italia	Nel vostro Paese
Età		
Quanti anni?		
Orario		
Materie di studio		
Esami		
Titoli di studio		

C Le nascite in Italia. Guarda le statistiche sulle nascite in italia. Cosa rivelano degli Italiani? Sono simili o diverse da quelle del tuo Paese? Perché pensate che gli italiani preferiscano non avere tanti figli?

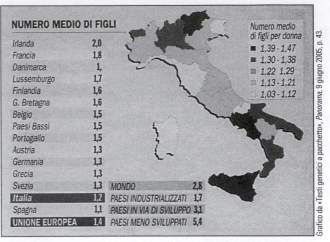

NUMERO MEDIO DI FIGLI

		Numero medio di figli per donna
Irlanda	2,0	■ 1.39 - 1.47
Francia	1,8	■ 1.30 - 1.38
Danimarca	1,	▨ 1.22 1.29
Lussemburgo	1,7	▨ 1.13 - 1.21
Finlandia	1,6	□ 1.03 - 1.12
G. Bretagna	1,6	
Belgio	1,5	
Paesi Bassi	1,5	
Portogallo	1,5	
Austria	1,3	
Germania	1,3	
Grecia	1,3	
Svezia	1,3	MONDO	2,8
Italia	1,2	PAESI INDUSTRIALIZZATI	1,7
Spagna	1,1	PAESI IN VIA DI SVILUPPO	3,1
UNIONE EUROPEA	1,4	PAESI MENO SVILUPPATI	5,4

Grafico da «Testi genetici a pacchetto», *Panorama*, 9 giugno 2005, p. 43.

In rete

A Amedeo Modigliani. Trova informazioni sull'artista per rispondere alle domande che seguono. Poi, in classe, discutete a gruppi le informazioni e le vostre opinioni.

1. Dove e quando è nato?
2. Dov'è vissuto?
3. Trova due notizie interessanti sulla sua vita personale.
4. Quali sono alcune sue opere importanti?

B La famiglia Agnelli. Cerca informazioni sulla famiglia Agnelli.

1. Con quale grande industria è associata questa famiglia?
2. Trova due informazioni sulla famiglia Agnelli.
3. Chi è Susanna Agnelli?
4. Chi è Lapo Elkann?
5. Chi era Gianni Agnelli? e Umberto Agnelli?
6. Cosa sai della squadra di calcio la Juventus?
7. Chi è il fondatore della Ferrari? Da quanto tempo è di proprietà della famiglia Agnelli?

C Fausto Bertinotti. Cerca notizie biografiche su Fausto Bertinotti. Poi scrivi un biglietto al tuo professore/alla tua professoressa e racconta che cosa hai scoperto.

1. Dove e quando è nato?
2. Quanti anni ha?
3. Dove vive?
4. Che cosa sai del suo lavoro?
5. Cosa sai delle sue idee politiche?

> Clicca sul sito di *Crescendo!* per il Capitolo 2. academic.cengage.com/ Italian/crescendo

Caro Diario

For your second journal entry, consider the question at the beginning of this chapter: **E tu, com'eri da piccolo/-a?** You may want to start by summarizing the information about your childhood that you have discussed with your classmates throughout the chapter. You may also want to explain how you have changed as you have grown into adulthood.

Strutture

Gli aggettivi e i pronomi possessivi

Possessive adjectives and pronouns express ownership or relationships between people. In Italian, possessive adjectives and pronouns agree with the thing possessed, not with the possessor.

Paolo e il su**o** ami**co**   *Paolo and his friend*
Francesca e il su**o** ami**co**   *Francesca and her friend*
Questa è la mi**a** bici. Dov'è la tu**a**?   *This is my bike. Where is yours?*

A   Gli aggettivi possessivi

Possessive adjectives agree in number and gender with the noun they refer to. They are usually used with the definite article and precede the thing possessed.

I mi**ei** giocattol**i** preferiti erano   *My favorite toys were made*
   di legno.   *out of wood.*
Le mi**e** bambol**e** erano tutte grandi.   *My dolls were all large.*

	Singular		Plural	
	Masculine	**Feminine**	**Masculine**	**Feminine**
my	**il** mio	**la** mia	**i** miei	**le** mie
your (informal)	**il** tuo	**la** tua	**i** tuoi	**le** tue
your (formal)	**il** Suo	**la** Sua	**i** Suoi	**le** Sue
his/hers/its	**il** suo	**la** sua	**i** suoi	**le** sue
our	**il** nostro	**la** nostra	**i** nostri	**le** nostre
your (informal pl.)	**il** vostro	**la** vostra	**i** vostri	**le** vostre
your (formal pl.)	**il** Loro	**la** Loro	**i** Loro	**le** Loro
their	**il** loro	**la** loro	**i** loro	**le** loro

1. **Loro** is invariable, but the accompanying article agrees in number and gender with the thing possessed.

2. In Italian, possessive adjectives are usually omitted when ownership is clear from the context.

Pensa sempre **ai** figli.   *He/She always thinks about his/her children.*

3. With articles of clothing and parts of the body, possessive adjectives are only used for emphasis or to clarify ownership.

Mi sono messa **la** giacca.   *I put on my jacket.*
Mi sono messa **la mia** giacca,   *I put on my jacket not yours!*
   non **la tua**!

4. Possessive adjectives can also be used with an indefinite article, a demonstrative adjective, or a numeral to express the English *of mine, of yours, of ours,* etc.

Un nostro zio anziano viene   *An elderly uncle of ours always comes*
   sempre a trovarci.   *to visit.*
Gioca sempre con **due** suoi   *He always plays with two cousins of his/hers.*
   cugini.

5. With the expression **a casa** (*home*), the possessive adjective is used without the definite article, and it is placed after the noun.

Vado sempre a casa **sua**.   *I always go to his/her house.*

6. The definite article is never used with a possessive adjective before singular unmodified nouns referring to family members. But the definite article is always used with **loro**.

Tua madre è molto permissiva; **la loro** madre, invece, è severa.   *Your mother is very permissive; their mother, instead, is very strict.*

The article is also always used with the words **famiglia**, **mamma**, **papà**, and **babbo**. With **nonno** and **nonna**, use of the article is optional.

Dove abita **la** vostra **famiglia**?   *Where does your family live?*
La nostra **mamma** e **il** nostro **papà** ci viziano sempre.   *Our mother and our father always spoil us.*

The definite article is also always used when the noun is plural, modified, or used with a suffix.

Io e **le** mie sorell**e** giochiamo sempre a campana.   *My sister and I always play hopscotch.*
Il suo fratello **minore** non va ancora a scuola.   *Her younger brother doesn't go to school yet.*
Come si chiama **la** tua **cuginetta**?   *What's your little cousin's name?*

> In Italian, **i genitori** is used for *parents*, whereas **i parenti** is used for the English *relatives*. **I figli (il figlio/la figlia)** is equivalent to the English *children*. **Gli zii (lo zio/la zia)** is the equivalent of *aunt(s)* and *uncle(s)*. **I cugini (il cugino/la cugina)** is used for *cousins*. **I bisnonni (il bisnonno/la bisnonna)** expresses the English *great-grandparents*. **I nipoti (il nipote/la nipote)** is used to refer to both *nephews* and *nieces* and *grandchildren*. **I cognati (il cognato/la cognata)** refers to *brothers-* and *sisters-in-law*.

B I pronomi possessivi

Possessive pronouns take the place of nouns. They agree in number and gender with the noun they replace. Possessive pronouns have the same forms as possessive adjectives, and they are usually preceded by the definite article.

Mia figli**a** ha vent'anni.   *My daughter is twenty years old.*
Quanti anni ha **la tua**?   *How old is yours?*
Ecco **i miei** giocattoli.   *Here are my toys.*
Dove sono **i tuoi**?   *Where are yours?*

The article is usually omitted when the possessive pronoun follows the verb **essere**.

Questi fumetti sono **suoi**.   *These comic strips are his/hers.*

> **Remember:** In Italian, some prepositions combine with the definite articles and form a single word.
> Dove sono i tuoi libri?
> *Where are your books?*
> **Sulla** mia scrivania, vicino **ai** tuoi.
> *On my desk, next to yours.*

ESERCIZI

A Dove sono le nostre cose? I bambini della signora Albertini sono molto disordinati e non sanno mai dove sono le loro cose. Completa il dialogo con la forma corretta degli aggettivi possessivi. Usa le preposizioni quando è necessario.

1. GIULIA: Mamma, dov'è _____ bambola?
2. MAMMA: È _____ camera da letto; vicino _____ giocattoli.
3. PAOLO: Mamma, dov'è _____ bici?
4. MAMMA: Non vedo _____ bici da una settimana.
5. LISA E CECILIA: Mamma, dove sono _____ quaderni?
6. MAMMA: _____ quaderni sono vicino _____ libri.
7. PAOLO: Mamma, Lisa e Cecilia non trovano _____ matite.
8. MAMMA: Sono sotto _____ scrivania.

B Le ultime novità. Fabrizia scrive alla sua amica Marcella e le parla delle ultime novità nella sua famiglia. Completa la lettera seguente con la forma corretta degli aggettivi e dei pronomi possessivi.

Cara Marcella,
    ho ricevuto (1) _____ carissima lettera pochi giorni fa e ti mando questa (2) _____ al più presto.
    Come sta (3) _____ famiglia? Ricordo sempre con affetto (4) _____ cari nonni. (5) _____ fratello è ancora al liceo? E (6) _____ sorelle hanno finito l'università?
    Per quanto riguarda (7) _____ famiglia, (8) _____ nonni sono venuti ad abitare a casa (9) _____. La nonna si lamenta spesso di (10) _____ marito, (11) _____ nonno. Dice che è diventato brontolone e che gioca a bocce con (12) _____ amici tutti i giorni.
    Sai, che (13) _____ sorella minore ha finalmente trovato un lavoro che le piace e si sposerà fra due mesi? (14) _____ fidanzato è medico. Io non ho ancora visto (15) _____ nuova abitazione, ma (16) _____ madre ha detto che è molto piacevole.
    Ti riscriverò presto. Intanto tu fammi sapere (17) _____ ultime novità.

Ti abbraccio,

Fabrizia

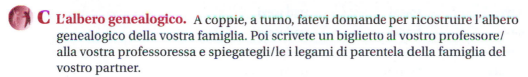 **C L'albero genealogico.** A coppie, a turno, fatevi domande per ricostruire l'albero genealogico della vostra famiglia. Poi scrivete un biglietto al vostro professore/ alla vostra professoressa e spiegategli/le i legami di parentela della famiglia del vostro partner.

L'imperfetto indicativo

In Italian, the imperfect is a simple past tense. It is used to describe people, places, things, conditions, and routines in the past.

Era un bambino affettuoso.	*He was an affectionate child.*
Il parco **era** grande.	*The park was big.*
Eravamo spesso impegnati.	*We were often busy.*
Da bambino, **andavo** a scuola da solo.	*As a child, I went to school all by myself.*
Obbedivi sempre ai tuoi genitori?	*Did you always used to obey your parents?*
Passavamo sempre l'estate in montagna.	*We always used to spend the summer in the mountains.*

A L'imperfetto dei verbi regolari

The imperfect of regular verbs is formed by dropping the **-re** from the infinitive and adding the endings **-vo, -vi, -va, -vamo, -vate, -vano** to the resulting verb stem.

	giocare	leggere	dormire	obbedire (-isc)
io	gioca**vo**	legge**vo**	dormi**vo**	obbedi**vo**
tu	gioca**vi**	legge**vi**	dormi**vi**	obbedi**vi**
Lei/lei/lui	gioca**va**	legge**va**	dormi**va**	obbedi**va**
noi	gioca**vamo**	legge**vamo**	dormi**vamo**	obbedi**vamo**
voi	gioca**vate**	legge**vate**	dormi**vate**	obbedi**vate**
Loro/loro	gioca**vano**	legge**vano**	dormi**vano**	obbedi**vano**

B L'imperfetto dei verbi irregolari

Very few verbs are irregular in the imperfect.

1. Most verbs that are irregular in the imperfect follow a pattern. The imperfect of **bere**, **dire**, **fare**, **porre** (*to put, to place*), **trarre** (*to draw*), and **tradurre** (*to translate*) is formed by dropping the **-re** of an archaic form of the infinitive and adding the imperfect endings to the stem. Compound verbs based on these verbs follow the same pattern.

	bere (bevere)	**dire (dicere)**	**fare (facere)**
io	beve**vo**	dice**vo**	face**vo**
tu	beve**vi**	dice**vi**	face**vi**
Lei/lei/lui	beve**va**	dice**va**	face**va**
noi	beve**vamo**	dice**vamo**	face**vamo**
voi	beve**vate**	dice**vate**	face**vate**
Loro/loro	beve**vano**	dice**vano**	face**vano**

	porre (ponere)	**trarre (traere)**	**tradurre (traducere)**
io	pone**vo**	trae**vo**	traduce**vo**
tu	pone**vi**	trae**vi**	traduce**vi**
Lei/lei/lui	pone**va**	trae**va**	traduce**va**
noi	pone**vamo**	trae**vamo**	traduce**vamo**
voi	pone**vate**	trae**vate**	traduce**vate**
Loro/loro	pone**vano**	trae**vano**	traduce**vano**

2. **Essere** is one of the few irregular verbs in the imperfect that follows no pattern.

	essere
io	ero
tu	eri
Lei/lei/lui	era
noi	eravamo
voi	eravate
Loro/loro	erano

C L'uso dell'imperfetto

1. The imperfect is used to describe:
  a. repeated, habitual, or ongoing actions in the past.

> **Ogni** pomeriggio **veniva** a
> casa mia.
>
> **Giocavamo spesso** insieme.
> I bambini **litigavano**.

> *He/She used to come to my house*
> *every afternoon.*
>
> *We frequently played together.*
> *The children were quarreling.*

> **Sempre, spesso, di solito, ogni giorno/settimana/ mese/anno, tutti i giorni/ mesi/anni**, and other expressions that indicate repeated actions are frequently used with the imperfect.

b. physical characteristics of people, places, and things.

Mio nonno era **alto**. Aveva i capelli **corti** e **ricci**. *My grandfather was tall. He had short curly hair.*

Portava un **grande** cappello **nero**. *He wore a big black hat.*

La casa era **grande**; aveva **dieci stanze**. *The house was large; it had ten rooms.*

c. psychological characteristics.

Era **esigente**. Non era mai **soddisfatto** di niente. *He was demanding. He was never satisfied with anything.*

d. health.

Non mi sentivo **bene**. Avevo **il raffredore**. *I wasn't feeling well. I had a cold.*

e. age.

Era **piccolo**. Aveva solo **dieci anni**. *He was small. He was only ten years old.*

Era **vecchio**. Non era più **giovane**. *He was old. He was no longer young.*

f. time, dates, and seasons.

Era **inverno** ... Mi ricordo che era il **21 gennaio**. *It was winter . . . I remember that it was January 21st.*

g. the weather.

Nevicava raramente, però faceva sempre **freddo**. *It rarely snowed, but it was always very cold.*

h. states of being.

Sergio era **occupato**; non aveva tempo per divertirsi. *Sergio was busy; he didn't have time to enjoy himself.*

i. two actions going on at the same time in the past.

I ragazzi **giocavano** mentre la mamma **cucinava**. *The children were playing while their mother was cooking.*

j. an action that was going on when another occurred.

Quando siamo arrivati i bambini **coloravano**. *When we got home, the children were coloring.*

2. The imperfect is also frequently used to express a polite request.

Volevo un po' di Nutella. *I'd like some Nutella.*

ESERCIZI

A La mia infanzia. Il signor Lamberti descrive al suo giovane nipote la gente del paese dove viveva quando era piccolo. Completa il brano con la forma corretta dell'imperfetto.

Quando io _____ (1. avere) cinque anni, la mia famiglia _____ (2. vivere) in un paese nel sud d'Italia. _____ (3. Essere) un paese piccolo dove tutti _____ (4. conoscersi). Non _____ (5. esserci) nemmeno un cinema. La domenica la gente _____ (6. riunirsi) in piazza e _____ (7. passeggiare) lungo il corso Garibaldi. Le persone prima _____ (8. andare) in chiesa e poi _____ (9. fermarsi) al bar in Piazza del Duomo. (Loro)

> The imperfect is also used to describe an action that began in the past and continued until a certain point in the past.
>
> Studiavo all'università **da due anni** quando ho incontrato Gianni.
>
> **Erano due anni** che studiavo all'università quando ho incontrato Gianni.
>
> *I had been studying at the university for two years when I met Gianni.*
>
> However, if the action continues into the present, the present tense is used.
>
> **Viviamo** in questa casa **da venti anni**.
>
> *We have lived in this house for twenty years.*

_____ (10. comprare) le paste e _____ (11. chiacchierare) con gli amici. Il proprietario _____ (12. essere) un uomo simpatico e geniale. Gli _____ (13. piacere) parlare con tutti. Spesso _____ (14. comporre) dei sonetti ironici per i suoi amici. Tutti gli _____ (15. volere) un gran bene.

B La domenica in paese. La signora Rossi descrive una tipica domenica nel suo paese natale quando era ragazza. Completa il brano con la forma corretta dell'imperfetto.

Per noi ragazzi, la domenica _____ (1. essere) il giorno più bello della settimana. (Noi) _____ (2. vestirsi) con i nostri abiti più belli e mio padre ci _____ (3. portare) a fare una passeggiata. Mio padre ci _____ (4. comprare) il gelato, e poi se _____ (5. fare) bel tempo, noi _____ (6. andare) ai giardinetti del paese. Mio padre _____ (7. sedersi) su una panchina con gli amici. Mentre mio padre _____ (8. parlare), io e i miei fratelli _____ (9. giocare). Noi _____ (10. correre) fra i viali, e qualche volta io _____ (11. cadere) e _____ (12. piangere). A mezzogiorno, mio padre _____ (13. dire) sempre che (noi) _____ (14. dovere) tornare a casa a mangiare. Io _____ (15. proporre) sempre di mangiare un altro gelato, ma mio padre di solito _____ (16. rifiutare) di accontentarmi.

C La mia famiglia. Forma delle frasi complete con i seguenti elementi e descrivi la routine giornaliera della tua famiglia quando eri piccolo/-a.

1. padre / svegliarsi / di solito
2. madre / alzarsi / sempre
3. sorella / fare colazione / qualche volta
4. io / bere / ogni giorno
5. fratello / vestirsi / raramente
6. genitori / uscire / di solito
7. io / andare / sempre
8. noi / ritornare / qualche volta
9. madre / cucinare / mentre / io / fare i compiti
10. nonni / venire / ogni tanto
11. noi / cenare / insieme un giorno sì un giorno no

D Ricordi di scuola. A piccoli gruppi, discutete dei vostri giorni di scuola. Poi scrivete un biglietto al vostro professore/alla vostra professoressa e paragonate i vostri giorni di scuola. Parlate:

1. della vostra scuola.
2. dei vostri compagni.
3. delle attività a scuola.
4. delle attività del doposcuola.

Il passato prossimo

The **passato prossimo** is used to express completed actions that occurred once or a specific number of times in the recent past. It has three English equivalents.

Abbiamo riso.	*We laughed.*
	We have laughed.
	We did laugh.

The **passato prossimo** is a compound tense. It always consists of two parts: a present-tense form of **essere** or **avere** and a past participle (**participio passato**).

Ha dormito.	*He/She slept.*
È uscita.	*She went out.*
Si sono innamorati.	*They fell in love.*

A Il participio passato

1. The past participle of regular verbs is formed by dropping the infinitive ending (**-are, -ere, -ire**) and adding the appropriate ending to the verb stem.

Infinitive	Past participle ending	Past participle
ascoltare	**-ato**	ascolt**ato**
ripetere	**-uto**	ripet**uto**
dormire	**-ito**	dorm**ito**
finire (-isc)	**-ito**	fin**ito**

2. Many verbs have irregular past participles. The most common are listed below (for a complete list, see the Appendix, pp. 446–456).

Infinitive	Past participle	Present perfect
aprire *to open*	aperto	ha aperto
bere *to drink*	bevuto	ha bevuto
chiedere *to ask*	chiesto	ha chiesto
chiudere *to close*	chiuso	ha chiuso
conoscere *to know*	conosciuto	ha conosciuto
correre *to run*	corso	è/ha corso
decidere *to decide*	deciso	ha deciso
dire *to say*	detto	ha detto
essere *to be*	stato	è stato/-a
fare *to do, to make*	fatto	ha fatto
leggere *to read*	letto	ha letto
mettere *to put*	messo	ha messo

Infinitive	Past participle	Present perfect
morire *to die*	morto	è morto/-a
nascere *to be born*	nato	è nato/-a
offrire *to offer*	offerto	ha offerto
perdere *to lose*	perso (perduto)	ha perso
piacere *to like*	piaciuto	è piaciuto/-a
prendere *to take*	preso	ha preso
rispondere *to answer*	risposto	ha risposto
scrivere *to write*	scritto	ha scritto
spendere *to spend*	speso	ha speso
vedere *to see*	visto	ha visto
venire *to come*	venuto	è venuto/-a
vivere *to live*	vissuto	è/ha vissuto

B Il passato prossimo con **avere**

1. The **passato prossimo** of transitive verbs is formed with the present tense of **avere**.

Ho scritto ai miei parenti.	*I wrote to my relatives.*
Hanno visto i loro amici.	*They saw their friends.*

2. Avere is also used with some intransitive verbs (verbs that cannot take a direct object), like **ridere** (*to laugh*), **sorridere** (*to smile*), and **dormire** (*to sleep*), and the verbs of movement **camminare** (*to walk*), **passeggiare** (*to stroll*), **sciare** (*to ski*), **viaggiare** (*to travel*), and **nuotare** (*to swim*).

Abbiamo riso tanto.	*We laughed so much.*
Ho viaggiato molto quando ero giovane.	*I traveled a lot when I was young.*

3. The past participle of a verb conjugated with **avere** never agrees with the subject of the verb.

	sciare	vendere	finire
io	ho sciato	ho venduto	ho finito
tu	hai sciato	hai venduto	hai finito
Lei/lei/lui	ha sciato	ha venduto	ha finito
noi	abbiamo sciato	abbiamo venduto	abbiamo finito
voi	avete sciato	avete venduto	avete finito
Loro/loro	hanno sciato	hanno venduto	hanno finito

Transitive verbs are verbs that can take a direct object. In other words, we can ask *what?* or *whom?* of the verb and get a logical answer.

Leggo **una favola**. Che cosa leggo? (**una favola** = direct object)
I am reading a fairy tale.

Invitiamo **i bambini**. Chi invitiamo? (**i bambini** = direct object)
We are going to invite the kids.

C Il passato prossimo con essere

Most verbs conjugated with **essere** in the **passato prossimo** are intranstitive.

Sono nata a Roma.	*I was born in Rome.*
È morto a Firenze.	*He died in Florence.*

1. Verbs that indicate physical movement from one place to another are usually conjugated with **essere**.

Giovanna **è partita** per la Francia ieri.	*Giovanna left for France yesterday.*
Siamo andati a Roma alcuni mesi fa.	*We went to Rome a few months ago.*

2. Reflexive and reciprocal verbs are always conjugated with **essere**.

Mi sono svegliata tardi.	*I woke up late.*
Ci siamo telefonati ieri sera.	*We called each other last night.*

3. The past participle of a verb conjugated with **essere** agrees with the subject of the verb in gender and number.

La bambin**a** si è addormentat**a**.	*The little girl fell asleep.*
I suoi figl**i** sono uscit**i** poco tempo fa.	*Her sons went out awhile ago.*

	ritornare	alzarsi
io	sono ritornato/-a	mi sono alzato/-a
tu	sei ritornato/-a	ti sei alzato/-a
Lei/lei/lui	è ritornato/-a	si è alzato/-a
noi	siamo ritornati/-e	ci siamo alzati/-e
voi	siete ritornati/-e	vi siete alzati/-e
Loro/loro	sono ritornati/-e	si sono alzati/-e

D I verbi coniugati con **avere** ed **essere**

1. Some verbs can be used both transitively and intransitively. When these verbs are used with a direct object, they are conjugated with **avere** in the **passato prossimo**. They are conjugated with **essere** when they are intransitive.

Verb	Transitive	Intransitive
cambiare	**Ha** cambiato atteggiamento. *He/She has a changed attitude.*	I miei amici **sono** cambia**ti**. *My friends have changed.*
cominciare	**Ho** cominciato a giocare a tennis. *I started playing tennis.*	Il film **è** cominciat**o**. *The film started.*
correre	**Ho** corso due chilometri. *I ran two kilometers.*	**Sono** corsa a casa. *I ran home.*
finire	**Ha** finito i compiti. *He/She finished his/ her homework.*	I cartoni **sono** fini**ti**. *The cartoons have finished.*
passare	**Ho** passato l'estate in campagna. *I spent the summer in the country.*	**Sono** passata dalla nonna. *I stopped by my grandmother's.*
salire	**Hanno** salito le scale in fretta. *They went up the stairs in a hurry.*	**Sono** sali**ti** in macchina. *They got into the car.*
scendere	**Ho** sceso le scale. *I went down the stairs.*	**Sono** scesa in strada. *I went down into the street.*

> Some verbs that describe weather conditions can be conjugated with **avere** or **essere**.
> Ieri sera **ha piovuto**.
> Ieri sera **è piovuto**.
> *Last night it rained.*
> Quest'anno non **ha nevicato** molto.
> Quest'anno non **è nevicato** molto.
> *This year, it didn't snow very much.*

2. Dovere (*to have to*), **potere** (*to be able*), and **volere** (*to want*) can be conjugated with **avere** or **essere** when they are used with an infinitive. They are conjugated with **avere** when they are used with a transitive infinitive and with **essere** when used with an intransitive one.

— **Avete giocato** con le bambole?
— No, non **abbiamo** volut**o** giocare con le bambole.

— *Did you play with the dolls?*
— *No, we didn't want to play with the dolls.*

— **Siete andati** allo zoo?
— No, non **siamo** potu**ti** andare.

— *Did you go to the zoo?*
— *No, we couldn't go.*

In conversational Italian, however, it is becoming increasingly common to use **avere** even with intransitive verbs.

When **dovere**, **potere**, and **volere** are used with a reflexive infinitive, they form the **passato prossimo** with **essere** if the reflexive pronoun is placed in front of the conjugated verb, and with **avere** if it is attached to the infinitive.

Si **è** potut**a** divertire.
Ha potut**o** divertirsi.

She was able to have a good time.

When they are used without an infinitive, **dovere**, **potere**, and **volere** are always conjugated with **avere**.

A Cosa avete fatto? Alcuni amici discutono cosa hanno fatto ieri sera. Completa il dialogo con la forma corretta del passato prossimo dei verbi in parentesi.

RENATA: (Io) ———————— (1. andare) a letto molto presto. ————————
(2. addormentarsi) prima delle dieci. Giovanna, tu e Stefania ————————
(3. uscire)?

GIOVANNA: No, (noi) ———————— (4. restare) in casa. (Noi) ————————
(5. vedere) un film. Luigi, tu cosa ———————— (6. fare)?

LUIGI: (Io) ———————— (7. rientrare) a casa molto tardi ieri sera. Paolo e io
———————— (8. cenare) fuori e poi ———————— (9. andare) al bar. Dopo
———————— (10. passeggiare) lungo l'Arno fino a tardi. (Voi) ————————
(11. parlare) con Alessio e Lisa?

RENATA: No, non ci sono. Loro ———————— (12. partire) due giorni fa.

B Una gita in montagna. Tina racconta cosa fa spesso il sabato d'inverno. Immagina adesso che Tina racconti che ha fatto le stesse cose sabato scorso. Cambia il brano al passato e fa' tutti i cambiamenti necessari.

Mi sveglio molto presto e poi sveglio le mie sorelle. Ci laviamo e ci vestiamo in fretta. Poi mi metto un maglione pesante. Le mie sorelle si mettono una giacca e gli scarponi. Dopo noi tutti facciamo colazione e mettiamo tutto in macchina. Partiamo sempre prima delle sette, ma dobbiamo spesso fermarci alla stazione di servizio per fare benzina. Allora io prendo un altro caffè e le mie sorelle bevono un succo di frutta. Arriviamo in montagna sempre prima delle 10.00. Sciamo tutto il giorno. Io mi stanco sempre tanto, ma ci divertiamo. Qualche volta torniamo a casa molto tardi.

C Che cosa hai fatto di bello? Usa queste espressioni per raccontare che cosa hai fatto due giorni fa.

svegliarsi presto	guardare la	fare dello sport	studiare fino a
uscire	televisione	fare le spese	tardi
pulire la casa	cucinare	leggere un bel libro	stare a casa
vedersi con gli amici	tornare a casa tardi	addormentarsi	

D Una serata a teatro. Ieri Marcella è andata a teatro con un amico. Descrive agli amici la serata. Completa con il passato prossimo dei verbi in parentesi.

1. Gli descrive come si è preparata.
   a. Rodolfo mi ———————— (telefonare) all'ultimo momento e mi
      ———————— (invitare) a teatro.
   b. Io ———————— (prepararsi) in fretta. (Io) ———————— (mettersi)
      un bel vestito elegante. (Io) ———————— (volere) vestirmi con cura.
   c. (Io) ———————— (scendere) giù in strada. Rodolfo ————————
      (passare) a prendermi alle otto. (Io) ———————— (salire) in macchina e
      (noi) ———————— (correre) a teatro.

2. Gli narra la serata.
   a. (Noi) _____ (arrivare) a teatro in pochi minuti.
      _____ (Salire) la rampa di scale velocemente e _____
      (entrare) in sala.
   b. (Noi) _____ (trovare) i nostri posti e _____ (sedersi).
      Lo spettacolo _____ (cominciare) pochi minuti dopo.
   c. Una cantante _____ (cantare) un'aria bellissima. Quando lei
      _____ (finire) di cantare, tutti _____ (applaudire).
   d. Lo spettacolo _____ (finire) a mezzanotte. (Noi)
      _____ (uscire) dalla sala, _____ (scendere) le scale
      e _____ (volare) a casa.
   e. (Noi) _____ (passare) una bella serata, ma la mattina dopo io mi
      _____ (dovere) svegliare molto presto.

E Venti domande. A coppie, fatevi domande per indovinare cosa avete fatto il
weekend scorso.

Esempio: s1: Ti sei divertito/-a?
  s2: Sì.
  s1: Sei uscito/-a?

Il passato prossimo e l'imperfetto

The present perfect and the imperfect are used to talk about the past in different ways.

1. The present perfect is used to express specific, usually completed actions; it tells
what happened. The imperfect is used to describe actions or states and conditions
that continued for an indefinite period in the past. It tells what was going on or what
used to happen.

Passato prossimo	Imperfetto
Ieri mattina mi sono svegliata presto.	Mi svegliavo presto **ogni mattina.**
Yesterday I woke up early.	*I always used to wake up early.*
Abbiamo giocato **per due ore.**	Giocavo **ogni giorno per ore.**
We played for two hours.	*I played every day for hours.*
Mi sono sentita male **tutto il giorno.**	**La sera** mi sentivo male.
I felt sick all day.	*In the evening I used to feel sick.*
Quella gita è stata divertente.	Le nostre gite erano **sempre** molto divertenti.
That excursion was fun.	*Our excursions were always a lot of fun.*
Ha nevicato **tutto l'inverno.**	In inverno nevicava **tutti i giorni.**
It snowed all winter.	*In the winter it snowed every day.*

2. The imperfect and present perfect are used together to indicate what was going
on when another action occurred.

Dormivo quando Carlo **è entrato.** *I was sleeping when Carlo entered.*
Sono venuti mentre studiava. *They came while he/she was studying.*

3. The meanings of some verbs change with changes in tense.

a. When **dovere**, **potere**, and **volere** are used in the imperfect, they are equivalent to the English *was/were supposed to*, *was/were able to*, and *wanted* or *was/were willing to*.

Dovevo studiare per un esame, **ma** stavo male.
I was supposed to study for an exam, but I was sick.

Volevano uscire, **ma** erano stanchi.
They wanted to go out, but they were too tired.

Potevi venire, **ma** non avevi voglia.
You could have come, but you didn't feel like it.

When they are used in the present perfect, they indicate actions that actually took place—or did not take place.

Non **abbiamo potuto** farlo.
We couldn't do it.

Ho voluto vederlo.
I wanted to see him.

Sono dovuti partire.
They had to leave.

b. In the imperfect, **conoscere** and **sapere** express the English *to know*. When used in the **passato prossimo**, they mean, respectively, *to meet someone* and *to find out something*.

Conoscevo Dario **da molto tempo**.
I had known Dario for a long time.

Ho conosciuto Roberto **ieri**.
I met Roberto yesterday.

Sapeva **fare** tutto in casa.
She knew how to do everything in the house.

Ha saputo della sua morte **ieri**.
She found out (heard) about his/her death yesterday.

ESERCIZI

A Il weekend. Scrivi delle frasi con i seguenti elementi e racconta il tuo weekend.

1. svegliarsi / presto
2. fare / bel tempo
3. esserci / il sole
4. Carlo / mi / telefonare
5. noi / parlare / a lungo
6. Paola / arrivare / io / fare / la doccia
7. Paola / avere sonno
8. Paola / addormentarsi / mentre / io / vestirsi
9. Paola / svegliarsi / noi / uscire
10. Noi / andare al centro commerciale

B L'estate passata. A settembre il signor Testa torna al lavoro e racconta ad un collega cosa ha fatto durante l'estate. Completa con il passato prossimo o l'imperfetto dei verbi indicati.

1. Racconta i preparativi ed il viaggio.
   a. Ti ricordi che caldo _____ (fare) a giugno e l'afa (*mugginess*) che _____ (esserci) in città? Io e mia moglie _____ (decidere) di partire per la montagna.

b. Quando (noi) _____ (essere) ragazzi _____ (passare) le vacanze al mare, ma quest'anno (noi) _____ (pensare) di andare in montagna.

   c. Così (noi) _____ partire da casa il 15 luglio. Quella mattina io e mia moglie _____ (svegliarsi) molto presto e _____ (preparare) tutto per il viaggio.

   d. Quando (noi) _____ (arrivare) in paese, _____ (essere) molto tardi.

2. Poi il signor Testa descrive l'estate trascorsa in montagna.

   a. L'estate _____ (passare) in fretta e piacevolmente.

   b. Ogni mattina (io) _____ (andare) al piccolo mercato in piazza.

   c. _____ (comprare) le provviste (*groceries*).

   d. Ogni giorno (noi) _____ (camminare) sempre tanto e i bambini ci _____ (seguire).

   e. I ragazzi _____ (crescere) tanto in solo due mesi.

   f. Insomma, _____ (essere) un'estate tranquilla e riposante. Tutti noi _____ (rilassarsi).

C **Il mio amico.** A coppie, completate le frasi con un verbo al passato e raccontate la storia d'amore di Renata e Luigi.

1. Due anni fa io e Luigi _____.
2. Luigi e io _____ diciotto anni.
3. Luigi _____ simpatico e gentile.
4. Ogni giorno noi _____.
5. Spesso lui _____.
6. Qualche volta noi _____.
7. Improvvisamente io e Luigi _____.
8. Un giorno Luigi mi _____.
9. Il weekend (noi) _____.
10. Un'estate (noi) _____.
11. Il 2 settembre io e Luigi _____.
12. Tutti i nostri amici _____.
13. Quel giorno i miei genitori _____ emozionati.
14. Subito dopo io e Luigi _____.

Il trapassato prossimo

The past perfect expresses a past action that had already taken place before another past action (implied or stated) occurred. It corresponds to the English *had* + past participle.

Non ha sgridato i ragazzi perché il padre li **aveva già puniti**.	*She didn't scold the children because their father had already punished them.*
Non siamo andati al cinema perché **avevamo già visto** quel film.	*We didn't go to the movies because we had already seen that film.*
Quando l'ho conosciuta non **si era ancora innamorata** di Carlo.	*When I met her she hadn't yet fallen in love with Carlo.*

1. The past perfect is a compound tense: It consists of the imperfect of **avere** or **essere** + *the past participle*. Use of **avere** and **essere** as the auxiliary verb and agreement of the past participle is the same as for the present perfect.

	ridere	andare	sentirsi
io	avevo ris**o**	ero andat**o/-a**	**mi** ero sentit**o/-a**
tu	avevi ris**o**	eri andat**o/-a**	**ti** eri sentit**o/-a**
Lei/lei/lui	aveva ris**o**	era andat**o/-a**	**si** era sentit**o/-a**
noi	avevamo ris**o**	eravamo andat**i/-e**	**ci** eravamo sentit**i/-e**
voi	avevate ris**o**	eravate andat**i/-e**	**vi** eravate sentit**i/-e**
Loro/loro	avevano ris**o**	erano andat**i/-e**	**si** erano sentit**i/-e**

2. The past perfect is often used in clauses introduced by **dopo che**, **quando**, and **appena** (*as soon as*) when the action in the main clause is in the present perfect or imperfect.

Dopo che erano arrivati, siamo usciti.

After they had arrived, we went out.

Appena avevano finito i compiti, guardavano i cartoni animati.

As soon as they had finished their homework, they watched cartoons.

3. The past perfect can also be used in independent clauses when the subsequent action is implied rather than expressed.

—Le hai comprato il regalo per il compleanno?

—Did you buy her a gift for her birthday?

—No, glielo **avevo già comprato**.

—No, I had already bought it.

ESERCIZI

A **Cosa avevano fatto prima?** Immagina due cose che le seguenti persone avevano fatto prima di fare queste attività.

1. Il 20 giugno Giulia si è sposata.
   a. _____
   b. _____

2. Il 15 agosto Fabrizio e Paolo sono andati in vacanza.
   a. _____
   b. _____

3. Io e il mio amico abbiamo fatto una gita.
   a. _____
   b. _____

B **Una festa in maschera.** La nonna racconta a Raffaella una festa in maschera di quando era giovane. Completa le frasi con la forma corretta dell'imperfetto, passato prossimo e trapassato prossimo.

1. Mi ricordo ancora molto bene di una festa in maschera a cui io e tuo nonno _____ (partecipare) nel 1950. Io _____ (avere) solo sedici anni. Tuo nonno mi _____ (invitare) solo due giorni prima, ma io _____ (essere) felice lo stesso.

2. La settimana prima del ballo, io _____ (cercare) un vestito al guardaroba del teatro vicino all'università. (Io) _____ (trovare) un vestito bellissimo.
3. La sera della festa io _____ (vestirsi) con molto cura. (Io) _____ (truccarsi) e _____ (pettinarsi).
4. Alle otto tuo nonno _____ (arrivare), ma lui _____ (essere) molto stanco, perché la sera prima non _____ (dormire).
5. Quella sera io e il nonno _____ (ballare) tanto. Noi _____ (essere) tanto felici. Io _____ (divertirsi) molto e non, _____ (dimenticare) mai quella serata.

 C Scuse. Usate il trapassato prossimo e, a coppie, spiegate perché queste persone hanno o non hanno fatto le seguenti cose.

1. Io sono uscita ieri sera.
2. Giovanna non è andata al cinema con i suoi amici sabato pomeriggio.
3. Noi non abbiamo cenato ieri sera.
4. Stamattina il professore ci ha dato molti compiti.
5. La nonna non ha regalato niente a Luigi.
6. Tu e i tuoi amici non vi siete sentiti la settimana scorsa.
7. Sebastiano non ha fatto sport domenica mattina.
8. Andrea e Emilio hanno litigato.

Ascoltiamo

Tracks 3–4

Le fiabe

A Le fiabe. Ascolta le fiabe e indica di quale si tratta. Scrivi accanto ad ogni fiaba le parole chiave che ti hanno aiutato a capire il titolo.

Fiaba	Lettera	Parole chiave
Cenerentola	_____	_____
Cappuccetto Rosso	_____	_____
Biancaneve e i sette nani	_____	_____
La bella addormentata nel bosco	_____	_____
Pinocchio	_____	_____

 B Infine... A coppie, raccontate come si conclude una delle fiabe che avete ascoltato.

Testi e contesti

COSA SAPPIAMO DI GIANNI RODARI?

Leggi le informazioni biografiche che seguono e poi, a coppie, indicate quelle più importanti.

Favole al telefono di Gianni Rodari,
© 1993 Edizioni EL, 1993, Trieste.

Gianni Rodari è nato a Omegna, in Piemonte, nel 1920. È morto nel 1980.

Rodari ha lavorato come giornalista all'*Unità* di Milano e al *Paese sera* di Roma, ma è soprattutto famoso per i suoi libri per bambini. Ha pubblicato più di ventiquattro raccolte di scritti, che sono state tradotte in numerose lingue. Alcune delle sue opere più importanti sono: *Il libro delle filastrocche* (1950), *Le avventure di Cipollino* (1951), *Filastrocche in cielo e terra* (1960), *Favole al telefono* (1961) e *Tante storie per giocare* (1977). Nel 1970 ha ricevuto il Premio Andersen per la letteratura infantile.

In realtà, le favole e storielle allegre di Rodari non sono esclusivamente per l'infanzia: infatti Rodari usa il genere della letteratura infantile per parlare della società e dell'individuo. Il racconto «Tonino l'invisibile» che leggeremo viene dalla raccolta *Favole al telefono* (1961). Parla delle avventure di un bambino capriccioso che vorrebbe essere invisibile.

PRIMA DI LEGGERE

A **Che cosa sai di Tonino?** Leggi la prima frase del racconto e poi, a coppie, indicate quali di queste informazioni sono vere e quali sono false. Correggete le informazioni false.

_____ 1. Tonino era uno studente universitario.
_____ 2. Tonino non aveva studiato la sera prima.
_____ 3. Tonino era felice di andare in classe e vedere il professore.
_____ 4. Tonino era uno studente serio e studioso.

B **Il passato remoto.** Che tempo verbale (*tense*) usa l'autore per narrare le vicende di Tonino? A coppie, cercate tutti i verbi al passato remoto e indicate l'infinito e il soggetto di ognuno. Usate il contesto per capire il significato di verbi irregolari che non riconoscete. Se necessario, cercate nell'Appendice le desinenze del passato remoto dei verbi regolari e irregolari.

C **Se...** A coppie, discutete gli aspetti negativi e positivi di essere invisibile.

MENTRE LEGGETE

L'intero racconto è composto di sei episodi principali. Identifica ogni episodio e sottolinea le seguenti informazioni per ognuno:

1. Dove? (il luogo)
2. Chi? (i personaggi)
3. Che cosa succede? (la trama)

Tonino l'invisibile

Una volta un ragazzo di nome Tonino andò a scuola che non sapeva la lezione ed era molto preoccupato al pensiero che il maestro lo interrogasse.

«Ah, — diceva tra sé, — se potessi diventare invisibile...»

Il maestro fece l'appello[1], e quando arrivò al nome di Tonino, il ragazzo
5 rispose: — Presente!, ma nessuno lo sentì, e il maestro disse: — Peccato che Tonino non sia venuto, avevo giusto pensato di interrogarlo. Se è ammalato speriamo che non sia niente di grave[2].

Così Tonino comprese di essere diventato invisibile, come aveva desiderato. Per la gioia spiccò un salto[3] dal suo banco e andò a finire nel cestino della carta
10 straccia[4]. Si rialzò e si aggirò[5] qua e là per la classe, tirando i capelli[6] a questo e a quello e rovesciando i calamai[7]. Nascevano rumorose proteste, litigi a non finire. Gli scolari si accusavano l'un l'altro di quei dispetti[8], e non potevano sospettare che la colpa[9] era invece di Tonino l'invisibile.

Quando si fu stancato di quel gioco Tonino uscì dalla scuola e salì su un
15 filobus, naturalmente senza pagare il biglietto, perché il fattorino[10] non poteva vederlo. Trovò un posto libero e si accomodò. Alla fermata successiva[11] salì una signora con la borsa della spesa e fece per sedersi[12] proprio in quel sedile, che ai suoi occhi era libero. Invece sedette sulle ginocchia[13] di Tonino, che si sentì soffocare. La signora gridò: — Che tranello[14] è questo? Non ci si può più
20 nemmeno sedere? Guardate, faccio per posare[15] la borsa e rimane sospesa per aria.

La borsa in realtà era posata sulle ginocchia di Tonino. Nacque una gran discussione, e quasi tutti i passeggeri pronunciarono parole di fuoco[16] contro l'azienda tranviaria[17].

25 Tonino scese in centro, si infilò[18] in una pasticceria e cominciò a servirsi a volontà[19], pescando a due mani tra maritozzi, bignè al cioccolato e paste d'ogni genere. La commessa[20], che vedeva sparire[21] le paste dal banco, diede la colpa a un dignitoso signore che stava comprando delle caramelle[22] col buco per una vecchia zia. Il signore protestò: — Io un ladro[23]? Lei non sa con chi parla. Lei
30 non sa chi era mio padre. Lei non sa chi era mio nonno!

— Non voglio nemmeno saperlo, — rispose la commessa.

— Come si permette di insultare mio nonno!

Fu una lite spaventosa. Corsero le guardie. Tonino l'invisibile scivolò fra le gambe del tenente e si avviò[24] verso la scuola, per assistere all'uscita dei suoi
35 compagni. Difatti li vide uscire, anzi, rotolare giù a valanga[25] dai gradini[26] della scuola, ma essi non lo videro affatto. Tonino si affannava[27] invano a rincorrere questo o quello, a tirare i capelli al suo amico Roberto, a offrire un lecca-lecca[28] al suo amico Guiscardo. Non lo vedevano, non gli davano retta[29] per nulla: i loro sguardi lo trapassavano come se fosse stato di vetro[30].

40 Stanco e un po' scoraggiato Tonino rincasò[31]. Sua madre era al balcone ad aspettarlo.

— Sono qui, mamma! — gridò Tonino. Ma essa non lo vide e non lo udì[32], e continuava a scrutare[33] ansiosamente la strada alle sue spalle.

— Eccomi, papà, — esclamò Tonino, quando fu in casa, sedendosi a tavola
45 al suo solito posto. Ma il babbo mormorava, inquieto: — Chissà perché Tonino tarda tanto. Non gli sarà mica successa qualche disgrazia[34]?

[1]called roll

[2]serious

[3]jumped
[4]he ended up in the trash basket; [5]wandered; [6]pulling hair; [7]ink-wells; [8]spiteful deeds; [9]fault

[10]ticket agent
[11]next stop
[12]tried to sit
[13]knees
[14]trick
[15]I try to

[16]angry
[17]bus company
[18]entered
[19]helping himself
[20]saleswoman;
[21]disappear; [22]candies
[23]a thief

[24]went
[25]tumbling down like an avalanche;
[26]steps; [27]struggled;
[28]lollipop; [29]paid attention to him;
[30]as if he were glass
[31]returned home

[32]heard
[33]search

[34]accident

— Ma sono qui, sono qui! Mamma, papà! — gridava Tonino. Ma essi non udivano la sua voce. Tonino ormai piangeva, ma a che servono le lagrime[35], se nessuno può vederle?

50   — Non voglio più essere invisibile, — si lamentava Tonino, col cuore in pezzi. Voglio che mio padre mi veda, che mia madre mi sgridi, che il maestro mi interroghi! Voglio giocare con i miei amici! È brutto essere invisibili, è brutto star soli.

Uscì sulle scale e scese lentamente in cortile[36].

55   — Perché piangi? — gli domandò un vecchietto, seduto a prendere il sole su una panchina[37].

— Ma lei mi vede? — domandò Tonino, pieno d'ansia.

— Ti vedo sì. Ti vedo tutti i giorni andare e tornare da scuola.

— Ma io non l'ho mai visto, lei.

60   — Eh, lo so. Di me non si accorge[38] nessuno. Un vecchio pensionato, tutto solo, perché mai i ragazzi dovrebbero guardarlo? Io per voi sono proprio come l'uomo invisibile.

— Tonino! — gridò in quel momento la mamma dal balcone.

— Mamma, mi vedi?

65   — Ah, non dovrei vederti, magari[39]. Vieni, vieni su e sentirai il babbo.

— Vengo subito, mamma, — gridò Tonino pieno di gioia.

— Non ti fanno paura gli sculaccioni[40]? — rise il vecchietto.

Tonino gli volò al collo e gli diede un bacio.

— Lei mi ha salvato[41], — disse.

70   — Eh, che esagerazione, — disse il vecchietto.

[35] *tears*

[36] *courtyard*

[37] *bench*

[38] *notices*

[39] *perhaps*

[40] *spanking*

[41] *saved*

(Da «Tonino l'invisibile», pp. 13–15, di Gianni Rodari, in *Favole al telefono*, Torino: Einaudi Ragazzi, 1971. © Edizioni EL, Trieste.)

DOPO LA LETTURA

Comprensione del testo. Dopo aver letto il testo una prima volta rispondi alle domande che seguono.

1. Descrivi il protagonista.
2. Perché voleva diventare invisibile? Secondo te, che cosa vuol dire «interrogare» uno studente?

3. A coppie, discutete i sei episodi che avete trovato nel testo. Paragonate le informazioni che avete trovato per ogni episodio.
4. Come finisce il racconto?

PARLIAMO E DISCUTIAMO

1. Cosa sai del vecchietto che Tonino incontra alla fine del racconto?
2. Il vecchio pensionato dice a Tonino: «Di me non si accorge nessuno. Un vecchio pensionato, tutto solo, perché mai i ragazzi dovrebbero guardarlo? Io per voi sono proprio come l'uomo invisibile». Perché, secondo te, il vecchietto dice di essere «invisibile»? Come può una persona nella nostra società essere «invisibile»?
3. Ci sono persone «invisibili» nella tua città? Perché? Chi sono?
4. Alla fine del racconto, che cosa ha imparato Tonino?

5. A coppie, discutete qual è la morale del racconto.
6. Pensi che questo sia un racconto esclusivamente per bambini? Secondo te, che significato ha questo racconto per gli adulti?
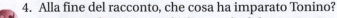
7. A piccoli gruppi, immaginate una morale che volete dimostrare. Poi raccontate e scrivete una fiaba basata su quella morale.

Per scrivere

Come narrare una storia

When we narrate a story, we explain what happened (the plot), who was involved (the characters), where the action took place (the setting), and when it happened (the time). Normally, we relate events in chronological order.

A well-told story is concise, clear, and entertaining. As you think about writing a story yourself, choose carefully the incidents most suited to your narration and the point you wish to make, and provide interesting details about the characters, the setting, and the time.

PRIMA DI SCRIVERE

Before you start writing, prepare an outline. A good story usually includes three basic parts:

1. Introduction
   Here you can describe the setting and time of your story. You can also introduce the main characters. You may want to provide some interesting details about what they looked like or were like.
   Remember: When you describe the setting, time, people, and places in the past in Italian, you normally use the imperfect tense.

2. Main action
   Tell what happened. You may want to begin by making a list of the most important events and episodes, then decide which ones to include to make your story effective and interesting. You'll probably want to narrate the events in a chronological order, but you may also want to refer to actions that occurred before the time of the main action.
   Remember: To tell what happened one time or a specific number of times in Italian, you usually use the **passato prossimo**. Use the **trapassato prossimo** to talk about events that occurred at a time further in the past than the main narration.

3. Conclusion
   Summarize the main events and explain the final resolution.

ADESSO SCRIVIAMO

Keeping these points in mind, write a story from one of the perspectives suggested in the **Temi** section below. Remember to prepare an outline and to be alert about your use of past tenses.

Temi

1. Scrivi una breve autobiografia. Parla di alcuni avvenimenti e persone specifiche che sono state molto importanti nella tua vita.
2. Scrivi una breve biografia della tua famiglia.
3. Racconta come e quando hai conosciuto per la prima volta il tuo migliore amico/la tua migliore amica.

Capitolo 3

Photo courtesy of Università Bocconi

Tanti sogni nel cassetto!

E tu, che sogni e progetti hai per il futuro?

Neolaureati fanno festa alla Bocconi di Milano. Chi saranno queste persone? Perché saranno vestite così? Cosa faranno nella foto? Che progetti avranno per il futuro?

Temi
I progetti per il futuro
Il mondo del lavoro

Strutture
Il futuro semplice
Il futuro anteriore
Il partitivo
I pronomi diretti e *ne*
Il condizionale

Ascoltiamo
Il programma alla radio

Testi e contesti
«Ragazza giapponese», Gianni Celati

Per scrivere
Come scrivere una lettera

Facciamo conversazione

I progetti per il futuro

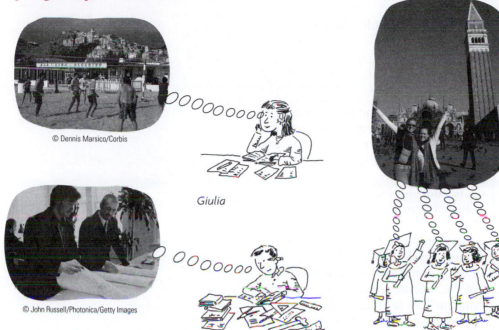

© Dennis Marsico/Corbis

Giulia

© John Russell/Photonica/Getty Images

Mario

© Bill Bachmann/Index Stock Imagery, Inc.

Giovani ragazzi

A I progetti. A coppie, osservate le foto e descrivete i progetti di Giulia per il weekend, dei giovani ragazzi per l'estate e di Mario per il futuro. Scegliete fra le espressioni che seguono quelle che più si adattano alle persone nelle foto.

1. finire la scuola
2. andare al mare
3. giocare a beach volley sulla spiaggia
4. frequentare un corso di specializzazione in Italia
5. viaggiare in molte città italiane
6. fare molte foto
7. costruire grandi edifici
8. studiare architettura
9. conoscere molti ragazzi italiani
10. cercare un lavoro
11. partire per l'Italia
12. diventare un architetto famoso
13. vedere tanti bei monumenti antichi
14. andare in molti ristoranti
15. divertirsi

B Che progetti hai? Lavorando a piccoli gruppi, discutete i vostri progetti per il weekend e per le prossime vacanze. Chi si divertirà di più? Chi si annoierà?

C Fra cinque anni. Scrivi un biglietto al tuo professore/alla tua professoressa e immagina come sarà la tua vita fra cinque anni.

D **Le promesse per l'anno nuovo.** A coppie, immaginate quali promesse fanno per l'anno nuovo le persone seguenti. Poi leggete la vostra lista alla classe. La classe decide quali delle promesse sono le più convincenti e quali le più originali.

1. un figlio ai genitori
2. tu e gli studenti al professore/alla professoressa
3. una giovane al ragazzo
4. i genitori ai figli

Falsetto

Hai ben ragione tu! Non turbare[1]
di ubbie[2] il sorridente presente.
La tua gaiezza impegna[3] già il futuro
ed un crollar di spalle[4]
dirocca[5] i fortilizî[6]
del tuo domani oscuro.
T'alzi e t'avanzi[7] sul ponticello[8]
esiguo[9], sopra il gorgo[10] che stride[11]:
il tuo profilo s'incide
contro uno sfondo di perla.
Esiti[12] a sommo del tremulo asse[13],
poi ridi, e come spiccata[14] da un vento
t'abbatti[15] fra le braccia
del tuo divino amico che t'afferra[16].

Ti guardiamo noi, della razza[17]
di chi rimane a terra.

[1]*agitate, disturb* [2]*imaginary fears; doubts* [3]*binds* [4]*shrug of your shoulders* [5]*tears down* [6]*forts* [7]*you go forward* [8]*tiny bridge* [9]*slight* [10]*whirlpool* [11]*shrieks* [12]*you hesitate* [13]*plank* [14]*plucked* [15]*throw yourself* [16]*grasps you* [17]*race*

(Da «Falsetto», p. 276, di Eugenio Montale, *Tutte le poesie*, © 1984, per gentile concessione di Arnoldo Mondadori Editore, Milano.)

The Birth of Venus, ca.1484, Sandro Botticelli (1444–1510 Italian), Tempera on wood panel, Galleria degli Uffizi, Florence, Italy, © SuperStock, Inc. / SuperStock

Sandro Botticelli, La Nascita di Venere

A **Falsetto.** A coppie, rispondete alle domande che seguono.

1. A chi parla il poeta?
2. Dove sarà la ragazza? Che cosa farà?
3. Secondo voi, quali dei seguenti aggettivi descrivono meglio il carattere della ragazza nella poesia di Montale? Motivate le vostre risposte.

   a. ottimista   f. umile
   b. coraggiosa   g. provocante
   c. timida   h. incerta
   d. paurosa   i. insicura
   e. sicura

4. Secondo voi, chi sono quelli della «razza di chi rimane a terra»? Quali aggettivi descrivono meglio il loro carattere?
5. Riassumete brevemente il contenuto dei versi.

B **La nascita di Venere.** Quali immagini ti suggerisce il dipinto di Botticelli che possono essere simili alle immagini della poesia?

*T*utti facciamo sempre progetti per il futuro. Ogni giorno facciamo programmi per la sera, per la giornata seguente, per un giorno di vacanza. A volte pensiamo anche a cose che non abbiamo ancora potuto fare e che speriamo di poter fare in futuro.

PAROLE UTILI

Per parlare del futuro

affrontare *to face*
l'avversità *adversity*
farcela *to succeed, to manage*
fare castelli in aria *to build castles in the air*
l'imprevisto *unforeseen*
influenzare *to influence*
prevedere il futuro *to foresee the future*
le previsioni *expectations, predictions/forecasts*
il rimpianto *regret*
sognare ad occhi aperti *to daydream*
la sorte *fate, fortune*
superare *to overcome*

Per parlare dei piani per il futuro

avere intenzione di + infinito *to intend to do something*
avere un sogno nel cassetto *to have a secret dream*
diventare *to become*
l'oroscopo *horoscope*

pensare di + infinito *to think about doing something*
il segno zodiacale *sign of the zodiac*
stare per + infinito *to be about to do something*

Aggettivi per descrivere l'atteggiamento verso il futuro

audace *bold, brave*
cauto/-a *cautious*
deciso/-a *certain, resolute*
indeciso/-a *uncertain*
pratico/-a *practical*
prudente *prudent*
realista *realistic*
sognatore/sognatrice *dreamer*
timoroso/-a *fearful*

Espressioni di tempo

appena *as soon as*
dopo che *after*
finché non *until, till*
fra *in, within*

LE PAROLE IN PRATICA

 A Le associazioni. Lavorate a gruppi. Quali parole ed espressioni dalla lista precedente assoceranno le seguenti persone con il futuro? E voi, quali parole ed espressioni associate con il futuro?

1. una signora pratica e realista
2. una giovane decisa e audace
3. un giovane prudente e cauto
4. un sognatore timoroso

B Che cosa? Completa le frasi con la parola più adatta.

1. Non sappiamo che cosa ci riserva _____.
2. Ogni giorno leggo _____ sul giornale per sapere che cosa mi succederà.
3. Di che segno _____ sei?
4. Avrei voluto fare tante cose che non ho potuto fare e per questo ho molti _____.
5. Mi piacerebbe sapere che sorprese ci riserva il futuro. Non mi piacciono _____.
6. Una persona timorosa _____ il futuro con cautela.
7. Una persona decisa e ottimista riesce a superare tutte _____.
8. Non ho paura degli imprevisti e delle avversità: so di poterli _____.

C Realista o sognatore? A coppie, parlate di una persona sognatrice e una realista. Che cosa fanno? Che cosa non fanno mai? E voi, siete sognatori o realisti? Perché?

DISCUTIAMO INSIEME

A Sei soddisfatto/-a? Sei soddisfatto/-a di quello che hai o hai ancora molti sogni nel cassetto da realizzare? Rispondi alle domande del test e dopo controlla il tuo punteggio per vedere come sei. Ogni risposta affermativa vale un punto. Poi paragona i tuoi risultati con quelli di un compagno/una compagna. In che modo siete simili o diversi?

> Studia il futuro e il partitivo.

Sei contento della tua sorte, oppure sei pieno di invidia?

1. Guardi i vestiti degli altri e pensi che sono più belli dei tuoi?
2. Desidereresti poter vivere in una casa diversa?
3. Desidereresti avere un lavoro diverso?
4. Quando sei con una persona ti capita[1] mai di sognare di essere con qualcun altro?
5. Sei soddisfatto/-a della vita che fai?
6. Vai d'accordo con il tuo/la tua partner?
7. Vai d'accordo con gli amici?
8. Vai d'accordo con i tuoi familiari?
9. Sei soddisfatto/-a del tuo aspetto fisico?
10. Sei contento/-a di essere vivo/-a?
11. Ti senti spesso frustrato/-a o arrabbiato/-a?
12. Dormi bene?
13. Ti rilassi facilmente?
14. Ritieni che la vita sia stata ingiusta con te?

Controlla il tuo punteggio

Sei hai totalizzato 9 punti o più, sei molto soddisfatto della tua vita. È inevitabile che ci siano delle cose che vorresti cambiare, ma nel complesso, sei soddisfatto di quello che hai.

Sei hai totalizzato da 4 punti a 8 punti, sei ragionevolmente soddisfatto anche se, avendone l'opportunità, vorresti poter cambiare tante cose.

Se hai totalizzato 3 punti o meno, sei indiscutibilmente insoddisfatto. Nella tua esistenza vorresti poter cambiare molte cose e sono pochi gli aspetti della vita o del tuo stile di vita che consideri realmente soddisfacenti.

(Da *75 Test per conoscersi e valorizzarsi,* p. 120, di Vernon Coleman, traduzione di Chiara Vatteroni, 1996, Milano: FrancoAngeli s.r.l. © 1996 FrancoAngeli s.r.l.)

[1]*do you ever*

B Come affronterai il futuro? Scopri che atteggiamento hanno i tuoi compagni di classe verso il futuro. Prima prepara una lista di otto domande e poi intervista una persona in classe. Quindi scrivi un biglietto al professore/alla professoressa e spiega che atteggiamento ha il tuo compagno/la tua compagna nell'affrontare il futuro. È sognatore/sognatrice o realista? Giustifica le tue opinioni.

C L'oroscopo. Scrivi un oroscopo per una persona in classe. Prendi in considerazione la salute, l'amore e i soldi. Poi leggi l'oroscopo che hai scritto alla classe. La classe deve indovinare per chi l'hai scritto.

D Che cosa farai dopo che…? Parla con due persone diverse e scopri che cosa faranno nelle situazioni che seguono. Poi riferisci i tuoi risultati alla classe. Chi farà delle cose interessanti e avventurose?

1. oggi, appena sarà finita la lezione d'italiano
2. stasera, quando sarà arrivato/-a a casa
3. questo weekend, dopo che avrà finito di studiare
4. dopo che si sarà laureato/-a
5. finché non avrà trovato un buon lavoro

PER LEGGERE
Prima di leggere

A Il futuro. Secondo te, le vignette esprimono un atteggiamento positivo o negativo verso il futuro? Perché? Quali delle tre vignette esprime meglio il tuo atteggiamento verso il futuro? Paragona le tue risposte con quelle di un compagno/una compagna.

Vignetta di Pat Carra, «Diventerà ricco potente famoso...», © PAT CARRA

Vignetta di Pat Carra, «Le donne belle sposano gli uomini ricchi...», © PAT CARRA

Vignetta di Pat Carra, «I soldi non bastano a comprare la felicità...», © PAT CARRA

° I'll get a mortgage.

B Dal chiromante (*palmist*). A coppie, uno studente fa la parte del chiromante/della chiromante e l'altro/l'altra quella di un/una cliente che fa molte domande sul suo futuro e passato. Usa il *Lei*.

C Confessioni di una giovane modella. Leggi i titoli dell'articolo che segue e indica tre cose di cui parlerà l'articolo. Paragona i tuoi risultati con quelli di un compagno/una compagna.

Confessioni di una giovane modella

Joy ha 17 anni. Ha lasciato l'America per Milano. E qui vive i sogni e le delusioni delle ragazze che lavorano nel mondo della moda. Un mondo affascinante e, a volte, pericoloso.

«**S**ì» dice con una vocina allegra e matura «per fare questo lavoro occorre[1] avere la testa sulle spalle. ... Una ragazza che vuole affermarsi[2] come modella deve sapere quel che fa, i rischi che corre, come si deve comportare e come impedire[3] che altri si possano approfittare[4] di lei».

Joy Nakayama ha le idee chiare. Ha solo 17 anni, è una modella americana con un padre giapponese che però non ha mai parlato in giapponese con lei, è a Milano per lavorare con l'agenzia Pepea che l'ha selezionata attraverso i libri fotografici. E vive una moda più vicina ai grandi magazzini[5] e alle riviste specializzate che ai flash delle passerelle[6].

Nei tuoi sogni c'è quello di diventare una top model da sfilata[7]?

«No, francamente no. Forse sono troppo bassa per quel lavoro, troppo piccola. La mia statura è giapponese».

E la tua mentalità?

«Americana, credo che sia interamente americana. Ma con una enorme voglia di Giappone, una nostalgia senza limiti per questa mezza patria che ho nel corpo e nelle forme, negli occhi di mio padre e nei suoi racconti».

Sei mai stata in Giappone?

«Sì, una volta. È magnifico. Un mondo che mi cattura e mi seduce, un mondo che ho appena sfiorato[8] e conosciuto».

Insomma: quale delle due metà prevale, quella americana o quella giapponese?

«Tutte e due. Ma adesso sono in Italia».

E però non parli italiano.

«So dire «sì», «no», «buongiorno» e «come va»».

...

Vivi da sola?

«Vivo in un appartamento con un'altra ragazza, una con cui adesso sono molto amica: si chiama Naomi e ha gli stessi problemi».

...

Che cosa dice tuo padre del tuo lavoro, e dei rischi connessi?

«Mio padre è abbastanza tranquillo, ma anche molto vigile, come tutti i bravi padri. Ci sentiamo ogni giorno e fra poco verrà qui in Italia per almeno un paio di mesi, proprio per starmi vicino».

Ami molto tuo padre?

«Oh sì, e amo mia sorella e mia madre naturalmente. Ma non vedo l'ora che venga papà perché abbiamo un piano bellissimo, un viaggio nell'Italia dell'arte. Credo che mi porterà a Firenze e a Venezia, naturalmente, e forse a Roma».

...

Non ti pesa essere così lontana dalla tua gente, dalla tua città, dalla tua famiglia e dal tuo amore?

«Certo che mi pesa. Ma questa è soltanto una piccola parte della mia vita, una breve parentesi che ho pensato fosse necessaria e interessante, anche se comporta dei sacrifici».

...

Questa vita ti piace?

«Certo che mi piace, altrimenti non la farei. Ma non sarà il lavoro della mia vita. Lo considero una parentesi fra il liceo e l'università. Un momento di riflessione, ecco».

Che cosa vorrai studiare all'università?

«È su questo che sono incerta. Se lo sapessi, già sarei lì. Invece devo ancora scandagliare[9] dentro me stessa: forse arte, forse medicina, forse lingue, forse chissà. E allora mentre cerco di vederci chiaro, faccio la modella».

...

(Da «Confessioni di una giovane modella», *Donna Moderna*, 21 marzo 2001, pp. 76–77. © 2001 Arnoldo Mondadori Editore S.p.A.)

---

[1]*you have to* [2]*succeed* [3]*to prevent* [4]*take advantage* [5]*department stores* [6]*high-fashion runways* [7]*high-fashion model* [8]*touched*

[9]*to probe*

Parliamo e discutiamo

A Cosa sai di Joy? A coppie, rispondete alle seguenti domande sull'intervista con Joy:

1. Indicate tutto quello che adesso sapete:
    a. di Joy.
    b. della sua famiglia.
    c. della sua carriera.
    d. dei suoi progetti per i prossimi mesi.
    e. dei suoi sogni e aspirazioni per il futuro.

2. Secondo voi, Joy è contenta a Milano? Perché?
3. Che problemi avrà Joy a Milano? Pensate che in futuro Joy studierà all'università? Perché?
4. Quali aggettivi descrivono meglio l'atteggiamento di Joy verso il futuro?

B La realtà italiana. A coppie, rispondete alle domande che seguono:

1. Pensate che Joy si senta parte della realtà italiana? Perché?
2. Vi piacerebbe lavorare in Italia per un periodo di tempo? Che problemi potreste avere?
3. Immaginate che un ragazzo italiano/una ragazza italiana verrà nel vostro Paese per lavorare. Che problemi troverà? Quali esperienze positive farà?
4. Cosa rivela della realtà italiana la presenza di Joy in Italia per lavorare?

Il mondo del lavoro

A La carriera. A coppie, decidete quali di questi aspetti del lavoro potrebbero essere molto importanti per le seguenti persone. Motivate le vostre risposte.

Caratteristiche del lavoro

_____ 1. la sicurezza del posto
_____ 2. lo stipendio
_____ 3. le soddisfazioni personali
_____ 4. la libertà e autonomia
_____ 5. le vacanze e ferie
_____ 6. il tempo libero
_____ 7. un lavoro stimolante
_____ 8. un posto fisso
_____ 9. l'orario ridotto
_____ 10. un lavoro temporaneo
_____ 11. le possibilità di fare carriera
_____ 12. un lavoro statale
_____ 13. un lavoro a tempo pieno
_____ 14. i rapporti interpersonali
_____ 15. l'orario

Persone

a. un manager ambizioso e rampante
b. un'artista tranquilla e soddisfatta
c. una giovane mamma socievole che vuole solo arrotondare (*add to*) lo stipendio del marito
d. una donna in carriera
e. un dipendente che pensa solo alla pensione
f. un giovane avvocato agli inizi della carriera
g. tu e il tuo compagno/la tua compagna

B Cosa faremo e cosa faremmo. A coppie, preparate due liste, una delle cose che farete nei prossimi giorni e una di quelle che vi piacerebbe fare. Poi leggete le vostre liste alla classe. Sono simili o diverse? Come?

C I sogni per il futuro. Prepara una lista di sei domande per scoprire le aspirazioni di un compagno/una compagna per il futuro. Prendi in considerazione la vita personale e la carriera. Poi usa la tua lista per intervistarlo/-la. Infine scrivi un biglietto al tuo professore/alla tua professoressa e racconta i progetti del tuo compagno/della tua compagna per il futuro.

 D I desideri. Come risponderebbero le persone seguenti alle domande? Immagina le loro risposte e poi a coppie confrontate le vostre supposizioni.

1. Cosa farebbe con un milione di dollari una persona egoista? una generosa?
2. Che cosa farebbe per avanzare nella sua carriera una persona ambiziosa? una creativa?
3. Come impiegherebbe il tempo libero una persona abitudinaria? una persona dal temperamento artistico?

Parole per Emma

Tu ancora non lo sai
né pensarci puoi, ma sappi[1]
che tutto si può immaginare
a questo mondo. Basta volerlo
e il polo nord diventa il polo sud
e se vuoi
puoi d'improvviso volare
o vivere nell'acqua, e attraversare
il fuoco come niente
o pensare di afferrare[2] dal cielo
la bella più Stella.

[1]*be aware* [2]*grasp*

(Da «Ceres», pp. 46–47, di Luigi Fontanella, *Ceres*, 1996, Marina di Minturno: Caramanica Editore. © 1996 Caramanica Editore.)

Melanconia 1912 (oil on canvas), Chirico, Giorgio de (1888–1978). © Estorick Collection, London, UK. The Bridgeman Art Library

Giorgio de Chirico, Melanconia

A Una stella? Quale sarebbe un titolo adatto a questa poesia? A gruppi, discutete che cosa suggeriscono le immagini dei versi.

1. il polo nord diventa il polo sud
2. che si potrebbe anche volare
3. sarebbe possibile vivere nell'acqua
4. si potrebbe attraversare il fuoco
5. sarebbe possibile prendere una stella dal cielo

B E tu? Il poeta scrive che «tutto si può immaginare a questo mondo». Esprimi alcuni desideri basati sull'immaginazione e altri che potrebbero anche realizzarsi. Poi a gruppi, confrontate quello che avete scritto e discutete chi è più realista e perché, chi è più sognatore e perché.

C De Chirico. A cosa ti fa pensare il quadro? Che cosa potrebbe rappresentare? Secondo te, che cosa è reale e cosa solo immaginato?

*T*utti abbiamo desideri, sogni e aspirazioni per il futuro. I bambini sognano di diventare grandi, i giovani di finire la scuola e cominciare a lavorare, gli adulti sperano di lavorare meno e spesso desiderano andare in pensione. Alcuni dei nostri desideri si possono realizzare e altri resteranno sogni per sempre.

PAROLE UTILI

Espressioni per parlare delle possibilità future

chiedere / dare consigli *to ask / to give advice*

credere nei sogni *to believe in dreams*

Per parlare di lavoro e carriera

andare in pensione *to retire*
l'azienda *firm*
la catena di montaggio *assembly line*
il commercio *trade*
la ditta *company*
la fabbrica *factory*
la multinazionale *multinational (company)*

il reddito *income*
lo stage *internship*
lo studio *professional's office*

Per parlare della ricerca del lavoro

compilare un modulo *to fill out a form*
il curriculum *résumé, CV*
dare le dimissioni *to resign, to quit*
fare domanda *to apply*
leggere le offerte di lavoro *to read job ads*
sostenere un colloquio *to have a job interview*
rivolgersi a un ufficio di collocamento *to turn to an employment office*

Le occupazioni e gli impieghi
Se vogliamo sapere l'occupazione di una persona, possiamo chiedere: **Che lavoro fa?** Possiamo rispondere: **Fa il medico, l'avvocato**, etc. In italiano, quando si parla di occupazioni e impieghi, si tende sempre di più a usare la forma maschile anche per le donne.

l'architetto *architect*
l'artigiano *artisan*
l'avvocato/l'avvocatessa *lawyer*
il capo *boss*
il capufficio *supervisor*
il commercialista *Certified Public Accountant*
il commesso/la commessa *salesperson*
il datore di lavoro *employer*
il/la dirigente *manager*
il disoccupato *unemployed worker*
il dottore/la dottoressa *doctor*
l'elettricista *electrician*
l'idraulico/-a *plumber*
l'operaio/-a *worker*
il libero/la libera professionista *professional*
il meccanico *mechanic*
lo scrittore/la scrittrice *writer*

Conoscete altre professioni e impieghi? A coppie, indicateli.

LE PAROLE IN PRATICA

A Chi è? Indica che lavoro farà ogni persona descritta.

1. Ha studiato economia.
2. È responsabile di un reparto.
3. Ha un lavoro indipendente.
4. Crea oggetti d'arte.
5. Lavora con l'acqua.
6. È una persona senza lavoro.
7. Fa gli impianti elettrici.
8. Lavora con le macchine.

B Che cosa fai? Completa le frasi con le espressioni più adatte.

1. Se non ti piace il tuo lavoro, ti puoi _____.
2. Se cerchi lavoro, prepari _____.
3. Quando cerchi lavoro, leggi _____.
4. Per trovare lavoro ti puoi rivolgere a _____.
5. Quando hai sessantacinque anni, se non vuoi più lavorare, puoi _____.
6. Prima di essere assunto/-a per un lavoro devi sostenere _____.

C In che ordine? Metti le frasi seguenti in ordine logico e poi racconta che cosa farai tu nel futuro nel campo del lavoro.

_____ andare in pensione
_____ compilare un modulo
_____ rivolgersi ad un'agenzia di collocamento
_____ sostenere un colloquio
_____ preparare il CV
_____ leggere le offerte di lavoro
_____ dare le dimissioni
_____ fare domanda

DISCUTIAMO INSIEME

A Che fareste se...? A coppie, discutete cosa fareste nelle seguenti situazioni.

Studia il modo condizionale e i pronomi oggetto diretto e *ne*.

1. Nella tua città non riesci a trovare un lavoro nel tuo campo.
2. Ti piace il tuo lavoro ma non vai d'accordo con il tuo capo.
3. Non ti piace la specializzazione che hai scelto.
4. Tu vorresti un lavoro creativo, ma i tuoi genitori ti consigliano un lavoro pratico e sicuro.
5. Guadagni molti soldi ma non ti piace il tuo lavoro.

B Pentimento. A coppie, indicate cosa avrebbero potuto fare in passato le seguenti persone per evitare di trovarsi adesso nelle situazioni indicate.

1. Un dirigente in pensione si sente molto solo perché non ha né amici né interessi fuori del lavoro.
2. Un uomo e una donna, sposati da diversi anni, scoprono che non hanno più molte cose in comune, specialmente adesso che i figli non abitano più con loro.
3. Tu e i tuoi compagni non potete trovare lavoro perché non conoscete abbastanza bene le lingue straniere.

C Che lavori hai fatto? Prepara delle domande da fare ai tuoi compagni per sapere quali lavori hanno già fatto o fanno ora. Poi a gruppi discutete le risposte. Fra le altre cose vuoi anche sapere:

1. come si sono preparati.
2. perché hanno dato le dimissioni.
3. le caratteristiche del lavoro.
4. quali mansioni (*tasks*) gli piacciono/piacevano e quali no.

PER LEGGERE
Prima di leggere

A Cosa pensi del lavoro? Come risponderesti tu alle seguenti domande? Come risponderebbero i tuoi compagni? Cosa rivelano di te e dei tuoi compagni le vostre risposte?

1. Secondo te, il lavoro dà
   a. soddisfazione.
   b. sicurezza.
   c. emancipazione.
2. Rinunceresti al lavoro per la famiglia?
   a. Sì.
   b. No.
3. Il lavoro ti stressa soprattutto perché
   a. è difficile conciliare lavoro e vita privata.
   b. stanca.
   c. non è facile lavorare con gli altri.

4. Da quando lavori dai più valore
   a. al tempo?
   b. a te stesso/-a?
   c. al denaro?
5. Quando hai pensato «meno male che c'è il lavoro»?
   a. Non l'ho mai pensato.
   b. Quando sono rimasto/-a senza soldi.
   c. Quando ho sofferto una crisi sentimentale.
   d. Quando non stavo bene.
   e. Quando avevo problemi personali.

B Un mestiere giovane. Leggi i titoli dell'articolo che segue. Poi a coppie indicate quali saranno gli argomenti dell'articolo. Quali parole pensate di trovare nell'articolo? Quali non ci saranno?

Un mestiere giovane

Fuggono dalla routine e cercano professioni stimolanti, che facciano viaggiare. I ragazzi oggi sognano in grande. E noi qui li accontentiamo

L'era degli yuppies è davvero finita. Lo conferma un'indagine[1] della rivista *Campus* presentata all'ultima edizione del Salone dello Studente di Milano. Le nuove generazioni mostrano interesse soprattutto per le professioni che permettono di stare a contatto con la natura e occuparsi dell'ambiente. Salgono ai primi posti nelle preferenze anche i lavori legati[2] al mondo del non profit. Insomma, si sogna un impiego che faccia sentire realizzati e utili. E che magari permetta anche di viaggiare all'estero. Anche tu hai questi desideri? Ecco tre proposte per te.

C'è un posto nei parchi. Cresce sempre di più la voglia di verde e di ambienti naturali. E si moltiplicano anche le iniziative di tutela[3] delle aeree protette. Ti piacerebbe guidare un gruppo di turisti alla scoperta delle diverse specie di alberi tipiche della tua Regione? o combattere il degrado[4] dei boschi[5]? Diventa agente forestale o guardiaparco. ... Per questo ruolo, per cui occorre un'età compresa fra i 18 e i 30 anni, è previsto un concorso pubblico.

...

La bottega[6] equa e solidale. Il tuo sogno, come quasi la metà dei giovani intervistati, è quello di lavorare nel non-profit? Ecco un'occasione interessante: la **Trans Fair,** marchio storico del commercio equo e solidale organizza corsi per chi desidera aprire una bottega che venda i prodotti del Terzo Mondo. «Sta crescendo l'interesse per questo tipo di merci[7]» spiega Indira Franco, organizzatrice dei corsi.

... Il programma prevede tecniche di vendita e approfondimenti sulla parte gestionale[8] e amministrativa, oltre ad alcune lezioni sulla promozione e la valorizzazione del punto vendita[9].

Il Programma Leonardo. «Un periodo di impiego in una grande capitale europea è oggi una tappa[10] obbligata per chi voglia rendersi competitivo» spiega Emanuela Cavalca Altan, scrittrice e giornalista che da tempo si occupa di formazione professionale. Il programma **Leonardo da Vinci** offre ai giovani disoccupati o neolaureati, l'opportunità di compiere un'esperienza di formazione e di lavoro in un altro stato dell'Unione europea. Gli impieghi sono davvero svariati[11]: dalla parucchiera[12] all'esperto informatico, passando per architetti, agrari e ingegneri. Trovi tutti i dettagli per proporti sul sito www.programmaleonardo.net.

***

(Da «Un mestiere giovane» di Paola Oriunno, *Donna Moderna*, 24 marzo 2004, p. 239. © 2004 Arnoldo Mondadori Editore S.p.A.)

[1]*a study* [2]*tied* [3]*protection* [4]*decline* [5]*forests* [6]*shop*

[7]*merchandise* [8]*management* [9]*retail stores* [10]*stage* [11]*varied* [12]*hairdresser*

Parliamo e discutiamo

A I giovani italiani. Trova nel testo informazioni per giustificare le seguenti affermazioni.

1. Per i giovani italiani è molto importante sentirsi utili e realizzati.
2. I giovani di oggi hanno valori diversi da quelli degli yuppies.
3. La tutela della natura e dell'ambiente è molto importante per i giovani di oggi.
4. I giovani italiani vogliono aiutare gli abitanti dei Paesi meno ricchi.
5. Oggigiorno conoscere una lingua e cultura straniera è molto importante in Europa.

B La realtà italiana. Rileggi l'articolo e trova tutte le informazioni che ci sono sui sogni e le aspirazioni dei giovani italiani. Cosa rivelano dell'attuale realtà italiana? Poi paragona i tuoi risultati con quelli di un compagno/una compagna e insieme discutete come i sogni e le aspirazioni dei giovani italiani sono simili o diversi dai sogni e dalle aspirazioni dei giovani del vostro Paese.

Per conoscere l'Italia e gli italiani

A Gli italiani e il lavoro. Leggi il brano e indica se le affermazioni che seguono sono vere o false. Giustifica le tue risposte.

Imprenditori di se stessi: sogno segreto degli italiani. Ma dal lavoro vogliono sicurezza e soddisfazione

La professione ideale secondo gli italiani dovrebbe anzitutto dare soddisfazione (44%) e permettere di lavorare insieme a persone con cui ci si trova bene (11%). Ma del lavoro, gli italiani non considerano solo la qualità: cercano anche la sicurezza. Quasi la metà di essi valorizza gli elementi che forniscono certezze materiali. Un lavoro «sicuro» (29%), un buono stipendio (15%). Ma gli italiani quale professione sceglierebbero, se fosse loro possibile? Anzitutto l'attività indipendente, un lavoro in proprio (31%) o la libera professione (23%). Oltre la metà, quindi, se potesse, non lavorerebbe «sotto padrone». [...]

(Da «Imprenditori di se stessi: sogno segreto degli italiani. Ma dal lavoro vogliono sicurezza e soddisfazione» di Luigi Ceccarini, *La Repubblica*, www.repubblica.it, 17 ottobre 2004.)

_____ 1. Per gli italiani la sicurezza del posto di lavoro è la cosa più importante.

_____ 2. Gli italiani preferirebbero lavorare in un'azienda piuttosto che esercitare la libera professione.

_____ 3. Per gli italiani anche i rapporti interpersonali sul lavoro sono importanti.

_____ 4. Agli italiani piacerebbe essere più liberi.

B Il lavoro. A coppie, rispondete alle domande che seguono.

1. Qual è l'atteggiamento degli italiani verso il lavoro?
2. Che immagine ricavate (*draw*) dell'Italia e degli italiani dal brano letto?
3. Secondo voi, in che cosa gli italiani sono simili e in che cosa sono diversi dalle persone del vostro Paese per quanto riguarda il lavoro?

In rete

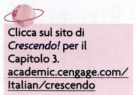

Clicca sul sito di *Crescendo!* per il Capitolo 3. academic.cengage.com/Italian/crescendo

A Chi è Giorgio de Chirico? Giorgio de Chirico è stato uno dei più importanti artisti italiani del ventesimo secolo. Dopo aver letto le informazioni sulla sua vita, rispondi alle domande seguenti.

1. Dove è nato? Dove è vissuto?
2. Quale tipo di studi è stato determinante per de Chirico?
3. L'artista nelle sue opere crea spazi insoliti e spesso dipinge oggetti che evocano una realtà metafisica. Quali potrebbero essere questi oggetti? Quale potrebbe essere una «realtà metafisica»?
4. Cerca alcune opere di de Chirico e immagina che cosa potrebbero rappresentare. Cosa avrà sentito e pensato l'artista mentre dipingeva?

B Il Programma Leonardo da Vinci. Rispondi alle seguenti domande.

1. Che cos'è il Programma Leonardo da Vinci? Che cosa vuole promuovere?
2. Per chi è il Programma? Che cosa offre ai partecipanti?
3. Cosa possono fare gli studenti universitari con il Programma Leonardo da Vinci? e quelli che cercano un lavoro?
4. Questo programma potrebbe essere utile per i giovani del tuo Paese? Perché? Ti piacerebbe partecipare ad un programma simile?

Caro Diario

Start your journal entry by answering the question at the beginning of this chapter: **E tu, che sogni e progetti hai per il futuro?** You may choose to talk about your immediate plans, your hopes and dreams for the future, or your long-term goals. You might also want to discuss how your goals have changed over the years.

Strutture

Il futuro semplice

In Italian, the simple future is used to express actions that will take place in the future.

> Domani sera **incontreremo** gli amici al bar.
> *Tomorrow night we will meet our friends at the bar.*

A Il futuro dei verbi regolari

The future is formed by dropping the **-e** from the infinitive and adding the endings **-ò, -ai, -à, -emo, -ete, -anno** to the verb stem. Note that **-are** verbs change the **-ar-** to **-er-** before adding the appropriate endings.

	aspettare	scrivere	seguire	finire
io	aspett**erò**	scriv**erò**	segu**irò**	fin**irò**
tu	aspett**erai**	scriv**erai**	segu**irai**	fin**irai**
Lei/lei/lui	aspett**erà**	scriv**erà**	segu**irà**	fin**irà**
noi	aspett**eremo**	scriv**eremo**	segu**iremo**	fin**iremo**
voi	aspett**erete**	scriv**erete**	segu**irete**	fin**irete**
Loro/loro	aspett**eranno**	scriv**eranno**	segu**iranno**	fin**iranno**

1. Verbs that end in **-care** and **-gare** add an **-h** before the future-tense endings to retain the hard sound of the **c** and **g**.

> Non gio**ch**eremo a tennis questo weekend.
> *We are not going to play tennis this weekend.*
> Mi pa**gh**eranno alla fine del mese.
> *They will pay me at the end of the month.*

2. Verbs that end in **-ciare** and **-giare** drop the **-i** of the stem before the future-tense endings.

> Quando las**c**erai la tua città?
> *When will you leave your city?*
> Cosa man**g**eranno a cena?
> *What will they eat for dinner?*

B Il futuro dei verbi irregolari

Some verbs have irregular stems in the future tense. The endings, however, are regular.

1. Some **-are** verbs do not change the **-ar-** of the infinitive stem to **-er-**:

dare	darò
fare	**farò**
stare	**starò**

2. Some verbs drop the characteristic vowel of the infinitive ending:

Verb	Stem	Future tense
andare	and**r**-	andrò
avere	av**r**-	avrò
cadere	cad**r**-	cadrò
dovere	dov**r**-	dovrò
potere	pot**r**-	potrò
sapere	sap**r**-	saprò
vedere	ved**r**-	vedrò
vivere	viv**r**-	vivrò

3. Some verbs have irregular stems that do not conform to a pattern:

Verb	Stem	Future tense
bere	berr-	berrò
condurre	condurr-	condurrò
essere	sar-	sarò
porre	porr-	porrò
rimanere	rimarr-	rimarrò
tenere	terr-	terrò
volere	vorr-	vorrò

Other verbs based on these verbs follow the same pattern.

Non so quando sos**terrò** il colloquio.	*I don't know when I will have my interview.*

C L'uso del futuro semplice

1. The simple future is equivalent to the English *will* + verb or *going to* + verb.

Stasera **leggerò** un bel libro.	*Tonight I'm going to read a nice book.*
Dopo l'università **cercherò** lavoro.	*After college, I will look for a job.*

2. The future is used after **quando**, **se**, **appena**, and **non appena** when the verb in the related clause is in the future. Note that the English equivalent uses the present tense rather than the future tense.

Quando **tornerà**, ti **telefonerò**.	*When he returns, I will call you.*
Se **avrò** tempo, **verrò** anch'io.	*If I have time, I will come too.*

3. The simple future is also used to express probability in the present.

— **Sai** dov'è Mario **adesso**?	*— Do you know where Mario is right now?*
— **Sarà** con suo padre.	*— He may be with his father.*

4. Very often in spoken Italian, the present tense is used instead of the future to express an action likely to occur within a short time. In this case, a time expression frequently indicates the immediacy of the action.

Domani **ci iscriviamo** ad un corso d'informatica.

Tomorrow we're going to sign up for a computer course.

A che ora **torni**? **Torni** tardi?

At what time are you coming back? Will you come back late?

Il futuro anteriore

The future perfect expresses actions that will be completed by a specified time in the future. It is equivalent to the English *will have* + past participle.

Sarai tornato prima di martedì?

Will you have returned before Tuesday?

Avranno finito di scrivere la tesi prima dell'estate.

They will have finished writing their thesis before the summer.

A · Il futuro anteriore dei verbi regolari e dei verbi irregolari

The future perfect is a compound tense formed with the future tense of **avere** or **essere** and the past participle of the verb.

	parlare	andare	ricordarsi
io	avrò parlato	sarò andato/-a	mi sarò ricordato/-a
tu	avrai parlato	sarai andato/-a	ti sarai ricordato/-a
Lei/lei/lui	avrà parlato	sarà andato/-a	si sarà ricordato/-a
noi	avremo parlato	saremo andati/-e	ci saremo ricordati/-e
voi	avrete parlato	sarete andati/-e	vi sarete ricordati/-e
Loro/loro	avranno parlato	saranno andati/-e	si saranno ricordati/-e

B · L'uso del futuro anteriore

1. The future perfect is frequently used with **appena**, **non appena**, **dopo che**, **finché**, or **quando**, to express a future action that will take place before another future action. Note that the English equivalent typically uses the present tense or the present perfect tense.

Appena **avremo finito** gli esami, partiremo per le vacanze.

As soon as we finish (have finished) our exams, we will leave on vacation.

Dopo che **avremo saputo** i risultati, decideremo.

After we have learned the results, we will decide.

2. The future perfect is also used to express likelihood in the past.

— Dove ha conosciuto il suo ragazzo?

— *Where did she meet her boyfriend?*

— L'**avrà conosciuto** all'università.

— *She must have met him at the university.*

— Come hanno trovato la casa?

— *How did they find the house?*

— Chissà! **Si saranno rivolti** ad un'agenzia immobiliare.

— *Who knows! They probably went to a real-estate agency.*

A **I progetti.** Racconta ad un amico i tuoi progetti per il futuro. Metti le frasi seguenti in ordine logico e usa il futuro semplice.

1. comprare una nuova macchina
2. finire gli studi
3. andare in vacanza per un mese
4. cercare un nuovo appartamento
5. divertirsi con gli amici
6. diventare ricco/-a e famoso/-a
7. trovare un lavoro interessante
8. sposarsi
9. avere due figli
10. fare un viaggio
11. inviare il proprio curriculum a molte aziende
12. laurearsi

B **I sogni.** Tiziano fa progetti per il weekend. Completa con la forma corretta del futuro.

1. Sabato (io) _____ (svegliarsi) tardi. _____ (studiare) per qualche ora e poi _____ (fare) delle spese in centro. (Io) _____ (telefonare) a Roberta e spero che (lei) _____ (venire) con me. Non so però se (lei) _____ (avere) tempo. Se (lei) non _____ (dovere) lavorare, (noi) _____ (fare) un bel pranzo in centro e poi il pomeriggio _____ (andare) a vedere un bel film all'Odeon.
2. La sera, dopo il cinema, penso che (io) _____ (proporre) a Roberta di andare anche a cena insieme e lei certamente _____ (accettare). Così (noi) _____ (stare) insieme tutta la serata. Dopo cena, chissà, magari (noi) _____ (andare) anche in discoteca! Ci _____ (essere) tutti! (Noi) _____ (divertirsi) tanto.
3. Domenica mattina Roberta _____ (venire) a prendermi per andare al mare e (noi) _____ (passare) un'altra bella giornata insieme. Le _____ (dire) che le voglio bene e finalmente (io) _____ (sapere) se anche lei me ne vuole!

C **Caro Diario.** Domani Rita ha un colloquio importante con un professore universitario con cui vorrebbe lavorare dopo che si sarà laureata. La sera prima annota nel diario i suoi sentimenti e aspirazioni. Completa con la forma corretta del futuro e del futuro anteriore.

Caro Diario,

1. Domani io _____ (avere) il colloquio con il professor Fredini. Chissà che cosa (lui) mi _____ (domandare). Per fortuna domani sera, a quest'ora, il colloquio _____ (finire) già.
2. Se il colloquio _____ (andare) bene, io _____ (essere) molto felice. Purtroppo, però, (io) non _____ (sapere) per almeno una settimana se (lui) _____ (volere) lavorare con me.
3. (Loro) mi _____ (telefonare) solo dopo che (loro) _____ (intervistare) tutti gli altri candidati. Finché (loro) non mi _____ (comunicare) qualcosa di preciso, (io) non _____ (sentirsi) tranquilla.
4. (Io) _____ (prepararsi) accuratamente per questo colloquio. Dopo che (io) _____ (vestirsi), _____ (truccarsi) e _____ (pettinarsi) bene.
5. Domani, dopo che (io) _____ (fare) il colloquio, _____ (telefonare) al mio ragazzo e gli _____ (raccontare) tutto.

D Parlando con il professore. Giuseppe, un giovane studente universitario iscritto alla facoltà di economia, discute con un professore i suoi piani per il futuro. A coppie, formate domande e risposte con le frasi seguenti usando il futuro semplice.

1. PROFESSORE: Giuseppe, quando / laurearsi?
2. GIUSEPPE: Quest'anno, professore, / dovere / dare solo l'ultimo esame. Lei mi / aiutare / nella ricerca per la tesi?
3. PROFESSORE: Certo! Ma quando (tu) / cominciare / la tesi?
4. GIUSEPPE: La / cominciare / dopo gli esami. Non / essere / una tesi facile. Professore, pensa che / riuscire / a finirla in due anni?
5. PROFESSORE: Certo, Giuseppe! E dopo / potere anche restare all'università. Oppure ha altri programmi? Cosa / fare / dopo la laurea?
6. GIUSEPPE: Veramente, senza offesa, professore, non / restare / all'università.

E Che cosa avranno fatto? La tua amica vuole sapere che cosa alcuni vostri amici hanno fatto durante le ultime vacanze. Rispondi alle sue domande facendo supposizioni su quello che avranno fatto.

1. Giulia è andata in vacanza con i suoi genitori?
2. Mario e Gianni ce l'hanno fatta a partire?
3. Carlo e Luigi hanno visto molti film?
4. Anna ha giocato a tennis?
5. Roberta e Antonella sono tornate dall'Inghilterra?
6. Giuseppe ha fatto molte foto?

F Che farà? Tu e alcuni amici discutete di un vostro comune amico che non vedete da molto tempo e cercate di immaginare che cosa gli sarà successo. Usa il futuro semplice o anteriore e le frasi seguenti per esprimere cosa pensate.

1. Dov'è Giulio in questi giorni?
2. Con chi vive adesso? Dove vive?
3. Si è finalmente laureato?
4. Ha trovato un buon posto?
5. È felice in città da solo?
6. Secondo te, conosce molta gente? Esce spesso?

G L'avvenire. Con un compagno/una compagna discuti come sarà in futuro la vostra vita e quella di alcuni amici. Insieme completate le frasi seguenti.

1. Dopo che mi sarò laureato/-a...
2. Maria si sposerà quando...
3. Io e Luciana avremo due bambini dopo che...
4. E tu? Quando troverai lavoro...
5. Dovremo cambiare città quando...
6. Se non troverò lavoro subito...
7. Quando Marco lavorerà...
8. Se tu e Giuliana vi sposerete...
9. Fra dieci anni noi...
10. Quando Roberto e Giovanni avranno tanti soldi...

H **Le supposizioni.** Lavorando in gruppi, fate delle ipotesi su quello che le seguenti persone hanno fatto in passato o che stanno facendo in questo momento. Poi leggete le vostre supposizioni alla classe. La classe decide quali sono le più plausibili.

1. il vostro professore/la vostra professoressa prima di cominicare ad insegnare nella vostra scuola
2. un compagno/una compagna di classe che oggi non è a suola
3. una persona famosa di vostra scelta in questo momento
4. un compagno/una compagna di classe l'ultimo weekend

Il partitivo

In Italian, the partitive is used to express an indefinite quantity, the English equivalent of *some, any,* or *a few*.

Quei ragazzi hanno **dei** progetti interessanti per il futuro.	*Those kids have some interesting plans for the future.*

A Le forme del partitivo

There are several ways to express the partitive.

1. The preposition **di** with the singular forms of the definite article, **del, dello, della, dell',** and the expression **un po' di** (**un poco di**) (*a bit of/some*) are used with singular nouns to express the partitive.

These partitive forms are used with nouns that can be measured but not counted (usually food) or with nouns that indicate an abstract quality.

Mangeremo **della** (**un po' di**) pasta stasera!	*We will eat some pasta tonight.*
Compreremo **del** (**un po' di**) caffè italiano.	*We will buy some Italian coffee.*
Ci vuole **del** (**un po' di**) coraggio!	*It takes some courage!*

2. The plural forms of the preposition **di** + *the definite article* (**dei, degli, delle**) and **alcuni/-e** are used with plural nouns to indicate an indefinite number of people or things that can be counted.

Inviteremo **degli** (**alcuni**) amici.	*We will invite some friends.*
Hanno fatto **delle** (**alcune**) promesse.	*They made some promises.*

3. **Qualche** + *a singular noun* can also be used to express an indefinite number of people or things that can be counted.

Hanno **qualche** idea interessante! *o* Hanno **delle** (**alcune**) idee interessanti!	*They have a few interesting ideas!*
Ha **qualche** problema da risolvere. *o* Ha **dei** (**alcuni**) problemi da risolvere.	*She has a few problems to resolve.*

B L'uso del partitivo

The partitive is frequently unexpressed in Italian.

1. It is frequently omitted in questions.

Hai idee interessanti?	*Do you have any interesting ideas?*

2. It is usually omitted with items in a series.

Ci offrono sempre dolci e liquori.   *They always offer us sweets and liqueurs.*

3. It is always omitted in negative statements.

Non ci saranno imprevisti.   *There will be no unforeseen events.*

ESERCIZI

A Il diploma. Luigi farà una grande festa per essersi diplomato e discute i preparativi con la mamma. Completa le frasi con la forma corretta del partitivo.

MAMMA: Chi hai invitato?

LUIGI: Ho invitato __gli__ amici e anche __il__ professore. Tu hai invitato i tuoi amici?

MAMMA: Sì, ho invitato __le__ amiche dell'ufficio. Abbiamo bisogno di altre sedie per la festa.

LUIGI: Carlo porta __le__ sedie e anche __i__ tavoli. Cosa serviamo?

MAMMA: Serviamo __gli__ aperitivi e __i__ buoni antipasti. Papà ha anche comprato __una__ bottiglia di spumante.

LUIGI: Perfetto!

B La spesa. La mamma di Luigi va al supermercato per fare la spesa per la festa. Prima fa una lista delle provviste (*supplies*) di cui ha bisogno. Completa la lista con la forma corretta del partitivo.

1. __lo__ zucchero e __il__ caffè
2. __la__ Coca-Cola
3. __la__ frutta fresca
4. __le__ ananas
5. __l'__ olio e __l'__ aceto
6. __l'__ insalata
7. __i__ pomodori
8. __l'__ acqua minerale
9. __le__ patatine
10. __il__ prosciutto e __il__ formaggio

C Ci vuole... A coppie, fate una lista delle qualità necessarie per affrontare il futuro. Usate il partitivo.

I pronomi diretti e *ne*

A direct object is a person or thing that directly receives the action of the verb. It answers the question "whom" or "what." In the sentences below, **curriculum** and **colleghi** are direct objects.

Dovrò riscrivere **il mio curriculum**.   *I will need to rewrite my résumé.*
Non conosco **i tuoi colleghi**.   *I don't know your colleagues.*

L'uso dei pronomi diretti

A direct-object pronoun can take the place of a direct-object noun. The forms of the direct-object pronouns depend on the nouns they replace.

— Quando scriverai **la domanda**?   — *When will you write your application?*
— **La** scriverò domani mattina.   — *I will write it tomorrow morning.*

Singular	Plural
mi *me*	ci *us*
ti *you (inform.)*	vi *you (inform.)*
La *you (form.)*	Li (*m.*)/Le (*f.*) *you (form.)*
lo *him, it*	li (*m.*) *them*
la *her, it*	le (*f.*) *them*

1. **Ne**, which is invariable, replaces a direct-object noun preceded by a partitive expression, a number, or an expression of quantity. When a number or an expression of quantity precedes the direct object, it is retained.

— Farai **molti** colloqui?   — *Will you have a lot of interviews?*
— Sì **ne** farò molt**i**.   — *Yes, I will have many (of them).*
— Quanti **colloqui** farai?   — *How many interviews will you have?*
— **Ne** farò almeno **due**.   — *At least two (of them).*
— Faranno **delle** domande interessanti?   — *Will they ask interesting questions?*
— Sì, **ne** faranno.   — *Yes, they will ask some interesting ones.*

2. Direct-object pronouns and **ne** usually precede a conjugated verb.

— Quando finisci **il CV**?   — *When will you finish your CV?*
— **Lo** finisco domani.   — *I will finish it tomorrow.*

— Incontrerai **molte persone**?   — *Will you meet many people?*
— Sì, **ne** incontrerò **molte**.   — *Yes, I will meet many of them.*

3. When a direct-object pronoun or **ne** precedes a verb in a compound tense, the past participle agrees with the direct-object pronouns **lo**, **la**, **li**, **le**, and with **ne**. The agreement is optional with the other forms **mi**, **ti**, **ci**, and **vi**.

— Hai fatto **la domanda**?   — *Did you apply?*
— Sì, **l'**ho fatt**a**.   — *Yes, I did.*
— Avete letto **le offerte di lavoro**?   — *Did you read the job listings?*
— No, non **le** abbiamo ancora lett**e**.   — *No, we did not read them yet.*
— Quanti **moduli** hai compilato?   — *How many forms did you fill out?*
— **Ne** ho compilat**i** due.   — *I filled out two (of them).*

4. The direct-object pronouns **lo**, **la**, and sometimes **mi**, **ci**, **ti**, and **vi** are elided with verbs that begin with a vowel sound (including a silent *h*). The plural pronouns **li** and **le** are never elided.

— Aspettiamo **Anna**?   — *Do we wait for Anna?*
— **L'**aspetto io.   — *I will wait for her.*

— Hai preso **lo stipendio**?   — *Did you get your salary?*
— No. Non **l'**ho ancora preso.   — *No. I did not get it yet.*

— Hai visto **i tuoi amici**?   — *Did you see your (male) friends?*
— **Li** ho vist**i** domenica scorsa.   — *I saw them last Sunday.*

If the vowels of the pronoun and the verb it precedes are not identical, elision is optional.

— Avete spedito il curriculum?
— *Did you mail your résumé?*
— Sì, **lo** abbiamo spedito ieri. *o*
— Sì, **l'**abbiamo spedito ieri.
— *Yes, we mailed it yesterday.*

With **mi**, **ti**, **ci**, and **vi** elision is optional and more colloquial.

Ti ascolto! *o*

T'ascolto!

I'm listening to you!

— Hai visto **le tue amiche**? — *Did you see your (female) friends?*
— **Le** ho vist**e** sabato. — *I saw them Saturday.*

5. Direct-object pronouns and **ne** are attached to the end of infinitives. The final **-e** of the infinitive is dropped.

Non posso far**lo**! *I cannot do it!*
Non voglio scriver**ne**. *I don't want to write any (of them).*

6. Direct-object pronouns and **ne** are always attached to **ecco** (*here is/here are, there is/there are*).

La mia scrivania? Ecco**la**! *My desk? Here it is!*
Ecco**ne** due! *Here are two (of them)!*

7. The invariable direct-object pronoun **lo** can replace an entire sentence or idea.

— Sapevi **che Giulia farà uno stage in Francia**? — *Did you know that Giulia will have an internship in France?*
— No, non **lo** sapevo. — *No, I didn't know it.*

ESERCIZI

A **Che cosa hai fatto?** I tuoi genitori sono preoccupati per te e ti chiedono cosa hai fatto a scuola per trovare lavoro. Rispondi alle domande sostituendo i nomi in corsivo con i pronomi diretti o con *ne*.

1. Hai finito *gli esami*?
2. Hai visto *il professore della tesi*?
3. Hai scritto *il curriculum*?
4. Quante *domande* hai fatto?
5. Hai letto *molti annunci*?
6. Hai comprato *i giornali*?

B **Per conoscerci.** Un nuovo amico ti fa molte domande per conoscerti meglio. Rispondi usando *ne* e i verbi corretti.

1. Quanti fratelli hai?
2. Hai sorelle?
3. Hai già fatto molti esami?
4. Hai fatto degli stage?
5. Hai già preparato alcune domande di lavoro?
6. Hai parecchi amici?
7. Conosci persone straniere?
8. Leggi tanti libri?

C **Come ha fatto?** Carla racconta ad un'amica cosa ha fatto dopo l'università. Completa le frasi con un pronome diretto o *ne* e la forma corretta del verbo in parentesi.

1. Appena ho finito gli esami, ho scritto il mio CV e poi _____ _____ (mandare) a diverse ditte.
2. Ho pensato bene alle mie qualifiche e _____ _____ (descrivere) parecchie sul CV.
3. Ho letto tanti annunci e _____ _____ (copiare) due.

In spoken Italian, the direct object is frequently placed before the verb for emphasis. In this case, both the noun and the direct-object pronoun are used in the same sentence.

Il mio orario ancora non **lo** conosco.

I don't yet know my schedule.

The following verbs, which in English are always used with a preposition, take a direct object in Italian.

ascoltare *to listen to*
aspettare *to wait for*
cercare *to look for*
chiedere *to ask for*
guardare *to look at*
pagare *to pay for*

— Guardi **la televisione** la sera?
— *Do you watch TV at night?*
— No, non **la** guardo quasi mai.
— *No, I almost never watch it.*
— Cercherai **un lavoro** più stimolante?
— *Will you look for a more stimulating job?*
— **Lo** cercherò appena possibile.
— *I will look for it as soon as possible.*

4. Ho compilato diversi moduli e poi _____ _____ (spedire) alle aziende.

5. Ho sostenuto numerosi colloqui e _____ _____ (usare) per imparare a presentarmi bene.

D **Un'intervista.** Un giornalista della rivista *Donna Moderna* fa delle domande alla dirigente di una grande ditta. Completa le risposte usando *ne* o un pronome diretto.

1. I figli? Per ora non _____ voglio.
2. Responsabilità? _____ ho tantissime!
3. Le mie qualifiche? _____ può leggere nella mia biografia!
4. I passatempi? Non _____ ho, non ho tempo!
5. I giornali? _____ leggo la sera tardi.
6. Gli amici? Non posso veder_____ mai!
7. I soldi? Non ho tempo per spender_____.
8. La pensione? _____ sogno ad occhi aperti.

 E **Che cosa chiediamo all'indovino?** Tu ed un amico/un'amica volete sapere qualcosa sul vostro futuro e fate le domande seguenti ad un indovino. A coppie, immaginate delle risposte complete ed usate i pronomi diretti e *ne*.

1. Incontreremo un grande amore?
2. Quando finiremo l'università?
3. Troveremo un buon lavoro?
4. Avremo sempre molti amici?
5. Compreremo una casa?
6. Cambieremo lavoro spesso?
7. Guadagneremo molti soldi?
8. Faremo carriera?
9. Avremo una promozione?
10. Quanti figli avremo?

Il condizionale

The conditional is a mood used to express hopes, desires, aspirations, and preferences. It is also used to make polite requests. There are two conditional tenses, present conditional and past conditional, that correspond to the English *would* + verb and *would have* + past participle.

Preferirei non sapere che cosa accadrà.	*I would prefer not to know what will happen.*
Avrei preferito non uscire.	*I would have preferred not to go out.*

A Il condizionale presente

The present conditional is formed by adding the conditional endings **-ei, -esti, -ebbe, -emmo, -este, -ebbero** to the verb stem used for the future. As in the future tense, verbs ending in **-are** change the **-ar-** into **-er-** before adding the appropriate endings.

	lavorare	scrivere	seguire	finire
io	lavor**erei**	scriv**erei**	segu**irei**	fin**irei**
tu	lavor**eresti**	scriv**eresti**	segu**iresti**	fin**iresti**
Lei/lei/lui	lavor**erebbe**	scriv**erebbe**	segu**irebbe**	fin**irebbe**
noi	lavor**eremmo**	scriv**eremmo**	segu**iremmo**	fin**iremmo**
voi	lavor**ereste**	scriv**ereste**	segu**ireste**	fin**ireste**
Loro/loro	lavor**erebbero**	scriv**erebbero**	segu**irebbero**	fin**irebbero**

1. Verbs that end in -**care** and -**gare** and those that end in -**ciare** and -**giare** undergo the same changes in spelling as they do in the future. For verbs that end in -**care** and -**gare**, an -**h** is added before the conditional endings. The -**i** of the stem is dropped in verbs that end in -**ciare** and -**giare** before adding the conditional endings.

Gio**che**rei a carte volentieri. *I would play cards gladly.*
Pa**ghe**resti tu, per favore? *Would you pay, please?*
Comin**ce**reste a lavorare domani? *Would you start working tomorrow?*
Viag**ge**rebbero per tutta l'Italia. *They would travel all over Italy.*

2. Verbs with irregular stems in the future have the same irregular stems in the conditional. The endings, however, are always the same.

Vor**rei** avere più tempo per gli amici. *I would like to have more time for my friends.*
Cosa fa**remmo** senza sogni? *What would we do without dreams?*
Mi da**resti** dieci euro? *Would you give me ten euros?*

B Il condizionale passato

The past conditional is formed with the present conditional of **avere** or **essere** + *the past participle* of the verb.

	parlare	andare	vestirsi
io	avrei parlato	sarei andato/-a	mi sarei vestito/-a
tu	avresti parlato	saresti andato/-a	ti saresti vestito/-a
Lei/lei/lui	avrebbe parlato	sarebbe andato/-a	si sarebbe vestito/-a
noi	avremmo parlato	saremmo andati/-e	ci saremmo vestiti/-e
voi	avreste parlato	sareste andati/-e	vi sareste vestiti/-e
Loro/loro	avrebbero parlato	sarebbero andati/-e	si sarebbero vestiti/-e

C Uso del condizionale presente

1. The present conditional is used to express wishes and desires in the present or the future.

Mi piacerebbe conoscere il mio futuro. *I would like to know my future.*

2. Often, the present conditional is used to express a request politely.

Vorrei chiederti un consiglio. *I would like to ask you for advice.*
Mi darebbe il Suo indirizzo? *Would you give me your address?*

The present conditional is also used in the following cases:

1. to express personal opinions

Direi che lui non l'accetterebbe.

I'd say that he wouldn't accept it.

2. to repeat hearsay and other people's opinions

Secondo l'oroscopo **troveresti** lavoro domani.

According to your horoscope, you will probably find a job tomorrow.

D Uso del condizionale passato

1. The past conditional is used to express a past intention or desire that can no longer be realized.

La settimana scorsa avrei consultato un indovino, ma ormai è tardi!

Last week I would have consulted a fortuneteller, but now it's too late!

2. The past conditional is used with verbs such as **domandare, dire, rispondere, scrivere, sapere, telefonare, spiegare, promettere,** and **assicurare** to express a future action from a point of view in the past. English, by contrast, uses the present conditional.

Ieri mi **ha detto** che lo avrebbe fatto **il giorno dopo**.

Yesterday he told me that he would do it the next day.

Sapevamo che non sarebbero partiti **la settimana seguente**.

We knew that they wouldn't leave the following week.

Ha promesso che **in futuro** avrebbe seguito i miei consigli.

He promised that in the future he would follow my advice.

> The past conditional is also used to report hearsay and other people's opinions in the past.
>
> **Secondo** l'astrologo, **l'anno scorso** tutto **sarebbe andato benissimo.**
>
> *According to the astrologer, last year everything would have gone very well.*

E Il condizionale di *dovere, potere e volere*

The verbs **dovere** (*to have to*), **potere** (*to be able to*), and **volere** (*to want to, to like to*), used in the present conditional, are equivalent to the English *should, could,* and *would* + verb. In the past conditional, they are equivalent to *should have, could have,* and *would have* + verb.

Vorrei consultare un astrologo.

I would like to consult an astrologer.

Avrei voluto consultare un astrologo.

I would have liked to consult an astrologer.

Potresti chiedere consiglio a tuo padre.

You could ask your father for advice.

Avresti potuto chiedere consiglio a tuo padre.

You could have asked your father for advice.

ESERCIZI

A Tante possibilità. Vorresti conoscere meglio un nuovo amico/una nuova amica e gli/le fai diverse domande sui suoi desideri e sogni. Poi immagina le sue risposte, usando il condizionale.

Esempio: volere avere tanti amici
— Vorresti avere tanti amici?
— Certo! Vorrei avere molti amici!

1. uscire con molte ragazze/molti ragazzi
2. scrivere messaggi a sconosciuti
3. studiare delle lingue straniere
4. cambiare lavoro
5. discutere di politica
6. consultare un indovino
7. leggere l'oroscopo
8. seguire i consigli di una cartomante
9. aiutare gli amici

B I sogni di Claudia. Claudia lavora in banca da tre anni, ma non le piace il suo lavoro. Immagina spesso come sarebbe la sua vita se facesse l'attrice. Completa le frasi con la forma corretta del condizionale presente.

1. (Io) _____ (lavorare) poche ore al giorno e _____ (guadagnare) molti soldi.

2. Tutti mi _____ (cercare). Il pubblico mi _____ (volere) bene. Tutti _____ (venire) a vedere i miei film. I miei film _____ (avere) un enorme successo al botteghino (*box-office*). I grandi registi europei mi _____ (pagare) molti soldi per lavorare con loro.

3. Io _____ (vivere) in una grande casa vicino al mare.

4. (Io) _____ (avere) anche una grande piscina in giardino. Ogni mattina _____ (mettersi) un bel costume da bagno e _____ (nuotare).

5. (Io) _____ (fare) molti viaggi. _____ (visitare) tutte le capitali europee.

C La vita dei miei familiari. Claudia immagina come cambierebbe la vita dei suoi familiari.

1. Mia sorella _____ (potere) venire con me. (Io) _____ (andare) all'aeroporto anche all'ultimo momento e _____ (dire) all'impiegato: «Per piacere, mi _____ (dare) due biglietti di prima classe?»

2. Io e mia sorella _____ (cenare) nei ristoranti più eleganti.

3. I miei genitori _____ (essere) molto orgogliosi di me. (Io) gli _____ (costruire) una grande casa. Infatti loro _____ (preferire) vivere in città. (Loro) _____ (rimanere) in città durante l'anno e in estate _____ (andare) in montagna o al mare.

D Le passate possibilità. Quando il signor Bettini era giovane gli avevano offerto un posto all'estero in una grande azienda pubblicitaria, ma lui lo aveva rifiutato. Ora racconta ai suoi figli come sarebbe potuta essere la sua vita con quel lavoro. Riscrivi le frasi usando il condizionale passato.

Esempio: Non ho accettato il lavoro.
    Avrei accettato il lavoro.

1. Non ho studiato le lingue.
2. Non ho fatto carriera in quell'azienda.
3. Non ho avuto molte promozioni.
4. Non sono diventato un dirigente importante.
5. I direttori non mi hanno dato un bell'ufficio.
6. Però ho conosciuto vostra madre.
7. Ci siamo innamorati.
8. Abbiamo vissuto sempre in Italia.
9. Voi siete cresciuti vicino ai nonni.
10. Non ho sofferto di nostalgia.

E **Che cosa vi ha detto?** Quando erano molto giovani i tuoi genitori sono andati da un indovino e adesso ricordano che cosa gli aveva predetto. Ripeti le sue predizioni usando il condizionale passato e facendo tutti i cambiamenti necessari.

Esempio: Troverete un ottimo lavoro.
Ha detto che avremmo trovato un ottimo lavoro.

1. Avrete due figli bellissimi.
2. La vostra vita sarà felice.
3. I vostri amici vi saranno sempre vicini.
4. Avrete molte soddisfazioni di lavoro.
5. La signora diventerà una famosa scrittrice.
6. Il signore farà una carriera brillante.
7. I vostri figli studieranno volentieri.
8. Vi vorrete sempre bene.

F **La buona educazione.** Sei nella sala d'attesa di un dirigente e fai delle domande alla receptionist cercando di essere molto educato/-a. Forma frasi complete con il condizionale.

Esempio: chiedere l'ora
Scusi, vorrei sapere che ore sono. *o*
Potrebbe dirmi che ore sono? *o*
Mi direbbe che ore sono?

1. aprire la finestra
2. sedersi / dove
3. leggere una rivista
4. fare una domanda
5. cambiare l'appuntamento
6. chiedere consiglio

G **I sogni nel cassetto.** Tutti siamo più o meno romantici e a volte sogniamo ad occhi aperti. A coppie, rispondete alle domande e poi a gruppi paragonate le vostre risposte.

1. Cosa cambieresti nella scuola?
2. Avresti preferito fare studi diversi?
3. Cosa cambieresti di te stesso/-a?
4. Come sarebbe l'uomo/la donna dei tuoi sogni?
5. Cosa faresti per conquistare l'uomo/la donna ideale?
6. Dove andresti e cosa faresti per un primo appuntamento romantico?

Ascoltiamo

Track 5

Il programma alla radio

A La trasmissione radiofonica. Alcune persone partecipano a un programma alla radio e discutono dei problemi che affrontano nel campo del lavoro. Ascolta le tre registrazioni e indica quale delle seguenti frasi riassume meglio il problema di cui parla ogni persona. Accanto ad ogni frase scrivi il numero della registrazione a cui corrisponde.

1. Ha un gran desiderio di andare all'estero.
   Registrazione n. _____
2. Lavora troppo e il marito l'aiuta poco.
   Registrazione n. _____
3. Molti giovani italiani non sono contenti del proprio lavoro.
   Registrazione n. _____

B È vero? Ascolta un'altra volta le registrazioni e indica se le seguenti affermazioni sono vere o false.

_____ 1. Per molte donne è difficile conciliare il lavoro e la famiglia.

_____ 2. I mariti italiani aiutano molto e si prendono cura dei figli come le madri.

_____ 3. La laurea assicura la carriera.

_____ 4. Non è necessario conoscere le lingue straniere per trovare un buon posto.

C Il tuo parere. Scegli una registrazione e immagina che consigli e suggerimenti daresti alla persona che ha fatto la telefonata.

Testi e contesti

COSA SAPPIAMO DI GIANNI CELATI?

Leggi i dati biografici sullo scrittore e poi indica se le affermazioni che seguono sono vere o false.

Gianni Celati è nato a Sondrio, in Lombardia, nel 1937. È narratore, traduttore e saggista e attualmente è professore di letteratura anglo-americana all'università di Bologna. Tra i suoi lavori ricordiamo *Le avventure di Guizzardi* (1973), *Lunario del paradiso* (1978), *Narratori delle pianure* (1985), *Quattro novelle sulle apparenze* (1987), *Verso la foce* (1989), *L'Orlando innamorato raccontato in prosa* (1994), *Avventure in Africa* (1998) e *Cinema naturale* (2001).

I suoi scritti dimostrano soprattutto l'interesse dell'autore a rivelare come non sia possibile raccontare oggettivamente la realtà e come questo racconto non possa basarsi su alcuna certezza. La nostra percezione del reale, sembra dirci Celati, resta appunto soltanto una percezione soggettiva, uno stato di esperienza individuale. Le sue storie sono più vicine ad un viaggio fantastico che ad una narrazione realistica di esperienze effettivamente vissute. E sono raccontate con un certo distacco ironico e con un tono che varia dal fiabesco al drammatico. Spesso nascono da una semplice apparente volontà di raccontare e hanno appunto l'andamento del racconto tradizionale e dell'antica novellistica orale. Celati ci narra storie comiche e tragiche, tristi e fantastiche e attraverso di esse spesso esemplifica una metafora della vita contemporanea, con le sue incertezze, il suo degrado e l'isolamento dell'essere umano.

_____ 1. Gianni Celati è uno scrittore italiano contemporaneo.

_____ 2. Lo scrittore crede in una realtà oggettiva uguale per tutti.

_____ 3. A volte i suoi racconti sembrano quasi delle favole.

_____ 4. Il tono dei racconti è sempre tragico.

_____ 5. Le storie di Celati rappresentano i dubbi della società contemporanea.

_____ 6. Gli scritti di Celati rivelano un modo molto individuale di fare esperienza della realtà.

PRIMA DI LEGGERE

Una ragazza giapponese. Leggi il titolo del racconto e i primi due paragrafi. Poi a coppie rispondete alle seguenti domande.

1. Chi narra il racconto?
2. Di che cosa parlerà il racconto?
3. Cosa sapete della protagonista (aspetto fisico, professione, passato e presente)?
4. Quali aggettivi pensate che descrivano meglio l'atteggiamento della protagonista nell'affrontare il futuro?
5. Che tono usa l'autore? Quali immagini lo suggeriscono?
6. Immaginate tre cose che la protagonista farà nel racconto.

Sottolineate tutti i riferimenti spaziali e segnate con un cerchio le informazioni che riguardano la protagonista. Quali altri personaggi appaiono nel racconto? Come sono presentati dal narratore?

Leggiamo

Ragazza giapponese

Racconterò la storia di una ragazza giapponese che ho conosciuto a Los Angeles.

Era piccola, minuta, e abitava a nord della città, già vicina al deserto. Per arrivare a casa sua bisognava uscire dalle freeway dell'area metropolitana,
5 passare sopra immensi ponti affollati di camion e macchine su otto corsie[1], prendere una exit verso il nord e ritrovarsi in un canyon, andare avanti fino ad una Arco Station, girare a destra su per una collina.

Giunta negli Stati Uniti quando aveva 15 anni, s'era sposata quasi subito con un tale[2] di New York e aveva imparato a fare la sarta[3]. S'era presto separata da
10 quel tale, e aveva cominciato a consultare ogni settimana un signist, o consigliere zodiacale, per sapere cosa doveva fare nella vita.

Il consigliere zodiacale le aveva suggerito che, data la posizione di certi astri, l'est non era per lei confacente[4] e sarebbe stato meglio per lei abitare all'ovest. Perciò la ragazza s'era trasferita a Los Angeles; qui ha trovato un appartamento
15 nel downtown ed è diventata stilista di moda.

Continuava a consultare ogni settimana per telefono il suo consigliere zodiacale di New York, il quale un giorno le ha detto che per lei sarebbe stato più confacente vivere in una zona collinare[5]. Così la ragazza s'era trasferita al limite nord della città, in una zona alta e non lontana dal deserto.
20 Cuciva[6] vestiti dalla mattina alla sera nel suo appartamento, assieme a una studentessa filippina che abitava al piano di sotto. L'appartamento era un lungo stanzone senza divisorie[7], con una pertica[8] piena di abiti tra due muri in fondo, molti manichini, filo[9] e stoffa[10] dovunque, due brande[11] con sovracoperte orientali, un tavolino per il trucco, un tavolo e quattro sedie di formica, un frigo
25 e una cucina a gas. Un televisore sempre acceso era in cima[12] a una colonnina di falso marmo.

Ogni pomeriggio alle cinque e mezza si sedeva al tavolino del trucco e cominciava a truccarsi davanti allo specchio incorniciato[13] di bambù. ... Di solito adottava un trucco tradizionale giapponese, col volto tutto bianco e le labbra e
30 le sopracciglia disegnate con finezza; per fare quel trucco ci metteva un'ora e mezza, e a volte il disegno non era esatto e doveva ricominciare il lavoro tutto da capo. Nel vestiario invece adottava uno stile europeo d'altri tempi, con cappellino[14] e veletta[15].

Ogni sera andava in una sala di registrazione[16], ad assistere alle prove di
35 registrazione di qualche cantante celebre. Durante la giornata telefonava di continuo per procurarsi dei pass e poter accedere a qualche sala di registrazione. Quando telefonava si presentava con il nome francese che aveva assunto da quando era stilista di moda. ...

Dopo le sedute di registrazione andava a cena con manager di case
40 discografiche[17], stilisti e pubblicitari che le avevano procurato dei pass. ...

[1]lanes

[2]guy; [3]seamstress

[4]suited

[5]hilly

[6]she sewed

[7]partitions; [8]rod
[9]thread; [10]fabric;
[11]folding beds
[12]on top

[13]framed

[14]little hat; [15]short veil
[16]recording

[17]record companies

Dalle sue finestre di notte si scorgevano[18] le luci delle macchine che percorrevano la freeway esterna ai piedi dei colli, mentre più lontano c'era una città sconfinata di cui la ragazza conosceva solo poche strade, come me e come tutti.

45 Ha conosciuto degli italiani a Los Angeles per lavoro, una giornalista di moda, una stilista e un giovane industriale delle camicie, che abitavano in una dépendance del Marmont Hotel, sul Sunset Boulevard. ...

Al Marmont Hotel il giovane industriale delle camicie cercava di farle la corte[19]; ma per serate intere la ragazza giapponese sembrava non accorgersi 50 che lui avesse mai detto qualcosa, parlando soltanto con la stilista e la giornalista italiane.

Le tre donne discutevano spesso di celebri attori del cinema visti in giro, senza però mai riuscire a ricordarsi i nomi dei film che avevano interpretato.

Allora interveniva il giovane industriale delle camicie, il quale ricordava tutti i 55 nomi dei film, i registi e anche le date; ma la ragazza giapponese sembrava che non lo sentisse, e le altre due erano poco interessate a queste cose.

Così, prima lui s'è demoralizzato perché la giapponese non lo guardava mai, poi s'è rassegnato e non cercava neanche più di prender parte alle loro conversazioni.

60 Durante l'estate successiva[20] la ragazza è venuta a Milano, e ha portato con sé alcuni suoi modelli. I modelli sono piaciuti molto a un grande industriale della moda, il quale le commissionava una serie di venti prototipi, che però avrebbero dovuto essere confezionati[21] in Italia.

La ragazza ha telefonato al suo consigliere zodiacale di New York, il quale le 65 ha suggerito di trovare un appartamento che fosse ad almeno dieci miglia dal limite della città. Dopo una lunga ricerca, e aiutata dalla stilista italiana conosciuta a Los Angeles, trovava un appartamento a Bollate, esattamente a dieci miglia dal limite ovest della città, in un grande blocco di nuove costruzioni perse in aperta campagna[22].

70 Poco dopo la stilista italiana ha dato una festa a casa sua, a Milano, invitando anche la ragazza giapponese e il giovane industriale delle camicie. Durante la festa la ragazza ... ha bevuto per tutta la sera, così alla fine doveva essere accompagnata alla macchina.

S'è offerto di accompagnarla il giovane industriale, che cercava ancora di 75 farle la corte.

Poi lui stava facendo segnalazioni per permetterle di retrocedere[23] dall'angolo di via Bigli in via Manzoni, e di partire.

Lei partiva investendolo[24], come se non si fosse mai accorta della sua presenza.

80 Quando la stilista è andata a trovarlo all'ospedale, il giovane industriale infortunato ha detto che era tutta colpa sua; perché da tempo s'era reso conto che la ragazza giapponese faceva proprio fatica[25] ad accorgersi di lui, a vederlo, e vedendolo ogni volta doveva fare molti sforzi per riconoscerlo.

Ha parlato anche di predestinazioni, dicendo che ognuno va per la sua 85 strada prescritta[26], ognuno fa quello che può, e forzare una predestinazione può essere pericoloso[27].

Ogni mattina, a Bollate, per andare a fare la spesa la ragazza giapponese doveva passare davanti a una lunghissima fortezza di cemento in mezzo ai campi[28], che sembrava una prigione[29] per le sue strane torrette[30] con lo 90 spigolo[31] verso l'esterno come nelle prigioni. Questo era un quartiere di immigrati, per lo più siciliani, e gli uomini senza lavoro di quel quartiere

[18]could be seen

[19]to court her

[20]following

[21]manufactured

[22]country

[23]to back up

[24]running over him

[25]had difficulty

[26]established
[27]dangerous

[28]fields; [29]prison;
[30]turrets; [31]edge

andavano a sostare davanti a un bar a qualche centinaio di metri dalla fortezza, restando lì tutto il giorno senza saper cosa fare; quando la giapponese passava, tutti gli occhi dei disoccupati la seguivano finché lei non scompariva dietro 95 l'angolo.

Ho saputo che in quel posto s'è trovata bene, e non ha mai fatto molto caso[32] a quella fortezza che sembra una prigione, né agli occhi dei disoccupati che la seguivano appena usciva di casa. I suoi modelli hanno avuto successo, e tutto è andato come previsto dal consigliere zodiacale di New York.

100   Al giovane industriale delle camicie sarebbe piaciuto sposarla, ma la predestinazione non permetteva.

32she never noticed

(Da «Ragazza giapponese», di Gianni Celati, in *Narratori delle pianure*, pp. 16–20, Milano: Feltrinelli 1989. Agenzia letteraria Antonella Antonelli, Milano.)

DOPO LA LETTURA

Comprensione del testo.   Quando hai finito di leggere il racconto, indica se le affermazioni che seguono sono vere o false e correggi quelle false.

_____ 1. Il racconto ha luogo in grandi città americane e italiane.

_____ 2. La protagonista è molto sensibile alle persone e cose che la circondano.

_____ 3. La ragazza è indifferente all'ambiente in cui vive.

_____ 4. Conosce molto bene il cinema americano.

_____ 5. La ragazza ha molte amicizie nelle città in cui vive.

_____ 6. La ragazza giapponese fa carriera nel mondo della moda.

_____ 7. Attraverso il racconto la protagonista s'innamora di molti uomini.

_____ 8. La ragazza giapponese era desolata quando ha scoperto di aver investito il giovane industriale delle camicie.

_____ 9. A un certo punto, la ragazza non consulta più il suo consigliere zodiacale.

_____ 10. Alla fine della storia la ragazza si rende conto di aver sprecato (*wasted*) la vita ed è molto infelice.

PARLIAMO E DISCUTIAMO

1. A piccoli gruppi, discutete e paragonate i riferimenti spaziali che avete trovato nel testo. Che immagini e tono usa l'autore per descrivere i luoghi che appaiono nel racconto? Cosa suggeriscono? Citate esempi specifici dal testo. Cosa rivelano del carattere della protagonista e degli altri personaggi che si muovono in questi ambienti?

2. A piccoli gruppi, analizzate le informazioni che avete trovato nel racconto sulla protagonista. Come viene descritta dall'autore? Citate esempi specifici dal testo. Cosa suggeriscono queste descrizioni? Discutete dei rapporti della protagonista con gli altri personaggi nel racconto. Cosa rivelano del suo carattere?

3. A piccoli gruppi, discutete le informazioni che avete trovato sugli altri personaggi nel racconto. Chi sono? Cosa sappiamo di loro? Come sono presentati dall'autore? Citate esempi specifici dal testo.

4. A piccoli gruppi, rileggete le informazioni su Celati e discutete come la sua tecnica narrativa si rivela nel racconto «Ragazza giapponese». Trovate nel testo esempi specifici relativi ai personaggi e all'ambiente.

   Secondo voi, perché l'autore usa questa tecnica per descrivere i personaggi e l'ambiente in cui si muovono? Cosa rivela dei personaggi e della realtà in cui vivono?

5. Leggi la seguente citazione tratta dal testo: «Ha parlato anche di predestinazioni, dicendo che ognuno va per la sua strada prescritta, ognuno fa quello che può, e forzare una predestinazione può essere pericoloso». Cosa rivela dell'atteggiamento dei personaggi del racconto questa citazione?

6. A coppie, rileggete la conclusione del racconto. Secondo voi, è una conclusione positiva o negativa? Perché? Citate esempi specifici dal testo.

7. A coppie, discutete come il racconto riflette la società contemporanea.

Per scrivere

Come scrivere una lettera

Writing notes, letters, and e-mails to friends, relatives, and acquaintances in Italy is probably one of the most common writing tasks students of Italian engage in. Such written communications tend to focus on personal experiences and to use natural, "everyday" language, normally in an informal register. However, at times, it is necessary to write a formal letter. You might want to inquire about the possibility of a summer job or an internship in Italy, or you might want to request information about lodgings, classes, or events that interest you. In these cases, you will want to use a more formal style, using the polite (**Lei**) form of address and observing the conventions Italians use to begin and end this kind of letter.

PRIMA DI SCRIVERE

1. Identify the purpose of the formal letter you plan to write, and use simple, direct, clear language to state it. You might also want to mention briefly a few supporting details. If you are interested in lodgings, be sure to state what type of accommodations you require and the dates. If you are interested in a job or an internship, introduce yourself and describe your personal and professional qualifications, and explain why you are interested in the position.
2. Remember to use a formal register throughout the letter.
3. Choose one of the following expressions to begin and close your letter.

Intestazione
>   Distinto + *titolo* + *cognome*   Ditta + *nome*
>   Gentile/Gentilissimo + *titolo* + *cognome*   Società + *nome*

Saluti
>   Distinti saluti
>   Cordiali saluti

---

4. Conclude your letter by summarizing the reasons for writing it and your expectations.
5. How is the letter below different from formal letters in English?

Lettera formale

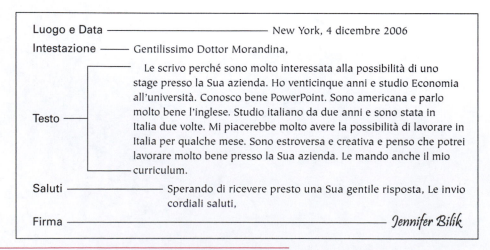

Luogo e Data ———————————— New York, 4 dicembre 2006

Intestazione ——— Gentilissimo Dottor Morandina,

Testo —
>   Le scrivo perché sono molto interessata alla possibilità di uno stage presso la Sua azienda. Ho venticinque anni e studio Economia all'università. Conosco bene PowerPoint. Sono americana e parlo molto bene l'inglese. Studio italiano da due anni e sono stata in Italia due volte. Mi piacerebbe molto avere la possibilità di lavorare in Italia per qualche mese. Sono estroversa e creativa e penso che potrei lavorare molto bene presso la Sua azienda. Le mando anche il mio curriculum.

Saluti ———————— Sperando di ricevere presto una Sua gentile risposta, Le invio cordiali saluti,

Firma ————————————————————————————— *Jennifer Bilik*

Using the letter above as a model, and keeping in mind the above suggestions, write a formal letter for one of the purposes suggested in the **Temi** section below.

Temi

1. Vuoi trascorrere qualche mese in Italia e cerchi un appartamento. Leggi l'annuncio a destra e rispondi.
2. Vuoi passare l'estate in Italia e hai trovato il seguente messaggio su un sito italiano. Scrivi a questa signora, che non conosci, per sapere se puoi aiutarla con i suoi bambini.

> Affittasi bellissimo appartamento panoramico al centro di Firenze, vicino alla stazione. Due camere da letto e un bagno, cucina e salotto. Completamente arredato. Disponibile nei mesi invernali.
>
> **Scrivere a Geometra Renzo Agostini, Tecnocasa, Via Guelfa 93, 50129 Firenze.**

Aiuto! Ho due bambini di quattro e sei anni e una bellissima villa al mare. Ho bisogno di aiuto con i bambini durante le vacanze estive. La persona ideale dovrebbe amare i bambini, giocare con loro, portarli al mare la mattina e guardarli la sera quando io e mio marito usciamo. Avrebbe però molte serate libere. Siamo a pochi passi dal mare in un posto molto bello ed elegante. Chi è interessato può rispondere al mio indirizzo di casa: Anna Morelli, Via San Giovanni 32, Roma.

3. Scegli uno stage per cui ti senti più adatto e scrivi una lettera per essere accettato/-a.

Uno stage di sei mesi nell'area **client service** viene offerto da un'azienda di ricerche di mercato in ambito farmaceutico a un neolaureato in Economia e Commercio, Statistica o simili, con buona conoscenza di Office e discreta conoscenza della lingua inglese. Età massima 28 anni. Sede di lavoro sarà Milano con 516 euro mensili più ticket. Il codice è: SS2006/441.

Un'impresa operante nell'industria alimentare offre uno stage di tre mesi (+ 3 mesi) nell'area **trade marketing** a laureati/e in Economia, preferibilmente ad indirizzo Marketing, con un'ottima padronanza nell'utilizzo dei principali pacchetti informatici, in particolare Excel e PowerPoint. Conoscenza scolastica della lingua inglese. Età massima 27 anni. La sede di lavoro è Milano e ci sono possibilità d'inserimento successivo. Il codice: SS2006/436.

Capitolo 4

Descrivi le due foto. Come sono simili? Come sono diverse? Riconosci qualche scritta? Quale?

AP/Wide World Photos →

Tu vuoi far l'americano

E tu, sei aperto/-a ad altre culture?

Facciamo conversazione

L'influenza angloamericana sulla realtà giornaliera

A Lo shopping in centro. A coppie, descrivete la scena. Riconoscete qualche scritta? Quali prodotti vendono? Descrivete le persone. Cosa fanno? Come sono vestite? Quali oggetti e marche (*brand names*) sono attualmente di moda nel vostro Paese? Di dove sono questi prodotti?

B I vestiti. In italiano oggi si usano molti termini inglesi per parlare di vestiti. A coppie, spiegate in italiano le parole che conoscete.

il body	i boxer
la t-shirt	il top
i jeans	il pullover
il trench	la polo

C Viaggio nel mondo tecnologico. In Italia le parole seguenti si usano per parlare delle innovazioni tecnologiche. Riesci a capire a che cosa si riferiscono? Scrivi il numero della parola nello spazio vicino ad ogni spiegazione. Attenzione:

ci sono tre parole extra. Sai cosa vogliono dire queste parole? Alla fine paragona
i tuoi risultati con quelli di un compagno/una compagna.

____ 1. Mail	____ 5. GSM	____ 9. Antenna parabolica
____ 2. DVD	____ 6. Roaming	____ 10. Bookmarks
____ 3. Cordless	____ 7. E-commerce	____ 11. Palmare
____ 4. Chat	____ 8. SMS	

a. Quando utilizzi il tuo telefonino GSM all'estero, ti colleghi automaticamente
   alla rete di un gestore straniero, così puoi comunicare anche in paesi stranieri.
b. È un sistema per comprare un libro a Berlino, un computer a New York e la
   maglietta della squadra di calcio preferita a Madrid, senza mai uscire di casa.
c. È la versione tecnologica della cara, vecchia lettera. Il messaggio arriva
   direttamente al tuo computer.
d. È un telefono senza fili. Per funzionare ha bisogno di una stazione fissa (o
   base), da cui ci si può allontanare solo fino ad un certo punto.
e. Sono luoghi d'incontro virtuali dove è possibile scambiare quattro chiacchiere
   tra amici, che spesso non si conoscono di persona.
f. È la nuova versione della videocassetta. Sembra un CD, ma può contenere un
   intero film e tante altre cose.
g. È una specie di segnalibro che memorizza l'indirizzo di un sito Internet e
   permette di ritornare facilmente a quella pagina del Web quando si vuole.
h. Computer talmente piccolo da stare nel palmo di una mano. All'inizio erano
   semplici agende elettroniche.

Ma dove stiamo andando?

La globalizzazione ci rende sempre più coscienti[1] di essere parte di un contesto
più ampio del nostro ambiente[2] quotidiano. La «mappa» che portiamo nel nostro
immaginario, ... è il segno di un'espansione virtuale costante: attraverso i viaggi-
vacanza, Internet, il cellulare. Siamo qui e contemporaneamente altrove[3]. Sono i
mezzi di comunicazione che ci rendono esploratori. —Maria Pia Pozzato

[1]*aware* [2]*environment* [3]*elsewhere*

(Da «Ma dove stiamo andando?» di Paola Saltori; *Vanity Fair*, N. 46, 11 novembre
2004, p. 36. © 2004 Condé Nast.)

Italiani con valigia, di Beppe Severgnini, 1997, Milano: Biblioteca Universale
Rizzoli. © 1997 RCS Libri S.p.A.

A Siete d'accordo? A coppie, leggete e discutete la citazione della
docente Maria Pia Pozzato.

1. Brevemente riassumete le idee principali della Pozzato. Siete
   d'accordo con le sue affermazioni? Perché?
2. Quali sono gli aspetti positivi e negativi del sentirsi «cittadini del
   mondo»?

B Beppe Severgnini. A coppie, osservate la copertina del best seller
del giornalista Beppe Severgnini. Secondo voi, qual è l'argomento del
libro? Cosa rivela sulla realtà italiana? Come conferma le idee della
Pozzato? Motivate le vostre risposte.

Gli italiani sono sempre stati molto aperti all'influsso della cultura americana. Il fascino per gli States comincia negli anni '40 e '50 con la proiezione di film americani che presentano un'immagine ideale dell'America e degli americani e uno stile di vita che molti italiani cercano di imitare. Poi le innovazioni tecnologiche degli ultimi decenni hanno contribuito immensamente a questo processo di americanizzazione. Parole ed espressioni angloamericane fanno ormai parte del linguaggio dell'italiano medio e non solo quando si discute di tecnologia. L'influenza dello stile di vita americano è ogni giorno più evidente in ogni sfera della realtà italiana: nel cinema, nella musica, nell'abbigliamento, nelle abitudini giornaliere, nel lavoro, nell'università, nello sport e passatempi, negli orari dei negozi e dei pasti, e perfino nel cibo.

PAROLE UTILI

Per parlare di computer e Internet

allegare *to attach*
annullare *to delete, to erase*
cancellare *to delete, to erase*
chattare *to chat online*
cliccare *to click on*
collegare *to connect/to link/to log on*
il documento *file*
il file (i file *pl.*) *file*
l'informatica *computer science*
installare *to install*
inviare *to send*
il motore di ricerca *search engine*
navigare *to surf*
il portatile *laptop computer*
la posta elettronica *electronic mail*
il programma *program*
la rete *Web*

la ricerca *search*
salvare *to save*
scaricare *to download*
il sito *site*
il virus *virus*

Per discutere di tecnologia

la batteria *battery*
la bolletta *bill*
il carica batterie *battery charger*
il cercapersone *pager*
chiamare sul cellulare *to call on cell phone*
il lettore CD/DVD *CD/DVD player*
mandare un fax *to send a fax*
la rubrica *address book*
la segreteria telefonica *answering machine*
il telefonino *cell phone*
il videogioco *videogame*

In italiano si usano sempre di più parole angloamericane nel linguaggio giornaliero. I seguenti termini sono molto comuni:

il/la baby sitter
il best seller
il boom
il budget
il film
glamour
il meeting
lo shopping
light
lo slogan
lo smog
soft
trendy

Conosci altre parole inglesi che oramai si usano anche in Italia? Quali parole italiane si usano nel tuo Paese?

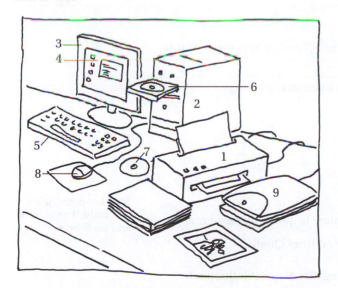

1. la stampante
2. il computer
3. il monitor
4. lo schermo
5. la tastiera
6. il disco fisso
7. il dischetto
8. il mouse
9. lo scanner

A L'intruso. Elimina la parola che non c'entra.

1. la tastiera   la stampante   il motore di ricerca
2. licenziare   annullare   salvare
3. il dischetto   il disco fisso   lo schermo
4. il portatile   il cellulare   il lettore CD
5. la rete   il sito   il modulo

B Quante ne conosci? Completa gli schemi seguenti con altre parole dal mondo della tecnologia.

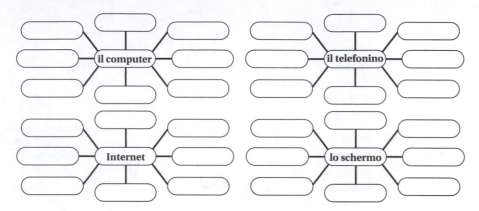

C Conoscete queste parole italiane? A coppie, indicate il termine inglese che ormai molti italiani usano per queste espressioni.

1. la riunione
2. all'ultima moda
3. l'inquinamento
4. fare le spese
5. l'esplosione
6. il motto, il detto
7. la pellicola cinematografica
8. leggero
9. morbido
10. il bilancio

D Che cos'è? A piccoli gruppi, uno studente descrive quando e/o come si usano questi oggetti e gli altri indovinano che cos'è.

Esempio: s1: Lo usiamo quando vogliamo collegarci a Internet.
         s2: Il computer.

1. il fax
2. il telefonino
3. la segreteria telefonica
4. la rubrica
5. la rete
6. Internet

DISCUTIAMO INSIEME

A Società multiculturale? A piccoli gruppi, discutete le questioni seguenti.

1. Nel vostro Paese è evidente l'influenza di altre culture? Quali?
2. Come si nota questa influenza?
3. Secondo voi, quali sono gli aspetti positivi e negativi di quest'influenza?

> Studia le preposizioni articolate, il negativo e altri usi di *ne* e *ci*.

B Una selezione rigorosa. A coppie, leggete la pubblicità che segue e rispondete alle domande.

Una selezione rigorosa

Tutti gli ingredienti utilizzati per i prodotti McDonald's vengono acquistati da aziende selezionate che sono tenute al rispetto di standard molto severi.

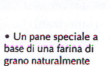

• Un pane speciale a base di una farina di grano naturalmente ricca di proteine

• Patate fritte ottenute da tuberi delle migliori varietà, il cui processo di preparazione è sottoposto a ben diciannove diversi controlli di qualità

• Insalate miste e verdure fresche: insalata verde, trevisana, pomodori, carote, cetrioli, mais, gamberetti, mozzarella, pasta e riso.

• Hamburger di pura carne bovina al 100%

• Pollo le cui parti selezionate provengono esclusivamente da petti e cosce disossati

• Pesce: filetti bianchi di merluzzo dei mari del nord e del Mar Baltico

• Frullati e gelati realizzati con latte naturalmente ricco di calcio.

• Bibite gassate "classiche" o "light", acqua gassata, succo d'arancia, té freddo e birra italiana

Used with permission from McDonald's Corporation.

1. Descrivete la réclame.
2. Di che cosa fa la pubblicità?
3. Quali immagini e slogan usa? Sono simili o diversi da quelli che quest'azienda usa nel vostro Paese? Come? Perché?
4. Cosa rivela la pubblicità della società a cui è indirizzata?

C La pubblicità. A coppie, create una pubblicità per un prodotto tipico del vostro Paese per un pubblico italiano. Poi presentate le diverse pubblicità alla classe e insieme decidete qual è la più convincente e perché.

D **I golden classici.** Nella lista che segue ci sono i titoli di alcuni film americani molto conosciuti e apprezzati in Italia. Li conosci? Scegli un film dalla lista e scrivi: (1) il nome del regista, (2) il nome degli interpreti principali e (3) un breve riassunto della trama. Poi leggi la tua descrizione alla classe senza dire il titolo del film. La classe deve indovinare di quale film si tratta.

Chinatown	*Comma-22*	*Caccia al ladro*
Un posto al sole	*Gli anni spezzati*	*Il maratoneta*
Rosemary's Baby	*Love Story*	*Colazione da Tiffany*
Sabrina	*Vacanze romane*	*I dieci comandamenti*

PER LEGGERE
Prima di leggere

A **Domenica Brunch.** Leggi il trafiletto a destra e poi rispondi alle domande.

1. In quali locali si può mangiare il brunch?
2. Dov'è il brunch più costoso? Cosa offre di speciale? E il meno costoso?
3. Perché è famoso *Al Danny Rock*?
4. A coppie, trovate gli elementi americani che si notano nel trafiletto. Come sono stati italianizzati?

B **Molto trendy!** Cosa rivela la vignetta dell'atteggiamento delle due donne verso l'inglese? Secondo loro, la conoscenza dell'inglese è molto importante in Italia? Perché?

Domenica Brunch

A BIZZEFFE in San Lorenzo brunch & relax con musica e proiezioni fino alle ore 16. Attenzione: il buffet è di cucina tradizionale italiana a 18 euro.

Sunday brunch al Westin **EXCELSIOR** l'albergo chic affacciato su una delle più belle piazze di Firenze: ogni domenica uno stile diverso: una domenica dedicata ai formaggi, una alla pasta, una alla pizza, brunch etnici... Spazio fumatori con quotidiani del giorno - musica jazz in sottofondo - prezzo 39 euro (servizio baby sitter compreso).

Sabato e domenica *Fusion Brunch* nell'intrigante **GALLERY HOTEL**: pietanze mediterranee con tecniche di cottura, abbinamenti e presentazioni piacevolmente "esotiche".
Sapori esotici al brunch di **MOMOYAMA**, sofisticato design e sushi restaurant nel cuore di San Frediano.
Al **DANNY ROCK**, il locale più storicamente americano di Firenze, oltre ai classici hamburger & potatoes, la domenica un bellissimo buffet original brunch: scrumble, pancakes & big salads, muffin e brownies. Prezzo 18 euro, tutto compreso, con american coffee a volontà.
Saturday Brunch in Piazza Brunelleschi, zona Università, da **ZONA 15**. Intorno allo spettacolare american bar il buffet del pranzo apre già alle 11,30. Tutto compreso 13 euro.

Vignetta di Pat Carra, «Faccio an corso di full-immersion in inglese...», © PAT CARRA

Da «Domenica Brunch», *Firenze spettacolo*, novembre 2004, p. 119. © Nuova editoriale Florence Press srl.

C **Un cibo leggero o uno light?** Leggi il titolo dell'articolo. Quale pensi che sia l'argomento dell'articolo?

Preferisco un cibo leggero a uno light

Care amiche, ho un problema: non conosco l'inglese. Ho tentato più volte di impararlo, mi sono iscritta ai corsi più promettenti, ho seguito lezioni individuali con insegnanti di madrelingua, ho comprato dispense[1], cassette e quant'altro. Ma non sono mai andata oltre le prime lezioni (o dovrei dire "units"?). Per pigrizia, mancanza di tempo, insofferenza. ... Del resto, al bisogno me la sono sempre cavata[2] con le frasi di rito (quelle delle prime units, per intenderci) ... Insomma, non mi sono mai sentita a disagio all'estero[3]. E allora dov'è il problema? Credetemi, i problemi comincio ad averli proprio qui, a casa mia.

Ma vi siete accorte di come è cambiato il nostro modo di comunicare? Quante più espressioni inglesi (o angloamericane) usiamo ogni giorno e quante meno parole nostrane[4]?

Sarà per via del fascino che noi italiani subiamo[5] verso tutto ciò che viene da lontano. O perché un vocabolo straniero suona con più autorevolezza alle nostre orecchie. Facciamo qualche esempio. Se ci invitano a un meeting non è forse vero che ci andiamo più volentieri che a un italianissimo convegno? Se la commessa della boutique ci assicura che abbiamo fatto un acquisto molto glamour (o fashion o trendy), chi se ne importa del senso di colpa per aver sforato il budget.

... Anche se sono fermamente convinta che un cibo leggero sia meglio di uno light, che una luce morbida sia più accogliente di una soft e che un atteggiamento amichevole sia più apprezzato del suo corrispondente friendly, non posso negare l'evidenza. L'inglese la fa da padrone[6] nel nostro vocabolario quotidiano. E la cosa non mi piace ...

Ma non sentite quanta musica c'è in questo susseguirsi di consonanti e vocali ...? Perché, allora non provare a fare il contrario: esportiamole[7]. L'ha detto anche il presidente della Repubblica: in tutto il mondo il made in Italy (volevo dire il fatto in Italia) è apprezzato e richiesto, facciamo in modo che lo sia anche la nostra bella lingua. Detto questo, credo che ritenterò: mi iscriverò all'ennesimo[8] corso di inglese rapido[9]. Non vorrei sentirmi un giorno straniera in patria.

(Da «Preferisco un cibo leggero a uno light» di Luisa Guerini Rocco, caporedattore, *Donna Moderna*, 24 novembre 2004, p. 27. © 2004 Arnoldo Mondadori Editore S.p.A.)

[1] *lecture notes* [2] *managed* [3] *abroad* [4] *local* [5] *undergo* [6] *rules* [7] *let's export them* [8] *nth* [9] *intensive*

Parliamo e discutiamo

A Vero o falso? Dopo aver letto il testo, indica quali delle seguenti affermazioni sono vere e quali sono false. Correggi le affermazioni false.

———— 1. La scrittrice non ha mai studiato l'inglese.

———— 2. Vorrebbe imparare l'inglese.

———— 3. Non le piace studiare lingue straniere.

———— 4. Quando viaggia all'estero ha molte difficoltà con la lingua.

———— 5. Secondo la scrittrice, agli italiani non piacciono le novità straniere.

———— 6. La scrittrice non è molto aperta alle influenze linguistiche angloamericane.

———— 7. Le piace molto la lingua italiana.

———— 8. Alla fine, la scrittrice capisce che l'inglese è una lingua molto importante e che quindi deve studiarla.

B Che tono? A coppie, indicate quali di questi aggettivi descrivono meglio il tono che l'autrice usa nel testo. Motivate le vostre scelte.

1. triste
2. sarcastico
3. serio
4. tragico
5. realistico
6. ironico
7. drammatico
8. fantastico
9. comico

C L'Italia. A piccoli gruppi, discutete che informazioni ci sono nel testo sui seguenti argomenti.

1. il modo attuale di comunicare degli italiani
2. le parole inglesi usate in italiano
3. il rapporto degli italiani con la lingua angloamericana

L'immagine italiana nel mondo

A Le conoscete? Quali di queste marche e sigle (*logos*) italiane conoscete? Con quali prodotti associate queste aziende? Quali di questi prodotti si trovano facilmente nel vostro Paese? Vi piacciono? Perché?

B Associazioni! A piccoli gruppi, fate una lista di almeno venticinque cose e dieci persone che associate con l'Italia e gli italiani. Poi paragonate le vostre liste. Sono uguali? In che cosa sono diverse?

C **E voi, cosa ne pensate?** A coppie, leggete i titoli e poi rispondete alle domande.

LA RIVELAZIONE

FERGIE: «POTEVO FINIRE COME DIANA. MI HA SALVATO IL CALORE DELL'ITALIA»

LA DUCHESSA DI YORK DICE: «AVEVO PERSO IL SENSO STESSO DELLA VITA, COME MIA COGNATA. L'HO RITROVATO GRAZIE AGLI ITALIANI E ALLA LORO TRAVOLGENTE VOGLIA DI VIVERE»

DI MARINA CICOGNA

(Da «La rivelazione» di Marina Cicogna, *Vanity Fair*, 11 novembre 1994, p. 22. © Edizioni Condé Nast Spa.)

1. Cosa sapete della Duchessa di York, Fergie, e di sua cognata?
2. Secondo voi, a quali aspetti della realtà italiana si riferisce «il calore dell'Italia»?
3. Commentate l'ultima frase. Secondo voi, come si può manifestare «una travolgente voglia di vivere»? Siete d'accordo con questa visione degli italiani? Perché?

Prendere o lasciare

Vi ho dato l'impressione che non mi piace il Veneto? Niente affatto. Lo adoro. ... E, ovviamente, non si possono scindere[1] le cose che si amano da quelle che si odiano: non si può dire, andiamo a vivere nella terra del cappuccino, del vino, della pasta, delle pesche meravigliose, della bella gente vestita con tanto gusto, della splendida architettura, della vita di provincia così ricca di amicizie, affetti, segreti, ma no grazie, faremmo volentieri a meno[2] dei poveri cani da caccia[3] maltrattati che sentiamo guaire[4] nei vicoli ... Non si può. O tutto o niente. Prendere o lasciare.

[1]*separate* [2]*willingly do without* [3]*hunting dogs* [4]*yelping*

(Da *Italiani*, p. 20, di Tim Parks, traduzione di Rita Baldassare, 2002, Milano: RCS Libri S.p.A. © 2002 RCS Libri S.p.A.)

A **O tutto o niente.** Quali sono gli aspetti positivi dell'Italia di cui parla lo scrittore britannico Tim Parks? Secondo Parks, tutto è «perfetto» in Italia? Si possono vivere solo gli aspetti positivi di una cultura?

 B **E il vostro Paese?** A coppie, immaginate di essere stranieri nel vostro Paese. Scrivete un brano simile a quello di Tim Parks, mettendo in evidenza gli aspetti positivi e negativi della vostra cultura.

*N*egli ultimi decenni *il made in Italy* si è affermato in tanti settori diversi. I prodotti italiani sono ricercati e apprezzati in tutto il mondo non solo per la bellezza del loro straordinario design ma anche e soprattutto per la loro qualità. Insieme ai suoi prodotti, l'Italia esporta anche un'immagine e uno stile di vita che sono ammirati da tanti. Quest'immagine è particolarmente evidente nel cinema, nella moda e nel design, e nei prodotti alimentari.

PAROLE UTILI

Per parlare del cinema

il divo/la diva *star*
il documentario *documentary*
doppiare/doppiato *to dub/dubbed*
un film di avventure *adventure film*
   dell'orrore *horror*
   d'evasione *escapist*
   giallo *mystery*
l'interprete *(m./f.) actor, actress*
interpretare *to play*
intrattenere *to entertain*
il/la regista *director (film)*
i sottotitoli *subtitles*
la star *(m./f.)*

Per parlare della moda

attuale *current, contemporary*
chic *stylish*
di lusso *elegant*

essere di moda *to be in style*
l'etichetta *label*
firmato *signed, made by a famous designer*
la griffe *label*
il look
la marca *brand name*
lo/la stilista *designer*

Per parlare dell'immagine dell'Italia all'estero

la caricatura *caricature*
i luoghi comuni *clichés*
il preconcetto *preconception*
il pregiudizio *prejudice*
il razzismo *racism*
lo stereotipo *stereotype*
tenerci a *to value, to care about*
i valori *values*

LE PAROLE IN PRATICA

A L'intruso. Indica la parola che non c'entra e spiega perché.

1. i valori   i pregiudizi   i luoghi comuni
2. interpretare   intrattenere   doppiare
3. la griffe   la firma   il look
4. l'interprete   il regista   l'attore
5. chic   di lusso   biologico
6. lo stilista   la marca   il regista
7. il divo   la star   la caricatura

B Che cos'è? Leggi le seguenti definizioni e indica a cosa si riferiscono.

1. A volte li leggiamo mentre guardiamo un film straniero.
2. È un film poliziesco.
3. È la persona che recita in un film.
4. È un film che può far paura.
5. È la persona che disegna vestiti e altri articoli di abbigliamento.
6. Sono idee e principi importanti a cui teniamo molto.
7. È la percezione superficiale di una cultura diversa dalla nostra.
8. È la persona che dirige un film.
9. È un film che esplora problemi e eventi reali.
10. È un attore o un'attrice che ha sempre ruoli importanti.

C **Un'altra parola per...** Trova un sinonimo per le seguenti parole.

1. l'attore
2. la griffe
3. il pregiudizio
4. elegante
5. l'apparenza
6. chic

D **Associazioni.** A coppie, indicate tutte le parole ed espressioni che associate con i seguenti termini.

1. un film straniero
2. la moda
3. il razzismo
4. il cinema

DISCUTIAMO INSIEME

A **La moda italiana.** Nel brano che segue Elisabetta Canali, responsabile immagine del gruppo Canali di abbigliamento maschile, parla dell'azienda di famiglia. Leggilo e poi rispondi alle domande che seguono.

> Studia l'oggetto indiretto e i pronomi combinati.

Moda maschile

L'AUTUNNO CALDO DI CANALI

Anche Hollywood ci ama.

I divi americani scelgono la griffe di Sovico. Che per festeggiare i 70 anni apre un megastore a Milano.

«Abbiamo aperto boutique monomarca[1] a Bombay e a Dubai, abbiamo allargato lo store di Tokyo». Negli store asiatici l'azienda spera di bissare[2] il miracolo americano. «La parola miracolo è esagerata. Ma in effetti quello statunitense è il nostro mercato forte: gli americani, così concreti, trovano conveniente spendere 900 euro per un abito sartoriale fatto solo con fibre naturali». ...

«Il filo diretto[3] con Hollywood è resistente[4]» sottolinea Canali. Ogni anno costumiste e stylist telefonano a Sovico per chiedere abiti, giacche, camicie per questo o quel kolossal. ... E spesso lo fanno anche nella vita privata.

(Da «Moda maschile», di Monica Bogliardi, *Panorama*, 16 settembre 2004, p. 214. © 2004 Arnoldo Mondadori Editore S.p.A.)

1. Conosci la griffe Canali? Cosa pensi che producano?
2. Secondo l'articolo, in quali Paesi va molto di moda vestirsi Canali?
3. Perché nell'articolo si parla di «miracolo americano»?
4. Quali stilisti italiani conosci? Quali ti piacciono? Perché?

---

[1]*Canali label* [2]*repeat* [3]*direct line* [4]*strong*

B **L'Italia nei film americani.** Nell'intervista che segue il regista Brian De Palma parla dell'immagine dell'Italia nei film americani. Dopo aver letto il brano, riassumi brevemente le idee principali del regista. Sei d'accordo con le sue affermazioni? Perché? Cita esempi specifici dal testo.

«L'immagine degli italiani negli Stati Uniti è certamente stereotipata. Direi che i film sulla mafia sono come i western: fanno parte di una mitologia» afferma De Palma. «La mafia italiana nelle nostre pellicole è rappresentata come si trattasse di Wyatt Earp e Eliot Ness: i registi costruiscono leggende, non raccontano quello che succede. Non a caso penso che il film che rappresenta meglio la cultura italiana sia Il Padrino[1]: non perché dentro c'è così tanta mafia, ma perché parla molto della famiglia».

[1] *The Godfather*

(Dall'intervista realizzata da Studio Universal C, *Ciak*, novembre 2004, p. 123. © 2004 Arnoldo Mondadori Editore S.p.A.)

C **E, nel tuo Paese?** Che immagine prevale dell'Italia e degli italiani nel tuo Paese? Quali sono alcuni luoghi comuni sull'Italia e gli italiani che ancora persistono?

PER LEGGERE
Prima di leggere

A **Le piace il cinema italiano?** Leggi i risultati di un sondaggio di persone fra i 18 e i 64 anni riguardo al cinema italiano e poi rispondi alle domande.

Le piace il cinema italiano?

sì 80%

41% perché i film italiani raccontano storie semplici e vicine

39% perché quando i nostri film sono belli è per merito più delle idee che dei soldi

no 17%

12% perché le scene non sono spettacolari e il ritmo è lento

5% perché gli attori non fanno sognare come le star di Hollywood

«Le piace il cinema italiano?», *Donna Moderna*, 21 marzo 2001, p. 17, Mondadori.

1. Che immagine emerge del cinema italiano?
2. Secondo le persone intervistate, quali sono le principali differenze fra il cinema italiano e quello americano?

B **Cosa pensi del cinema italiano?** Hai mai visto un film italiano? Quale? Ti ricordi il nome di qualche attore o attrice che è apparso nel film? Puoi riassumere brevemente la trama del film?

C **Il cinema italiano e il cinema angloamericano.** A piccoli gruppi, discutete delle differenze che avete notato tra i film italiani e quelli americani.

D **Pianeta Italywood.** Leggi i titoli dell'articolo che segue. Di che cosa pensi che parlerà l'articolo?

Leggiamo

Pianeta Italywood

Gli artisti yankee più amati dal pubblico sono di origine italiana. ... Studio Universal propone un irresistibile viaggio in compagnia di De Palma, Al Pacino e soci. Con sondaggi, film e tanti documentari inediti. Fra cui un invisibile Scorsese.

Esito[1] quasi scontato[2]: il sondaggio condotto da Studio Universal su un campione[3] di mille persone rivela che l'attore più amato dagli italiani è Robert De Niro. L'aspetto curioso, invece, è che il protagonista di *Taxi Driver* (preferito dall'11,16% degli intervistati) è tallonato[4] da Al Pacino (4,9%), Sylvester Stallone (1,7%) e John Travolta (1,5%): tutti attori italo-americani. Stesso risultato nella classifica dei registi: ai primi posti ci sono Francis Ford Coppola (7,9%), Quentin Tarantino (4,9%) e Martin Scorsese (4,5%). Tra le star hollywoodiane, insomma, gli intervistati preferiscono spontaneamente quelle italo-americane, pur riconoscendo[5] solo in alcune le qualità di casa nostra. Il più carico[6] di caratteristiche italiane è proprio Brian De Palma, affiancato[7] da Frank Capra: i due registi possiedono uno stile completamente diverso, ma sono accomunati[8], dice il sondaggio, da una sensibilità artistica e una creatività tipicamente italiane. Tra gli attori i «più italiani» risultano invece Al Pacino e Danny De Vito, per le loro caratteristiche fisiche e la simpatia. Le risposte del sondaggio rivelano tutte un forte affetto nazionale verso gli artisti legati al nostro paese. Per questo Studio Universal ha deciso di celebrarli con *Italywood*: per tutto il mese di novembre, in prima serata[9], sul canale satellitare della piattaforma Sky verranno proposti alcuni dei film più importanti diretti o interpretati da italo-americani. I titoli in programma sono tutti tappe[10] fondamentali della storia del cinema. Si parte ... con un film muto[11] del 1925, *Aquila nera* di Clarence Brown con Rodolfo Valentino, la prima star italiana che grazie a Hollywood raggiunse un successo planetario, e si prosegue con *La vita è meravigliosa* di Frank Capra ..., *Un americano a Parigi* di Vincent Minnelli ... *Taxi Driver* di Martin Scorsese ..., *Blow Out* di Brian De Palma con John Travolta ... Saranno anche trasmessi, a rotazione, tre documentari che indagano[12] l'intreccio fra Italia e America da punti di vista diversi. *Italian Americans*, di Martin Scorsese, racconta, attraverso le parole dei genitori del regista intervistati nel loro appartamento di New York nel 1974, come gli italo-americani vedono la loro terra d'origine. ...

Italywood, infine, è lo speciale inedito[13] dedicato alla storia degli italiani negli Stati Uniti, con materiale d'archivio e interviste esclusive a divi come Francis Ford Coppola, Mira Sorvino, Stanley Tucci, Joe Dante e molti altri, tutti italo-americani e orgogliosi di esserlo.

(Da «Planet Italywood» di Elisa Grando, *Ciak*, novembre 2004, p. 123. © 2004 Arnoldo Mondadori Editore S.p.A.)

---

[1]*outcome* [2]*expected* [3]*sample* [4]*closely followed* [5]*even recognizing* [6]*full* [7]*next to* [8]*share*

[9]*prime time* [10]*stages* [11]*silent* [12]*investigate* [13]*unpublished*

Parliamo e discutiamo

A Pianeta Italywood. A coppie, indicate quattro argomenti che sono trattati nell'articolo.

B Vero o falso? Indica quali di queste affermazioni sono vere e quali sono false secondo l'articolo. Correggi le affermazioni false con esempi tratti dal testo. Poi paragona i tuoi risultati con quelli di un compagno/una compagna.

_____ 1. Secondo l'articolo, nessuno si aspettava che Robert De Niro sarebbe risultato come l'attore più amato dagli italiani.

_____ 2. Agli italiani piacciono gli attori italo-americani ma non i registi.

_____ 3. Agli italiani piacciono solo le star italo-americane che hanno caratteristiche «italiane».

_____ 4. Brian De Palma e Frank Capra sono considerati i registi «più italiani».

_____ 5. Al Pacino e Danny De Vito sono considerati gli attori «più italiani» per i ruoli tipicamente italiani che interpretano.

_____ 6. Dall'articolo è chiaro che non ci sono molte differenze culturali fra gli italiani e gli italo-americani.

_____ 7. L'Italia ha contribuito alla cultura americana grazie ai suoi tanti cittadini emigrati in America.

_____ 8. È anche chiaro che molti italo-americani sono orgogliosi delle loro origini italiane.

C L'Italia e gli italiani. Rileggi l'articolo e trova tutte le informazioni che contiene sui seguenti argomenti. Poi a gruppi discutete e commentate le vostre scelte.

1. l'influenza esercitata dall'Italia sulla cultura americana attraverso gli immigrati italiani
2. il rapporto tra gli italiani e gli italo-americani
3. l'immagine dell'Italia vista attraverso gli occhi degli immigrati italiani in America
4. il cinema italiano
5. il carattere e la sensibilità degli italiani

Per conoscere l'Italia e gli italiani

A L'Italia e gli States. A piccoli gruppi, riassumete tutto quello che avete imparato dell'influenza esercitata dagli USA sull'Italia. Prendete in considerazione:

1. la lingua.
2. la cultura.
3. lo stile di vita.

B L'influenza italiana. E l'Italia, ha influenzato il tuo Paese? Come?

C L'inglese? Si impara in beauty-farm. Leggi il trafiletto su una vacanza in Puglia e poi rispondi alle domande che seguono.

Puglia

MASSERIA TORRE COCCARO

5 Stelle. Godetevi il meglio che vi può offrire la Puglia: un mare limpido ed i migliori prodotti biologici creati in casa. Riposate la mente passeggiando tra i nostri ulivi e rilassatevi nella modernissima piscina con sabbia di mare. Novità: centro benessere con fangoterapia e lezione di inglese con insegnante americana.

Costi A partire da 2.500 Euro / 7 notti compreso.

Info Masseria Torre Coccaro, Sevelletri di Fasano (Br), tel. 080/4829310; (www.masseriatorrecoccaro.com); (masseriatorrecoccaro@tin.it)

(Adattato da Web www.masseriatorrecoccaro.com. Per gentile concessione di Masseria Torre Coccaro, Puglia.)

1. Dov'è la Puglia? Trovala sulla cartina all'interno della copertina.
2. Che cosa offre agli italiani la Masseria Torre coccaro?
3. Quanto costa una vacanza di otto giorni? Che cosa include?
4. Cosa rivela dell'Italia e gli italiani questa vacanza?

In rete

A Il cinema italiano. Trova informazioni sulla storia del cinema italiano per rispondere alle domande che seguono.

1. Quando comincia il neorealismo? Come? Perché?
2. Indica tre caratteristiche del cinema neorealista.
3. Chi sono alcuni registi neorealisti importanti? Quali sono alcune loro opere importanti? Di che cosa parlano?
4. Chi è Cesare Zavattini?

Clicca sul sito di *Crescendo!* per il Capitolo 4. academic.cengage.com/ Italian/crescendo

B I sapori italiani. Trova prodotti italiani adatti da regalare alle seguenti persone.

1. un amico americano che ama i vini italiani
2. un nonno italo-americano di origine siciliana
3. un'amica che ha studiato in Toscana per un anno
4. un conoscente italiano sardo

C I prodotti italiani. A coppie, scegliete una marca italiana nel mondo della moda, del disegn, del cibo o delle macchine e fate una ricerca su Internet. Consultate i siti suggeriti per il Capitolo 4 e trovate informazioni specifiche sull'azienda e sulla sua presenza nel vostro Paese.

Caro Diario

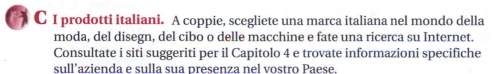

For your next journal entry, consider the question at the beginning of this chapter: **E tu, sei aperto/-a ad altre culture?** You may want to talk about your own experiences with other cultures and explain if and how they have influenced you. Consider also discussing specifically your relationship to Italy and Italians. Why are you studying Italian? What aspects of Italian culture have touched your own life?

Strutture

Le preposizioni

The most frequently used prepositions in Italian are **a, con, da, di, in, per, su,** and **tra (fra)**. Prepositions cannot always be translated literally because they have variable meanings.

in campagna	al mare	in chiesa
in, to the country	*at, to the beach*	*in, to the church*
in città	a teatro	al telefono
in, to the city	*at, to the theater*	*on the telephone*
alla televisione	alla radio	sul giornale
on television	*on the radio*	*in the paper*
in biblioteca	in montagna	in giardino
in, at, to the library	*in, to the mountains*	*in, to the garden*

A Le preposizioni articolate

The prepositions **a, da, di, in, su,** and sometimes **con** combine with the definite article to become one single word.

Andiamo **al** bar insieme.	*Let's go to the bar together.*
Ci tengo **alla** marca.	*The brand name is important to me.*

Prepositions + Articles

	il	l'	lo	la	i	gli	le
a	al	all'	allo	alla	ai	agli	alle
da	dal	dall'	dallo	dalla	dai	dagli	dalle
di → de	del	dell'	dello	della	dei	degli	delle
in → ne	nel	nell'	nello	nella	nei	negli	nelle
su	sul	sull'	sullo	sulla	sui	sugli	sulle
con	col				coi		

In modern Italian, **con** is sometimes combined with **il** (**col**) and **i** (**coi**). **Per** rarely contracts, and **fra** and **tra** never do.

B L'uso delle preposizioni

1. **A** and **in** are used with geographical names to express the English *to, in,* and *on.* **A** is used with cities and small islands; **in** is used with continents, countries, regions, states, and large islands.

Vado **a** Roma.	*I'm going to Rome.*
Passo l'estate **a** Capri.	*I spend the summer on Capri.*
Vanno **in** Germania.	*They are going to Germany.*
Abitiamo **in** Europa.	*We live in Europe.*

The prepositions **a, di,** and **da** are frequently used with other prepositions to form prepositional phrases.

accanto a *next to, beside*
a destra di *to the right of*
a sinistra di *to the left of*
davanti a *in front of*
dietro (a) *behind*
di fronte a *across from*
fino a *till, until*
in cima a *on top of*
in fondo a *at the bottom/end of*
invece di *instead of*
lontano da *far from*
oltre a *in addition to*
prima di *before*
vicino a *next to/near*

Il cinema è vicino al centro, a sinistra della banca.

The movie theater is near downtown, to the left of the bank.

Devi comprare questo programma invece di quello.

You have to buy this program instead of that one.

When continents, countries, regions, states, and large islands are modified, an article is used, which combines with the preposition.

Vivo **in** Toscana.	*I live in Tuscany.*
BUT: Vivo **nella bella** Toscana.	*I live in beautiful Tuscany.*
Andiamo **in** Sardegna.	*We are going to Sardegna.*
BUT: Andiamo **nella** Sardegna **del sud**.	*We are going to the south of Sardegna.*

2. **Di** is used to express possession. It is also used to specify what something is made of, and the author of a work or a product, such as the designer of an object.

— **Di** chi è il libro?	— *Whose book is it?*
— È **del** ragazzo.	— *It's the boy's.*
— **Di** chi è il libro?	— *Who is the book by?*
— È **di** Stefano Benni.	— *It's by Stefano Benni.*
— **Di** chi è la giacca?	— *Whose jacket is it?*
— È **del** signore.	— *It's the man's.*
— **Di** chi è la giacca?	— *Who's the designer of the jacket?*
— È **di** Armani.	— *It's an Armani jacket.*
— **Di** che cos'è?	— *What's it made of?*
— È **di** lana.	— *It's made out of wool.*

3. **Di** also indicates the place of origin.

— **Di** dove sei?	— *Where are you from?*
— Sono tedesco. Sono **di** Berlino.	— *I'm German. I'm from Berlin.*

4. **Da** is used with a person's name, a pronoun, or an occupation to express *at the house of* and *at the place/business of.*

Torniamo **da Cinzia**.	*We are returning to Cinzia's house.*
Vengo **da voi** domani sera.	*I'm coming to your house tomorrow night.*
Porto la mamma **dal** dentista.	*I'm taking my mother to the dentist.*

5. **In** is used with means of transportation.

Partiamo **in** treno.	*We are leaving by train.*
Vengo **in** macchina.	*I'm coming by car.*

See pp. 409–413 for more information on the use of prepositions.

ESERCIZI

A Che fanno? Scrivi delle frasi complete con gli elementi dati e indica cosa fanno le seguenti persone. Usa le preposizioni semplici e articolate corrette.

1. Giovanni / andare / mare
2. Luigi / abitare / Italia del sud
3. Paolo / andare / teatro ogni sabato
4. Io e Mario / parlare / telefono
5. Io / passare il weekend / montagna / amici
6. La domenica noi / andare / chiesa
7. Io / guardare / film / televisione
8. Io / ascoltare / le notizie / radio
9. La sua famiglia / abitare / Sicilia
10. Io / leggere / le previsioni del tempo / giornale

B La vita moderna. Il signor Bellini viaggia molto per motivi di lavoro. Completa le frasi con le preposizioni semplici o articolate.

1. Il signor Bellini lavora _____ televisione. Vive _____ Milano, non lontano _____ ufficio.
2. Porta sempre abiti eleganti _____ lana fatti _____ Italia. Infatti, compra sempre vestiti _____ Canali e _____ Armani.
3. Va spesso _____ USA per lavoro. Due volte _____ mese sale _____ aereo e parte _____ New York.
4. _____ New York va sempre _____ stesso albergo e ogni sera cena _____ «Beppe», un ristorante italiano vicino _____ centro. Si siede sempre in fondo _____ sala.
5. Spesso parte _____ New York e va _____ altre città _____ America _____ nord. Qualche volta viaggia _____ treno e qualche volta _____ macchina.

C Trovate le differenze. A coppie, guardate i disegni e fatevi domande per trovare tutte le differenze fra il disegno A e B.

A

B

Il negativo

In Italian, a sentence is made negative by placing **non** in front of the verb.

Non devi usare il mio portatile. *You mustn't use my laptop.*
Non so dov'è il tuo palmare. *I don't know where your palm pilot is.*

Le espressioni negative

Other words and expressions can also be used with **non** to form negative sentences. **Non** is always placed before the verb, and the other expression follows the verb. In Italian, unlike English, two or more negative expressions can be used together.

Non voglio inviare **niente** a **nessuno**. *I don't want to send anything to anyone.*

non... affatto	**Non** gli piace **affatto** chattare.
not at all	*He doesn't like to chat online at all.*
non... ancora	**Non** sa **ancora** usare il computer.
not yet	*He doesn't know how to use a computer yet.*
non... che	**Non** ho **che** un giorno libero.
only	*I only have one free day.*
non... mai	**Non** uso **mai** il cellulare.
never	*I never use my cell phone.*
non... mica	**Non** voglio **mica** spaventarti.
not at all, not in the least	*I don't want to scare you at all.*
non... né... né	**Non** ha inviato **né** il suo nome **né** il suo indirizzo.
neither ... nor	*He sent neither his name nor his address.*
non... neanche	
non... nemmeno	**Non** ha **neanche** un monitor decente.
non... neppure	*He doesn't even have a decent monitor.*
not even, not either	
non... nessuno	**Non** mando un fax a **nessuno.**
no one, not ... anyone	*I'm not sending a fax to anyone.*
non... nessun/-o/-a	**Non** ho **nessun** videogioco.
not... any	*I don't have any videogames.*
non... niente	**Non** scarico **niente.**
non... nulla	*I'm not downloading anything.*
nothing	
non... più	**Non** voglio **più** chattare.
no longer, no more	*I don't want to chat online anymore.*

1. When a negative expression is placed before the verb, for emphasis or to negate the subject of the verb, **non** is not used.

Mai capirò i computer!	*I'll never understand computers!*
Nessuno mi ha inviato quel file.	*No one sent me that file.*
Neanche lui sa usare i computer.	*Not even he knows how to use computers.*

2. With compound tenses, the negative expressions **ancora, mai, mica,** and **più** are placed between the auxiliary verb **avere** or **essere** and the past participle.

Non ho **ancora** comprato lo scanner.	*I haven't yet bought the scanner.*
Non hanno **mica** installato lo scanner.	*They haven't installed the scanner at all.*

3. To express the English *not ... any,* the adjective **nessun/nessuno/nessun'/ nessuna** is used with a singular noun. When used as an adjective, **nessuno** has the same forms as the indefinite article **un/uno/un'/una**, and it follows the same pattern. The form used depends on the gender and the first letter of the noun it modifies.

Non ho pagato ness**una b**olletta.	*I didn't pay any bills.*
Non ho sentito parlare di ness**un viru**s.	*I haven't heard talk about any viruses.*

A Gli SMS. Due amici discutono di messaggi. Abbina le risposte corrette alle domande.

_____ 1. Chi ti ha scritto quell'SMS?	a. Non ho ricevuto nessun SMS da Luigi.
_____ 2. Quando hai scritto quell'SMS?	b. Non ho scritto un SMS neanche a Carlo.
_____ 3. A chi hai scritto quell'SMS?	c. Non l'ho scritto a nessuno.
_____ 4. Quando hai ricevuto quell'SMS?	d. Non l'ho mai scritto.
_____ 5. Chi ha ricevuto quell'SMS?	e. Nessuno mi ha scritto quell'SMS.
_____ 6. Hai scritto un SMS anche a Carlo?	f. Nessuno lo ha ricevuto.
_____ 7. Hai ricevuto un SMS da Carlo o da Luigi?	g. Non ho scritto neanche un SMS a Carlo.
_____ 8. Hai ricevuto quell'SMS divertente da Luigi?	h. Non ho ricevuto un SMS né da Carlo né da Luigi.
_____ 9. Hai anche scritto un SMS a Carlo?	i. Non ho ricevuto né un SMS né una mail da Carlo e Luigi.
_____10. Hai ricevuto un SMS o una mail da Carlo e Luigi?	j. Non l'ho mai ricevuto.

B Anch'io! Neanch'io! Tu e alcuni amici discutete delle vostre abitudini. Rispondi alle domande con *anche* o *neanche*.

1. Io uso sempre i computer. E tu?
2. Non ho mai comprato un telefonino. E voi?
3. Non scrivo mai SMS. E voi?
4. Ho un lettore CD. E tu?
5. Non conosco bene neanche quel programma. E voi?
6. Ho seguito molti corsi di informatica. E tu?

C Al computer. Alcuni amici discutono di computer. Rispondi alle domande al negativo e usa anche un'espressione negativa.

1. Hai salvato tutti i file?
2. Che cosa hai cancellato?
3. A chi hai inviato quel file?
4. Hai già cliccato su quella pagina?
5. Che cosa hai cercato su Internet?
6. Quale motore di ricerca usi?
7. Chi ha stampato quelle pagine?
8. Hai cercato l'indirizzo o il nome su Internet?

D Ma non è vero! Tu e un amico discutete di innovazioni tecnologiche, ma lui non è d'accordo con le tue affermazioni. Riscrivi le frasi e usa una o più espressioni negative.

Esempio: — Tutti salvano i file prima di spegnere il computer.

— Non è vero. Nessuno salva i file prima di spegnere il computer.

1. Tante persone scaricano tutti i programmi da Internet.
2. Tutti usano il portatile quando viaggiano.
3. I miei amici mi chiamano sempre sul cellulare.
4. Tutti i miei amici hanno il lettore CD e il lettore DVD a casa.

5. Invio tante mail a tutti.
6. Mi collego sempre a Internet quando faccio una ricerca.
7. Io ho due telefonini.
8. Ho comprato il monitor nuovo e lo scanner nuovo.
9. Io cerco tutto su *Virgilio*.
10. Anche mia madre usa *Virgilio*.

 E La tecnologia. A coppie, usate le seguenti espressioni per scrivere cosa pensate della tecnologia. Poi leggete le vostre frasi alla classe e decidete chi è pessimista e chi ottimista nei riguardi della tecnologia.

1. Nessuno...
2. Non... mai
3. Non... né... né
4. Non... affatto
5. Non... nessuno
6. Non... nemmeno
7. Neanche...
8. Non... che

Altri usi di *ne* e *ci*

A *Ne*

Ne has a number of uses. It can replace a direct-object noun preceded by a partitive expression, a number, or an expression of quantity (see page 95). It can also replace prepositional phrases introduced by **di** or **da**. **Ne** is used as well in some very common idiomatic expressions.

1. **Ne** can take the place of a prepositional phrase introduced by **di**.

— Parlano sempre **di computer**, vero?

— Sì, **ne** parlano sempre.

— Hai bisogno **del mio cellulare**?
— Sì, **ne** ho bisogno.
— Cosa sai **del nuovo programma che è appena uscito**?
— Non **ne** so niente.

— *They are always talking about computers, right?*

— *Yes, they are always talking about them.*

— *Do you need my cell phone?*
— *Yes, I need it.*
— *What do you know about the new program that just came out?*
— *I don't know anything (about it).*

When **ne** replaces a prepositional phrase, it does not agree with the past participle.

Hanno parlato **delle bollette. Ne** hanno parla**to**.

They spoke of the bills. They spoke of them.

2. **Ne** can replace **da** + *a place*.

—A che ora è uscita **dal negozio**?
— **Ne** è uscita alle nove.

— *At what time did she leave the store?*
— *She left (there) at nine.*

> Some common verbs and expressions that take the preposition **di** and whose object can be replaced by **ne** are:
>
> accorgersi di *to notice, to realize*
>
> avere bisogno/paura/ voglia di *to need / to fear / to want*
>
> dimenticarsi di *to forget about*
>
> rendersi conto di *to notice, to realize*
>
> ricordarsi di *to remember about*
>
> sapere di *to know about*

3. **Ne** is used idiomatically with **andarsene** (*to leave, to take off*). The reflexive pronouns **mi, ti, si, ci, vi** change to **me, te, se, ce, ve** in front of **ne**.

Me ne vado.   *I'm leaving (taking off).*
Se ne sono già andati.   *They already left (took off).*

andarsene (*to leave*)			
io	me ne vado	**noi**	ce ne andiamo
tu	te ne vai	**voi**	ve ne andate
Lei/lei/lui	se ne va	**Loro/loro**	se ne vanno

The reflexive forms of **ritornare** and **stare** can also be used with **ne**, but their meaning is the same as the nonreflexive forms of these verbs. Below is the complete conjugation of **ritornarsene** and **starsene**.

	ritornarsene (*to return*)	starsene (*to stay*)
io	me ne ritorno	me ne sto
tu	te ne ritorni	te ne stai
Lei/lei/lui	se ne ritorna	se ne sta
noi	ce ne ritorniamo	ce ne stiamo
voi	ve ne ritornate	ve ne state
Loro/loro	se ne ritornano	se ne stanno

B *Ci*

Ci has several meanings and functions. It is a direct- and indirect-object pronoun equivalent to the English *us* and *to us*, and a reflexive pronoun meaning *ourselves*.

Ci scrivono spesso.   *They write to us often.*
Ci vedono ogni giorno.   *They see us every day.*
Ci colleghiamo a Internet.   *We log on to the Internet.*

1. **Ci** can replace a prepositional phrase with **a**, **in**, or **su** that refers to a physical location.

— Andate **al cinema**?   — *Are you going to the movies?*
— Sì, **ci** andiamo.   — *Yes, we are going there.*

— Cosa hai messo **nella borsa**?   — *What did you put in the bag?*
— Non **ci** ho messo niente.   — *I didn't put anything in there.*

— Navigate spesso **su Internet**?   — *Do you surf the net a lot?*
— Sì, **ci** navighiamo spesso.   — *Yes, we surf it often.*

At times, **vi** is used instead of **ci** to avoid ambiguity. **Vi** is not very common, however, and it has a literary flavor.

2. **Ci** can replace **da** + *a noun* or *pronoun*.

— Venite **da Giulia** stasera?   — *Are you coming to Giulia's tonight?*
— Sì, **ci** veniamo.   — *Yes, we are coming (there).*

3. **Ci** can replace prepositional phrases consisting of **a** or **su** + *a thing*.

— Pensi **ai tempi passati in Italia**?   — *Do you often think about the times you spent in Italy?*
— Sì, **ci** penso spesso.   — *Yes, I often think about them.*

Siamo riusciti **a superare certi pregiudizi**. **Ci** siamo riusciti.   *We were able to overcome certain prejudices. We were able to.*
Contiamo **sulla sua onestà**. **Ci** contiamo.   *We are counting on his honesty. We are counting on it.*

4. Ci is used in some idiomatic expressions.

entrarci *to have something to do with something*	Io non c'entro niente. *I have nothing to do with this.*
metterci *to take (time)*	Quanto tempo ci hai messo? *How long did it take you?*
sentirci *to be able to hear*	Non ci sento per niente. *I can't hear anything.*
vederci *to be able to see*	Mi dispiace, non ci vedo bene. *I'm sorry, I can't see well.*
volerci *to take (time, money, effort)*	Quanto tempo ci vuole per andare a Roma? *How long does it take to go to Rome?* In macchina ci vogliono sei ore. *By car, it takes six hours.*

C La posizione di *ne* e *ci*

Ne and **ci** follow the same placement rules as object pronouns. They precede the conjugated form of the verb, and they are attached to infinitives, after the final **-e** is dropped.

— Siete andati **al cinema**?   — *Did you go to the movies?*
— No, non **ci siamo andati**.   — *No, we didn't go there.*

— Ti ha detto di scrivere **del virus**?   — *Did she tell you to write about the virus?*
— No, non mi ha detto di scriver**ne**.   — *No, she didn't tell me to write about it.*

With the verbs **dovere**, **potere**, and **volere**, they can either precede the conjugated verb or be attached to the accompanying infinitive.

— Cosa vuoi sapere **del budget**?   — *What do you want to know about the budget?*

— Non **ne** voglio sapere niente. *o*   — *I don't want to know anything about it.*
— Non voglio saper**ne** niente.

ESERCIZI

A **Sondaggio.** Abbina le risposte alle domande.

_____ 1. Hai visto un film americano in questi giorni?
_____ 2. Quante volte sei andato/-a al cinema questo mese?
_____ 3. Quanti film stranieri hai visto?
_____ 4. Hai letto i sottotitoli?
_____ 5. Quante borse firmate hai?
_____ 6. Quante volte hai mangiato in un ristorante italiano?
_____ 7. Quanti registi italiani conosci?
_____ 8. Conosci l'interprete di *La vita è bella*?
_____ 9. Quante volte hai mangiato la pasta questa settimana?

   a. Ne ho visti due.
   b. Li ho letti.
   c. Sì, ne ho visto uno.
   d. Ne ho due.
   e. Ci ho mangiato due volte.
   f. L'ho mangiata due volte.
   g. Ne conosco due.
   h. Lo conosco.
   i. Ci sono andato/-a due volte.

Volerci (*to take money, time, effort*) is always used in the third-person singular or plural: **ci vuole, ci vogliono**. **Ci vuole** is used with a singular object and **ci vogliono** with a plural object.

Quanto tempo ci vuole per arrivare? Ci vuole più di un'ora.

How long does it take to get there? It takes more than an hour.

Ci vogliono buoni voti per studiare ingegneria elettronica.

One needs good grades to study electrical engineering.

In compound tenses, **volerci** is conjugated with **essere** and the past participle agrees with the object in number and gender.

Ci sono voluti molti anni di studio.

Many years of study were necessary.

Metterci (*to take*) has the same meaning as **ci vuole**, but it is never used in impersonal sentences. It is used when talking about specific people doing something.

(Io) ci metto molto tempo per collegarmi.

It takes me a long time to connect.

(Voi) ci mettete sempre poco tempo.

It always takes you a very small amount of time.

Ci vuole molto tempo per collegarsi.

It takes a long time to get connected.

B Le spese. Tu e un amico discutete dello shopping. Rispondi alle domande e sostituisci ai nomi e alle espressioni in corsivo i pronomi *ne, ci, lo, li, la, le.*

1. Hai bisogno *di una nuova giacca*?
2. Dove vuoi comprare *la giacca*?
3. Vai spesso *in centro* a fare *le spese*?
4. Cosa sai *dei negozi in centro*?
5. Normalmente dove fai *lo shopping*?
6. Come sei andato *al centro commerciale*?
7. Avevi paura *delle macchine*?
8. Quante *giacche* hai comprato?
9. Hai speso *molti soldi*?
10. Quante ore hai passato *al centro commerciale*?
11. A che ora sei uscito *dal negozio*?
12. Quando vieni *da me*?

L'oggetto indiretto

Indirect-object nouns answer the implied question "to whom" or "for whom" the action of the verb is directed. Indirect-object nouns are always people or animals. In Italian, indirect-object nouns are always preceded by the preposition **a** or **per**.

Ho mandato un fax **al regista**.	*I sent a fax to the director.*
Ho comprato una borsa firmata **per mia madre**.	*I bought a designer bag for my mother.*

"**Un fax**" and "**una borsa firmata**" answer the question "What did I send/buy?" and are direct objects. "**Al regista**" and "**per mia madre**" answer the questions "to whom (did I send)?" and "for whom (did I buy)"? and are indirect objects.

I pronomi indiretti

Indirect-object pronouns take the place of indirect-object nouns.

— Che cosa hai mandato **al regista**?	— *What did you send the director?*
— **Gli** ho mandato un fax.	— *I sent him a fax.*
— Che cosa hai comprato **per tua madre**?	— *What did you buy for your mother?*
— **Le** ho comprato una borsa firmata.	— *I bought her a designer bag.*

Indirect-object pronouns differ from direct-object pronouns only in the third-person singular and plural forms. The other forms are the same.

Singular	Plural
mi *to me*	ci *to us*
ti *to you (inform.)*	vi *to you (inform.)*
Le *to you (form.)*	Loro *to you (form.)*
gli *to him*	loro (gli) *to them*
le *to her*	loro (gli) *to them*

In everyday conversation, **gli** is often used instead of **loro** for the third-person plural.

— Hai inviato la mail **ai ragazzi**?
— Sì, **gli** ho inviato la mail. *o*
— Sì, ho inviato **loro** la mail.

— *Did you send the guys the e-mail?*
— *Yes, I sent them the e-mail.*

1. Indirect-object pronouns follow the same placement rules as direct-object pronouns: Indirect-object pronouns, except **Loro** and **loro**, precede conjugated verbs, but they are attached to infinitives after the final **-e** is dropped. With **dovere**, **potere**, and **volere**, indirect-object pronouns, except **Loro** and **loro,** can either precede the conjugated form of the verb or be attached to the infinitive.

Ti ha dato il nome dello stilista?

Did she give you the name of the designer?

Ho pensato di telefonar**le** domani.

I thought I'd call her tomorrow.

Gli ho voluto comprare una giacca. *o*
Ho voluto comprar**gli** una giacca.

I wanted to buy him a jacket.

Hai mandato **loro** un fax?
Hai potuto inviare **loro** una mail?

Did you send them a fax?
Were you able to send them an e-mail?

2. In compound tenses, indirect-object pronouns never agree with the past participle.

— Hai inviato la mail **a Serena**?
— Sì, **le** ho inviat**o** la mail.

— *Did you send Serena the e-mail?*
— *Yes, I sent her the e-mail.*

> Certain verbs that take a direct object in English require an indirect object in Italian. Many of these verbs involve oral or written communication.
>
> chiedere *to ask*
> consigliare *to advise*
> domandare *to ask*
> insegnare *to teach*
> rispondere *to answer*
> somigliare *to resemble*
> telefonare *to call*

ESERCIZI

A **I regali.** Tu e alcuni amici discutete di regali. Scegli la risposta corretta alle seguenti domande.

1. Che cosa hai comprato per tua madre?
   a. Le ho comprato degli stivali.
   b. La ho comprato degli stivali.
   c. Ci ho comprato degli stivali.
2. Dove hai preso gli stivali?
   a. Gli ho preso al centro commerciale.
   b. Li ho presi al centro commerciale.
   c. Ne ho presi al centro commerciale.
3. Cosa hai regalato a tuo padre?
   a. Gli ho regalato dei libri d'arte.
   b. Li ho regalati dei libri d'arte.
   c. Ne ho regalati dei libri d'arte.
4. Cosa hai comprato in centro?
   a. Ci ho comprato un bello zaino.
   b. L'ho comprato in centro.
   c. Ne ho comprato in centro.
5. Cosa mi hai comprato?
   a. Non mi ho comprato niente.
   b. Non l'ho comprato niente.
   c. Non ti ho comprato niente.
6. Cosa ti hanno regalato i tuoi genitori?
   a. Gli ho regalato dei fiori.
   b. Mi hanno regalato dei fiori.
   c. Ti hanno regalato dei fiori.

B La comunicazione con gli amici. Immagina risposte per le seguenti domande. Usa un pronome oggetto indiretto o diretto.

1. Che cosa hai scritto a Mario?
2. Quando hai scritto gli SMS?
3. Cosa hai inviato a Luisa?
4. Quando hai inviato le mail?
5. Perché hai telefonato a Paola e a Renata?
6. Hai invitato Paola e Renata alla festa?

C Brevi conversazioni! Completa i seguenti brevi dialoghi. Usa un pronome diretto o indiretto.

1. — Ciao, Giuseppe, ti disturbo?
   — No, _____!
2. — Dove posso trovare una ricetta italiana?
   — _____.
3. — Non vi ha telefonato?
   — _____.
4. — Senti, perché non _____ scrivi una mail?
   — Va bene, _____.
5. — Ci potete scrivere?
   — Sì, certo che _____.
6. — Perché non _____ dai il tuo indirizzo?
   — No, _____ l'indirizzo dei miei genitori.

D Il cinema. Tu e alcuni amici discutete di cinema. Rispondi alle domande e sostituisci ai nomi in corsivo i pronomi diretti o indiretti.

1. Vi piace il cinema italiano?
2. Conoscete *Nanni Moretti*?
3. Quanti *dei suoi film* avete visto?
4. Avete visto *il suo ultimo film*?
5. Che cosa sai *di Fellini*?
6. Conosci *qualche film di Benigni*?
7. Quando sei andato/-a *al cinema*?
8. Qualcuno *ti* ha invitato?
9. Che cosa hai offerto *al tuo amico*?

E Che cos'è? A coppie, a turno, usate i pronomi per descrivere quando e come utilizzate le seguenti cose. Il vostro compagno/La vostra compagna deve indovinare di che cosa si tratta.

Esempio: la mail
   s1: La inviamo con il computer.
   s2: La mail.
   s1: Sì.

1.	una borsa firmata		7.	l'etichetta	
2.	un film		8.	il file	
3.	gli stivali		9.	il caricabatterie	
4.	i sottotitoli		10.	il cercapersone	
5.	i luoghi comuni		11.	lo scanner	
6.	la segreteria telefonica		12.	il cellulare	

I pronomi combinati

When both a direct- and an indirect-object pronoun are used in a sentence, the pronouns undergo certain changes. The same rules apply when reflexive pronouns are used with direct-object pronouns.

Glielo ho inviato.	*I sent it to him.*
Me la sono messa.	*I put it on.*

A I pronomi indiretti con i pronomi diretti

With the exception of **Loro** or **loro**, the indirect-object pronoun always precedes the direct-object pronoun. The following chart shows the various combinations of indirect-object and direct-object pronouns.

Indirect-object pronouns	Direct-object pronouns				
	+ lo	+ la	+ li	+ le	+ ne
mi	me lo	me la	me li	me le	me ne
ti	te lo	te la	te li	te le	te ne
ci	ce lo	ce la	ce li	ce le	ce ne
vi	ve lo	ve la	ve li	ve le	ve ne
Le/le	glielo	gliela	glieli	gliele	gliene
gli	glielo	gliela	glieli	gliele	gliene
Loro/loro	lo... loro	la... loro	li... loro	le... loro	ne... loro
	(glielo)	(gliela)	(glieli)	(gliele)	(gliene)
ci	ce lo	ce la	ce li	ce le	ce ne

1. **Mi**, **ti**, **ci**, and **vi** become **me**, **te**, **ce**, and **ve** in front of **lo**, **la**, **li**, **le**, and **ne**.

— **Ci** dai l'etichetta?	— *Will you give us the label?*
— Sì, **ve la** do.	— *Yes, I will give it to you.*
— **Mi** parli dei film americani?	— *Will you talk to me about American films?*
— Sì, certo che **te ne** parlo.	— *Yes, certainly I'll talk to you about them.*

2. The indirect-object pronouns **gli** and **le** become **glie-** before **lo**, **la**, **li**, **le**, and **ne**. The combined pronouns are written as one word.

— **Gli** hai dato la rubrica?	— *Did you give him the address book?*
— Sì, **gliela** (**gliel'**ho) ho dat**a**.	— *Yes, I gave it to him.*

— Quante mail **le** hai inviato? — *How many e-mails did you send her?*
— **Gliene** ho inviat**e** parecchie. — *I sent her several (of them).*

3. The indirect-object pronoun **loro** always follows the verb. In everyday conversation, however, **gli** is preferred over **loro**.

— Hai parlato **ai ragazzi** del razzismo? — *Did you talk to the kids about racism?*
— No, non **ne** ho parlato **loro**. *o*
— No, non **gliene** ho parlato. — *No, I didn't talk to them about it.*

4. When **ci** is used in the sense of *there, to it,* or *about,* it follows the same pattern as the indirect-object pronouns **mi, ti, ci,** and **vi** in front of **lo, la, li,** and **ne**.

— Accompagneresti **la signora a casa**? — *Would you accompany the lady home?*
— Sì, **ce l'accompagno volentieri.** — *Yes, I will gladly accompany her there.*

The direct-object pronouns **mi, ti, ci,** and **vi** precede **ci** (**vi**) used in the sense of *there* and remain unchanged.

— **Mi** porti **a casa**?
— *Will you take me home?*
— Sì, **ti ci** porto.
— *Yes, I will take you there.*
— **Ci** accompagni al cinema?
— *Will you accompany us to the movies?*
— Sì, certo che **vi ci** accompagno.
— *Yes, of course, I will accompany you (there).*

B I pronomi riflessivi con i pronomi diretti

When reflexive pronouns are used with direct-object pronouns or **ne**, they follow the same patterns as indirect-object pronouns. Note that the third-person reflexive pronoun **si** becomes **se**.

Reflexive pronouns	Direct-object pronouns				
	+ lo	**+ la**	**+ li**	**+ le**	**+ ne**
mi	me lo	me la	me li	me le	me ne
ti	te lo	te la	te li	te le	te ne
si	se lo	se la	se li	se le	se ne
ci	ce lo	ce la	ce li	ce le	ce ne
vi	ve lo	ve la	ve li	ve le	ve ne
si	se lo	se la	se li	se le	se ne

— **Ti** sei lavat**a** le mani? — *Did you wash your hands?*
— Sì, **me le** sono lavat**e**. — *Yes, I washed them.*

— **Si è** mess**o** la nuova giacca? — *Did he put on his new jacket?*
— Sì, **se la** (**se l'è**) è mess**a**. — *Yes, he put it on.*

— **Ti** sei accorto di quante parole americane si usano in Italia? — *Did you notice how many American words are used in Italy?*
— Sì, **me ne** sono accorto. — *Yes, I noticed it.*

In compound tenses, the past participle of reflexive verbs agrees in number and gender with the direct-object pronoun.

C La posizione dei pronomi combinati

Double-object pronouns follow the same placement rules as single-object pronouns. They precede a conjugated verb and are attached to infinitives. With **dovere, potere,** and **volere,** they can either precede the verb or attach to the infinitive.

Ce lo siamo ricordato.
Li hai aiutat**i** a inviar**glieli**?

Me lo potresti dare? *o*
Potresti dar**melo**?

We remembered it.
Did you help them send them to them?

Could you give it to me?

> A number of common idiomatic expressions are formed with double-object pronouns.
>
> avercela con qualcuno: *to have it in for someone, to be mad at someone*
> Ce l'ha sempre con tutti.
> *He/She is always mad at someone.*
>
> cavarsela: *to manage, to get by*
> Non parla bene l'inglese, ma se la cava quando è all'estero.
> *She doesn't speak English well, but she manages when she's abroad.*
>
> farcela: *to manage, to cope*
> Non è stato facile, ma ce l'abbiamo fatta.
> *It wasn't easy, but we managed.*
>
> prendersela: *to take offense*
> Non ve la dovete prendere.
> *You must not take offense.*

ESERCIZI

A Le risposte. Immagina le domande alle seguenti risposte.

1. L'ho scaricato stamattina.
2. Glieli abbiamo comprati ieri.
3. Gliene ho inviate molte.
4. Ce lo hanno mandato stamattina.
5. Lo abbiamo saputo.
6. Ce ne siamo dimenticati.
7. Gliela abbiamo data.
8. Gliele hai pagate.
9. Ce ne hanno parlato.
10. Ve ne ha scritto.

B Quante domande!! Tua madre ti fa sempre molte domande. Rispondi alle sue domande e sostituisci i pronomi ai nomi.

1. Hai mandato il fax a tuo padre?
2. Hai messo il mio telefonino nella borsa?
3. Quante ricerche hai fatto per tuo padre?
4. Hai acceso la segreteria telefonica?
5. Mi puoi prestare il tuo portatile?
6. Hai scritto degli SMS ai tuoi amici?
7. Hai detto a tuo padre del meeting di domani sera?
8. Hai spedito un regalo a tua sorella?
9. Quante foto hai allegato alla mail?
10. Hai saputo della festa di domani sera?
11. Scrivi molte mail ai tuoi amici in America?
12. Pensi spesso ai tuoi amici in America?
13. Ti sei ricordato/-a di mandare il programma alla zia?
14. Ti sei accorto/-a di quante domande ti faccio sempre?

> **Ci** is also frequently used with the verb **avere**, especially in short yes/no answers.
>
> — Hai il suo indirizzo?
> — Sì, **ce l'**ho.
> — Avete la segreteria telefonica?
> — Sì, **ce l'**abbiamo.

C Dare e non dare. Scopri che cosa un tuo compagno/una tua compagna ha dato recentemente alle seguenti persone e che cosa le persone hanno dato a lui/lei. Scopri anche i particolari. Usa i pronomi diretti e indiretti quando possibile.

Esempio: a sua madre
s1: Che cosa hai dato a tua madre?
s2: Le ho dato una bella borsa.
s2: Gliela ho data perché ne aveva bisogno.
s1: Che cosa ti ha regalato tua madre?
s2: Mi ha regalato un orologio.

1. a sua madre
2. a suo padre
3. a suo fratello/a sua sorella
4. a un parente
5. ai suoi amici
6. a un conoscente
7. a una conoscente

Ascoltiamo

Track 6

La pubblicità alla radio

A Gli spot. Ascolta i seguenti spot pubblicitari alla radio e abbina ogni pubblicità al prodotto corretto. Scrivi accanto ad ogni prodotto il numero della registrazione a cui corrisponde.

a. _____

b. _____

c. _____

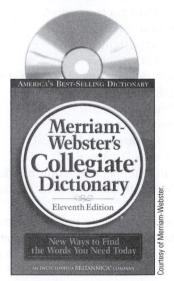

d. _____

B Cosa vuol dire? Ascolta un'altra volta le registrazioni e spiega che cosa secondo te vogliono dire le seguenti espressioni.

1. il congelatore
2. gratis
3. toccando
4. meteo
5. traccia
6. spostare
7. esatta dizione
8. sbrinare
9. bloccato

Testi e contesti

COSA SAPPIAMO DI STEFANO BENNI?

Leggi i dati biografici sullo scrittore e poi rispondi alle domande.

© Granata/The Image Works

Stefano Benni è nato nel 1947 a Bologna dove tuttora vive. Ha cominciato a pubblicare le sue opere più importanti negli anni '80 e '90. Fra i suoi libri ricordiamo *Terra*, *L'avventura*, *Baol*, *Saltatempo* e le raccolte di racconti *Il bar sotto il mare*, *L'ultima lacrima*, *Bar sport*, e *Bar sport duemila*. Benni è anche conosciuto per i suoi numerosi articoli che appaiono su vari giornali e riviste italiane, fra cui il *Manifesto*.

Gli scritti di Benni fanno parte della letteratura umoristica italiana. Nei suoi scritti l'autore presenta con ironia e un abile gioco di parole un'immagine spietata dei vizi e difetti dell'Italia degli ultimi decenni.

Il racconto che leggeremo, «Il dottor Niù», fa parte della raccolta *Dottor Niù. Corsivi diabolici per tragedie evitabili* ed è una satira del consumismo moderno.

Domande: 1. Quando e dove è nato Stefano Benni? 2. Quanti anni ha? 3. Dove vive? 4. Quali sono alcune sue opere importanti? 5. Indica tre caratteristiche della prosa di Benni.

PRIMA DI LEGGERE

Cosa sapete del dottor Niù? Leggi i primi due paragrafi del racconto e poi a coppie, rispondete alle seguenti domande.

1. Chi narra il racconto?
2. Cosa sapete del dottor Niù (aspetto fisico, professione, studi)?
3. Cosa sapete della «new economy»?
4. Indicate tre cose che, secondo voi, il dottor Niù farà nel racconto.
5. Fate una lista di tre argomenti che pensate che saranno trattati nel testo.

MENTRE LEGGETE

A Che fa il dottor Niù? Sottolineate tutto quello che fa il dottor Niù e segnate con un cerchio le reazioni del protagonista ad ogni sua azione.

B Le parole inglesi. Segnate tutte le parole e i concetti inglesi che l'autore usa.

Leggiamo

Il dottor Niù

Avevo appena parcheggiato la macchina, quando un tizio[1] con occhiali neri e capelli rasati mi viene incontro e si presenta: dottor Niù, consulente di aggiornamento[2] tecnologico per famiglie.

... Mi spiega che la sua è una new profession nata insieme alla new economy
5 per una new way of life. Devo solo avere un old conto corrente[3] con un po' di old fashion money per pagargli l'old onorary.

[1] *guy*
[2] *refresher*
[3] *checking account*

Travolto dal suo garbo[4] e dal suo eloquio firmo un contratto di consulenza. Diamoci subito da fare, dice il dottor Niù, la sua vita va ottimizzata e rimodernata. Cominciamo dalla sua auto, è un vecchio modello superato[5] e
10 ridicolo. Ma ha solo tre anni, dico io. Tre anni sono tre secoli nella new economy, spiega. La sua auto non ha il navigatore satellitare, i vetri bruniti, l'altimetro, le sospensioni anti-alce. Però funziona bene, dico io. Si vede che non guarda la pubblicità, ride il dottor Niù. Cosa vuole dire «funziona»? L'auto non è fatta per funzionare, ma per mostrarla, per esibirla, per parlarne con gli amici, il
15 funzionamento è un puro optional. Insomma in meno di tre ore ho il nuovo modello di auto, una specie di ovolone azzurro a dodici posti. Peccato che in famiglia siamo in tre.

Il giorno dopo il dottor Niù piomba a casa mia per organizzare un new restyling. Per prima cosa dice che la mia porta di legno è roba medioevale. La
20 sostituisce con un lastrone[6] blindato[7] d'acciaio che sembra la lapide di Godzilla. Poi sostituisce la mia vecchia pentola con una brocca Kettle elettropiretica, sei secondi per bollire l'acqua. Al posto del glorioso e bisunto[8] forno, mette un microoonde che cuoce un pollo vivo solo con lo sguardo. Il tutto mi prosciuga[9] il conto in banca ... Non si preoccupi, dice il dottor Niù, la nostra ditta fa prestiti
25 rapidi, firmi qui e in trenta secondi avrà un mutuo[10] con tasso[11] al trenta per cento. Come in sogno, firmo.

L'indomani il dottor Niù si ripresenta, ... scuote[12] la testa rimproverandomi perché ho ancora la vecchia televisione col vecchio videoregistratore e la vecchia playstation. Obietto che ho comprato tutto l'anno scorso. Mi rispiega
30 che per la new economy un anno è un secolo, e subito mi fa comprare la playstation due, dove si può giocare a Pokemon, vedere i film in Dvd e ascoltare la musica, insomma la macchina perfetta per fare litigare mio figlio videogiochista, mia moglie cinefila e io che amo i Beatles.

Cerco di telefonare a un fabbro[13] perché intanto la new porta blindata si è
35 bloccata col new alarm system, ma rapidissimo il dottor Niù mi strappa[14] il telefonino di mano. Ma non si vergogna, dice? Questo cellulare è un modello vecchissimo, pesa come un mattone[15], non ha il collegamento infrarossi, non ha il Wap, non ha il comando vocale, non ha i games e il grafic system. ... Ma l'ho comprato solo due mesi fa, mi lamento, e ci telefono benissimo. In due mesi, i
40 telefonini hanno enormemente mutato le loro funzioni, dice Niù. Dopo che si sarà collegato alla rete, avrà mandato un fax, avrà riempito la rubrica con novecento nomi, avrà comprato i biglietti della partita e avrà giocato al serpentone mangiacoda, pensa di avere ancora il tempo di telefonare? Forse ha ragione, dico io.

45 Mi fornisce subito il nuovo telefonino, un biscottino nero con dei microtasti che ogni mio polpastrello[16] ne prende quattro. Dopo dieci telefonate sbagliate, fortunatamente il mio cane Ricky lo ingoia[17] e corre per tutto il giorno con l'ouverture del Guglielmo Tell in pancia, finché non si scarica la batteria.
...
50 Adesso basta gli dico, non ho più una lira, mi lasci in pace! Va bene va bene, siete tutti irriconoscenti, risponde. Guarda il cielo, le piante, l'orizzonte e sbuffa[18]. Cosa c'è che non va, gli chiedo? Caro mio, risponde, questo mondo è un vecchio modello. Troppi boschi[19], pochi parcheggi. La Silicon Valley è senza elettricità, il petrolio sta finendo ... Il traffico aereo è intasato[20], il clima si
55 ribella, l'aria è irrespirabile. È un mondo sorpassato, non può più sopportare le esigenze della crescita tecnica, è una materia prima in esaurimento.

E allora cosa pensa di fare? ho chiesto.

[4]*graceacefulness/style*

[5]*outdated*

[6]*plate;* [7]*armored*

[8]*greasy*
[9]*drains*

[10]*mortgage;* [11]*interest rate*

[12]*shakes*

[13]*locksmith*
[14]*tears*

[15]*brick*

[16]*fingertip*
[17]*swallows*

[18]*snorts*
[19]*forests*
[20]*clogged up*

Questo, ha detto il signor Niù con un'espressione folle nel fisico da quarantenne. Ha estratto[21] una scatola con un pulsante[22], ha premuto[23] e
60 all'orizzonte è apparsa la nube di un'esplosione, poi un'altra e un'altra ancora. Come in un film americano, piovevano dal cielo camion, mucche e cabine telefoniche. La gente gridava, l'aria era rovente[24].

Disgraziato[25], ho detto, il mondo era un vecchio modello, ma avevamo solo quello. Adesso che lo avete distrutto, con cosa lo sostituirete?

65 In effetti, ha detto il dottor Niù, non ci avevo pensato.

Ho udito un rumore lancinante, ho gridato di terrore, è la fine, è la fine. Invece era il trillo[26] della sveglia: era tutto un sogno! Meno male ho pensato, balzando giù[27] dal letto. Ho baciato mia moglie, la pentola, il cane, il mio vecchio telefono. In quel momento hanno suonato alla porta. Era un signore con
70 gli occhiali neri che si è presentato come dottor Niù, consulente di aggiornamento tecnologico per famiglie.

Ho mangiato il suo fegato[28] con un piatto di fave[29] e un buon bicchiere di Chianti.

[21]*took out;* [22]*push button;* [23]*pressed*

[24]*red-hot*

[25]*What a rat*

[26]*ring*
[27]*jumping out*

[28]*liver;* [29]*fava beans*

(Stefano Benni, «Dottor Niù, Corsivi diabolici per tragedie inevitabili», p. 278, © Giangiacomo Feltrinelli Editore, Milano, Quinta edizione aprile 2004.)

DOPO LA LETTURA

Comprensione del testo. Trova nel testo informazioni per giustificare le seguenti affermazioni.

1. Il protagonista non è ricco ma non è neanche povero. Probabilmente fa parte della media borghesia.
2. Prima dell'incontro con il dottor Niù, il protagonista non era aggiornato su tutte le ultime novità tecnologiche.
3. Il protagonista non è completamente convinto che tutte le innovazioni del dottor Niù siano positive.
4. Il protagonista si lascia conquistare dal Dottor Niù e dalle sue innovazioni.
5. Il dottor Niù non è un uomo soddisfatto.

PARLIAMO E DISCUTIAMO

1. Verifica le ipotesi che tu e il tuo compagno/la tua compagna avete formulato prima di leggere l'intero racconto.
2. A coppie, discutete le cose che il dottor Niù fa nel racconto e le reazioni del narratore. Come cambiano le sue reazioni attraverso il racconto?
3. A coppie, discutete dello stile dell'autore. Riguardate le parole e i concetti angloamericani. Come sono usati? Che tono usa l'autore attraverso il racconto? Citate esempi specifici dal testo.
4. A coppie, rileggete la conclusione del racconto. Secondo voi, il protagonista alla fine è soddisfatto? Motivate le vostre risposte.
5. Secondo voi, la conclusione del racconto è positiva o negativa? Perché?
6. Pensate che ci sia una morale in questo racconto? Quale potrebbe essere?

Per scrivere

Come scrivere un riassunto

*S*ummarizing is an important skill. We frequently need to summarize what we have heard or read when writing a personal or formal letter or an academic essay. This is a complex process. Summarizing a text, for example, requires careful reading, a clear understanding of the main ideas, and the ability to reformulate those ideas using our own words. A good summary is clear, concise, and to the point. It never simply repeats the language of the original text. The author's main idea is stated in the topic sentence and major supporting evidence is presented in the body of the text. A summary is naturally less lengthy than the original text, and does not include small details or personal opinions.

PRIMA DI SCRIVERE

Before you start writing, carefully read the text you want to summarize. Then using your own words, follow these three steps:

1. Express in your first sentence the author's main idea. When a text is long and complex, you may also want to write a sentence to express the main idea of each paragraph or subsection of the text.
2. Next, highlight in a few sentences the points in the text that support the author's main idea. If the text is long, briefly support the main ideas of individual paragraphs or subsections as well.
3. Conclude by describing the author's point of view. Talk about the author's opinions and feelings toward what he/she is writing about.

ADESSO SCRIVIAMO

Keeping these three steps in mind, write a summary of one or more of the texts suggested in the **Temi** section below. Be prepared to share one of your summaries with classmates who have summarized the same text.

Temi

1. Scrivi un riassunto dell'articolo, «Preferisco un cibo leggero a uno light», a pagina 117.
2. Scrivi un riassunto dell'articolo, «Pianeta Italywood», a pagina 123.
3. Scrivi un riassunto del racconto di Stefano Benni, «Il dottor Niù», a pagina 141.

Capitolo 5

Chi pensi che siano queste persone? Di dove credi che siano? Dov'è probabile che vivano adesso? Cosa pensi che facciano?

© Alessandro Tarantino/AP Photo

Temi
Gli stranieri in Italia
Gli italiani nel mondo

Strutture
Il modo indicativo e il modo congiuntivo
Il congiuntivo presente
Il congiuntivo passato
Il congiuntivo vs. l'infinito

Ascoltiamo
Due italiani in America

Testi e contesti
La straniera, Younis Tawfik

Per scrivere
Come esprimere e sostenere un'opinione

Migrazioni: Chi va e chi viene

E tu, come sei stato/-a toccato/-a dall'immigrazione?

Facciamo conversazione

Gli stranieri in Italia

© Kathy DeWitt/Alamy

A Venditori ambulanti. A coppie, descrivete la foto. Dove sono le persone nella foto? Chi pensate che siano? Cosa fanno? Perché pensate che si trovino per le strade della città? Che giorno è probabile che sia? Secondo voi, sono tutti contenti che queste persone siano qui?

B Perché emigrare? Indica con un numero da 1 a 5 quali sono, secondo te, i motivi più importanti per cui una persona decide di lasciare il proprio Paese. Poi paragona i tuoi risultati con quelli di un compagno/una compagna. Avete le stesse risposte?

a. _____ l'avventura
b. _____ la disoccupazione
c. _____ la possibilità di fare carriera
d. _____ la situazione politica
e. _____ l'ingiustizia sociale
f. _____ l'intolleranza religiosa
g. _____ il razzismo
h. _____ la violenza
i. _____ la possibilità di conoscere altre culture
j. _____ la povertà
k. _____ la ricchezza
l. _____ la guerra
m. _____ la discriminazione etnica

C Le difficoltà. A piccoli gruppi, fate una lista delle difficoltà che gli immigrati potrebbero incontrare nel Paese che li ospita (*gives them hospitality*). Paragonate le vostre liste.

D Razzismo o tolleranza? Leggi le seguenti affermazioni e scegli quelle che secondo te riflettono meglio l'atteggiamento dei tuoi connazionali (*compatriots*) verso gli stranieri nel tuo Paese. Poi paragona le tue scelte con quelle dei tuoi compagni. Secondo la classe, quale sembra essere l'atteggiamento dei vostri connazionali verso l'immigrazione?

1. Ce ne sono troppi!
2. Cosa faremmo senza di loro!
3. Ogni giorno ne arrivano altri!
4. Se non ci fossero gli immigrati, chi farebbe certi lavori?
5. È brava gente e poi sono grandi lavoratori.
6. Non è facile lavorare con gli stranieri.
7. È impossibile aiutarli tutti.
8. Non sanno parlare la nostra lingua e non fanno nessun tentativo per impararla.
9. Fra poco saranno più loro di noi.
10. Hanno una cultura diversa.
11. Non capiscono la nostra cultura.
12. Bisogna controllare meglio le frontiere (*borders*).
13. Hanno sofferto tanto nel loro Paese. Bisogna dargli una mano.
14. Ci rubano il lavoro. Ogni giorno è più difficile trovare un lavoro che paghi bene.
15. Sono pericolosi. Non sappiamo niente di loro.
16. Sono interessanti, perché la loro cultura e lingua sono così diverse!

Razzismo o tolleranza

Lamerica, *film di Gianni Amelio*

È brutto chiamare gli stranieri «vu' cumprà*», o è anche un po' affettuoso? Sono troppi, non sappiamo come sistemarli[1] ma non si potrebbe anche tentare di conciliare una regola[2] giusta con un comportamento umano[3]? Proprio[4] noi, che mandavamo in giro[5] i nostri compatrioti con il passaporto rosso, ammucchiati[6] sui piroscafi[7] che li portavano, in ogni senso[8], in «terre assai luntane»[9]?

[1]what to do with them [2]rule [3]humane [4]Especially [5]sent around [6]heaped up [7]steamships
[8]direction [9]southern dialect: far-off lands

(Da *I come italiani*, p. 218, di Enzo Biagi, 1993, Milano: Rizzoli. © 1997 RCS Libri S.p.A.)

A Gli immigrati. Secondo il giornalista Enzo Biagi, l'atteggiamento degli italiani verso gli stranieri nel loro Paese è positivo o negativo? Biagi pensa che il loro atteggiamento si possa giustificare? Come? Cosa pensa che bisognerebbe fare per queste persone?

B E nel vostro Paese? Qual è l'atteggiamento dei vostri connazionali verso gli stranieri? Sono integrati nella società o sono emarginati? Come e perché?

C Lamerica. A coppie, osservate la locandina del film di Gianni Amelio e immaginate qual è il soggetto del film. Pensate che sia un film comico o triste? Perché? Pensate che sia un film recente o vecchio? Perché? Poi consultate il sito del film indicato nella sezione **In rete** e verificate le vostre ipotesi.

---

* Expression used by street vendors, "Vuoi comprare." The term was originally used to refer to street vendors from West Africa.

---

*I*n passato l'Italia è stata un Paese di emigrati. Negli ultimi anni, invece, si è trasformata in un Paese di immigrati. Oggi in Italia gli immigrati regolari sono 2.193.000 e il numero continua a crescere.

PAROLE UTILI

Per parlare della società multiculturale

l'asilo politico *political asylum*
convivere (**p.p.** convissuto) *to live together*
la diversità *diversity*
eliminare *to eliminate*
etnico *ethnic*
l'extracomunitario/-a *person from a country outside the European Union*
i diritti *rights*
l'integrazione *integration*
lasciare *to leave*
il permesso di lavoro *work permit*
il permesso di soggiorno *residence permit*
multietnico *multiethnic*
il profugo *refugee*
la solidarietà *solidarity*
la tolleranza *tolerance*
trasferirsi *to move*
uguale *equal*
il venditore ambulante *street vendor, peddler*

Per parlare di problemi sociali

il/la clandestino/-a *illegal immigrant*
la discriminazione razziale *racial discrimination*
fuggire *to escape, run away*
il lavoro nero *work "under the table"*
la minoranza etnica *ethnic minority*
la miseria *poverty*
il/la razzista *racist*
il/la senzatetto (*pl.* i/le senzatetto) *homeless person*
sfruttare *to exploit*
sopravvivere (**p.p.** sopravvissuto) *to survive*

Espressioni per discutere

al contrario *on the contrary*
anche se *even if*
per esempio *for example*
mi/ti/ci/vi/gli/le sembra *it seems to me/you/us/you (pl.)/him/them/her*
soprattutto *above all*

LE PAROLE IN PRATICA

A **Tolleranza?** A coppie, fate una lista di tutte le parole ed espressioni che associate con la tolleranza in una società multietnica e quelle con l'intolleranza.

B **Le definizioni.** Abbina le parole della colonna A alla definizione corretta nella colonna B.

A	B
_____ 1. il clandestino	a. È una persona che non proviene da una nazione della CEE.
_____ 2. il razzista	b. È il rispetto per chi è diverso da noi.
_____ 3. la tolleranza	c. È un documento necessario per poter vivere legalmente in un Paese straniero.
_____ 4. il permesso di soggiorno	d. È una persona che non crede che tutti siano uguali.
_____ 5. il lavoro nero	e. È una persona che entra in un Paese illegalmente.
_____ 6. l'extracomunitario	f. È un lavoro illegale senza contratto.
_____ 7. l'asilo politico	g. Lo Stato lo dà ad uno straniero fuggito dalla sua patria per motivi politici.
_____ 8. il permesso di lavoro	h. È un documento necessario per poter lavorare legalmente.

C **Ancora associazioni.** A coppie, completate gli schemi con tutte le parole che associate a questi concetti.

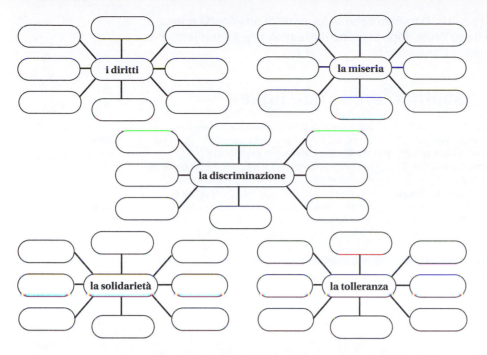

D Che cos'è? Scegli una delle seguenti parole e scrivi qual è secondo te la sua definizione. Poi leggila alla classe. La classe deve indovinare di quale di queste parole si tratta.

1. il profugo
2. i senzatetto
3. la minoranza etnica
4. la società multietnica
5. i diritti
6. il venditore ambulante
7. convivere
8. sfruttare
9. il lavoro nero
10. la diversità
11. l'integrazione

DISCUTIAMO INSIEME

A Restare o partire? A coppie, discutete per quale motivo sareste disposti a lasciare il vostro Paese. Poi riferite alla classe le vostre motivazioni. Avete tutti le stesse ragioni? Infine scrivete un biglietto al vostro professore/alla vostra professoressa e riassumete le conclusioni raggiunte dalla classe.

B Una grande famiglia. La foto e i titoli che seguono sono tratti da un articolo che parla dell'esperienza di alcuni immigrati in Italia. A coppie, discutete di che cosa pensate che parli l'articolo. Poi paragonate le vostre opinioni a quelle degli altri compagni. Infine, a piccoli gruppi, immaginate una storia sul passato, presente e futuro della famiglia Jmaali.

> Studia il congiuntivo vs. l'indicativo e il congiuntivo presente.

(Da «Siamo davvero una grande famiglia», di Luciana Parisi, *Donna Moderna*, 9 giugno 2004, p. 131. © 2004 Arnoldo Mondadori Editore S.p.A.)

Siamo davvero una grande famiglia

Alle porte di Milano abita una "tribù" speciale. Dove Marocco, Olanda e Cina si incontrano. Davanti a un piatto di cous cous

La famiglia Jmaali. Da sinistra: Younes, Yu, Mostafa, Aicha, Anass, Erica e Yasser.

© Grazia Neri Photography

C Speranze, gioie e difficoltà. Il trafiletto che segue parla di una donna eritrea che ha abbandonato il suo Paese dopo la morte del marito. Leggi il trafiletto e poi rispondi alle domande che seguono.

«Presto vorrei riabbracciare le mie figlie»

Amina è eritrea e vive a Perugia. «Sono nata ad Asmara e cinque anni fa sono rimasta vedova[1], con tre figlie da mantenere. Ho accettato un lavoro in Italia, ma non ho potuto portare con me le ragazze. In Eritrea facevo le pulizie negli uffici: è lo stesso impiego che ho trovato a Perugia, ma qui almeno guadagno il doppio[2]. È stato un sacrificio incredibile separarmi dalle mie figlie. In cinque anni le ho viste solo una volta. ... Non le ho riconosciute subito perché sono diventate altissime, tre meraviglie. Abitano in un pensionato di suore[3] e vivono al sicuro. Ma costa tanto mantenerle: la più grande ha 19 anni, l'anno prossimo andrà all'università e io non faccio altro che lavorare, dal mattino alla sera, per permetterle di studiare. Il mio sogno è far venire lei e le sue sorelle qui con me. Non voglio tornare al mio Paese e a loro l'ho già detto, preparandole anche al peggio: ‹Guardate che verrete a fare le cameriere, anche se avete studiato. Sta a voi, dopo, conquistarvi qualcosa di più decente. È il prezzo che si deve pagare per diventare donne indipendenti› ».

[1] *widow*

[2] *double*

[3] *nuns*

(Da «Presto vorrei riabbracciare le mie figlie», di Edgarda Ferri, *Donna Moderna*, 9 giugno 2004, p. 131. © 2004 Arnoldo Mondadori Editore S.p.A.)

1. Sai dov'è l'Eritrea? e Perugia? Trovala sulla cartina all' interno della copertina.
2. Indica cinque cose che adesso sai di Amina.
3. Cosa sai delle sue figlie?
4. Cosa desidera Amina per le sue figlie?
5. Pensi che Amina si trovi bene in Italia? Che difficoltà credi che abbia?
6. Che difficoltà è possibile che le sue figlie trovino in futuro in Italia?
7. A coppie, discutete cosa avete imparato dell'immigrazione in Italia dal trafiletto che avete letto.
8. Che valori avete in comune con Amina? Conoscete persone come Amina nel vostro Paese? Cosa si potrebbe fare per aiutarle?

D Razzisti? Il trafiletto qui accanto mette in evidenza un atteggiamento diverso verso gli stranieri in Italia. Leggilo e poi indica se le seguenti informazioni sono vere o false. Correggi quelle false.

_____ 1. Miss Trieste è una ragazza italiana, ma non è di Trieste.

_____ 2. A Trieste c'è un governo di sinistra.

_____ 3. Sembra che quelli di destra non siano molto aperti all'influsso straniero.

_____ 4. Gianfranco Gambassini non è d'accordo con i suoi colleghi.

_____ 5. Gambassini pensa che gli sloveni dovrebbero avere un ruolo più importante nella società italiana.

_____ 6. L'articolo dimostra la tolleranza degli italiani verso gli stranieri nel loro Paese.

CONCORSI PATRIOTTICI

Che guaio, Miss Trieste è slovena

■ Mora, bellissima: peccato che sia slovena e abbia spaccato in due Trieste. **Sara Jug** (foto), 19 anni, eletta Miss Trieste in una manifestazione patrocinata dal Comune, non immaginava di provocare un gran baccano. Quando si è saputo, subito dopo il suo trionfo sulle altre candidate, che lei non è italiana bensì slovena (nata a Nova Gorica), più di un esponente dell'amministrazione di centro-destra è insorto: «Chi partecipa al concorso dovrebbe almeno avere la residenza a Trieste» ha dichiarato l'assessore **Maurizio Bucci** (Fi). E **Angela Brandi** (An): «Non basta: dovrebbe avere anche il passaporto italiano». Più duro **Gianfranco Gambassini** (destra autonomista): «Di questo passo la Slovenia ci sommergerà». ●

© La Presse

(Da «Che guaio, Miss Trieste è slovena», *Panorama*, 16 settembre 2004, p. 65. © 2004 Arnoldo Mondadori Editore S.p.A.)

E E tu, cosa ne pensi? Cosa pensi su questi argomenti? Completa le frasi con le tue opinioni. Fa' attenzione all'uso dell'indicativo e del congiuntivo.

1. a. È chiaro che l'immigrazione…   b. Dubito che l'immigrazione…
2. a. È bene che in una società multietnica…   b. È vero che in una società multietnica…
3. a. È importante che le persone…   b. Bisogna che le persone…
4. a. Non credo che tutte le culture…   b. È ovvio che tutte le culture…
5. a. Ho paura che i clandestini…   b. So che i clandestini…
6. a. È necessario che il governo…   b. È sicuro che il governo…
7. a. Credo che l'asilo politico…   b. È meglio che l'asilo politico…
8. a. È importante…   b. È vero…
9. a. Bisogna…   b. Non bisogna…
10. a. Ho paura che gli immigrati…   b. Spero che gli immigrati…

 F E gli altri? Usa le tue risposte dell'attività E per intervistare un compagno/una compagna e scoprire cosa ne pensa lui/lei. Poi scrivi un riassunto delle tue opinioni e di quelle del tuo compagno/della tua compagna. Infine scopri cosa ne pensa tutta la classe. La maggioranza delle opinioni degli studenti sono in favore o contro l'immigrazione? Quali aspetti sono criticati di più?

PER LEGGERE
Prima di leggere

A Italia multietnica. Leggi i titoli di un articolo che parla di alcuni stranieri in Italia e poi rispondi alle domande che seguono.

> # A Novellara, dove l'India è di casa
>
> In un paese della pianura padana, gli abitanti non mangiano i tortellini né il prosciutto, ma il riso basmati e le focaccine di ceci. Sono i sikh, una comunità di 2.500 persone, che vive fianco a fianco con gli emiliani. Siamo andati a trovarli.

(Da «A Novellara, dove l'India è di casa», *Donna Moderna,* 24 novembre 2004, p. 124. © 2004 Arnoldo Mondadori Editore S.p.A.)

1. Cerca l'Emilia Romagna e Reggio Emilia sulla cartina all'interno della copertina. Cosa sai di questa regione? Per quali prodotti alimentari è famosa?
2. Di che cosa pensi che parli l'articolo? Pensi che sia un articolo che parla di tolleranza o discriminazione? Perché?
3. Credi che i sikh siano integrati nella società italiana?
4. Ci sono comunità etniche come i sikh nel tuo Paese? Come sono i rapporti fra loro e i tuoi connazionali? Perché?

B **L'Italia dagli occhi a mandorla (*almond-shaped*).** Leggi i dati della Camera di commercio di Milano e poi rispondi alle domande.

L'ITALIA DAGLI OCCHI A MANDORLA

Cinesi in Italia: 56.952, secondo i dati ufficiali.

A Prato tre cittadini su cento sono cinesi.

A Milano le imprese cinesi sono raddoppiate in 4 anni.

Biella e Agrigento, le città con gli scambi commerciali più floridi con la Cina.

Abbigliamento: è in testa nelle importazioni.

Germania, Francia e Italia: le nazioni europee che esportano di più verso la Cina.

Germania, Regno Unito, Olanda, Italia: le nazioni europee che importano di più dalla Cina.

Il 18,6 per cento dei cinesi che vive in Italia abita a Milano, **l'11 per cento** a Prato.

(Camera di commercio di Milano.)

© Luca Bruno/AP Photo

1. Trova le città menzionate sulla cartina all'interno della copertina. Cosa sai di queste città? In quali regioni italiane si trovano?
2. Che problemi pensi che incontrino i cinesi in Italia?
3. Come pensi che siano i rapporti fra i cinesi e gli italiani? Perché?

 C **Miracolo Bis a Milano.** Leggi i titoli dell'articolo che segue. Di che cosa pensi che parli? Discutine con i tuoi compagni.

STA PER NASCERE LA NUOVA FIERA[1], E QUESTO È IL PRIMO MIRACOLO. IL SECONDO: LA METÀ[2], ANZI[3] PIÙ DELLA METÀ DEGLI OPERAI CHE STANNO LAVORANDO NEL PIÙ GRANDE CANTIERE[4] D'EUROPA NON SONO ITALIANI

Il mondo è diventato un cortile molto affollato e non è poi molto diverso dal fangoso[5] cantiere di Rho: si corre senza sosta[6] dietro al lavoro. Perché questa gente è qui?

Perché, per citare il ministro dell'Interno, «non li ferma[7] nessuno, sono padri di bambini affamati[8] che vengono da noi perché c'è il pane». [Il ministro] si riferiva ai clandestini, ma gli operai extracomunitari che incontriamo lo sono stati, indistintamente, tutti. Racconta Vasile Belciug, 36 anni, una figlia di 13 anni e un figlio di tre che vivono in Romania con la madre: «Sono arrivato in Italia nel '97, ho lavorato ai go-kart di Rozzano, ho fatto il badante[9] a Senago, a casa mia avevo un negozio, ora faccio l'operaio e vivo con due amici in un monolocale[10]. Vorrei portare la famiglia ma ci vuole una casa e dove la trovo? Lo stipendio è così così, basta a me per vivere qui e ai miei per vivere là. I soldi che avevo messo da parte li ho spesi per comprare una macchina da 3 mila euro a rate[11]: non ce la facevo più a fare avanti e indietro dal lavoro in bici».

Vive in cantiere, negli alloggi[12] prefabbricati, il marocchino Saad Mustapha Binemelale, 34 anni, in Italia dal '91. Ha fatto l'autista, il giardiniere, il muratore[13]. Prima di arrivare a Rho, due mesi fa, è stato otto mesi disoccupato. Fa molti straordinari[14]. «Lavoro anche 11 ore. Se potessi, ne farei 15».

Gli fa eco[15] Mario Mabuli, 30, venezuelano ma figlio di un italiano, arrivato a luglio 2003: «Qualunque cosa, il lavoro è sacro. Stavo alla Amuay di Punto Fijo, la più grande raffineria[16] del mondo: da un giorno all'altro, in 10 mila abbiamo perso il lavoro. Sono stato sei mesi fermo e poi sono venuto in Italia. Quanto resterò? Almeno dieci anni, ho un figlio di 3».

I senegalesi sono dieci, le loro storie sembrano uscite dal ciclostile[17]. Sidy Goumballa, 30 anni, a casa faceva il commerciante, in Italia ha ricominciato dagli accendini[18], poi è passato alle borse. Alla nuova Fiera lavora da febbraio, la paga è 900 euro e per mantenere la famiglia, la mamma, i fratelli, ce ne vorrebbero il doppio: «Sono venuto in cerca di futuro. Però non si trova». Elhadji Djite, il suo amico, è arrivato dieci anni fa per vendere cassette pirata[19]; alla prima sanatoria[20] è diventato metalmeccanico. Mamauou Diolde Diallo è carpentiere[21] da gennaio, guadagna mille euro più gli straordinari, ha 35 anni e una bambina di 8 che si chiama Fatma. «Il Paese per vivere? Qua. In Senegal si va in vacanza».

Mentre gli stranieri si fanno fotografare, un operaio italiano scuote[22] la testa. Carmelo Pompeo: «Con gli stranieri non è facile lavorare. Hanno tanta voglia, perché la fame non piace a nessuno, ma non sanno fare niente, e se glielo dici si offendono pure». Pompeo, emigrato da Cosenza, tre figli e tre nipotini, riassume in sé il passato e il presente, perché da questa terra gialla dell'hinterland non si è mai mosso.

(Adattato da «Miracolo Bis a Milano» di Isabella Mazzitelli, *Vanity Fair*, 25 novembre 2004, p. 121. © 2004 Condé Nast.)

---

[1] *Trade Fair* [2] *half* [3] *as a matter of fact* [4] *construction site*
[5] *muddy* [6] *stopping* [7] *stops* [8] *starving* [9] *caregiver* [10] *studio apartment* [11] *in installments* [12] *housing* [13] *construction worker*
[14] *overtime* [15] *echoes his words* [16] *refinery*

[17] *stencil machine* [18] *cigarette lighters* [19] *counterfeit* [20] *amnesty*
[21] *carpenter* [22] *shakes*

Parliamo e discutiamo

 A **Gli extracomunitari.** Trova informazioni nel testo per giustificare le seguenti affermazioni. Poi paragona i tuoi risultati con quelli di un compagno/una compagna.

1. Sembra che molti clandestini in Italia prima o poi riescano a regolarizzare la loro posizione e ad inserirsi legalmente nel mondo del lavoro.
2. È chiaro che gli stranieri sono molto importanti per l'economia italiana.
3. Si sa che i primi anni in Italia non sono facili per loro.
4. È vero che gli immigrati devono fare molti sacrifici.
5. Molti immigrati vengono in Italia per motivi economici.
6. In Italia ci sono immigrati da quasi tutti i continenti.
7. È probabile che per molti la vita in Italia sarà sempre molto difficile.
8. Sembra che a Milano ci siano anche immigrati da altre parti d'Italia.
9. Pare che gli extracomunitari siano grandi lavoratori.
10. È possibile che i rapporti fra gli italiani e gli stranieri non siano sempre ottimi.

B **L'Italia che cambia.** Rileggi l'articolo e trova informazioni sui seguenti argomenti:

1. la provenienza degli stranieri in Italia
2. le difficoltà che gli stranieri incontrano in Italia
3. i cambiamenti socioculturali che si sono realizzati in Italia negli ultimi anni
4. il rapporto degli immigrati con il governo italiano
5. le migrazioni interne

 C **E nel vostro Paese?** A gruppi, paragonate la situazione dei lavoratori stranieri nel vostro Paese a quella in Italia. E le migrazioni interne? Esistono nel vostro Paese? Quali sono le mete più ambite (*most sought-after destinations*)? Perché?

Gli italiani nel mondo

Enrico Fermi

Renzo Piano

Frank Sinatra

Genesio Morlacci

A **Cosa sapete di?** Lavorate a piccoli gruppi ed elencate tutte le cose che sapete delle persone nelle foto e anche le cose su cui avete dei dubbi. Poi leggete alla classe le informazioni che avete. Mentre gli altri gruppi leggono la loro lista, prendete appunti. A casa preparate un riassunto di tutto quello che voi e gli altri sapete o credete di sapere su almeno due delle persone nelle foto.

B **Tutti migranti!** Cosa sai delle origini dei compagni di classe? Prepara una lista di sei domande per intervistare due compagni in classe e scoprire qualcosa delle loro origini. Dopo averli intervistati, scrivi un breve paragrafo e racconta cosa sai adesso di loro e del loro passato.

C **Ne conosci?** Conosci italiani o persone di origine italiana nel tuo Paese? A coppie, preparate una lista di domande per intervistarne almeno uno. Usate il *Lei* per intervistare la persona e poi il giorno dopo riferite alla classe quello che avete imparato. Infine, usate le risposte dell'intervista per scrivere un resoconto (*report*) sulla persona che avete intervistato.

Razzismo e discriminazione

© Lewis W. Hine/George Eastman House/Getty Images

«Quante offese[1] avevano sopportato i piccoli siciliani e i piccoli napoletani, sbarcati[2] con la valigia di fibra e il bottiglione dell'olio a Ellis Island. Li chiamavano «testa di brillantina», per quei capelli lucidi[3] e divisi dalla riga[4] come li portava Rodolfo Valentino nel *Figlio dello sceicco*; «dago», che vuol dire uno che viene dall'Italia; o «macaroni», che non ha bisogno di spiegazioni.

[1]*wrongs* [2]*landed* [3]*shiny* [4]*part*

(Da *I come italiani*, di Enzo Biagi, 1993, Milano: Rizzoli. © 1993 RCS Libri, S.p.A, Milano.)

Immigranti italiani a Ellis Island, 1905.

A **Razzismo?** Riassumete brevemente l'argomento di cui parla il giornalista Enzo Biagi. A quali anni pensate che si riferisca? Perché?

B **L'immigrazione italiana.** A coppie, descrivete la foto. Chi pensate che siano queste persone? A quale classe sociale pensate che appartengano? Perché? Secondo voi, che vita facevano in America? Quali problemi dovevano affrontare nella loro vita giornaliera?

Nel ventesimo secolo tantissimi italiani hanno lasciato la loro patria per necessità. Benché non esista una statistica ufficiale per quanto riguarda gli oriundi italiani (*persons of Italian extraction*) nel mondo, sembra che, calcolando fino alla quinta generazione, siano fra i 60 e i 65 milioni, più dell'attuale popolazione italiana.

Nel terzo millennio, però, la situazione è cambiata. Oggi gli italiani che vanno a vivere all'estero non sono più operai disperati alla ricerca di pane, ma professionisti, lavoratori specializzati, ricercatori e studenti che lasciano l'Italia per ben altri motivi. Gli italiani nel mondo che hanno conservato la cittadinanza italiana sono quasi 4 milioni (3.965.967). Il 57% degli italiani residenti all'estero vive in Europa, il 38% nell'America del Nord e del Centro, l'1% in Africa e lo 0,9% in Asia.

PAROLE UTILI

Per parlare dell'emigrazione del passato

adattarsi *to adapt*
il dopoguerra *postwar period*
l'emigrante *emigrant*
emigrare *to emigrate*
migliorare *to improve*
il/la migrante *migrant*
la migrazione interna *internal migration*

Per parlare dei nuovi fattori dell'emigrazione

la borsa di studio *scholarship*
la burocrazia *bureaucracy*
la carenza / la mancanza *lack, shortage*
il concorso (truccato) *(fixed) civil service exam*

deluso/-a *disappointed*
fare delle ricerche *to do research*
frustrato/-a *frustrated*
i fondi *funds*
la fuga dei cervelli *brain drain*
le opportunità *opportunities*
l'ostacolo *obstacle*
il posto accademico *position in a university*
la qualità della vita *quality of life*
la ragione *reason, motive*
il ricercatore/la ricercatrice *researcher*
le risorse *resources*
stimolante *stimulating*
il tenore di vita *standard of living*

LE PAROLE IN PRATICA

A L'intruso. A coppie, indicate la parola che non c'entra con le altre e spiegate perché.

1. frustrato	stimolante	deluso
2. il migrante	l'emigrante	il cittadino
3. le opportunità	gli ostacoli	il dopoguerra
4. le risorse	i fondi	le ragioni
5. la fuga dei cervelli	gli emigranti	il dopoguerra
6. il tenore di vita	la qualità della vita	il posto accademico

B Di che cosa si tratta? Leggi le definizioni e indica di che cosa si tratta.

1. È un esame che bisogna fare per avere un posto statale.
2. È un fenomeno relativamente nuovo: gli intellettuali di un Paese vanno a lavorare all'estero.
3. È quando i cittadini di un Paese vanno a vivere e lavorare in regioni diverse.
4. È il periodo che segue una guerra.
5. È un impiego all'università.

6. È un'altra parola per indicare la mancanza di qualcosa.
7. È un aggettivo che indica l'opposto di soddisfatto.
8. È un'altra parola per descrivere una cosa divertente e interessante.
9. È un aggettivo per descrivere una persona che è insoddisfatta.
10. È una persona che fa ricerche.

 C Indovina che cos'è. Lavorando a piccoli gruppi, una persona spiega uno dei vocaboli della lista di **Parole utili** e gli altri indovinano di quale parola o espressione si tratta.

DISCUTIAMO INSIEME

 A Gli immigrati italiani nel mondo. A piccoli gruppi, elencate tutto quello che sapete della storia dell'emigrazione italiana nella prima parte del Novecento. Prendete in considerazione: i motivi, le destinazioni e le condizioni di vita degli emigranti nei Paesi che li ospitavano. Poi paragonate i risultati a quelli degli altri gruppi in classe. Infine controllate il sito suggerito nella sezione **In rete** per ulteriori informazioni.

> Studia il congiuntivo passato e il congiuntivo vs. l'infinito.

B Un emigrante italiano. Leggi l'articolo che segue su Genesio Morlacci e poi rispondi alle domande.

Usa, emigrante italiano lascia tutto all'università

Genesio Morlacci, morto a 102 anni in Montana, ha donato 2.3 milioni di dollari all'UGF * dove ha lavorato come custode[1]

Milano—«Genesio? Genesio se n'è andato all'America». Parla come le donne del '900 la signora Flora Morlacci, 90 anni suonati, da Barisciano, paesino in provincia dell'Aquila. Da quel paese da cui suo cugino (di secondo grado) Genesio Morlacci partì davvero nel lontano 1921, in cerca di America e fortuna. Trovandole tutte e due.

Tutti sapevano che aveva vissuto una vita onesta e laboriosa. Ma nessuno sapeva quanto aveva messo via[2].

Arrivato al centro di raccolta degli immigrati di Ellis Island, di fronte alla statua della Libertà di New York, il 16 aprile 1921, Genesio aveva 19 anni e tanta forza[3] per attraversare un altro continente. Da New York andò a Sand Coulee, Great Falls, Montana. Si mise a lavorare con il padre Giustino che aveva messo su una taverna. Con il tempo e i primi soldi, aprì nel 1948 una lavanderia, la Sun Cliners dove ha lavorato una vita. Conobbe Lucille a Walkerville. Aveva quasi 50 anni quando si sposò con lei il 14 aprile 1951. Cugini, nipoti e nipotine nel Midwest e in Italia ma niente figli. Lucille è morta nel 1997.

---

[1]*caretaker* [2]*put away* [3]*strength*

(Da «Usa, emigrante italiano lascia tutto all'università», di Iacopo Gori, *Corriere della Sera*, www.corriere.it, 23 novembre 2004. © 2004 RCS MediaGroup S.p.A.)

* University of Great Falls

1. Trova gli Abruzzi e l'Aquila sulla cartina all'interno della copertina.
2. Indica sei cose che adesso sai di Genesio Morlacci. Chi avevi pensato che fosse prima di aver letto l'articolo?
3. Perché pensi che abbia lasciato tutti i suoi soldi ad un'università?
4. Come credi che sia riuscito a metter via tanti soldi?
5. A coppie, discutete come la storia di Genesio Morlacci riflette la realtà di tanti emigranti italiani e di altre nazionalità.
6. Conosci qualcuno come Genesio Morlacci? Racconta la sua storia alla classe.

 C Italiani all'estero. Prima di leggere l'articolo che segue, a piccoli gruppi, fate una lista delle ragioni per cui, secondo voi, oggi molti italiani scelgono di vivere all'estero. Chi pensate che siano questi nuovi emigranti? Prendete in considerazione: l'età, la professione, il livello medio di istruzione, le regioni da dove provengono, i motivi del loro trasferimento. Poi leggete l'articolo e discutete se le vostre supposizioni erano accurate oppure no.

VENEZIA—Sono un piccolo esercito sconosciuto e silenzioso, una élite, che ha deciso di lasciare l'Italia. Il bagaglio che si porta dietro non è composto né da valige di cartone né da più moderne ventiquattro ore[1]: è fatto di idee, di voglia di sperimentarle[2], di necessità di mettere in pratica una ricerca.

Le ragioni di questa scelta non sono quasi mai personali o familiari. Sono perfettamente lavorative[3]. Si lascia il sistema italiano per andare soprattutto negli Stati Uniti, ma anche in altri paesi europei dove c'è maggiore disponibilità di risorse, stipendi più alti, più rapidi sviluppi di carriera. Insomma l'85% di quelli che se ne vanno (ma la cifra sale alla quasi totalità di chi lavora negli Usa) sceglie l'impegno[4] all'estero per un complesso di ragioni che riconduce[5] a carenze e disfunzioni del sistema di ricerca italiano, soprattutto quello accademico.

---

[1]*overnight bags* [2]*to test* [3]*work related* [4]*engagement* [5]*that goes back to*

(Da «Troppi baroni, pochi soldi. Fuga dei cervelli all'estero», di Alessandra Carini, *La Repubblica*, www.repubblica.it, 12 giugno 2002. © 2002 Gruppo Editoriale L'Espresso S.p.A.)

D Due ricercatori respinti (*turned-off*). Due ricercatori italiani spiegano perché hanno lasciato l'Italia e perché sia difficile ritornare. Leggi il breve articolo e poi rispondi alle domande che seguono.

Un'altra ricercatrice respinta è Federica Ciccolella, 43 anni, romana, lettere classiche alla Sapienza, dottorato a Torino, studiosa dell'epoca bizantina, ora assistant professor alla Texas A&M University: «Sono in America dal '91. Per due volte sono tornata in Italia, per nostalgia. Me ne sono pentita[1] amaramente[2], delusa da promesse mancate, concorsi truccati e umiliazioni. Negli States, chi ama insegnare, fare ricerca e ha una preparazione solida, idee ed energie trova tutte le porte aperte».

Invece Luca Lanci, 40 anni, esperto di paleomagnetismo, è riuscito a tornare nel 2001 vincendo un posto da ricercatore all'Istituto di dinamica ambientale dell'Università di Urbino, dopo una lunga esperienza al Politecnico di Zurigo, alla Rutgers University del New Jersey e al Lamont-Doherty Earth Observatory della Columbia University di New York. «Guadagno 1.100 euro al mese, con una figlia a carico[3], contro i 3.400 dollari negli Usa —racconta— ma quello di cui mi lamento è la mancanza di fondi per la ricerca. Ciò che ho fatto negli ultimi due anni è stato con progetti finanziati da istituzioni americane. Francamente non penso di potere continuare per molto tempo in questo modo».

[1]*regretted it* [2]*bitterly* [3]*to support*

(Da «Più soldi e meritocrazia per tornare», di Maria Teresa Cometto, *Corriere della Sera*, www.corriere.it, 3 novembre 2003. © 2003 RCS MediaGroup S.p.A.)

1. Riassumi brevemente le esperienze universitarie di Federica Ciccolella e di Luca Lanci. Chi pensi che sia più soddisfatto? Perché?
2. Trova nell'articolo informazioni che indicano che il sistema americano è estremamente competitivo, selettivo e basato sul merito e che invece quello italiano è avaro e ingiusto.

3. A coppie, discutete i pro e i contro del lavorare in un sistema come quello americano.
4. Hai mai pensato di trasferirti in Italia? Che problemi pensi che avresti?

PER LEGGERE
Prima di leggere

A L'identikit (*profile*). A coppie, paragonate l'identikit degli emigranti italiani di oggi a quelli tradizionali del Novecento. Come sono simili? Come sono diversi? Secondo voi, gli attuali emigranti avranno problemi simili o diversi dagli emigranti del Novecento? Perché?

B Un italiano in America. Leggete la copertina del libro, *Un italiano in America*, di Beppe Severgnini e poi a coppie discutete quali argomenti pensate che siano trattati.

I VIAGGI DI BEPPE SEVERGNINI

Frastornati[1] dal bombardamento di notizie provenienti dagli USA, davanti all'«America normale» ci troviamo totalmente impreparati. È vero che impazzisce per il ghiaccio[2], che pretende[3] le mance facoltative[4], che pratica la religione dello sconto[5] e il culto delle poltrone reclinabili? Come «funzionano» gli Stati Uniti?

Un italiano in America intende rispondere a queste domande.

[1]*dizzy*

[2]*ice*

[3]*demands;* [4]*optional tips*

[5]*sales*

(Dalla copertina di *Un italiano in America*, di Beppe Severgnini, 1997, Milano: Rizzoli. © 1997 RCS Libri S.p.A.)

 C Adattarsi a una cultura straniera. Lavorando a piccoli gruppi, pensate alla realtà giornaliera del Paese in cui abitate. Considerate elementi come i pasti, la famiglia, l'orario, i rapporti sociali, il tempo libero, i ristoranti, l'abbigliamento e il look. Preparate una lista delle difficoltà che un italiano moderno potrebbe avere ad adattarsi a questa realtà. Poi paragonate la vostra lista a quelle degli altri gruppi in classe.

Leggiamo

Nei brani che seguono il giornalista Beppe Severgnini descrive alcune usanze e abitudini americane che un italiano potrebbe trovare insolite.

A. ...il caffè ha stracciato[1] ogni altra bevanda calda. La versione più popolare rimane il caffè lungo, l'«acqua marrone» contro cui si sono battute[2] invano generazioni di italiani. Mentre gli inglesi amano il caffè tiepido nelle tazze di porcellana, gli americani lo bevono ustionante[3] da micidiali[4] bicchieri di polistirolo e dentro i *mugs,* boccali[5] decorati con mostriciattoli, fumetti, super-eroi, scritte spiritose[6]. Negli Stati Uniti, un uomo di governo non si vergogna di reggere[7] un gotto con scritto I BOSS! YOU NOT!; un capitano d'industria può esibire il *mug* personale con l'immagine dei Tre Porcellini[8], e nessuno si stupirà.

La droga di moda è però l'espresso — spesso eccellente, come si diceva. Nei bar, mi sono

sentito chiedere con linguaggio da spacciatori[9]: *How many shots?* — e il riferimento è al numero di caffè che il cliente intende bere tutti insieme (caffè semplice: *one shot;* caffè doppio: *two shots*, e così via, fino all'*overdose*). Da Starbucks — la catena più nota, originaria di Seattle — distribuiscono opuscoli[10] con le combinazioni possibili, e piccole guide alla pronuncia: *caf-ay'là-tay* (caffelatte), *caf-ay' mò-kah* (caffè mocha), *caf-ay'a-mer-i-cah'-no* (caffè americano), *ess-press'-o cone pà-na* (espresso con panna).

(*Un italiano in America*, pp. 79–80, di Beppe Severgnini, 1997, Milano: Rizzoli. © 1997 RCS Libri S.p.A.)

---

[1]*slashed* [2]*fought against* [3]*boiling hot* [4]*lethal* [5]*mugs*
[6]*witty* [7]*hold* [8]*Three Little Pigs*

[9]*pusher* [10]*pamphlets*

B. ...la seconda lezione dell'America si può ridurre a una parola: *comfort*. Prendiamo l'abbigliamento. Un italiano arriva, e si trova alle prese[1] con una serie di regole incomprensibili. Il *casual* degli Stati Uniti non ha nulla a che fare con le sofisticate variazioni di vestiario che in Italia vanno con lo stesso nome. Il *casual* americano è più vicino all'etimologia del termine: abiti scelti a caso[2], e indossati senza rispetto di alcuna regola, se non quella dell'assoluta, totale, irrinunciabile comodità di chi li porta.

Il presidente degli Stati Uniti corre per la città con pantaloncini che mostrano al mondo le sue cosce lattee[3], e magliette che annunciano l'arrivo dei cinquant'anni. I dirigenti delle maggiori società si presentano in pubblico con camicie da allegri boscaioli[4]; i dipendenti, approfittando di un'innovazione chiamata *dress-down day* (giornata del vestito informale), arrivano con abiti e scarpe a dir poco discutibili.

(Da *Un italiano in America*, pp. 221–223, di Beppe Severgnini, 1997, Milano: Rizzoli. © 1997 RCS Libri S.p.A.)

---

[1]*finds himself in the grip* [2]*at random*   [3]*milky white* [4]*foresters*

Parliamo e discutiamo

A **Uno stile di vita.** Trova nei brani informazioni per giustificare le seguenti affermazioni.

1. È probabile che agli italiani piaccia il caffè ristretto.
2. Sembra che gli italiani siano più formali degli americani nei rapporti sociali.
3. Pare che gli italiani ci tengano molto al look.
4. È chiaro che per gli italiani è molto importante *fare bella figura.*
5. Il senso della misura è molto importante nella realtà tradizionale.

 B **Gli italiani.** Rileggi i brani di Severgnini e poi a coppie riassumete quello che avete imparato dello stile di vita italiano. Com'è diverso dallo stile di vita del vostro Paese?

Per conoscere l'Italia e gli italiani

A **Società multiculturale.** Osserva le locandine e indica di che cosa parlano. Come riflettono i cambiamenti nella società italiana degli ultimi tempi? Nel tuo Paese si notano simili cambiamenti? Come? Dove?

Il suq delle meraviglie

Volete imparare a fare il falafel, un piatto tipico mediorientale? L'11 giugno, in occasione del Suq Festival di Genova, il cuoco Chef Kumalé organizza il laboratorio di cucina di strada «Make falafel not war!», a cui seguirà un concerto di musica etnica. Al Porto Antico, dalle 17 in poi. Per informazioni, tel. 3356647579.

(Da «Il suq delle meraviglie», *Donna Moderna*, 9 giugno 2004, p. 131. © 2004 Arnoldo Mondadori Editore S.p.A.)

B I clandestini. I titoli e il brano che segue sono tratti da un articolo sull'immigrazione. A quale problema pensi che si riferiscano? Qual è secondo te l'argomento principale dell'articolo? Esiste un problema simile nel tuo Paese? Cosa ne pensi tu di questo problema?

CRONACA

Pantelleria, Lampedusa, Marettimo: tornano gli sbarchi
In 165 dalla Somalia, altrettanti dal Nordafrica

Immigrati, in centinaia arrivano nelle isole siciliane

PANTELLERIA - L'estate è finita, ma l'emergenza sbarchi continua. Dopo gli arrivi in massa di luglio e dei primi giorni di agosto, che provocarono aspre polemiche nella maggioranza sull'applicazione della legge Bossi-Fini, sul fronte immigrazione l'autunno inizia con un triplo sbarco nelle isole siciliane Pantelleria, Lampedusa e Marettimo.

(Da «Immigrati, in centinaia arrivano nelle isole siciliane», *La Reppublica*, www.repubblica.it, 23 settembre 2003. © 2003 Gruppo Editoriale L'Espresso S.p.A.)

 C L'Italia che cambia. Nel paragrafo che segue sono riportati i risultati di un sondaggio sull'immigrazione. A coppie, esaminateli. Cosa rivelano dell'atteggiamento degli italiani verso gli immigrati? È simile o diverso da quello del vostro Paese? Come pensate che si possa spiegare quest'atteggiamento?

Un recente sondaggio sull'immigrazione si è rivelato particolarmente interessante per capire le percezioni e le opinioni degli italiani verso gli immigranti. Per esempio, il 46% crede che ultimamente l'Europa e l'Italia abbia fatto troppe concessioni agli immigranti. Il 25% invece è d'accordo solo in parte, il 25% non è d'accordo ed il 3% sono indecisi. Sul tema della sicurezza invece, il 39% degli italiani crede che l'aumento del numero degli immigranti abbia fatto diminuire *di molto* la sicurezza dei cittadini. Il 35% sostiene che i nuovi arrivati hanno avuto *poco* effetto sulla sicurezza; il 14%, *abbastanza*, il 10% per niente; il 2% non può esprimere un'opinione. Infine, ben 69% degli italiani non crede che gli immigrati siamo violenti, il 21% lo crede *in parte*, l'8% ne è convinto ed il 2% non lo sa.

Adattato da «Il Nostro Far Est», *L'Espresso*, 30 giugno 2005, p. 30. © 2005 Gruppo Editoriale L'Espresso S.p.A.

D Una vita da immigrante. A piccoli gruppi, discutete cosa hanno in comune gli extracomunitari in Italia e gli emigranti italiani del Novecento. Come sono simili agli stranieri nel vostro Paese adesso?

In rete

Clicca sul sito di *Crescendo!* per il Capitolo 5. academic.cengage.com/Italian/crescendo

A *L'emigrazione italiana.* Cerca informazioni sui seguenti punti:

1. Ragioni e caratteristiche dei diversi periodi dell'emigrazione italiana
   a. 1861–1931
   b. emigrazione durante il fascismo
   c. emigrazione del dopoguerra

2. Quali erano le mete privilegiate?
3. Cerca informazioni sulle migrazioni interne.

B *Lamerica.* Trova tre informazioni interessanti su Gianni Amelio, il regista del film *Lamerica*. Poi clicca sul film *Lamerica* e controlla se il film parla di quello che pensavi. Parlarne con i tuoi compagni.

C **Per una società multi-culturale.** Consulta il sito indicato per il Capitolo 5 e trova informazioni sul CIES.

1. Chi sono? Quali iniziative promuovono? Perché?
2. Che cosa è la mediazione interculturale? Qual è la sua funzione?
3. Trova informazioni sulle mostre e attività culturali di quest'associazione.
4. Cosa pensi di questa organizzazione? Quali problemi pensi che possa risolvere?

D **Gli stranieri in Italia.** Fa' una lista dei problemi che sembra che gli stranieri debbano affrontare in Italia.

E **Le tue radici italiane.** Vuoi cercare le tue radici? Consulta il sito suggerito e inserisci i tuoi dati personali. Cosa hai scoperto d'interessante? Parlane alla classe.

Caro Diario

For your next journal entry, consider the question at the beginning of this chapter: **E tu, come sei stato/-a toccato/-a dall'immigrazione?** You may decide to discuss immigration as a fact of life in the area where you live. You may want to talk about your own encounters with immigrants and how they have touched your life. Or, you may choose to talk about your family's experience as immigrants.

Strutture

Il modo indicativo e il modo congiuntivo

The mood of a verb expresses how the speaker perceives the events and circumstances being described. The indicative mood expresses certainty and objective reality in the present, the past, and the future. The subjunctive mood, in contrast, expresses uncertainty, possibility, subjectivity, or feelings about the events and circumstances described. Compare the following sentences.

Oggi in Italia **ci sono** 2.193.000 immigrati.
Today in Italy there are 2,193,000 immigrants.

Domani discuteranno la legge sull'asilo politico.
Tomorrow they will discuss the political asylum law.

Molti stranieri **si sono trasferiti** in Lombardia.
Many foreigners have moved to the Lombardy region.

Quest'estate molti profughi **sono arrivati** a Lampedusa.
This summer many refugees arrived in Lampedusa.

Credo che oggi **ci siano** 2.193.000 immigrati in Italia.
I believe that today there are 2,193,000 immigrants in Italy.

È possibile che domani **discutano** la legge sull'asilo politico.
It's possible that tomorrow they will discuss the political asylum law.

Penso che molti immigrati **si siano trasferiti** in Lombardia.
I think many immigrants moved to the Lombardy region.

Temo che molti clandestini **siano arrivati** in Sicilia.
I fear that many illegal aliens arrived in Sicily.

ESERCIZI

A Congiuntivo o indicativo? Indica con quale modo completeresti queste frasi e perché.

1. Temo che loro…
2. È vero che…
3. Non pare che lui…
4. Può darsi che voi…
5. So che…
6. Non vogliono che tu…
7. Dubita che io…
8. Dice che…
9. Speri che io…
10. Ripete sempre che…
11. Mi aspetto che voi…
12. Siamo contenti che tu…
13. Non è necessario che io…
14. È difficile che tu…
15. È chiaro che voi…

B Sei sicuro/-a? Completa le frasi scegliendo fra il congiuntivo e l'indicativo.

1. Credo che tutti (abbiano / hanno) gli stessi diritti.
2. Non penso che (partano / partono) subito.
3. È vero che (ci siano / ci sono) molti stranieri in Italia.
4. Ho paura che loro non (capiscano / capiscono) la nostra lingua.
5. So che ogni giorno (arrivino / arrivano) immigrati clandestini in Sicilia.
6. Non credo che lui (abbia / ha) il permesso di soggiorno.

7. Dicono che la maggior parte degli stranieri (provenga / proviene) da un Paese europeo.
8. È chiaro che molti (siano / sono) giovani.
9. Mi dispiace che tanti (soffrano / soffrono) in Italia.
10. Immagino che molti (facciano / fanno) tanti sacrifici per la famiglia.

Il congiuntivo presente

The subjunctive mood has four tenses: the present, the past, the imperfect, and the past perfect. This chapter will review the present and past subjunctive. The imperfect and past perfect subjunctive will be reviewed in Chapter 6.

The present subjunctive is used in dependent clauses to describe present and future events and circumstances.

Penso che **oggi** in Italia ci **siano** molti extracomunitari.	*I think that today in Italy there are many people from non-EU countries.*
Dubito che **in futuro** le leggi **cambino**.	*I doubt the laws will change in the future.*

A Il congiuntivo presente dei verbi regolari

The present subjunctive of regular verbs is formed by adding the appropriate endings to the verb stem. Third-conjugation verbs that add **-isc** in the present indicative also add it in the present subjunctive.

Il congiuntivo presente dei verbi regolari

	aiut*are*	viv*ere*	soffr*ire*	trasfer*irsi*
che io	aiut**i**	viv**a**	soffr**a**	mi trasfer**isca**
che tu	aiut**i**	viv**a**	soffr**a**	ti trasfer**isca**
che Lei/lei/lui	aiut**i**	viv**a**	soffr**a**	si trasfer**isca**
che noi	aiut**iamo**	viv**iamo**	soffr**iamo**	ci trasfer**iamo**
che voi	aiut**iate**	viv**iate**	soffr**iate**	vi trasfer**iate**
che Loro/loro	aiut**ino**	viv**ano**	soffr**ano**	si trasfer**iscano**

1. In all three conjugations, the first-, second-, and third-person singular forms are identical. The first- and second-person plural end in **-iamo** and **-iate**, respectively, in all conjugations.

2. The present subjunctive of verbs that end in **-care**, **-gare**, **-ciare**, **-giare**, **-gliare**, and **-iare** follow the same pattern as in the present indicative (see pp. 27–28). Verbs that end in **-care** and **-gare** add an **-h** to maintain the hard guttural sound in all persons. Verbs in **-ciare**, **-giare** and **-gliare** drop the **-i** of the stem ending before adding the subjunctive endings. Verbs that end in **-iare** drop the **-i** of the stem before adding the subjunctive endings unless the **-i** is stressed in the first-person singular of the present indicative. The **-i** is always dropped in the first- and second-person plural forms of these verbs.

dimenti**care**	pa**gare**	comin**ciare**	sba**gliare**	inv**iare**	ini**ziare**
dimenti**chi**	pa**ghi**	comin**ci**	sba**gli**	inv**ii**	ini**zi**
dimenti**chi**	pa**ghi**	comin**ci**	sba**gli**	inv**ii**	ini**zi**
dimenti**chi**	pa**ghi**	comin**ci**	sba**gli**	inv**ii**	ini**zi**
dimenti**chiamo**	pa**ghiamo**	comin**ciamo**	sba**gliamo**	inv**iamo**	ini**ziamo**
dimenti**chiate**	pa**ghiate**	comin**ciate**	sba**gliate**	inv**iate**	ini**ziate**
dimenti**chino**	pa**ghino**	comin**cino**	sba**glino**	inv**iino**	ini**zino**

B | Il congiuntivo presente dei verbi irregolari

Verbs that are irregular in the present indicative are also irregular in the present subjunctive.

1. Some irregular verbs use the first-person singular of the present indicative as the subjunctive verb stem, followed by the **-ere/-ire** endings.

bere (bevo)	dire (dico)	fare (faccio)	potere (posso)	volere (voglio)
be**va**	di**ca**	fac**cia**	pos**sa**	vo**glia**
be**va**	di**ca**	fac**cia**	pos**sa**	vo**glia**
be**va**	di**ca**	fac**cia**	pos**sa**	vo**glia**
bev**iamo**	dic**iamo**	facc**iamo**	poss**iamo**	vogl**iamo**
bev**iate**	dic**iate**	facc**iate**	poss**iate**	vogl**iate**
bev**ano**	dic**ano**	facc**iano**	poss**ano**	vogl**iano**

2. Some verbs use the first-person present indicative stem only in the first-, second-, and third-person singular and in the third-person plural. The first- and second-person plural are regular.

andare (vado)	dovere (devo)	uscire (esco)
va**da**	de**bba** (de**va**)	es**ca**
va**da**	de**bba** (de**va**)	es**ca**
va**da**	de**bba** (de**va**)	es**ca**
and**iamo**	dob**biamo**	usc**iamo**
and**iate**	dob**biate**	usc**iate**
vad**ano**	deb**bano** (dev**ano**)	esc**ano**

In colloquial Italian, the future tense is frequently used instead of the subjunctive if the action is to take place in the future.

Penso che li **eliminino domani**.

Penso che li **elimineranno domani**.

I think they will eliminate them tomorrow.

However, with verbs that indicate desires, such as **volere** and **desiderare**, the subjunctive is required.

3. The stems of some very common irregular verbs are derived from the first-person plural of the indicative.

avere (abbiamo)	dare (diamo)	essere (siamo)	sapere (sappiamo)	stare (stiamo)
abb**ia**	d**ia**	s**ia**	sapp**ia**	st**ia**
abb**ia**	d**ia**	s**ia**	sapp**ia**	st**ia**
abb**ia**	d**ia**	s**ia**	sapp**ia**	st**ia**
abb**iamo**	d**iamo**	s**iamo**	sapp**iamo**	st**iamo**
abb**iate**	d**iate**	s**iate**	sapp**iate**	st**iate**
abb**iano**	d**iano**	s**iano**	sapp**iano**	st**iano**

ESERCIZI

A **I desideri.** Completa le frasi con la forma corretta del congiuntivo presente.

1. Io voglio che voi _____ (restare) qui.
2. Spero che loro non _____ (partire).
3. Mi auguro che tutti _____ (capire) i miei desideri.
4. Bisogna che io _____ (finire) subito.
5. Desideriamo che tu _____ (leggere) questo articolo.
6. Lui vuole che io _____ (scrivere) un articolo sui clandestini.
7. Noi speriamo che il governo _____ (aiutare) i profughi.
8. È meglio che noi _____ (imparare) la loro lingua.

B **Le opinioni.** Completa le frasi con la forma corretta del congiuntivo presente.

1. Credo che lui _____ (avere) ragione.
2. Pensiamo che tutti _____ (avere) gli stessi diritti.
3. Penso che loro _____ (fare) molti sacrifici.
4. Dubita che il governo _____ (riuscire) a risolvere il problema.
5. È possibile che loro non _____ (sapere) parlare italiano.
6. È probabile che io _____ (andare) con loro.
7. Non so se (loro) _____ (venire) oggi.
8. Dubiti che lei _____ (uscire) ogni sera?

C L'uso del congiuntivo

The subjunctive is used primarily in dependent clauses introduced by **che**. The verb or verb phrase in the main clause determines whether or not the subjunctive is used in the dependent clause.

1. Verbs that convey emotion, opinion, desire, hope, or belief take the subjunctive in dependent clauses.

Verbs expressing emotion

(non) avere paura	to (not) be afraid
(non) dispiacere	to (not) be sorry
(non) essere contento/-a / scontento/-a	to (not) be happy / unhappy
(non) essere felice / infelice	to (not) be happy / unhappy
(non) essere sorpreso/-a	to (not) be surprised

Verbs expressing desire and hope

(non) aspettarsi	to (not) expect
(non) desiderare	to (not) desire
(non) insistere	to (not) insist
(non) piacere	to (not) like
(non) preferire	to (not) prefer
(non) sperare	to (not) hope
(non) volere	to (not) want

Verbs expressing opinion and belief

(non) credere	to (not) believe
(non) dubitare	to (not) doubt
(non) essere sicuro/-a	to be uncertain
(non) pensare	to (not) think
non sapere	not to know

Vogliamo che loro lo **facciano**.
Mi dispiace che loro non **vengano**.
Speri che loro ti **diano** i documenti?

We want them to do it.
I'm sorry they aren't coming.
Do you hope they give you their documents?

2. Impersonal expressions that express necessity, doubt, probability, possibility, or emotion take the subjunctive in dependent clauses.

Impersonal expressions

(non) bisogna	it is (not) necessary	(non) è ora	it is (not) time
(non) è bene	it is (not) good	(non) è peccato	it is (not) a pity
(non) è difficile	it is (not) unlikely	(non) è possibile	it is (not) possible
(non) è facile	it is (not) likely	(non) è preferibile	it is (not) preferable
(non) è giusto	it is (not) right	(non) è probabile	it is (not) probable
(non) è importante	it is (not) important	(non) è strano	it is (not) strange
(non) è impossibile	it is (not) impossible	(non) pare	it (does not) seem(s)
(non) è improbabile	it is (not) improbable	(non) può darsi	it could (not) be
(non) è meglio	it is (not) better	(non) può essere	it may (not) be
(non) è necessario	it is (not) necessary	(non) sembra	it (does not) seem(s)

The expression **non sapere** is frequently followed by **se** rather than **che**. **Se** is also used with the infinitive when the subjects of the two clauses are the same.

Non so se lui capisca l'italiano.
I don't know if he understands Italian.

Non so se studiare il cinese o l'inglese.
I don't know if I should study Chinese or English.

The indicative is used after impersonal expressions that indicate certainty.

È chiaro che **hanno** bisogno del nostro aiuto.
It is clear they need our help.

È vero che molti **sono stati** torturati nel loro Paese.
It is true that many were tortured in their country.

Non sembra che loro **siano** clandestini.   *It doesn't seem that they are illegal aliens.*

È strano che loro non **parlino** italiano.   *It's strange that they don't speak Italian.*

Bisogna che il governo **controlli** meglio le frontiere.   *It's necessary that the government control its borders better.*

ESERCIZI

A **Una ragazza somala.** Maria è una ragazza somala che adesso vive in Italia. Completa le frasi della colonna A scegliendo una risposta logica dalla colonna B.

A	B
1. So che Maria…	a. ha sofferto molto a Mogadiscio.
2. Penso che la sua vita…	b. ha un figlio di nove anni.
3. Dicono che lei…	c. si sposi con un italiano.
4. È vero che lei…	d. ha 38 anni più di lei.
5. È possibile che lei…	e. ha 27 anni.
6. Ho sentito che l'uomo…	f. sposi l'uomo per garantire un futuro al figlio.
7. È probabile che lei…	g. sia difficile.
8. Spero che lei…	h. riesca a sentirsi finalmente sicura.
9. Dubito che lei…	i. avere altre notizie di Maria.
10. Voglio…	j. voglia ritornare in Somalia.

B **Gli extracomunitari in Italia.** Completa le informazioni sugli extracomunitari con la forma corretta del presente indicativo o congiuntivo.

1. In Italia oggi ci _____ (essere) 2.199.000 immigrati regolari.
2. È possibile che ce ne _____ (essere) molti altri clandestini.
3. So che ogni giorno ne _____ (arrivare) altri.
4. È chiaro che non tutti _____ (avere) i documenti in ordine.
5. Credo che molti non _____ (avere) il permesso di soggiorno.
6. So che non tutti _____ (trovare) lavoro facilmente.
7. Penso che molti _____ (fare) i badanti (*caregivers*).
8. È probabile che alcuni _____ (lavorare) in grandi cantieri.
9. È facile che molti li _____ (sfruttare).
10. Ho sentito che _____ (esistere) caporali, che controllano la manodopera (*labor*) in molti cantieri.
11. È difficile che loro _____ (guadagnare) molto.
12. Dicono che _____ (lavorare) molte ore.
13. Mi dispiace che tanti _____ (soffrire) inutilmente.
14. Mi sembra che molti degli immigrati _____ (trasferirsi) a Milano e a Torino.
15. Non so se veramente _____ (vivere) meglio lì.

C **La tolleranza.** Quelle che seguono sono opinioni su come bisognerebbe vivere in una società multietnica. Unisci le frasi e usa il congiuntivo presente.

1. Bisogna che…   Tutti convivono insieme.
2. È importante che…   Noi conosciamo meglio le altre culture.
3. È meglio che…   Voi studiate le lingue e culture straniere.

4. Mi sembra che...   Molti sanno parlare più di una lingua.
5. Credo che...   Tu devi ricordare che il mondo è tutto uno.
6. È facile che...   Molti hanno difficoltà con le persone diverse.
7. È difficile che...   Tutti capiscono le altre culture.
8. Spero che...   In futuro tutti andranno d'accordo.

D Una famiglia di immigrati. A coppie, completate le frasi e immaginate la routine giornaliera di una famiglia di immigrati in Italia. Poi discutete le vostre risposte con la classe.

1. Pensiamo…
2. Sappiamo…
3. Io credo… Lui/Lei, invece, pensa…
4. Può darsi…
5. È vero…
6. Non è probabile…
7. Io dico… Lui/Lei, invece, dice…
8. Dubitiamo…
9. È facile…
10. Speriamo…
11. Io voglio… Lui/Lei, invece, vuole…
12. Bisogna…

E Chi saranno? A coppie, inventate una storia basata sulla foto. Dove pensate che siano le persone? Chi potrebbero essere? Cosa credete che facciano? Come dubitate che vivano? ecc.

© Weegee (Arthur Fellig)/International Centre of Photography/Getty Images

Il congiuntivo passato

The past subjunctive is used to indicate past actions and events. It is used in dependent clauses when the verb in the main clause is in the present, the future, or the imperative.

Credo che loro **abbiano sofferto** molto nel loro Paese.

I believe they suffered a great deal in their country.

The past subjunctive is formed with the present subjunctive of **avere** or **essere** + the past participle of the verb.

	adatt*arsi*	leg**gere**	fugg*ire*
che io	**mi sia** adatt**o**/-a	**abbia** letto	**sia** fuggito/-a
che tu	**ti sia** adatt**o**/-a	**abbia** letto	**sia** fuggito/-a
che Lei/lei/lui	**si sia** adatt**o**/-a	**abbia** letto	**sia** fuggito/-a
che noi	**ci siamo** adattati/-e	**abbiamo** letto	**siamo** fuggiti/-e
che voi	**vi siate** adattati/-e	**abbiate** letto	**siate** fuggiti/-e
che Loro/loro	**si siano** adattati/-e	**abbiano** letto	**siano** fuggiti/-e

ESERCIZI

A **Gli emigranti italiani.** Tu e alcuni compagni discutete della vita degli emigranti italiani del Novecento. Completa le frasi con la forma corretta del congiuntivo o dell'indicativo passato.

1. Credo che alcuni _____ (venire) durante il fascismo.
2. So che i miei nonni _____ (arrivare) alla fine dell'Ottocento.
3. Penso che tanti _____ (soffrire) molto i primi anni.
4. Dubito che loro _____ (essere) felici di lasciare il loro Paese.
5. È vero che qui loro _____ (trovare) un lavoro.
6. Credo che molti li _____ (sfruttare).
7. È chiaro che molti emigranti non _____ (parlare) italiano.
8. È possibile che loro _____ (mandare) molti soldi alla famiglia in Italia.
9. So che il governo italiano _____ (incoraggiare) l'emigrazione.
10. Dicono che gli italiani _____ (integrarsi) nella nuova società.

B **L'incertezza.** Riscrivi le frasi usando un verbo o espressione che indica incertezza, dubbio, emozione o volontà. Fa' tutti i cambiamenti necessari.

1. È vero che in America ci sono molti immigrati europei.
2. So che molti italiani si sono trovati male in Italia nel dopoguerra.
3. So che gli oriundi italiani nel mondo sono più di 65 milioni.
4. Dicono che molti italiani sono andati nell'America del Sud subito dopo la guerra.
5. È noto che molti italiani sono partiti dall'Italia alla fine dell'Ottocento.
6. È vero che molti italiani hanno lasciato l'Italia durante il fascismo.
7. So che Enrico Fermi è venuto in America proprio durante il fascismo.
8. Dicono che i nuovi immigrati italiani sono molto istruiti.

9. Tutti ripetono che gli italiani si sono sempre adattati facilmente al loro nuovo ambiente.
10. So che in passato gli emigranti italiani hanno avuto difficoltà negli USA.

C Che problemi avranno avuto in Italia? A coppie, immaginate che problemi avranno avuto questi giovani italiani che hanno deciso di lasciare il loro Paese. Come pensate che sia la loro vita nel nuovo Paese?

1. Serena ha ventisei anni. A Los Angeles è iscritta a un programma di dottorato in una prestigiosa università. Ha una borsa di studio che l'aiuta a vivere. È molto felice.
2. Stefano si è laureato in medicina in Italia. Qui fa il ricercatore in una grande università. Ha un lavoro stimolante e guadagna molto bene.
3. Cristina è di Cagliari. Adesso insegna lettere in una famosa università in Canada.
4. Sabrina e Cecilia sono due giovani ragazze di Torino. Si sono laureate in Lingue e Letterature Straniere. Tutte e due hanno conseguito un dottorato in America. Pensano di cercare un posto qui.

Il congiuntivo vs. l'infinito

The subjunctive is used in dependent clauses only when the subjects of the main clause and the dependent clause are different. If the subjects are the same, the infinitive is used.

Io voglio **che** loro **partano**.	*I want them to leave.*
Voglio partire.	*I want to leave.*

1. With verbs and expressions that indicate fear or emotion, when the subjects of the main clause and dependent clause are the same, the infinitive is used with the preposition **di**.

(Noi) temiamo che **loro** non guadagnino molto.	*We fear that they don't earn very much.*
Temiamo di non guadagnare molto.	*We fear that we won't earn much.*
Sono felice che **loro** siano partiti.	*I'm happy they left.*
Sono felice **di** essere partita.	*I'm happy to have left.*

2. The preposition **di** is also used before the infinitive with verbs and expressions that indicate opinion, belief, doubt, uncertainty, or supposition, when the subjects of the main clause and dependent clause are the same.

Io dubito che **lei** abbia capito.	*I doubt she understood.*
Dubito di avere capito.	*I doubt that I understood.*
Crede che **loro** abbiano un alto tenore di vita.	*She thinks they have a high standard of living.*
Crede di avere un alto tenore di vita.	*She thinks she has a high standard of living.*

3. The infinitive (without a preposition) is also used with impersonal expressions when there is no explicit subject.

Bisogna che **il governo** elimini gli ostacoli.	*It's necessary that the government eliminate obstacles.*
Bisogna eliminare gli ostacoli.	*It's important that obstacles be eliminated.*
È possibile che **le aziende** migliorino le condizioni di lavoro.	*It's possible that the companies will improve work conditions.*
È possibile migliorare le condizioni di lavoro.	*It's possible to improve work conditions.*

ESERCIZI

A La fuga dei cervelli. Alcuni giovani italiani parlano delle loro esperienze. Unisci le frasi facendo i cambiamenti necessari. Usa il congiuntivo o l'infinito e la preposizione **di** quando è necessaria.

1.	Ho paura	Il governo italiano non fa niente per aiutare i giovani neolaureati.
2.	Penso	Prima o poi tornerò in Italia.
3.	Crediamo	Non è facile fare ricerche in Italia.
4.	Dubito	Troverò un posto accademico in Italia.
5.	Sono contenta	Posso fare ricerche in un'università.
6.	Spero	Mi daranno una borsa di studio.
7.	Dubitiamo	In Italia ci sono abbastanza fondi per la ricerca.
8.	Vogliamo	Il governo italiano dà più importanza alla ricerca.
9.	Non credo	Guadagnerò molto in Italia.
10.	Temiamo	Non possiamo lavorare in Italia.

B Bisogna. A coppie, completate le seguenti frasi e indicate cosa bisogna/è meglio/è difficile fare in una società multietnica. Usate il congiuntivo o l'infinito.

1. È impossibile...
2. È bene...
3. È facile...
4. È importante...
5. È meglio...
6. È necessario...
7. Non occorre...
8. Non è giusto...

Ascoltiamo

Track 7

Due italiani in America

Ascolta le due interviste con due giovani italiani che adesso si trovano in America e poi indica quali delle seguenti affermazioni sono vere e quali false.

_____ 1. Lisa e Paolo sono del Sud Italia.

_____ 2. Adesso vivono a Los Angeles per motivi di studio e lavoro.

_____ 3. Tutti e due si sono laureati in Italia.

_____ 4. Probabilmente in futuro vorrebbero un posto accademico.

_____ 5. Lisa e Paolo sono persone molto tranquille e non gli piace esplorare cose nuove.

_____ 6. Lisa e Paolo si sentono emarginati negli USA.

_____ 7. Lisa e Paolo si trovano bene in America.

_____ 8. Los Angeles piace di più a Paolo che a Lisa.

_____ 9. I due giovani prima o poi vorrebbero tornare in Italia.

_____ 10. Paolo sembra più aperto ad altre culture di Lisa.

_____ 11. I due ragazzi non pensano che ci siano più opportunità di studio e lavoro in America che in Italia.

_____ 12. A Paolo piace molto il caffè italiano e ne sente la mancanza.

_____ 13. A Lisa piace mangiare sull'autobus.

_____ 14. Paolo è un ragazzo dinamico, ambizioso e attivo.

_____ 15. La natura sembra essere molto importante per Lisa.

Testi e contesti

COSA SAPPIAMO DI YOUNIS TAWFIK?

Leggi le informazioni biografiche sullo scrittore Younis Tawfik. Poi a coppie discutete le informazioni che avete trovato interessanti. Perché pensate che abbia lasciato l'Iraq?

*Y*ounis Tawfik è nato in Iraq, a Mosul, nel 1957. Nel 1978 ha ricevuto un premio letterario nel suo Paese di origine, poi si è trasferito a Torino, dove si è laureato in Lettere. Attualmente insegna lingua e letteratura araba all'Università di Genova e scrive per diversi giornali italiani, tra cui *La Stampa* e *La Repubblica*. Ha cotradotto il libro *Dante e l'Islam* di M. Asin Palacios, ha pubblicato la raccolta di poesie *Apparizione della Dama Babilonese* e un libro intitolato *Islam*, che tratta appunto della religione islamica. Il brano che segue è tratto dal suo primo romanzo, *La straniera*, che ha ricevuto diversi premi letterari. Successivamente ha pubblicato anche un secondo romanzo intitolato *La città di Iram*.

© Alberto Ramella Photography

PRIMA DI LEGGERE

A La straniera. Il brano che leggeremo è tratto dal romanzo *La straniera*. Quale pensi che sia l'argomento del libro?

B Cosa sai del protagonista? Leggi le righe da 1 a 15 del brano e poi rispondi alle domande che seguono.

1. Chi narra il racconto? Cosa sai del narratore? Pensi che sia italiano? Perché?
2. Chi è l'altro personaggio che appare nel primo brano? Come potresti descrivere il suo stato d'animo? Di che cosa pensi che lei e il protagonista parlino?

3. Pensando al titolo del libro e a quello che sapete dell'autore, a coppie, immaginate come continua la storia.

MENTRE LEGGETE

Nel brano che segue, il protagonista visita tre città italiane diverse. Mentre leggi, sottolinea le informazioni necessarie per completare la seguente scheda.

	Roma	Perugia	Torino
Quando ci va?			
Che cosa fa?			
Cosa vede?			
Descrivi i sentimenti e le reazioni del protagonista.			
Descrivi il suo rapporto con le altre persone.			
Cosa pensa della città?			

La Straniera

Mia madre non si staccava[1] dal mio collo, spesso piangeva a dirotto[2]. Mi baciava e mi annusava[3], dicendo che voleva riempire la sua anima[4] del profumo della mia pelle. La povera donna era disperata e io, per calmarla, dicevo che sarei tornato l'anno dopo. Lei ripeteva che non era vero e che non
5 sarei mai ritornato. In verità[5], era così che avevo deciso. E così è stato.

Una volta presentata la domanda per l'iscrizione all'università, l'ambasciata italiana la trasferisce al ministero in Italia, che, a sua volta[6], dopo averla accettata, indirizza lo studente a una delle università del paese. Mi toccò[7] una città del Nord Italia, e per fortuna era una di quelle che desideravo, anche
10 perché si diceva che la sua facoltà di architettura fosse una delle migliori. Con una laurea in architettura, nel mio paese si poteva trovare subito un lavoro, e anche molto redditizio[8].

Prima di recarsi[9] alla città di destinazione bisognava passare per Perugia, dall'università per stranieri. Ci voleva un diploma di italiano per poter accedere[10]
15 agli studi.

Finalmente a Roma, la città dei sogni e della libertà. All'aeroporto stavo per lanciare un urlo[11] di gioia, ballare come un pazzo. Nel mio cuore, all'agitazione derivante dalla preoccupazione per qualche inconveniente che poteva rovinare il viaggio, si sostituì quella della felicità insostenibile. Avevo solo un giorno per
20 poter vedere alcune vestigia della capitale dell'impero romano. Per ripassarmi[12] tutto quello che avevo studiato sui libri di storia e quello che avevo visto nei film storici che amavo, al punto di vederli più volte. ... Dopo pranzo mi ero lavato, poi di corsa, in taxi, ero andato a Città del Vaticano. La meta[13] era la Cappella Sistina. Non riuscivo ad accettare l'idea di vedere Dio affacciarsi[14] dal cielo
25 sopra di me. Scoprii allora che la cultura islamica era più radicata[15] che mai nella mia mente. Solo l'abilità del grande Michelangelo mi convinse. Rimasi con la testa rovesciata all'indietro[16] per non so quanto tempo.

Provavo anche un certo disagio nel vedere tutte quelle automobili, autobus, taxi come impazziti per le strade. La corsa della gente, la frenesia, ambulanti[17]
30 turisti: un gran viavai[18]. Tanta gente così non l'avevo mai vista in vita mia. Non era più la Roma dei miei sogni né quella della mia storia. Mi si presentava ora come una metropoli corrotta dalla modernizzazione.

Non vedevo l'ora di poterlo raccontare ai miei amici nelle mie lunghissime lettere...
35 A Perugia, passai da una pensione all'altra. Incontrai tanti giovani del mio paese e altri da tutti i paesi arabi. Ero felice di vedere tanta gente proveniente da ogni parte del mondo. Vidi anche per la prima volta, in classe e alla mensa, alcune persone che da noi erano considerate cittadini di paesi proibiti. Con alcune di loro parlavo in inglese, senza riserve. Altre mi evitavano, erano
40 diffidenti.

Mi piaceva molto quella città. Sentivo l'odore del passato colare[19] dalle sue mura. Mi divertiva andare in giro per le strade irregolari. Salire e scendere le lunghissime scale o quasi rotolare[20] dalle discese delle strette vie. Ero passato da una città romana a una medievale. Mi sembrava di avere in mano le chiavi
45 del tempo. Aprivo le porte ed entravo dritto, senza permesso, come facevo da bambino.

[1]*tear herself away;*
[2]*desperately;* [3]*sniffed;*
[4]*soul*

[5]*In reality*

[6]*in its turn*

[7]*I got*

[8]*profitable*
[9]*Before going*
[10]*to approach*

[11]*cry*

[12]*review*

[13]*destination*
[14]*appearing*
[15]*rooted*

[16]*thrown back*

[17]*vendors*
[18]*bustle*

[19]*trickling down*

[20]*roll down*

[Mi] presentai all'esame. A forza di studiare, lo superai discretamente. La sera stessa partii per il Nord. La destinazione era la città più lontana possibile.

Per arrivare, il treno aveva consumato tutta la notte sulle rotaie[21]. Non mi
50 sembrava vero di trovarmi proprio in Italia, viaggiare su un treno italiano, essere in Europa. Ogni metro che il vagone percorreva mi faceva sentire più al sicuro, ancora più dentro alla libera Europa, ancora più nella democrazia. Voleva dire vivere, o almeno pensare, a modo mio[22]. Non essere continuamente seguito o sorvegliato[23]. Era troppo bello per essere vero.

55 Avevo la possibilità di scappare[24]. Mi veniva da ridere dalla gioia. Io dunque ero stato capace di uscire dal «ventre della balena»[25], come diceva un mio amico. Mi chiedevo però dove stesse[26] quella balena.

Il mio sguardo era fisso sul vetro del finestrino e il mondo scorreva[27] rapido davanti a me. Le immagini si sovrapponevano, tagliate e confuse dai balenii[28]
60 della luce dei lampioni e delle stazioni. Tutta la vita fuori brillava: lampi di colori e rumori di ferro[29].

Gli anni continuavano a scivolare[30] sul cristallo, con le gocce di pioggia.

All'università non andava tutto liscio[31]. Le materie risultavano difficili per noi, per la diversità del sistema scolastico e della preparazione. La lingua era un
65 altro ostacolo. Non tutti i professori riuscivano o volevano capire. C'erano alcuni studenti del mio paese, e altri arabi e tanti stranieri di ogni continente. Per fortuna, la maggior parte di loro si faceva i fatti suoi[32]. Ogni tanto scambiavo con loro qualche frase di circostanza[33], e alla mensa si parlava del più e del meno. Non mancava, ovviamente, il gruppo politicizzato. Quelli li evitavo il più
70 possibile. Preferivo stare con gli studenti italiani. Per questo motivo, tra i miei connazionali si mormorava[34] che ero altezzoso[35] e borghese. Le amicizie con gli italiani si potevano coltivare, non senza difficoltà. La città stessa risultava difficile.

Una città chiusa dentro le mura del suo orgoglio passato, diffidente e
75 riservata. Una vera città regale. La gente vive come se fosse in un'enorme corte. Tutti sembrano cortigiani e sudditi[36], sparsi tra guardie e cortine. Corrono continuamente da un lavoro all'altro, come se il tempo stesse per finire. Si passa vicini, ma si evita il contatto; sembra che tutti siano degli estranei[37]. Ogni persona è un mondo a sé, caratterizzato da una leggera sfumatura[38] di
80 malinconia negli occhi. Il senso della solitudine fioriva dentro di me in quel terreno di individualismo. Mi ci è voluto del tempo, molto tempo, per riuscire a integrarmi.

(Da *La Straniera*, pp. 26–36, di Younis Tawfik, Bompiani, 1999. © 1999 RCS Libri S.p.A.)

[21]*tracks*

[22]*my own way*
[23]*watched over*
[24]*run*
[25]*belly of the whale*
[26]*was*
[27]*flowed*
[28]*flashings/street lamps*

[29]*iron*
[30]*slide*
[31]*smoothly*

[32]*minded their own business;* [33]*suitable*

[34]*rumored;* [35]*haughty*

[36]*subjects*

[37]*strangers*
[38]*overtone*

DOPO LA LETTURA

Comprensione del testo. Dopo aver letto il testo una prima volta, indica quali delle seguenti affermazioni sono vere e quali false. Correggi le affermazioni false.

_____ 1. Il protagonista è un extracomunitario.
_____ 2. Proviene da un Paese arabo democratico.
_____ 3. Nel suo Paese stava molto bene e godeva di una libertà illimitata.
_____ 4. Si è trasferito in Italia con la famiglia per motivi di lavoro.
_____ 5. Il protagonista si stabilisce (*settles*) a Roma.
_____ 6. Roma era esattamente come lui se la era sempre immaginata.
_____ 7. Perugia gli è piaciuta moltissimo.

_____ 8. A Perugia si sentiva sempre molto solo e triste.

_____ 9. Gli studenti universitari a Torino non erano socievoli.

_____ 10. Mentre era a Torino il protagonista s'interessava di politica.

_____ 11. Non aveva molti amici fra i suoi connazionali.

_____ 12. Torino gli ha fatto una bella impressione e lì si è sentito subito a casa.

_____ 13. Il protagonista si è velocemente e facilmente integrato nella società italiana.

PARLIAMO E DISCUTIAMO

1. Cerca informazioni su Roma, Perugia e Torino, le città italiane nominate dal narratore e scopri perché Torino gli sembra una città «regale».

 2. A piccoli gruppi, paragonate e discutete le informazioni che avete trovato e sottolineato sulle città italiane e le reazioni del protagonista ad esse.

   a. Secondo voi, quale città è piaciuta di più al protagonista e quale di meno? Perché?

   b. Che immagini usa il narratore per descrivere le tre città?

   c. Perché il protagonista è deluso quando è a Roma?

   d. Quale immagine dell'Italia emerge dalla descrizione del protagonista?

 3. Prendendo in considerazione le esperienze del protagonista, a coppie discutete gli aspetti positivi e le difficoltà del lasciare il proprio Paese per un'altra realtà culturale.

Per scrivere

Come esprimere e sostenere un'opinione

*Y*ou will often find it necessary to express and support your opinion in writing in a persuasive manner. Before you even begin to put your thoughts down on paper, focus on generating ideas and gathering information to support your point of view. You can do this by brainstorming, interviewing classmates, or researching the topic.

PRIMA DI SCRIVERE

When you are ready to start writing, follow these steps to develop a plan for your presentation:

1. Briefly define the problem.
2. Propose your solution. You may want to summarize the solutions proposed by others in order to distinguish your own point of view.
3. List in an organized way specific examples and information that you can use to support your point of view.
4. List opposing views that you will need to compare and contrast with your own point of view.
5. Sketch out your conclusion, evaluating your proposals.

ADESSO SCRIVIAMO

Develop a plan and write a persuasive text in response to one of the topics listed in the **Temi**. Be prepared to share your essay with classmates who have chosen the same topic. How do they propose to solve the problem? Are their arguments more or less convincing than yours?

Temi

1. Scrivi un saggio sull'immigrazione in Italia. Tu cosa ne pensi? Giustifica la tua opinione.
2. Scrivi un saggio sulla fuga dei cervelli dall'Italia. Pensi che si possa o debba fare qualcosa per fermare questo fenomeno? Cosa? Pensi che ci siano dei benefici per i Paesi che li ospitano? Quali?
3. Scrivi un saggio sull'immigrazione nel tuo Paese. Parla degli aspetti positivi e negativi ed esprimi le tue opinioni sul soggetto.

Capitolo 6

© SuperStock, Inc. / SuperStock

Temi
Unita nella diversità
Le spese in Eurolandia

Strutture
Il congiuntivo imperfetto e trapassato
Altri usi del congiuntivo
Il periodo ipotetico
Il progressivo

Ascoltiamo
Alcuni italiani commentano sull'euro

Testi e contesti
«Europarty 1979», Beppe Severgnini

Per scrivere
La fecondazione ed elaborazione delle idee

E il mondo si fa sempre più piccolo: l'Italia nell'Unione Europea

E tu, sei contento/-a che il mondo si faccia sempre più piccolo?

Facciamo conversazione

Unita nella diversità

© Parlamento europeo – Ufficio per l'Italia.

A **L'Unione Europea.** A coppie, descrivete le immagini. Cosa pensate che rappresentino questi simboli? Spiegate il motto «Unita nella diversità». Perché pensate che abbiano scelto questo motto? Cosa rivela dell'atteggiamento degli Stati membri verso l'Unione Europea?

B **L'europeismo degli italiani.** Nella tabella che segue sono riportati i risultati di un'indagine sull'europeismo degli italiani. A coppie, esaminate le risposte. Secondo voi, per gli italiani la dimensione economica dell'UE è più o meno importante della dimensione politica e sociale? Motivate le vostre opinioni.

COSA SIGNIFICA UNIONE EUROPEA PER LEI?	%
Maggiore tutela dei diritti dei cittadini	6.5
La possibilità di muoversi liberamente	8.3
Un futuro migliore	15.3

Integrazione culturale—Maggiore interscambio culturale	4.1
Unione di popoli—Integrazione tra popoli	4.3
Uguaglianza per tutti gli aspetti (Economici—Politici—Etc.)—Diritti e doveri uguali per tutti—Leggi uguali per tutti	2.8
Una pace durevole	6.6
Un governo Europeo	21.9
Un unico stato—Un'unica nazione—Maggior senso di unità—Una grande famiglia	3.1
Unione di stati—Confederazione di stati—Unione simile agli Stati Uniti d'America	7.5
Unione di stati a livello politico—Unione di stati che ha interessi— obiettivi comuni	6.0
Una identità da contrapporre agli Stati Uniti—un'organizzazione che possa contare di più a livello mondiale	4.4
La creazione di più posti di lavoro	3.4
Unione di stati a livello economico (Moneta unica—Mercato unico—Libero scambio delle merci—Etc.)	9.2
Accordo di collaborazione—Accordo di aiuto reciproco—Accordo dove i paesi più forti aiutano quelli più deboli	6.1
Altro positivo	6.2
Molta burocrazia	1.7
Rischi di perdere la nostra identità culturale	1.8
Altro negativo	4.0
Non indicato	2.8
	100

L'Europeismo degli italiani. Indagine Pragma condotta per CNEL.

C Cosa sai dell'Unione Europea? Indica quali delle seguenti affermazioni pensi che siano vere e quali false. Poi paragona i tuoi risultati a quelli di un compagno/una compagna e discutete le vostre opinioni. Riesaminate le vostre risposte dopo aver letto le altre informazioni nel capitolo sull'Unione Europea.

_____ 1. L'Unione Europea è un'istituzione sovranazionale creata per facilitare il movimento di risorse naturali e umane attraverso le varie nazioni.

_____ 2. La Comunità Economica Europea (CEE) diventa l'Unione Europea nel 1992 con il trattato di Maastricht.

_____ 3. Tutti i Paesi europei fanno parte dell'UE.

_____ 4. Gli Stati membri dell'UE hanno rinunciato alla loro autonomia politica.

_____ 5. Gli Stati membri dell'UE devono considerare le loro politiche economiche come questioni di interesse comune.

_____ 6. Il francese, l'italiano e lo spagnolo sono solo alcune delle lingue ufficiali dell'UE.

_____ 7. La bandiera europea consiste di un cerchio di 12 stelle dorate (*gold*) su uno sfondo azzurro.

_____ 8. Le dodici stelle dorate della bandiera rappresentano gli Stati membri.

_____ 9. Gli Stati membri dell'UE non usano più la loro bandiera nazionale.

_____ 10. Il 9 maggio si festeggia l'Unione in Europa.

_____ 11. I cittadini dell'UE non hanno bisogno del passaporto per viaggiare nei Paesi dell'UE.

L'Unione Europea

Dopo secoli di guerre e divisioni, per la prima volta nella storia, ormai quasi tutte le nazioni europee hanno deciso di condividere un destino comune e di affidare alle istituzioni europee il compito di contribuire a garantire, per tutti i cittadini, un futuro di pace, sviluppo e solidarietà.

(Da Giovanni Salimbeni, Direttore dell'Ufficio per l'Italia del Parlamento Europeo, http://www.europarl.it. © Comunità europee, 1995–2005.)

A Le bandiere. Descrivi la foto. Quali bandiere sono esposte? Perché?

B Il Parlamento Europeo. Secondo la citazione, perché si tratta di un momento storico?

C Le speranze. Cosa si propone di fare l'Unione Europea? Pensi che sia una missione facile? Perché?

AP Photo/Sandro Pace

Roma. Palazzo Chigi, sede del Governo italiano

Il 9 maggio 1950, Robert Schuman, Ministro degli Affari Esteri francese, propose la creazione di un'istituzione europea sovranazionale. La cosiddetta «dichiarazione Schuman» è considerata il momento storico della nascita dell'Unione Europea. Infatti, il 9 maggio è stato scelto come il giorno in cui si festeggia l'Unione Europea in tutti gli Stati membri.

Il Belgio, la Francia, il Lussemburgo, l'Italia, i Paesi Bassi e la Germania erano gli Stati originali che facevano parte dell'allora detta Comunità del Carbone e dell'Acciaio. Nel 1957, i Sei firmano i Trattati di Roma, che istituiscono la Comunità Economica Europea e la Comunità Europea per l'Energia Atomica. È solo il 7 febbraio 1992, con il trattato di Maastricht, che la CEE diventa l'Unione Europea.

Per parlare di scambi commerciali

abolire (**-isc**) *to abolish*
agevolare *to make easier, to facilitate*
approvare *to approve*
la barriera doganale *customs barrier*
il libero scambio *free exchange*
la merce *merchandise*
scambiare *to exchange*
lo scambio *exchange*

Per discutere dell'integrazione europea

la direttiva *directive*
l'europeismo *Europeanism*
l'europeista *Europeanist*
il governo *government*
l'iniziativa *initiative*

la legge *law*
il marchio *stamp, mark, brand*
la norma *rule*
lo spirito nazionalistico *nationalistic spirit*

Per parlare dei pro e contro dell'UE

l'ambiente *environment*
biologico *organic*
ecologico *ecological*
la frontiera *border*
la globalizzazione *globalization*
la moneta unica *single currency*
lo sviluppo *development*
promuovere *to promote*
spostarsi *to move*
tutelare *to protect, defend*

LE PAROLE IN PRATICA

A L'intruso. A coppie, trovate la parola che non c'entra e spiegate perché.

1. la barriera doganale   la merce   il marchio
2. la direttiva   la frontiera   la norma
3. biologico   ecologico   iniziativa
4. abolire   agevolare   promuovere
5. la legge   la merce   l'iniziativa
6. spostarsi   scambiare   approvare

B Che cos'è? Indica di che cosa si tratta.

1. Lo sentono le persone che amano molto la loro nazione.
2. È una persona che si sente cittadina dell'Europa.
3. Indica la valuta che gli Stati membri dell'UE usano.
4. Sono le leggi approvate da un governo per regolare una società.
5. Impedisce il libero scambio di prodotti.
6. Sono le cose che si importano, esportano e anche si comprano.
7. Si riferisce alle cose che mangiamo e beviamo che sono coltivate e preparate in modo naturale.
8. Si riferisce ai rapporti fra le persone, l'ambiente e gli organismi animali e vegetali.
9. È una sigla o un disegno che appare sui prodotti per indicarne la provenienza, l'appartenenza o determinate caratteristiche.
10. Si riferisce alla crescita politica, economica e anche culturale di un popolo o nazione.

C Associazioni. A coppie, indicate tutti i termini e concetti che associate con le seguenti parole.

1. il governo
2. la frontiera
3. l'ambiente
4. la globalizzazione
5. approvare
6. l'iniziativa

DISCUTIAMO INSIEME

 A Cosa pensavate che fosse l'UE? A piccoli gruppi, riesaminate e discutete le vostre risposte all'attività C a pp. 182–183. Indicate quali affermazioni pensavate che fossero false e quali vere. Avevate le stesse idee? Discutetele con la classe.

Studia il congiuntivo imperfetto e trapassato.

B I pro e i contro. A piccoli gruppi, fate una lista dei pro e dei contro di un'istituzione europea sovranazionale. Ci sono più pro o contro? Discutete come si potrebbero risolvere i contro. Infine paragonate i vostri risultati con la classe.

C Le lingue dell'UE. Leggi il dépliant della Commissione Europea che segue.

Lingue. Nell'UE, oltre alle 11 lingue ufficiali, si parlano altre lingue e dialetti. Oltre la metà degli europei parla almeno un'altra lingua oltre alla propria lingua madre e poco più di un quarto è in grado di parlare altre due lingue. Il 72% degli europei, sia coloro che parlano altre lingue che gli altri, ritiene che sia necessario saper parlare un'altra lingua dell'UE oltre alla propria lingua madre. Ogni anno, il 26 settembre, si celebra la Giornata europea delle lingue per incoraggiare lo studio delle lingue.

Nel corso dei propri viaggi in Europa, perché non provare a dire almeno qualche frase nella lingua del paese in cui ci si trova per parlare con la popolazione locale? Il soggiorno risulterà sicuramente più facile e gradevole.

(Da *Viaggiare in Europa*, della Commissione europea 2003, p. 8. © 2003 Commissione europea, Direzione generale della Stampa e della Comunicazione.)

1. A coppie, indicate quattro cose che adesso sapete della comunicazione nell'UE.
2. Nel tuo Paese, è importante parlare un'altra lingua oltre alla lingua madre? Perché? Quali sono le lingue più popolari? Perché?

D Una vera babele! Nel seguente trafiletto, Marco Pannella, del Partito Radicale, discute di un problema attuale nell'UE. Leggi il trafiletto, e poi a coppie rispondete alle domande che seguono.

Liberisti e linguisti Solo inglese?
No, è più democratico che tutta
l'Europa impari a parlare di nuovo

Soluzione radicale: usiamo l'esperanto

Una soluzione radicale a quella babele che è l'Europa unita: basta con l'inglese, molto meglio l'esperanto. Fra le tante degne battaglie ingaggiate dai radicali ce n'è anche una contro la supremazia dell'idioma di Shakespeare nel Vecchio Continente: che tutti si mettano a studiare una nuova lingua comune. Anche gli inglesi, *please*. Animato da questi alti ideali di democrazia verbale, Giorgio Pagano, segretario dell'associazione radicale Esperanto, ha dato il via a una campagna di sensibilizzazione. Troverà ascolto? Lui espera di sì.

(Da «Soluzione radicale: usiamo l'esperanto», *Il Venerdì*, 27 febbraio 2004, p. 23. © 2004 Gruppo Editoriale L'Espresso, S.p.A.)

1. Di quale problema parla il trafiletto? Esiste nel vostro Paese un problema simile?
2. Come propone Marco Pannella di risolverlo? Cosa pensate di questa soluzione?
3. Cosa rivela il trafiletto dello spirito nazionalistico degli Stati membri dell'UE?
4. Che tono usa l'autore dell'articolo nel discutere il problema?

E Una lingua unica! Immagina di scrivere un articolo in favore o contro l'uso di una lingua comune.

F Erasmus. Il progetto Erasmus (*European Action Scheme for the Mobility of University Students*) è stato creato per promuovere lo scambio di studenti fra i membri dell'UE ed altri Stati. Leggi le esperienze di tre studenti italiani in Germania e nel Regno Unito e poi rispondi alle domande che seguono.

1. Dal punto di vista della lingua è stata un'esperienza utilissima, direi indispensabile. Fino ad allora sapevo bene la grammatica tedesca, ma mi sentivo completamente bloccata a parlare. Invece nei 6 mesi di Erasmus ho frequentato i corsi all'Università, alcuni corsi di lingua per studenti stranieri organizzati dall'Università, ho fatto conversazione con studenti tedeschi, guardavo la Tv, andavo al cinema, insomma, inutile sottolineare quanto sia importante una full immersion di questo tipo, sia per l'acquisizione di nuovi vocaboli, sia soprattutto per sbloccarsi e parlare sentendosi sicuri in qualunque contesto. Stando con ragazzi da ogni angolo del globo, ho esercitato anche altre lingue. Con molti degli studenti ho ancora contatti frequenti, alcuni sono venuti a trovarmi (da Boston, dalla Spagna e dalla Francia) e l'anno scorso sono stata al matrimonio di una ragazza spagnola che abitava nel mio stesso studentato! Con questa ragazza a Colonia ho vissuto una situazione che allora mi sembrava incredibile, e che pure in un'esperienza come l'Erasmus è frequentissima: ho passato con lei un fine settimana in Olanda (Amsterdam dista solo 3 ore da Colonia), io italiana, lei spagnola, parlavamo tedesco tra di noi e inglese con gli olandesi...

2. Fare l'erasmus a Mannheim non è vita facile dal punto di vista degli esami. L'università è rinomata in Germania e la difficoltà è piuttosto alta, mentre i voti piuttosto bassi. Ma basta informarsi e scegliere i corsi giusti... !! Bella l'esperienza di studio, sia coi tedeschi che con gli erasmus!

   Tram, autobus, treno... fantastico! davvero efficiente!! molti servizi e puntuali. Col Semesterticket poi si pagano circa 68 e[uro] e si possono prendere tutti i mezzi di trasporto in una certa area (piuttosto estesa) per 6 mesi!

   Feste negli studentati, feste all'università, sport, cinema, teatro al Nationaltheater, pubs, musei, brunches ... la città non è grandissima ma c'è abbastanza da fare.

3. Sono partita con una valigia carica di pasta, parmigiano, sughi della mamma...ma i supermercati sono fornitissimi di cibi internazionali, alcuni proprio di marche italiane. [I]o detesto [M]c'donalds e affini, ma per chi li ama [L]ondra è il paradiso...

   Gli inglesi sono un po' freddini ma basta un po' di birra!!! [C]omunque ho conosciuto molti più mediorientali e africani!!

Caffè Erasmus, Agenzia nazionale Socrates Italia–www.caffeerasmus.it

1. Pensi che sia un buon Programma? Perché?

2. Come può il progetto Erasmus aiutare a promuovere lo sviluppo e la solidarietà fra le nazioni? Giustifica le tue opinioni con esempi tratti dal testo.

3. E tu, hai mai partecipato ad un programma di scambi? Hai mai studiato in un altro Paese? Ti piacerebbe studiare all'estero? Che vantaggi ne potresti ricavare?

PER LEGGERE
Prima di leggere

A E tu sai leggere le etichette? Ecco il significato di alcuni marchi europei che si possono trovare stampati sui prodotti. Abbina le definizioni al marchio corretto.

_____ 1. DOP (Denominazione d'Origine Protetta)

_____ 2. IGP (Indicazione Geografica Protetta)

_____ 3. STG (Specialità Tradizionale Garantita)

_____ 4. Agricoltura Biologica

_____ 5. Ecolabel (la margherita o il fiore)

_____ 6. Il Punto verde

a. Identifica il prodotto con il territorio, ma il legame, in questo caso, è meno vincolante (*binding*) perché una o più fasi della produzione possono avvenire in luoghi diversi dalla regione di provenienza.

b. Assicura che il prodotto rispetti i criteri di qualità ambientale fissati dalla Commissione europea.

c. I prodotti con questo marchio contengono almeno il 95 per cento d'ingredienti biologici provenienti direttamente dal produttore e passati al vaglio di un organismo di controllo.

d. Indica che la confezione può essere riciclata.

e. Fa riferimento alle modalità di preparazione che devono essere di tipo tradizionale. Un esempio? La mozzarella.

f. È una qualifica prestigiosa riservata ai prodotti agricoli originari di una determinata area geografica. Le particolari caratteristiche e la qualità di questi cibi dipendono infatti dal clima, dal suolo e dalle lavorazioni tipiche della zona. Tra i prodotti più noti sono il Parmigiano Reggiano, il Grana Padano, i prosciutti di Parma e San Daniele.

(Da «E tu sai leggere le etichette?», di Roberta Marangoni, *Donna Moderna*, 24 giugno 2004, p. 184. © 2004 Arnoldo Mondadori Editore S.p.A.)

B Marchi ed etichette. Perché pensi che sia necessario avere marchi europei? Come proteggono i cittadini e l'economia delle singole nazioni? Come proteggono l'ambiente? Ci sono marchi ed etichette simili nel tuo Paese? Quali? Su quali prodotti sono più evidenti?

C Le mini rivoluzioni. A coppie, leggete il titolo dell'articolo che segue. Di che cosa pensate che parli? Quali aspetti della realtà italiana sono particolarmente influenzati da questi cambiamenti? Perché?

Leggiamo

Ecco alcune regole che negli ultimi anni sono state approvate dalla Commissione UE e che cambieranno notevolmente la vita giornaliera degli italiani.

La zuccheriera e altre 11 cose che l'Europa sta cambiando

Le etichette sugli alimenti

Sulle confezioni di succo di frutta o di merendine non dovremmo più trovare le generiche scritte "additivi" e "conservanti". «Dal 1° settembre vanno indicati nome per nome tutti gli ingredienti, naturali e chimici» dice Pier Virgilio Dastoli, direttore della Rappresentanza italiana della Commissione. «Grazie a questa direttiva gli snack dovrebbero essere più sani: infatti, sono stati vietati alcuni coloranti inutili e potenzialmente dannosi. Inoltre, è appena stata presentata una proposta per rendere più precise anche le etichette degli alimenti deperibili, come il latte: sarà obbligatorio indicare la percentuale di tutte le sostanze presenti».

La bustina di zucchero

Forse l'avete già notato prendendo un caffè al bar: dal bancone è sparita la classica zuccheriera di porcellana o metallo. «È "colpa" di una direttiva europea in vigore da giugno» spiega Pier Virgilio Dastoli, direttore della Rappresentanza italiana della Commissione. «Che impone a bar e ristoranti di usare le bustine monodose: sono più igieniche e più sicure, dal momento che hanno anche una data di scadenza. C'è un solo posto in cui la nuova regola non viene rispettata: il bar della Camera dei deputati a Montecitorio a Roma, dove sono in bella vista sul bancone preziose zuccheriere dell'Ottocento. In realtà, fanno parte dell'arredamento: il caffè, infatti, viene servito con la bustina sul piattino».

Le tariffe del gas e della luce

«Dal 1° dicembre noi italiani potremo tirare un sospiro di sollievo, perché una direttiva europea liberalizzerà il mercato del gas e dell'elettricità» dice Paolo Martinello, presidente dell'associazione Altroconsumo. «Significa che, per esempio, altre aziende oltre all'Enel ci forniranno l'energia elettrica. Così la concorrenza aumenterà e i prezzi diminuiranno: nel 2005 i prezzi dovrebbero scendere del 5 per cento, mentre noi dovremmo avere più possibilità di scegliere fra tariffe personalizzate. Un bel passo avanti, considerato che per le bollette di luce e gas spendiamo in media 350 euro all'anno. Il doppio di inglesi, francesi e tedeschi».

Il passaporto a quattro zampe

«Dal 1° ottobre anche cani, gatti e furetti hanno bisogno del passaporto per viaggiare con i loro padroni in Europa» dice Laura Torriani, segretario dell'Associazione veterinari italiani. «Questo documento, rilasciato dalla Asl, serve per dimostrare che l'animale è sano: i medici devono indicare quali vaccinazioni ha fatto il cucciolo, a partire dall'antirabbica. Ma attenti ai costi: tra vaccini e bolli si può pagare fino a 100 euro».

I piatti pronti alla tavola calda

Insieme alla scomparsa delle zuccheriere, un altro cambiamento storico coinvolge bar e tavole calde. «Per motivi igienici, da quest'estate brioches, panini e piatti pronti non possono più essere tenuti sul bancone, all'aria aperta. Ma vanno conservati in espositori di vetro, al riparo da insetti e polvere» dice il presidente di Altroconsumo Paolo Martinello. «Per le stesse ragioni, i baristi non dovrebbero vendere l'acqua nel bicchiere, ma solo in bottigliette chiuse. Peccato che queste costino tantissimo: anche 2 euro per mezzo litro».

Le istruzioni dei farmaci

«D'ora in poi non lo chiameremo più bugiardino» commenta ridendo Antonella Cinque, presidente dell'Agenzia italiana del farmaco. «Nel 2005, infatti, il foglietto illustrativo dei medicinali cambierà. Innanzitutto, sarà scritto con caratteri più grandi. Poi non avrà più lunghi elenchi di parole incomprensibili, ma semplici domande e risposte sull'uso del farmaco. Infine, per evitare errori, ci saranno anche dei disegni: per esempio, un cerchio con il viso di un bimbo e una barra sopra indicherà che si tratta di una medicina per adulti. E il simbolo di un orologio ricorderà quando prenderla».

L'inquinamento acustico

Città più silenziose, senza clacson che strombazzano e motori che rombano. Solo un sogno? Forse no, presto potrebbe essere una realtà. «A luglio il Parlamento europeo ha approvato la direttiva sul rumore ambientale» dice il direttore della Rappresentanza italiana della Commissione, Pier Virgilio Dastoli. «D'ora in poi, per la prima volta, l'inquinamento acustico sarà regolato da leggi precise. E i Paesi che le violano saranno puniti con pesanti sanzioni. Il rumore non potrà superare il tetto massimo di 70 decibel. Ogni città compilerà una mappa acustica divisa in zone. Per esempio, dove ci sono scuole, ospedali, monumenti e zone residenziali, la soglia consentita sarà abbassata anche a 50 decibel. Cosa cambierà in pratica? Sarà rimosso il pavé da alcune strade e i motori degli autobus saranno sostituiti con modelli più silenziosi. Verranno poi effettuate misurazioni periodiche, per controllare il rispetto dei limiti. Tutto questo dovrebbe abbassare del 20 per cento l'inquinamento acustico».

(Da «La zuccheriera e altre 11 cose che l'Europa sta cambiando», di Flora Casalinuovo, *Donna Moderna*, 24 novembre 2004, pp. 130–131. © 2004 Arnoldo Mondadori Editore S.p.A.)

Parliamo e discutiamo

A Le regole. Trova informazioni per giustificare le seguenti affermazioni.

1. La maggior parte delle regole aiuteranno a proteggere l'ambiente e i consumatori.
2. Non solo gli esseri umani sono tutelati dall'UE.
3. Alcune direttive aiuteranno il bilancio (*budget*) familiare degli italiani.
4. Altre direttive faranno spendere molto di più.
5. Alcune direttive saranno molto utili per gli anziani.

B Le direttive dell'UE. A coppie, indicate quale delle direttive trovate: più interessante, più importante, più utile, più inutile. Motivate le vostre opinioni.

C L'Italia che cambia. A coppie, rileggete le direttive della Commissione UE. Come pensate che cambieranno la realtà giornaliera italiana?

D L'Unione Europea. In base a tutto quello che hai imparato dell'UE, pensi che sia un'istituzione positiva o negativa per l'Italia? E per i cittadini degli altri Paesi che non fanno parte dell'UE? Perché?

Le spese in Eurolandia

Quanto costa il lettore MP3 più popolare del momento?	
Il mondo diventa sempre più globalizzato. Per comprare un MP3 Mini in Italia bisogna spendere 20 Euro più che in Spagna e 92 Euro più che negli Stati Uniti. Perché?	**MP3 Mini** **Hong Kong 183 Euro** **Usa 187 Euro** **Giappone 206 Euro** **Spagna 259 Euro** **Germania 259 Euro** **Austria 269 Euro** **Francia 279 Euro** Italia 279 Euro

Da *Vanity Fair*, 3 febbraio 2005, p. 18. © 2005 Edizioni Condé Nast Spa.

A I prezzi in euro. Sai quant'è il cambio attuale dell'euro nel tuo Paese? Quali pensi che siano i vantaggi e gli svantaggi di una moneta unica per i cittadini dell'area euro? E per i cittadini del tuo Paese? Secondo te, che cosa rivela del costo della vita in Italia il prezzo del lettore MP3 Mini?

B Gli acquisti. Fare spese in un mondo globalizzato è un processo sempre più complicato. Quali di questi fattori prendi tu in considerazione quando fai acquisti? Indica con un numero da 1 a 5 l'importanza che dai ad ogni fattore. Poi, a piccoli gruppi, discutete e motivate le vostre scelte.

_____ la marca
_____ l'immagine
_____ il Paese d'origine
_____ il prezzo

_____ la qualità

_____ la solidarietà con il produttore

_____ il rispetto dell'ambiente

_____ l'affidabilità del prodotto

_____ la griffe

_____ il rispetto dei diritti e della salute dei lavoratori

C **Il costo della vita.** Fa' una lista delle tue spese settimanali. Poi, a piccoli gruppi, paragonate le vostre liste e il prezzo di ogni prodotto. Comprate le stesse cose? Chi spende di più? Perché? Dove fate le spese normalmente? Come potreste risparmiare?

D **Cosa sai dell'euro?** Indica quali delle seguenti affermazioni sono vere e quali false. Poi leggi la tabella che segue e controlla le tue risposte. Sapevi tutto sull'euro? Cosa non sapevi?

_____ 1. L'euro è la moneta unica dell'UE.

_____ 2. L'euro è nato il primo gennaio del 2000.

_____ 3. La zona euro o Eurolandia è l'insieme dei Paesi che hanno adottato l'euro come moneta.

_____ 4. Le banconote e le monete in euro cominciano a circolare nel 2002.

_____ 5. Non esistono monete in euro, solo banconote.

_____ 6. In Italia molti ancora usano le vecchie lire.

_____ 7. Un euro è più o meno l'equivalente di 2.000 lire.

_____ 8. La Gran Bretagna è stato uno dei primi Paesi ad aderire alla moneta unica europea.

_____ 9. Per poter far parte della zona euro le nazioni europee devono soddisfare una serie di criteri economici.

_____ 10. Per i turisti stranieri viaggiare in Europa è diventato molto difficile da quando l'euro è entrato in circolazione.

L'EURO IN PILLOLE

Tasso di conversione: 1 Euro= 1936,27 Lire

Introduzione ufficiale dell'Euro: 01/01/99

Periodo transitorio: dal 01/01/99 al 31/12/2001

Inizio circolazione banconote e monete in Euro: 01/01/2002

Periodo di doppia circolazione Lire ed Euro: dal 01/01/2002 al 30/06/2002 (al più tardi)

Tagli delle banconote: 5, 10, 20, 50, 100, 200 e 500 Euro

Valore delle monete: 1, 2, 5, 10, 20, 50 centesimi, 1 e 2 Euro

Da "Euro: Istruzioni per l'uso", © Movimento di Difesa del Cittadino Alitalia, 24 novembre 2004.

L'Euro

I l 1° gennaio 2002...un flagello[1] si è abbattuto[2] sull'Italia: l'euro. Grazie alla nuova moneta i commercianti approfittarono[3] per effettuare arrotondamenti[4] selvaggi dei prezzi, in spregio[5] dei consumatori. I beni[6] maggiormente colpiti furono caffè e cappuccino, dei cui aumenti si accorsero subito gli italiani quando andarono, all'indomani dell'entrata in vigore della nuova moneta, a fare colazione al bar...

[1]*plague* [2]*hit* [3]*took advantage* [4]*rounding off* [5]*to the harm* [6]*goods*

(Da "Caro euro, prima condanna: barista deve risarcire un cliente", www.repubblica.it, *La Repubblica*, 15 gennaio 2004. © 2004 Gruppo editoriale l'Espresso S.p.A.)

Tania/Contrasto

In piazza contro il carovita

A La moneta unica. Secondo la citazione, l'introduzione dell'euro è stata una cosa positiva o negativa per l'Italia? Perché? Come si sono accorti gli italiani dell'impatto dell'euro sulla loro vita?

B Il carovita. Secondo te, le persone nella foto sono in favore o contrarie alla moneta unica? Contro che cosa protesta la gente? Di che cosa pensi che gli italiani siano stanchi?

*I*l primo gennaio 1999 è nata la moneta unica europea, ma è solo nel gennaio del 2002 che le banconote e monete in euro cominciano a circolare. L'Italia è stata uno dei primi Stati membri dell'UE a soddisfare tutti i criteri economici necessari per entrare a far parte della zona euro. Per l'italiano medio è stato un processo complesso e difficile.

PAROLE UTILI

Per discutere di prezzi
abbassare *to lower*
alzare *to raise*
aumentare *to increase*
diminuire (-**isc**) *to decrease*
il prezzo *price*
i ribassi *drop in prices*
risparmiare *to save*
spendere *to spend*
sprecare *to waste*

Per parlare dell'euro
arrotondare *to round off*
approfittare *to take advantage*
la banconota *banknote*
il commerciante *merchant*
il consumatore *consumer*

Per parlare del costo della vita
i beni di consumo *consumer goods*
il carovita *high cost of living*

il carrello *(grocery) cart*
il ceto medio *middle-class*
il paniere *basket*
il potere d'acquisto *buying power*
i rincari *rise in prices*
rinunciare *to forgo, to give up*
riuscire *to be able, to succeed*

Per descrivere lo shopping
il discount *discount grocery store*
fare la spesa *to grocery shop*
fare le spese *to shop*
l'ipermercato *large supermarket*
l'outlet / lo spaccio *outlet*
il mercato rionale *neighborhood market*
il negozio di quartiere *small neighborhood shop*
il risparmio *savings*
il servizio *service*

A L'opposto. Indica l'opposto di ogni parola ed espressione.

1. aumentare
2. i ribassi
3. risparmiare
4. il negozio di quartiere
5. alzare

B Quante ne conosci? Completa gli schemi seguenti con parole dal mondo dei consumi.

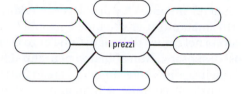

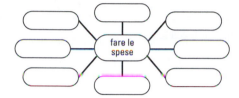 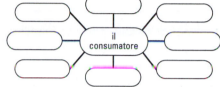

 C Facciamo lo shopping. A coppie, fate una lista dei posti dove si possono fare acquisti e discutete i pro e i contro di ognuno. Prendete in considerazione: la convenienza, la scelta dei prodotti, la qualità, il servizio, il prezzo.

D Che cos'è? Scrivi la definizione di tre dei seguenti vocaboli. Poi leggi una delle tue definizioni alla classe. La classe deve indovinare di quale vocabolo si tratta.

1. abbassare
2. arrotondare
3. il commerciante
4. il potere d'acquisto
5. il ceto medio
6. l'ipermercato
7. il mercato rionale
8. i beni di consumo
9. il carrello
10. fare la spesa
11. il consumatore
12. sprecare

DISCUTIAMO INSIEME

 A I rincari. A coppie, osservate la seguente tabella che mette a confronto i prezzi del 2001, l'ultimo anno della lira, con quelli del 2004, tre anni dopo l'adozione della moneta unica. Cosa notate dei prezzi? Sono aumentati o diminuiti? di quanto? Quanto costerebbero queste cose nella moneta del vostro Paese?

> Studia il periodo ipotetico e il progressivo.

1 euro = 1,960 lire

	2001 (lire)	2004 (euro)
pizza margherita	7.000	6
coperto pizzeria	1.500	1,5
ingresso discoteca	15.000	15
panino	4.500	4
cappuccino	1.500	1,10
birra media al pub	6.500	4,5/5
concerto	40.000	40

B Un amore irrazionale. Nel brano che segue Beppe Severgnini parla del rapporto fra gli italiani e l'euro. Leggilo e poi a coppie rispondete alle domande che seguono.

> L'euro ha un altro vantaggio: profuma di Europa, e l'Europa ci è sempre piaciuta. C'è chi dice che si tratta di un amore irrazionale, ed è inutile cercare di spiegarlo. ...
>
> Dunque: noi italiani amiamo l'Europa. La desideriamo in ogni modo, forma e colore (passaporto amaranto, mercato unico, scambi Erasmus, voli *low cost*, un telefonino che suona nel centro di Parigi). Con l'euro ci siamo comportati come giovanotti ansiosi di sposarsi. Non abbiamo pensato: «Possiamo permettercelo?» o «Come sarà la vita insieme?» Volevamo arrivare in fretta all'altare e in camera da letto, nella convinzione, comune a cinquantotto milioni di italiani e ai quattro Beatles, che *all you need is love*.

(Da *La testa degli italiani*, pp. 150–151, di Beppe Severgnini, 2005, Milano: Rizzoli. © 2005 RCS Libri S.p.A.)

1. Che tono usa l'autore nel brano? Giustificate le vostre opinioni.
2. Brevemente riassumete le idee principali del brano.
3. Secondo Severgnini, quali aspetti dell'Europa amano gli italiani? Cosa sapete di essi?
4. Come si potrebbe spiegare questo «amore irrazionale» degli italiani per l'Europa?

C Fattore P. Leggi i titoli di un articolo che parla dei consumi degli italiani e poi rispondi alle domande che seguono.

ITALIA

FACCIAMO ECONOMIA

Fattore P

Perché, per vendere a tutti i costi, torna di moda parlare di prezzi

Promozioni, pubblicità che puntano sul risparmio, corsa ai ribassi. Snobbato per anni, il conto della spesa è di nuovo protagonista. Colpa della nuova povertà oppure merito dei nuovi consumatori?

(Da «Fattore P», di Paola Zanuttini, *La Repubblica*, 27 febbraio 2004, p. 38. © 2004 Gruppo editoriale L'Espresso S.p.A.)

1. Quali pensi che siano gli argomenti principali dell'articolo?
2. Cosa pensi che sia il «fattore P»?
3. Perché pensi che il «fattore P» sia diventato importante per i consumatori italiani?

A La fine del mese. A coppie, osservate il fumetto che ritrae una nonna con la nipote. Di che cosa pensate che discutano? A quale problema sociale pensate che si riferisca la fumettista Pat Carra?

Vignetta di Pat Carra, «Chissà se arriverò alle fine mese...» © PAT CARRA

B Il giudizio sull'euro. Nel grafico che segue sono riportate le opinioni degli italiani sull'euro ad un anno dall'introduzione. Hanno un giudizio positivo o negativo? Cosa rivelano questi dati dell'atteggiamento degli italiani verso l'UE? Che significato sembra avere l'Unione Europea per l'italiano medio e la sua realtà giornaliera?

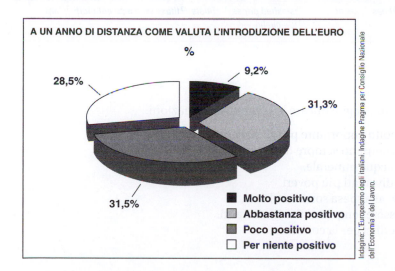

A UN ANNO DI DISTANZA COME VALUTA L'INTRODUZIONE DELL'EURO

%

9,2%
28,5%
31,3%
31,5%

■ Molto positivo
▨ Abbastanza positivo
▨ Poco positivo
□ Per niente positivo

Indagine: L'Europeismo degli italiani. Indagine Pragma per Consiglio Nazionale dell'Economia e del Lavoro.

C La mia spesa. Leggi i titoli dell'articolo che segue. Di che cosa pensi che parli? Che consigli offre per i consumatori?

Leggiamo

La mia spesa a caccia[1] di convenienza

Il piacere della tavola è diventato costoso. Eppure un metodo infallibile per risparmiare c'è: comprare direttamente dal produttore.

A Roma tornano alle vecchie abitudini, quando per la gita fuori porta si partiva muniti[2] di bidoni[3] da riempire[4] con le acque della via Appia (fonte Appia e Capannelle) che facevano bene alla salute. Oggi davanti a quelle e ad altre fontanelle (anche in città ce ne sono alcune come quella all'angolo di via Trionfale con via Platone e l'Acqua Sacra a Monte Sacro) si formano di nuovo le code[5] perché quest'acqua è gratis e si risparmia sulla minerale. La corsa alla Fonte è solo una delle astuzie[6] con le quali molti tentano di far fronte ad aumenti dei prezzi che, secondo una ricerca di Federconsumatori, hanno eroso[7] negli ultimi tre anni il 14 per cento del potere di acquisto di chi campa[8] con meno di 10 mila euro l'anno e il 6,2 per cento di chi deve stare in un budget di 15 mila. Così mentre i piccoli negozi chiudono uno dopo l'altro (meno 1.500 a Milano in questi ultimi due anni), per la spesa di casa tutti si rivolgono[9] alla grande distribuzione: nel 2003 il giro d'affari dei supermercati è cresciuto del 5,3 per cento, con punte del 5,4 per cento per i discount che offrono listini stracciati[10]. Un'altra alternativa molto conveniente è rappresentata dagli spacci[11] aziendali. In quello mitico della De Cecco (a Fara S. Martino, provincia di Chieti, **tel. 0872986337**) la pasta viene proposta con ribassi di almeno il 20 per cento. ... Per i golosi[12] la scelta è ampia. Dai semifreddi Bindi (a Milano **tel. 0258322040**) ai biscotti e pasticceria secca Gentilini di Roma (**tel. 064123571**), ai pandori della Bauli di Verona (**tel. 0458288375**). ... Per i patiti[13] del cibo naturale c'è la Food for All di Settimo di Pescantina, vicino a Verona (**tel. 0456701894**) dove si risparmia dal 10 al 20 per cento. Con lo sconto si trovano anche la mozzarella di bufala da Francia, nei pressi di Latina (**tel. 077394961**). Rivolgendosi direttamente ai produttori si può anche acquistare del buon vino scontato del 20–30 per cento o più. Così se si compra in damigiana[14] e si fa il resto da soli una bottiglia può costare solo 1 euro. A Nizza Monferato cercate Bersano (**tel. 0141822822**), a Stradella l'Azienda agricola Angelo Crosio (**tel. 038549584**)...

(Da «La mia spesa a caccia di convenienza», di Valeria Sacchi, *Donna Moderna*, 24 marzo 2004, p. 241. © 2004 Arnoldo Mondadori Editore S.p.A.)

[1]*in search* [2]*armed* [3]*containers* [4]*to be filled up* [5]*lines* [6]*acts of shrewdness* [7]*eroded* [8]*lives* [9]*turn to* [10]*slashed prices* [11]*outlets* [12]*those with a sweet tooth* [13]*fans* [14]*demijohn*

Parliamo e discutiamo

A La spesa. Trova informazioni nel testo per giustificare le seguenti affermazioni:

1. Mangiare e bere bene è sempre molto importante per gli italiani.
2. Quando fanno la spesa gli italiani pensano sempre di più al costo.
3. Molti cercano di risparmiare sull'acqua minerale.
4. Negli ultimi anni gli italiani sono diventati più poveri.
5. Le abitudini degli italiani riguardo alla spesa sono cambiate.
6. La marca e la qualità sembrano essere sempre molto importanti.
7. Gli italiani sono disposti a fare sacrifici per la convenienza.

B **E tu e la tua famiglia?** A coppie, paragonate come fanno la spesa gli italiani e come la fanno nella vostra famiglia. Prendete in considerazione dove la fanno e quali fattori sono più importanti per loro.

C **L'Italia che cambia.** Rileggete l'articolo e trovate informazioni sulla realtà italiana. Prendete in considerazione:

1. il costo della vita
2. il potere d'acquisto
3. i cambiamenti nel modo di fare la spesa
4. l'effetto dell'euro sulla realtà giornaliera degli italiani

Per conoscere l'Italia e gli italiani

A **L'Unione Europea.** A piccoli gruppi, fate una lista di tutte le cose che avete imparato sull'Unione Europea. Vi sembra un'istituzione utile? Perché? Pensate che gli Stati del vostro continente dovrebbero unirsi nello stesso modo? Perché?

B **La società italiana.** A coppie, discutete quali aspetti della realtà italiana sono stati particolarmente influenzati dall'Unione Europea.

C **Euroscettismo.** A coppie, esaminate i dati che seguono. A quali istituzioni sono più attaccati gli italiani? A quali meno? Cosa rivelano i dati del rapporto fra gli italiani e l'UE? Come risponderebbero alla stessa domanda i vostri connazionali? Perché?

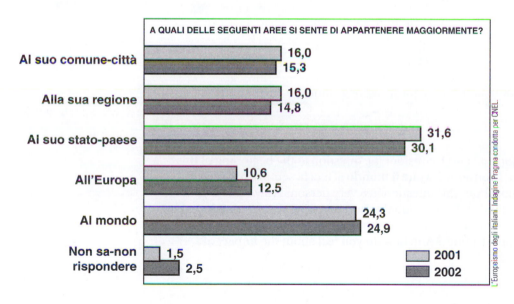

A QUALI DELLE SEGUENTI AREE SI SENTE DI APPARTENERE MAGGIORMENTE?

	2001	2002
Al suo comune-città	16,0	15,3
Alla sua regione	16,0	14,8
Al suo stato-paese	31,6	30,1
All'Europa	10,6	12,5
Al mondo	24,3	24,9
Non sa-non rispondere	1,5	2,5

L'Europeismo degli italiani Indagine Pragma condotta per CNEL.

In rete

Clicca sul sito di *Crescendo!* per il Capitolo 6. academic.cengage.com/ Italian/crescendo

A L'Unione Europea. Trova informazioni sui simboli, l'inno, la bandiera, la moneta e la festa dell'Unione Europea. Poi scrivi un biglietto al tuo professore e spiegagli che cosa hai imparato.

B Cosa sai di Marco Pannella? Trova tre notizie biografiche interessanti sulla gioventù di Marco Pannella. Cosa fa attualmente? Ti sembra un personaggio politico importante nella realtà italiana ed europea? Perché?

C Socrates. Per i giovani europei ormai è normale spostarsi attraverso l'Europa per un periodo di studio o formazione professionale. Socrates, il programma europeo d'istruzione, aiuta a coordinare e agevolare questi spostamenti. Consulta il sito suggerito e rispondi alle domande che seguono.

1. Indica due cose che adesso sai di Socrates.
2. Che cos'è Comenius? Cosa vuole promuovere? Che tipo di iniziative offre?
3. Chi può partecipare al progetto Erasmus?
4. A chi potrebbe interessare il progetto Leonardo?
5. Ci sono iniziative simili nel tuo Paese? Quali? Ti piacerebbe partecipare a un programma simile? Perché?

D Le esperienze Erasmus. Vuoi informarti sulle esperienze di altri studenti che hanno partecipato al progetto Erasmus? Clicca sul sito suggerito per questo capitolo. (Prima dovrai registrarti.) Cosa pensi di questo programma?

E I gas. Consulta il sito suggerito e rispondi alle domande:

1. Che cosa sono i gas?
2. Perché il gruppo si chiama solidale?
3. Come nasce un gas?
4. Che tipo di prodotti comprano queste associazioni? Da chi? Perché?

Caro Diario

For your next journal entry, consider the question at the beginning of this chapter: **E tu, sei contento/-a che il mondo si faccia sempre più piccolo?** You might want to think about this question in a very personal way. How is your own world becoming smaller? How is globalization touching you—your education, for example, or your communications, your shopping, your relationships, your culture, your career opportunities? And how do you feel about the impact of globalization on your life?

Motorini in città

Quanti colori!

Una strada di Firenze.

Padre e figlio
in motorino.

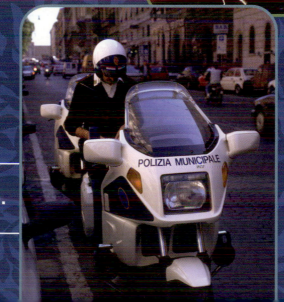

Un poliziotto.

Fare la spesa: al supermercato e al mercato rionale

Al supermercato.

Un aspetto del centro storico di Roma.

Dal fruttivendolo.

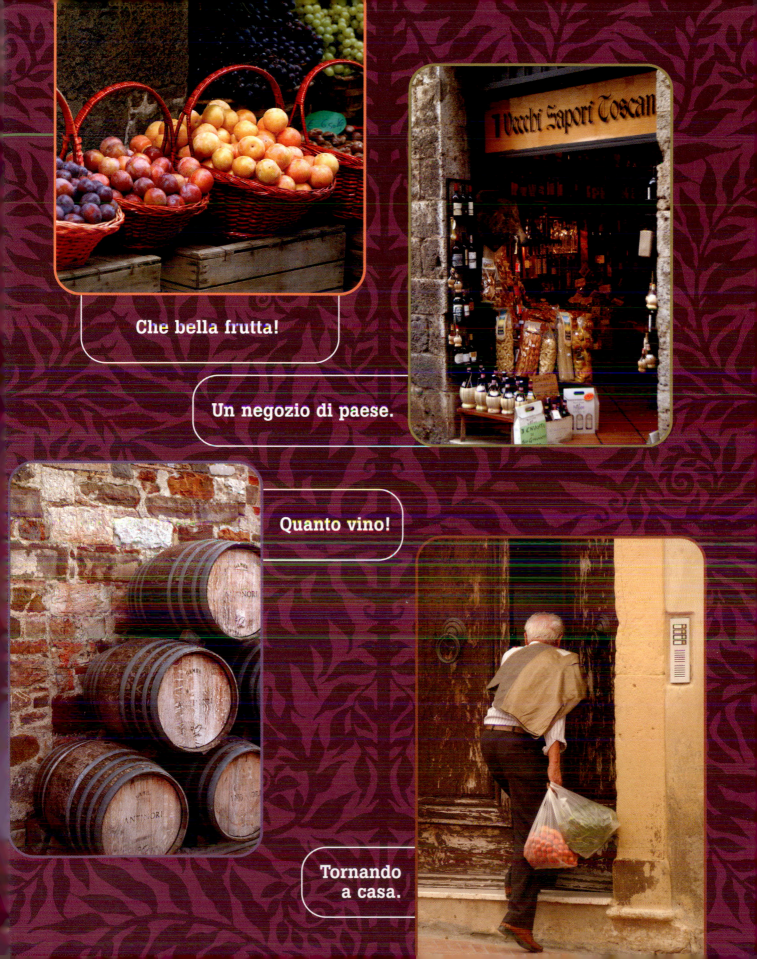

Dove abitare?

Una bella coppia.

A Roma.

A Burano.

A San Donato, in Toscana.

Strutture

Il congiuntivo imperfetto e trapassato

You have learned that some verbs and expressions require use of the subjunctive in a dependent clause. (See pages 167–169 for a presentation of the uses of the subjunctive.) When the verb in the main clause is in a past tense or in the conditional, the verb in the dependent clause must be in the imperfect or past perfect subjunctive.

Pensavo che le dodici stelle dorate **rappresentassero** gli Stati membri dell'UE.

I thought the twelve gold stars represented the member-states of the EU.

Avevo creduto che gli Stati membri dell'UE **avessero rinunciato** alla loro autonomia politica.

I had believed the member-states of the EU had given up their political autonomy.

Sarebbe meglio che tutti gli Stati membri dell'UE **adottassero** l'euro.

It would be better that all member-states of the EU adopt the euro.

A Il congiuntivo imperfetto

The imperfect subjunctive uses the same verb stem as the imperfect indicative. The imperfect subjunctive is formed by dropping the **-re** of the infinitive and adding the endings shown, which are the same for all three conjugations.

	approva*re*	**promuove*re***	**aboli*re***
che io	approva**ssi**	promuove**ssi**	aboli**ssi**
che tu	approva**ssi**	promuove**ssi**	aboli**ssi**
che Lei/lei/lui	approva**sse**	promuove**sse**	aboli**sse**
che noi	approva**ssimo**	promuove**ssimo**	aboli**ssimo**
che voi	approva**ste**	promuove**ste**	aboli**ste**
che Loro/loro	approva**ssero**	promuove**ssero**	aboli**ssero**

1. The verbs **bere**, **dire**, **fare**, **porre**, **trarre**, and **tradurre** have the same irregular verb stems in the imperfect subjunctive as they do in the imperfect indicative. The verb endings are regular. Verbs based on these infinitives follow the same pattern.

bere (beve*re*)	**dire** (dice*re*)	**fare** (face*re*)	**porre** (pone*re*)	**trarre** (trae*re*)	**tradurre** (traduce*re*)
beve**ssi**	dice**ssi**	face**ssi**	pone**ssi**	trae**ssi**	traduce**ssi**
beve**ssi**	dice**ssi**	face**ssi**	pone**ssi**	trae**ssi**	traduce**ssi**
beve**sse**	dice**sse**	face**sse**	pone**sse**	trae**sse**	traduce**sse**
beve**ssimo**	dice**ssimo**	face**ssimo**	pone**ssimo**	trae**ssimo**	traduce**ssimo**
beve**ste**	dice**ste**	face**ste**	pone**ste**	trae**ste**	traduce**ste**
beve**ssero**	dice**ssero**	face**ssero**	pone**ssero**	trae**ssero**	traduce**ssero**

2. The verbs **essere**, **dare**, and **stare** have irregular verb stems. The verb endings are regular.

essere	dare	stare
fossi	dessi	stessi
fossi	dessi	stessi
fosse	desse	stesse
fossimo	dessimo	stessimo
foste	deste	steste
fossero	dessero	stessero

3. The imperfect subjunctive is used when the action in the dependent clause takes place *at the same time or after the action in the main clause.*

Non sapevo che l'Unione in Europa **si festeggiasse** il 9 maggio.
Vorrei che nel futuro tutti **potessero** viaggiare liberamente.

I didn't know that the Union was celebrated in Europe on May 9.
I would like that in the future everyone could travel freely.

B Il congiuntivo trapassato

The past perfect subjunctive is used when the action in the dependent clause takes place *before* the action in the main clause. It is formed with the imperfect subjunctive of **avere** or **essere** and the past participle of the verb.

	viaggiare	partire	spostarsi
che io	avessi viaggiato	fossi partito/-a	mi fossi spostato/-a
che tu	avessi viaggiato	fossi partito/-a	ti fossi spostato/-a
che Lei/lei/lui	avesse viaggiato	fosse partito/-a	si fosse spostato/-a
che noi	avessimo viaggiato	fossimo partiti/-e	ci fossimo spostati/-e
che voi	aveste viaggiato	foste partiti/-e	vi foste spostati/-e
che Loro/loro	avessero viaggiato	fossero partiti/-e	si fossero spostati/-e

Era meglio che loro non **avessero approvato** quella legge.
I miei genitori **speravano** che io **fossi** già **partita**.
Avrei preferito che loro non **si fossero spostati**.

It was better that they had not approved that law.
My parents hoped that I had already left.
I would have preferred that they had not moved.

When the main verb is in the present tense, the imperfect subjunctive can be used in the dependent clause to express the equivalent of *used to* or to describe the way someone or something was in the past.

Penso che in passato gli europei non **andassero** molto d'accordo.

I think that in the past Europeans did not get along very well.

Credo che **fosse** un politico francese.

I believe he was a French politician.

The imperfect and past perfect subjunctive can be used in independent clauses to express regrets and wishes that will probably never be realized. These sentences are usually introduced by **almeno**, **magari**, or **se**.

Almeno **passassero** delle leggi giuste!

If only they passed just laws!

Se **foste andati** a Londra!

If only you had gone to London!

After the expression **come se**, only the imperfect and past perfect subjunctive can be used.

Vive **come se fosse** una miliardaria.

She lives as if she were a billionaire.

Spende **come se avesse vinto** la lotteria.

She spends as if she had won the lottery.

ESERCIZI

A L'Unione Europea. Completa le frasi scegliendo il verbo corretto.

1. Penso che l'Unione Europea (sia / fosse) un'istituzione sovranazionale.
2. Non sapevo che la bandiera europea (consista / consistesse) di dodici stelle su uno sfondo azzurro.
3. Immaginavo che non tutti i Paesi europei (facciano / facessero) parte dell'UE.
4. Credevo che gli Stati membri dell'UE non (usino / usassero) la loro bandiera nazionale.
5. Dubito che l'integrazione europea (sia / fosse) un processo facile.
6. Tutti vorrebbero che l'integrazione europea (sia / fosse) una realtà.
7. Temiamo che (ci siano / ci fossero) ancora molti euroscettici.
8. Credo che (ci sono / ci siano) dodici lingue ufficiali nell'UE.
9. Non sapevo che il greco e il danese (siano / fossero) lingue ufficiali dell'UE.
10. È necessario che la legislazione dell'UE (sia / fosse) pubblicata in tutte le lingue ufficiali.

B Non lo sapevo! Indica cosa non sapevi dei simboli dell'Unione Europea. Riscrivi le seguenti frasi al passato usando un verbo o espressione che indica dubbio o incertezza e facendo tutti i cambiamenti necessari.

1. Il motto dell'UE è: Unita nella diversità.
2. La corona (*crown*) di stelle dorate della bandiera europea rappresenta la solidarietà e l'armonia tra i popoli d'Europa.
3. Le dodici stelle della bandiera europea rappresentano il simbolo della perfezione, della completezza e dell'unità.
4. L'inno alla gioia è divenuto l'inno dell'Unione Europea nel 1985.
5. L'inno alla gioia non ha un testo.
6. L'inno consiste solo del linguaggio universale della musica.
7. Gli europei festeggiano l'anniversario dell'Unione Europea il 9 maggio.
8. Il Parlamento Europeo si riunisce a Strasburgo.
9. Strasburgo è una città francese.
10. I Paesi dell'Eurolandia hanno adottato l'euro come moneta unica.

C La vita a Parigi. Rita descrive all'amica Laura come si svolgeva una tipica mattinata quando viveva a Parigi con la famiglia. Completa il brano con la forma corretta del congiuntivo imperfetto.

1. Era necessario che io _____ (svegliarsi) molto presto ogni mattina. Bisognava che io _____ (fare) una doccia e che _____ (vestirsi) in fretta e furia.
2. Io volevo che mio marito _____ (alzarsi) presto. Mi sarebbe piaciuto che lui _____ (fare) colazione con la famiglia. Bisognava che lui _____ (arrivare) in ufficio prima delle otto.
3. Era necessario che io _____ (lavare) i piatti e che _____ (mettere) tutto a posto. I miei figli volevano che io li _____ (aiutare) a vestirsi e a trovare i libri e lo zaino.

D La vita all'estero. Rita spiega all'amica alcune delle difficoltà che lei e la sua famiglia avevano quando vivevano a Parigi. Completa il brano con la forma corretta del congiuntivo imperfetto.

1. Io avrei preferito che mio marito _____ (accompagnare) i ragazzi a scuola. Avevo paura che gli _____ (succedere) qualcosa. Mio marito credeva che i figli _____ (potere) andare a scuola a piedi.
2. Ogni mattina era necessario che io _____ (prendere) l'autobus per andare a lavorare. Bisognava che io _____ (uscire) di casa alle otto e mezza e che alle nove _____ (essere) in ufficio.
3. Desideravo che noi _____ (tornare) in Italia. Credevo che in Italia tutto _____ (essere) più facile.
4. Mio marito non voleva che noi _____ (trasferirsi). Lui pensava che noi _____ (condurre) una bella vita a Parigi.

E Studiare all'estero. Leggi le pagine dal diario di Carlo prima che andasse a studiare in Germania. Poi immagina di raccontare a un'amica le impressioni di Carlo. Cambia le frasi dal presente al passato e dalla prima persona alla terza persona. Fa' tutti i cambiamenti necessari.

1. Penso che la vita in Germania sia molto triste.
2. Ho paura che le persone non siano molto aperte.
3. Non credo che sia facile imparare il tedesco.
4. Dubito che mi piaccia la cucina tedesca.
5. Ho sentito che i corsi all'università sono molto difficili.
6. So che i tedeschi guadagnano molto bene.
7. Suppongo che in città lavorino in grandi fabbriche.
8. Credo che spendano molto.
9. Temo che sia difficile trovare un alloggio adeguato.
10. Mi rincresce che i miei amici non possano venire con me.

F L'euroscettico. Immagina di raccontare a un'amica le opinioni di un euroscettico sulle esperienze di alcuni studenti italiani che hanno studiato all'estero con il progetto Erasmus. Cambia le frasi che seguono dal presente al passato e dalla prima persona alla terza persona. Fa' tutti i cambiamenti necessari.

1. Dubito che sia stata un'esperienza utilissima.
2. Non penso che abbiano frequentato i corsi all'università.
3. Ho paura che non abbiano fatto conversazione con studenti stranieri.
4. Non credo che abbiano fatto tante amicizie.
5. È probabile che siano vissuti in studentati.
6. È possibile che abbiano mangiato male.
7. Spero che non abbiano speso troppo!
8. Suppongo che si siano divertiti, ma non credo che abbiano imparato molto.

G Pensavo che... A coppie, completate le frasi seguenti e indicate cosa pensavate del progetto Erasmus prima di aver letto le pagine in questo capitolo e cosa pensate adesso.

1. Credevamo che...
2. Speravamo che...
3. Avevamo paura che...
4. Dubitavamo che...
5. Supponevamo che...

6. È possibile che...
7. È meglio che...
8. Sarebbe meglio che...
9. Vorremmo che...

Altri usi del congiuntivo

The subjunctive is used after some conjunctions and in clauses that follow the relative superlative.

A   Il congiuntivo con le congiunzioni

Some conjunctions require the subjunctive in the dependent clauses they introduce.

1. Some conjunctions are followed by the subjunctive in the dependent clause *even if the subjects of the two clauses are the same.*

benché, sebbene, malgrado, nonostante, quantunque *although, in spite of, even though, even if*	**(Io)** mi trasferirò all'estero benché **(io)** non abbia ancora trovato un lavoro. *I'm moving abroad even though I haven't found a job yet.*
purché, a patto che, a condizione che *provided that, on the condition that*	**(Io)** mi trasferirò all'estero a patto che **lui** mi abbia trovato un lavoro. *I'm moving abroad provided that he has found me a job.*
nel caso che *in case*	Porterò dei soldi nel caso non trovi subito un posto. *I'll bring some money in case I don't find a position immediately.*

2. Other conjunctions require the subjunctive only when the subjects of the main and dependent clauses are different. If the subjects are the same, the infinitive is used.

affinché, perché, cosicché, in modo che + *subjunctive* *in order to, in order that, so that*	**(Io)** vado all'estero perché **la mia famiglia** abbia un tenore di vita più alto. *I'm going abroad so that my family has a higher standard of living.*
per + *infinitive*	**(Io)** vado all'estero **per avere** un tenore di vita più alto. *I'm going abroad to have a higher standard of living.*
prima che + *subjunctive*	**(Io)** gli telefonerò **prima che lui** parta. *I will call him before he leaves.*
prima di + *infinitive*	**(Io)** gli telefonerò **prima di** partire. *I will call him before leaving.*

For more information on conjunctions see pp. 414–415.

B Il congiuntivo dopo il superlativo relativo

The subjunctive is frequently used in relative clauses that follow:

1. the relative superlatives **il più** + *adjective (the most)* and **il meno** + *adjective (the least)*.

> È **il** lavoro **più interessante** che io **abbia mai avuto**.

> *It's the most interesting job that I have ever had.*

2. the adjectives **primo** (*first*), **solo** (*only*), **ultimo** (*last*), and **unico** (*only*).

> È il **primo** viaggio che lei **abbia fatto** all'estero.

> *It's the first trip she has taken abroad.*

ESERCIZI

A **Un italiano in America.** Immagina come un italiano in America completerebbe le seguenti frasi.

1. L'America mi piace molto benché…
2. L'America è un Paese interessante malgrado…
3. In America il caffè si trova ovunque sebbene…
4. Io porterò una scorta (*supply*) di caffè italiano nel caso che…
5. In America ti troverai bene a patto che…
6. Gli americani sono molto socievoli nonostante…
7. È facile fare amicizie in America purché…
8. I miei genitori fanno sacrifici perché io…

B **Migrazioni.** Esprimi le tue idee sulla migrazione dei popoli. Completa le frasi che seguono.

1. Sono in favore della migrazione benché…
2. Sono in favore della migrazione purché…
3. Sono in favore della migrazione affinché…
4. Malgrado…, la migrazione è una costante nella storia del mondo.
5. Sebbene…, gli stranieri nel mio Paese sono grandi lavoratori.
6. Nonostante…, penso che…

Il periodo ipotetico

A hypothetical sentence indicates what the outcome will be if a specified condition is met. Hypothetical sentences consist of two clauses: an *if* clause that specifies a condition or possibility, and a clause that indicates the outcome. In Italian, **se** introduces the condition.

The subjunctive is also frequently used in clauses after an absolute negative.

Non c'è **niente** che lui non **sappia** fare.

There is nothing he doesn't know how to do.

Non trovano **nessuno** che gli **dia** una mano.

They can't find anyone who will give them a hand.

Dependent clauses introduced by the indefinite forms **chiunque** (*whoever*), **comunque** (*no matter how*), **dovunque / ovunque** (*wherever*), **qualunque**, **qualsiasi** (*any, whatever, whichever*) generally require the subjunctive, although this usage is declining in informal situations.

Chiunque venga, non dirgli dove sono.

Whoever comes, don't say where I am.

Ti accompagnerò, **dovunque tu vada**.

I'll come with you wherever you go.

For more information on other uses of the subjunctive, see pp. 416–417.

A Il periodo ipotetico con l'indicativo

When the condition is real or possible, the indicative mood is used in the **se** clause and in the clause indicating the outcome.

Se vuoi risparmiare, **devi** fare la spesa ai discount.	*If you want to save, you have to shop at discount markets.*
Se non **avevi** i soldi, perché **hai comprato** quei vestiti firmati?	*If you didn't have the money, why did you buy those designer clothes?*
Se frequenterai i mercati rionali, **spenderai** meno.	*If you go to the local markets, you will spend less.*

Note that when the main clause is in the future tense, the **se** clause must also be in the future. In English, the present tense is used in similar sentences.

B Il periodo ipotetico con il congiuntivo

When the **se** clause describes conditions that are not likely to occur or situations that are contrary to fact, the imperfect subjunctive is used in the **se** clause and the conditional is used in the result clause.

Se avessi più soldi, lo **comprerei**.	*If I had more money, I would buy it.*
Se fossi in te, lo **comprerei**.	*If I were you, I'd buy it.*
Se fosse più ricco, lo **avrebbe comprato**.	*If he were richer, he would have bought it.*

The past perfect subjunctive is used in the **se** clause and the past conditional in the main clause to describe situations that are contrary to fact.

Se tu fossi andato al mercato rionale, non **avresti speso** tanto.	*If you had gone to the market, you would not have spent so much money.*
Se i politici **avessero fatto** qualcosa, i commercianti non **avrebbero aumentato** i prezzi.	*If politicians had done something, merchants would not have raised prices.*

> When the **se** clause is in the present, future, or a past tense, the imperative can follow in the main clause.
>
> Se **vuoi** risparmiare, **va'** ai discount.
>
> *If you want to save, go to the discount stores.*
>
> Se **andrai** al mercato, **telefonami**!
>
> *If you go to the market, call me!*
>
> Se **hai speso** tutti i soldi, **dimmelo**!
>
> *If you spent all your money, tell me!*

> For information on other uses of **se**, see p. 418.

ESERCIZI

A Spendere bene. Immagina di dare dei consigli a un tuo amico/una tua amica che si lamenta sempre del costo della vita. Completa le frasi in modo logico con il tempo corretto dell'indicativo.

1. Se non andavi ai negozi in centro,...
2. Se farai la spesa agli ipermercati,...
3. Se compri i tuoi vestiti all'outlet,...
4. Se non cenavi in ristorante due giorni la settimana,...
5. Se verrai con me agli spacci,...
6. Se non prendi il caffè al bar la mattina,...
7. Se non pensi alla marca,...
8. Se compravi direttamente dal produttore,...

B Solidarietà e convenienza. I vostri connazionali pensano che sia molto difficile contenere i costi e allo stesso tempo essere solidali con i produttori e i lavoratori. A coppie, immaginate di dare dei consigli ai vostri compagni su come fare acquisti intelligenti. Scrivete otto frasi con *se* e il tempo corretto dell'indicativo.

C Se potessi... La signora Sabatini lavora a tempo pieno e deve anche pensare alla casa e alla famiglia. Spesso immagina come sarebbe la sua vita e quella dei suoi familiari se potesse controllare meglio certe situazioni. Completa le frasi con la forma corretta del congiuntivo imperfetto e del condizionale presente.

1. Se io _____ (lavorare) meno ore, _____ (avere) più tempo per la mia famiglia.
2. Se io _____ (avere) più tempo, _____ (preparare) dei bei pranzetti ogni giorno.
3. Se mio marito mi _____ (aiutare) in casa, io _____ (dedicarsi) di più alla cucina.
4. Io _____ (riposarsi) di più, se i miei figli _____ (imparare) a mettere in ordine le proprie cose.
5. Io _____ (andare) in palestra due volte la settimana, se non _____ (dovere) sbrigare tutto da sola.
6. Se io _____ (fare) ginnastica due volte la settimana, _____ (sentirsi) più in forma.

D Se avessi potuto... La signora Sabatini riflette su cosa avrebbe potuto fare in passato per migliorare la sua situazione. Completa le frasi ipotetiche con la forma corretta del verbo.

1. Se l'anno scorso noi _____ (assumere) una colf (*housekeeper*), lei adesso mi _____ (potere) aiutare con le faccende di casa e io _____ (avere) più tempo libero.
2. Se l'anno scorso (noi) _____ (riuscire) a risparmiare più soldi, io e mio marito _____ (trascorrere) qualche giorno lontano da casa.
3. Se l'estate scorsa noi _____ (andare) in vacanza, _____ (riposarsi).
4. Se l'estate scorsa mio marito _____ (rilassarsi) di più, adesso lui non _____ (essere) così nervoso.
5. Se mio marito _____ (giocare) a tennis una volta la settimana, _____ (mantenersi) in forma.

E L'euro. A coppie, immaginate come gli italiani completerebbero le seguenti frasi ipotetiche.

1. Se non ci fosse l'euro,...
2. Se il governo farà qualcosa per controllare i prezzi,...
3. Se i commercianti non avessero approfittato dell'euro,...
4. Usciremmo più spesso con gli amici e la famiglia,...
5. Se tutti facessero più attenzione alle spese,...
6. Se non facevamo parte dell'UE,...
7. Saremmo più felici,...
8. Non avremmo dovuto far parte della zona euro,...

Il progressivo

The present, future, or imperfect of **stare** is used with the present gerund to describe an action in progress in the present, future, or past.

Sto andando al mercato rionale.	*I'm going to the neighborhood market.*
Cosa **staranno pensando**?	*What must they be thinking?*
Cosa **stavate facendo**?	*What were you doing?*

Reflexive pronouns, direct- and indirect-object pronouns, and **ci** and **ne** can either precede the conjugated form of **stare** or be attached to the gerund.

Si stanno divertendo.
Stanno divertendo**si**.   *They are having a good time.*
Ci sto andando. Sto andando**ci**.   *I'm going there.*

The progressive construction in Italian is not as common as in English. In written Italian, the present, the future, and the imperfect are preferred alternatives.

1. The gerund of regular verbs is formed by adding **-ando** to the stem of **-are** verbs and **-endo** to the stems of **-ere** and **-ire** verbs.

Infinito	Gerundio
compr**are**	compr**ando**
protegg**ere**	protegg**endo**
fin**ire**	fin**endo**

2. Some verbs form the gerund with an irregular stem obtained from an archaic form of the infinitive. Verbs based on these follow the same pattern.

bere → bev**ere** → bev**endo**

dire → dic**ere** → dic**endo**

fare → fac**ere** → fac**endo**

condurre → conduc**ere** → conduc**endo**

porre → pon**ere** → pon**endo**

ESERCIZI

A Cosa state facendo? Sei al mercato rionale e incontri alcuni amici. Completa il dialogo con la forma corretta del progressivo.

— Ciao! Cosa fate?
— Io e Mario _____ (1. cercare) del radicchio. Tu, cosa _____ (2. fare)?
— (Io) _____ (3. comprare) delle carote per mia madre. Mia madre _____ (4. preparare) del minestrone e aveva bisogno delle carote. Dove sono Loris e Lisa?
— Sono al bar. (Loro) _____ (5. prendere) un caffè. Ieri sera ti abbiamo telefonato, ma non c'eri.
— Sì, ero a casa, ma _____ (6. lavarsi) i capelli. Voi cosa avete fatto?
— Siamo usciti con Giulia. (Noi) _____ (7. bere) un aperitivo quando Giulia è venuta a casa nostra. Ci ha convinto ad andare in discoteca.

B Stiamo cercando di risparmiare! A coppie, immaginate di vivere in Italia. Spiegate cosa voi e gli altri italiani state facendo per cercare di arrivare alla fine del mese con lo stipendio.

Ascoltiamo

Track 8

Alcuni italiani commentano sull'euro

A **Il tono.** Alcuni italiani commentano sull'euro. Ascolta una prima volta i loro commenti e segna quali aggettivi descrivono meglio il tono della persona che parla in ogni conversazione.

	Calmo	Arrabbiato	Furioso	Sarcastico	Comico	Triste	Rassegnato	Vendicativo
1.								
2.								
3.								
4.								
5.								

B **L'euro.** Ascolta un'altra volta i commenti e poi indica quali di queste affermazioni descrivono meglio le opinioni delle persone che parlano.

1. Ultimamente gli italiani hanno dovuto rinunciare a molte cose e non è giusto.
2. Nonostante tutti i tentativi fatti, il governo non è riuscito a controllare gli aumenti dei prezzi.
3. Il governo non ha fatto niente per controllare gli aumenti indiscriminati.
4. I commercianti sono responsabili dell'aumento dei prezzi.
5. I rincari sono dovuti a complessi meccanismi economici.

Testi e contesti

COSA SAPPIAMO DI BEPPE SEVERGNINI?

Leggi le notizie all'interno della copertina di *Italiani si diventa* e poi indica quali delle affermazioni che seguono descrivono meglio l'autore, Beppe Severgnini.

Beppe Severgnini è nato a Crema il 26 dicembre 1956. Laureato a Pavia, è stato corrispondente a Londra per «il Giornale» di Montanelli e poi, come inviato speciale, ha seguito gli avvenimenti in Europa dell'Est, Russia e Cina, e ha lavorato a Washington per la «Voce». Oggi scrive per il *Corriere della Sera* ed è corrispondente italiano di *The Economist*. Ha condotto la trasmissione «Italians, cioè italiani» (Rai). I suoi libri pubblicati da Rizzoli, sono best seller: *Inglesi* (1990, BUR 1992), *Inglese. Nuove lezioni semiserie* (1992, BUR 1994). *Italiani con valigia* (1993, BUR 1995). *Un Italiano in America* (1995, BUR 1997).

(Da *Italiani si diventa*, di Beppe Severgnini,1998, Milano: Rizzoli. © 1998 RCS Libri S.p.A.)

Italiani si diventa, di Beppe Severgnini, © RCS Libri S.p.A., 1998, Milano.

1. Beppe Severgnini è un giornalista italiano molto famoso.
2. Ha scritto anche romanzi e racconti.
3. Ha anche lavorato alla televisione.
4. Ha passato molto tempo all'estero.
5. Si interessa per lo più della realtà sociale contemporanea.
6. I suoi libri più importanti trattano temi politici attuali.
7. I suoi libri sono molto popolari.

PRIMA DI LEGGERE

A I titoli. Il testo che leggeremo fa parte di un capitolo del libro autobiografico, *Italiani si diventa*. A coppie, descrivete la copertina e immaginate possibili argomenti del libro.

B Europarty. Leggi il primo paragrafo del capitolo «Europarty 1979» e poi rispondi alle domande che seguono.

1. Di che cosa pensi che si parlerà in questo capitolo?
2. Chi narra le vicende? Dove hanno luogo? Quando?
3. Cosa sai del narratore?
4. Indica quali di questi aggettivi descrivono meglio il tono che l'autore usa. Giustifica le tue scelte.

a. tragico	d. drammatico	g. nostalgico
b. ironico	e. umoristico	h. sarcastico
c. malinconico	f. realistico	i. romantico

5. Pensando al titolo del capitolo, a coppie, immaginate tre cose che succederanno al narratore in queste pagine.

Sottolineate tutte le informazioni che parlano dell'ambiente in cui si svolge la storia e segnate con un cerchio tutte le descrizioni delle persone.

Leggiamo

Europarty 1979

La mia prima casa all'estero stava al pianterreno di un vecchio palazzo, al numero 6 di avenue de la Renaissance, davanti al parco del Cinquantenario di Bruxelles. La zona era discreta, l'edificio decoroso, l'affitto eccessivo (7.000 franchi belgi al mese, riscaldamento escluso). Chiamarla «casa», tuttavia, era
5 troppo. Più che una casa, era un appartamento; più che un appartamento, era un monolocale; più che un monolocale, era un corridoio con giardino. Era talmente stretto e lungo che i mobili stavano in fila, come in un'asta. Quando avevo ospiti, dovevo allinearli lungo la stanza; se per caso mi fosse saltato in testa di mettere la scrivania davanti al letto, o il letto dietro all'armadio,
10 avrebbero dovuto chiamare i vigili del fuoco per liberarmi. I proprietari offrivano l'alloggio, definito pomposamente *grand flat avec coin à dormir*, ai giovani *stagiaires* che si alternavano presso la vicina commissione delle Comunità europee. Contavano sul fatto che in casa rimanessimo poco, e contavano bene.

Ogni mattina lasciavo il corridoio-con-giardino intorno alle nove. Dopo
15 essermi lavato in un bagno perfetto per una Barbie, e aver fatto colazione in una cucina dove Barbie sarebbe rimasta incastrata[1], scendevo a piedi per Avenue de Cortenberg fino al Rond-Point Schuman e Rue Archimède. Il mio posto di lavoro stava lì: Direzione Generale V, Occupazione e Affari Sociali, Direzione Occupazione e Formazione Professionale, Divisione Azioni Comunitarie
20 Specifiche sul Mercato del Lavoro e nel Campo della Formazione Professionale. Il mio indirizzo era più chiaro, ma non di molto: d.g. V, Arch.1, 1/22, ext 1127.

Lì cercavo di capire cosa dovevo fare. Ero stato affiancato[2] a tale Andrew, un funzionario inglese di bell'aspetto che sembrava il cugino di James Bond, e forse lo era davvero, visto il modo in cui sussurrava[3] nel telefono. Era una brava
25 persona: con qualche sforzo[4] comprendevo il suo francese, e con una certa fatica[5] lui capiva il mio inglese. Quello che Andrew non capiva, era perché volessi cercar qualcosa da fare, quando nessuno si curava di darmene. Un ragazzo italiano di ventidue anni, diceva, può vivere senza conoscere i programmi di formazione professionale in Danimarca. Era vero, ma ci ho
30 messo qualche tempo ad accorgermene.

La cosa che più mi ha colpito durante quei mesi di ufficio — i primi della mia vita — era la quantità di carta che veniva prodotta. In quell'epoca pre-allargamento[6], pre-mercato unico e pre-computer — ce n'era qualcuno, ma non lo mettevano in mano a noi — la Commissione delle Comunità europee
35 sembrava voler giustificare la propria esistenza, e per far questo partoriva[7] montagne di fogli. A ogni respiro[8] dell'organizzazione corrispondeva un documento, un suggerimento, un'opinione o un'analisi, tradotta nelle sei lingue parlate nei nove Stati membri. Esistevano ricerche su tutto: bastava nominare un argomento, e qualcuno lo aveva studiato. Se il documento era sormontato da
40 una banda verde, era italiano; se la banda era blu, era francese; se la banda era rossa, era inglese. È stato così che ho imparato a dire «letame[9]» nelle lingue

[1]*stuck*

[2]*assigned*

[3]*whispered*
[4]*effort*
[5]*difficulty*

[6]*broadening*

[7]*generated*
[8]*breath*

[9]*manure*

delle comunità (francese *fumier*, inglese *manure*, tedesco *Stalmist*, olandese *stalmest*, danese *staldgødning*), una conoscenza di cui vado tuttora orgoglioso.

Tutti i documenti venivano fotocopiati incessantemente, su carta riciclata
45 color grigio-topo[10]. A ogni ora del giorno, le macchine erano calde come scaldabagni[11]; la loro luce livida filtrava dal coperchio[12], e illuminava soffitti e corridoi. Fotocopiavamo con la stessa passione con cui i monaci delle Fiandre, un tempo, ricopiavano i codici miniati[13]. Fotocopiavamo relazioni[14], appunti, bozze[15], proposte e indirizzi (di ogni ricordo di Bruxelles, trovo tre copie).
50 Fotocopiavamo anche le fotografie, che davano ai soggetti ritratti un aspetto spettrale, lo stesso degli *stagiaires* irlandesi dopo una notte di bagordi[16]. Ancora oggi, il profumo di una copia fresca mi riporta alla mente lo *stage*, quell'aria di operosità, non sempre giustificata, che riempiva le stanze della Commissione delle Comunità europee. Buttavamo giù caffè, fumavamo a metà mattina e
55 annusavamo[17] fotocopie: in fondo, ci sono droghe peggiori.

* * *

I motivi per cui duecento giovani brigavano[18] per trascorrere sei mesi a Bruxelles erano diversi. C'era chi puntava a un'assunzione in una delle Istituzioni comunitarie; chi intendeva aggiungere al curriculum un'esperienza internazionale; e chi come me, doveva preparare una tesi di laurea. C'era poi un
60 motivo inconfessabile, ma non vergognoso: per molti, quello era l'ultimo scampolo[19] di vita studentesca, prima di trovare un impiego. Questo non significa che tutti gli *stagiaires* fossero irresponsabili — c'erano anche quelli, peraltro, ed erano abbastanza simpatici. Significa che lo *stage* era una lunga festa inframmezzata da brevi pause lavorative, necessarie a riprendere fiato[20].
65 ... Ce n'erano un paio che andavano in ufficio solo per prendere accordi[21] telefonici per la serata; se non approdavano a nulla[22], invitavano a cena la segretaria. ...

Herr Kraus, un funzionario tedesco fornito di una bella barba biblica, aveva un'immagine romantica del nostro tirocinio[23], che seguiva di pochi mesi la
70 prima elezione a suffragio universale del parlamento europeo: ne vedeva l'aspetto formativo e ideale. Aveva ragione, perché gli ex *stagiaires* sono oggi europeisti convinti, e non nutrono alcun pregiudizio circa le altre nazioni europee: sei mesi sono sufficienti per capire che tutti i popoli hanno torto.

(Da *Italiani si diventa*, pp. 183–187 di Beppe Severgnini, 1998, Milano: Rizzoli. © 1998 RCS Libri, S.p.A.)

[10]*mouse*

[11]*water heaters;* [12]*lid*

[13]*illuminated;* [14]*reports*
[15]*sketches, galley proofs*
[16]*debauchery*

[17]*sniffed*

[18]*intrigued for*

[19]*remnant*

[20]*catch your breath*
[21]*to make arrangements;* [22]*if naught/ nothing came of it*

[23]*apprenticeship*

DOPO LA LETTURA

Comprensione del testo. Dopo aver letto il testo una prima volta trova informazioni nel brano per giustificare le seguenti affermazioni.

1. Al narratore non piaceva molto la sua abitazione a Bruxelles.
2. La casa del narratore era molto piccola.
3. Il narratore e gli altri stagisti lavoravano poco ma andavano tutti molto d'accordo.
4. Fare uno stage presso la Commissione delle Comunità Europee era molto importante per la carriera di un giovane.
5. A quei tempi non era chiara la missione della Commissione delle Comunità Europee.
6. La burocrazia della Commissione delle Comunità Europee era travolgente.

7. I giovani a quei tempi non capivano né apprezzavano la portata storica di quell'associazione.
8. I giovani stagisti si divertivano molto.
9. Il narratore non prendeva molto sul serio le opere della Commissione delle Comunità Europee.
10. Il narratore ha bei ricordi di quell'esperienza.

PARLIAMO E DISCUTIAMO

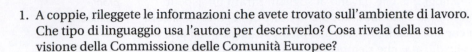

1. A coppie, rileggete le informazioni che avete trovato sull'ambiente di lavoro. Che tipo di linguaggio usa l'autore per descriverlo? Cosa rivela della sua visione della Commissione delle Comunità Europee?

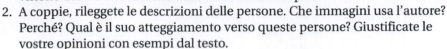

2. A coppie, rileggete le descrizioni delle persone. Che immagini usa l'autore? Perché? Qual è il suo atteggiamento verso queste persone? Giustificate le vostre opinioni con esempi dal testo.

3. Commentate le seguenti citazioni. Cosa rivelano dell'atteggiamento dell'autore e dei suoi coetanei verso un'associazione sovranazionale?
   a. «Un ragazzo italiano di ventidue anni, diceva [Andrew], può vivere senza conoscere i programmi di formazione professionale in Danimarca. Era vero, ma ci ho messo qualche tempo ad accorgermene.»
   b. «Ancora oggi, il profumo di una copia fresca mi riporta alla mente lo *stage*, e quell'aria di operosità non sempre giustificata, che riempiva le stanze della Commissione delle Comunità europee.»
   c. «Aveva ragione, perché gli ex *stagiaires* sono oggi europeisti convinti, e non nutrono alcun pregiudizio circa le altre nazioni europee: sei mesi sono sufficienti per capire che tutti i popoli hanno torto.»

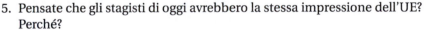

4. A piccoli gruppi, discutete se pensate che gli italiani siano più europeisti oggi. Pensate che sia una buona cosa? Perché?

5. Pensate che gli stagisti di oggi avrebbero la stessa impressione dell'UE? Perché?

Per scrivere

La mascita ed elaborazione delle idee

Generating, developing, and organizing the ideas you want to write about can be a very difficult task, especially when you are faced with a broad topic. *Mind maps,* a form of structured brainstorming, can be very useful in this situation. Mind maps can help you generate ideas and discover relationships among them so that you can organize them effectively.

PRIMA DI SCRIVERE

Begin by choosing a prompt from the **Temi** section below. Then follow these steps to develop a mind map.

1. Write your topic in the center of a piece of paper.
2. Brainstorm points you can make about the topic and organize your ideas in clusters around the main topic.
3. Continue by generating clusters of ideas that relate to your subtopics.
4. After you finish your mind map, decide which ideas you want to include in your writing. Use the mind map to help you define the relationship among your main subtopics and the order in which they should be presented. For example, do they have a chronological or thematic or logical relationship that can provide the structure for your presentation?

ADESSO SCRIVIAMO

Now you are ready to write your essay. Introduce the topic and subtopics of your mind map in your first paragraph. Then develop your presentation in the paragraphs that follow on the basis of your mapping of the subtopics. Be sure to wrap up your presentation with a convincing conclusion that revisits in a final way the topics and subtopics you introduced in your first paragraph.

Be prepared to share your essay with classmates who have chosen the same topic. What clusters of ideas have they chosen to present and develop? How do their arguments compare to your own?

Temi

1. Scrivi dei pro e contro dell'UE.
2. Scrivi di come l'euro ha cambiato la vita degli italiani.
3. Scrivi di quello che sai dell'UE.
4. Scrivi dell'atteggiamento degli italiani verso l'Unione Europea.

Capitolo 7

© POPPERFOTO / Alamy

Le tradizioni regionali e la cultura popolare

E tu, pensi che le tradizioni popolari siano ancora valide?

Facciamo conversazione

Feste e tradizioni regionali

Il Carnevale a Venezia

A **Il Carnevale.** Osserva la foto. Sai dov'è Venezia? Che stagione pensi che sia? Come sono vestite le persone? Cosa è probabile che facciano per festeggiare il Carnevale? A coppie, discutete tutto quello che sapete di questa festa.

B **Le feste italiane.** Abbina la descrizione alla festa corretta. Quali di queste feste si festeggiano nel tuo Paese?

_____ 1. Il 6 gennaio la Befana, una vecchia con una scopa, porta i regali ai bambini buoni.

_____ 2. Il 25 dicembre si celebra la nascita di Gesù Cristo.

_____ 3. L'otto marzo gli uomini offrono le mimose alle donne.

_____ 4. Una domenica tra marzo e aprile si celebra la resurrezione di Gesù Cristo.

_____ 5. Il 31 dicembre si festeggia la fine dell'anno.

_____ 6. Il Primo Maggio è una festa importante per le persone che lavorano.

_____ 7. Il Venticinque Aprile è una festa italiana nazionale e civile.

_____ 8. Il 15 agosto si celebra l'Assunzione della Vergine Maria.

_____ 9. Si festeggia da Giovedì Grasso a Martedì Grasso. In molte città le persone si mettono costumi e maschere. I più famosi sono quelli di Venezia e Viareggio.

a. Natale
b. Pasqua
c. La Giornata della Donna
d. La vigilia di Capodanno
e. Carnevale
f. Epifania
g. L'anniversario della liberazione dall'occupazione tedesca alla fine della seconda guerra mondiale
h. La Festa del Lavoro
i. Ferragosto

C **Le ricorrenze.** A piccoli gruppi, fate una lista di tutte le feste religiose e/o civili che si festeggiano nel vostro Paese. Indicate quando, come e perché si festeggiano. Sapete qualcosa dell'origine di queste feste?

Inno nazionale

Io sono troppo bolognese
tu sei troppo napoletano
egli è troppo torinese
e voi siete troppo di Bari
sì noi siamo troppo orgogliosi,
loro sono troppo veneziani
e anche dentro la stessa città,
siamo sempre troppo lontani!

(Da *Inno nazionale*, di Luca Carboni, Sony BMG Music Entertainment. © 1995 Sony BMG Music Entertainment.)

Torino / Roma Finale
Coppa Italia 1993

 A **Una partita di calcio.** A coppie, descrivete la foto. Chi credete che siano le persone? Dov'è probabile che siano? Che cosa pensate che sia successo? Immaginate una storia basata sulla scena.

B **Inno nazionale!** A coppie, leggete il testo della canzone di Luca Carboni e poi rispondete alle domande che seguono.

1. Riassumete brevemente le idee principali della canzone.
2. Pensate che sia una canzone ottimista o pessimista? Perché?
3. Perché pensate che il cantautore usi l'avverbio «troppo»? Cosa intende dire?
4. *Inno nazionale* vi sembra un buon titolo per questa canzone? Perché?
5. Discutete dei possibili legami (*connections*) fra la canzone e la foto.

C **Regionalismo e campanilismo.** Sai in quale regione o città abitano le seguenti persone? Se necessario, consulta la cartina all'interno della copertina.

1. un sardo
2. un torinese
3. un bolognese
4. un siciliano
5. un piemontese
6. un milanese
7. un perugino
8. un veneziano
9. un veronese
10. un calabrese
11. un napoletano
12. un parmigiano
13. un emiliano
14. un romagnolo

*G*li italiani sono sempre stati molto legati alla loro città e alle tradizioni e usanze associate ad essa. Questo attaccamento alla propria città d'origine si chiama *campanilismo*. Infatti, oltre alle feste religiose e nazionali che si festeggiano in tutta la penisola, ogni città e paese ha le proprie ricorrenze. Alcune di queste sono di natura religiosa, come quelle patronali che festeggiano il santo protettore (patrono) della città. Altre feste e fiere invece celebrano un prodotto tipico della zona. In ogni città poi ci sono anche numerose manifestazioni di natura storica, come il Calcio Storico Fiorentino e il Palio di Siena e tanti festival di musica, cultura e gastronomia.

Le differenze regionali, dovute soprattutto a ragioni storiche, si notano anche nell'uso ancora prevalente dei dialetti. In ogni regione italiana infatti si parla un dialetto diverso, spesso diverso anche da una città ad un'altra. La diffusione dei mezzi di comunicazione di massa (radio, tv, giornali e cinema) ha influenzato e modificato notevolmente i dialetti, facendoli sempre più simili alla lingua nazionale. L'uso dei dialetti originali è diventato molto limitato. Ci sono però ancora molte persone che lo parlano e anche scrittori e poeti che scrivono in dialetto.

PAROLE UTILI

Per parlare delle tradizioni

l'artigiano *artisan*
il contadino *peasant, farmer*
i costumi *customs*
il dialetto *dialect*
la gastronomia *gastronomy*
i festeggiamenti *celebrations*
la manifestazione *event, performance*
la ricorrenza *occurrence, festivity*
il prodotto artigianale *artisanal product*
il rito *rite*
rustico *rustic*
il sapore *taste*
l'usanza *custom*

Per descrivere le feste

allestire *to erect*
la bancarella *stall, booth*
la banda *band*

il borgo *village*
il cavallo *horse*
il concerto *concert*
la contrada *district*
il costume *costume*
la degustazione *tasting*
la fiera *fair*
i fuochi d'artificio *fireworks*
la giostra *ride*
la gara *race, competition*
il luna park *amusement park*
la maschera *mask*
la mostra *exhibit*
la processione *procession*
la sagra *village feast*
il santo patrono *patron saint*
la sfilata *parade*

LE PAROLE IN PRATICA

A Mettiamoli in ordine. A coppie, elencate tutti i vocaboli che associate con i seguenti termini.

1. una manifestazione
2. una bancarella
3. i festeggiamenti
4. il borgo
5. il rito
6. la sagra
7. l'usanza
8. la degustazione

B L'intruso. A coppie, indicate la parola che non c'entra con le altre e spiegate perché.

1. allestire   la bancarella   la banda
2. il concerto   la sfilata   il costume
3. la processione   la manifestazione   il dialetto
4. il contadino   il sapore   la degustazione
5. la gastronomia   il prodotto artigianale   i festeggiamenti
6. la banda   il santo patrono   il cavallo
7. la mostra   il concerto   il rito
8. l'usanza   il luna park   la fiera

 C Che cos'è? A coppie, indicate di cosa si tratta.

1. È un altro nome per un piccolo villaggio.
2. È l'opposto di raffinato.
3. La portiamo a Carnevale.
4. I venditori ci espongono i prodotti.
5. È un animale molto importante nel Palio di Siena.
6. È il quartiere di una città.
7. È una forma di linguaggio caratteristica di una particolare zona.
8. È un'altra parola per un'usanza.

DISCUTIAMO INSIEME

 A Le regioni italiane. A piccoli gruppi, rispondete alle domande seguenti.

1. Cosa sapete delle regioni italiane?
2. Cosa sapete della storia d'Italia prima del 1864? e subito dopo?
3. Secondo voi, come si può spiegare l'attaccamento degli italiani alla loro città?
4. Quali pensate che siano i pro e i contro di questo attaccamento alla loro terra? Esiste nel vostro Paese un fenomeno simile? Dove e come si manifesta?

> Studia la concordanza dei tempi con il congiuntivo, *piacere* e altri verbi simili.

 B I dialetti. A coppie, discutete cosa sapete dei dialetti.

1. Che cos'è un dialetto?
2. Qual è la differenza fra un dialetto e un accento?
3. Conoscete qualcuno che parla un dialetto italiano? Quale? È molto simile all'italiano che studiate in classe? Che differenze avete notato?
4. Ci sono dialetti nel vostro Paese? Sono molto diversi dalla lingua ufficiale? Elencate alcune differenze.
5. Perché pensate che i dialetti siano ancora popolari in Italia? Che funzione sociale potrebbero avere? Avete notato fenomeni simili nel vostro Paese?

 C O sole mio! Leggi l'introduzione e il testo della canzone che segue. Poi, a piccoli gruppi, rispondete alle domande.

1. Conoscete la canzone? Vi piace?
2. Di che cosa pensate che parli?
3. Quali parole della canzone non vi sembrano «italiane»? Riuscite ad individuare alcune differenze fra l'italiano e il dialetto napoletano? Quali?

'O sole mio
(Di Capua-Capurro)

Forse «'O sole mio», scritta all'inizio del secolo, è la canzone napoletana più conosciuta e la più cantata in tutto il mondo. Pochi sanno, però che la musica fu composta altrove. Infatti il suo autore, Eduardo Di Capua, era in giro per il mondo con il padre Giacobbe, bravo violinista. Durante una sosta[1] ad Odessa in Ucraina, una mattina, dietro ai vetri della finestra dell'albergo, notando la sfavillante[2] luminosità del sole ucraino, compose le note di questa canzone datagli[3] da Capurro a Napoli prima della sua partenza. Si conoscono numerosissime versioni in tutti i generi musicali. Dai cantanti lirici ai jazzisti al rock (una versione la cantò Elvis Presley).

Che bella cosa è na jurnata 'e sole,
n'aria serena doppo na tempesta!
Pe' ll'aria fresca para gia' na festa.
Che bella cosa na jurnata 'e sole.

Ma n'atu sole
cchiu' bello, oi ne',
'o sole mio
sta nfronte a te!

Luceno 'e lastre d''a fenesta toia;
'na lavannara canta e se ne vanta
e pe' tramente torce, spanne e canta,
luceno 'e llastre d''a fenesta toia.

Ma n'atu sole
cchiu' bello, oi ne',
'o sole mio
sta nfronte a te!

Quanno fa notte e 'o sole se ne scenne,
me vene quase na malincunia;
sotta 'a fenesta toia restarria
quanno fa notte e 'o sole se ne scenne.

Ma n'atu sole
cchiu' bello, oi ne',
'o sole mio
sta nfronte a te!

[1]*stop* [2]*shining* [3]*given to him*

Secondo il sito www.naples-city.info.

D Il Calcio Storico Fiorentino. A coppie, descrivete la foto. Come sono vestiti i giocatori? Cosa fanno? Di che cosa pensate che si tratti? Inventate una storia basata sulla scena. Ci sono manifestazioni simili nel vostro Paese? Parlatene con i vostri compagni. Se volete sapere di più sul Calcio Storico Fiorentino, consultate il sito nella sezione **In rete**.

Calcio Storico Fiorentino

© Iconotec / Alamy

A **Le pubblicità regionali.** A coppie, esaminate le pubblicità delle regioni e rispondete alle domande che seguono.

1. Descrivete le pubblicità. Quali immagini usano? Quale vi piace di più? Spiegate perché.
2. Cosa hanno in comune le pubblicità? Su quali aspetti della realtà regionale puntano?
3. Secondo voi, chi è il pubblico ideale di queste pubblicità? Perché?
4. Trovate le regioni sulla cartina all'interno della copertina. Dove sono situate? Quali sono le città più importanti di ogni regione?
5. Preparate una pubblicità simile per la vostra regione.

B Manifestazioni tradizionali. A coppie, esaminate il calendario delle manifestazioni per il mese di febbraio e rispondete alle domande che seguono.

Polenta, castagne, antiquariato e, in Sardegna, acrobazie a cavallo

NORD Sunà de Mars Festival del folclore 26-28 febbraio **Aprica (Sondrio)**. Info: 0342746113. **1**

Carnevale dei Storti 27 febbraio **Dolo (Venezia)**. Carri, gruppi dal Brasile e rogo della Vecia. Info: 041411090.

La Madonna delle lacrime 28 febbraio **Treviglio (Bergamo)**. Bancarelle e collane di *biligot*, cioè castagne cotte. Esce l'omonimo giornale satirico. Info: 0363317506.

Buongusto Trentino 22 febbraio **Madonna di Campiglio (Trento)**. Il 23 a Pinzolo, il 25 a Folgarida. Info: 0465447501.

Festa dell'aringa 26 febbraio **Costermano (Verona)**. Info: 0456445111.

Creare In Fiera 24-27 febbraio **Genova**. Cucina, découpage, stencil e artigianato. Info: 0105391252.

Sellaronda Skimarathon 2 25 febbraio 2005 **Canazei (Trento)**. Gara internazionale di sci alpinismo in notturna tra Arabba, Canazei, Pordoi, Sella, Gardena, Campolongo. Info: 0462602466. **2**

Gialli ellebori 27 febbraio - 20 marzo **Pietra Ligure (Savona)**. Ogni domenica, dalle 13 al tramonto. Info: 019616721.

CENTRO Mostra mercato del tartufo nero 25-27 febbraio **Norcia (Perugia)**. Spettacoli folcloristici, concerti. Info: 0743824911. **3**

Antiquaria 26-27 febbraio **Scandicci (Firenze)**. Info: 055750072.

Festa di san Silverio 27 febbraio **Ponza (Latina)**. Info: 077180108.

38

Pescia antica 27 febbraio **Pescia (Pistoia)**. Info: 0583978205.

Tè e danze dell'Ottocento 27 febbraio **Roma**. Al Museo delle arti e tradizioni popolari. Ingresso: € 10. Info: 3383350797.

Sagra della polenta 27 febbraio **Cineto Romano (Roma)**. Info: 0774928025.

Olio nuovo 26-27 febbraio **Castagneto Carducci (Livorno)**. Info: 0565778408.

SUD Medial 26 febbraio - 1 marzo **Palermo**. Fiera del Mediterraneo, mostra dell'agroalimentare, vini doc, oli d'oliva regionali. Info: 0916209148.

Festa di San Mattia 24 febbraio **Deliceto (Foggia)**. Falò e salsicce. Info: 0881914311.

L'introvabile 27 febbraio **Sassari**. Antiquariato. Info: 079231777.

Carnevale fiorito 7-8 febbraio **Acireale (Catania)**. Info: 095892129.

Palio del viccio 8 febbraio **Palo del Colle (Bari)**. Info: 0803811953.

Sas Pariglias 12-13 febbraio **Bonorva (Sassari)**. Acrobazie a cavallo. Info: 079866084.

(Da *Visto*, 25 febbraio 2005, p. 38. © 2005 Gruppo RCS Libri.)

1. Che tipo di feste sono? Elencate le varie categorie.
2. Quali feste vi piacciono di più? Perché?
3. Ci sono manifestazioni simili nel vostro Paese? Descrivetele.

C La fiera dell'oca (*goose*). Leggi i titoli dell'articolo che segue e osserva la foto. Prendendo in considerazione la foto e i titoli, di che cosa pensi che parli l'articolo? Che tipo di manifestazione ti aspetti di trovare a Mirano?

MIRANO [VENEZIA]
Alla fiera dell'oca

Volete vivere l'atmosfera dei primi del '900? Allora scegliete di trascorrere il week end del 13 e 14 novembre a Mirano, ridente cittadina situata nel cuore della campagna veneziana. Qui si darà vita ad una ricostruzione storica della *fiera de l'oca*. Oltrepassando il portale di via XX Settembre che come un sipario[1] apre sulla scena teatrale, si entrerà in un paese di cento anni fa, che sta vivendo la sua Fiera. In quei giorni si potevano acquistare molte cose tramite[2] il baratto[3] e l'oca era un'ottima merce di scambio. Così come allora, oggi gentili signore in costumi d'epoca venderanno prodotti ricercati e numerose leccionerie[4]. Ci saranno banchi per i golosi[5] con cibi a base d'oca. Ma anche banchi che propongono grembiuloni[6] da cucina, cappellini, magliette, tutti con stampato o ricamato[7] l'allegro pennuto[8]. Non mancherà il banco della delegazione del *Consorzio di tutela del salame d'oca di Mortara*, patria delle oche, con il classico salame cotto nel grasso di suino[9] e con il meno conosciuto *salame ecumenico* detto anche "della pace". Attori, comparse e figuranti animeranno le vie del centro storico. Alle 15 della domenica la festa raggiungerà il suo

Lo Zoco dell'oca

culmine con il tradizionale *Zoco*[10] *dell'Oca*, che coincide con la festa di San Martino, quando le sei squadre (in rappresentanza di Mirano e delle sue cinque frazioni[11]) si sfideranno[12] in una sorta di giochi senza frontiere sull'ovale di Piazza Martiri, che ricorda la tavola del celebre passatempo[13].

———

(Da «Alla fiera dell'oca», di Isa Grassano, *I viaggi di Repubblica*, 11 novembre 2004, p. 8. © 2004 La Repubblica.)

[1]*curtain* [2]*by* [3]*barter* [4]*delicacies* [5]*gluttons* [6]*big aprons* [7]*embroidered* [8]*feathered* [9]*pork*

[10]*gioco* [11]*districts* [12]*will challenge each other* [13]*famous board game*

Parliamo e discutiamo

A Andiamo alla fiera dell'oca! Immagina di scrivere una mail a un compagno/una compagna di classe per invitarlo/la alla fiera dell'oca. Nella mail parla brevemente della manifestazione e cerca di convincerlo/la a venire con te.

B Vero o falso? Indica quali delle seguenti affermazioni sono vere e quali false. Correggi quelle false.

_____ 1. La fiera dell'oca è un'antica fiera di origine medievale.

_____ 2. La fiera dell'oca è in estate.

_____ 3. Nel '900 bisognava usare i soldi contanti per tutti gli acquisti.

_____ 4. Alla fiera dell'oca si possono mangiare tanti prodotti buoni a base d'oca.

_____ 5. Si possono anche comprare tanti regali e ricordi simpatici per amici e conoscenti.

_____ 6. La festa finisce il 15 novembre con un grande ballo in maschera.

C L'Italia e gli italiani. A coppie, leggete l'articolo una seconda volta e indicate quali informazioni tipicamente regionali sono evidenti.

La cultura popolare

A Maghi e cartomanti. A coppie, descrivete la foto. Cosa stanno facendo le persone? E voi, siete mai stati da una cartomante?

B Portano bene o male? A piccoli gruppi, fate una lista di oggetti o gesti che secondo le credenze popolari del vostro Paese portano fortuna e una lista di cose che portano sfortuna. Paragonate le vostre liste. Sono uguali?

C Sei superstizioso/-a? Prepara una lista di sei domande per intervistare un compagno/una compagna e decidere se è superstizioso/-a. Poi scrivi un biglietto al tuo professore/alla tua professoressa e spiega se pensi che sia superstizioso/-a e perché.

1 © Photo/Alamy

Le credenze popolari

...[I]l motto[1] degli antichi mai mentì[2].

[1]*saying* [2]*never lied*

(Da «I Malavoglia», p. 182, di Giovanni Verga, *Opere*, a cura di Luigi Rosso, *La Letteratura Italiana, Storia e Testi*, vol. 63, 1965, Milano: Mursia. © 1965 Riccardo Riccardi Editore.)

I motti degli antichi. Cosa sono i motti degli antichi? Secondo te, a che cosa si riferisce la citazione? Che visione della realtà è evidente nella citazione? Una statica o dinamica, ottimista o pessimista? Perché?

© Lebrecht Music and Arts Photo Library / Alamy

Alcuni danzatori in costume tradizionale ballano la tarantella: un ballo frenetico che secondo antiche credenze popolari aveva effetti terapeutici contro il morso (bite) della tarantola, il ragno (spider) velenoso.

*T*utti i Paesi del mondo hanno i propri usi, costumi e credenze popolari. Varie forme di magia e di superstizione inoltre sono presenti fra tutti i popoli e a volte sono connesse ad antiche tradizioni contadine e alla credenza nel soprannaturale.

PAROLE UTILI

Per parlare delle credenze popolari

la credenza *belief*
il destino *destiny*
il detto, il motto *saying*
il fato *fate*
la favola *fable*
la fiaba *fairy tale*
l'influsso *influence*
l'invidia *envy*
la morale *moral*
il proverbio *proverb*
provocare *to provoke*
la saggezza *wisdom*
il talismano *amulet, charm*

Per discutere del soprannaturale

aggirarsi *to wander about*
apparire *to appear*
il/la cartomante *tarot card reader*
la casa stregata *haunted house*
il/la chiromante *palm reader*
il fantasma / credere nei fantasmi *ghost / to believe in ghosts*

la fattura *spell*
l'indovino/-a *fortuneteller*
irreale *imaginary*
leggere le carte *to read one's cards*
il mago/la maga *magician, wizard*
lo spirito *spirit*
i tarocchi *tarot cards*

Per parlare della superstizione

fare le corna *a typical Italian hand gesture to ward off evil influences and bad luck*
malefico/-a *harmful, evil*
il malocchio / la iettatura *evil eye*
portare bene / portare fortuna *to bring good luck*
portare male / portare sfortuna *to bring bad luck*
il rituale *ritual*
lo scongiuro *gestures to ward off evil influences and bad luck (knock on wood)*
toccare ferro *to touch iron (for good luck, to ward off evil influences)*

LE PAROLE IN PRATICA

A Che cos'è? Leggi le spiegazioni e indica di cosa si tratta.

1. È una storia generalmente per bambini, che racconta fatti irreali che spesso si svolgono in paesi immaginari.
2. È un detto che esprime la filosofia popolare e la saggezza degli anziani.
3. È un influsso malefico che può provenire dallo sguardo di una persona invidiosa e provoca il male di un'altra.
4. È un oggetto che si pensa porti bene e che serve per proteggersi contro l'invidia e il malocchio.
5. È un gesto che dovrebbe servire a prevenire che accada qualcosa di brutto.
6. È una persona che può interpretare il passato e predire il futuro.
7. È una persona capace di interpretare i segni della mano.
8. Abitano in una casa stregata e spesso appaiono alle persone e le spaventano.
9. Sono carte speciali con figure, che servono ad interpretare il passato e a indovinare il futuro.
10. È la lezione che una favola vuole insegnarci.

B Associazioni. A coppie, indicate i concetti e i termini che associate con le seguenti parole.

1. una casa stregata
2. un proverbio
3. la magia
4. il malocchio
5. un talismano
6. una fiaba
7. una persona superstiziosa
8. una fattura
9. il destino
10. i tarocchi

C Indovina che cos'è. A piccoli gruppi, a turno, uno studente spiega uno dei seguenti termini e gli altri indovinano di quale vocabolo si tratta.

1. il cartomante
2. il mago
3. toccare ferro
4. l'invidia
5. fare le corna
6. un proverbio
7. un motto
8. irrealc
9. una casa stregata
10. il malocchio

DISCUTIAMO INSIEME

A Crede nel soprannaturale? Immagina di intervistare una persona che non conosci bene per scoprire quanto crede nel soprannaturale. Prima prepara almeno tre domande su ognuno degli argomenti che seguono. Usa il *Lei*. Poi racconta alla classe cosa hai scoperto.

1. rapporto con gli indovini, maghi, ecc.
2. numeri e oggetti che portano bene o male
3. rapporto con gli scongiuri
4. credenze superstiziose
5. esperienze personali o di conoscenti con l'occulto o il soprannaturale

> Studia il passato remoto e l'infinito, il gerundio e il participio passato.

B Le superstizioni. Nel brano seguente il narratore si riferisce a diverse superstizioni popolari e descrive le sue esperienze di un martedì diciassette del mese. Leggi il brano e poi, a coppie, fate una lista delle superstizioni in cui sembrano credere gli italiani. Sono simili a quelle del vostro Paese? Come sono differenti?

Quando si dice. Tanti non ci credono alla iettatura, ma io ci ho le prove. Che giorno era avant'ieri? martedì diciassette. Che successe quella mattina, prima di uscire? cercando il pane nella credenza[1] rovesciai il sale. Chi incontrai, per strada, appena uscito? una ragazza gobba[2], con una voglia[3] pelosa di cotica[4] sul viso, che, nel quartiere, e sì che ci conosco tutti, io non avevo mai visto. Che feci entrando nel garage? passai sotto la scala di un operaio che stava riparando l'insegna[5] al neon. Chi fu il meccanico che nel garage mi parlò per primo? coso[6], tanto per non nominarlo, che tutti lo sanno che porta male con quella sua faccia storta[7] e quei suoi occhiacci biliosi. Non vi basta? eccovi la giunta[8]: andando al posteggio per poco non schiacciai[9] un gatto nero che mi attraversò la strada, sbucato[10] da non so dove, così che dovetti frenare di colpo[11] con un cigolio[12] del diavolo.

[1]*cupboard* [2]*hunchback* [3]*birthmark* [4]*thick skin* [5]*sign* [6]*what's-his-name* [7]*crooked* [8]*there is more* [9]*I didn't run over* [10]*emerged* [11]*suddenly* [12]*squeal*

(Da «La giornata nera», di Alberto Moravia, *Racconti romani*, 1954, Milano: Gruppo RCS Libri. © 1954 Gruppo RCS Libri.)

C I proverbi. A gruppi, prima abbinate a ciascuno dei proverbi seguenti la spiegazione più appropriata, poi rispondete alle domande che seguono.

_____ 1. Meglio un uovo oggi che una gallina domani.

_____ 2. Chi lascia la via vecchia per la nuova, sa quello che lascia, non sa quello che trova.

_____ 3. Meglio tardi che mai.

_____ 4. Chi fa da sé fa per tre.

_____ 5. Chi va con lo zoppo (*lame person*) impara a zoppicare.

a. Siamo influenzati dalle persone che frequentiamo.

b. Meglio fare le cose da soli senza chiedere aiuto a nessuno.

c. È pericoloso cercare di cambiare la propria vita.

d. È meglio accontentarsi di quello che possiamo avere sicuramente piuttosto che aspettare di avere di più.

e. È preferibile cominciare un'attività tardi piuttosto che non cominciarla affatto.

1. Quale visione della realtà rivelano i proverbi precedenti? A quali situazioni reali si potrebbero riferire?
2. Ci sono proverbi in inglese che corrispondono a questa visione della realtà?
3. Immaginate di raccontare e spiegare a un italiano un famoso proverbio del vostro Paese.

D Credete nei fantasmi? Con la classe, raccontate una storia di fantasmi. Prima descrivete l'ambiente e i personaggi e poi raccontate le vicende (*events*). Ognuno aggiunge una frase a quella dello studente/della studentessa precedente.

A Il 17 porta male. Leggi l'articolo seguente e scrivi una frase per riassumere le idee principali. Poi a coppie, rispondete alle domande che seguono.

13 17

In Italia il 17 è ritenuto un numero jettatore, il 13 può portare bene o male. In Usa il 13 è off-limits

La mostra di un napoletano a New York ha un indirizzo pericoloso. Gli Usa capiscono

Il 17 porta sfortuna, il seventeen invece no

Quando i rappresentanti della Regione *Campagna* (così scrive il *New York Post*) hanno ricevuto la bozza dell'invito alla mostra newyorchese dell'artista napoletano **Sergio Fermariello,** hanno chiamato l'ufficio stampa americano, formulando una richiesta educata. Ok alla mostra, che si terrà al South Street Seaport, ma si potrebbe evitare di specificare che l'appuntamento è al molo 17? Come il 13 in America, il 17 porta sfortuna in italia e a qualcuno potrebbe dispiacere. «Le superstizioni vanno rispettate» ironizza il *NY Post* «anche dall'altra parte dell'Oceano». E così 17 è diventato Seventeen...

(Da «Il 17 porta sfortuna, il seventeen invece no», *Il venerdì*, 29 ottobre 2004, p. 23. © 2004 La Repubblica.)

1. Che cosa rivela degli italiani e delle loro superstizioni?
2. Quali sono le differenze fra italiani e altre persone?
3. Come immaginate potrebbe essere una simile situazione fra americani?

 B Cartomanzia. A coppie, esaminate le pubblicità che seguono e poi rispondete alle domande.

1. Che tipo di servizi offrono? Che cosa promettono?
2. Che linguaggio e immagini usano? Secondo voi, sono convincenti?
3. Sono simili alle pubblicità che appaiono sui giornali del vostro Paese?
4. Come sono diverse?

C I come italiani. Il brano che segue è tratto dal libro del giornalista Enzo Biagi, *I come italiani*. A coppie, leggete il titolo e il primo paragrafo del brano. Poi, pensando anche al titolo del libro, indicate quale credete che sia l'argomento del testo.

Leggiamo

Superstizione

Lo avrebbero stabilito tre medici inglesi: le linee della mano non mentono. Guardate bene il palmo: c'è scritto il vostro destino. Nella pelle è tracciata la parabola della vita; ... se c'è qualche segnetto trasversale, brutta faccenda[1]; se si interrompe subito: guai[2] imminenti.

È una vecchia diceria nella quale sembra venne coinvolto[3] anche Leonardo da Vinci, ritenuto solitamente persona seria. Il quale sarebbe andato a fare un controllo su alcuni caduti[4] durante una guerricciola[5]: se la teoria era vera, avrebbero avuto tutti la stessa traccia premonitrice. Non la vide e continuò a pensare, suppongo, che anche a chi ha lo sguardo acuto è difficile individuare, su qualche centimetro di epidermide, l'incidente automobilistico, l'epidemia di influenza tipo la micidiale «spagnola», una improvvisa intuizione di Mussolini che ti manda ad affrontare l'inverno russo.

Ho paura dei veggenti[6] e condivido l'affermazione Biblica: «Beato l'uomo perché non conosce la sua sorte[7]». In ogni caso, ho dato una rapida occhiata al mio arto[8] sinistro: bellissimo. ...

Gli italiani, in genere, vogliono sapere: il loro rapporto con il mistico e l'invisibile è intenso. Esercitano 150.000 maghi che combinano affari ogni anno per 1000 miliardi e sono protetti da sindacati[9] e da albi[10] corporativi.

I giornali ospitano la loro pubblicità e qualcuno appare anche in tv. Ai tradizionali chiromanti, cartomanti e veggenti si aggiungono gli ufologi, i pranoterapeuti, gli spiritisti, i sensitivi, i rabdomanti, i radioestesisti.

Hitler aveva il suo astrologo di fiducia, come la famiglia Reagan; Eisenhower si affidava ai tarocchi; tutti cercano di prevedere il futuro.

Ma c'è anche chi crede nell'oroscopo perché, secondo il filosofo Theodor W. Adorno, «soddisfa i desideri di persone convinte che altri sappiano su di loro e su quello che devono fare più di quanto non siano in grado di decidere da sé».

Quattro compatrioti su 5 lo consultano sui giornali e sulle riviste: le donne con maggiore intensità.

_____

(Da *I come italiani*, p. 198–199, di Enzo Biagi, 1993, Milano: Rizzoli. © 1993 RCS Libri S.p.A.)

[1]*matter* [2]*difficulties* [3]*become involved* [4]*fallen* [5]*battle* [6]*seers* [9]*unions* [10]*associations* [7]*destiny* [8]*hand*

Parliamo e discutiamo

A Superstizione. Brevemente riassumete le idee principali del testo.

 B È vero che...? A coppie, trovate informazioni nel testo per giustificare le seguenti affermazioni.

1. Voler conoscere il futuro fa parte della natura umana.
2. Anche le persone più realiste e intelligenti possono essere superstiziose.
3. L'autore del brano è anche un po' superstizioso.

C L'Italia e gli italiani. Rileggi il testo e trova tutte le informazioni sui seguenti argomenti.

1. Gli italiani sono molto superstiziosi.
2. In Italia il soprannaturale è diventato una grande industria.

D E nel tuo Paese? A coppie, discutete il ruolo della superstizione nel vostro Paese. Com'è simile e com'è diverso da quello in Italia?

Per conoscere l'Italia e gli italiani

A Federico Fellini. A coppie, osservate la pubblicità che segue e poi rispondete alle domande.

Maria Maddalena Fellini

A tavola con Federico Fellini

Le grandi ricette della cucina romagnola

introduzione di Tonino Guerra

Cosa amava il regista romagnolo? La sorella Maria Maddalena, recentemente scomparsa, presenta la grande cucina della regione, in un album di ricordi e ricette. Prefazione della nipote Francesca. IdeaLibri, €18,00.

Per gentile concessione della Rusconi Libri Srl.

1. Conoscete Federico Fellini? Avete visto qualche suo film?
2. Che cosa avete imparato di Fellini dalla pubblicità?
3. Il regista si può considerare un italiano «tipico» per quanto riguarda l'attaccamento alla sua terra? Come e perché?
4. Trovate la Romagna sulla cartina all'interno della copertina.

B La sagra. Leggi l'annuncio che segue e spiega di che tipo di festa si tratta. Che tipo di spettacoli e manifestazioni pensi che ci siano? Ci sono manifestazioni simili nel tuo Paese? Che cosa rivelano questo genere di feste?

Da Martedì 15 fino a Martedì 29 Giugno
SAGRA DEI SANTI PIETRO E PAOLO
Vigarano Pieve e Vigarano Mainarda
Info: 0532-715589.
Una sagra nata per promuovere iniziative sociali e culturali e difendere le tradizioni e il folclore, propone spettacoli di alto livello e la cucina della migliore tradizione ferrarese

(«L'agenda di Ferrara», *Anno 1*, N. 13, p. 6.)

C Le tradizioni italiane. A piccoli gruppi, riassumete quello che avete imparato delle tradizioni italiane. Come sono simili a quelle del vostro Paese? Come sono diverse? Prendete in considerazione le manifestazioni, la lingua, i prodotti e le specialità gastronomiche e il rapporto degli italiani con la loro città e regione.

In rete

Clicca sul sito di *Crescendo!* per il Capitolo 7: academic.cengage.com/ Italian/crescendo

A L'Italia. Rispondi alle domande che seguono.

1. Quante regioni ci sono in Italia?
2. Indica il nome e il capoluogo di due regioni nel nord, nel centro e nel sud.
3. Come si chiamano le due isole più grandi? Su quali prodotti si basa l'economia di queste due regioni?
4. Trova tre informazioni storiche interessanti sul Friuli Venezia Giulia.
5. Indica dove andresti in Italia per:
   a. passare una settimana al mare.
   b. sciare in inverno.
   c. fare trekking e campeggio.
   d. vedere famose opere d'arte rinascimentali.
   e. visitare un tipico borgo medievale.

B Il Calcio Storico Fiorentino. Trova informazioni sulla storia del Calcio Storico Fiorentino e sulle altre manifestazioni che si svolgono a Firenze in questo periodo.

C Il Palio di Siena. Trova informazioni sui seguenti argomenti.

1. Che cos'è il Palio di Siena?
2. Dove ha luogo la corsa?
3. Cosa sai delle contrade di Siena?
4. Che cos'è il Palio?

D Le sagre. Trova due sagre a cui ti piacerebbe partecipare. Prendi appunti e poi spiega alla classe di che cosa si tratta.

E Amarcord. Trova informazioni sul film di Fellini. Cosa vuol dire «amarcord»? Di cosa parla il film?

F I proverbi italiani. Trova informazioni sui proverbi italiani. Cosa noti del linguaggio in cui sono scritti? Come riflettono il regionalismo?

G I dialetti. Rispondi alle domande che seguono.

1. Quanti italiani parlano regolarmente un dialetto? In quali contesti?
2. In quali fasce di età si nota di più l'uso dei dialetti?
3. Quanti italiani si esprimono esclusivamente in dialetto?

Caro Diario

For your next journal entry, consider the question at the beginning of this chapter: **E tu, pensi che le tradizioni popolari siano ancora valide?** You may want to talk about your personal experience of popular traditions and discuss your favorite events. How are they meaningful to you and those around you? More broadly speaking, what do you think makes these events and traditions relevant in today's global society?

Strutture

La concordanza dei tempi del congiuntivo

The subjunctive has four tenses: the present, the past, the imperfect, and the past perfect. The present and past subjunctive are used in the subordinate clause when the verb in the main clause is in the present, future, or imperative. The present subjunctive is used to express an action that is occurring at the same time or after the action in the main clause.

(Oggi) **credo** che le giostre **arrivino** (oggi).	*(Today) I believe the rides are arriving (today).*
(Oggi) **credo** che le giostre **arrivino** (domani).	*(Today) I believe the rides will arrive (tomorrow).*

The past subjunctive is used to express an action that took place before the action in the main clause.

(Oggi) **credo** che le giostre **siano arrivate** (ieri).	*(Today) I believe the rides arrived (yesterday).*

The imperfect and past perfect subjunctive are used in the subordinate clause when the main verb is in a past or conditional tense. The imperfect subjunctive expresses an action that is occurring at the same time or after the action in the main clause.

(Lunedì) **pensavo** che le giostre **arrivassero** (lunedì).	*(Monday) I thought the rides were arriving (Monday).*
(Lunedì) **pensavo** che le giostre **arrivassero** (martedì).	*(Monday) I thought the rides were going to arrive (Tuesday).*
(Oggi) **vorrei** che le giostre **arrivassero** (oggi).	*(Today) I would like the rides to arrive (today).*
(Oggi) **vorrei** che le giostre **arrivassero** (domani).	*(Today) I would like the rides to arrive (tomorrow).*
(Lunedì) **avrei voluto** che le giostre **arrivassero** (lunedì).	*(Monday) I would have liked the rides to arrive (Monday).*
(Lunedì) **avrei voluto** che le giostre **arrivassero** (martedì).	*(Monday) I would have liked the rides to arrive (Tuesday).*

The past perfect subjunctive is used to express an action that took place before the action in the main clause.

(Lunedì) **pensavo** che le giostre **fossero arrivate** (domenica).	*(Monday) I thought the rides had arrived (Sunday).*
(Oggi) **vorrei** che le giostre **fossero arrivate** (ieri).	*(Today) I wish the rides had arrived (yesterday).*
(Lunedì) **avrei voluto** che le giostre **fossero arrivate** (domenica).	*(Monday) I would have liked for the rides to have arrived (Sunday).*

A **Le tradizioni regionali.** Completa le frasi scegliendo il tempo corretto del congiuntivo.

1. Penso che ancora oggi molte persone (parlino / abbiano parlato / parlassero / avessero parlato) in dialetto.
2. Non sapevo che le tradizioni regionali (siano / siano state / fossero / fossero state) così importanti in Italia.
3. Vorrei che noi (visitiamo / abbiamo visitato / visitassimo / avessimo visitato) un piccolo borgo italiano durante le prossime vacanze.
4. Credo che i miei genitori (vadano / siano andati / andassero / fossero andati) alla sagra del pesce spada l'anno scorso.
5. Non sapevo che anche voi (partecipiate / abbiate partecipato / partecipaste / aveste partecipato) a una manifestazione foclorística l'anno passato.
6. Avrei voluto che voi me lo (diciate / abbiate detto / diceste / aveste detto).

B **La sagra.** Cambia le seguenti frasi al passato.

1. Supponiamo che questa sagra sia molto importante.
2. Crede che i festeggiamenti comincino domani.
3. Dubito che abbiano già allestito le bancarelle.
4. È possibile che vengano molte persone.
5. Penso che le giostre siano già arrivate.
6. Bisogna che io assaggi tutti i prodotti tipici.
7. È necessario che noi vediamo i fuochi d'artificio.
8. Credo che domani facciano la processione.
9. Vorrei che tu venissi con me alla sagra.
10. Non so se i miei genitori abbiano visto i fuochi d'artificio ieri sera.

C **Sogni e aspirazioni.** Un uomo racconta come i suoi sogni e desideri sono cambiati attraverso gli anni. Completa le frasi con il tempo corretto del congiuntivo.

Quando ero piccolo volevo sempre che la mia famiglia _____ (1. avere) molti soldi. Speravo che la mia famiglia _____ (2. comprare) una casa in città. Preferivo che noi _____ (3. vivere) in una grande città. Immaginavo che in provincia le persone _____ (4. divertirsi) di più. Credevo che la città _____ (5. essere) triste e squallida. Mi dispiaceva che noi non _____ (6. traferirsi) in città.

Adesso invece sono contento che noi non _____ (7. trasferire) mai in città. Voglio solo che la mia famiglia _____ (8. essere) felice. Credo che si _____ (9. vivere) meglio in un piccolo paese di provincia.

D **Le tradizioni regionali.** Alcuni giovani discutono del regionalismo. Completa le frasi.

1. Penso che _____.
2. Dubitiamo che _____.
3. Preferiremmo che _____.
4. Sarebbe meglio che _____.
5. Mi dispiace che _____.

Il verbo *piacere* e altri verbi simili

The verb **piacere** and several other common verbs—**bastare**, **servire**, **occorrere**—are frequently used in the third-person singular or plural with an indirect object.

Mi piace la banda.	*I like the band.*
Ci servono dei costumi nuovi.	*We need new costumes.*

A Il verbo *piacere*

The verb **piacere** means to like something or someone. In construction, it is equivalent to the English *to be pleasing to*: the thing or person liked is the subject of the sentence, and the person who likes is the indirect object. **Piacere** is usually used in the third-person singular or plural.

Mi piace questa sagra.	*I like this village feast.*
Ti piacciono i fuochi d'artificio?	*Do you like the fireworks?*

Piacere can be used with an infinitive expressing what is liked.

A Luigi piace suonare nella banda.	*Luigi likes to play in the band.*
Gli piace suonare nella banda.	*He likes to play in the band.*

The use of **piacere** other than in the third person expresses affection between individuals.

Tu mi piaci.	*I like you.*
Le piacciamo.	*She likes us.*

1. **Piacere** is irregular in the present tense.

piacere			
io	piaccio	**noi**	piacciamo
tu	piaci	**voi**	piacete
Lei/lei/lui	piace	**Loro/loro**	piacciono

2. In compound tenses, **piacere** is always conjugated with **essere**. The past participle, **piaciuto**, agrees in number and gender with the subject (the thing liked).

Mi **sono** piaciuti i festeggiamenti.   *I liked the festivities.*

> The verb **dispiacere** is conjugated like **piacere**. It means *to be sorry*, in the sense of offering an apology or sympathy.
>
> Mi dispiace. Non posso venire alla sagra.
>
> *I'm sorry. I can't come to the village feast.*
>
> Gli è dispiaciuto sentire che non stanno bene.
>
> *He was sorry to hear they weren't feeling well.*
>
> In the negative, **dispiacere** can also mean *not to mind*.
>
> Non ci dispiace affatto andare al ballo in maschera.
>
> *We don't mind at all going to the costume party.*

B *Bastare, mancare, occorrere, restare, servire*

The verbs **bastare** (*to be enough, to suffice*), **mancare** (*to miss, to be lacking, to be out of*), **occorrere** (*to need, to be necessary*), **restare** (*to remain*), and **servire** (*to be useful, to need, to be necessary*) are identical to **piacere** in construction. That is, they are used with an indirect-object pronoun and frequently in the third-person singular or plural.

Non gli bastano i soldi.	*He doesn't have enough money.*
Mi mancate.	*I miss you.*
Ci occorrono altri due giorni per allestire le bancarelle.	*We need another two days to erect the stalls.*
Le restano pochi giorni.	*She only has a few days left.*
Vi serve il mio indirizzo?	*Do you need my address?*

In compound tenses, these verbs are always conjugated with **essere**. Their past participles agree with the subject in number and gender.

Le nostre amiche ci sono mancate.   *We missed our friends.*

I tuoi consigli mi sono serviti molto.   *Your advice has been very useful for me.*

ESERCIZI

A **Il pranzo di Natale.** Tu e alcuni amici organizzate un pranzo per Natale e discutete di cosa piace e non piace alle varie persone invitate. Completa le frasi con la forma corretta del verbo *piacere* e il pronome oggetto indiretto quando è necessario.

— Perché non prepariamo le lasagne per primo piatto? Credo che
(1) _____ a tutti.

— No, a Carlo non (2) _____ la pasta al forno. (3) _____ _____ solo gli spaghetti al pomodoro.

— No, non (4) _____ _____ la pasta al pomodoro. Allora prepariamo le tagliatelle al ragù. A te e a Carlo (5) _____ il ragù, no?

— Sì, (6) _____ _____. Prepariamo il vitello arrosto per secondo.

— No, la carne non (7) _____ a Luisa. Sai, com'è Luisa: (8) _____ _____ solo le verdure.

— Sì, ma ieri sera non (9) _____ _____ i pomodori alla griglia.

— Allora prepariamo una bell'insalata.

B **Una manifestazione culturale.** Tu e alcuni amici organizzate una manifestazione culturale e discutete di cosa vi serve. Completa le frasi.

1. Ci serve _____.
2. Ti occorrono _____.
3. Non vi basta _____.
4. Mi mancano _____.
5. Non gli bastano _____.

Il passato remoto

The past absolute is a simple past tense usually used to express events that occurred in the remote past or more recent past actions that have no continuing effect on the present.

Calvino raccolse e trascrisse   *Calvino gathered and transcribed*
fiabe regionali.   *regional fables.*

A Il passato remoto dei verbi regolari

The past absolute of regular verbs is formed by adding the characteristic tense endings to the verb stem. Note that second-conjugation verbs have two interchangeable sets of endings in the first-person singular and the third-person singular and plural.

	aggir**arsi**	cred**ere**	fin**ire**
io	mi aggir**ai**	cred**etti** (cred**ei**)	fin**ii**
tu	ti aggir**asti**	cred**esti**	fin**isti**
Lei/lei/lui	si aggir**ò**	cred**ette** (cred**è**)	fin**ì**
noi	ci aggir**ammo**	cred**emmo**	fin**immo**
voi	vi aggir**aste**	cred**este**	fin**iste**
Loro/loro	si aggir**arono**	cred**ettero** (cred**erono**)	fin**irono**

B Il passato remoto dei verbi irregolari

Most first- and third-conjugation verbs are regular in the past absolute, but many second-conjugation verbs are irregular. Most of these follow the 1-3-3 pattern: They are irregular only in the first- and third-person singular and the third-person plural. The first-person singular always ends in **-i**, the third-person singular in **-e**, and the third-person plural in **-ero**. Thus by memorizing the first-person singular, it is possible to figure out the other forms.

	avere	prendere
io	ebb**i**	pres**i**
tu	av**esti**	prend**esti**
Lei/lei/lui	ebb**e**	pres**e**
noi	av**emmo**	prend**emmo**
voi	av**este**	prend**este**
Loro/loro	ebb**ero**	pres**ero**

Among other verbs that follow this pattern are:

accendere *to light, to turn on*	**accesi**	perdere *to lose*	**persi**
		piacere *to like*	**piacqui**
accorgersi *to notice*	**mi accorsi**	piangere *to cry*	**piansi**
apparire *to appear*	**apparvi**	rimanere *to remain*	**rimasi**
cadere *to fall*	**caddi**	rispondere *to answer*	**risposi**
chiedere *to ask*	**chiesi**	sapere *to know*	**seppi**
chiudere *to close*	**chiusi**	scendere *to get off, to go down*	**scesi**
conoscere *to know*	**conobbi**		
correre *to run*	**corsi**	scrivere *to write*	**scrissi**
decidere *to decide*	**decisi**	spendere *to spend*	**spesi**
difendere *to defend*	**difesi**	succedere *to happen*	**successe** (*it happened*)
dipingere *to paint*	**dipinsi**		
discutere *to discuss*	**discussi**	vedere *to see*	**vidi**
leggere *to read*	**lessi**	venire *to come*	**venni**
mettere *to put, to place*	**misi**	vincere *to win*	**vinsi**
		vivere *to live*	**vissi**
nascere *to be born*	**nacqui**	volere *to want*	**volli**

In the appendix on pp. 446–456, you can find other verbs that are irregular in the past absolute.

1. The following verbs follow no pattern in the past absolute.

	essere	dare	stare
io	fui	diedi (detti)	stetti
tu	fosti	desti	stesti
Lei/lei/lui	fu	diede (dette)	stette
noi	fummo	demmo	stemmo
voi	foste	deste	steste
Loro/loro	furono	diedero (dettero)	stettero

2. In the past absolute as in many other tenses, the verbs **bere**, **dire**, **fare**, and compound verbs based on them, have stems drawn from archaic forms of the infinitive.

	bere (bev*ere*)	dire (dic*ere*)	fare (fac*ere*)
io	bevvi	dissi	feci
tu	bevesti	dicesti	facesti
Lei/lei/lui	bevve	disse	fece
noi	bevemmo	dicemmo	facemmo
voi	beveste	diceste	faceste
Loro/loro	bevvero	dissero	fecero

3. Compound verbs formed with **-porre** and **-durre** also form the past absolute with a stem obtained from archaic forms of the infinitive.

	proporre (propon*ere*)	condurre (conduc*ere*)
io	proposi	condussi
tu	proponesti	conducesti
Lei/lei/lui	propose	condusse
noi	proponemmo	conducemmo
voi	proponeste	conduceste
Loro/loro	proposero	condussero

C L'uso del passato remoto

The past absolute is used to express completed actions and events that have no continuing effects in the present. The **passato prossimo** is used for past actions and events that occurred in a time period that has not yet ended (*this week, this year*) or that continue to have an effect on the present. (The demonstrative adjective **questo** frequently introduces time expressions that accompany the **passato prossimo**.)

Questa mattina (stamattina) **ho visto** la processione del santo patrono.

This morning I saw the procession of the patron saint.

L'anno scorso vidi la processione del santo patrono.

Last year I saw the procession of the patron saint.

1. In everyday conversation, however, the choice between the **passato prossimo** and **passato remoto** is quite subjective. Often the choice of verb tense expresses the degree of psychological distance the speaker feels from the event.

Consultai un mago per la prima volta quando vivevo a Roma.	*I consulted a wizard for the first time when I lived in Rome.*
L'altro giorno ho letto il mio oroscopo.	*The other day I read my horoscope.*

2. Use of the **passato remoto** in conversation varies regionally. In much of northern Italy, the **passato remoto** is rarely used in conversation. In southern Italy, it is used far more frequently than the **passato prossimo.**

3. Although students of Italian will almost never use the **passato remoto** in conversation, it is important to recognize the forms when reading. Literary texts and most newspapers and magazines use the **passato remoto** frequently.

4. Consistency is important in the use of the **passato remoto** and the **passato prossimo**. One cannot alternate between them when relating actions and events that occurred at the same time in the past.

D L'uso dei tempi passati

The imperfect and past perfect are used with the past absolute in the same way they are used with the **passato prossimo**. The imperfect is used to describe habitual and recurring actions in the past, physical and psychological characteristics, external conditions, and actions not completed in a given span of time. The past perfect is used to refer to actions that occurred before other past actions.

Quando **avevo** sei anni **andai** al Palio di Siena per la prima volta.	*When I was six years old I went to the Palio of Siena for the first time.*
Non **andai** al Palio di Siena **l'anno scorso** perché ci **ero andata l'anno prima**.	*I did not go to the Palio of Siena last year because I had gone the year before.*

ESERCIZI

A La superstizione. Completa le frasi abbinando il soggetto della colonna A alle frasi della colonna B.

A	B
_____ 1. Noi	a. ci lesse le carte.
_____ 2. Tu	b. andammo da un cartomante.
_____ 3. Il cartomante	c. ci dicesti che non credevi nella magia.
_____ 4. Il mago	d. preparò una fattura.
_____ 5. Io	e. tornaste a casa.
_____ 6. Voi	f. toccaste ferro.
_____ 7. I fantasmi	g. ci spaventarono.
_____ 8. Tu e Mario	h. lessi il mio oroscopo.

B La sagra delle ciliegie. Il signor Condotti parla alla moglie di una sagra di molti anni fa. Completa il brano con la forma corretta del passato remoto.

1. Racconta come si prepararono per la festa.
    a. Quella mattina il suono di tamburi nelle strade mi _____ (svegliarsi). Io _____ (alzarsi), _____ (vestirsi) e _____ (scendere) in cucina.
    b. Mio padre _____ (salire) in camera dei miei fratelli per svegliarli. I miei fratelli _____ (scendere) in cucina e la mia mamma ci _____ (preparare) il caffellatte.
    c. I miei fratelli _____ (bere) tutto il caffellatte, ma io, nemmeno lo _____ (toccare).

2. Racconta cosa fecero.
    a. Io e mio padre _____ (uscire) insieme in paese. Noi _____ (fare) una passeggiata in piazza. Mio padre _____ (incontrare) un suo amico e loro _____ (mettersi) a discorrere.
    b. Io, invece, _____ (fermarsi) davanti a una bancarella di giocattoli e _____ (ammirare) a lungo un tamburo rosso.
    c. Mio padre _____ (venire) poco dopo e (lui) _____ (vedere) il tamburo e _____ (capire) che io lo volevo. (Lui) me lo _____ (comprare).

C La festa del santo patrono. Completa le frasi e racconta che cosa tu e alcuni tuoi amici faceste molti anni fa a una festa del santo patrono.

1. La mattina io _____ e _____, ma non _____.
2. Più tardi Giulio e Carlo _____. Noi _____ e _____.
3. Dopo io e Giulio _____. Carlo invece _____.
4. La sera tardi noi tutti _____ e _____.
5. Quella notte io _____.

D Cenerentola. Raccontate la famosa fiaba di Cenerentola. Completate le prime due parti con la forma corretta del passato remoto, l'imperfetto e il trapassato prossimo. Poi, a coppie, completate la terza parte della storia.

1. L'introduzione.
    _____ (1. Esserci) una volta una ragazza che _____ (2. chiamarsi) Cenerentola. La madre _____ (3. morire) quando lei _____ (4. avere) tredici anni. Qualche anno dopo, il padre _____ (5. risposarsi) con una vedova con due figlie. La matrigna e le sorellastre _____ (6. essere) molto cattive nei confronti di Cenerentola. La _____ (7. comandare) tutto il giorno e le _____ (8. fare) fare tutte le faccende di casa.

2. I preparativi per il ballo.
    Un giorno, il principe di quel paese _____ (9. decidere) di sposarsi. _____ (10. Invitare) tutte le ragazze del regno perché _____ (11. volere) scegliere la sua futura sposa. Le sorellastre di Cenerentola _____ (12. prepararsi) per il ballo. Cenerentola invece _____ (13. capire) che non _____ (14. potere) recarsi al ballo perché non

_____ (15. possedere) un bel vestito. Quando _____ (16. vedere) le sorellastre elegantissime che _____ (17. uscire) di casa per andare al ballo, Cenerentola _____ (18. mettersi) a piangere. Improvvisamente _____ (19. apparire) una buona fata (*fairy*) che _____ (20. trasformare) una grossa zucca in una carrozza, e _____ (21. fare) diventare gli stracci (*rags*) di Cenerentola un meraviglioso vestito da ballo. La fata _____ (22. dare) a Cenerentola anche un paio di scarpine di cristallo. La fata le _____ (23. ripetere) però che (lei) _____ (24. dovere) tornare a casa esattamente a mezzanotte.

3. Il ballo e la conclusione...

L'infinito, il gerundio e il participio passato

The past infinitive, past gerund, and past participle can be used to express an action that takes place before the action expressed by the verb in the main clause of a sentence *if the subject of the two actions is the same.*

Prima il pastore si alzò e poi si vestì.	*First the shepherd got up and then he got dressed.*
Dopo essersi alzato tardi, il pastore si vestì in fretta.	*After having gotten up late, the shepherd got dressed in a hurry.*
Essendosi alzato tardi, il pastore si vestì in fretta.	*Having gotten up late, the shepherd got dressed in a hurry.*
Alzatosi tardi, il pastore si vestì in fretta.	*Having gotten up late, the shepherd got dressed in a hurry.*

A La formazione dell'infinito, gerundio e participio passato

1. The past infinitive is formed with the present infinitive of **avere** or **essere** + the past participle of the verb. **Avere** and **essere** usually drop the final **-e**. The past participle of verbs conjugated with **essere** agrees with the subject of the sentence.

Dopo avermi letto la mano, il mago mi diede un talismano.	*After having read my palm, the wizard gave me an amulet.*
Dopo essere rientrati, i ragazzi hanno letto una fiaba.	*After having returned home, the kids read a fairy tale.*

To indicate that one action preceded another, the past infinitive is preceded by **dopo**.

2. The past gerund is formed with the present gerund of **avere** or **essere** + the past participle. The past participle of verbs conjugated with **essere** agrees with the subject of the sentence.

Avendo consultato il mago, mi innamorai del mio vicino di casa.	*Having consulted the wizard, I fell in love with my next door neighbor.*
Essendoci seduti, mostrammo al mago le foto.	*Having sat down, we showed the wizard the photos.*

3. The past participle of regular verbs is formed by adding **-ato** to the verb stem of **-are** verbs, **-uto** to the stems of **-ere** verbs, and **-ito** to the stem of **-ire** verbs. The past participle can be used without an auxiliary verb instead of a past infinitive or a past gerund, as shown in the examples. With verbs normally conjugated with **avere**, the past participle agrees with the object in number and gender. With verbs conjugated with **essere**, the past participle agrees with the subject in number and gender.

Vist**i i fantasmi**, usciremo.
Dopo avere visto i fantasmi, usciremo.   *Having seen the ghosts, we will go out.*
Avendo visto i fantasmi, usciremo.

Entrat**a** in casa, **Carla** ha sentito
uno strano rumore.
Dopo essere entrata in casa, **Carla** ha   *Having entered the house, Carla heard*
sentito uno strano rumore.   *a strange noise.*
Essendo entrata in casa, **Carla** ha
sentito uno strano rumore.

B I pronomi con l'infinito, il gerundio e il participio passato

Reflexive, direct-, and indirect-object pronouns are attached to **avere** and **essere** with the past infinitive and gerund.

Dopo aver**gli** parlato, ti telefonerò.   *After having spoken to him, I'll call you.*
Avendo**gli** parlato, ti telefonerò.   *Having spoken to him, I'll call you.*

Reflexive, direct-, and indirect-object pronouns are attached to the past participle.

Parlato**gli**, ti telefonerò.   *Having spoken to him, I'll call you.*

ESERCIZI

A **Il ballo in maschera.** Raffaella racconta i preparativi per una festa in maschera a cui partecipò molti anni fa. Completa le frasi con la forma corretta del verbo.

1. Dopo _____ (vedere) il costume in vetrina, _____ (entrare) nel negozio.
2. _____ (Misurarmelo), _____ (decidere) di comprarlo.
3. _____ (Pagare) il costume, lo _____ (portare) a casa.
4. _____ (Portarlo) a casa, _____ (notare) che bisognava stirarlo.
5. Dopo _____ (stirarlo), lo _____ (appendere) nell'armadio.
6. La sera, dopo _____ (truccarsi), _____ (mettersi) il costume.
7. _____ (Mettersi) il costume, _____ (ricordarsi) che non avevo comprato una maschera.

B **Le feste.** A coppie, raccontate che cosa le seguenti persone fecero a una festa di paese. Completate le frasi con l'infinito, il gerundio o il participio passato.

1. _____, Carlo e Mario uscirono.
2. _____, Lisa prese il cellulare e telefonò all'amica.
3. Dopo _____, guardaste la processione.
4. _____, io vidi alcuni miei amici.
5. Dopo _____, tu andasti da Mario.
6. _____, assaggiammo le specialità della zona.

Ascoltiamo

La macchina ammazzaerrori

Il professor Grammaticus ha inventato una strana macchina, la macchina ammazzaerrori, per eliminare tutti gli errori di pronuncia. Ascolta la fiaba «La macchina ammazzerrori» di Gianni Rodari mentre guardi il testo e poi rispondi alle domande che seguono.

Una volta il professor Grammaticus inventò la macchina ammazzaerrori.

— Girerò l'Italia, — Egli annunciò alla sua fida domestica, — e farò piazza pulita di tutti gli errori di pronunicia, di ortografia e simili.

— Con quella roba lì?

— Non è una roba, è una macchina. Funziona come un aspirapolvere, aspira tutti gli errori che circolano nell'aria. Batterò regione per regione, provincia per provincia. Ne parleranno i giornali, vedrai.

— Oh, basta là, — commentò la domestica. E per prudenza non agglunse altro.

— Comincerò da Milano.

A Milano il professore andò a sedersi a un tavolino di caffè, in Galleria, mise in funzione la macchina e attese. Non ebbe molto da attendere. Ordinò un tè al cameriere, e il cameriere, milanese purosangue, gli domandò con un inchino:

— Ci vuole il limone o una *sprussatina* di latte?

Le due *esse* erano appena uscite al posto delle due *zeta* dalla sua bocca lombarda, poco amica dell'ultima consonante dell'alfabeto, che la macchina ammazzaerrori indirizzò energicamente il suo tubo aspirante in faccia al cameriere.

— Ma cosa fa? A momenti mi portava via il naso con quella roba lí.

— Non è una roba, — precisò il professor Grammaticus, — è una macchina. Sono ancora poco pratico nell'usarla.

— E allora, perché la fa *funsionare*?

Splaff! Il tubo aspirante guizzò in direzione della nuova «esse» e colpì il cameriere all'orecchio destro.

— Ohei! Ma lei mi vuole proprio *ammassare*!

Sploff! Nuova sberla volante, questa volta sull'orecchio sinistro.

Il cameriere cominciò a gridare: — Aiuto, aiuto! C'è un *passo*! …

Il professor Grammaticus, dopo infiniti sforzi e sospiri, riuscí a schiacciare il tasto giusto e a far star cheta la sua macchina.

— Ce l'ha la *licensa*?

Cielo, un vigile urbano.

— Licenza! Licenza!, con la zeta, — gridò Grammaticus.

— Con la *seta* o *sensa*, ce l'ha la *licensa*? Si può mica andare in giro a vendere elettrodomestici senza *autorissasione*. … Gli convenne seguire il vigile al comando, pagare una multa, pagare la tassa per la licenza e ascoltare un discorsetto sull'onestà in commercio. … La sera sbarcò a Bologna, deciso a fare un'altra prova.

Si cercò un albergo, si fece assegnare una stanza e stava già per andare a dormire quando il portiere dell'albergo lo richiamò.

— Mi scusi bene, sa, mi deve *lassiare* un documento.

Squash! La macchina ammazzaerrori scattò.

— Ben, ma cosa le salta in mente?

— Abbia pazienza, non l'ho fatto apposta. Lei però è proprio un bolognese…

— E cosa vuole trovare a Bologna, i caracalpacchi? …

Il professor Grammaticus corse a barricarsi in camera, ma il portiere lo seguí, cominciò a tempestare di pugni la porta chiusa a chiave e gridava:

— Apra quell'*ussio*, apra quell'*ussio*!

Sprook! *Spreeek*! Anche il tubo aspiraerrori, dal di dentro, batteva contro la porta, nel vano tentativo di raggiungere l'errore di pronuncia tipico dei vecchi bolognesi.

— Apra quell'*ussio*, o chiamo le guardie.

Squak! *Squok*! *Squeeeek*!

Batti di fuori, batti di dentro, la porta andò in mille pezzi.

Il professor Grammaticus pagò la porta, tacitò il portiere con una ricca mancia, chiamò un taxi e si fece riportare alla stazione.

Dormí qualche ora sul treno per Roma, dove giunse all'alba.

— Mi sa indicare dove posso prendere il filobus numero 75?

— Proprio davanti alla *stazzione*, — rispose il facchino interpellato.

(Dovete sapere che, se i milanesi danno scarsa importanza alla zeta, i romani gliene danno troppa. Tutte le zeta ripudiate a Milano si radunano a Roma, e fanno gazzarra.)

Il professore schiacciò il tasto con il mignolo, sperando finalmente di ottenere un buon risultato. Le altre volte lo aveva schiacciato con il pollice. Ma la macchina, si vede, non faceva differenza tra le dita. Un colpo bene (o male) assestato fece volar via il berretto del facchino.

— Aho! E ched'è, un attentato?

— Ora le spiego...

— No, no, te la spiego io la *situazzione*, — fece il facchino, minaccioso.

Questa volta il tubo colpí la vetrina del giornalaio, perché il facchino aveva abbassato prontamente la testa.

Si udí una grandinata di vetri rotti. Uscí il giornalaio gridando: — Chi è che fa'sta *rivoluzzione*?

La macchina lo mise K.O. con un *uppercut* al mento.

Accorsero gli agenti. Il resto si può leggere nel verbale della Pubblica Sicurezza.

Alle tredici e quaranta il professor Grammaticus riprendeva tristemente il treno per il Nord.

La macchina? Eh, la macchina aveva tentato di mettere zizzania anche tra le forze dell'ordine: c'erano in questura, tra gli agenti, torinesi, siciliani, napoletani, genovesi, veneti, toscani. Ogni regione d'Italia era rappresentata. Rappresentata anche s'intende, da tutti i difetti di pronuncia possibili e immaginabili. La macchina era scatenata, impazzita. Fu ridotta al silenzio a martellate, non ne rimase un pezzetto sano.

Il professore, del resto, aveva capito che la macchina esagerava: invece di ammazzare gli errori rischiava di ammazzare le persone. Eh, se si dovesse tagliar la testa a tutti quelli che sbagliano, si vedrebbero in giro soltanto colli!

(Da Gianni Rodari, «La macchina ammazzaerrori», pp. 59–64, *Il libro degli Errori*, 1993, Torino: Einaudi Ragazzi. © 1997 Einaudi Ragazzi.)

A Vero o falso? Indica quali delle seguenti affermazioni sono vere e quali false.

———— 1. Il professor Grammaticus probabilmente insegna matematica.

———— 2. Il professor Grammaticus ha inventato una macchina speciale per pulire la casa.

———— 3. La correttezza linguistica è molto importante per il professor Grammaticus.

———— 4. Il professore ha intenzione di viaggiare nelle varie regioni italiane per correggere la pronuncia di tutti.

———— 5. In Italia non ci sono molte differenze di pronuncia da una provincia all'altra.

———— 6. I milanesi e i bolognesi sono gli unici ad osservare le regole di pronuncia dell'italiano.

———— 7. I romani non pronunciano mai la zeta.

———— 8. Alla fine il professor Grammaticus riesce a correggere tutti gli errori nella lingua italiana.

B La morale. A piccoli gruppi, discutete la morale della fiaba.

Testi e contesti

COSA SAPPIAMO DI ITALO CALVINO?

Leggi le notizie biografiche che seguono e poi rispondi alle domande.

*I*talo Calvino nacque a Santiago de las Vegas, a Cuba, nel 1923 da genitori italiani. Tornò con la famiglia in Italia quando era ancora bambino e visse a Sanremo. Partecipò alla guerra partigiana e dopo la seconda guerra mondiale si trasferì a Torino dove lavorò presso la casa editrice Einaudi. Visse anche a Parigi per molti anni. Morì nel 1985 a Siena.

Nel 1947 scrisse il suo primo romanzo, *Il sentiero dei nidi di ragno*, al cui centro è la guerra partigiana. In questo primo romanzo di tono neorealista sono già evidenti quelli che saranno i motivi dominanti della sua narrativa, cioè il gusto per la fiaba, ma allo stesso tempo un chiaro interesse storico e sociale. Calvino pensava che la letteratura avesse una precisa funzione didattica cosicché, nonostante il tono fiabesco e fantastico, i suoi scritti letterari hanno sempre un deciso impegno morale.

Fra le sue opere sono da ricordare: *Ultimo viene il corvo* (1949), la trilogia dei *Nostri antenati* (*Il visconte dimezzato*, 1952; *Il barone rampante*, 1957; *Il cavaliere inesistente*, 1959), *I Racconti* (1958), *Le cosmicomiche* (1965), *Ti con zero* (1967), la raccolta delle *Fiabe italiane* (1956), *Marcovaldo* (1963), *Le città invisibili* (1972), *Se una notte d'inverno un viaggiatore* (1979) e *Palomar* (1983).

Domande: 1. Quando e dove nacque Italo Calvino? 2. Dove visse? 3. Che cosa fece durante la seconda guerra mondiale? 4. Quali sono alcune delle sue opere più importanti? 5. Che cosa rivelano del suo stile i titoli delle sue opere?

PRIMA DI LEGGERE

A **Cosa sapete delle *Fiabe italiane*?** Il racconto che leggeremo è tratto dal volume *Fiabe Italiane*. Prendendo in considerazione il titolo della raccoltà, a coppie rispondete alle domande che seguono.

1. Che tipo di testi pensate che ci siano in questa raccolta?
2. Quali sono le caratteristiche principali delle fiabe? In che modo si riferiscono alle tradizioni e alla cultura popolare? Perché sono importanti?
3. Chi è il pubblico ideale delle fiabe?

B **Marzo e il pastore.** Leggi il primo paragrafo della fiaba e poi a coppie rispondete alle domande che seguono.

1. Dove pensate che abbia luogo questa fiaba? Perché?
2. Chi pensate che siano i personaggi principali?
3. Completate lo schema che segue con le informazioni richieste.

Le stagioni dell'anno	I mesi	Le condizioni atmosferiche

4. Cosa sapete del personaggio principale della fiaba? Quali tre aggettivi descrivono meglio il suo carattere? Perché?
5. Immaginate come si potrebbe concludere la storia.

MENTRE LEGGETE

Sottolineate tutte le informazioni che parlano del carattere dei mesi e del pastore.

Leggiamo

Marzo e il pastore

C'era un pastore che aveva più pecore[1] e montoni[2] di quanti grani di sabbia cha la riva[3] del mare. Con tutto questo, stava sempre con l'anima in pena per la paura che gliene morisse qualcuna[4]. L'inverno era lungo, e il pastore non faceva che supplicare i Mesi: — Dicembre, siimi propizio[5]! Gennaio, non mi 5 uccidere le bestie col gelo! Febbraio, se sei buono con me ti renderò sempre onore!

I mesi stavano ad ascoltare le preghiere del pastore, e sensibili come sono ad ogni atto di omaggio[6], le esaudivano[7]. Non mandarono né pioggia né grandine, né malattie del bestiame, e le pecore e i montoni continuarono a pascolare[8] 10 tutto l'inverno e non presero nemmeno un raffreddore.

Passò anche Marzo, che è il mese più difficile di carattere; e andò bene. S'arrivò all'ultimo giorno del mese, e il pastore ormai non aveva più paura di niente; adesso si era all'Aprile, alla primavera, e il gregge[9] era salvo. Smise il suo solito tono supplichevole, e prese a sghignazzare[10] e fare il gradasso[11]: — O 15 Marzo! O Marzo! Tu che sei lo spavento dei greggi, a chi credi di far paura? Agli agnellini[12]? Ah, ah, Marzo, io non temo più! Siamo in primavera, non mi puoi fare del male, Marzo dei miei stivali[13], puoi andartene proprio a quel paese!*

A udire quell'ingrato che osava[14] parlare così a lui, Marzo si sentì saltare la mosca al naso[15]. Impermalito[16] corse a casa di suo fratello Aprile e gli disse:

20   O Aprile mio fratello,
Imprestami[17] tre dei tuoi dì[18]
Per punire il pastorello
che lo voglio far pentir[19].

Aprile, che a suo fratello Marzo era affezionato, gli prestò i tre giorni. Marzo 25 per prima cosa fece una corsa tutt'intorno al mondo, raccolse i venti, le tempeste e le pestilenze che c'erano in giro e scaricò[20] tutto addosso[21] al gregge di quel pastore. Il primo giorno morirono i montoni e le pecore che non erano tanto in gamba[22]. Il secondo giorno toccò[23] agli agnelli. Il terzo giorno non restò una bestia viva in tutto il gregge, e al pastore rimasero solo gli occhi per 30 piangere.

(Da «Marzo e il pastore», pp. 677–678, di Italo Calvino, *Fiabe italiane, vol. ii*, 1986, Milano: Arnoldo Mondadori Editore S.p.A. © 1986 Arnoldo Mondadori Editore S.p.A.)

[1]*sheep;* [2]*rams*
[3]*shore*
[4]*one of them could die*
[5]*be favorable to me*

[6]*homage;* [7]*granted*
[8]*graze*

[9]*flock*
[10]*laugh scornfully;*
[11]*braggart*
[12]*little lambs*
[13]*third-rate (lit., of my boots);* [14]*dared*
[15]*got upset;* [16]*offended*

[17]*Lend me;* [18]*days*

[19]*repent*

[20]*unleashed;* [21]*on*

[22]*in good shape;* [23]*it was the turn of*

* *Puoi andartene a quel paese* è espressione volgare equivalente a *you can go to hell.*

Comprensione del testo. Indica quali delle seguenti affermazioni sono vere e quali false. Correggi le affermazioni false.

1. La fiaba ha luogo in un ambiente dolce e piacevole.
2. Il pastore era molto ricco.
3. Il pastore era un uomo buono, umile e generoso.
4. Marzo e Aprile non hanno un buon rapporto.
5. I Mesi non hanno molto potere sugli esseri umani.
6. La conclusione della fiaba è molto ottimista.

PARLIAMO E DISCUTIAMO

1. La fiaba si è conclusa come tu pensavi che si sarebbe conclusa? Che differenze ci sono fra la conclusione della fiaba e quella che tu avevi immaginato?
2. Com'era il rapporto del pastore con i mesi al principio della fiaba? Come cambiò l'atteggiamento del pastore alla fine di marzo? Perché?
3. Cosa fece Marzo per vendicarsi?
4. Come sono rappresentati i mesi nella fiaba?
5. A coppie, discutete i seguenti proverbi: «Aprile, dolce dormire», «Marzo pazzarello, un po' ride, un po' porta l'ombrello». Come riflettono questi proverbi popolari la rappresentazione dei mesi nella fiaba? Conoscete proverbi simili nella vostra lingua? Quali immagini di marzo e aprile usano?
6. Rileggete l'immagine del pastore al principio della fiaba. Com'è cambiata alla fine?
7. A coppie, discutete la morale della fiaba. Conoscete altre fiabe con una morale simile? Quali?
8. A coppie, inventate un proverbio basato sulla morale della fiaba.
9. Quali elementi della fiaba sono tipicamente italiani secondo te? Come e perché diresti che l'ambiente della fiaba è italiano?

Per scrivere

Come scrivere una fiaba

*W*riting a fairy tale can be a fun and creative task. Fairy tales are simple narratives usually written in the third person. Most have imaginary good and bad characters and a conflict that has to be resolved. They usually take place in unrealistic settings. And, almost all have a moral, a message they want to get across; in fact, a fairy tale is frequently a practical demonstration of a specific moral message.

In Italian, fairy tales are narrated in the **passato remoto**, and they frequently begin with the words **C'era una volta...**

PRIMA DI SCRIVERE

Follow these steps to plan and write your story.

1. Start by deciding on the message you want to convey.
2. Decide how you can illustrate your message with a story: Who will the characters be and what will they be like? What will happen to them? Establish a conflict and the events that will introduce it, and decide how it will be resolved.
3. Decide when and where your story will take place.
4. Begin to write, using the words **C'era una volta...** to introduce your main characters. Establish briefly as well the time and setting, remembering to use the imperfect tense as appropriate.
5. Now, narrate your story, using the **passato remoto** to narrate the events leading up to the conflict and to relate the aftermath.

ADESSO SCRIVIAMO

Keeping these steps in mind, write a fairy tale from one of the perspectives suggested in the **Temi** section below. After you have re-read and checked your story, exchange papers with a partner and see if he/she can figure out what your moral is.

Temi

1. Racconta una fiaba del tuo Paese con una conclusione interessante e a sorpresa.
2. Racconta un'esperienza tua o di una persona che conosci sui fantasmi oppure una leggenda del tuo Paese.
3. Scrivi una fiaba moderna.

Capitolo 8

© Cubo Images/Index Stock

Mangiare all'Italiana

E a te, come piace mangiare?

248

Facciamo conversazione

Tradizioni culinarie regionali

A **I sapori mediterranei.** Osserva le foto e rispondi alle domande che seguono.

1. Cosa hanno in comune questi piatti? Come pensi che questi piatti riflettano la cucina mediterannea tradizionale?
2. Ne riconosci qualcuno? Quali piatti mangeresti più volentieri? Perché?
3. A coppie, fate una lista degli ingredienti di almeno tre dei piatti e indicate se si tratta di antipasti, primi, secondi, contorni o dolci.

B **Un nuovo locale.** A piccoli gruppi, immaginate di essere i proprietari di un nuovo ristorante italiano. Decidete il menu completo che servirete per la serata di apertura del locale. Poi leggete il vostro menu alla classe e spiegate agli studenti che cosa servite e perché. La classe sceglie il menu più vario e gustoso.

1. antipasti
2. primi piatti
3. secondi piatti
4 contorni
5. dolci e frutta
6. bevande

C La preparazione. Quali dei verbi che seguono associ con la preparazione di questi piatti?

1. gli spaghetti al pomodoro
2. le patatine fritte
3. l'insalata mista
4. l'arrosto di vitello
5. la zuppa di verdure
6. una frittata di riso, asparagi e formaggio

a. aggiungere
b. far bollire
c. condire
d. cucinare
e. cuocere al forno
f. friggere
g. grattuggiare (*grate*)
h. mescolare
i. tagliare
j. scolare (*to drain*)
k. soffriggere
l. sbattere
m. tritare (*mince*)

 D Per che cosa si usa? A coppie, indicate quando e/o per che cosa si usano i seguenti attrezzi ed elettrodomestici.

1. il coltello
2. il frullatore
3. lo scolapasta
4. la ciotola (*bowl*)
5. l'oliera (*cruet*)
6. la pentola
7. l'insalatiera

8. la padella
9. il tagliere (*cutting board*)
10. la lavastoviglie
11. il forno
12. i fornelli
13. la griglia

Il cibo come cultura

L'osteria DA UGO offre la degustazione di tipici piatti veronesi e pregiati piatti veneti. Osteria Da Ugo, Vicolo Dietro Sant'Andrea, 1/B, Tel. & Fax.: 045 594400.

È questa «regionalità» (diciamo meglio questa dimensione locale, che si aggrega attorno alla città e ai loro territori) a fare, oggi, la forza[1] della cucina italiana, a renderla non solo competitiva, ma, nell'insieme, più attuale di altre cucine, come la francese, storicamente attestate su un modello unitario, «nazionale», di regole[2] culinarie. La debolezza dell'Italia-nazione si è trasformata, alla lunga[3], in un punto di forza.

[1]*strength* [2]*rules* [3]*in the long run*

(Da *Il cibo come cultura*, p. 114, di Massimo Montanari, Rome: Laterza, Rome-Bari. © 2004 Laterza, Rome-Bari.)

A La regionalità. A coppie, rispondete alle domande che seguono.

1. Secondo l'autore, «la regionalità» è un aspetto positivo o negativo della cucina italiana? Perché?
2. Quali pensate che siano le caratteristiche della cucina locale di cui parla Montanari?
3. Sempre secondo l'autore, qual è la differenza fra la cucina italiana e quella di altre nazioni come la Francia?
4. Come definireste la cucina del vostro Paese, regionale o nazionale? Perché?
5. A che cosa pensate si riferisca l'autore quando parla della «debolezza dell'Italia-nazione»?

B Osteria Da Ugo. Descrivi la foto dell'osteria. Quali aggettivi descrivono meglio l'ambiente? Dove pensi che si trovi quest'osteria? Secondo te, si tratta di cucina locale o nazionale? Perché?

L'alimentazione non è solo una necessità biologica. Ogni popolo infatti ha le proprie tradizioni culinarie che riflettono una particolare cultura e storia. L'alimentazione, i riti e le abitudini associati ad essa sono un indice non solo dei gusti di una società, ma anche di particolari condizioni socioeconomiche.

In Italia prevale la cucina regionale, cioè di piatti e prodotti locali tipici della zona. Questo «gusto della geografia» è fortemente legato all'identità regionale. In Italia, i piatti e gli ingredienti di base variano da regione a regione e da città a città, a seconda dei prodotti locali, delle risorse disponibili e delle tradizioni. Infatti, più che di una cucina italiana, si deve parlare di una cucina veneta, veronese, emiliana, mantovana, calabrese, ecc.

PAROLE UTILI

Per parlare della cucina tradizionale

assaggiare *to taste*
il buongustaio *gourmet*
coltivare *to grow*
il gusto *taste*
la pietanza / la portata *course, dish*
la ricetta *recipe*
il sapore / i sapori *taste / flavors*

Per descrivere il cibo

cotto/-a *cooked*
crudo/-a *raw*
dolce *sweet*
fresco/-a *fresh*
genuino/-a *natural, pure, unprocessed*
innovativo/-a *original, inventive*
insipido/-a *bland, tasteless*
leggero/-a *light*
pesante *heavy*
piccante *spicy*
raffinato/-a *sophisticated, refined*
sano/-a *healthy*
saporito/-a *tasty, full of flavor*

squisito/-a *exquisite, delicious*
stagionale *seasonal*
trattato/-a *processed*

Per parlare degli ingredienti

l'aglio *garlic*
gli alimenti biologici *organic foods*
la cipolla *onion*
il condimento *dressing*
le erbe / i profumi dell'orto *herbs / aromatic plants*
gli ingredienti freschi/naturali/
    semplici/tradizionali/di qualità *fresh/ natural/simple/traditional/quality ingredients*
i legumi *legumes*
gli ortaggi freschi/le verdure fresche *fresh vegetables*
l'orto *vegetable garden*
il prodotto locale/stagionale/della terra *local/seasonal/fresh* (lit., *from the earth*) *produce*
le spezie *spices*

Le erbe dell'orto
l'alloro *laurel*
il basilico *basil*
la menta *mint*
l'origano *oregano*
il prezzemolo *parsley*
il rosmarino *rosemary*
la salvia *sage*
il timo *thyme*

LE PAROLE IN PRATICA

 A L'intruso. A coppie, indicate la parola che non c'entra e spiegate perché.

1. le erbe   i legumi   le spezie
2. saporito   squisito   insipido
3. il gusto   il sapore   il condimento
4. la cipolla   l'orto   l'aglio
5. piccante   genuino   fresco
6. dolce   cotto   crudo

B L'opposto. Indica l'opposto dei seguenti aggettivi.

1. semplice
2. pesante
3. tradizionale
4. insipido
5. naturale
6. disgustoso
7. genuino
8. dolce
9. cotto

C Che cos'è? Indica di cosa si tratta.

1. Le usiamo per dare sapore alle cose che prepariamo.
2. Ci coltiviamo le verdure, le erbe e gli ortaggi.
3. Li mettiamo nel minestrone.
4. Sono ingredienti che provengono dalla zona.
5. Sono prodotti che non sono stati trattati.
6. La troviamo sui libri di cucina e la seguiamo attentamente quando cuciniamo qualcosa.
7. Sono prodotti coltivati senza pesticidi e fertilizzanti secondo metodi naturali.
8. Li usiamo per arricchire i sapori degli alimenti che mangiamo.
9. Lo facciamo continuamente mentre cuciniamo per vedere se il cibo è saporito e cotto al punto giusto.
10. Sono altre parole per indicare «piatto».
11. È una persona che apprezza la buona cucina.
12. Si dice di un prodotto che è disponibile solo in certe stagioni.

D Quali erbe? Completa le parole e scopri di quale erba si tratta.

1. _ _ _ _ g a n o
2. m _ _ _ t a
3. a _ _ _ o r o
4. p _ _ _ z z _ _ _ _ _ _
5. r o s _ _ _ _ _ _ _
6. s a l _ _ _ _

DISCUTIAMO INSIEME

 A La cucina. Rispondi alle domande che seguono e poi paragona le tue risposte a quelle di un compagno/una compagna. Avete le stesse risposte?

Studia l'imperativo informale e formale.

1. Ti piace la cucina italiana? Quali sono alcuni dei tuoi piatti preferiti? Li trovi sempre in tutti i ristoranti italiani e con lo stesso nome? Perché?
2. Quali sono alcuni piatti tipici del tuo Paese?
3. Conosci alcuni degli ingredienti principali su cui si basa la cucina italiana? Su quali ingredienti si basa quella del tuo Paese?
4. Quali sono alcune caratteristiche della cucina italiana? e di quella del tuo Paese?
5. Normalmente mangi i piatti tipici del tuo Paese o di altri Paesi? Quali? Perché?

B A Torre Pellice. Esamina la foto e leggi il testo e poi a coppie, rispondete alle domande che seguono.

Ogni giorno Walter e Gisella Eynard selezionano i migliori prodotti di primissima qualità (spesso Presidi di Slow Food*) che riescono a trasformare in sapori da ricordare per sempre. Producono formaggi e salumi di ottima qualità per il loro locale, Flipot, a Torre Pellice in provincia di Torino. Nella cantina[1] di questa vecchia cascina[2] del '700 si possono trovare più di 700 vini diversi.

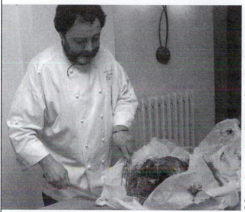

© Per gentile concessione di Walter e Gisella Eynard.

La passione di un noto chef. *Far conoscere la «sua» cucina valdese, realizzata con verdure dell'orto, formaggi della zona, ed erbe spontanee.*

[1]*wine cellar* [2]*farmhouse*

(Per gentile concessione di Walter e Gisella Eynard.)

1. Sapete dov'è Torino? Cercatela sulla cartina all'interno della copertina.
2. Indicate quattro informazioni che adesso sapete dello chef Walter Eynard.
3. Cosa sapete del suo locale e della sua cucina? Pensate che si tratti di cucina del territorio, nazionale o internazionale? Perché?
4. Quali aggettivi descrivono meglio la cucina dello chef Eynard? Perché?
5. Conoscete un locale simile a Flipot nel vostro Paese? Descrivetelo. Quali sono alcune delle sue specialità?

*Sono prodotti eccellenti, spesso coltivate secondo tecniche di lavorazione tradizionale, che rischiano di scomparire.

C La pasta. Leggi l'articolo e poi rispondi alle domande che seguono.

Patriot-News, Paul Chaplin/AP Photo

Semola di grano duro e acqua: solo due ingredienti per le mille qualità e gli infiniti formati dell'alimento simbolo della gastronomia italiana

La pasta. Ogni riferimento alla sua «italianità» suonerebbe banale: esiste forse un altro alimento che esprima meglio la nostra cultura? Un italiano su due la porta in tavola ogni giorno e chi non la mangia quotidianamente lo fa, come minimo, due o tre volte la settimana. Tradotto in cifre, significa una media di 28 chili pro-capite ogni anno, contro gli 8 chili dei Greci, al secondo posto tra i consumatori in Europa. Eppure, proprio noi italiani, abituati alla sua presenza in tavola, finiamo spesso per dedicare alla pasta poca attenzione, relegandola al ruolo di semplice supporto per il sugo[1], quasi non avesse un gusto proprio. In realtà, oltre alla sua consistenza, è soprattutto attraverso il sapore e la fragranza del suo aroma che il prodotto di qualità interviene da protagonista, contribuendo all'equilibrio[2] e alla riuscita[3] di ogni piatto.

[1]*sauce* [2]*balance* [3]*success*

(Da «Guida prodotto» *Viaggiesapori*, luglio 2004, p. 114.
© 2004 Editrice Quadratum S.p.A.)

1. Dopo aver letto l'articolo, racconta a un compagno/una compagna le informazioni principali del testo.
2. A coppie, discutete altre cose che sapete di questo prodotto. Quali qualità e formati conoscete? Come li abbinate?
3. C'è un prodotto simile nel vostro Paese? Discutetene a coppie e poi parlatene con la classe.

D **Biscotti regionali.** Anche i biscotti, di mille forme e sapori, esprimono la territorialità e le tradizioni italiane. I biscotti sono consumati nel 97% delle famiglie italiane e rappresentano il 30% del consumo di dolci in Italia. Ci sono più di 200 varietà di biscotti tradizionali. Leggi la descrizione di alcuni di questi e poi a coppie rispondete alle domande che seguono.

© Andrea "Slim" Donetti

Tipicità Dolcezze tradizionali d'Italia

Dal Piemonte alla Sardegna, guida alle produzioni artigianali di qualità, caratterizzate da ricette antiche e dall'utilizzo di prodotti del territorio

I CANTUCCI TRADIZIONALI–TOSCANA

I cantucci sono tra i biscotti più rinomati[1]. Buonissimi quelli fabbricati, nel rispetto della tradizione, da Capecchi, oppure quelli prodotti da Dolci Tradizionali, un'azienda artigianale giovane, ma votata a una qualità senza compromessi, realizzati con mandorle[2] e pinoli o nocciole[3], secondo antiche ricette recuperate. Ricca la produzione di biscottini, tra cui le coccole, con l'uvetta[4] o con il cioccolato.

I TOZZETTI–MARCHE

Veri e propri biscotti «da meditazione», di quelli che trovano nel vino la loro miglior compagnia, i tozzetti sono una delle più interessanti specialità proposte dall'ormai storico Panificio Mantovani (è nato alla metà degli anni '60). Fabbricati con aggiunta di miele[5], mandorle tostate, arancio e vaniglia, sono un'iniezione[6] di genuinità.

IL TATÙ DI BISENTI–ABRUZZO

«Archeologo degli alimenti», così si definisce Ezio Centini, pasticcere in Bisenti. E la sua vocazione alla ricerca della migliore e più antica artigianalità, si esprime perfettamente nelle sue creazioni. Prima tra tutte il tatù, biscotto tradizionale di Bisenti: durissimo[7] appena sfornato[8], si ammorbidisce nel tempo. Ottimi anche i caffè cult.

I MOSTACCIOLI E I CALZONCELLI–BASILICATA

Dol.Bi cioè «Dolci Biscotti». È una piccola azienda artigiana animata dalla passione per i sapori più genuini del territorio, gli stessi che si ritrovano nei suoi biscotti, fabbricati secondo le ricette originali. Oltre agli ottimi calzoncelli di Melfi, ripieni di zucchero, mandorle e cioccolato, sono da provare i mostaccioli al Marsala: una vera golosità[9].

[1]*famous* [2]*almonds* [3]*hazelnuts* [4]*raisins* [5]*honey* [6]*shot* [7]*hard as a rock* [8]*take out of the oven* [9]*gluttony*

(Da «Biscotti regionali», di Giorgio Donegani, *Viaggiesapori*, maggio 2005, pp. 112–113. © 2005 Editrice Quadratum S.p.A.)

1. Cosa hanno in comune tutti questi biscotti? Come sono differenti?
2. Quale ti piacerebbe assaggiare? Perché?
3. Ci sono dolci tradizionali simili nel tuo Paese? Quali? Come sono fatti?

E **I condimenti.** Uno dei condimenti più importanti nella cucina del territorio è l'olio di oliva. Leggi il breve articolo sui diversi tipi di olio in Italia. Poi prepara una lista di quattro domande sull'articolo. Fa' le domande a un compagno/una compagna. Lui/Lei risponderà.

SI FA PRESTO A DIRE OLIO

Verdure al vapore[1], insalata mista, carne (o pesce) alla griglia: un menu semplice che, con la bella stagione, diventa un classico. E con un filo d'olio (giusto) può trasformare da punitivo a gustoso. Secondo i nutrizionisti, il più salutare è l'extravergine d'oliva: è ricco di vitamina E (antiossidante) e A (utile per la salute della pelle), ha proprietà antinfiammatorie e abbassa i livelli di colesterolo. Ma le varietà in commercio sono infinite e scegliere non è facile.

In Italia, grazie alla diversità di terreni e microclimi, si coltivano ben 500 diversi tipi («cultivar» è il termine tec-nico) di ulivi, il cui olio viene selezionato come monovarietà o, più spesso, mescolato a quello di altre coltivazioni, ottenendo un'ampia gamma di prodotti diversi per colore, densità, profumo e sapore. Che, come il vino, esaltano ognuno il gusto di piatti ben precisi. Non è raro trovare nei menu di alcuni ristoranti, accanto alla descrizione delle pietanze, il suggerimento dell'olio migliore con cui condirle. E per i veri cultori ci sono *oil bar,* dove si degusta, proprio come si fa con il vino.

[1]*steamed*

(Da «Si fa presto a dire olio», di Sandra Longinotti, *Vanity Fair*, 26 aprile 2005, p. 213. © 2005 Edizioni Condé Nast Spa.)

PER LEGGERE
Prima di leggere

 A La produzione biologica. Prodotti naturali e genuini sono alla base della cucina del territorio. L'agricoltura biologica, che si basa sulla coltivazione naturale, è oramai un'industria molto importante in Italia. Leggi il seguente breve articolo e poi a coppie rispondete alle domande.

SETTORI IN CRESCITA: LE AZIENDE NOSTRANE LEADER IN EUROPA

Una miniera Bio nel made in Italy

Sempre più specializzate e sempre più controllate, le imprese del cibo con il bollino[1] puntano sulla qualità. E aspettano.

—di ROBERTO SEGHETTI

Ma conviene davvero consumare alimenti biologici? Ci si può fidare[2]? E quali e quanti affari[3] girano intorno a questo richiamo alla natura? La polemica sull'uso controllato in agricoltura degli ogm, organismi geneticamente modificati, ha riportato alla ribalta[4], con relative domande e curiosità, un settore al quale gli italiani hanno riservato negli anni una fiducia crescente, anche se da qualche tempo sta segnando il passo.

Eh sì, perché la frenata[5] dei consumi ha riguardato negli ultimi mesi anche frutta, verdura, carne e altri prodotti alimentari con il marchio biologico. Nonostante il rallentamento[6], dovuto per larga parte al prezzo, normalmente più elevato rispetto ai prodotti di diversa provenienza, l'Italia è comunque rimasta in testa alla classifica bio europea sia per numero di aziende sia per superficie[7] coltivata con le tecniche naturali. Di più: il primato europeo ha ormai spinto il Paese ai vertici[8] nel mondo industrializzato, dato che negli Usa la superficie coltivata a bio è appena un quinto di quella dedicata allo stesso tipo di agricoltura nel nostro continente.

[1]*stamp* [2]*trust* [3]*business* [4]*limelight* [5]*standstill* [6]*slowdown* [7]*area* [8]*summit*

(Da «Una miniera Bio nel made in Italy», di Roberto Seghetti, *Panorama*, 18 novembre 2004, p. 90. © 2004 Arnoldo Mondadori Editrice S.p.A.)

1. Indicate quali delle seguenti affermazioni sono vere e quali sono false. Correggete quelle false.

   _____ a. In Italia sono proibiti gli ogm (organismi geneticamente modificati).

   _____ b. Gli italiani si fidano (*trust*) sempre meno delle nuove tecniche agricole.

   _____ c. In Italia sempre meno persone consumano alimenti biologici.

   _____ d. Gli alimenti biologici costano meno dei prodotti normali.

   _____ e. Ultimamente gli italiani sono costretti a spendere meno per l'alimentazione.

   _____ f. L'industria biologica è tuttavia molto importante in Italia.

   _____ g. In Italia l'agricoltura biologica non è tanto importante come negli altri Paesi europei.

   _____ h. Gli Usa hanno il primato mondiale per la coltivazione biologica.

2. E nel vostro Paese, gli alimenti biologici sono importanti? Perché?

3. Voi consumate molti prodotti biologici? Quali? Perché?

B Le ricette tradizionali. Le ricette tradizionali richiedono ortaggi freschi. La Latteria San Marco a Milano assicura la freschezza e genuinità dei prodotti, coltivando gli ortaggi nel proprio orto. Immagina di aver pranzato recentemente alla Latteria San Marco. Dopo aver letto il trafiletto che segue, scrivi una mail a un compagno/una compagna e parlagli/le del locale e dell'esperienza. Cerca di convincerlo/la ad andarci. Dagli/Dalle anche dei consigli e suggerimenti su come organizzarsi per l'esperienza e su cosa mangiare.

MILANO

LATTERIA SAN MARCO

Il piccolo locale (nemmeno dieci tavoli), nei pressi del quartiere Brera, è un indirizzo «storico» della città, con orto, ovviamente, non in città. Si tratta di una cucina semplice ma curata, che privilegia la genuinità dei prodotti. Sapori dell'orto già con l'antipasto: verdure bollite, condite con olio e limone, o saltate[1] in padella con aglio, olio e prezzemolo. Per primo piatto si può scegliere il «riso freddo all'Arturo», dal nome del proprietario: il riso bollito è condito con una salsa cruda di pomodori freschi, colti quando sono profumati e ben maturi, frullati per pochi secondi con basilico e olio; o gli «spaghetti con le zucchine». Per secondo, i «fiori di zucca», farciti[2] di magro[3] e cotti al forno, le «uova al burro», cotte in padellina d'argento. Per dessert, «cremina alla toscana con savoiardi», «tarte tatin» (torta di mele caramellata con zucchero e burro in pasta sfoglia[4]).

[1] *fried quickly* [2] *stuffed* [3] *with lean meat* [4] *puff pastry*

(Da «Milano Latteria San Marco», *Viaggiesapori*, maggio 2005, p. 116. © 2005 Editrice Quadratum S.p.A.)

C **Oasis Sapori Antichi.** Leggi i titoli dell'articolo che segue e indica tre argomenti che pensi che saranno trattati nel testo. Poi paragona i tuoi risultati con quelli di un compagno/una compagna.

Leggiamo

Vallesaccarda (AV) – Oasis Sapori Antichi
Il culto per le ricette del territorio

In cucina si usano, rigorosamente, solo prodotti locali: dalle carni, alle verdure coltivate nell'orto del ristorante, per garantire la bontà di piatti tradizionali e di nuove elaborazioni

Prodotti locali e cucina del territorio: un binomio che ogni bravo cuoco cerca di tenere ben presente. Eppure, le tentazioni non mancano: se ci si allontana, inseguendo[1] il meglio, che male c'è? È forse giusto utilizzare un prodotto del posto, quando probabilmente si può trovarne uno migliore un po' più in là? Occorrono coraggio, talento, una sostanziosa cultura gastronomica, un amore viscerale per la propria terra e, soprattutto, un paziente lavoro con i produttori locali per riuscire a fare veramente grande cucina del territorio. Tutte queste virtù sono presenti nella famiglia Fischetti, proprietaria dell'«Oasis Sapori Antichi». Tra fratelli, sorelle, generi e nuore, sono in otto, in cucina e sala, a lavorare nel loro locale di Vallesaccarda (in provincia di Avellino). A loro si aggiungono cinque nipoti, che hanno iniziato a collaborare, e soprattutto mamma Giuseppina e papà Generoso, i fondatori del locale, che vegliano[2] ancora su tutto. «Acquistiamo qui ogni prodotto utilizzato in cucina», dicono, «perché questa è la nostra storia». E continuano: «Mamma e papà hanno aperto l'attività nel 1980: era un bar con sala giochi, e mamma cucinava qualche piatto, naturalmente locale. Poi il ristorante è lentamente cresciuto, sempre nel rispetto della nostra terra, anche se noi figli abbiamo girato l'Italia per conoscere nuove tecniche di cucina». Nel 1990 le guide si accorgono del ristorante e i clienti iniziano ad arrivare, anche da lontano. «Abbiamo, così, deciso di continuare a crescere. Una scelta difficile, perché la grande qualità taglia i clienti, riducendo il fatturato[3], oltre a richiedere investimenti ininterrotti: la passione per questo tipo di cucina, condivisa da tutti noi, era, però, troppo forte». In pratica, cosa significa usare i prodotti del territorio? «Più che conoscere il macellaio, conosciamo la storia di ogni singolo animale macellato, sappiamo chi lo ha allevato[4], cosa ha mangiato», rispondono i fratelli Fischetti. Nel loro menu niente pesce, («non fa parte della nostra storia»), ma grandi salumi, formaggi, e, soprattutto, verdure da sogno, coltivate in prevalenza da papà Generoso: «Ci costano quasi di più di quelle vendute dall'ortolano, ma non c'è confronto». ...

(Da «Vallesaccarda (AV) – Oasis Sapori Antichi», di Allan Bay, *Viaggiesapori*, maggio 2005, pp. 146–147. © 2005 Editrice Quadratum S.p.A.)

[1]*to pursue* [2]*watch over*   [3]*sales volume* [4]*bred*

Parliamo e discutiamo

A **Oasis Sapori Antichi.** A coppie, rispondete alle domande sul ristorante Oasis Sapori Antichi.

1. Indicate tutto quello che sapete:
   a. del locale oggi
   b. della storia del locale
   c. della famiglia proprietaria del locale
   d. dei prodotti usati nel locale

2. Secondo voi, quali aggettivi potrebbero descrivere la cucina che si fa ad Oasis Sapori Antichi? Motivate le vostre risposte.
3. Ci sono locali simili nel vostro Paese? Perché? Che cosa presuppone l'esistenza di tali locali dedicati a questo tipo di cucina?

B **La realtà italiana.** Rileggi l'articolo e trova tutte le informazioni che contiene sui seguenti argomenti.

1. la cucina regionale
2. l'importanza della cucina del territorio
3. l'attaccamento degli italiani alla loro terra d'origine
4. i rapporti familiari
5. l'importanza del cibo nella realtà italiana

Gli stili alimentari : «lo Slow Food» e «il Fast Food»

A **Mangiare.** A coppie, descrivete e paragonate le due foto. Che ora pensate che sia? Chi pensate che siano le persone? Cosa è probabile che facciano? Parlate delle differenze fra le due foto.

B **Le abitudini alimentari.** Prepara una lista di otto domande per intervistare un compagno/una compagna sulle sue abitudini alimentari. Poi paragonate le vostre abitudini. Sono simili o diverse? Come?

C **Cosa ricordate delle abitudini alimentari degli italiani?** A piccoli gruppi, discutete cosa vi ricordate dei pasti in Italia. Prendete in considerazione l'orario, dove si svolgono, con chi, e cosa si mangia e si beve. Poi paragonateli ai pasti nel vostro Paese.

Lo Slow Food

Questo nostro secolo, nato e cresciuto sotto il segno della civiltà industriale, ha prima inventato la macchina e poi ne ha fatto il proprio modello di vita.

La velocità è diventata la nostra catena[1], tutti siamo in preda[2] allo stesso virus: la Fast Life, che sconvolge[3] le nostre abitudini, ci assale fin nelle nostre case, ci rinchiude a nutrirci nei Fast Food.

Ma l'uomo sapiens deve recuperare la sua saggezza e liberarsi dalla velocità che può ridurlo ad una specie in via di estinzione. ... Se la Fast Life in nome della produttività ha modificato la nostra vita e minaccia l'ambiente ed il paesaggio, lo Slow Food è oggi la risposta d'avanguardia.

[1]*chain* [2]*prey* [3]*turns upside down*

(Brani del Manifesto del Movimento internazionale Slow Food. Secondo il sito www.slowfood.prato.it.)

Slow Food Valli Orobiche

Sapori Slow

BERGAMO CON LE SUE VALLI

A Sapori Slow. A coppie, descrivete la locandina. Di che cosa pensate che faccia la pubblicità?

B Il manifesto di Slow Food. A coppie, brevemente riassumete le idee principali della citazione. Siete d'accordo? Perché? Come pensate che la «Fast Life» possa minacciare l'ambiente? Perché pensate che l'associazione Slow Food abbia adottato la chiocciola (*snail*) come logo? Cosa rivela questo simbolo dell'atteggiamento e della filosofia dei suoi soci (*members*)?

I ritmi frenetici della vita moderna hanno influenzato le abitudini alimentari degli italiani. Nelle città sempre più italiani sono costretti a pranzare lontano da casa. Sono sempre meno gli italiani che riescono a consumare con la famiglia il pranzo italiano tradizionale con più portate. In Italia la cena sta ormai diventando il pasto principale. Questo è particolarmente vero nel più industrializzato nord.

PAROLE UTILI

Per parlare dello slow food

apprezzare *to appreciate*
la carta dei vini *wine list*
l'enogastronomia *gourmet food and wine*
l'enoteca *wine shop*
gustare *to enjoy*
la trattoria *traditional restaurant*

Per parlare del fast food

il conservante *preservative*
il forno a microonde *microwave oven*
i grassi *fats*
l'hamburger *m.*
l'insalatona *large mixed salad*
il ketchup
la maionese *mayonnaise*
nocivo/-a *unhealthy*
il panino / il tramezzino / il toast *sandwich*
la pizza al taglio *pizza slices*

le patatine fritte *french fries*
il pasto veloce *fast food*
la senape *mustard*
il surgelato *frozen food*
la tavola calda *self-service restaurant*

Per parlare dei recipienti (*containers*)

un barattolo (di) *jar*
un cono *cone*
una coppa (di) *cup, dish*
una busta (di) *bag*
una lattina di coca light *can of diet coke*
un pacchetto (di) *package*
una scatola (di) *box*
una scatoletta *can*
un sacchetto di carta/plastica
    paper/plastic bag
un tubo (di) *tube*
una vaschetta (di) *small tub*
un vasetto (di) *small jar*

LE PAROLE IN PRATICA

A **Associazioni.** A coppie, indicate tutte le parole ed espressioni che associate con i seguenti termini.

1. un'enoteca
2. una trattoria
3. una tavola calda
4. l'enogastronomia
5. un pranzo veloce

6. il discount
7. il pasto lento
8. una busta
9. nocivo
10. il forno a microonde

B **In quale recipiente?** Indica il recipiente in cui troveresti i seguenti prodotti alimentari.

1. le patatine
2. il tonno
3. il gelato
4. la maionese
5. il riso

6. il caffè
7. la senape
8. le olive
9. la mozzarella
10. la spesa

C **Che cos'è?** A piccoli gruppi, a turno, uno studente/una studentessa descrive o spiega perché si usa uno dei seguenti oggetti o termini e gli altri indovinano di quale vocabolo si tratta.

Esempio: s1: È un tipo di fast food. Lo mangiamo con il pane a pranzo o a cena quando abbiamo fretta. Ci mettiamo la senape e il ketchup sopra. Spesso lo mangiamo con le patatine fritte.
s2: L'hamburger.

1. apprezzare
2. gustare
3. una scatoletta
4. il ketchup
5. un panino

6. un cono
7. i conservanti
8. i grassi
9. i surgelati
10. la pizza al taglio

11. il forno a microonde
12. la carta dei vini
13. l'insalatona
14. un vasetto

DISCUTIAMO INSIEME

A **Lento o veloce?** A coppie, rispondete alle domande che seguono.

> Studia **fare** + l'infinito e gli aggettivi e i pronomi dimostrativi.

1. Indicate se secondo voi, le persone seguenti sono appassionate dello «Slow Food» o della «Fast Life». Giustificate le vostre opinioni.
   a. Consuma un panino in piedi con il telefonino in mano.
   b. La sera tornando a casa si ferma al supermercato per comprare una monodose di pesce e patatine surgelati.
   c. Si ferma all'enoteca per scegliere un buon vino locale per la cena.
   d. Pranza sempre a casa con la famiglia e poi si fa un bel sonnellino.
   e. La sera non rientra mai prima delle undici.
2. E voi, a quale scuola di pensiero appartenete? E i vostri connazionali? Motivate le vostre risposte.
3. Quale stile di vita pensate che preferiscano gli italiani? Perché?

B **Fast food all'Italiana.** Leggi i titoli e il brano che seguono, poi a coppie rispondete alle domande.

Philippe Lorca di Corcia + Commerce Anthology/BLOBCG

FAST FOOD ALL'ITALIANA

FUORI CASA, FUORI ORARIO, FUORI PROGRAMMA. MA SENZA FRETTA. IL CIBO DI STRADA ALL'ITALIANA NON TRAMONTA MAI. PERCHÉ **CON LA SCUSA DI UN ARANCINO DOC** ... CI SI RITROVA AL SOLITO POSTO. E CI SI CONOSCE

I fast food è nato quando l'uomo ha scoperto la fretta. Ma non è solo una questione di tempo. C'è anche la trasgressione del pasto fuori orario, fuori casa, fuori programma.

Per godere di questi piaceri l'unica via non è quella, americana, di hamburger & patatine. Ce n'è un'altra semplice e veloce: la cucina di strada di casa nostra. L'alternativa gustosa, buona e rispettosa delle tradizioni. E senza l'idea, tipicamente anglosassone, del consumo frenetico. Lo *street food* nostrano si consuma al chiosco, che, se è doc, vale una visita come se fosse un monumento.

(Da «Fast Food all'italiana», di Davide Paolini, *Vanity Fair*, N. 16, 29 aprile 2005. © 2005 Edizioni Condé Nast Spa.)

1. Quali sono le caratteristiche del fast food all'italiana?
2. Secondo voi, come riflette lo stile di vita italiano questo fast food?
3. E nel vostro Paese, com'è il fast food?
4. Come riflette lo stile di vita dei vostri connazionali?

C **Le abitudini cambiano lentamente.** Nelle tabelle che seguono sono riportati i risultati di un sondaggio condotto fra uomini e donne italiani di varie età.

1. Che cosa rivelano i dati del loro rapporto con l'alimentazione?
2. Secondo te, cosa sta cambiando nella società italiana? Cosa invece sembra essere stabile?
3. Come risponderebbero alle stesse domande i tuoi connazionali? Perché?

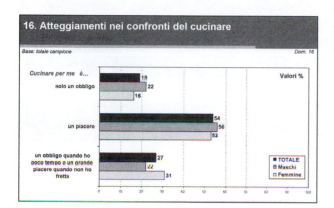

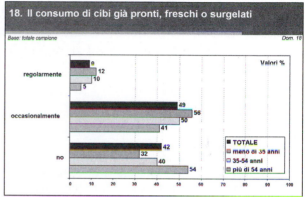

16. Atteggiamenti nei confronti del cucinare

Base: totale campione · Dom. 16 · Valori %

Cucinare per me è...
- solo un obbligo: 18 / 22 / 16
- un piacere: 54 / 56 / 53
- un obbligo quando ho poco tempo o un grande piacere quando non ho fretta: 27 / 22 / 31

TOTALE / Maschi / Femmine

18. Il consumo di cibi già pronti, freschi o surgelati

Base: totale campione · Dom. 18 · Valori %

- regolarmente: 9 / 12 / 10 / 5
- occasionalmente: 49 / 56 / 50 / 41
- no: 42 / 32 / 40 / 54

TOTALE / meno di 35 anni / 35-54 anni / più di 54 anni

21. Aspetto considerato più importante nella scelta del cibo da portare in tavola

Base: totale campione · Dom. 21

	TOTALE %	maschi %	femmine %	meno di 35 anni %	35-54 anni %	più di 54 anni %
il gusto, cioè scelgo in ogni caso quello che mi piace di più	50	57	43	61	50	39
la salute, cioè scelgo quello più compatibile con uno stile di vita sano	43	38	49	32	42	56
il tempo di preparazione, cioè scelgo quello che è più semplice e veloce da preparare	7	5	8	7	8	5

26. Il principale punto di forza del prodotto industriale alimentare MADE IN ITALY

Base: totale campione · Dom. 26

	TOTALE %	Nord ovest %	Nord est %	Centro %	Sud e Isole %
le ricette tradizionali	36	34	35	36	39
i sistemi produttivi, basati su tecnologie originali e innovative	8	11	7	6	8
la qualità delle materie prime	39	40	45	41	33

Secondo il sito www.doxa.it.

D Un pranzo da ufficio. A coppie, descrivete la foto. In che cosa consiste il pranzo da ufficio? È simile al pranzo veloce che consumano i vostri connazionali? Com'è diverso? Secondo voi, perché è diverso?

PREPARO PRIMA   A cura di Graziella Gianni ● Ricette di Rosa Maria Carino ● Foto di Thelma & Louise

un pranzo da ufficio

PREPARATELO A CASA, scegliendo tra i super panini che vi proponiamo. Completate poi il pasto con yogurt, frutta e qualche dolcetto. Così vi sentirete leggeri e pieni di energia

Da «Un pranzo da ufficio», Cucina moderna – Mondadori, giugno 2005, p. 56.

PER LEGGERE
Prima di leggere

A A base di pesce. A piccoli gruppi, immaginate di avere 16 euro e venti minuti per preparare una cena deliziosa a base di pesce. Scegliete fra questi prodotti quelli che vi piacciono di più. Poi presentate la vostra cena alla classe spiegando anche la preparazione di ogni piatto. La classe decide quali delle cene è la più buona e la più facile.

Antipasti e salse

● Sauté di mare surgelato: frutti di mare e gamberi. Bofrost, 500 g, € 7,30.

● Carpaccio di polpo fresco: cotto e già condito, è venduto a peso. Esselunga, € 36,9 al kg.

● Antipasto del buongustaio: seppie, gamberetti, polpo, olive e peperoni. Vogliazzi, 400 g, € 9.

● Sugo alle vongole in vasetto: con pomodoro, aglio e olio d'oliva. Barilla, 200 g, € 2,50.

● Salsa rosé in vasetto: è perfetta per cocktail di crostacei. Sacla, 185 g, € 2 circa.

Primi piatti

● Paella di pesce surgelata: riso, totani, gamberi, calamari e merluzzo. Bofrost, 600 g, € 6,70.

● Linguine allo scoglio fresche: pasta e sugo sono in vaschette separate. Beretta, 300 g, € 4.

● Risotto ai gamberi in busta: basta aggiungere l'acqua. Risotteria Knorr, 175 g, € 1,99.

● Tagliolini con gamberi e zucchine surgelati: 4 Salti in Padella Findus, 600 g, € 5,35.

● Spaghetti con calamari, polpo e vongole surgelati: Barilla, 600 g, € 3,99.

Prodotti al naturale

● Misto per risotti e spaghetti surgelato: molluschi e crostacei. Bofrost, 300 g, € 4,40.

● Cozze al naturale in vasetto: pronte per sughi, zuppe e risotti. L'Isola d'Oro, 190 (95) g, € 1,15.

● Vongole sgusciate surgelate: sono congelate con il loro liquido. Findus, 250 g, € 3,72.

● Calamari surgelati: perfetti da preparare in umido e farciti. Mare Pronto, 500 g, € 7,29.

● Vongolotte con guscio in latta: da saltare in padella. L'Isola d'Oro, 1050 (530) g, € 3,92.

«Idee gustose per la tavola», *Cucina moderna*, giugno 2005, p. 88, Mondadori.

B **Arte veloce in cucina.** Leggi la prima pagina di una rivista per persone con poco tempo per cucinare.

Cucina Veloce

La pasta in dieci minuti

Organizzatevi al meglio per la cena! Quante volte ritorniamo a casa senza aver fatto la spesa? In questi casi basta un buon piatto di pasta, dieci minuti in cucina e le nostre ricette per risolvere tutti i vostri problemi. In pochissimo tempo potete avere a portata di mano spaghetti alla pizzaiola o anche paste ripiene. Basta solo coordinare cottura e preparazione.

---

1. Cosa propone la rivista?
2. Secondo voi, a chi è indirizzata questa rivista? Motivate le vostre opinioni.
3. Quali esigenze (*needs*) culturali e sociali soddisfa?
4. Pensate che una rivista simile potrebbe interessare i vostri connazionali? Perché?
5. Cosa proporrebbe una rivista simile indirizzata ai vostri connazionali? Scrivetene l'introduzione. Che illustrazioni ci mettereste?

C **La buona tavola degli italiani.** Leggi i titoli del testo che segue e immagina l'argomento dell'articolo.

Leggiamo

A casa nostra il pasto ha una funzione sociale. A differenza di quanto accade all'estero

La buona tavola degli italiani

Era stata traslocata dalla cucina al living. È tornata in cucina, talvolta «ibridata» con le non sempre funzionali «isole» inventate da arredatori e designer. Nei casi più sventurati[1] è stata ridotta (in senso stretto e lato) da bancone da bar, dinanzi al quale appollaiarsi[2] su un trespolo[3] a piluccare[4] pasti zen. Ma dovunque, raminga[5], la tavola è sempre rimasta la nostra stella fissa. Per nostra si intende di noi italiani, capaci di eleggere a sistema e marchio globale il mangiar lento con Slow Food.

In questo caso, però, conta di più ciò che sta intorno alla tavola: noi. È la tavola, infatti, il centro di gravità permanente per stare insieme. La dominanza della sua funzione sociale rispetto al ruolo alimentare emerge dall'indagine condotta da Tickbox per Philips in 13 paesi europei. Il 79 per cento degli intervistati italiani ha affermato di organizzare la propria giornata in modo da consumare almeno un pasto con i propri familiari, primato europeo, mentre in coda si piazzano gli svizzeri (50 per cento) e gli inglesi, con un misero 38 per cento. Il pasto in comune viene vissuto come un'esperienza familiare intima da una percentuale di italiani quasi identica (il 78 per cento), idea quasi disprezzata da russi (26), ancora inglesi (22) e tedeschi (21).

(Da «La Buona Tavola», di Aurelio Magistà, *Il Venerdì*, p. 143. © Gruppo Editoriale L'Espresso S.p.A.)

[1]*unfortunate* [2]*perch* [3]*stool* [4]*nibbling* [5]*wandering*

Parliamo e discutiamo

A È vero che...? Trova informazioni nel testo per giustificare le seguenti affermazioni.

1. Attraverso gli anni la forma e l'ubicazione (*location*) della tavola nelle case degli italiani sono cambiate, a seconda della moda e dei gusti.
2. Per gli italiani mangiare è molto importante.
3. In Italia la famiglia è ancora molto importante.
4. In molti Paesi europei mangiare è visto soprattutto come una funzione biologica.
5. Alcuni aspetti della realtà italiana non cambiano mai.

B La realtà italiana. A coppie, paragonate l'atteggiamento degli italiani verso «la tavola» a quello dei vostri connazionali. Poi scrivete un saggio simile sul rapporto dei vostri connazionali con «la tavola».

Per conoscere l'Italia e gli italiani

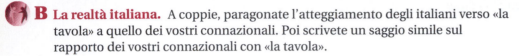

A Cucina italiana? A piccoli gruppi, discutete cosa avete imparato della cucina italiana e delle abitudini alimentari degli italiani. Prendete in considerazione i seguenti punti.

1. Brevemente riassumete le caratteristiche della cucina italiana.
2. Com'è diversa e com'è simile alle altre cucine che conoscete?
3. Come si riflette il regionalismo nella preparazione delle pietanze? Quali altri aspetti della cultura italiana sono evidenti nella preparazione del cibo?
4. Perché pensate che marchi come DOC (Denominazione d'Origine Controllata), DOP (Denominazione di Origine Protetta), STG (Specialità Tradizionale Garantita) siano tanto importanti per gli italiani?
5. Quali pensate che siano i pro e i contro di una cucina del territorio come quella in Italia?
6. Cosa avete imparato del fast food italiano? Com'è simile e com'è diverso dal fast food del vostro Paese? Come riflette le tradizioni italiane?
7. Pensate che gli italiani abbiano un buon rapporto con il cibo? Perché? Com'è differente dal rapporto che ne hanno i vostri connazionali?

B La Pizza Margherita. Leggi il trafiletto a destra e poi scrivine un breve riassunto.

LE ORIGINI DELLA PIZZA MARGHERITA

La pizza pare abbia origini antichissime; alcuni storici suppongono addirittura che questo alimento fosse presente già nella cucina etrusca anche se con forme e ingredienti molto diversi da oggi. La vera pizza compare in tavola intorno al 1600 «inventata» dall'innegabile ingegno culinario meridionale, bisognoso di rendere più appetibile e saporita la tradizionale schiacciata di pane condendola con aglio, strutto e sale grosso, oppure, nella versione più ricca, con caciocavallo e basilico o minutaglia di pesci. Nel 1889 a Napoli un pizzaiolo napoletano, su richiesta della regina Margherita moglie di Umberto I, re d'Italia, preparò tre pizze: una con strutto, formaggio e basilico, una alla marinara con aglio e pomodoro e una con il pomodoro, la mozzarella e il basilico, in onore del tricolore Italiano. Alla regina quest'ultima pizza piacque moltissimo e il pizzaiolo per questo motivo la chiamò con il nome della regina.

(Da «Le origini della pizza margherita», 2005, *c'è Pam*, in collaborazione con *Sale & Pepe*, p. 68. © 2005 Arnoldo Mondadori Editore S.p.A.)

C Gli spaghetti. Cosa rivela dell'atteggiamento degli italiani verso gli spaghetti la pubblicità che segue? C'è un prodotto simile nel vostro Paese?

In rete

A La cucina italiana. Trova informazioni per completare le seguenti attività.

1. Trova la ricetta per: un antipasto ligure, un primo calabrese, un secondo piemontese, un dolce siciliano.
2. Cerca piatti o ingredienti simili fra le varie regioni italiane.
3. Scegli un piatto italiano popolare nel tuo Paese e scoprine l'origine.
4. Leggi alcune ricette delle diverse regioni italiane e discuti con un compagno/una compagna alcune differenze fra la cucina dell'Italia settentrionale e meridionale.

B Il cibo italiano. Rispondi alle domande che seguono.

1. Che cos'è il Consorzio Export 3-p.it?
2. Chi sono alcuni dei suoi soci? Cosa producono?
3. Cerca informazioni sui seguenti prodotti regionali: salumi, vini, formaggi, alimenti biologici.

Clicca sul sito di *Crescendo!* per il Capitolo 8. academic.cengage.com/ Italian/crescendo

C Cosa sai dello Slow Food? Trova informazioni sui seguenti argomenti:

1. che cos'è lo Slow Food
2. lo Slow Food in Italia
3. Carlo Petrini
4. i presidi
5. il Salone del gusto
6. la fondazione per la Biodiversità

D Gli stili alimentari degli italiani. Trova informazioni sui cambiamenti dello stile alimentare italiano riguardo:

1. i consumi alimentari in casa.
2. i consumi alimentari fuori casa.
3. i pasti.
4. l'atteggiamento degli italiani verso la cucina tipica e tradizionale.

Caro Diario

For your journal entry, think about the question addressed to you at the beginning of this chapter: **E a te, come piace mangiare?** There are many ways to answer it. You can talk in an immediate way about your daily mealtime habits, your eating habits in general, or your favorite foods or cuisines. You can take a longer perspective and discuss how your habits and tastes in foods have changed over the years. Or, you might choose a more philosophical approach, considering if and why you enjoy eating and whether or not you feel eating is an important social function. Looking at the big picture, you might also want to compare your eating habits and tastes to those of Italians and to discuss the social and cultural implications of any differences and similarities.

Strutture

L'imperativo informale

The informal imperative is used when addressing one or more people in the familiar register. It is used to give instructions, directions, orders, suggestions, and advice.

Carlo, **metti** i piatti sul tavolo!

Carlo, put the plates on the table!

Luigi e Mario, **tagliate** i pomodori a pezzettini!

Luigi and Mario, cut the tomatoes into small pieces!

Mangiamo nella sala da pranzo!

Let's eat in the dining room!

A La formazione dell'imperativo informale

The forms of the informal imperative are identical to the **tu**, **noi**, and **voi** forms of the present indicative, with the exception of the **tu** form of regular **-are** verbs, which is formed by dropping the **-re** of the infinitive.

	preparare	friggere	servire	finire
Carlo,	prepara	friggi	servi	finisci
Carlo, (non)	preparare	friggere	servire	finire
Noi tutti, (non)	prepariamo	friggiamo	serviamo	finiamo
Giuseppe e Renata, (non)	preparate	friggete	servite	finite

Note that the negative of the **tu** form of the imperative is expressed with **non** + *the infinitive*. The **noi** and **voi** forms are the same as in the affirmative.

Giulio, **offri** qualcosa da bere agli ospiti!

Giulio, offer the guests something to drink!

Giulio, **non aggiungere** niente al ragù!

Giulio, don't add anything to the meat sauce!

Luigi e Paolo, **(non) chiudete** il frigo!

Luigi and Paolo, (don't) close the fridge!

Ragazzi, **(non)** soffriggiamo la cipolla!

Guys, let's (not) sauté the onion!

Mario, **mescola** la pasta!

Mario, stir the pasta!

Mario, **non scolare** la pasta!

Mario, don't drain the pasta!

1. Most verbs that are irregular in the present indicative have the same irregular forms in the imperative.

Mario, **vieni** subito qui!

Mario, come here right now!

Ragazzi, non **uscite** stasera!

Kids, don't go out tonight!

Traduciamo questa ricetta!

Let's translate this recipe!

2. The following verbs have irregular forms in the singular imperative. The other persons are similar to the forms of the present indicative.

	Carlo	Noi tutti	Carlo e Renato
andare	va'	andiamo	andate
dare	da'	diamo	date
dire	di'	diciamo	dite
fare	fa'	facciamo	fate
stare	sta'	stiamo	state

3. **Avere** and **essere** are irregular in the **tu** and **voi** form. The **noi** form is the same as the present indicative.

	Carlo	Noi tutti	Carlo e Renata
avere	**abbi**	abbiamo	**abbiate**
essere	**sii**	siamo	**siate**

B I pronomi con l'imperativo informale

Indirect, direct, and reflexive pronouns, and **ci** and **ne** are always attached to the affirmative informal imperative. Double-object pronouns are also attached. The stress remains unchanged by the extra syllables.

Marta, taglia**li**!	*Marta, cut them!*
Luigi e Carlo, aggiungete**ci** del sale!	*Luigi and Carlo, add some salt to it!*
Accomodiamo**ci** a tavola!	*Let's take a seat at the table!*
Offriamo**glielo**!	*Let's offer it to him/her!*

1. With one-syllable forms of the imperative, such as **da'**, **di'**, **fa'**, **sta'**, and **va'**, the apostrophe is dropped and the first consonant of the first pronoun is doubled (except for **gli**).

Da**m**melo!	*Give it to me!*
Di**l**le di tritare la cipolla!	*Tell her to mince the onion!*
Va**c**ci!	*Go there!*
BUT:	
Di**gl**ielo!	*Tell it to him/her!*

2. With negative statements in the informal imperative, object pronouns can either precede or follow the verb. Pronouns that follow the verb attach to it, forming one word, and the infinitive drops its final **-e**.

Non aggiungete**cene**!	
Non ce ne aggiungete!	*Don't add any to it!*
Non diamo**le** da bere!	
Non le diamo da bere!	*Let's not give her anything to drink!*
Non tagliar**la**!	
Non la tagliare!	*Don't cut it!*

ESERCIZI

A Il pesto alla genovese. Spiega a un'amica come preparare il pesto alla genovese. Completa con la forma corretta dell'imperativo singolare.

1. _____ (Lavare) e _____ (asciugare) attentamente il basilico.
2. _____ (Staccare) le foglie dai rametti (*stems*).
3. _____ (Mettere) nel frullatore l'olio, le foglie di basilico e il sale.
4. _____ (Fare) frullare tutto per due minuti.
5. Quando le foglie saranno completamente tritate, _____ (unire) i pinoli, _____ (frullare) ancora per un minuto e poi _____ (aggiungere) il parmigiano, frullando per un istante.
6. _____ (Togliere) la pellicina agli spicchi di aglio, _____ (tagliarli) a metà e _____ (metterli) nel pesto.

7. _____ (Lasciare) il pesto in un recipiente (*container*) a chiusura ermetica per due o tre ore.
8. _____ (Ricordarsi) di togliere gli spicchi d'aglio.

(Adattato da Luciana Pagani, «*Cucina super veloce*», *Le guide pratiche di Grazia*.)

B Spaghetti col pomodoro fresco. Completa questa ricetta semplice e veloce con la forma corretta dell'imperativo plurale.

1. _____ (Lavare) dei pomodori e _____ (tagliarli) grossolanamente. _____ (Metterli) in un tegame, _____ (aggiungere) del basilico, un po' di pepe, del sale e dell'olio.
2. Nel frattempo _____ (fare) cuocere gli spaghetti in acqua bollente. _____ (Scolarli) e _____ (metterli) nel tegame con i pomodori. _____ (Aggiungerci) del parmigiano a scaglie. _____ (Mescolarli) e _____ (servirli).

(Adattato da *Arte in cucina*, maggio 2005, p. 32)

C Panzanella alla Pellicano. Riscrivi la ricetta usando l'imperativo informale singolare.

Pulire accuratamente le verdure e *tagliarle* a julienne. *Aggiungere* il pane sbriciolato (*crumbled*) precedentemente tenuto a bagno in acqua e aceto, e ben strizzato (*wrung*). *Mescolare, aggiustare* di sale e pepe, e *condire* con olio extravergine e aceto di vino rosso. *Sistemare* su un piatto di portata, decorando con cetriolo (*cucumber*) e pomodori tagliati a fettine, sedano e puntine di basilico. *Spolverizzare* di pepe macinato e un filo d'olio extravergine di oliva.

D La cena italiana. Stasera tu e i tuoi compagni di classe preparate una tipica cena italiana. I tuoi compagni ti chiedono cosa devono fare per aiutarti. Rispondi alle loro domande usando l'imperativo e sostituendo ai nomi i pronomi.

1. PAOLO: Dove compro il parmigiano?
   TU: _____!

2. GIULIA E FABRIZIA: Serviamo il vino bianco?
   TU: _____!

3. LUISA: Quanti piatti metto sul tavolo?
   TU: _____!

4. FABIO E ARTURO: A che ora dobbiamo venire a casa tua?
   TU: _____!

5. PAOLO: Offro degli antipasti agli studenti?
   TU: _____!

6. LUISA: Diamo dei fiori alla professoressa?
   TU: No, _____!

7. PAOLO: Faccio la spesa al supermercato?
   TU: _____!

8. LUISA: Vado io in pasticceria?
   TU: _____!

9. PAOLO: Vuoi che pulisca la casa?
   TU: _____!

10. LUISA: Faccio bollire l'acqua per la pasta?
    TU: _____!

11. LUISA: Mi devo mettere un vestito elegante?
    TU: _____!

12. FABIO, ARTURO E PAOLO: Dobbiamo metterci la cravatta?
    TU: _____!

E Una mia specialità. Prima scrivi gli ingredienti di una tua specialità, poi spiega a un compagno/una compagna come si prepara. Il compagno/La compagna la scrive e poi ti spiega come si prepara una sua specialità.

L'imperativo formale

The formal imperative is used when speaking to people one addresses with **Lei** or **Loro**.

Signora Rossi, prenda gli spaghetti alla chitarra!	*Ms. Rossi, have the spaghetti alla chitarra!*
Signori, prego, **si accomodino**!	*Gentlemen, please, be seated!*

A La formazione dell'imperativo formale

The formal imperative of regular verbs has the same forms as the third-person singular and plural of the subjunctive.

	tagliare	**prendere**	**offrire**	**finire**
Signora (non)	tagli	prenda	offra	finisca
Signori, (non)	taglino	prendano	offrano	finiscano

Note that the negative forms of the formal imperative are the same as the affirmative forms.

1. In contemporary conversational Italian, the **voi** form of the imperative is often used instead of the formal **Loro** form.

Signori, entr**ate** e accomod**atevi**!	*Ladies and gentlemen, come in and make yourselves comfortable!*

2. Verbs that are irregular in the present subjunctive are also irregular in the formal imperative and follow the same pattern.

Dottore, **vada** in cucina!	*Doctor, go to the kitchen!*
Dottoresse, **facciano** attenzione!	*Doctors, please be careful!*

B L'imperativo formale con i pronomi

Object pronouns always precede the formal imperative.

Professore, **ci** spieghi come si preparano!	*Professor, explain to us how to prepare them!*
Signora, **me lo** dia!	*Madame, give it to me!*
Signori, **glielo** offrano!	*Ladies and gentlemen, offer it to them!*

C Le istruzioni scritte

The infinitive is frequently used when giving orders, instructions, or suggestions to the general public. This is particularly true in writing. For more information on this use of the infinitive see p. 427.

Tirare   *Pull*
Spingere   *Push*

ESERCIZI

A I consigli del nutrizionista. La signora Bianchi si rivolge a un nutrizionista per consigli e suggerimenti. Completa le frasi con la forma corretta dell'imperativo formale.

1. — Signora, prego, _____ (accomodarsi)!
2. — Signora, _____ (togliersi) pure il cappotto e _____ (metterlo) sulla sedia.
3. — _____ (Rilassarsi) e _____ (mettersi) a suo agio. Non _____ (essere) così agitata.
4. — Signora, _____ (fare) attenzione alla sua salute. Non _____ (consumare) troppi alcolici e _____ (seguire) una dieta sana e equilibrata.
5. — _____ (Mangiare) molte verdure fresche. _____ (Evitare) di usare troppo sale.
6. — _____ (Cercare) di non esagerare con la carne rossa.
7. — _____ (Bere) molta acqua naturale.
8. — _____ (Andare) in palestra almeno tre volte la settimana o _____ (fare) dello sport.

B Un panino con le verdure grigliate. Spiega a due signore italiane come si prepara un panino con le verdure grigliate. Completa le frasi con l'imperativo formale plurale.

1. _____ (Pulire) le verdure, _____ (tagliare) i peperoni e le zucchine a pezzetti.
2. _____ (Mettere) le verdure su una piastra calda e _____ (grigliarle).
3. Dopo _____ (condire) le verdure con l'olio.
4. _____ (Distribuire) le verdure sul pane.
5. _____ (Aggiungere) una fettina di formaggio magro.
6. _____ (Servirlo) con dei pomodorini crudi.

C Cosa devo fare? Due signore americane che vivono in Italia vorrebbero incominciare a praticare una cucina del territorio e ti fanno tante domande. Rispondi alle loro domande e usa l'imperativo formale.

1. Bisogna comprare solo prodotti biologici?
2. È importante usare ortaggi freschi?
3. È meglio coltivare le verdure nel proprio orto?
4. Bisogna condire i piatti con un olio particolare?
5. È necessario andare al mercato del rione ogni giorno?
6. È meglio non fare la spesa al supermercato?
7. Bisogna cucinare solo con prodotti genuini?

D **Una festa importante.** È l'anniversario del matrimonio dei tuoi genitori e stai organizzando una festa a sorpresa. I tuoi parenti e la vicina di casa, la signora Rossini, ti domandano cosa possono fare per aiutarti. Tu rispondi alle loro domande. Usa l'imperativo e sostituisci ai nomi i pronomi.

1. Zio Giovanni: Devo andare al supermercato?
   Tu: No, _____!

2. La signora Rossini: Posso fare una torta?
   Tu: No, _____!

3. Giuseppe e Carla: Vuoi che apparecchiamo la tavola?
   Tu: No, _____ adesso!

4. Zio Giovanni: Metto dei fiori nei vasi in salotto?
   Tu: Sì, _____!

5. Giuseppe e Carla: Dobbiamo fare gli auguri ai tuoi genitori appena entrano?
   Tu: Sì, _____!

6. Zio Giovanni: Devo dare ai tuoi genitori il regalo che gli abbiamo comprato?
   Tu: Sì, _____!

7. Giuseppe e Carla: Ti dobbiamo aiutare in cucina?
   Tu: Sì, per piacere, _____!

8. La signora Rossini: Faccio bollire l'acqua per la pasta?
   Tu: Sì, _____!

9. Zio Giovanni: Beviamo lo champagne?
   Tu: Sì, _____!

E **Pasta ai pomodorini e feta.** Ecco gli ingredienti per una pasta ai pomodorini e feta. Lavora con un compagno/una compagna e insieme scrivete la ricetta. Poi paragonate la vostra ricetta con quella degli altri studenti. Quale sembra la più facile? e la più buona?

Ingredienti per 2 persone

200 grammi di pasta corta
4 pomodori secchi
mezza cipolla rossa
4–5 pomodorini ciliegia
50 grammi di pistacchio
50 grammi di feta
olio extravergine di oliva
sale e pepe

Fare + l'infinito

The construction **fare** + *the infinitive* is used to indicate that a person is (1) having something done or (2) having someone do something. The subject of the verb **fare** causes the action to be performed.

Faccio apparecchiare la tavola.	*I have the table set.*
Facciamo comprare dei surgelati a Carlo.	*We have Carlo buy some frozen foods.*

A La costruzione *fare* + l'infinito

The construction **fare** + *the infinitive* can have one object or two objects.

1. If the **fare** + *the infinitive* construction has one object—whether the object of **fare** or the object of the infinitive—it is always a direct object.

Faccio preparare **un pranzo** veloce.	*I will have a quick lunch prepared.*
[**Lo** faccio preparare.]	*[I will have it prepared.]*
Perché non **fai** mangiare **Giulio**?	*Why don't you have Giulio eat?*
[Perché non **lo** fai mangiare?]	*[Why don't you have him eat?]*

2. When the subject of the sentence has someone else do something, there are often two objects. The person who performs the action is the indirect object, and the person or thing acted upon is the direct object.

Faccio preparare **un pranzo** veloce **a Giulio**. [**Glielo** faccio preparare.]

Since this construction can be ambiguous, the preposition **da** is sometimes used in front of the person performing the action.

Faccio scrivere la ricetta **a Pietro**.	
Faccio scrivere la ricetta **da Pietro**.	*I have Pietro write the recipe.*

3. In compound tenses, **fare** + *the infinitive* is conjugated with **avere**.

Hanno fatto servire delle patatine.	*They had potato chips served.*
[**Le** hanno fatte servire.]	*[They had them served.]*

4. When the **fare** + *the infinitive* construction is used with a reflexive verb, the reflexive pronoun is omitted.

Facciamo vestire il bambino.	*We have the child dressed.*
[Lo facciamo vestire.]	*[We have him dressed.]*

B La costruzione *farsi* + l'infinito

1. **Farsi** + *the infinitive* is used to indicate that one is having something done for oneself or to oneself.

Si fanno preparare dei ravioli.	*They have some ravioli prepared for them.*
[**Se ne** fanno preparare.]	*[They have some prepared for them.]*

2. The person who performs the action, if expressed, is specified using **da** + *noun* or pronoun.

Ci facciamo cucinare la pasta **dalla mamma**. [Ce la facciamo cucinare **da lei**.]	*We have the pasta cooked for us by our mother. [We have it cooked for us by her.]*

3. In compound tenses, **farsi** + *the infinitive* is conjugated with **essere**. The past participle agrees with the direct-object pronoun. See page 138.

Si **sono fatti** portare della senape dal cameriere. [Se **ne** sono fatta portare da lui.]	*They had some mustard brought to them by the waiter. [They had some of it brought to them by him.]*

4. Many common idiomatic expressions are formed with **fare** + *the infinitive* or **farsi** + *the infinitive*.

fare aspettare *to keep someone waiting*

far bollire *to boil something*

far cuocere *to cook something*

far pagare *to charge someone*

far sapere *to let someone know something*

far vedere *to show someone*

farsi capire *to make oneself understood*

farsi prestare *to borrow something*

farsi vedere *to show oneself*

farsi vivo *to show up*

Il cameriere ci ha fatto aspettare. *The waiter kept us waiting.*
Mi sono fatta prestare la pentola *I borrowed the pot from my mother.*
  da mia madre.

ESERCIZI

A Lo fai tu? Giuseppe è un uomo molto pigro. Non gli piace fare niente in casa. Fa sempre fare tutto agli altri. Immagina le sue risposte a queste domande e usa *fare* + *l'infinito*.

1. La spesa, la fai sempre tu?
2. Il pane, lo porti tu a casa ogni sera?
3. Il vino, lo scegli sempre tu all'enoteca?
4. La cena, la prepari sempre tu?
5. La tavola, l'apparecchi tu ogni sera?
6. Il pane, lo tagli tu per la cena?
7. La cena, la servi tu?
8. I piatti, li lavi tu la sera?
9. I bambini, li svegli sempre tu la mattina?
10. I bambini, li vesti tu?

B Lo faccio fare alla famiglia. Riscrivi le frasi dell'esercizio A e immagina a chi Giuseppe fa fare le cose descritte. Usa la costruzione *fare* + *l'infinito* e i pronomi.

Esempio: La spesa, la fai sempre tu?
          No, la faccio fare sempre a mia moglie.

C Mi faccio fare tutto. Immagina le risposte di Giuseppe a queste domande. Usa la costruzione *farsi fare* + *l'infinito* e sostituisci ai nomi i pronomi.

1. Ti sei tagliato i capelli ieri?
2. Ti sei preparato gli spaghetti ieri sera?
3. Ti sei comprato delle patatine?
4. Ti sei portato un panino per il pranzo?
5. Ti sei fatto un caffè?

D **Si fa fare tutto.** A coppie, immaginate che cosa una star del cinema si fa fare da queste persone. Usate *farsi fare* + *l'infinito*.

1. il cuoco
2. la cameriera
3. lo stilista
4. il barbiere
5. il barista
6. il regista del film
7. la segretaria
8. la mamma

Gli aggettivi e i pronomi dimostrativi

Demonstrative adjectives and pronouns (*this, that, this one, that one*, etc.) are used to point out people and objects as well as ideas and concepts. **Questo** and **quello** are the most commonly used demonstrative adjectives and pronouns. **Questo** indicates a person or object close to the speaker or an idea or concept just mentioned. **Quello** indicates more distance in time or space.

> **Questo** vasetto di olive costa meno di **quello**.
>
> *This small jar of olives costs less than that one.*

A Gli aggettivi *questo* e *quello*

Questo and **quello** agree in number and gender with the noun they modify. **Questo** has four forms; it can be elided before singular nouns and adjectives that begin with a vowel. **Quello** follows the same pattern as the adjective **bello** (see page 24).

quest**o** barattol**o** / que**l** barattolo	quest**i** barattol**i** / que**i** barattoli
quest'alber**o** / que**ll**'albero	quest**i** alberi / que**gli** alberi
quest**a** vaschett**a** / que**lla** vaschetta	quest**e** vaschette / que**lle** vaschette
quest'ide**a** / que**ll**'idea	quest**e** idee / que**lle** idee

Qui (**qua**) and **lì** (**là**) are frequently used with **questo** and **quello** for emphasis.

> Voglio **queste** patatine **qui** (**qua**).
> Lui invece preferisce **quelle** patatine **lì** (**là**).
>
> *I want these chips.*
> *He instead prefers those potato chips there.*

B I pronomi *questo* e *quello*

Used as pronouns, **questo** and **quello** have only four forms.

questo	questi	quello	quelli
questa	queste	quella	quelle

> **Questi** sono buoni! **Quelli** non mi piacciono.
>
> *These are good! I don't like those.*

Questo and **quello** can also be used to mean the *latter*, and the *former*.

> La cucina del territorio e la cucina nazionale sono entrambe buone. Solo che **questa** è meno alla moda e **quella** è più attuale.
>
> *The local cuisine and the national cuisine are both good.*
> *It's only that the latter is less fashionable and the former is more current.*

Codesto/-a/-i/-e (or less commonly used **cotesto/-a/-i/-e**) means *that, those*. Forms of **codesto** are used mostly in writing, and regionally in Tuscany. **Codesto** points out something distant from the speaker and near the listener. **Codesto** is also used as a pronoun.

Codeste pietanze sono davvero squisite.

Those dishes are really exquisite.

Altri pronomi dimostrativi

The following demonstrative pronouns, which always refer to people, are infrequently used, but important to recognize in reading. In modern Italian, they are usually replaced by **questo** and **quello**.

	Singolare	Plurale
Maschile	**Femminile**	**Maschile e Femminile**
questi		
costui	costei	costoro
quegli		
colui	colei	coloro

Questi (*this one*) and **quegli** (*that one*) are singular masculine pronouns used only as the subject of a sentence. **Costui** and **costei** (*this one*), **colui** and **colei** (*that one*), **costoro** (*these*) and **coloro** (*those*) can be used as either a subject or an object.

ESERCIZI

Il supermercato. Giulia e Sara sono al supermercato. Completa le frasi con la forma corretta dell'aggettivo o pronome dimostrativo.

1. SARA: Giulia, dammi _____ vasetto di sottaceti.
   GIULIA: _____ qui?
   SARA: No, _____ vicino alle olive nere.

2. GIULIA: La vuoi _____ vaschetta di gelato alla vaniglia?
   SARA: No, ho già preso _____ due al limone e all'amarena.

3. SARA: Preferisci _____ zucchine qui o _____ rotonde?
   GIULIA: Veramente non mi piacciono le zucchine. Perché non prendiamo _____ asparagi bianchi lì come contorno per stasera?
   SARA: Sì, hai ragione. _____ bianchi sono proprio buoni.

4. GIULIA: Prendiamo anche uno di _____ meloni grandi vicino al cocomero?
   SARA: Sì, guarda _____ è proprio al punto giusto. Sarà delizioso. Vogliamo anche prendere un po' di _____ prosciutto di Parma che è in offerta?
   GIULIA: No, _____ in offerta mi sembra troppo grasso. Prendiamo _____ qui. Mi sembra più magro.
   SARA: Benissimo. Per stasera siamo a posto.

Ascoltiamo

Le ricette

La registrazione che segue ha luogo in un ristorante. Ascolta la registrazione più volte e completa le attività che seguono.

A Vero o Falso? Indica con una X quali delle seguenti affermazioni sono vere secondo la registrazione.

1. _____ La scena ha luogo a casa di Roberto.
2. _____ Ci sono tre persone.
3. _____ Roberto e Renata sono amici.
4. _____ Roberto e Renata non mangiano il contorno.
5. _____ A Renata non piace cucinare.
6. _____ Roberto non sa fare niente in cucina.

B Quali piatti? Tra i sette piatti della colonna A indica con una X quali sono i quattro descritti nella registrazione. Poi scrivi la lettera della descrizione appropriata degli ingredienti e del modo di preparazione indicati nella colonna B. ATTENZIONE: ci sono due descrizioni in più nella colonna B.

A	B
1. _____ Spaghetti alla carbonara	a. arrotolato, legato con lo spago e cotto al girarrosto
2. _____ Spaghetti all'arrabbiata	b. verdure varie, piselli, asparagi, zucchine e pomodori, sono cotti insieme prima di aggiungere il riso
3. _____ Risotto all'ortolana	c. pomodoro, uova sbattute e cipolla sono aggiunti agli spaghetti
4. _____ Spinaci all'agro	d. spaghetti conditi con un condimento composto di pancetta soffritta, uova sbattute e parmigiano grattugiato
5. _____ Arrosto alla boscaiola	e. sono conditi con burro, formaggio, panna e pezzetti di prosciutto
6. _____ Bucatini alle olive nere	f. limone, olio e zucchine sono mescolati insieme e poi aggiunti al tutto
7. _____ Tortellini alla Tonino	

Testi e contesti

COSA SAPPIAMO DI CLARA SERENI?

Leggi le notizie che seguono e poi spiega brevemente a un compagno/
una compagna chi è Clara Sereni.

Clara Sereni è nata a Roma nel 1946. Nel 1991 si è trasferita con il
marito e il figlio a Perugia, dove è stata vicesindaco dal 1995 al 1997,
occupandosi per lo più di problemi sociali. In *Taccuino di un'ultimista*, 1998,
descrive le sofferenze, le difficoltà e anche le tante soddisfazioni vissute
durante questo incarico politico. Nel 1998, in seguito ad una tragica
esperienza personale, ha aiutato a promuovere la Fondazione «La città del
sole» — Onlus, che costruisce progetti a favore di persone con disabilità
psichica e mentale.

Fra le sue opere sono da ricordare: *Casalinghitudine*, 1987, romanzo
autobiografico in cui la Sereni racconta la storia della sua famiglia
attraverso una serie di ricette culinarie, *Manicomio Primavera*, 1989, *Il gioco
dei regni*, 1993, *Eppure*, 1995, *Passami il sale*, 2002.

PRIMA DI LEGGERE

A **Le merende di Clara Sereni.** Il testo che leggeremo è tratto dal primo capitolo
del libro, *Le Merendanze* (merenda + pranzo). Pensando al titolo del romanzo, a
coppie, fate una lista dei vocaboli che vi aspettate di trovare nel libro.

B **Le Merendanze.** Leggi i primi due paragrafi del testo e poi rispondi alle
domande che seguono.

1. Dove ha luogo quest'episodio? Quali vocaboli e gesti lo suggeriscono?
2. In quale persona è narrata la storia?
3. Come si chiama il personaggio principale che appare in questo episodio?
   Cosa sappiamo di lei?
4. Cosa sta facendo? Cosa pensi che stia preparando? Cosa rivelano del suo
   carattere i suoi gesti? e il piatto che sta preparando?
5. A coppie, immaginate come continuerà la storia.

MENTRE LEGGETE

Sottolineate gli elementi che suggeriscono una mentalità più tradizionale e segnate
con un cerchio quelli che ne indicano una più moderna.

Le Merendanze

Il grosso coltello cala[1] con regolarità sulla fetta di filetto[2], spessa[3] e sanguinolenta. Tanti colpi[4] fitti[5], netti, prima in orizzontale, poi in verticale. Arrivata al margine, lì dove una minuscola scaglia[6] di grasso macchia appena di bianco il rosso compatto della carne, Giulia fa ruotare di quarantacinque gradi
5 quasi esatti il tagliere, in modo che anche i colpi sulle due diagonali cadano precisi, e nessuna fibra sfugga al suo destino.

Con il dorso[7] del coltello, attenta a non perdere neanche una goccia[8] del sangue che suo figlio considera prezioso, trasferisce in una terrina[9] la carne ormai ridotta in poltiglia[10]. L'uovo sodo è già pronto, senza il guscio[11]: basta
10 separare l'albume, e mescolare il tuorlo[12] alla carne.

Su un tagliere diverso dispone qualche fetta di cipolla insieme a un ciuffo di prezzemolo e un pugno[13] di capperi sotto sale che ha messo opportunamente a bagno[14] mezz'ora prima. Le cipolle la fanno piangere (con il mixer potrebbe evitarlo), pure le riduce in poltiglia con la mezzaluna[15] inseguendo[16] sul tagliere
15 capperi e prezzemolo, e anche questo mescola alla carne: con metodo ed energia, benché il manico[17] della forchetta le infiammi e indolenzisca[18] il palmo della mano. Aggiunge il succo di mezzo limone, appena appena un po' di sale, una punta di salsa d'acciughe[19], due o tre gocce di tabasco. E gira[20], gira: ma soddisfatta, perché nella terrina c'è ormai un composto completamente
20 omogeneo. Due foglie di prezzemolo e una rondella di carota per guarnire[21]: copre l'opera con un piatto, la ripone nel frigorifero.

Pensa che con il frullatore sarebbe venuto più vellutato[22], e più in fretta, ma il palmo enfiato[23] della mano è come il pegno[24] che paga a suo figlio, all'uomo della sua vita così esperto di cucina da imporle le preparazioni che considera
25 sane ed energetiche. Anche quando, fra taglieri e terrine, per preparare una semplice bistecca alla tartara finisce che il lavello è pieno di roba da lavare, e su una mattonella spicca — rosso — uno schizzo di sangue.

Il sangue le ha sempre fatto orrore (anche il suo, quando c'era). Vorrebbe cancellarlo subito ma ora non ha tempo, suo figlio può arrivare da un momento
30 all'altro e avrà fretta, come sempre: per fame, per la poca voglia di stare in casa. Anche adesso che vive in un'altra città, anche adesso che viene sì e no una volta al mese, gli affari e gli impegni sembrano inseguirlo come cani, e per un pasto tranquillo non c'è mai tempo. Ogni cosa, ogni gesto deve inserirsi per lui con nettezza in un ambiente di ordine e puntualità. Senza residui. Ma può sperare
35 che il disordine dell'angolo cottura non lo infastidisca, pranzeranno nel tinello[25] tutto tirato a lucido[26].

Controlla in forno gli gnocchi di semolino. Li ha preparati stamattina presto, stesi con regolarità sul marmo del tavolo perché si freddassero per bene: e infatti a tagliarli con un bicchierino da liquore sono venuti perfetti, tondi e sodi.
40 C'è un inizio di crosticina dorata, ancora qualche minuto e saranno cotti a puntino: ma se suo figlio tarderà resteranno ben caldi senza bruciarsi, e intanto non dovrà star lì a trafficare, e potrà farsi bella per lui, e aspettare a mani ferme che si sieda a raccontarle il mondo.

L'insalata di campagna è pronta in una ciotola, pulita lavata e asciugata e
45 con accanto il condimento già emulsionato in una tazza, da aggiungere soltanto all'ultimo, perché si conservi croccante[27].

[1]*comes down;* [2]*fillet;*
[3]*thick;* [4]*blows;* [5]*heavy*
[6]*flake*

[7]*back;* [8]*drop*
[9]*tureen*
[10]*pulp;* [11]*shell*
[12]*yoke*

[13]*handful*
[14]*to soak*
[15]*chopping knife;*
[16]*chasing*
[17]*handle;* [18]*hurts*

[19]*anchovies;* [20]*stirs*

[21]*garnish*

[22]*smoother*
[23]*swollen;* [24]*token*

[25]*breakfast area*
[26]*spic and span*

[27]*crisp*

Esita sulla scelta della tovaglia, suo figlio dice sempre che per lui va benissimo il servizio all'americana[28] ma lei preferisce accoglierlo con la cura che è il segno del suo amore. La tovaglia bianca certamente no, quella a fiorellini le sembra di
50 averla usata l'ultima volta che è venuto... Quella gialla, ecco: lo sfondo migliore per i piatti di ceramica blu che non usa da molto tempo. ...

Le posate in ordine preciso, e il cucchiaino trasversale al piatto per il budino di riso[29], leggero e nutriente: ne ha preparato una dose doppia, magari suo figlio ne avrà voglia anche per la colazione del mattino, e comunque a lei piace molto.
55 Ma quando è sola, per sé sola, non lo fa mai. ...

Prepara la moka con il caffè: dose singola, per lui, lei come al solito prenderà la propria tazza di orzo[30]. Solubile[31], per ridurre i gesti della pulizia.

Si affaccia al balcone, non c'è traccia ancora di suo figlio o della sua auto. Bene, ci sarà anche il tempo per far ordine, per togliere quello schizzo di sangue
60 fastidioso.

L'acqua bollente, il detersivo nel lavello[32]. Via l'unto[33] e lo sporco[34] dai taglieri, dai coltelli.

Il telefono. Si sfila[35] in fretta i guanti di lattice[36], va a rispondere temendo l'annuncio di un ritardo ma sa di essersi organizzata al meglio, nessuna delle
65 cose che ha preparato patirà[37] i tempi più lunghi che lui non di rado le impone.

Si sentono tanti rumori di fondo[38], all'inizio non le sembra neanche lui, la voce arriva distorta e disturbata: perché è all'aeroporto, in una babele di speaker e interferenze.

Matteo non verrà. Uno sciopero improvviso, il volo è stato soltanto rinviato[39]
70 ma lui non se la sente, o non può o non vuole.

«Ti chiamo io!» le urla[40] attraverso il frastuono[41], e la linea si interrompe prima che lei abbia il tempo di chiedere, di obiettare, di raccomandarsi[42].

I guanti sono rimasti sul lavello, la schiuma[43] che li copre non li dissimula, anzi aumenta quell'impressione di mani mozzate[44], due mani azzurre inerti e
75 inutili. Con una stanchezza terribile nelle gambe, Giulia li infila[45] di nuovo, lava e sciacqua tutte le stoviglie che ingombrano[46] il lavello, appoggiandole via via sullo scolapiatti perché si asciughino.

Non ha fame, ora solo voglia di riposare: sparecchia, rimette ogni cosa al suo posto. Dopo, quando si alzerà, mangerà un boccone, magari davanti al
80 televisore: ora no, ora vuole soltanto stendersi[47] e possibilmente — ma non le riesce quasi mai — dormire.

(Da *Le Merendanze*, pp. 9–13, di Clara Sereni, Milano: Rizzoli, 2004. © 2004 RCS Libri S.p.A.)

[28] *place mats*

[29] *rice pudding*

[30] *barley;* [31] *Instant*

[32] *kitchen sink;* [33] *grease;* [34] *filth*

[35] *slips off;* [36] *latex*

[37] *will suffer*

[38] *in the background*

[39] *delayed*

[40] *shouts;* [41] *din* [42] *to give advice and suggestions;* [43] *foam*

[44] *cut off*

[45] *slips them on*

[46] *crowd*

[47] *lie down*

DOPO LA LETTURA

Comprensione del testo. Dopo aver letto il testo una prima volta trova informazioni nel brano per giustificare le seguenti affermazioni.

1. Giulia è una donna sola.
2. Lei pratica una cucina tradizionale del territorio.
3. Giulia è una donna generosa che si dedica agli altri forse anche troppo.
4. È una mamma affettuosa e premurosa (*considerate*) molto attaccata al figlio.
5. Giulia pensa sempre agli altri e trascura (*neglects*) i propri bisogni.
6. Matteo, il figlio di Giulia, conduce una vita frenetica.
7. Anche per Matteo la buona cucina tradizionale è molto importante.
8. Matteo non sembra un figlio molto premuroso.

1. A coppie, rileggete e paragonate le informazioni che avete trovato sugli aspetti tradizionali e moderni del testo. Avete le stesse informazioni?
2. A che cosa si riferiscono i riferimenti tradizionali? e quelli moderni?
3. Cosa rivelano dell'ambiente in cui si svolge il racconto questi elementi? e dei personaggi?
4. Si dice che siamo quello che mangiamo. Cosa sappiamo di Giulia e Matteo da quello che mangiano? e del loro rapporto?
5. Come viene usata la preparazione del pasto dalla Sereni?
6. Cosa rivelano del carattere e della condizione di Giulia i suoi gesti in cucina?
7. Pensate che Giulia sia una donna felice? Perché? Immaginate il suo passato.
8. Che informazioni ci sono nel testo riguardo alla società italiana in generale? e alla famiglia?
9. Immaginate come la storia continui.

Per scrivere

Come dare istruzioni scritte

*I*t is often necessary to give written instructions. We write notes to others to indicate what to do or not to do, to give directions, or to explain how to do something.

PRIMA DI SCRIVERE

To provide written instructions in Italian, follow these steps:

1. Begin by deciding whether to use a formal or informal register. Use an informal register if you are writing to a friend, a classmate, a relative, or a child. Use a formal register when addressing someone you don't know well, with whom you have a professional relationship, or who is older than you. The following expressions can help you make requests or suggestions.

Friends and relatives	*People you don't know well*
Fammi il piacere di + *l'infinito*	Mi faccia il piacere di + *l'infinito*
Non dimenticare di + *l'infinito*	Non dimentichi di + *l'infinito*
Ricordati di + *l'infinito*	Si ricordi di + *l'infinito*
Vorresti + *l'infinito*	Vorrebbe + *l'infinito*
Ti dispiacerebbe + *l'infinito*	Le dispiacerebbe + *l'infinito*
Vorrei che tu + *congiuntivo*	Vorrei che Lei + *congiuntivo*

2. Then decide if you want to be forceful and direct by using the formal or informal imperative. For example, **Non dimenticare di comprare il dolce**. Alternatively, you may choose to soften your requests by using the subjunctive or the conditional in the form of a question. For example, you might say, **Mi porteresti l'indirizzo del locale?** Or, you can use the conditional of **dovere** and **potere** + *the infinitive*. For example, **Dovrebbe venire anche Lei. Potrebbe preparare un primo**. To make your writing more effective and varied, combine these different approaches, as appropriate.
3. Next, if you are giving instructions, make a list of the steps to be followed and decide in which order they should be presented. If you are making requests or giving advice, list the topics you want to address.
4. Conclude your note with the appropriate salutation, perhaps simply, **Grazie**.

ADESSO SCRIVIAMO

Develop a plan and write a note appropriate for one of the situations listed in the **Temi** section below. Then exchange notes with a classmate and write a response to his/her note. Indicate how you will follow through, or ask for clarification if needed.

Temi

1. Una tua amica va in Italia e ti chiede informazioni e consigli su come mangiare in Italia. Scrivile un biglietto. Prima parlale della cucina italiana e delle abitudini alimentari degli italiani. Poi dalle tanti consigli e suggerimenti su come mangiare il fast food o/e lo slow food in Italia.

2. Un amico/Un'amica che non s'intende affatto di cucina ti chiede una ricetta facile per sei persone. Scrivigli/le esattamente tutto quello che deve fare. Non dimenticare di spiegargli/le anche quali ingredienti deve comprare, dove comprarli e come deve preparare ogni ingrediente prima di incominciare a cucinare.

3. Stasera organizzi una cena italiana a casa tua. Scrivi una mail ai tuoi compagni di classe e al tuo professore/alla tua professoressa per invitarli alla festa. Spiegagli perché la fai e cosa ognuno di loro può fare o preparare per la festa. Infine, spiega come arrivare a casa tua dall'università.

Capitolo 9

CHIESA

© Bettmann/ CORIBIS

L'Italia del passato: il Ventennio fascista e il neorealismo

E per te, che cos'è la libertà?

Mussolini parla alle truppe fasciste. Descrivete la foto. Quale periodo ritrae? Come sono vestite le persone? Cosa fanno? Quali sensazioni suggerisce la foto? Quali aggettivi descrivono meglio l'aspetto fisico e l'espressione di Mussolini?

Temi
Il Ventennio fascista
Il dopoguerra e il
   neorealismo

Strutture
La concordanza
   dei tempi
   dell'indicativo e
   del congiuntivo
I pronomi relativi
Il discorso indiretto
I pronomi tonici

Ascoltiamo
Una lezione di storia

Testi e contesti
«Romolo e Remo»,
   Alberto Moravia

Per scrivere
Come riferire
   discorsi, dialoghi,
   conversazioni e
   racconti

Facciamo conversazione

Il Ventennio fascista

 A **Il fascismo.** A coppie, osservate e descrivete la foto. Quali simboli dell'ideologia fascista sono evidenti? Che cosa rappresentano?

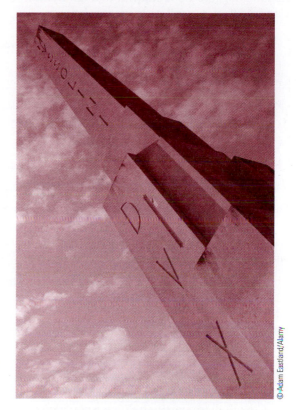

L'Italia del passato. Alcuni simboli del fascismo sono ancora oggi evidenti.

 B **Il popolo ha scelto.** A coppie, esaminate i titoli dei giornali pubblicati subito dopo la seconda guerra mondiale e rispondete alle domande.

1. Di cosa parlano i titoli dei giornali?
2. Chi pensate che sia Umberto II? Perché pensate che abbia lasciato l'Italia?
3. Secondo i giornali, quali cambiamenti si aspettavano gli italiani?

C Cosa sapete del governo italiano di oggi? A gruppi, completate il seguente schema e paragonate il governo del vostro Paese e quello italiano. Come sono simili? Come sono diversi? Dopo avere completato la parte sul governo italiano, leggete **Cosa sappiamo degli italiani**, *Quaderno degli esercizi,* Capitolo 9, e controllate le vostre risposte.

	Il vostro Paese	l'Italia
Forma di governo	_____	_____
Chi governa il Paese?	_____	_____
Persone importanti nel governo	_____	_____
Quanti partiti politici ci sono? Quali sono?	_____	_____
Come e quando si svolgono le elezioni?	_____	_____
Storia passata	_____	_____

D Democrazia o dittatura? Indica quali dei seguenti atteggiamenti associ con un governo democratico e quali con uno totalitario. Poi paragona e discuti le tue risposte con quelle dei tuoi compagni. Avete le stesse risposte? Come sono simili? Come sono diverse?

1. Libri, giornali, film, spettacoli e lettere private sono soggetti alla censura.
2. I cittadini eleggono i loro leader.
3. I mass media sono utilizzati per la propaganda del regime.
4. I mass media rappresentano i problemi e i bisogni reali della società.
5. I cittadini hanno paura di esprimere le proprie idee.
6. I cittadini criticano il governo e i governanti apertamente.
7. Per insegnare nelle scuole e lavorare in altri istituti pubblici bisogna avere la tessera (*card*) del partito che governa.
8. C'è più di un partito politico e con ideologie diverse.
9. Il governo spesso assume una politica imperialista e militarista.
10. Quelli che si oppongono al governo sono arrestati o uccisi.

Il manifesto del futurismo

Alberto Savinio. Il vascello perduto, *1928*

Noi vogliamo cantare l'amor del pericolo[1], l'abitudine all'energia e alla temerità. ...

— Noi vogliamo glorificare la guerra—sola igiene[2] del mondo—, il militarismo, il patriottismo, il gesto distruttore dei libertari[3], le belle idee per cui si muore, e il disprezzo[4] della donna.

[1]*danger* [2]*hygiene* [3]*anarchists* [4]*contempt*

(Da «Manifesto del futurismo», di Filippo Tommaso Marinetti, 20 febbraio 1909, *Le Figaro.*)

A Il futurismo. Filippo Tommaso Marinetti è considerato il padre del futurismo, un movimento rivoluzionario nato nel 1909. Dopo aver letto la citazione dal *Manifesto del futurismo*, a coppie, rispondete alle domande che seguono.

1. Pensate che il futurismo sia stato un movimento pacifista? Perché?
2. Cosa suggerisce il termine «futurismo»? Quali sono le idee principali di questo movimento?

3. Quali parole ed espressioni pensate che descrivano meglio il futurismo?
4. Secondo voi, quali miti voleva promulgare il futurismo?
5. Pensate che il futurismo sia stato contrario all'ideologia fascista? Perché?

 B Il vascello perduto. A coppie, descrivete l'opera di Alberto Savinio. Che sensazioni suggerisce? Come riflette le idee del futurismo?

*A*ncora oggi è vivo in molti italiani il ricordo del Ventennio fascista e della seconda guerra mondiale. Il fascismo invase ogni aspetto della vita quotidiana. L'esperienza di quel periodo ha influenzato e trasformato le istituzioni politiche, sociali ed economiche del Paese.

Il fascismo fu una dittatura il cui capo, « il duce », era Benito Mussolini. L'ideologia fascista voleva rievocare l'imperialismo dell'antica Roma di cui usò anche alcuni simboli, come i fasci e il saluto romano. La dittatura durò più di venti anni, dal 1922 al 1945, e finì soltanto con la fine della seconda guerra mondiale. Negli ultimi due anni la guerra in Italia fu anche guerra civile, tra italiani che volevano la libertà dal fascismo, e i tedeschi e i fedeli seguaci di Mussolini.

PAROLE UTILI

Per parlare del Ventennio fascista

l'alleato *ally*
l'autorità *authority*
la censura *censorship*
il confino *confinement*
il consenso *consent*
i diritti civili *civil rights*
il dittatore *dictator*
la dittatura *dictatorship*
il «duce» *"leader"*
l'esercito *army*
l'espansione coloniale (*f.*) *colonial
    expansion*
i fasci *fasces (symbol of authority in
    ancient Rome and adopted by Mussolini
    as a symbol of the Fascist Party)*
i fedeli seguaci *loyal followers*
la forza *force*
l'imperialismo *imperalism*
l'invasione (*f.*) *invasion*
la legge razziale *racially restrictive law*
la libertà *liberty*
il nazionalismo *nationalism*

l'opposizione (*f.*) *opposition*
il patriottismo *patriotism*
la prigione *prison*
promulgare *to promulgate*
la propaganda *propaganda*
il regime fascista *the Fascist Regime*
sopprimere *to suppress*
la stampa *the press*
uccidere *to kill*
la violenza *violence*

Espressioni per descrivere l'ideologia fascista

aggressivo/-a *aggressive*
imperialista *imperialist*
maschilista *sexist*
militarista *militarist*
nemico/-a *enemy*
obbligatorio/-a *compulsory, obligatory*
pacifista *pacifist*
patriottico/-a *patriotic*
totalitario/-a *totalitarian*

A Nome o aggettivo? Indica la forma dell'aggettivo o del nome per le parole che seguono.

1. il patriottismo
2. il pacifismo
3. militarista
4. il nazionalismo
5. fascista
6. imperialista

B L'intruso. A coppie, indicate la parola o espressione che non c'entra con le altre e spiegate perché.

1. la stampa   la propaganda   la violenza
2. la dittatura   la libertà   il regime totalitario
3. patriottico   maschilista   aggressivo
4. l'invasione   l'espansione coloniale   la censura
5. sopprimere   promulgare   opporre
6. militarista   imperialista   pacifista
7. il duce   l'autorità   il consenso
8. l'alleato   la legge razziale   l'esercito
9. la libertà   il confino   la prigione
10. la forza   la dittatura   il patriottismo

C Che cos'è? Indica di che cosa si tratta.

1. È un altro termine che si usa per indicare la dittatura fascista.
2. Sono le persone che promulgavano l'ideologia fascista di Mussolini.
3. È uno strumento che si usa per controllare l'opinione pubblica e ottenere il consenso popolare per governare.
4. Si usa per sopprimere la libertà di pensiero e di espressione.
5. Sono le persone che si oppongono a determinate idee o opinioni.
6. È una politica aggressiva che si basa sull'espansione.
7. È un atteggiamento o una persona che pensa che le donne non siano uguali agli uomini.
8. È una legge che abolisce i diritti civili di cittadini di altre razze o religioni.
9. È una forma di esilio usato per allontanare gli oppositori politici.
10. Si usano per controllare e persuadere le persone.

D Adesso tocca a te! Scegli una delle seguenti parole e scrivi qual è secondo te la sua definizione. Poi leggila alla classe. La classe deve indovinare di quale di queste parole si tratta.

1. totalitario
2. obbligatorio
3. la censura
4. l'espansione coloniale
5. i diritti civili
6. la libertà
7. la forza
8. il nazionalismo
9. il consenso
10. il duce
11. la propaganda
12. la stampa
13. la prigione
14. i seguaci
15. uccidere
16. sopprimere

A La storia. Con l'aiuto delle informazioni in **Cosa sappiamo degli italiani,** *Quaderno degli esercizi*, Capitolo 9, rispondi alle domande sul Ventennio fascista. Poi lavorando a gruppi, discutete le vostre risposte.

> Studia la concordanza dei tempi dell'indicativo e del congiuntivo.

1. Quali furono alcune cause dell'avvento del fascismo in Italia?
2. Come conquistò il potere Mussolini? Chi governava l'Italia prima di Mussolini? Che tipo di governo c'era?
3. Qual è l'importanza della «marcia su Roma»?
4. Perché il Ventennio fascista è considerato uno dei periodi più dolorosi della storia italiana?
5. Come pensate che vengano trattati gli oppositori del regime sotto una dittatura?
6. Quali popoli e razze sono stati particolarmente perseguitati in Europa durante la seconda guerra mondiale?
7. Quali Paesi cercò di conquistare Mussolini? Perché?
8. Chi era Hitler?
9. Quando e perché i tedeschi occuparono l'Italia?
10. Dopo essere sbarcati in Sicilia, che cosa fecero gli alleati?
11. Quando e come finì la seconda guerra mondiale?

 B Inno squadrista. Fascisti armati, organizzati in squadre, terrorizzavano tutti coloro che si opponevano all'ideologia fascista. A coppie, leggete «l'Inno squadrista» e discutete le domande che seguono.

INNO (*hymn*) SQUADRISTA
Mamma non piangere
se vo in spedizione
tuo figlio è forte
non teme il morir
Con la camicia
color di morte
trema il nemico
quando gli è vicin.
Sotto, fascisti!
Camicie nere
son come simbolo
di forti schiere
(*squadrons*).
Contro i pussisti*
fascisti andiamo
Pugnale (*dagger*) fra
i denti
le bombe a mano!
Sono fascista!

(Da «Inno squadrista», p. 24, a cura di Giuliano Vittori, *C'era una volta il duce. Il regime in Catolina*, 1975, Roma: Savelli, S.p.A. © 1975 Savelli, S.p.A.)

1. Quali due immagini contrastanti emergono degli italiani che parteciparono allo squadrismo?
2. Quali simboli e miti del fascismo sono evidenti nell'inno?
3. Paragonate «l'Inno squadrista» al *Manifesto del Futurismo* a p. 288. Come sono simili i due scritti?

* Followers of the PSU (Partito Socialista Unitario), Matteotti's political party.

C **I miti fascisti.** A gruppi, descrivete le due illustrazioni che seguono. Chi rappresentano le figure? Che cosa portano? Che cosa fanno? Che tipo di ideologia riflettono? Quali miti promulgano?

La gloriosa camicia nera d'Italia

(Da *C'era una volta il duce. Il regime in Catolina*, p. 19, a cura di Giuliano Vittori, 1975, Roma: Savelli, S.p.A. © 1975 Savelli, S.p.A.)

Se una fede serri in core
stretto attorno al tricolore
Coi Fascisti grida... A noi!

(Da *C'era una volta il duce. Il regime in Catolina*, p. 13, a cura di Giuliano Vittori, 1975, Roma: Savelli, S.p.A. © 1975 Savelli, S.p.A.)

D **Il ruolo delle donne.** A coppie, descrivete la réclame e discutete le domande che seguono.

1. Di che cosa fa la pubblicità?
2. Quale ideologia è evidente?
3. Come sono visti gli uomini e le donne sotto il regime fascista? Qual è il ruolo di ognuno nella società? Perché?
4. Com'è cambiato il ruolo delle donne e degli uomini nella società italiana?

E **Fasci alla romana.** Leggete il trafiletto sui simboli del fascismo. Poi a coppie, rispondete alle domande che seguono.

Fasci alla romana

Il fascismo, a cominciare dal nome, rievocò molti simboli dell'antica Roma. Che diventarono presto strumenti di una sorta di religione laica.

Autoritario. Il termine fascismo apparve nell'Ottocento, riferito ai moti contadini detti «fasci siciliani». E «fascio» era all'epoca qualsiasi associazione non partitica. Dal 1923 il fascio littorio—che già era stato un'insegna della rivoluzione francese—invase l'Italia. Derivava dal simbolo dell'autorità dei magistrati nell'antica Roma (e prima ancora presso gli Etruschi): fasci di verghe (per fustigare) con una scure in mezzo (per decapitare), portati a spalla dai «littori». E sempre nel '23, abolito il 1° maggio, la festa dei lavoratori confluì nel Natale di Roma (21 aprile): in quel giorno, nel 753 a. C., Romolo avrebbe fondato la futura capitale dell'impero.

Altro che pace! Anche il saluto era «romano»: braccio destro teso verso l'alto e mano aperta in segno di pace. E Mussolini, da capo del governo, si trasformò in duce, dal latino *dux* (colui che conduce, guida). I soldati diventarono «legionari», i bambini al di sotto degli 8 anni «figli della lupa» e i sindaci «podestà», termine di uso medievale che indicava chi aveva la *potestas* (in latino «potere», «autorità»).

(Da Aldo Cairoli,«Fasci alla romana», *Focus Storia*, nr. 3 (Estate 2005) – Gruner + Jahr/Mondadori S.p.a., p. 29)

1. Quali sono alcuni simboli dell'antica Roma che il fascismo adottò?
2. Quale festa romana prese il posto della festa dei lavoratori? Perché?
3. Quali simboli e miti del fascismo sono evidenti nel fascio littorio?
4. Secondo voi, perché i bambini furono chiamati «figli della lupa»?
5. Cosa suggerisce del fascismo l'uso di tanti simboli, motti, slogan e riti?
6. Perché pensate che il fascismo si rifece alla Roma antica?

PER LEGGERE
Prima di leggere

 A L'Italia sa bastare a se stessa. A coppie, esaminate le due illustrazioni e rispondete alle domande che seguono.

1. Descrivete le due illustrazioni. Di che cosa parlano? A che cosa pensate che si riferiscano?
2. Quale ideologia è evidente nelle due illustrazioni?
3. Cosa rivelano le due illustrazioni della realtà quotidiana durante il fascismo?
4. Pensate che in questo periodo l'Italia fosse molto aperta alle influenze di altre culture e ideologie? Perché?

 B Come si stava durante il Ventennio fascista? Le statistiche che seguono mettono a confronto gli italiani alla fine degli anni '30 con quelli di oggi. A coppie, esaminate le tabelle e discutete cosa rivelano della vita quotidiana degli italiani durante il Ventennio. Come si viveva nel vostro Paese durante quegli anni? meglio o peggio? Perché?

ECONOMIA

	1939	Oggi
Reddito annuo pro capite	3.029 lire[1]	21.000 euro
Consumo annuo pro capite di carne bovina (kg)	9	25
Consumo annuo pro capite di pasta (kg)	14	28
Sportelli bancari	7.049	27.132[2]

[1]Dato riferito al 1938: pari, considerata la rivalutazione, a circa 1.880 euro.
[2]Dato riferito al 2002.

CULTURA E TEMPO LIBERO

	1939	Oggi
Percentuale di analfabeti	21%[1]	1,5%
Biglietti teatrali (venduti all'anno)	20 milioni	27.878.000
Biglietti cinema (venduti all'anno)	360 milioni	115 milioni
Quotidiani (venduti al giorno)	3 milioni	5.835.185

[1]Dato calcolato sulla base del censimento del 1931.

CASA E FAMIGLIA

	1939	Oggi
Matrimoni (ogni 1.000 abitanti)	7,2	4,5
Figli per donna	3,2[1]	1,2
Telefoni (abbonamenti ogni 100 abitanti)	1,2	50
Appartamenti con bagno (% nei centri maggiori)	12	100

[1]Dato medio del periodo 1934–1936.

(Da Aldo Cairoli, «Italiani a confronto, Casa e famiglia», *Focus Storia*, nr. 3, (Estate 2005) – Gruner + Jahr/Mondadori S.p.a., p. 29)

C I rapporti quotidiani. Leggi il titolo dell'articolo che segue e immagina quali saranno gli argomenti trattati nell'articolo.

Corteggiamenti a distanza, matrimoni di massa, madri prolifiche: l'amore e il sesso durante il Ventennio

Gli uomini di qua e le donne di là: per chi era giovane durante il Ventennio, gli approcci con l'altro sesso erano decisamente meno agevoli[1] che oggi. Perché, fin da piccoli, ragazzi e ragazze conducevano vite separate: quasi sempre divisi a scuola (i bidelli[2] sgridavano i bambini che rivolgevano la parola alle bambine), non si incontravano neppure fuori, perché le fanciulle, tenute per lo più in casa, uscivano raramente da sole. «Se le scuole fossero state come adesso la mia vita sarebbe stata tutta un'altra cosa. Io invece le ragazze le ho conosciute da vecchio» sospira[3] Angelo Limido, raccontando gli anni della sua gioventù nella Milano fascista. E come lui, sono in molti a ricordare la clandestinità dei primi contatti, i timori di essere scoperti e la paura di apparire, agli occhi dell'altro, troppo sfacciati[4]. Nelle sale da ballo—uno dei pochi luoghi di incontro—invitare troppo spesso la stessa ragazza equivaleva a una dichiarazione d'amore.

Ma la necessità aguzzava[5] l'ingegno. E così, mezzo secolo prima del telefono cellulare, per comunicare con l'amata «si ricorreva all'antenato dell'sms, il bigliettino all'amica, con la speranza che la messaggera di turno non lo buttasse[6] o ne modificasse il contenuto» ricorda Luigi Losio, classe 1910. «Chi voleva spendere qualche lira si affidava al «segretario galante», uno che i bigliettini li scriveva su commissione, per chi era un po' debole di penna».

Una volta stabilito il contatto, la possibilità di uscire da soli non era neppure contemplata: fino al fidanzamento ufficiale i due colombi[7] si incontravano solo in presenza di un'amica, o della sorella della ragazza. Proibito baciarsi in pubblico, gli innamorati potevano al massimo tenersi per mano.

Organi fascisti! Eppure il regime incoraggiava i matrimoni in ogni modo. E lo faceva per raggiungere gli obiettivi di una delle campagne cui Mussolini teneva di più: quella demografica, annunciata nel 1927. L'anno dopo Mussolini scriveva: «Il tasso[8] di natalità non è soltanto l'unica arma[9] del popolo italiano, ma è anche quello che distinguerà il popolo fascista, in quanto indicherà la volontà di tramandare la sua vitalità nei secoli». ...

Alla fine degli anni Venti, la popolazione italiana contava circa 40 milioni di abitanti: Mussolini voleva portarla a 60. I provvedimenti furono numerosi. Si istituì una tassa sugli scapoli[10] con più di 25 anni (solo per gli uomini perché si supponeva che le zitelle[11] fossero rimaste tali contro la loro volontà...), mentre ai giovani sposi furono concessi assegni e prestiti.

Vennero date agevolazioni a chi faceva figli e le «madri prolifiche», che ne avevano almeno 7, venivano premiate con un assegno di 5 mila lire e una polizza assicurativa. Con solennità venivano celebrati matrimoni di massa: a Roma in un solo giorno, il 30 ottobre del 1933, ben 2.620 coppie si scambiarono le fedi[12]. ...

(Da «Corteggiamenti a distanza, matrimoni di massa, madri prolifiche, amanti fissi e prostitute: l'amore e il sesso durante il Ventennio», di Margherita Fronte, nel *Focus Storia*, numero speciale: *Come si viveva ai tempi del fascismo*, estate 2005, p. 86.)

---

[1]*easy* [2]*janitors* [3]*sighs* [4]*impudent* [5]*sharpened* [6]*throw it away* [7]*doves* [8]*rate* [9]*weapon* [10]*bachelors* [11]*old-maids* [12]*wedding bands*

Parliamo e discutiamo

A **I corteggiamenti nel Ventennio fascista.** Trova informazioni nel testo per giustificare le seguenti affermazioni. Poi paragona i tuoi risultati con quelli di un compagno/una compagna.

1. Le scuole del Ventennio erano ben diverse da quelle di oggi.
2. Non era facile avere contatti con una persona dell'altro sesso.
3. I rapporti fra un uomo e una donna single non erano facili.
4. L'istituzione della famiglia era molto importante.
5. Il maschilismo era prevalente nella società del Ventennio.

B **L'Italia del passato.** Rileggi l'articolo e trova informazioni sui seguenti argomenti.

1. l'invadenza del fascismo nella vita quotidiana
2. il ruolo delle donne e degli uomini nel Ventennio fascista
3. l'importanza della procreazione

 C **E nel vostro Paese?** A gruppi, paragonate i rapporti fra i sessi nel vostro Paese durante gli anni '20 e '30 a quelli in Italia. E il matrimonio e la famiglia, come erano visti? Perché?

Il dopoguerra e il neorealismo

LE TAPPE DEL VENTENNIO

Ecco in sintesi i momenti chiave della storia del fascismo. Le date sono ovviamente riferite al nostro calendario, anche se dal 1927 in Italia era diventato obbligatorio aggiungere all'anno dell'era cristiana quello della cosiddetta «era fascista». Che si faceva cominciare dal 28 ottobre 1922, giorno della marcia su Roma.

1919	**23 marzo:** a Milano Mussolini fonda i Fasci di combattimento, nucleo del futuro partito fascista.
1921	**15 maggio:** sono eletti in parlamento 35 deputati fascisti. Imperversano le violenze degli squadristi. **7 novembre:** nasce il partito nazionale fascista (pnf).
1922	**28 ottobre:** i fascisti marciano su Roma senza incontrare resistenza. **29 ottobre:** re Vittorio Emanuele III incarica Mussolini di formare il governo. **15 dicembre:** prima riunione del Gran consiglio del fascismo e creazione della Milizia volontaria per la sicurezza nazionale, la polizia politica.
1924	**6 aprile:** tra minacce e tensioni, la lista fascista (con liberali e popolari) ottiene la maggioranza assoluta in parlamento.
1925	**3 gennaio:** Mussolini rivendica i fatti dei mesi precedenti, segnati dall'omicidio del leader socialista Giacomo Matteotti. **24 dicembre:** approvazione delle leggi «fascistissime». Inizia la dittatura.
1929	**24 marzo:** prime elezioni plebiscitarie (cioè con una sola lista, quella fascista).

1935	**7 ottobre:** la Società delle Nazioni punisce con sanzioni economiche l'Italia per l'aggressione all'Etiopia.
1936	**9 maggio:** proclamazione dell'impero. **24 ottobre:** nasce l'asse Roma-Berlino.
1940	**10 giugno:** Mussolini dichiara guerra alla Francia e all'Inghilterra.
1943	**25 luglio:** il Gran consiglio sfiducia Mussolini, che si dimette ed è arrestato. Capo del governo diventa Pietro Badoglio. **8 settembre:** Badoglio annuncia l'armistizio con gli angloamericani. **12 settembre:** i tedeschi liberano Mussolini, che fonda nell'Italia del Nord la Repubblica sociale italiana, con sede a Salò (Bs).
1944	**31 gennaio:** nasce il Comitato di liberazione nazionale Alta Italia, che organizza la Resistenza contro i nazifascisti.
1945	**25 aprile:** il Comitato di liberazione ordina l'insurrezione generale. Mussolini fugge da Milano. Tre giorni dopo viene catturato e fucilato.

(Da Aldo Cairoli, «Le tappe del Ventennio, 1940–1945», *Focus Storia*, nr. 3, (Estate 2005) – Gruner + Jahr/Mondadori S.p.a., p. 8)

 A **Bombe e distruzione.** A gruppi, osservate la foto e rispondete alle domande che seguono.

1. Quale periodo pensate che ritragga la foto? Cosa ricordate di questo periodo storico? Cosa fecero i tedeschi? e gli alleati? e i partigiani? Perché?
2. Quali emozioni e sentimenti suscita la foto?
3. Descrivete la scena.
4. Secondo voi, com'era la vita degli italiani durante questi anni? Perché?

© Hulton-Deutsch Collection/CORBIS

B La cinematografia. A coppie, osservate e descrivete la foto che segue. Secondo voi, perché «la cinematografia è l'arma più forte»? Siete d'accordo?

LA CINEMATOGRAFIA È L'ARMA PIÙ FORTE

PARABOLAFOTO

C Associazioni. A piccoli gruppi, indicate tutte le persone e cose che associate con un film e/o un romanzo.

Il neorealismo

Una scena commovente in un film di Roberto Rossellini, Era notte a Roma.

VISMAGE / THE KOBAL COLLECTION/The Picture Desk

Guardiamoci intorno [...]. Bisogna esser ciechi[1], oggi, per non accorgersi che la realtà ha lievitato[2], è salita oltre i confini della stessa fantasia.

[1]*blind* [2]*has risen*

(Ernesto Guidorizzi, da *La narrativa italiana e il cinema*, p. 37, di Ernesto Guidorizzi, 1973, Firenze: Sansoni. © 1973 Sansoni.)

A Realtà o fantasia? Secondo l'autore la realtà è più o meno interessante della fantasia? Perché? Siete d'accordo? Di quali anni pensate che parli? A quali aspetti della realtà pensate che si riferisca? Cosa consiglia di fare l'autore?

B *Era notte a Roma.* A coppie, descrivete la scena nella foto. Dov'è ambientata? in quale periodo? Quali elementi indicano la classe sociale delle persone rappresentate? Quali sentimenti ed emozioni suscita la scena?

Il neorealismo nel cinema e in letteratura nacque fra l'altro come reazione al fascismo. La propaganda fascista infatti aveva cercato di nascondere la realtà, in una mistificazione e idealizzazione di ogni aspetto della vita. I film e gli scritti neorealisti invece erano opere impegnate, cioè volevano mostrare la realtà giornaliera in ogni minimo particolare per indurre il pubblico a riflettere sulle ingiustizie sociali, politiche ed economiche del Paese. Nelle loro opere gli scrittori e registi neorealisti raccontano fra l'altro le vicende del fascismo, della guerra e dei partigiani che avevano partecipato alla Resistenza combattendo contro i tedeschi e i fascisti. Un altro tema importante è quello dei problemi della ricostruzione nell'Italia del primo dopoguerra.

PAROLE UTILI

Per parlare della guerra e della resistenza

la bomba *bomb*
bombardare / il bombardamento
   to bomb / bombardment
combattere / lottare *to fight*
distrutto/-a *destroyed*
esplodere *to explode*
occupare / l'occupazione (*f.*) *to occupy /*
   occupation (of a place)
invadere *to invade*
il partigiano / la partigiana *partisan*
il reduce *veteran*
rifugiarsi *to take shelter*
sconfiggere *to defeat*
sfollare / lo sfollamento *to evacuate /*
   evacuation
sparare *to shoot*

Per parlare del cinema

ambientare *to set, to place*
catturare *to capture*
commuovere *to move emotionally*
distrarre (**p.p.** distratto) *to distract*
l'esterno *exterior*
fare da sfondo *to serve as setting,*
   background

girare un film / filmare *to film, to shoot*
l'interno *interior*
intrattenere *to entertain*
la macchina cinematografica / da presa
   movie camera
mistificare *to mystify*
nascondere *to hide*
riprendere / la ripresa *to shoot (film) /*
   shot, take
la scena *scene*
gli studi cinematografici *movie studios*

Per parlare del neorealismo e del dopoguerra

la classe / il ceto subalterno
   lower class
la disoccupazione *unemployment*
idealizzare / l'idealizzazione (*f.*)
   to idealize / idealization
impegnato/-a *committed, engaged*
l'ingiustizia *injustice*
la lotta *struggle*
le macerie *ruins, rubble*
la povertà *poverty*
la ricostruzione *reconstruction*
rispecchiare *to reflect*
la vicenda *event*

A L'intruso. A coppie, indicate la parola che non c'entra e spiegate perché.

1. la bomba   le macerie   il ceto subalterno
2. lottare   rispecchiare   combattere
3. la povertà   la vicenda   l'ingiustizia
4. la scena   lo sfondo   lo sfollamento
5. sconfiggere   riprendere   girare
6. mistificare   idealizzare   rispecchiare
7. distrarre   catturare   intrattenere
8. il reduce   l'esercito   la ripresa

B Quante ne conoscete? A piccoli gruppi, completate gli schemi seguenti con tutte le parole ed espressioni che associate con questi termini.

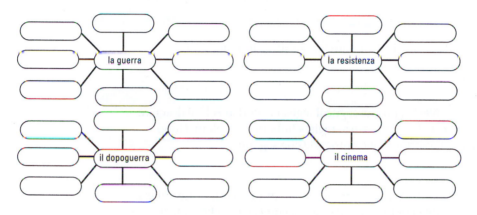

C Che cos'è? Completa le frasi con parole della lista.

1. I film d'evasione vogliono soprattutto _____ e _____ la gente. I film _____ invece vogliono farci pensare.
2. La propaganda fascista voleva rappresentare un'immagine _____ dell'Italia e della società italiana.
3. I registi neorealisti nei loro film volevano _____ la vita reale delle tante Italie e in particolare la realtà giornaliera delle classi _____.
4. Nei film di propaganda fascista la realtà economica, politica e sociale del Paese era _____. I film neorealisti invece volevano mostrare le condizioni reali del Paese, cioè la _____, la _____ e le _____ sociali.
5. I tedeschi _____ e _____ l'Italia per aiutare Mussolini. Il film *Roma città aperta* parla dell'_____ tedesca e della _____ partigiana.
6. I registi neorealisti _____ i film per le strade. Usavano _____ e _____ reali.
7. La città _____ dalla guerra _____ _____ _____ a tanti film neorealisti.
8. Il neorealismo trattava i temi delle _____ della guerra, dell'_____ tedesca e della _____ partigiana.

D «**Jeopardy!**» A piccoli gruppi, usate i termini in **Parole utili** per giocare a «Jeopardy!». Una persona descrive una delle parole nella lista e gli altri devono indovinare di quale parola o espressione si tratta.

DISCUTIAMO INSIEME

 A **Il dopoguerra.** A piccoli gruppi, discutete delle condizioni dell'Italia e degli italiani alla fine della seconda guerra mondiale. E nel vostro Paese, come si viveva in quegli anni? Prendete in considerazione i seguenti elementi.

1. le abitazioni
2. le infrastrutture
3. le industrie
4. gli svaghi e i divertimenti
5. i generi alimentari
6. i generi di lusso

Studia il discorso indiretto e i pronomi tonici.

 B **I generi di film.** A piccoli gruppi, individuate temi e situazioni per film o romanzi realisti e per film o romanzi d'evasione. Parlate dei personaggi, del soggetto e dell'ambiente.

 C **Che cos'è il neorealismo.** Nel brano che segue il regista Federico Fellini descrive le sue prime esperienze neorealiste accanto al regista Roberto Rossellini. Dopo aver letto il testo, a coppie, rispondete alle domande che seguono.

> Seguendo Rossellini mentre girava *Paisà* mi parve improvvisamente chiaro, una gioiosa rivelazione, che si poteva fare il cinema con la stessa libertà, la stessa leggerezza con cui si disegna e si scrive. ... Rossellini cercava, inseguiva il suo film in mezzo alle strade, con i carri armati[1] degli alleati che ci passavano a un metro dalla schiena, gente che gridava e cantava alle finestre. ... Questo faceva Rossellini: viveva la vita di un film come un'avventura meravigliosa da vivere e simultaneamente raccontare. Il suo abbandono nei confronti della realtà, sempre attento, limpido, fervido ... gli permetteva di catturare, di fissare la realtà in tutti i suoi spazi, di guardare le cose dentro e fuori contemporaneamente, di fotografare l'aria intorno alle cose, di svelare[2] ciò che di inafferrabile[3], di arcano, di magico, ha la vita. Il neorealismo non è forse tutto questo?

[1]*tanks* [2]*reveal* [3]*elusive*

(Da *Fare un film*, p. 229, di Federico Fellini, 1980, Torino: Einaudi. © 1980 Struzzi.)

1. Descrivete l'ambiente in cui Rossellini girò *Paisà*. Secondo voi, quando lo girò?
2. Che cosa ammira Fellini nei film di Rossellini?
3. Con che tecnica lavorava il regista Rossellini? Come erano le scene che girava?
4. Basandovi sul brano letto, indicate almeno tre caratteristiche del cinema neorealista.
5. Il neorealismo è nato negli anni '40. Pensate che abbia ancora oggi un ruolo nella nostra società? A quali situazioni contemporanee si potrebbe applicare?

A Il neorealismo. Leggi le pagine sul neorealismo in **Cosa sappiamo degli italiani**, *Quaderno degli esercizi*, Capitolo 9 e rispondi alle domande che seguono. Poi a piccoli gruppi paragonate le vostre risposte.

1. Quale fu il periodo di maggiore sviluppo del neorealismo?
2. In quali campi artistici si manifestò?
3. Quali sono alcune delle caratteristiche di opere neorealiste?
4. Chi sono alcuni autori, sceneggiatori e registi importanti?
5. Quali sono le principali differenze fra un'opera neorealista e una d'evasione?
6. Quali sono alcune caratteristiche dei film neorealisti? Parlate dei personaggi, dei temi e dell'ambiente.
7. Conoscete qualche film neorealista? Chi è il regista? Di che cosa parla? Chi sono i personaggi principali?
8. Voi preferite libri e film impegnati o d'evasione? Perché?

B Telefoni bianchi? A piccoli gruppi, osservate e paragonate le due foto. Parlate dell'ambiente e delle persone ritratte. Quali realtà diverse vogliono rappresentare? Secondo voi, di che tipo di film si tratta? Perché?

Sofia Loren e Marcello Mastroianni in un film di Vittorio De Sica, Ieri, Oggi e Domani.

Alida Valli in Assenza ingiustificata *di Max Neufeld (1939).*

C Consolare o proteggere? Leggi la citazione dello scrittore Elio Vittorini sulla funzione della cultura e poi a coppie rispondete alle domande che seguono.

«Potremo mai avere una cultura che sappia proteggere l'uomo dalle sofferenze invece di limitarsi a consolarlo? Una cultura ... che aiuti a eliminare lo sfruttamento (*exploitation*) e la schiavitù e a vincere il bisogno.»

(Da «Una nuova cultura,» di E. Vittorini, *Il Politecnico*, 1, 29 settembre 1975. Milano: Rizzoli – RCS Libri, pp. 55–57.)

1. Qual è un tipo di cultura che serve a «consolare»?
2. Come può la cultura combattere le ingiustizie sociali?
3. Come possono gli intellettuali influenzare la società?

Leggiamo

Nel brano che segue, Italo Calvino spiega come e perché nacque il neorealismo.

Questo romanzo è il primo che ho scritto; quasi posso dire la prima cosa che ho scritto, se si eccettuano pochi racconti. Che impressione mi fa, a riprenderlo in mano adesso? Più che come un'opera mia lo leggo come un libro nato anonimamente dal clima generale d'un'epoca, da una tensione morale, da un gusto letterario che era quello in cui la nostra generazione si riconosceva, dopo la fine della Seconda Guerra Mondiale.

L'esplosione letteraria di quegli anni in Italia fu, prima che un fatto d'arte, un fatto fisiologico, esistenziale, collettivo. Avevamo vissuto la guerra, e noi più giovani – che avevamo fatto appena in tempo a fare il partigiano – non ce ne sentivamo schiacciati[1], vinti, «bruciati», ma vincitori, spinti[2] dalla carica propulsiva della battaglia appena conclusa, depositari esclusivi d'una sua eredità. ...

Questo ci tocca[3] oggi, soprattutto: la voce anonima dell'epoca, più forte delle nostre inflessioni individuali ancora incerte. L'essere usciti da un'esperienza – guerra, guerra civile – che non aveva risparmiato[4] nessuno, stabiliva un'immediatezza di comunicazione tra lo scrittore e il suo pubblico: si era faccia a faccia, alla pari, carichi[5] di storie da raccontare, ognuno aveva avuto la sua, ognuno aveva vissuto vite irregolari drammatiche avventurose, ci si strappava[6] la parola di bocca. La rinata[7] libertà di parlare fu per la gente al principio smania[8] di raccontare: nei treni che riprendevano a funzionare, gremiti[9] di persone e pacchi di farina e bidoni[10] d'olio, ogni passeggero raccontava agli sconosciuti le vicissitudini che gli erano occorse, e così ogni avventore[11] ai tavoli delle «mense del popolo[12]», ogni donna nelle code ai negozi; il grigiore delle vite quotidiane sembrava cosa d'altre epoche; ci muovevamo in un multicolore universo di storie. ...

Il «neorealismo» non fu una scuola. ... Fu un insieme di voci, in gran parte periferiche, una molteplice scoperta delle diverse Italie, anche – o specialmente – delle Italie fino allora più inedite[13] per la letteratura. Senza la varietà di Italie sconosciute l'una all'altra – o che si supponevano sconosciute –, senza la varietà dei dialetti e dei gerghi[14] da far lievitare e impastare[15] nella lingua letteraria, non ci sarebbe stato «neorealismo». Ma non fu paesano nel senso del verismo regionale ottocentesco. La caratterizzazione locale voleva dare sapore di verità a una rappresentazione in cui doveva riconoscersi tutto il vasto mondo: come la provincia americana in quegli scrittori degli Anni Trenta di cui tanti critici ci rimproveravano[16] d'essere gli allievi[17] diretti o indiretti.

(Da *Il Sentiero dei nidi di ragno*, pp. V–VIII, di Italo Calvino, 1993, Milano: Oscar Mondadori. © 1993 Oscar Mondadori.)

[1]crushed [2]pushed [3]touches [4]spared [5]full [6]we tore [7]reborn [8]longing [9]full [10]jugs [11]customer [12]soup kitchens [13]unpublished [14]jargon [15]knead [16]reproached [17]pupils

Parliamo e discutiamo

A Vero o falso? Dopo aver letto il testo, indica quali delle seguenti affermazioni sono vere e quali false. Correggi le affermazioni false.

_____ 1. I giovani scrittori del dopoguerra erano stanchi della realtà e volevano creare una letteratura d'evasione.

_____ 2. Tutti credevano che il compito dei romanzi fosse distrarre e divertire.

_____ 3. Nessuno voleva ricordare le esperienze vissute durante la guerra.

_____ 4. Tutti sentivano il bisogno di raccontare e parlare apertamente.

_____ 5. Nel linguaggio e nello stile gli scrittori volevano rispecchiare come la gente parlava veramente.

_____ 6. Il neorealismo si limitava a rappresentare la realtà regionale.

_____ 7. Nella letteratura neorealista si nota anche l'influenza degli scrittori americani degli anni Trenta.

 B L'Italia. A piccoli gruppi, discutete delle informazioni che ci sono nel testo sui seguenti argomenti.

1. l'effetto del regime fascista sugli italiani
2. la nascita del neorealismo
3. la guerra civile
4. il clima durante il dopoguerra
5. il contributo delle «diverse Italie» al neorealismo

C E nel vostro Paese? Si può notare l'influenza del neorealismo sul cinema del vostro Paese? In quali film? Come? Quali sono le differenze?

Per conoscere l'Italia e gli italiani

A Il Ventennio fascista. A piccoli gruppi, discutete che cosa avete imparato del Ventennio fascista. Prendete in considerazione i seguenti punti.

1. l'ideologia fascista
2. la propaganda fascista
3. il tenore di vita
4. l'influenza dell'ideologia fascista sulla realtà quotidiana degli italiani
5. la libertà
6. gli aspetti reazionari e anacronistici del fascismo
7. l'importanza del cinema

B Il razzismo. A coppie, esaminate e discutete il manifesto che segue. A che cosa si riferisce?

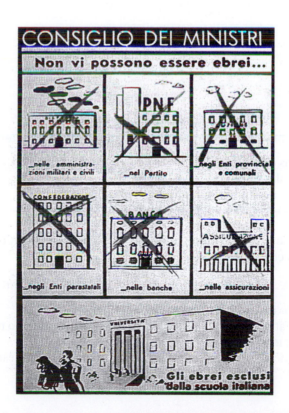

(«Non vi possono essere ebrei…», *La difesa della razza*, 20 novembre, 1938.)

C I discorsi di Mussolini. A coppie, analizzate il discorso di Mussolini che segue e trovate esempi specifici dell'ideologia fascista e dei miti che essa promulgava. Secondo voi, in quale occasione fu enunciato? Perché?

Ufficiali! Sottufficiali! Gregari[1] di tutte le Forze Armate dello Stato, in Africa e in Italia! Camicie nere della rivoluzione! Italiani e italiane in patria e nel mondo! Ascoltate! …

Tutti i nodi[2] furono tagliati dalla nostra spada[3] lucente e la vittoria africana resta nella storia della patria, integra e pura, come i legionari caduti e superstiti la sognavano e la volevano. L'Italia ha finalmente il suo impero. Impero fascista, perché porta i segni indistruttibili della volontà e della potenza del Littorio romano, perché questa è la meta[4] verso la quale durante quattordici anni furono sollecitate le energie prorompenti e disciplinate delle giovani, gagliarde generazioni italiane. Impero di pace, perché l'Italia vuole la pace. … Impero di civiltà e di umanità per tutte le popolazioni dell'Etiopia.

Questo è nella tradizione di Roma, che, dopo aver vinto, associava i popoli al suo destino. …

Ufficiali! Sottufficiali! Gregari di tutte le forze Armate dello Stato, in Africa e in Italia! Camicie nere! Italiani e italiane!

Il popolo italiano ha creato col suo sangue l'impero. Lo feconderà col suo lavoro e lo difenderà contro chiunque con le sue armi.

In questa certezza suprema, levate in alto, o legionari, le insegne, il ferro e i cuori, a salutare, dopo quindici secoli, la riapparizione dell'impero sui colli fatali di Roma.

Ne sarete voi degni? (La folla prorompe con un formidabile: «Sì!»).

Questo grido è come un giuramento sacro, che vi impegna dinanzi a Dio e dinanzi agli uomini, per la vita e per la morte!

[1] *(mil.) privates*

[2] *knots;* [3] *sword*

[4] *goal*

(Da «Proclamazione dell'Impero», di Benito Mussolini, *Discorso del 9 maggio 1936*. Secondo il sito http://www.ilduce.net/proclimpero.htmfascista)

In rete

A Il futurismo. Trova informazioni sul futurismo da discutere con i compagni.

1. Che cos'è il futurismo?
2. Cosa voleva fare questo movimento?
3. Quali sono i temi fondamentali del futurismo?
4. Come cambiarono la lingua i futuristi? Perché?

 B Alberto Savinio. Trova sei informazioni interessanti su Alberto Savinio. Parlane con i tuoi compagni.

C Cinecittà. Trova informazioni per rispondere alle seguenti domande.

1. Che cos'è Cinecittà? Dov'è? Quando fu inaugurata?
2. Quali fattori contribuirono al boom del cinema italiano nel periodo prima della guerra?
3. Chi sono alcuni registi, attori e attrici importanti di questo periodo? Cosa sai di loro?

Clicca sul sito di *Crescendo!* per il Capitolo 9. academic.cengage.com/ Italian/crescendo

D **I telefoni bianchi.** Trova quattro informazioni interessanti sui film «dei telefoni bianchi».

 E **Il cinema neorealista.** Trova informazioni su un regista, un attore e un film del neorealismo. Poi a piccoli gruppi, discutete le informazioni che avete trovato. Cosa avete imparato del cinema neorealista?

Caro Diario

For your next journal entry, consider the question addressed to you at the beginning of this chapter: **E per te, che cos'è la libertà?** You may decide to discuss what freedom means to you on a personal level or from a more universal perspective. You may, alternatively, choose to define the concept of "freedom," then examine its implications and discuss how freedom is expressed or threatened in the society in which you live.

Strutture

La concordanza dei tempi dell'indicativo e del congiuntivo

In compound sentences, sentences that include both an independent and a subordinate clause, the action of the two clauses can be contemporary or the action of one clause can take place before or after that of the other clause. Different tenses of the indicative and subjunctive are used in the subordinate clause to indicate these different time relationships.

Mussolini non **capiva** che non **poteva** vincere la guerra.	*Mussolini didn't understand that he couldn't win the war.*
Penso che la guerra **sia finita** nel 1949.	*I believe the war ended in 1949.*
Sapevo che gli alleati **erano sbarcati** in Sicilia.	*I knew the allies had landed in Sicily.*

A Azioni future, contemporanee o passate rispetto al presente o al futuro

When the verb in the independent clause is in the present, future, or imperative, the following tenses of the indicative and subjunctive moods are used in the subordinate clause.

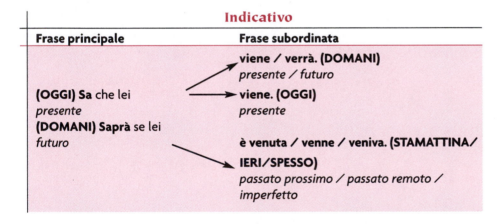

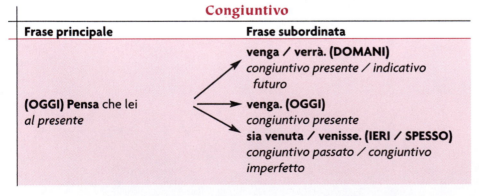

B Azioni future, contemporanee o passate rispetto al passato

The following tenses of the indicative and subjunctive moods are used in the subordinate clause when the verb in the independent clause is in a past tense: the **imperfetto, passato prossimo, passato remoto,** or **trapassato prossimo**.

Indicativo

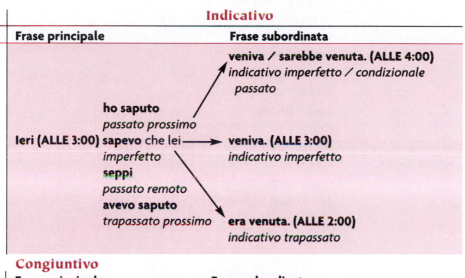

Frase principale

Frase subordinata

veniva / sarebbe venuta. (ALLE 4:00)
indicativo imperfetto / condizionale passato

ho saputo
passato prossimo

Ieri (ALLE 3:00) **sapevo** che lei ⟶ **veniva. (ALLE 3:00)**
imperfetto *indicativo imperfetto*

seppi
passato remoto

avevo saputo
trapassato prossimo **era venuta. (ALLE 2:00)**
indicativo trapassato

Congiuntivo

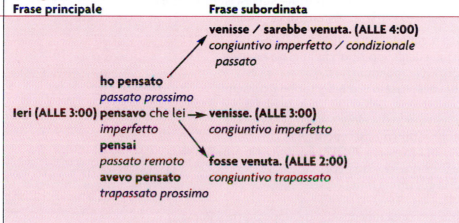

Frase principale

Frase subordinata

venisse / sarebbe venuta. (ALLE 4:00)
congiuntivo imperfetto / condizionale passato

ho pensato
passato prossimo

Ieri (ALLE 3:00) **pensavo** che lei ⟶ **venisse. (ALLE 3:00)**
imperfetto *congiuntivo imperfetto*

pensai
passato remoto **fosse venuta. (ALLE 2:00)**
congiuntivo trapassato

avevo pensato
trapassato prossimo

C | I tempi del congiuntivo con il condizionale

When the verb in the independent clause is in the present or past conditional, the following tenses of the subjunctive mood are used in the subordinate clause.

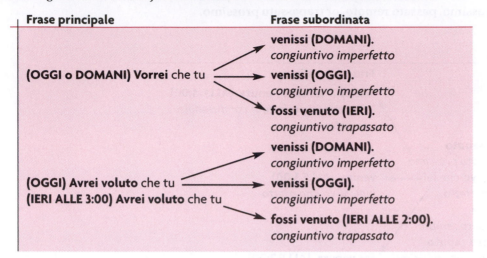

Frase principale	Frase subordinata
(OGGI o DOMANI) Vorrei che tu	**venissi (DOMANI).** *congiuntivo imperfetto*
	venissi (OGGI). *congiuntivo imperfetto*
	fossi venuto (IERI). *congiuntivo trapassato*
(OGGI) Avrei voluto che tu	**venissi (DOMANI).** *congiuntivo imperfetto*
(IERI ALLE 3:00) Avrei voluto che tu	**venissi (OGGI).** *congiuntivo imperfetto*
	fossi venuto (IERI ALLE 2:00). *congiuntivo trapassato*

ESERCIZI

A **Il confino.** Un confinato politico parla delle sue idee sul fascismo. Cambia le frasi dal presente al passato e fa' tutti i cambiamenti necessari.

1. So che la vita sotto il regime fascista è impossibile per me.
2. Credo che la punizione degli oppositori politici sia ingiusta.
3. Temo che il pensiero della prigionia mi faccia star male.
4. Dicono che lo studio del passato ci aiuta a capire il presente.
5. Credo che il bombardamento delle città sia stato un tragico errore.
6. È chiaro che lo sfollamento dalle città è stato necessario.
7. So che i miei figli soffriranno molto sotto il regime fascista.
8. Penso che tutti dovrebbero essere liberi di esprimere le proprie idee.
9. Mi piacerebbe che tutti vivessero in pace.
10. Non vedo l'ora che la guerra sia finita.

B **La fame a Roma.** Mario racconta un episodio del dopoguerra a Roma. Completa il brano con la forma corretta del verbo.

Una mattina del 1946 (io) _____ (1. svegliarsi) in Piazza Navona. _____ (2. Essere) un freddo giorno di dicembre. _____ (3. Piovere) e _____ (4. tirare) vento. (Io) _____ (5. alzarsi) e _____ (6. fare) un giro intorno alla Piazza. Tutti mi _____ (7. guardare) e io _____ (8. sentirsi) molto solo. Mentre (io) _____ (9. camminare), _____ (10. ricordarsi) che non _____ (11. mangiare) da due giorni. Tre giorni prima una signora mi _____ (12. dare) un po' di pane e mortadella ma io _____ (13. consumare) tutto in poche ore, così _____ (14. sentire) una certa fame. Improvvisamente io _____ (15. vedere) un mio vecchio amico. (Io) _____ (16. sapere) che lui e la sua famiglia _____ (17. abitare) lì vicino. (Io)

_____ (18. avvicinarsi) e gli _____ (19. raccontare) che non _____ (20. avere) soldi e che non _____ (21. potere) mangiare da diversi giorni. Lui mi _____ (22. dire) che sua moglie mi _____ (23. preparare) qualcosa da mangiare.

C **Un pic-nic ai tempi di guerra.** Completa con la forma corretta del verbo.

Marco _____ (1. essere) molto povero. _____ (2. Avere) una grande famiglia e _____ (3. guadagnare) poco. Un giorno _____ (4. dire) ai suoi figli: «Vorrei che noi _____ (5. fare) una bella gita in campagna domani. Voglio che voi _____ (6. comprare) del pane. Penso che vostra madre _____ (7. fare) la spesa ieri sera. È probabile che in casa _____ (8. esserci) già le provviste». Sua moglie _____ (9. rispondere) che lei _____ (10. andare) al mercato il giorno prima e che _____ (11. prendere) un po' di tutto. I figli gli _____ (12. chiedere) dove _____ (13. andare). Marco non _____ (14. sapere) cosa rispondere. _____ (15. Pensare) per un po', _____ (16. ripetere) che loro _____ (17. divertirsi). Marco voleva che lui e la sua famiglia _____ (18. passare) una bella giornata insieme.

D **Il fascismo.** A coppie, completate le frasi in modo logico.

1. I fascisti pensavano che _____.
2. Mussolini aveva paura che _____.
3. I cittadini sapevano che _____.
4. Era chiaro che _____.
5. Hitler avrebbe voluto che _____.
6. Gli alleati non dubitavano che _____.

I pronomi relativi

A relative pronoun connects a dependent clause to a previously mentioned noun or pronoun known as the *antecedent*.

Gli squadristi erano *uomini violenti* **che** volevano distruggere ogni forma di opposizione al regime.	*The squadristi were violent men who wanted to destroy all forms of opposition to the regime.*

In the preceding sentence, **che** refers to the antecedent **uomini violenti**. Unlike English, relative pronouns in Italian are always expressed.

Il partito **che** io preferisco è sempre il più onesto.	*The party (that) I prefer is always the most honest one.*
Il partito **per cui** ho votato è il più forte.	*The party I voted for (for which I voted) is the strongest.*

The chart below lists the most important relative pronouns.

I pronomi relativi		
che **(il quale, la quale, i quali, le quali)**	*who, whom, that, which*	subject or direct object
il che **(ciò)**	*this*	replaces an entire antecedent clause
cui (*preposition* + **il quale, la quale, i quali, le quali**)	*whom, which*	after a preposition
il cui, la cui, i cui, le cui **(del quale, della quale, dei quali, delle quali)**	*whose*	indicates possession
chi	*he/she who, those who*	indicates people, no antecedent
(colui che, colei che, coloro che, quello/ **quella/quelli/quelle che)**	*people who, one who, whoever, whomever*	
(tutto) quello che, (tutto) ciò che, **(tutto) quanto**	*(all) that, that which, what*	indicates things, no antecedent

A Il pronome relativo *che*

Che can mean *who, whom, that,* or *which*. It is invariable and can refer to a masculine, feminine, singular, or plural antecedent. It can be either the subject or the direct object of the dependent clause, but not the object of a preposition.

Non ho mai odiato le persone **che** sostenevano il fascismo.	*I never hated the people who supported fascism.*
Ogni popolo si merita il governo **che** sceglie.	*People deserve the government (that) they choose.*

B Il pronome relativo *cui*

Cui is used when the dependent clause is introduced by a preposition. It is also invariable and can refer to a masculine, feminine, singular, or plural antecedent.

C'è qualcosa di buono in tutte le proposte **di cui** parlano.	*There is something good in all the proposals they talk about.*
Questa è la ragione **per cui** Mussolini è arrivato al potere.	*This is the reason (for which) Mussolini came to power.*

C Il pronome relativo *il cui*

Il cui in all its forms (**la cui, i cui, le cui**) corresponds to *whose*. It is used to express possession in a relative clause. The definite article agrees with the noun that follows **cui** (the thing possessed), rather than the antecedent (the possessor).

È un partito **i cui seguaci** sono molto influenti.	*It's a party whose followers are very influential.*

Il che is used occasionally in writing to refer to the entire antecedent clause. In spoken Italian, **ciò** is usually used in place of **il che**.

Il fascismo ha ottenuto il consenso con la violenza, **il che (ciò)** ha portato alla morte di tanti.

Fascism obtained the general consensus with violence, which brought about the death of many.

In cui and **che** are both used frequently to express the equivalent of *when*.

Il due giugno è il giorno **in cui (che)** gli italiani festeggiano la Repubblica.

June 2 is the day (when) Italians celebrate the Republic.

Dove is often used in place of **in cui** to refer to places.

Questa è la città **dove (in cui)** nacque Mussolini.

This is the city where (in which) Mussolini was born.

D Il pronome relativo *il quale*

Il quale in all its forms (**la quale, i quali, le quali**) can be substituted for **che** and **cui**. It always agrees in gender and number with the antecedent.

Conosci tutti i nomi **i quali** (**che**) appaiono sulla lista?	*Are you familiar with all the names that appear on the ballot?*
Le persone **per le quali** (**per cui**) ho votato sono tutte di sinistra.	*The people for whom I voted are all from the left.*

1. When **il quale** is used with a preposition, the article combines with the preposition.

Le leggi razziali, **delle quali** (**di cui**) ci hanno parlato, sono ingiuste.	*The racial laws, about which they spoke to us, are unjust.*

2. **Che** and **cui** are used far more commonly than **il quale** in modern Italian. **Il quale** is used primarily to avoid ambiguity, since the article identifies the gender and number of the antecedent.

Ecco **il collega** di Luisa, **la quale** è anche deputato.	*That is the colleague of Luisa, who is also a member of congress.*

In the above sentence, the use of **la quale** instead of **che** clarifies which of the two people is being referred to.

3. **Del quale** (**della quale, dei quali, delle quali**) is often used instead of **il cui** to indicate possession, corresponding to *whose*. Unlike **il cui**, which agrees with the thing possessed, **del quale** agrees with the possessor.

Il deputato, i figli **del quale** (**i cui figli**) sono miei amici, è stato appena rieletto.	*The congressman, whose children are friends of mine, has just been reelected.*

E Il pronome relativo *chi*

Chi used as a relative pronoun corresponds to the English *he who, she who, those who, people who, one who, whoever,* or *whomever*. **Chi** is masculine singular. It is used only for people and does not have an antecedent. It is invariable.

Chi vota deve informarsi sulla politica dei partiti.	*Those who vote must be informed about the parties' politics.*
Non ci fidiamo di **chi** non conosciamo.	*We don't trust those (whom) we don't know.*

1. **Chi** is often used in proverbs and sayings.

Chi dorme non piglia pesci.	*Those who sleep don't catch fish. (The early bird catches the worm.)*
Dimmi con **chi** vai e ti dirò chi sei.	*Tell me with whom you go, and I'll tell you who you are. (You are influenced by the company you keep.)*

2. The following forms are equivalent to **chi: colui che/colei che, coloro che, quello/quella che**, and **quelli/quelle che**.

Chi vuole il mio voto deve comportarsi bene.

Colui/Colei che vuole il mio voto deve comportarsi bene.

Coloro che vogliono il mio voto devono comportarsi bene.

Whoever wants my vote must behave well.

F Altri pronomi relativi

Other common relative pronouns and expressions include:

quello che **ciò che** **quanto**	*that which, what*	refer only to things
tutto quello (quel) che **tutto ciò che** **tutto quanto**	*everything that, all that*	refer only to things
tutti quelli che **tutti quanti** **quanti**	*everyone who, all those who*	refer mostly to people

Non capisco **quello che** ha detto sull'agricoltura.

Non dimentichiamo **tutto ciò che** ci hanno promesso.

Tutti quelli che hanno diciotto anni possono votare.

I don't understand what he said about agriculture.

Let's not forget everything (that) they promised us.

Everyone who is eighteen years old can vote.

ESERCIZI

A La storia del fascismo. Nelle frasi seguenti si discute della storia del fascismo in Italia. Unisci le due frasi usando un pronome relativo.

1. Mussolini fondò il partito dei fasci. Mussolini era un uomo molto ambizioso.
2. Nel 1922 i fascisti marciarono su Roma. I fascisti si impossessarono della capitale italiana.
3. La monarchia di Vittorio Emanuele III era molto debole. I fascisti furono favoriti dalla debolezza della monarchia di Vittorio Emanuele III.
4. Il regime di Mussolini è conosciuto come il Ventennio fascista. Il regime di Mussolini durò venti anni.
5. Il regime di Mussolini fu un regime totalitario. Il regime sconfisse ogni forma di opposizione.

B Un ricevimento. Un deputato organizza un ricevimento per sollecitare appoggi politici. Non tutti gli invitati si conoscono e chiedono informazioni sugli altri. Completa le domande e le risposte con il pronome relativo corretto.

1. Chi è la signora _____ porta documenti in mano?
2. È l'interprete _____ ti ho parlato.
3. Chi sono quei giovani in divisa _____ se ne stanno sempre in un angolo?
4. Sono le guardie del corpo delle _____ il ministro si circonda per la sua protezione.
5. Di che cosa parlano quei due _____ stanno dietro la scrivania?
6. Sono i due industriali _____ si dice costruiranno il nuovo ponte.
7. Cosa c'è in quella stanza _____ è ancora chiusa?
8. È la stanza _____ il ministro parlerà.
9. Chi è quella bella signora, la _____ mi è stata presentata poco fa, ma _____ non ricordo il nome?
10. La signora della _____ non ricordi il nome, è una donna molto importante.

C Che, chi, cui. A coppie, parlate di quello che avete imparato del fascismo scrivendo tre frasi con ognuno dei seguenti pronomi relativi: **che, il quale, cui, il cui, chi, quello che**.

Il discorso indiretto

Direct discourse uses a person's exact words. In writing, direct discourse is indicated with quotation marks, **virgolette**.

Dice: «Vado a combattere per la patria».	*He says: "I'm going to fight for the homeland."*

Indirect discourse reports speech indirectly, using verbs like **dire**, **domandare**, **rispondere**, **affermare**, **esclamare**, **chiedere**, and **ripetere** + **che**.

Dice **che** va a combattere per la patria.	*He says that he is going to fight for the homeland.*

1. In indirect discourse, *yes/no* questions are introduced by **se**.

Mi domanda: «Vieni a combattere con me?»	*He asks me: "Are you coming to fight with me?"*
Mi domanda **se** vado a combattere con lui.	*He asks me if I am going to fight with him.*

2. All other questions retain the same interrogative expression.

Mi chiede: «**Quando** torneranno le truppe?»	*He asks me: "When will the troops return?"*
Mi chiede **quando** torneranno le truppe.	*He asks me when the troops will return.*

3. The imperative changes to **di** + *infinitive*.

Mi ordina: «**Fa'** attenzione!»	*He orders me: "Pay attention!"*
Mi ordina **di fare** attenzione.	*He orders me to pay attention.*

The imperative can also be expressed with **che** + *the present subjunctive* or *the imperfect subjunctive*, if the verb introducing the indirect discourse is in the past. This usage is less common than **di** + *infinitive*.

Mi dicono sempre: «Leggi le notizie!»

They always say to me: "Read the news!"

Mi dicono sempre **che legga** le notizie. *o* Mi dicono sempre **di leggere** le notizie.

They always say to me to read the news.

Mi dicevano sempre **che leggessi** le notizie. *o* Mi dicevano sempre **di leggere** le notizie.

They always told me to read the news.

A Il discorso indiretto al presente e al futuro

If the verb introducing the indirect discourse is in the present or future, the verb tense does not change in the transition from direct to indirect discourse.

Mussolini **dice**: «Il popolo italiano **ha creato** con il suo sangue l'impero».	*Mussolini says: "The Italian people have created the empire with their blood."*
Mussolini **dice** che il popolo italiano **ha creato** con il suo sangue l'impero.	*Mussolini says that the Italian people have created the empire with their blood.*
Gli operai **ripeteranno**: «**Faremo** sciopero!»	*The workers will repeat: "We will go on strike!"*
Gli operai **ripeteranno** che **faranno** sciopero.	*The workers will repeat that they will go on strike.*

B Il discorso indiretto al passato

If the verb introducing the indirect discourse is in a past tense (**passato prossimo, passato remoto**, **imperfetto,** or **trapassato**), the verbs in the indirect discourse change according to the following rules.

Discorso diretto	Discorso indiretto
presente (indicativo o congiuntivo)	**imperfetto (indicativo o congiuntivo)**
L'uomo **ha chiesto**: «Quando **partono** per il fronte?»	L'uomo ha chiesto quando **partivano** per il fronte.
The man asked: "When are they leaving for the front?"	*The man asked when they were leaving for the front.*
Loro **ripeterono**: «**Pensiamo** che **siano** morti».	Loro **ripeterono** che **pensavano** che **fossero morti.**
They repeated: "We think they are dead".	*They repeated that they thought they were dead.*
passato (prossimo o remoto) (indicativo o congiuntivo)	**trapassato (indicativo o congiuntivo)**
Mi **disse**: «Gli alleati **sono entrati/ entrarono** in guerra».	Mi **disse** che gli alleati **erano entrati** in guerra.
She told me: "The allies have joined/ joined the war."	*She told me the allies had joined the war.*
Mi **disse**: «**Penso** che gli alleati **siano entrati** in guerra».	Mi **disse** che **pensava** che gli alleati **fossero entrati** in guerra.
She said to me: "I think the allies have joined the war."	*She said that she thought the allies had joined the war.*

Discorso diretto	Discorso indiretto
imperfetto (indicativo o congiuntivo)	**imperfetto (indicativo o congiuntivo)**
Mi **domandò**: «Cosa **facevate** ogni notte?»	Mi **domandò** cosa **facevamo** ogni notte.
She asked me: "What did you do every night?"	*She asked me what we used to do every night.*
Mi hanno ripetuto: «**Avevamo** paura che ci **trovassero**».	Mi **hanno ripetuto** che **avevano** paura che li **trovassero**.
They repeated to me: "We were afraid they would find us."	*They repeated to me that they were afraid they would find them.*
trapassato (indicativo o congiuntivo)	**trapassato (indicativo o congiuntivo)**
Il partigiano **raccontò**: «Quelli **erano** tempi difficili, anche se **avevamo vinto**».	Il partigiano **raccontò** che quelli erano tempi difficili, anche se **avevano vinto**.
The partisan said: "Those were hard times, even though we won."	*The partisan said those were hard times, even though they had won.*
Il ragazzo **disse**: «**Pensavo** che le cose **fossero cambiate**».	Il ragazzo **disse** che **pensava** che le cose **fossero cambiate**.
The boy said: "I thought things had changed."	*The boy said that he thought things had changed.*
futuro (semplice e anteriore)	**condizionale passato**
L'uomo **dichiarò**: «**Voterò** solo dopo che **avrò esaminato** il suo programma».	L'uomo **dichiarò** che **avrebbe votato** solo dopo che **avrebbe esaminato** il suo programma.
The man declared: "I will vote only after examining his platform."	*The man declared that he would vote only after having examined his platform.*
condizionale (presente e passato)	**condizionale passato**
Mi **domandava** sempre: «Cosa **vorresti** fare?»	Mi **domandava** sempre cosa **avrei voluto** fare.
He always asked me: "What would you like to do?"	*He always asked me what I would like (would have liked) to do.*
Gli **rispondevo**: «**Vorrei** vivere in un altro posto».	Gli rispondevo che **avrei voluto** vivere in un altro posto.
I replied to him: "I would like to live in a different place."	*I replied to him that I would like (would have liked) to live in a different place.*

Discorso diretto	Discorso indiretto
frasi ipotetiche reali, probabili, possibili o impossibili	frasi ipotetiche impossibili
Luigi **ha detto**: «**Se vedrai** un uomo morire, **capirai**». *"If you see a man die, you will understand."* «**Se vedessi** un uomo morire, **capiresti**». *"If you were to see a man die, you would understand."* «**Se avessi visto** un uomo morire, **avresti capito**». *"If you had seen a man die, you would have understood."*	Luigi **ha detto** che **se io avessi visto** un uomo morire, **avrei capito**. *Luigi said that if I had seen a man die, I would have understood.*

C Espressioni di tempo e luogo nel discorso indiretto

Expressions of time and place also change in the transition from direct to indirect discourse.

Discorso diretto	Discorso indiretto
oggi	quel giorno
ieri	il giorno prima
domani	il giorno dopo
tra poco	poco dopo
poco fa	poco prima
adesso/ora	allora
lunedì scorso	il lunedì precedente
lunedì prossimo	il lunedì seguente/dopo
l'anno scorso	l'anno prima
l'anno prossimo	l'anno dopo
qui (qua)	lì (là)

D I soggetti, pronomi, aggettivi possessivi e dimostrativi nel discorso indiretto

First- and second-person personal pronouns and possessive adjectives change to the third person in the transition from direct to indirect discourse as we relate something that someone else tells us. The demonstrative adjective **questo** changes to **quello**.

Discorso diretto	Discorso indiretto
io, tu	lui/lei
noi, voi	loro
mi, ti	gli/le
ci, vi	loro
mio, tuo	suo
nostro, vostro	loro
questo	quello

Il giornalista disse: «Me l'ha raccontato un mio amico».	*The journalist said: "A friend of mine told me it."*
Il giornalista disse che glielo aveva raccontato un suo amico.	*The journalist said that a friend of his had told him it.*

ESERCIZI

A **Che cosa dicono?** Racconta a un amico/un'amica quello che dicono sempre i politici. Cambia le frasi dal discorso diretto al discorso indiretto. Fa' tutti i cambiamenti necessari.

1. Promettono sempre: «Tutti staranno meglio!»
2. Chiedono: «Cosa vi serve?»
3. Dicono sempre: «Vi aiuteremo a trovare un lavoro».
4. Ripetono: «Dovete votare per noi!»
5. Promettono: «Potrai sempre contare su di me».
6. Domandano: «Voterai per me?»
7. Ripetono: «Vorrei sapere cosa possiamo fare per voi».
8. Dicono: «Dammi il tuo appoggio».

B **Natalia Ginzburg.** Il giornalista Enzo Biagi anni fa intervistò la scrittrice Natalia Ginzburg. Riscrivi le frasi al discorso indiretto e fa' i cambiamenti necessari.

1. Biagi le chiese: «In che cosa si sente italiana?»
2. La scrittrice rispose: «In tutto. Penso che uno è strettamente legato al Paese in cui è nato. Non potrei scrivere in un'altra lingua. Ma c'è stato un periodo in cui avrei voluto essere altrove, in qualunque altro posto».
3. Biagi le domandò: «Che cosa condivide del femminismo e invece che cosa respinge?»
4. Natalia Ginzburg disse: «Io accetto del femminismo alcune richieste pratiche, ma non mi piace la competizione con gli uomini: questa è una posizione che profondamente detesto. Rifiuto questo atteggiamento, poiché non voglio competere con nessuno».

C **Nilde Iotti.** Enzo Biagi intervistò anche l'onorevole (*Honorable*) Nilde Iotti, una famosa e influente figura politica del Pds (Partito democratico della sinistra). Cambia le domande e le risposte al discorso indiretto, facendo tutte le modifiche necessarie.

1. Biagi le ha chiesto: «È più faticoso per una donna fare politica?»
2. L'onorevole ha risposto: «Senz'altro, penso che sia così per molti motivi. Credo che quando una donna comincia ad affermarsi, gli uomini non vogliono riconoscere le qualità che siano uguali o superiori alle loro».
3. Il giornalista le ha chiesto: «Se non vivesse in Italia, dove le piacerebbe andare?»
4. L'onorevole ha dichiarato: «Forse andrei a vivere in un Paese dell'Africa».
5. Enzo Biagi ha continuato: «Come vorrebbe che fosse la donna italiana di domani?»
6. Nilde Iotti ha concluso: «Immagino una donna che avrà un lavoro che le dia soddisfazione, il senso del vivere. Penso che vorrei vedere una donna che sia cosciente della propria autonomia e del proprio pensiero».

(Esercizi B e C adattati da Enzo Biagi, *Italia*, pp. 234–236.)

I pronomi tonici

Disjunctive, or stressed, pronouns are used as objects of prepositions and for emphasis after verbs. Their position in a sentence is usually the same as that of English pronouns.

Venite **con me**!	*Come with me!*
Scrivo il libro **per loro**.	*I'm writing the book for them.*
Chi aspetti? — Aspetto **voi**, non **loro**!	*Who are you waiting for? —I'm waiting for you, not for them.*
Parli **a me** o **a lui**?	*Are you talking to me or to him?*

I pronomi tonici

Singolare	Plurale
me *me*	noi *us*
te *you (inform.)*	voi *you*
Lei/lei/lui *you (form.), her, him*	Loro/loro *them*
esso/essa *it*	essi/esse *them*
sé *yourself (formal), himself, herself, oneself, itself*	sé *yourselves (form.), themselves*

Sé is used only in a reflexive sense. It is invariable and can be used in the singular and plural, masculine and feminine.

Quando si diverte pensa solo **a sé**.	*When he's having a good time, he thinks only about himself.*

The adjective **solo/-a/-i/-e** is frequently used in place of the disjunctive pronoun after the preposition **da**.

Ha organizzato tutto il viaggio **da solo**.	*He organized the whole trip by himself.*

The adjective **stesso/-a/-i/-e** is often added for emphasis to disjunctive pronouns used reflexively.

A volte mi piace stare solo con me **stesso**.	*At times, I like to be by myself.*

ESERCIZI

La trama di un film. Tu e alcuni amici avete appena visto un film neorealista. I tuoi amici non hanno capito bene la trama e ti fanno tante domande. Tu rispondi alle loro domande e usi un pronome tonico per sostituire le parole in corsivo.

1. Il marito è andato con *la moglie* dall'indovina?
2. La moglie ha parlato dell'*indovina* con *il marito*?
3. La moglie ha fatto una passeggiata con *le sue amiche*?
4. Il bambino è uscito senza *il padre*?
5. Verrai con *me* al cinema domani?

The following prepositions are usually followed by **di** when used before a disjunctive pronoun.

dentro *inside*
dietro *behind*
dopo *after*
fuori *outside*
presso *at, near*
senza *without*
sopra *on, on top of, above*
sotto *under*
su *on*
verso *toward*

Non voglio partire senza **di te**.
I don't want to leave without you.

Il soldato è venuto verso **di me**.
The soldier came toward me.

Ascoltiamo

Track 11

Una lezione di storia

Nelle tre registrazioni che seguono ascolterai delle lezioni sulla storia italiana dalla fine della prima guerra mondiale all'avvento del fascismo. Ascolta le registrazioni e completa le attività che seguono.

A Il clima dopo la prima guerra mondiale. Ascolta le tre registrazioni una prima volta e descrivi il clima psicologico, politico, sociale ed economico in Italia subito dopo la prima guerra mondiale.

B La vittoria mutilata. Ascoltando la prima registrazione, prendi appunti per poi rispondere alle domande seguenti e fornire le informazioni richieste.

1. Perché il clima di euforia dopo la prima guerra mondiale durò poco?
2. Quali furono i motivi per la nascita del mito della «vittoria mutilata»?

C Il movimento dei fasci. Ascoltando la seconda registrazione, elenca alcuni motivi per spiegare la nascita del movimento dei fasci e la sua popolarità.

D L'avvento di Mussolini. Ascoltando la terza registrazione, prendi appunti per rispondere alle domande seguenti e fornire le informazioni richieste.

1. Traccia in ordine cronologico le fasi dell'avvento del fascismo e della presa di potere di Mussolini.
2. Come cambiarono Mussolini e il suo partito una volta ottenuto il potere?
3. Offri alcuni esempi della dittatura fascista.

Testi e contesti

Leggi le notizie biografiche che seguono e poi rispondi alle domande.

Alberto Moravia (il cognome di famiglia era Pincherle) nacque a Roma nel 1907 e morì nel 1990. A nove anni si ammalò di tubercolosi ossea, e la lunga malattia lo abituò alla meditazione e alla lettura. Questa sua infelice esperienza è testimoniata in uno dei suoi migliori racconti, «Inverno di malato». Moravia cominciò la sua attività di scrittore molto giovane, con la pubblicazione de *Gli indifferenti*. Poco dopo iniziò anche la carriera giornalistica che lo portò a viaggiare spesso e in varie parti del mondo.

Dopo la pubblicazione di un suo romanzo di ispirazione antifascista, *La mascherata*, nel 1943 dovette nascondersi sui monti della regione chiamata Ciociaria, da dove il titolo di uno dei suoi romanzi più famosi, *La Ciociara* (1957), da cui fu tratto il film di Vittorio De Sica. Alla fine della seconda guerra mondiale Moravia cominciò ad essere conosciuto anche a livello internazionale.

Fra i suoi romanzi del dopoguerra, i più conosciuti possono considerarsi: *La romana* (1947), *Il conformista* (1951), da cui il film di Bernardo Bertolucci, *Il disprezzo* (1954), *La noia* (1960), insieme a varie raccolte di racconti brevi, come i *Racconti romani* (1954).

Moravia ha sempre affermato che compito dell'intellettuale è di essere «testimone del suo tempo», non di cambiare il mondo, ma di cercare di rappresentarlo così com'è.

Il racconto che segue è tratto dai *Racconti romani*. Le classi sociali del sottoproletariato e della piccola borghesia di Roma sono protagoniste di tutti i racconti di questa raccolta pubblicata per la prima volta nel 1954, quindi a pochi anni dalla fine della guerra.

Domande: 1. Quando e dove nacque e morì Alberto Moravia? 2. Com'è stata la sua giovinezza? Perché? 3. Cosa sai delle sue opere più importanti? 4. Pensi che le sue opere fossero pro fasciste? Perché?

PRIMA DI LEGGERE

Cosa sapete di Romolo e Remo? Leggi le prime sei righe del racconto e poi a coppie rispondete alle domande che seguono.

1. Il racconto che leggeremo è intitolato «Romolo e Remo». Chi erano Romolo e Remo? Cosa fecero secondo la leggenda della fondazione di Roma?
2. Dove pensate che abbia luogo questo racconto?
3. Chi narra il racconto?
4. Cosa sapete del narratore?
5. Secondo il brano, qual è la necessità più elementare della vita? Siete d'accordo?
6. Immaginate due cose che farà il protagonista nel racconto.

Sottolineate tutti gli elementi che si riferiscono allo stato economico dei personaggi nel racconto e segnate con un cerchio tutti i riferimenti temporali e spaziali.

Leggiamo

Romolo e Remo

L'urgenza della fame non si può paragonare a quella degli altri bisogni. Provatevi a dire ad alta voce: — Mi serve un paio di scarpe... mi serve un pettine... mi serve un fazzoletto[1], — tacete un momento per rifiatare[2], e poi dite: — Mi serve un pranzo, — e sentirete subito la differenza. Per qualsiasi cosa
5 potete pensarci su, cercare, scegliere, magari rinunziarci, ma il momento che confessate a voi stesso che vi serve un pranzo, non avete più tempo da perdere. Dovete trovare il pranzo, se no[3] morirete di fame. Il cinque ottobre di quest'anno, a mezzogiorno, a piazza Colonna, sedetti sulla ringhiera[4] della fontana e dissi a me stesso: — Mi serve un pranzo. —... Poi pensai che dovevo
10 trovare questo pranzo, e pensai che se aspettavo ancora non avrei più avuto la forza neppure di pensarci, e cominciai a riflettere sulla maniera di trovarlo al più presto. ... In quel momento un ragazzo, accanto a me, ne chiamò un altro: — Romolo. — Allora, a quel grido, mi ricordai di un altro Romolo che era stato con me sotto le armi[5]. ... Romolo aveva aperto una trattoria dalle parti del
15 Pantheon*. Ci sarei andato e avrei mangiato il pranzo di cui avevo bisogno. Poi, al momento del conto, avrei tirato fuori[6] l'amicizia, il servizio militare fatto insieme, i ricordi... Insomma, Romolo non mi avrebbe fatto arrestare.

Per prima cosa andai alla vetrina di un negozio e mi guardai in uno specchio. Per combinazione[7], mi ero fatto la barba. ... La camicia, senza essere
20 proprio pulita, non era indecente: soltanto quattro giorni che la portavo. Il vestito, poi, grigio spinato[8], era come nuovo: me l'aveva dato una buona signora. ... La cravatta invece, era sfilacciata[9], una cravatta rossa che avrà avuto dieci anni. ...

Sapevo l'indirizzo, ma quando lo trovai non ci credevo. Era una porticina in
25 fondo a un vicolo cieco[10], a due passi da quattro o cinque pattumiere[11] colme[12]. L'insegna color sangue di bue[13] portava scritto: «Trattoria, cucina casalinga»; la vetrina, anch'essa dipinta di rosso, conteneva in tutto e per tutto una mela. Dico una mela e non scherzo. Cominciai a capire, ma ormai ero lanciato[14] ed entrai. ... Una stoffetta[15] sporca, dietro il banco[16], nascondeva la porta che dava sulla
30 cucina. Picchiai[17] il pugno[18] sul tavolo: — Cameriere!— Subito ci fu un movimento in cucina, la stoffetta si alzò, apparve e scomparve una faccia in cui riconobbi l'amico Romolo. ... Mi venne incontro con un «comandi» premuroso[19], pieno di speranza, che mi strinse[20] il cuore. Ma ormai ero in ballo e bisognava ballare. Dissi: — Vorrei mangiare. — Lui incominciò a spolverare il tavolo con
35 uno straccio, poi si fermò e disse guardandomi: — tu sei Remo... — ... Dissi: — Romolo, sono di passaggio a Roma... faccio il viaggiatore di commercio... siccome dovevo mangiare in qualche luogo, ho pensato: «Perché non andrei a mangiare dall'amico Romolo?»

— Bravo— disse lui, — allora che facciamo di buono: spaghetti?
40 — Si capisce.

[1] handkerchief; [2] breathe

[3] or else

[4] railing

[5] military

[6] brought up

[7] by chance

[8] herringbone

[9] frayed

[10] blind alley; [11] trash cans; [12] full; [13] oxblood

[14] launched

[15] cloth; [16] counter

[17] I banged; [18] fist

[19] eager

[20] wrung

* Il Pantheon è un antico tempio romano, attualmente famoso monumento funebre.

— Spaghetti al burro e parmigiano... ci vuole meno a farli e sono più leggeri... e poi che facciamo? Una buona bistecca?—...

— E va bene... allora un filetto con l'uovo sopra... alla Bismarck.

— Alla Bismarck, sicuro... Con patate?

45 — Con insalata.

— Sì, con insalata... e un litro asciutto²¹, no?   ²¹*dry wine*

— Asciutto.

    Ripetendo: — Asciutto—, se ne andò in cucina e mi lasciò solo al tavolino. La testa continuava a girarmi²² dalla debolezza²³. ... Finalmente la stoffa si rialzò e   ²²*spin;* ²³*weakness*

50 i due figli scapparono fuori, dirigendosi in fretta verso l'uscita. Capii che Romolo, forse, non aveva in trattoria neppure il pane. ... Rientrò il maschietto reggendo con le due mani, in punta di piedi, come se fosse stato il Santissimo²⁴,   ²⁴*Holy Sacrament* un litro colmo. Romolo mi versò da bere e versò anche a se stesso appena l'ebbi invitato. Col vino divenne più loquace, si vede che anche lui era a digiuno²⁵.   ²⁵*starving*

55 Così chiacchierando e bevendo, passarono venti minuti, e poi, come in sogno, vidi rientrare anche la bambina. Poverina: reggeva²⁶ con le braccine, contro il   ²⁶*carried* petto, un fagotto²⁷ in cui c'era un po' di tutto: il pacchetto giallo della bistecca,   ²⁷*bundle* l'involtino²⁸ di carta di giornale dell'uovo, lo sfilatino²⁹ avvolto³⁰ in velina   ²⁸*parcel;* ²⁹*loaf;* marrone, il burro e il formaggio chiusi in carta oliata, il mazzo verde   ³⁰*wrapped*

60 dell'insalata e, così mi parve, anche la bottiglietta dell'olio. ...

    Mangiai solo, e, mangiando, mi accorsi che ero quasi ubriaco³¹ dal mangiare.   ³¹*drunk* Eh, quanto è bello mangiare quando si ha fame. ... Tutta la famiglia uscì dalla cucina e venne a mettersi in piedi davanti a me, guardandomi come un oggetto prezioso. ... Mi venne ad un tratto compassione e insieme rimorso. Tanto più

65 che la moglie disse: — Eh, di clienti come lei, ce ne vorrebbero almeno quattro o cinque a pasto... allora sì che potremmo respirare.

— Perché?— domandai facendo l'ingenuo — non viene gente?

— Qualcuno viene — disse lei — soprattutto la sera... ma povera gente... la mattina, poi, manco³² accendo il fuoco, tanto non viene nessuno.   ³²*not even*

70   Non so perché queste parole diedero ai nervi a Romolo. ... Ci fu uno scatto³³   ³³*outburst* da parte di Romolo: alzò la mano e diede uno schiaffo³⁴ alla moglie. Lei non   ³⁴*slap* esitò: corse in cucina, ne riuscì con un coltello lungo e affilato, di quelli che servono ad affettare³⁵ il prosciutto. Gridava: — Ti ammazzo— e gli corse   ³⁵*slice* incontro, il coltello alzato. Lui, atterrito³⁶, scappò per la trattoria rovesciando³⁷ i   ³⁶*terrified;* ³⁷*knocking over;* ³⁸*chairs*

75 tavoli e le seggiole³⁸. ... Capii che il momento era questo o mai più. Mi alzai, dicendo: — Calma, che diamine³⁹... calma, calma;— e ripetendo: — Calma,   ³⁹*damn it* calma— mi ritrovai fuori della trattoria, nel vicolo. Affrettai il passo, scantonai⁴⁰;   ⁴⁰*I sneaked away* a piazza del Pantheon ripresi il passo normale e mi avviai verso il corso.

(Da «Romolo e Remo», pp. 320–332, di Alberto Moravia, *Racconti Romani*, Milano: Tascabili Bompiani. © Gruppo Editoriale Fabbri, Bompiani, Sonzogno, Etas S.p.A. – RCS Libri, 1954.)

DOPO LA LETTURA

Comprensione del testo. A coppie, mettete in sequenza cronologica le seguenti fasi del racconto.

1. Non sapevo come fare per pagare il conto.
2. Cercai di apparire presentabile.
3. Poiché stavo morendo di fame, decisi di cercare l'amico Romolo che aveva una trattoria.

4. Mentre Romolo e la moglie litigavano, scappai dalla trattoria senza pagare il conto.

5. Romolo non aveva niente in cucina e mandò i figli a comprare da mangiare.

6. Ordinai un gran pranzo, abbondante e caro.

7. Mangiando, mi sentivo ubriaco per l'abbondanza del cibo.

8. I figli tornarono con tutto ciò che avevo ordinato.

9. Romolo mi riconobbe subito.

PARLIAMO E DISCUTIAMO

1. A piccoli gruppi, paragonate le informazioni che avete trovato sullo stato economico dei personaggi. Avete le stesse informazioni? Come viene rappresentata la povertà dei personaggi? Le descrizioni sono oggettive? Quali immagini e linguaggio usa l'autore per catturare visualmente la loro situazione economica? Che sentimenti suscitano queste descrizioni? Citate esempi specifici dal testo.

2. A piccoli gruppi, paragonate i riferimenti temporali e spaziali che avete trovato lungo il racconto. Cosa notate?

3. Come si conclude il racconto? A coppie, spiegate se secondo voi è una conclusione ottimista o pessimista.

4. Come si potrebbe giustificare il comportamento di Remo?

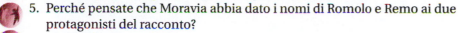

5. Perché pensate che Moravia abbia dato i nomi di Romolo e Remo ai due protagonisti del racconto?

6. A gruppi, trovate gli elementi del racconto che ne fanno un tipico esempio di neorealismo. Prendete in considerazione i seguenti elementi:

   a. il periodo storico
   b. l'argomento
   c. la tecnica narrativa
   d. lo sfondo
   e. i personaggi

Per scrivere

Come riferire discorsi, dialoghi, conversazioni e racconti

*W*hen we write about ourselves or our immediate experience, we normally use a direct writing style. However, at times, to make our writing more convincing and interesting, we may include information we have heard or read, relating another person's exact words. In this instance, we may change statements, opinions, conversations, and speeches from direct discourse to indirect discourse.

The following verbs can be used to report what others have said:

affermare	aggiungere	asserire	chiedere	dichiarare	dire
esclamare	ripetere	rispondere	sostenere	ritenere	

When we switch from direct to indirect discourse, we have to convey accurately and precisely what others have said. To do this, we have to make the necessary changes in moods, tenses, pronouns, adjectives, and adverbial expressions of time and place, as you have learned in this chapter's grammar presentation.

PRIMA DI SCRIVERE

Before you incorporate the words or ideas of another person into your own writing, read carefully the text you want to report about. Then follow these four steps:

1. Choose appropriate verbs to report what the other person has said.
2. Decide if the speaker is expressing objective facts, orders, wishes, opinions, or feelings, and select the appropriate mood—subjunctive or indicative—to convey his/her words.
3. Decide when the actions or opinions you are recounting occurred or will occur, and choose the correct tenses.
4. Pay careful attention to necessary related changes in pronouns, adjectives, and adverbial expressions of time and place.

ADESSO SCRIVIAMO

Keeping these four steps in mind, use indirect discourse to tell what you have read in one or more of the texts suggested in the **Temi** section below. Be prepared to share one of your writing samples with classmates who have reported on the same text.

Temi

1. Scrivi un riassunto del discorso di Mussolini a p. 306. Usa il discorso indiretto per renderlo più vivace e convincente.
2. Clicca sul sito di *Crescendo!* per questo capitolo. Scegli una scena dialogata di un film neorealista e raccontala per iscritto.
3. Scrivi un riassunto della scena in trattoria nel racconto «Romolo e Remo». Usa il discorso indiretto.

Capitolo 10

Dov'è la persona ritratta? Cosa fa? Che tipo di sistema produttivo è evidente nella foto, uno artigianale o uno industriale? Perché?

© Robert Holmes/CORBIS

L'economia: il «sistema» Italia e le nuove sfide

E tu, cosa pensi del *made in Italy*?

Facciamo conversazione

Il «sistema» Italia

© www.vittorebuzzi.it / Alamy

A La produzione italiana. A coppie, descrivete la foto e rispondete alle domande che seguono.

1. Cosa si produce in questa fabbrica? Come?
2. Vi piacciono le calzature italiane? Perché?
3. Conoscete qualche marca italiana famosa per le calzature? Quale? Quali sono le caratteristiche di questi prodotti?

B Associazioni. A piccoli gruppi, indicate tutte le persone, cose e concetti che associate con una fabbrica nelle seguenti categorie.

1. il sistema produttivo
2. le persone che ci lavorano
3. i posti e luoghi di lavoro
4. le mansioni e i compiti
5. i rapporti fra le persone
6. i benefit

C Il made in Italy. Fa' una lista dei prodotti *made in Italy* che possiedi. Poi, a piccoli gruppi, paragonate la vostra lista. Descrivete i prodotti e discutete perché li avete comprati. Quindi preparate una lista di parole ed espressioni per descrivere il *made in Italy* e leggetela alla classe. Avete tutti le stesse idee?

D I beni manufatti. Nella tabella che segue è riportata la classifica delle prime dieci province italiane per export pro capite e le loro industrie manifatturiere più importanti. Dopo averla esaminata, a piccoli gruppi, rispondete alle domande che seguono.

I primi dieci per capacità di esportazione

La classifica delle prime dieci province italiane per export pro capite.

POS.	PROVINCIA	SPECIALIZZAZIONE PRODUTTIVA
1	GORIZIA	Navi e imbarcazioni
2	VICENZA	Cuoio, gioielli, tessile-abbigliamento
3	MODENA	Piastrelle[1], biomedicale, tessile-abbigliamento
4	REGGIO EMILIA	Piastrelle, pompe[2], tessile-abbigliamento
5	PORDENONE	Mobilio[3], elettrodomestici
6	TREVISO	Mobilio, calzature, tessile-abbigliamento
7	PRATO	Tessile-abbigliamento, gomma[4] e plastica
8	MANTOVA	Tessile-abbigliamento
9	BERGAMO	Tessile-abbigliamento, gomma e plastica
10	MILANO	Mobilio, articoli in plastica

[1]*tiles* [2]*pumps* [3]*furniture* [4]*rubber*

(Adattato da «I primi dieci per capacità di esportazione», da «L'Italia va in serie B senza i suoi distretti», *Economy, Il business magazine di Mondadori*, 23 giugno 2005, p. 46. © 2005 Arnoldo Mondadori S.p.A.)

1. Dove sono situate queste province? Trovatele sulla cartina all'interno della copertina.
2. Quali prodotti pensate che producano? Fatene una lista.
3. Conoscete il nome di qualche industria italiana famosa per questi prodotti?
4. E nel vostro Paese, quali sono le industrie più importanti? Che cosa producono?

Non ci faremo mai fare le scarpe

«Scarpe fatte a mano da cinque generazioni» è lo slogan che si sente ripetere più spesso sui monti marchigiani. In effetti, i primi insediamenti di questo distretto, uno dei più antichi (e studiati) d'Italia, risalgono addirittura al tardo Medioevo, quando decine di artigiani e commercianti trovarono qui le pelli e gli snodi[1] stradali più adatti per estendere il loro business a buona parte del Nord Italia, alla Provenza e ai Balcani.

[1]*networks*

(Da «Non ci faremo mai fare le scarpe», di Gianluca Ferraris, *Economy, Il business magazine di Mondadori*, 23 giugno 2005, p. 48. © 2005 Arnoldo Mondadori S.p.A.)

A Il distretto marchigiano. A coppie, leggete la citazione ed esaminate la tabella e poi rispondete alle domande che seguono.

1. Dove si trovano le Marche? Quali sono alcune città importanti in questa regione?
2. Perché pensate che questa zona sia importante per l'economia italiana?
3. In quale settore lavora la maggior parte degli abitanti della zona? Perché?
4. Secondo voi, queste industrie sono grandi o piccole? Perché?
5. Cosa pensate che sia un «distretto»?

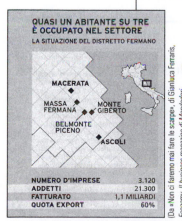

QUASI UN ABITANTE SU TRE È OCCUPATO NEL SETTORE
LA SITUAZIONE DEL DISTRETTO FERMANO

MACERATA
MASSA FERMANA
MONTE GIBERTO
BELMONTE PICENO
ASCOLI

NUMERO D'IMPRESE	3.120
ADDETTI	21.300
FATTURATO	1,1 MILIARDI
QUOTA EXPORT	60%

(Da «Non ci faremo mai fare le scarpe», di Gianluca Ferraris, *Economy, Il business magazine di Mondadori*, 23 giugno 2005, p. 48. © 2005 Arnoldo Mondadori S.p.A.)

B **L'industria delle scarpe.** Indica quali delle seguenti affermazioni sono vere secondo la citazione e quali false. Correggi quelle false.

_____ 1. Le tradizioni regionali sono anche evidenti nel sistema produttivo italiano.

_____ 2. L'industria delle scarpe è molto importante in Italia.

_____ 3. Lo sviluppo dell'industria delle scarpe è molto recente.

_____ 4. Le industrie in questa regione si basano su un sistema produttivo industriale tecnologicamente molto avanzato.

*I*l sistema economico italiano si basa in gran parte su piccole e medie imprese, spesso aggregate in distretti e in province a seconda della specializzazione. Infatti, i grandi gruppi industriali in Italia, come ad esempio la Fiat e la Pirelli, sono sempre meno. L'80% delle aziende nelle province di Ascoli e Macerata, per esempio, hanno meno di 10 addetti. Molte di queste aziende, spesso a gestione familiare, hanno una lunga storia e tradizione basata sull'artigianato. Queste piccole imprese si distinguono per l'uso di materie prime di alta qualità, l'alto livello di formazione professionale e la loro flessibilità produttiva. Sono questi fattori che conferiscono al *made in Italy* un valore aggiunto di originalità, qualità e bellezza.

PAROLE UTILI

Per parlare dell'economia italiana

i beni *goods*
il divario *difference, gap*
l'evasore fiscale *tax evader*
l'inflazione (*f.*) *inflation*
in via di sviluppo *developing*
pro capite *per capita*
il reddito *income, revenue*
i servizi / il terziario *service industry*
il settore *sector, field*
sovvenzionare *to subsidize*
la tassa / l'imposta *tax*
il tasso *rate*

Per parlare delle aziende

l'addetto/-a *staff member, member of workforce*
gli affari *business*
l'amministratore delegato *managing director, CEO*

la borsa *stock market*
la calzatura *footwear*
l'entrata *revenue*
il fatturato *sales volume*
gestire (**-isc**) *to manage*
la gestione *management*
l'impresa *enterprise, undertaking*
incrementare *to increase*
investire *to invest*
il proprietario *owner*
la società / S.p.A. (Società per Azioni) *company / corporation*
la spesa *expense, expenditure*
lo stabilimento *plant*
tessile *textile*
il/la titolare *owner*
il titolo *bond, stock*

LE PAROLE IN PRATICA

A **L'intruso.** A coppie, trovate la parola che secondo voi non c'entra con le altre e spiegate perché.

1. il titolo   S.p.A.   il divario
2. gli affari   il proprietario   il titolare
3. incrementare   investire   sovvenzionare
4. l'entrata   lo stabilimento   l'uscita
5. l'addetto   l'impresa   la spesa
6. l'evasore fiscale   le tasse   la società
7. tessile   calzature   il terziario
8. i beni   i servizi   le tasse

B **Che espressione?** Indica di quale parola si tratta.

1. È il proprietario di un'azienda.
2. Sono le persone che cercano di evitare di pagare le tasse.
3. Si riferisce ai diversi livelli di sviluppo fra un Paese e un altro, o fra zone diverse di uno stesso Paese.
4. Sono i Paesi che non sono ancora completamente sviluppati.
5. Si dice di un'azienda i cui titoli si vendono in borsa.
6. Si dice di un'economia che si basa sul terziario.
7. È la persona che gestisce una ditta privata.
8. Sono le persone che lavorano in una ditta o impresa.
9. Le dobbiamo pagare allo stato.
10. A volte il governo lo fa per aiutare un'azienda o un intero settore in crisi.

C **Che cos'è?** Scrivi la definizione di una delle seguenti parole. Poi leggila alla classe. La classe deve indovinare di quale parola si tratta.

1. la società
2. i boni
3. in via di sviluppo
4. il settore
5. le spese
6. lo stabilimento
7. il fatturato
8. l'amministratore delegato
9. sovvenzionare
10. l'addetto
11. il titolare
12. l'evasore fiscale
13. gestire
14. gli affari
15. l'inflazione
16. il reddito

DISCUTIAMO INSIEME

A **Un Paese di poveri ricchi.** Leggi i titoli che seguono e poi a coppie immaginate qual è l'argomento dell'articolo. C'è un problema simile nel vostro Paese? Come si manifesta? Cosa ne pensate voi? Come potrebbe danneggiare l'economia e i cittadini del Paese questo fenomeno?

> Studia le forme impersonali e *che*, *come* e *quanto* nelle frasi esclamative.

L'Italia è un paese di poveri ricchi

Non tornano i conti

Solo 24 mila italiani hanno un reddito superiore ai 200 mila euro annui, eppure, nel 2003, 240 mila persone hanno speso 100 mila euro per comprare un'auto: come è possibile?

(Da «L'Italia è un paese di poveri ricchi», di Paolo Scarano, *Gente*, 25 novembre 2004, pp. 42–43. © 2004 Hachette Rusconi Editore)

B Cosa sapete dell'economia italiana? Vedi **Cosa sappiamo degli italiani,** *Quaderno degli esercizi,* Capitolo 10, e rispondi alle domande che seguono. Poi a piccoli gruppi discutete le vostre risposte.

1. Com'era l'economia italiana prima della seconda guerra mondiale? E quella del vostro Paese, com'era?
2. Che cos'è il boom economico italiano? Quando è avvenuto? E nel vostro Paese, c'è stato un fenomeno simile? Quando? Perché?
3. Com'è cambiata l'economia italiana dal dopoguerra ad oggi? Che cosa ha contribuito a questi cambiamenti?
4. E nel vostro Paese, che cambiamenti si sono verificati? Perché?
5. In che cosa consiste il divario tra il Nord e il Sud? C'è un divario simile nel vostro Paese? Descrivetelo.
6. Paragonate e discutete le differenze fra lo sviluppo economico in Italia e quello nel vostro Paese.

 C La natura femminile delle cose. Nel breve articolo che segue, Patrizia Moroso parla dei mobili creati dall'azienda di famiglia. Leggilo e trova tutte le informazioni che parlano del sistema produttivo dell'azienda. Poi a piccoli gruppi, discutete tutte le caratteristiche dell'azienda che sembrano essere tipiche delle piccole imprese italiane.

La natura femminile delle cose

« **N**on credo che un oggetto possa avere un genere estetico, ma credo nella qualità femminile dei prodotti», afferma Patrizia Moroso, art director della Moroso, mentre mostra quel mix di artigianale e industriale che rappresenta il sistema produttivo dell'impresa di famiglia. ... «Nel design, un uomo e una donna lavorano in modo diverso. Il modo di pensare femminile non è quasi mai lineare o diretto. È un pensare che va dritto e poi torna indietro, è più disponibile ai cambiamenti. La rigidità mi annoia. ...»

Seguire queste vie traverse, nella creatività, significa anche fidarsi più del proprio istinto che delle ricerche di mercato. E Patrizia Moroso non ascolta né l'opinione del marketing, né chi studia per anticipare le tendenze. Per questo forse gli oggetti che escono dalla fabbrica di Udine sono così diversi fra loro, eppure così forti, così emozionanti. ...

(Adattato da «La natura femminile delle cose», di Aurelio Magistà, *Il Venerdì* – La Repubblica, 15 luglio 2005, p. 115. © 2005 Gruppo Editoriale L'Espresso, S.p.A.)

D Dalla banca alla ricotta. Dopo aver letto il trafiletto che segue, rispondi alle domande.

SAPORI PUGLIA

Dalla banca alla ricotta

Quattro amici bocconiani lanciano la boutique dei giacimenti gastronomici.

Orecchiette, olio del Gargano, burrate e vini di Manduria proposti da quattro giovani intraprendenti che al maneggio dei soldi e all'utilizzo del computer hanno preferito il commercio di prodotti tipici pugliesi a Milano. Mozzarella e dintorni (via Plinio 48) è la neomecca di chi ama i prezzi contenuti applicati a specialità regionali. I gestori, Davide Gattullo, Enrico Crisafulli, Fabrizio Crisafulli e Mario Tommasi (tutti pugliesi) otto anni fa avevano un obiettivo: laurearsi in economia all'Università Bocconi. In seguito avevano anche trovato un impiego. «Per tre anni abbiamo lavorato in banca, stavamo impazzendo. Una sera di maggio, a cena, proposi di mollare tutto e aprire un negozio di prodotti pugliesi»: parla Davide, ideatore del progetto. «Il giorno seguente prendemmo le ferie per trovare i locali».

Non solo formaggi selezionati come la ricotta «squanna», ovvero piccante, ma anche marmellata di cipolla e cartellate (dolce tipico pugliese) al vin cotto. Mozzarella e dintorni è un punto di partenza, presto arriverà la sala di degustazione dei vini. (*Gabriele Parpiglia*)

(Da «Dalla banca alla ricotta», di Gabriele Barbiglia, *Panorama*, 9 dicembre 2004, p. 347. © 2004 Arnoldo Mondadori S.p.A.)

1. Riassumi in breve le idee principali dell'articolo.
2. Indica quattro cose che adesso sai del passato dei quattro amici bocconiani.
3. Descrivi la loro nuova attività. Secondo te, sono contenti? Perché?
4. E a te, piacerebbe fare qualcosa di simile? Che sogni hai tu nel cassetto? Parlane a un compagno/una compagna. Poi immagina di scrivere una mail ai tuoi genitori e di raccontargli cosa vuoi fare e perché.

PER LEGGERE
Prima di leggere

A *Il family business.* A coppie, esaminate il grafico accanto. Cosa rivela della gestione delle aziende italiane? Nel vostro Paese è simile o diversa? Discutete dei pro e dei contro di questo tipo di gestione.

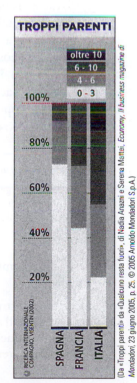

TROPPI PARENTI

oltre 10
6 · 10
4 · 6
0 · 3

100%
80%
60%
40%
20%

SPAGNA FRANCIA ITALIA

RICERCA INTERNAZIONALE COMPAGO, VOSANTI (2002)

(Da «Troppi parenti» da «Qualcuno resta fuori», di Nadia Anazni e Serena Mattei, *Economy, Il business magazine di Mondadori*, 23 giugno 2005, p. 25. © 2005 Arnoldo Mondadori S.p.A.)

B Nuova generazione Fiat. Leggi il breve trafiletto che segue e poi a coppie riassumete le idee principali. Come riflette l'articolo quello che sapete delle aziende italiane?

Nuova Generazione Fiat

Lapo scrive sull'Alfa rossa

Ci crede a tal punto che ha deciso di fare della propria auto un testimonial ambulante[1] del made in Italy. Così Lapo Elkann, 26 anni, rampollo della famiglia Agnelli e responsabile brand promotion della Fiat, si è fatto «tatuare» sul bagagliaio[2] lo slogan che riassume la sua filosofia di marketing: «La vita è troppo corta per non guidare italiano». La scritta campeggia[3] sul retro dell'Alfa 147 Gta costruita apposta per lui. Rossa, interni scamosciati color tabacco, l'auto si distingue soprattutto per la velocità: 246 chilometri orari.

[1]*walking* [2]*trunk* [3]*stands out*

(Da «Nuova generazione Fiat», *Panorama*, 9 dicembre 2004, p. 30. © 2004 Arnoldo Mondadori S.p.A.)

C Vino nobile. Esamina la foto e i titoli dell'articolo che segue e poi rispondi alle domande.

1. Immagina quattro argomenti che saranno trattati nel testo.
2. Quali vocaboli ti aspetti di trovare nell'articolo? Fanne una lista e poi paragonala a quella di un compagno/una compagna. Sono uguali?
3. Sai dov'è la Maremma? Trovala sulla cartina all'interno della copertina.

Alessia Antinori

VINO NOBILE

*Un cognome che da sette secoli è sinonimo
di qualità nel bere.
Un padre e uno zio ai vertici dell'enologia
mondiale.
Due sorelle che l'aiutano a gestire una cantina
«al femminile».
Incontro con una marchesa di campagna.
Che in giro per il mondo fa l'ambasciatrice
della Maremma.*

Alessia Antinori tra i vigneti della tenuta di Guado al Tasso in Maremma. Foto di Luca Babini.

Può una giovane, bella, elegante aristocratica diventare un'agguerrita[1] enologa e competere con i più diffidenti professionisti del mondo del vino? È una domanda che Alessia Antinori non si è posta. A lei, che è nata in una famiglia di tradizioni centenarie, cresciuta tra vigneti e cantine[2], la scelta è venuta spontanea. Così è nato Montenisa, un nuovo, prezioso vino con l'etichetta firmata «AAA Antinori» dalle iniziali di tre nomi di donna: Albiera, Allegra e Alessia dei marchesi Antinori. Una dinastia che produce vino dal 1300 e che per la prima volta ha affidato[3] il marchio nelle mani di tre sorelle.

È Alessia, ventinove anni, la vera enologa di famiglia e anche se, con basso profilo, si definisce «una ragazza di campagna», sperimenta, inventa, gira il mondo come ambasciatrice della casa. Ci accoglie, in maglietta e pantaloni da lavoro, nella tenuta[4] di Guado al Tasso in Maremma, una proprietà di ottocento ettari con i più bei vigneti della regione. ...

Non un filo di trucco, capelli castani legati[5], niente gioielli, stivali da vendemmia (quelli australiani), scende dalla macchina e, senza indugiare[6] un attimo, dà disposizioni per il pranzo, saluta gli ospiti americani arrivati per visitare le cantine, commenta con un tecnico la qualità dell'uva appena colta[7]. ... Le chiediamo se è sempre così di fretta. «Sono in viaggio per quattro, cinque mesi all'anno», risponde. «Così quando sono qui, devo recuperare il tempo perduto e seguire i nuovi progetti. Sono molto orgogliosa della mia prima «creatura», l'olio congelato[8]. È stata un'idea vincente: non perde

mai la sua fragranza e la qualità rimane altissima. L'ho chiamato *Novizio*: viene già esportato in Giappone e in Germania».

Viene interrotta dall'arrivo festoso del suo cane, Uva. «L'unico cane femmina della casa. Mio padre, «disperato» di avere tre figlie, ha voluto solo cani maschi, da caccia». ...

«Sono molto privilegiata, e per questo ho il dovere di apprezzare al massimo quello che mi dà la vita. *Carpe diem* è la mia filosofia».

La ragazza di campagna ... non vuole però apparire come una donna tutta dedita al lavoro. Se essere l'ambasciatrice dell'azienda Antinori, con i sedici milioni di bottiglie prodotte ogni anno, con tenute in California, Nuova Zelanda, Sudamerica, è già un impegno faticoso, Alessia si occupa, con le sorelle, anche dei *wine shop*: boutique dove con il vino vengono venduti i salumi di cinta senese[9] e della macchia[10] del Bruciato. «Voglio conservare i valori della mia famiglia; desidero avere dei figli, come le mie sorelle. Allora mi fermerò e, quando avrò la pancia[11], potrò anche dedicarmi ai fornelli!».

(Da «Alessia Antinori: vino nobile», di Paola Ciana, *Vanity Fair*, N. 21, 2 giugno 2005, p. 169–171. © 2005 Edizioni Condé Nast Spa.)

---

[1]*hardened* [2]*wine cellars* [3]*entrusted* [4]*estate* [5]*tied back* [6]*hesitate* [7]*picked* [8]*frozen*

[9]*type of pig specific to Siena* [10]*bush* [11]*tummy*

Parliamo e discutiamo

A La dinastia Antinori. Trova informazioni per giustificare le seguenti affermazioni.

1. Il marchio Antinori ha una lunga storia e tradizione.
2. La cantina Antinori è una fra le più importanti e prestigiose aziende vinicole.
3. Alessia Antinori è una giovane donna energica e dinamica, ma molto semplice.
4. È ottimista, modesta, ma anche molto creativa.
5. È un'abile imprenditrice.
6. Il padre di Alessia è un po' maschilista ma anche molto emancipato.
7. Le donne Antinori sono moderne ma anche molto tradizionali.

 B La realtà italiana. A piccoli gruppi, discutete che informazioni ci sono nell'articolo sui seguenti argomenti.

1. le aziende italiane
2. l'importanza delle tradizioni regionali
3. l'industria del vino in Italia
4. il ruolo della donna nella società italiana
5. l'importanza della famiglia

Le nuove sfide

 A Mi dimetto! A coppie, commentate la vignetta a destra. A che cosa pensate che si riferisca? Secondo voi, esprime un atteggiamento positivo o negativo verso la realtà italiana? Perché?

 B Cosa ricordate? A piccoli gruppi, preparate una lista di domande da fare ai vostri compagni sui cambiamenti politici, economici e sociali che si sono verificati in Italia negli ultimi decenni. Poi scambiate le liste e rispondete alle domande dei vostri compagni. Infine paragonate le vostre liste con quelle degli altri studenti e discutete i seguenti punti.

1. Secondo voi, gli ultimi anni sono stati positivi o negativi per gli italiani? Motivate le vostre risposte.
2. Quali settori del Paese sono stati particolarmente colpiti?
3. E nel vostro Paese, si sono verificati cambiamenti simili? Come hanno reagito i vostri connazionali?

MI DIMETTO. CHE CI PROVI QUALCUN ALTRO, A FARE IL CITTADINO ITALIANO!

Vignetta di Altan. © Altan / Quipos

C Euro batte lira! Nella tabella che segue sono riportati i risultati di un sondaggio lanciato sul sito de «La Repubblica» riguardo alla proposta del ministro del Welfare Roberto Maroni di tornare alla lira. Dopo aver esaminato la tabella, a coppie rispondete alle domande che seguono.

Euro batte lira 80 a 14	
Non si torna indietro, l'euro è l'unica strada	80%
Bisogna ripristinare la doppia circolazione delle monete, lira ed euro	5%
Bisogna tornare alla lira	14%
Non so	1%

(Adattato da «Euro batte lira 80 a 14» da «Boomerang di Carta», di Lucio Caracciolo, *L'Espresso*, 16 giugno 2005, p. 43. © 2005 Gruppo Editoriale L'Espresso S.p.A.)

1. Cosa rivelano i risultati dell'atteggiamento degli italiani verso l'euro? e l'UE?
2. Perché pensate che il ministro Roberto Maroni abbia proposto di abbandonare l'euro?
3. Per gli italiani, è stato facile o difficile adottare la moneta unica? Perché?

Ipotesi assurda

L'andamento del Pil italiano a confronto con quello di tre Paesi europei: variazioni percentuali.

SPAGNA FRANCIA
GERMANIA ITALIA

3%
2%
1%
0%
-1%

*PREVISIONI - FONTE OECD

02 03 04 05*

(Da «Ipotesi assurda» da «Se domattina non ci fosse più l'euro», di Mario Deaglio, *Economy, Il business magazine di Mondadori*, 23 giugno 2005, p. 56. © 2005 Arnoldo Mondadori S.p.A.)

Certo, l'euro non è il paradiso per nessuno; e se qualcuno si aspettava che il tocco dell'euro avrebbe risanato[1] le nostre magagne[2] può avere qualche motivo per sentirsi deluso. In realtà, le nostre magagne l'euro non solo non le ha risanate ma anzi le ha fatte venire alla luce senza pietà dissipando[3] il fumo dell'inflazione: è lentamente emerso il ritratto di un Paese che sarà pure ricco, e gradevole, come ricorda il presidente del Consiglio, ma che scopre di avere le ossa rotte dal punto di vista industriale.

[1]*healed* [2]*defects* [3]*dispelling*

(Da «Se domattina non ci fosse più l'euro», di Mario Deaglio, *Economy, Il business magazine di Mondadori*, 23 giugno 2005, pp. 56–57. © 2005 Arnoldo Mondadori S.p.A.)

A L'andamento del Pil. A coppie, esaminate e descrivete il grafico a sinistra e paragonate l'andamento dell'economia dei vari Paesi della zona euro.

B Ancora l'euro! Riassumete brevemente le idee principali della citazione. Secondo il professor Deaglio, l'euro è stato positivo o negativo per l'economia italiana? Perché? Come vede l'Italia il professore? Siete d'accordo con la sua visione dell'Italia? Perché?

*L*e piccole e medie imprese italiane, che puntano sulla qualità, oggi devono affrontare non solamente la concorrenza globale, ma anche la contraffazione (*counterfeit*). I rincari che si sono realizzati subito dopo l'adozione dell'euro e il cambio poco favorevole, non hanno certamente aiutato le industrie italiane, che hanno sempre più difficoltà a competere con i prodotti meno cari di tante altre zone del mondo.

PAROLE UTILI

Per parlare delle sfide

affliggere *to afflict, to trouble*
il bilancio *budget*
il deficit / il debito *deficit / debt*
delocalizzare *to move operations abroad*
favorevole *favorable*
le infrastrutture *infrastructures*
il PIL (Prodotto interno lordo)
   GDP (Gross Domestic Product)
la recessione *recession*
sfavorevole *unfavorable*
il tasso di disoccupazione
   unemployment rate

Per parlare degli export

il cambio *exchange rate*
esportare *to export*
l'esportazione (*f.*) *export*
importare *to import*
l'importazione (*f.*) *import*
produrre (-ducere) *to produce*

la produzione *production*
la valuta *currency*

Per parlare della concorrenza globale

il brevetto *patent*
una catena di negozi *chain of stores*
il calo *decline*
competere *to compete*
la competività *competitiveness*
la concorrenza *competition*
la contraffazione *counterfeit, imitation*
contraffatto/-a *counterfeit, imitated*
il falsario *counterfeiter*
ideare *to conceive, to plan*
l'imprenditore/l'imprenditrice
   entrepreneur
il mercato estero / mondiale *foreign / world market*
la multinazionale *multinational*
i Paesi emergenti *developing countries*
la strategia *strategy*

LE PAROLE IN PRATICA

A L'intruso. A coppie, trovate la parola che secondo voi non c'entra e spiegate perché.

1. il cambio	la valuta	il falsario
2. importare	produrre	ideare
3. il brevetto	la strategia	il calo
4. favorevole	sfavorevole	contraffatto
5. la competività	la contraffazione	la concorrenza
6. la multinazionale	il mercato estero	le infrastrutture

B Che cos'è? Indica di cosa si tratta.

1. È il termine che si usa quando le uscite di uno Stato sono superiori alle entrate.
2. È un'altra parola per «creare».
3. È un documento legale che protegge i diritti dell'inventore di un prodotto.
4. Sono i Paesi che sono in via di sviluppo.
5. È la persona che svolge un'attività produttiva in proprio.
6. È la percentuale di persone che non hanno lavoro.

7. È un termine che si usa per indicare una crisi dello sviluppo economico.
8. È quello che fanno le ditte per risparmiare quando il costo del lavoro è più conveniente all'estero.

 C Associazioni. A gruppi, indicate le parole ed espressioni che associate con i seguenti termini.

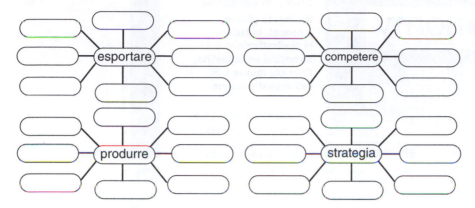

DISCUTIAMO INSIEME

 A Problemi! Problemi! In ogni epoca ci sono problemi che affliggono l'economia di un Paese e minacciano il benessere della popolazione. A coppie, discutete quali sono alcuni problemi economici attuali nel vostro Paese.

 B La competività. Leggi la copertina di *Economy* e brevemente spiega di cosa parla. Poi a coppie discutete se siete d'accordo o no con le idee degli esperti. E nel vostro Paese, che problemi hanno gli imprenditori? Perché?

> Studia il passivo e gli interrogativi.

STORIA DI COPERTINA

PERCHÉ NON SIAMO COMPETITIVI

**Carenza di infrastrutture.
Pochi investimenti in ricerca.
Eccesso di burocrazia.**

E poi nanismo delle imprese, produzioni a basso valore aggiunto, strategie di corto respiro.
Tutto questo rischia di strozzare l'economia dopo avere messo l'Italia in coda ai Paesi industrializzati.
Dietro il Botswana

Pubblicità per *Economy*. «Perché non siamo competitivi» in *Panorama*, 11 novembre 2004, p. 60.

C I falsari. A coppie, esaminate la copertina che segue e poi rispondete alle domande.

1. Indicate brevemente a cosa si riferisce la copertina.
2. Che effetto potrebbe avere la contraffazione sull'economia italiana? e sulla società in generale? Quali potrebbero essere le conseguenze negative?
3. Perché pensate che le persone comprino prodotti contraffatti?
4. Pensate che sia giusto comprare prodotti che sono stati copiati? Perché?
5. Avete mai comprato prodotti contraffatti? Che cosa? Perché?

 D Bisogna essere globale. Leggi i titoli di un articolo che parla delle strategie di mercato di Luxottica, una grande azienda italiana, e prepara una lista di sei domande da fare a un compagno/una compagna. Poi scambia la lista e rispondi alle domande del tuo compagno/della tua compagna. Quindi discutete insieme come Luxottica pensa di mantenere la sua posizione globale. Cosa pensate di queste strategie? Secondo voi cosa va fatto?

E Polarizzare. Nell'articolo seguente Andrea Tomat discute come le aziende italiane possono risolvere i problemi maggiori che le affligono. Leggi i titoli e i brani dell'articolo e poi, a piccoli gruppi, rispondete alle domande che seguono.

DELOCALIZZATORI DOC | LE STRATEGIE DI ANDREA TOMAT, PRESIDENTE DEGLI INDUSTRIALI DI TREVISO

PAROLA D'ORDINE: POLARIZZARE

Le aziende italiane devono concentrarsi per respingere l'assalto dei cinesi, ma anche di francesi e tedeschi. Perché a Pechino, adesso, stanno già pensando a che cosa produrranno dopo scarpe e magliette.

«Parliamoci chiaro. L'obiettivo è uno solo e vale per l'industria calzaturiera come per altri settori: crescere. E per crescere oggi esistono soltanto due strategie». Andrea Tomat, 47 anni, presidente di Lotto Sport Italia e amministratore delegato di Stonefly, due dinamiche multinazionali, attive nel settore delle scarpe, ha idee molto precise: l'industria italiana, dice, deve essere «winner di mercato». E può resistere alla Cina e all'invasione di milioni e milioni di scarpe (o di altri prodotti) a basso prezzo solamente «polarizzandosi». ...

Le strategie di cui parla Tomat, che è anche presidente degli industriali trevigiani, valgono per due tipi di azienda. Il primo tipo è quello delle piccole case di successo italiane, che si basano su prodotti di alta gamma e di alta qualità. Quando devono affrontare la concorrenza globale, questi «artigiani del lusso» spesso hanno un doppio problema di marketing e di contraffazione. ... «Per loro» sostiene Tomat «serve un programma di cooperazione: devono essere aiutati a esportare. .... Possono farlo unendosi tra loro e creando insieme show room all'estero, o dotandosi di uffici legali comuni. ...

Il secondo tipo di azienda è invece quella più grande, «multilocalizzata» come Stonefly e Lotto, che deve crescere e competere sui mercati mondiali accanto alle multinazionali. Secondo Tomat, questo tipo di produttore deve assolutamente dividere in tre parti la sua attività: la creatività pura deve essere in Italia, come l'ingegnerizzazione.

Mentre la produzione può essere spostata ovunque sia più conveniente. Tomat domanda provocatoriamente: «Per questo Paese è più importante che Lotto sia un'azienda tutta italiana, o che possa diventare la prima al mondo? ... »

(Da «Parola d'ordine: polarizzare», di Maurizio Tortorella, *Panorama*, 23 giugno 2005, pp. 44–45. © 2005 Arnoldo Mondadori S.p.A.)

1. Secondo Tomat, cosa devono fare le industrie italiane per essere competitive? Perché?
2. Quali strategie suggerisce per le imprese piccole? e per quelle grandi?
3. Cosa pensate delle sue strategie? Come potrebbero risolvere i problemi delle industrie italiane?
4. Siete d'accordo con le sue idee di spostare la produzione dei prodotti dov'è più conveniente? Quali potrebbero essere le ramificazioni di questa filosofia?
5. Esistono problemi simili nel vostro Paese? Descriveteli.

PER LEGGERE
Prima di leggere

 A **Così la Cina ci rovina.** Nella tabella a destra ci sono i dati delle importazioni nell'UE dall'Italia e dalla Cina. Cosa si nota? Perché secondo voi si sta realizzando questa tendenza? Si notano tendenze simili nel vostro Paese? Descrivetele.

 B **Le cifre.** Le tabelle che seguono riportano dati sul numero di laureati in Italia e sulle specializzazioni. A coppie, esaminatele. Che cosa rivelano? Pensate che questa situazione sia negativa o positiva per la società italiana? Perché?

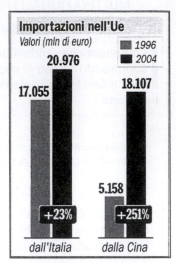

(Da «Così la Cina ci rovina», di Raffaella Galvani, *Panorama*, 9 giugno 2005, p. 132. © 2005 Arnoldo Mondadori S.p.A.)

Quanti italiani arrivano fino in fondo

	Età	Percentuale di laureati
MASCHI	20-24	1,2
	25-29	9,9
	30-59	10,9
	60 e oltre	5,8
	Totale	**8,1**
FEMMINE	20-24	2,3
	25-29	13,6
	30-59	10,9
	60 e oltre	2,6
	Totale	**7,3**
MASCHI E FEMMINE	20-24	1,8
	25-29	11,7
	30-59	10,9
	60 e oltre	4,0
	Totale	**7,7**

Fonte: elaborazione Censis su dati Istat

(Da «Quanti italiani arrivano in fondo» da «Ragazzi, attenti: una laurea serve», di Attilio Giordano, *Il Venerdì* – La Repubblica, 20 maggio 2005, p. 33. © 2005 Gruppo Editoriale L'Espresso, S.p.A.)

Tanti psicologi, pochi matematici (laureati per gruppi di corsi di laurea)

Gruppo scientifico, geobiologico e chimico-farmaceutico	23.086
Gruppo medico	25.206
Gruppo ingegneria e architettura	41.040
Gruppo agrario	5.379
Gruppo economico-statistico e politico sociale	57.548
Gruppo giuridico	26.282
Gruppo letterario, insegnamento, psicologico, linguistico, educazione fisica	54.960
Totale	**233.501**

Fonte: elaborazione Censis su dati Miur

(Da «Tanti psicologi, pochi matematici» da «Ragazzi, attenti: una laurea serve», di Attilio Giordano, *Il Venerdì* – La Repubblica, 20 maggio 2005, p. 35. © 2005 Gruppo Editoriale L'Espresso, S.p.A.)

C **L'Italia è fuori corso.** Leggi il titolo e i sottotitoli dell'articolo che segue. Di che cosa pensi che parli? Discutene con i tuoi compagni.

Leggiamo

Creatività, l'Italia è fuori corso

*TALENTO, TECNOLOGIA, TOLLERANZA: PER L'ECONOMISTA RICHARD FLORIDA, OGGI LA SALUTE DI UN PAESE SI MISURA CON LA **LEGGE DELLE TRE T.** MA SE PENSATE CHE SIA UNA BELLA NOTIZIA, PREPARATEVI A RICREDERVI. PERCHÉ NELLA CLASSIFICA DEGLI STATI PIÙ INNOVATIVI, SIAMO CADUTI IN BASSO. MOLTO IN BASSO.*

Prendete la somma dei talenti che escono dalle nostre università, aggiungete i quattro soldi che investiamo in ricerca e sviluppo (1,1 per cento del Pil), infine sottraete un bel po' di cervelli (in fuga). Il risultato è 26: la posizione dell'Italia nella graduatoria mondiale dei Paesi a più alto tasso di creatività. Dietro la Grecia e l'Estonia, a 11 posizioni dall'Inghilterra e a 16 dalla Germania (decima), lontana anni luce da un terzetto di testa che, sorprendentemente, conta Svezia, Giappone e Finlandia.

Possibile? A guardare il ... libro dell'americano Richard Florida, *The Flight of the Creative Class* (*HarperBusiness* ...), pare proprio di sì. ...

Il punto di partenza è molto semplice: per valutare[1] lo stato di salute di un'economia e le sue potenzialità future, dice Florida, i vecchi indicatori come la produttività e l'occupazione non bastano più. Quello che fa la differenza, oggi, sono soprattutto la dimensione e la forza della «classe creativa», quella che produce idee. Ed è proprio qui che entrano in gioco le «tre T»: perché soltanto dove ci sono talenti e strumenti tecnologici all'avanguardia può esserci sviluppo, e per far fiorire[2] i talenti serve un clima sociale di tolleranza e apertura al nuovo.

... I criteri di misurazione sono diversi: per i **Talenti,** per esempio, ci sono il numero di ricercatori universitari, la percentuale di laureati sul totale della popolazione, il numero di iscritti ai vari albi[3] professionali; per la **Tecnologia** contano il numero di brevetti, gli investimenti in ricerca e sviluppo, il livello educazionale; sulla **Tolleranza** il grado di apertura della società, gli episodi di razzismo, la propensione all'innovazione piuttosto che ai valori tradizionali.

E qui si comincia a capire perché l'Italia è caduta così in basso. «In passato ci siamo fatti un nome grazie soprattutto all'intuito dei singoli», spiega Irene Tinagli, da cinque anni nel team di Florida, «ma oggi la creatività ha bisogno di un contesto più professionale e strutturato, di un sistema universitario che funzioni, di un tessuto industriale all'altezza[4]. Invece in Italia un imprenditore su tre ha la terza media, molti addirittura la quinta elementare». E per tutti, come sottolinea Claudio Sabatini, ideatore del *Futurshow*, «l'unico obiettivo è quello di far quadrare i bilanci[5], piuttosto che investire sulle idee».

Insomma, mentre in Italia l'immagine del creativo è ancora quella dell'artista *bohémien* un po' sballone[6], «nel Nord Europa, in America e in Giappone è quella del professionista serio e competente. Ciò che serve, quindi, è anche un cambiamento di mentalità», rincara la dose Annamaria Testa, ...

(Da «Creatività, l'Italia è fuori corso», di Francesco Briglia, *Vanity Fair*, N. 21, 2 giugno 2005, pp. 120–121. © 2005 Edizioni Condé Nast Spa.)

---

[1]*evaluate* [2]*bloom* [3]*lists* [4]*capable* [5]*balance budgets* [6]*boaster, braggart*

A **Le «tre T».** Indica quali delle seguenti affermazioni sono vere e quali false. Correggi le affermazioni false.

_____ 1. Secondo l'economista Florida, la salute dell'economia di un Paese si misura dalla produttività e dall'occupazione.

_____ 2. Sempre secondo Florida, oggigiorno la produzione di idee creative è l'indicatore più importante dello stato dell'economia di un Paese.

_____ 3. Lo sviluppo tecnologico non è molto importante quando si considera l'indice di creatività di un Paese.

_____ 4. Una nazione che non è tollerante e aperta al nuovo può incoraggiare lo sviluppo di idee creative.

_____ 5. In Italia si investe molto nelle università e nella ricerca.

_____ 6. L'Italia non è fra i primi Paesi europei nella classifica della creatività.

_____ 7. Oggi in Italia la creatività si trova ovunque e questo aiuta molto il made in Italy.

_____ 8. In generale, le imprese italiane sono ben organizzate e all'avanguardia.

B **La classifica della creatività.** A coppie, discutete le seguenti domande.

1. Siete d'accordo con la teoria delle «tre T» dell'economista Richard Florida? Perché?
2. E il vostro Paese, in quale posizione sarebbe nella classifica della creatività? Perché?
3. Secondo voi, come potrebbe il vostro Paese migliorare la sua situazione?
4. Paragonate la situazione socioeconomica italiana a quella del vostro Paese. Come sono simili? Come sono diverse?

C **L'Italia che cambia.** Rileggete l'articolo e trovate informazioni sulla realtà italiana. Prendete in considerazione:

1. lo stato della ricerca in Italia
2. i problemi economici e sociali attuali
3. la struttura e la gestione delle imprese
4. la preparazione scolastica della popolazione

Per conoscere l'Italia e gli italiani

A **Il sistema Italia.** A piccoli gruppi, discutete di quello che avete imparato sull'economia italiana. Com'è simile e com'è diversa dall'economia del vostro Paese? Prendete in considerazione i seguenti punti.

1. il sistema produttivo
2. i prodotti e le industrie
3. il made in Italy
4. le aziende
5. la gestione
6. l'evasione fiscale
7. l'import e l'export
8. le sfide che deve affrontare

B **Il made in Italy.** A coppie, osservate la foto. Conoscete le persone ritratte? Cosa sapete di loro? Perché sono importanti nell'economia italiana?

Made in Italy. Da sinistra. Gianfranco Ferré, Luciano Soprani, Aldo Ferrante (in basso), *Giorgio Armani, Walter Albini e Krizia in una foto di Carlo Orsi per Linea Italiana del 1978.*

C *Business + Etiquette.* Per fare business in una comunità sempre più globalizzata, il nuovo manager deve conoscere bene le culture d'affari degli altri Paesi. Nel brano che segue, Nicola Santini, l'autore di *Business + Etiquette*, mette a fuoco alcuni usi e costumi che è importante conoscere. Leggi il brano e poi svolgi le attività che seguono.

> Ci sono usi e costumi che è bene conoscere, per rispetto. E anche piccoli trucchi che aiutano. Per esempio, è meglio sapere che agli americani non bisogna mai far perdere tempo. Che con gli orientali ci vuole molta pazienza. Che i tedeschi negli affari sono un po' rigidi, ma molto corretti. Che gli inglesi sono formalissimi nel vestire, forse i più attenti all'etichetta. Che agli spagnoli piacciono complimenti e manifestazioni di amicizia. Che i francesi sono i più educati a tavola, dove amano conversare di vino, e sono i più attenti con le donne. Gli italiani? Quasi perfetti, spesso impeccabili nel vestire e amabili nei modi. Unico neo[1] la puntualità.

[1]*flaw*

(Da «Business 2005: Il nuovo Bon ton», di Monica Bogliardi, *Panorama*, 9 dicembre 2004, pp. 313–314. © 2004 Arnoldo Mondadori S.p.A.)

1. Fa' una lista delle usanze dei Paesi menzionati.
2. Secondo Santini, quali sono le qualità positive e negative del manager italiano?
3. Sei d'accordo con le affermazioni di Santini?
4. Cosa sai tu di queste culture e dei loro costumi? Fanne una lista e poi paragona la tua lista con quella dei tuoi compagni.
5. A piccoli gruppi, usate le vostre liste di usi e costumi dei Paesi menzionati per scrivere delle regole di comportamento per il manager che vuole essere sempre più globale.

In rete

Clicca sul sito di *Crescendo!* per il Capitolo 10: academic.cengage.com/ Italian/crescendo

A La moda italiana. Trova informazioni sulla moda italiana. Conosci gli stilisti menzionati? Cosa sai di loro e del loro passato?

B Stilisti famosi. Trova informazioni su uno degli stilisti italiani per rispondere alle domande che seguono. Poi racconta alla classe cosa hai scoperto.

1. Cosa sai del suo passato?
2. In quale città lavora per lo più?
3. Per quali accessori e capi (*articles*) è particolarmente famoso/-a?
4. Come descriveresti il suo look?
5. Cosa sai della sua azienda?

C Cosa sai dei vini italiani? Trova informazioni sui vini di tre regioni italiane. Quali sono i vini più importanti di ogni regione? Paragona i tuoi risultati con quelli di un compagno/una compagna.

D Gli occhiali italiani. Trova informazioni sull'azienda Luxottica.

1. Come e quando nasce Luxottica?
2. Chi è Leonardo Del Vecchio? Qual è la sua filosofia di mercato?
3. Quali strategie commerciali hanno aiutato questa azienda a crescere?
4. Quali grandi aziende americane ha acquisito Luxottica? Perché?
5. Quali marchi produce Luxottica? Ne conosci qualcuno?
6. A coppie, discutete se e come Luxottica usa le «tre T».

Caro Diario

For your next journal entry, consider the question at the beginning of this chapter: **E tu, cosa pensi del *made in Italy*?** You might want to talk about Italian products that you purchase regularly and how you feel about them. Or, you might tell a story about a particular Italian product that you have purchased in the past that is very special. You can also discuss Italian products that you would like to purchase, but don't, and explain why. Or, you may talk about why you don't like Italian products.

Strutture

Le forme impersonali

The impersonal form of a verb is used to express actions performed by an indefinite subject, or by people in general. It is equivalent to the English *one* or *people*, and to *you*, *we*, and *they* used impersonally.

A Come esprimere l'impersonale

The impersonal can be expressed as follows:

1. with an impersonal expression + *the infinitive*

Bisogna creare sempre prodotti nuovi.	One must always create new products.
È facile vendere il *made in Italy*.	It's easy to sell made in Italy products.

2. with the first-person plural form of the verb.

In Italia **produciamo** ottimi vini.	*In Italy we produce excellent wines.*

3. with the third-person plural form of the verb **dire**

Dicono che l'economia vada abbastanza bene.	*They say the economy is going fairly well.*

4. with the indefinite pronoun **uno**

Uno non sa mai cosa fare in queste situazioni.	*One never knows what to do in these situations.*

5. with **la gente** (*people*). Note that **la gente** is always singular.

La gente cerca sempre di pagare meno tasse.	*People always try to pay fewer taxes.*

B La costruzione impersonale

Verbs can also be made impersonal with the construction **si** + *third-person form of the verb.*

Si va in fabbrica ogni giorno.	*You go to the factory every day.*
Si lavora sodo.	*You work hard.*
Si fabbricano mobili pregiati.	*One builds quality furniture. (Quality furniture is built.)*

1. The impersonal of transitive verbs—verbs that can take a direct object and are ordinarily conjugated with **avere** in compound tenses—is formed with **si** + *third-person singular of the verb* or **si** + *third-person plural of the verb*.

a. The third-person singular of the verb is used when the verb has a singular object or no object. The third-person plural is used when the verb has a plural object.

Si discute sempre.	*One always discusses.*
Si sceglie un prodotto nuovo.	*One chooses a new product. (A new product is chosen.)*
Si organizzano molte riunioni.	*You organize a lot of meetings. (A lot of meetings are organized.)*

b. Object pronouns precede **si**.

Gli si chiede spesso di essere più efficiente.
People often ask him to be more efficient.

È una marca italiana. **La si** trova dovunque.
It is an Italian brand. It can be found everywhere.

Ne, however, always follows **si**, which changes form to become **se ne**.

Se ne è comprata una.
We bought one of them. (One of them was bought.)

2. The impersonal of verbs that are conjugated with **essere** in compound tenses is formed with **si** + *third-person singular of the verb*.

Si esce dall'ufficio stanchi.
One leaves the office tired.

Si torna a casa sempre molto tardi.
One always returns home very late.

a. With reflexive verbs, **ci** is placed in front of **si** + *third-person singular of the verb*.

Ci si sveglia presto.
One gets up early.

Ci si annoia seduti dietro a una scrivania tutto il giorno.
You get bored sitting behind a desk all day.

b. Nouns or adjectives that refer to the impersonal construction are always masculine plural.

Quando si è **giovani**, si è molto **ingenui**.
When one is young, one is very naive.

3. Compound tenses in the impersonal construction are always formed with **essere**.

Non **si è** risparmiato molto.
We didn't save very much.

a. The past participle of verbs that are ordinarily conjugated with the auxiliary **avere** agrees with the object. If there is no object, the past participle is masculine singular.

Si sono **pagate** molte **tasse** quest'anno.
People paid a lot of taxes this year. (A lot of taxes were paid this year.)

Insomma si è fatt**o** parecchio.
In short, a lot was done.

b. The past participle of verbs that are ordinarily conjugated with the auxiliary **essere** is always masculine plural.

Si è **partiti** presto.
We left early.

Ci si è spesso **lamentati** della sua incompetenza.
We have often complained about his incompetence.

> The impersonal construction is often used in Italian to describe one's own actions and is sometimes accompanied by **noi**. This use is particularly common in Tuscany.
>
> **Noi** si è investito parecchio in quell'impresa.
>
> *We invested a great deal in that firm.*

ESERCIZI

A Cosa si fa? La recessione e l'alto tasso d'inflazione hanno un effetto negativo sul bilancio di molte famiglie italiane. In tutto il Paese si discute su cosa si può fare per migliorare la propria situazione. Riscrivi le seguenti frasi e usa il *si* **impersonale**. Fa' tutti i cambiamenti necessari.

1. Non siamo ricchi. Non abbiamo molti soldi. Guadagniamo poco. Abbiamo messo pochi soldi da parte (*aside*).
2. Risparmieremo di più. La gente dice che questa crisi economica durerà ancora per parecchio tempo.

3. Cercheremo di consumare di meno. Sceglieremo i prodotti con molta cura. Compreremo solo quello che proprio ci serve.
4. L'anno scorso abbiamo speso molto per l'abbigliamento. Facevamo sempre le spese nei negozi più eleganti della città.
5. Quest'anno acquisteremo solo il necessario. Eviteremo i negozi del centro. Frequenteremo solo i grandi magazzini.

B **Quello che bisogna fare.** Anche in casa Toscanini si discute di quello che si è fatto in passato e di quello che si dovrà fare in futuro per migliorare la situazione economica. Riscrivi le frasi usando il *si* **impersonale** e facendo tutti i cambiamenti necessari.

1. L'anno scorso siamo andati in vacanza per tre settimane. Siamo restati poco a casa. Quest'estate passeremo solo una settimana al mare.
2. L'anno scorso abbiamo fatto la settimana bianca in montagna. Ci siamo divertiti a sciare. Quest'inverno resteremo a casa.
3. In passato abbiamo cambiato auto ogni due anni. Quest'anno invece non la prendiamo nuova. In qualche modo ci accontenteremo.
4. Insomma dobbiamo fare alcuni sacrifici. Oggigiorno tutti ne fanno tanti.
5. Non ci possiamo permettere più certi lussi. Dobbiamo stare molto attenti alle spese superflue. Saremo poveri ma felici lo stesso, se ci vorremo bene.

 C **E da voi?** A piccoli gruppi, raccontate quello che si fa da voi per affrontare le crisi economiche e le recessioni.

Le frasi esclamative

A *Che*

Che (*What . . . ! What a . . . !*) is used with nouns and adjectives to express admiration, disgust, or astonishment.

Che idee!	*What ideas!*
Che bella poltrona!	*What a beautiful chair!*

B *Come* e *quanto*

Come and **quanto** can also be used in exclamatory sentences to express the equivalent of the English *How . . . !* or *How much . . . !*

Com'è bravo!	*How accomplished he is!*
Come sono carine!	*How cute they are!*
Quanto spendono!	*How much they spend!*
Quanto parlano!	*How much they talk!*

ESERCIZI

In un negozio. Tu e alcuni amici siete in un negozio di mobili made in Italy e commentate i prodotti che vedete. Riscrivi le frasi usando le forme esclamative.

1. Queste poltrone sono molto originali.
2. Le linee sono semplici e pulite.
3. Questo divano è morbido e comodo.
4. I prezzi sono ragionevoli.

Gli accessori sono molto moderni.
Questo scrittoio antico è splendido.
7. Questo mobile è stupendo.
8. L'artigiano si è impegnato tanto.

La forma passiva

In Italian, as in English, transitive verbs—verbs that can have direct objects—can be either active or passive. A verb is in the active voice when the subject performs the action of the verb. A verb is passive when the subject is acted upon.

Active:	**Giuseppe** finisce **il lavoro**.
	subject verb direct object
Passive:	**Il lavoro** è finito **da** Giuseppe.
	subject verb agent

In the passive voice, the person who performs the action is called the *agent*. The agent is frequently not expressed. When expressed, the agent is preceded by the preposition **da**. There are several ways to express the passive.

A   La forma passiva con *essere* + il participio passato

The passive of an active tense can be formed by conjugating the verb **essere** in the same tense and mood as the active verb and adding the past participle of the active verb. The past participle agrees in number and gender with the subject. This form can be used with all tenses and moods.

Active:	Quell'azienda **investe** molti soldi nella ricerca.
	That firm invests a lot of money in research.
Passive:	Molt**i** sold**i** **sono** *investiti* nella ricerca da quell'azienda.
	A lot of money is invested in research by that firm.
Active:	Quell'azienda **ha investito** molti soldi nella ricerca.
	That firm has invested a lot of money in research.
Passive:	Molt**i** sold**i** **sono stati** *investiti* da quell'azienda nella ricerca.
	A lot of money has been invested in research by that firm.
Active:	Quell'azienda **investiva** sempre molti soldi nella ricerca.
	That firm used to always invest a lot of money in research.
Passive:	Molt**i** sold**i** **erano** *investiti* da quell'azienda nella ricerca.
	A lot of money used to be invested in research by that firm.
Active:	Penso che quell'azienda **abbia investito** molti soldi nella ricerca.
	I think that firm has invested a lot of money in research.
Passive:	Penso che molt**i** sold**i** **siano** *stati investiti* da quell'azienda nella ricerca.
	I think that a lot of money has been invested by that firm in research.

Note that the passive construction of simple tenses consists of two words. In compound tenses it consists of three words.

B La forma passiva con *venire* + il participio passato

The passive construction can also be formed with **venire** + *the past participle.* The meaning does not change. **Venire** can replace **essere** only in simple tenses.

Il prodott**o** **viene** (**è**) **ideato** in Italia.　　*The product is designed in Italy.*
Molti prodott**i** **vengono** (**sono**) **fatti** a mano.　　*Many products are made by hand.*

C La forma passiva con *andare* + il participio passato

To express the idea of obligation or necessity, the passive can be formed with **andare** + *the past participle*, but only in simple tenses.

La qualità **va migliorata**.　　*The quality must be improved.*
Le piccol**e** aziende **vanno aiutate**.　　*Small companies must be helped.*

D *Si* passivante

When no agent is mentioned, **si** + *third-person active form of the verb* can be used to express the passive. This construction is the same as the impersonal of transitive verbs with an object (see p. 347).

Non **si aiuta** abbastanza **il sud**.　　*The South isn't helped enough.*
Si aiutano troppo le grandi **industrie**.　　*Large companies are helped too much.*
Si sono chiuse le fabbriche.　　*Factories were closed.*

> This construction is also used in advertisements. The **si** is usually attached to the verb.
>
> **Vendesi** attività commerciale in centro.
> *Business in downtown area for sale.*
>
> **Affittasi** magazzini.
> *Warehouses for rent.*

ESERCIZI

A Cosa si fa? La signora Bertini è la titolare di una grande ditta di maglieria e vuole incrementare le vendite all'estero. Si consiglia con un consulente aziendale che le spiega cosa fanno altre aziende. Cambia le frasi dalla voce attiva alla voce passiva.

1. Una ditta *[company]* utilizzerà l'informatica. Così renderanno più efficienti i servizi *[obj]* ai clienti. Abbasseranno i tempi di consegna delle merci.
2. Il gruppo Marzotto investirà grandi somme di capitale.
3. Tutte le ditte risparmiano molto producendo in stabilimenti all'estero. Mantengono i costi di produzione a livelli molto bassi.
4. Credo che tutte le ditte scelgano *[congiuntivo]* strategie aggressive. È possibile che a volte sacrifichino il prezzo di listino e che vendano la merce in perdita. Così non perderanno le quote di mercato. *Così le quote di mercato non saranno perse.*

B Cosa è stato fatto. Il consulente aziendale spiega alla signora Bertini quello che è stato fatto da altre aziende per ridurre i costi di produzione e incrementare le vendite. Cambia le frasi dalla voce attiva a quella passiva.

1. Il gruppo GFT ha aggredito i mercati. In tre anni hanno acquisito sei società all'estero. Ormai realizzano più del 50 per cento della produzione all'estero. Hanno diminuito i costi di produzione e del trasporto.
2. Il gruppo Marzotto ha acquistato alcune ditte tessili importanti. Al suo reparto laniero ha aggiunto le produzioni di lino e di cotone.
3. Alcune ditte di Prato hanno introdotto sofisticati sistemi elettronici nei loro stabilimenti. Così migliorano la qualità dei prodotti e riducono gli scarti (*seconds*). All'estero cercano la qualità.

C Cosa va fatto? La signora Bertini chiede al consulente aziendale che cosa deve fare. Rispondi alle domande della signora Bertini e spiega che cosa va fatto secondo il consulente aziendale.

1. Devo licenziare gli operai?
2. Devo contenere i costi di produzione?
3. Devo ridimensionare i margini di profitto?
4. Devo lasciare aperte le fabbriche poco produttive?
5. Devo cercare mercati all'estero?
6. Devo investire massicce (*massive*) quantità di denaro in pubblicità e promozione?
7. Devo sacrificare la qualità dei prodotti?
8. Devo produrre solo capi firmati?

Gli interrogativi

Questions in Italian can be formed with the following interrogative words:

Interrogative	For	
Chi?	*people*	**Chi** ha investito in tecnologia? *Who invested in technology?*
		Di chi è? *Whose is it? Who is it by?*
		Con chi sei andato? *With whom did you go?*
Che cosa? (cosa? / che?)	*things or concepts*	**Che cosa** producono? *What do they produce?*
		Di che cos'è? *What is it made of?*
		Per che cosa si usa? *What is it used for?*
Dove?	*places*	**Dove** hanno gli stabilimenti? *Where do they have their plants?*
		Di dov'è? *Where is he/she/it from?*
		Da dove vengono? *Where do they come from?*
Quando?	*time*	**Quando** li hanno fatti? *When did they make them?*
Come?	*qualities, characteristics, manner, means*	**Com'**è? *How is he/she/it?*
		Come li fanno? *How do they make them?*

Interrogative	For	
Quale? / Quali?	to choose between two or more people or things	**Quale** preferisci? *Which one do you prefer?* **Quali** vini ti piacciono? *Which wines do you like?*
Che?	to indicate type	**Che** vini ti piacciono? *What kind of wine do you like?*
Quanto?	cost	**Quanto** costano questi stivali? *How much do these boots cost?*
	distance	**Quanto** dista da Roma? *How far is it from Rome?*
Quanto/-a/-i/-e?	quantities	**Quanti** anni hai? *How old are you?*
		Quante aziende hanno? *How many companies do they have?*
Come mai?	motive, cause	**Come mai** hanno delocalizzato le fabbriche? *How come they moved the factories?*
Perché?	motive, cause	**Perché** hanno delocalizzato le fabbriche? *Why did they move the factories?*

When interrogative words modify nouns or pronouns, they agree in number and gender with the noun or pronoun. **Che** is always invariable.

Note that in Italian prepositions always precede interrogative pronouns. They can never be placed at the end of a sentence. See pages 126 and 409–413 for more information on the use of prepositions.

ESERCIZI

Uno stilista tradizionale. Immagina un'intervista con uno stilista. In base alle seguenti risposte forma le domande appropriate usando gli interrogativi.

1. Lavoro in questo campo ormai da più di trent'anni.
2. Vendo abiti a due milioni di persone nel mondo.
3. Io creo per le trentenni.
4. Le donne troppo ragazzine non mi piacciono.
5. Gli elementi di moda che ho sviluppato in tutta la mia carriera sono: le trasparenze, il rosso, il bianco e il nero, e gli «animal print».
6. I miei abiti sono fatti di tessuti pregiati.
7. Negli anni settanta il mondo della moda diventò meno poetico.
8. I giovani stilisti milanesi provenivano (*came*) dall'industria.
9. I giovani stilisti milanesi cominciarono a venir fuori durante gli anni di piombo (*gli anni del terrorismo*).

Ascoltiamo

Gli spot pubblicitari

A Il prodotto. Ascolta gli spot pubblicitari per alcuni prodotti italiani. Indica di quale prodotto si parla scrivendo la lettera della registrazione nello spazio accanto al prodotto.

1. _____

2. _____

3. _____

4. _____

B Il pubblico. Ascolta gli spot un'altra volta e individua le caratteristiche del pubblico a cui la pubblicità è rivolta. Indica le parole e le immagini che ti hanno aiutato ad individuarlo.

1. _____
2. _____
3. _____
4. _____

354   Capitolo 10   L'economia: il «sistema» Italia e le nuove sfide

Testi e contesti

COSA SAPPIAMO DI GIANNI CELATI?

Rileggi le informazioni su Gianni Celati a p. 103 e prepara cinque domande sullo scrittore e sulla sua tecnica narrativa. Poi, a coppie, rispondete alle domande che avete scritto.

PRIMA DI LEGGERE

A La ragazza di Sermide. Leggi il primo paragrafo del racconto e poi a coppie rispondete alle domande che seguono.

1. Chi narra il racconto?
2. Quali indicazioni geografiche sono date?
3. Fate una lista dei personaggi. Cosa sapete di loro (età, professione, classe sociale, passato, ecc.)?
4. Indicate quali di questi aggettivi descrivono meglio lo stile e il tono dell'autore. Giustificate le vostre scelte.

   a. appassionato   d. drammatico   g. nostalgico   j. indifferente
   b. impersonale   e. umoristico   h. ironico   k. sarcastico
   c. melanconico   f. realistico   i. fiabesco   l. freddo

B La conclusione. Il racconto si conclude con la seguente citazione: «...poi ha detto pateticamente: —Che Dio perdoni la vostra innocenza». A coppie, discutete cosa potete dedurre a proposito delle persone a cui queste parole si riferiscono. Perché? Pensate che si tratti di una storia ottimista o pessimista?

MENTRE LEGGETE

Sottolineate tutti i riferimenti alle imprese commerciali della ragazza di Sermide e dello studente dai capelli dritti. Segnate con un cerchio i luoghi e tempi del racconto.

Leggiamo

La ragazza di Sermide

A Sermide* un tempo esisteva un ponte di barche che attraversava il Po e portava a una fabbrica con ciminiere[1] di mattoni[2] non ancora anneriti[3]. Un giorno quella fabbrica ha dovuto chiudere e uno dei suoi dirigenti è scomparso senza lasciar traccia. Quest'uomo aveva una figlia, alla quale prima di

5 scomparire aveva intestato[4] la proprietà d'una grande villa e le rendite[5] di altre proprietà fondiarie[6]. Molti anni dopo sua moglie moriva e la figlia andava ad abitare in una metropoli per studiare all'università. Qui incontrava uno studente con i capelli dritti e si metteva a vivere con lui.
    Vivevano in un piccolo appartamento assieme a un terzo studente molto

10 magro. Lo studente dai capelli dritti andava in giro tutto il giorno a fare discorsi politici, nei bar, all'università o davanti alle fabbriche. La ragazza di Sermide

[1]*smokestacks;* [2]*bricks;* [3]*blackened*

[4]*given title to;* [5]*income* [6]*land*

* Sermide è un piccolo paese nel nord-est d'Italia fra Mantova e Ferrara.

trascurava[7] gli studi, ritenendo di imparare molto di più dai discorsi dello studente con i capelli dritti; perciò lo seguiva in giro ascoltandolo parlare sempre, oppure lo aspettava a casa dormendo.

15 Siccome dopo è venuta un'epoca in cui nessuno voleva più sentire discorsi politici, e lo studente invece continuava a farne, molti gli hanno detto che era meglio se stava zitto, oppure andava a parlare da un'altra parte.

Così lui e la ragazza di Sermide decidevano di cercare un ambiente più adatto alle loro idee, e si trasferivano nella capitale. Qui però era impossibile 20 trovare un appartamento, e i due dovevano andare ad abitare come ospiti in casa d'un compaesano[8] dello studente.

Lo studente entrava in contatto con uno sceneggiatore che aveva scritto molti film, e con persone altolocate[9] disposte ad aiutarlo a lavorare nel cinema, per certi debiti di riconoscenza[10] che avevano verso suo padre. Messa a punto[11] una 25 sceneggiatura, e in attesa d'un finanziamento governativo promessogli dalle persone altolocate, decideva di iniziare subito a girare un film.

Il film doveva essere a bassissimo costo; una storia di vita vissuta con due personaggi che parlavano di politica per tutto il tempo.

Una banca ha concesso un prestito, avendo come garanzia[12] patrimoniale la 30 villa di Sermide posseduta dalla ragazza; e così lo studente ha potuto cominciare il suo film.

Al sesto giorno di riprese i soldi erano finiti e un prestito ulteriore, concesso a stento[13] dalla banca, bastava appena a liquidare[14] i tecnici. Poi una notte le attrezzature cinematografiche prese in affitto venivano rubate, e l'indomani le 35 persone altolocate facevano sapere allo studente che il finanziamento governativo era bloccato.

In compenso però gli offrivano di realizzare un documentario su alcune zone sottosviluppate nel sud dell'Italia.

I due fidanzati partivano per i sopralluoghi[15] in una zona sottosviluppata, 40 dove scoprivano l'esistenza d'un artigianato locale sconosciuto. Tornati nella capitale decidevano di aprire un negozio per vendere e far conoscere gli oggetti di quell'artigianato locale sconosciuto, di cui intanto avevano acquistato una quantità di esemplari, consistenti in fischietti[16] di terracotta, statuine, fuochi d'artificio, ciotole[17] e cucchiai di legno.

45 Il compaesano dello studente, trovandosi la casa piena di quegli esemplari d'un artigianato sconosciuto, che occupavano tutto un corridoio impedendo la circolazione, pregava i due di cercarsi un appartamento e di portar via al più presto quella roba.

Ed è così che, girando per la città in cerca di una casa da affittare, lo 50 studente dai capelli dritti scopriva uno splendido appartamento nobiliare ridotto in pessime condizioni, che veniva ceduto per un prezzo irrisorio[18].

Proponeva alla ragazza di vendere la sua villa di Sermide per acquistarlo, col progetto di rivenderlo quanto prima per una cifra vertiginosa[19]. Contemporaneamente però gli amministratori delle rendite della ragazza la 55 informavano che le sue proprietà dovevano essere vendute, per pagare grosse ipoteche[20] accumulatesi negli anni. E la ragazza doveva tornare in fretta a Sermide.

Lo studente, rimasto solo nella capitale, conosceva una giovane contessa americana appassionata di musica rock. A questa proponeva di finanziare e 60 organizzare assieme a lui una serie di concerti con i gruppi rock più famosi del mondo, concerti da tenersi nei paesini delle zone sottosviluppate in cui era stato. Poiché la contessa americana era entusiasta dell'idea, lo studente tornava

[7]neglected

[8]fellow townsman

[9]well-connected
[10]gratitude; [11]Having written

[12]collateral

[13]difficulty; [14]pay off

[15]to scout

[16]little whistles
[17]bowls

[18]ridiculous

[19]astronomical

[20]mortgages

nella metropoli del nord per contattare alcuni amici che lavoravano in una casa discografica[21].

65 Restava nella metropoli tre giorni. Il primo giorno incontrava qualcuno appena tornato dalla Provenza, che gli parlava delle lane provenzali; con costui si accordava per fondare quanto prima una ditta di importazione delle lane provenzali.

Il secondo giorno incontrava un vecchio compagno politico che gli
70 proponeva di girare un documentario sul movimento di liberazione del Belucistan; e lui accettava senz'altro la proposta, fissando la data della loro partenza.

Il terzo giorno infine incontrava lo studente molto magro con cui aveva abitato a lungo, e questo gli confidava d'essere in possesso di alcuni milioni.

75 L'estate precedente era andato a lavorare in un casello[22] sull'autostrada. Un camion aveva investito[23] il casello distruggendolo completamente, e mandando lo studente magro all'ospedale per vari mesi con tutte le ossa rotte; dopo di che, un'assicurazione gli aveva pagato un risarcimento[24] di alcuni milioni.

Lo studente dai capelli dritti subito proponeva all'amico di raddoppiare il suo
80 capitale in una settimana; gli spiegava come, e lo studente magro accettava la proposta. I due partivano l'indomani per l'Olanda, con l'idea di acquistare una grossa macchina straniera usata, portarla in Italia e rivenderla guadagnandoci molto.

In Olanda comperavano una vecchia Jaguar, e durante il tragitto[25] di ritorno
85 fondevano[26] il motore. Dovevano restare in Germania per una settimana in attesa che il motore venisse rifatto; spendevano alcuni milioni per rifare il motore e per le spese di viaggio; tornavano in Italia, e la mattina dopo la macchina veniva sequestrata[27] dalla polizia perché importata in modo illecito.

Lo studente magro veniva denunciato, doveva pagare nove milioni di multa;
90 col che ha perso tutto il suo capitale esattamente in dodici giorni, a partire dal momento in cui aveva incontrato casualmente per strada lo studente dai capelli dritti.

Intanto la ragazza di Sermide aveva venduto la villa; non le restava più nessuna proprietà o rendita; doveva pagare i debiti con la banca, con lo
95 sceneggiatore e con la ditta che aveva affittato le attrezzature cinematografiche poi rubate.

Col ricavato[28] della vendita della villa si trattava adesso di acquistare il grande appartamento nobiliare e compiere i lavori di restauro, per rivenderlo poi ad una cifra vertiginosa e pagare tutti i debiti.
100 È venuta l'estate. Lo studente dai capelli dritti è partito verso il sud con la giovane contessa americana appassionata di musica rock, per organizzare i concerti nelle zone sottosviluppate, e anche perché i due intanto s'erano fidanzati.

La ragazza di Sermide ha passato l'estate seduta per terra nel grande
105 appartamento nobiliare, tra travi[29] crollati[30], pavimenti sottosopra[31], muri ammuffiti[32] e finestre sfondate[33], leggendo romanzi e mangiando pane e mele.

È stato all'inizio dell'autunno che un telegramma le ha annunciato il ritorno di suo padre, scomparso tanti anni prima senza lasciar traccia. Durante il viaggio di ritorno, ha visto i campi già bruciati e le prime nebbie su queste
110 pianure. Ha riabbracciato suo padre e gli ha raccontato tutta la sua storia. Suo padre l'ha ascoltata e poi ha detto pateticamente: — Che Dio perdoni la vostra innocenza.

(«La ragazza di Sermide», di Gianni Celati, *Narratori delle pianure*, Milano: Feltrinelli, 1985.
Agenzia letteraria Antonella Antonelli, Milano.)

[21]*record company*

[22]*tollbooth*
[23]*run into*

[24]*indemnity*

[25]*trip*
[26]*burned*

[27]*seized*

[28]*proceeds*

[29]*beams;* [30]*collapsed;*
[31]*topsy-turvy;* [32]*moldy;*
[33]*broken*

Comprensione del testo. Dopo aver letto il racconto una prima volta trova informazioni nel testo per giustificare le seguenti affermazioni.

1. La fabbrica al principio del racconto non era molto produttiva.
2. Gli affari del padre della ragazza di Sermide sono tutt'altro che chiari.
3. I personaggi del racconto sono benestanti.
4. La ragazza di Sermide è una povera ragazza ingenua che si lascia facilmente condizionare dagli altri.
5. La giovane protagonista è molto passiva.
6. Lo studente dai capelli dritti non è una persona di cui ci si può fidare né negli affari né nei sentimenti.
7. Lo studente magro non è una persona esperta d'affari.
8 Ai due giovani protagonisti non piace molto lavorare.

PARLIAMO E DISCUTIAMO

1. Chi sono i personaggi più importanti del racconto? Quanti anni pensi che abbiano?
2. Come vengono identificati i personaggi dal narratore? Perché l'autore usa questa tecnica?

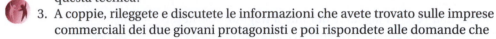

3. A coppie, rileggete e discutete le informazioni che avete trovato sulle imprese commerciali dei due giovani protagonisti e poi rispondete alle domande che seguono.
   a. Cosa hanno in comune tutte le imprese?
   b. Cosa rivelano del carattere dei due personaggi principali? e degli altri personaggi che appaiono nel racconto?
   c. Che linguaggio usa l'autore per descriverle? Perché?
4. A piccoli gruppi, paragonate le informazioni che avete trovato sui luoghi e tempi del racconto e discutete i seguenti punti:
   a. In quale arco di tempo pensate che si svolga il racconto?
   b. Dove comincia il racconto? Dove finisce?
   c. Elencate i riferimenti spaziali nel racconto. Come vengono usati dall'autore? Che sensazioni e impressioni suggeriscono? Cosa rivelano del carattere e della psicologia dei personaggi?
5. A coppie, discutete come si conclude il racconto e commentate l'esclamazione finale del padre.
6. Quali valori ed aspetti della società contemporanea sono evidenti nel racconto?

Per scrivere

Come adeguare lo stile all'argomento e al lettore

Good writers always write for their readers. When they write, they try to anticipate the needs of their intended audience. These needs, in turn, influence their language and style, the amount and type of information they provide, and the organization and structure of their writing.

PRIMA DI SCRIVERE

Remember the importance, in your own writing, of determining who you are writing for and keeping your audience in mind. To do this, begin by trying to conceptualize your audience. Ask yourself:

1. Who are my readers?
2. What kind of background do they have? Are they young students or university students? For example, are they educated professionals or less specialized readers?
3. What do they know about the topic I'm writing about? How much detail do I need to provide to make myself understood?
4. How do my readers feel about what I'm writing about? Do we share the same opinions and ideas, or do I have to convince them to accept my position?
5. What are they expecting to find in my writing? Does my writing satisfy those expectations?
6. What kinds of reactions do I want from my audience? For example, do I want them to feel angry, sad, or happy?

ADESSO SCRIVIAMO

Keeping these questions in mind, choose one of the prompts in the **Temi** section below and write an essay, letter, or advertisement aimed at the specified audience. Be prepared to share what you have written with classmates who have responded to the same prompt.

Temi

1. Alcuni considerano l'alta moda una forma d'arte. Altri la vedono come un'attività futile che sfrutta (*exploits*) soprattutto le donne. Cosa ne pensi tu? Scrivi un saggio per un pubblico di ragazzi della scuola media.
2. Sei il sindaco (*mayor*) della tua città. Alcune imprese locali hanno intenzione di trasferire i loro stabilimenti di produzione in altri Paesi per risparmiare. Scrivi una lettera ai dirigenti delle ditte per convincerli a restare nella tua città. Tieni presente che li conosci personalmente e siete cresciuti insieme.
3. Prepara la pubblicità di un prodotto di punta dell'export del tuo Paese per un pubblico italiano.

Capitolo 11

©Scala / Art Resource, NY

La cultura italiana

E per te, che importanza ha la cultura italiana?

Facciamo conversazione

Arte e letteratura italiana

Il Foro Romano

La Cattedrale di Perugia, nel cuore medievale di Perugia

Catania, la facciata barocca del Duomo

A **L'Italia attraverso i secoli.** A coppie, osservate le foto e rispondete alle domande che seguono.

1. Sapete dove si trovano le città ritratte nelle foto? Trovatele sulla mappa all'interno della copertina.
2. Cosa sapete di queste città?
3. Quali periodi storici sono rappresentati nelle foto? Cosa sapete di questi periodi storici?
4. Descrivete e paragonate i monumenti nelle foto. Qual è il più antico? e il più moderno?

B Lo stile nei secoli. A piccoli gruppi, abbinate lo stile o movimento artistico con la sua descrizione.

_____ 1. Nasce all'inizio del XVII secolo. È uno stile ricco di decorazioni e ornamenti, caratterizzato dalla tendenza alla sovrabbondanza e grandiosità. Si afferma in architettura, scultura, pittura ma anche nelle arti decorative come per esempio i mobili e la ceramica. A Roma si possono trovare tanti esempi di questo stile, uno dei più famosi è la Fontana di Trevi.

_____ 2. Nasce a Bisanzio, la capitale dell'Impero d'Oriente nel quinto secolo. In Italia, in questo periodo, si sviluppa a Ravenna. Più tardi si diffonde in altre città, fra cui Venezia. È uno stile caratterizzato da elementi orientali e dall'uso di decorazioni a mosaico.

_____ 3. Nasce in Francia alla fine del Medioevo (XIII secolo). È caratterizzato dalle linee leggere, dal verticalismo e dall'arco a punta. Il Duomo di Milano è l'esempio più famoso di questo stile in Italia.

_____ 4. Si sviluppa in Europa fra il XV e il XVI secolo. Firenze è considerata il centro di questo movimento, che si basa sulla riscoperta della cultura classica della Grecia e Roma antica. La cultura non è più concepita solo in termini religiosi come nel Medioevo. La Cappella Sistina è di questo periodo.

_____ 5. Si afferma in Europa nei secoli X–XIII. Si rifà allo stile romano classico. In architettura è caratterizzato da archi rotondi, da mura pesanti e da piccole finestre. Le pareti e i soffitti delle chiese in questo stile non hanno decorazioni.

_____ 6. Nasce e si afferma in Italia tra la metà del XIV secolo e il XV secolo. È caratterizzato dallo studio e dall'imitazione della classicità e dal nuovo interesse per l'uomo e la natura. Tenta di conciliare le qualità morali e spirituali dell'uomo con la sua bellezza fisica. Le opere di Sandro Botticelli sono ottimi esempi di questo movimento.

a. il Rinascimento
b. il barocco
c. l'umanesimo
d. il romanico
e. il bizantino
f. il gotico

C Italiani famosi! A piccoli gruppi, fate una lista di tutto quello che sapete di questi personaggi famosissimi. Poi leggete le vostre informazioni alla classe. Quale gruppo ha più informazioni? Avete imparato qualcosa di nuovo su questi uomini? Che cosa?

1. Niccolò Machiavelli
2. Galileo Galilei
3. Lorenzo dei Medici
4. Michelangelo Buonarroti
5. Leonardo da Vinci

6. Francesco Petrarca
7. Giovanni Boccaccio
8. Giotto
9. Filippo Brunelleschi
10. Raffaello

D Associazioni! A coppie, completate gli schemi con le persone, oggetti e azioni che associate con l'arte e la letteratura.

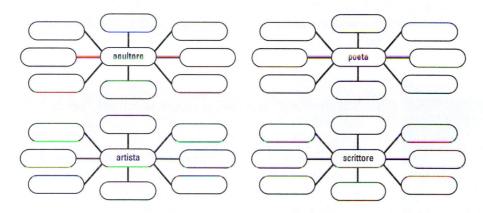

I' mi trovai, fanciulle, un bel mattino

I' mi trovai, fanciulle[1], un bel mattino
di mezzo maggio, in un verde giardino.

    Erano intorno violette e gigli[2]
fra l'erba verde e vaghi[3] fior novelli[4]
azzurri gialli candidi[5] e vermigli[6]:
ond'io porsi[7] la mano a còr[8] di quelli
per adornar e mie' biondi capelli
e cinger di grillanda[9] el vago crino[10]
    I' mi trovai, fanciulle...

    Ma poi ch'i' ebbi pien di fiori un lembo[11],
vidi le rose, e non pur[12] d'un colore;
io corsi allor per empier[13] tutto el grembo[14],
perch'era sì soave il loro odore,
che tutto mi senti' destar[15] el core
di dolce voglia[16] e d'un piacer divino.
    I' mi trovai, fanciulle...

[1]maidens [2]lilies [3]lovely [4]new [5]white [6]crimson [7]stretched out [8]to pick [9]garland [10]hair [11]skirt fold [12]only [13]fill [14]lap [15]awaken [16]desire

I' posi mente: quelle rose allora
mai non vi potre' dir quant'eran belle:
quale scoppiava[17] della boccia[18] ancora;
qual erano un po' passe[19] e qual novelle[20].
Amor mi disse allor: — Va, co'[21] di quelle
che più vedi fiorite in sullo spino[22].
    I' mi trovai, fanciulle...

Quando la rosa ogni suo foglia spande[23],
quando è più bella, quando è più gradita.
allora è buona a mettere in ghirlande[24],
prima che sua bellezza sia fuggita,
sicché, fanciulle, mentre è più fiorita,
cogliàn la bella rosa del giardino.
    I' mi trovai, fanciulle...

[17]*bursting* [18]*bud* [19]*withered* [20]*new* [21]*pick* [22]*thorn* [23]*expands every petal* [24]*garlands*

(Da «I' mi trovai, fanciulle, un bel mattino», pp. 812–813, di Angelo Poliziano in *Storia della letteratura italiana*, Vol. I, Carlo Salinari e Carlo Ricci, 1975, Roma-Bari: Editori Laterza. © 1975 Editori Laterza.)

Giuditta, *Sandro Botticelli, 1470. La giovane Giuditta torna dal campo di Oloferne. L'opera narra la storia dell'eroina ebraica Giuditta, che, per salvare la sua città dagli Assiri, finge di collaborare con il capo dell'esercito, Oloferne. Questi si innamora di lei e una notte, mentre lui dorme, lei gli taglia la testa e poi torna con essa alla sua città.*

 A Il ritorno di Giuditta. A coppie, descrivete l'opera di Botticelli.

1. Qual è il soggetto del dipinto?
2. Quali ideali tipici dell'umanesimo e del Rinascimento sono evidenti nell'opera?
3. Che sentimenti e sensazioni suscita? Perché?
4. Paragonate quest'opera a quella di Botticelli a p. 76. Come sono simili? Come sono diverse?
5. Quale vi piace di più? Perché?

 B Angelo Poliziano. Poliziano e Botticelli facevano parte del gruppo di intellettuali e artisti che, nella seconda metà del Quattrocento, si riunirono intorno a Lorenzo dei Medici. Dopo aver letto la ballata di Poliziano, a coppie, rispondete alle domande che seguono.

1. Cosa descrive il poeta nei versi? Che linguaggio e immagini usa?
2. Come sono rappresentate la natura e la bellezza?
3. Come viene presentata «la rosa»? Perché usa l'immagine della rosa? Secondo voi, che cosa rappresenta?
4. Che sentimenti e sensazioni suggeriscono i versi?
5. Paragonate questi versi a quelli di Lorenzo il Magnifico a p. 48. Qual è il tema dei due scritti?
6. Paragonate *Giuditta* ai versi di Poliziano. Cosa hanno in comune? Come sono diversi? Quali temi umanistici sono presenti nelle due opere?

Il 70% del patrimonio artistico mondiale si trova in Italia. Ed è in Italia che nacque il Rinascimento, uno dei più gloriosi momenti della civiltà italiana. Lorenzo dei Medici, detto «Il Magnifico», che governò Firenze dal 1469 al 1492, contribuì enormemente allo sviluppo del Rinascimento attraverso il suo amore per la cultura e il suo generoso mecenatismo. I più illustri pensatori, scrittori e artisti dell'epoca, da Botticelli a Leonardo da Vinci, vissero e operarono presso la corte medicea.

Ma la cultura rinascimentale costituisce solo una piccola parte del patrimonio artistico e letterario italiano. L'influenza delle differenti vicende storiche vissute dalle varie regioni italiane attraverso i secoli si può anche notare nell'arte e nella letteratura.

PAROLE UTILI

Per parlare dei beni culturali e artistici

l'affresco *fresco*
la basilica *basilica*
la bellezza *beauty*
il bronzo *bronze*
il campanile *bell tower*
la cappella *chapel*
la cattedrale / il duomo *cathedral*
il classicismo *classicism*
la cupola *dome*
il dipinto / la pittura *painting*
il marmo *marble*
un'opera *a work*
restaurare *to restore*
i ruderi *ruins, remains*
salvaguardare *to protect*
il tempio (*pl.* i templi) *temple*

Per parlare delle opere artistiche

i colori intensi / sommessi *intense / subdued colors*
la composizione *composition*
l'armonia delle forme *harmony of forms*
l'atmosfera *atmosphere*
la compostezza *decorum*
il gesto *gesture*
imitare / l'imitazione (*f.*) *to imitate / imitation*
la monumentalità delle figure *monumentality of the figures*
il primo piano *foreground*
la prospettiva *prospective*
scolpire (**-isc**) *to sculpture*
lo sfondo *background*
il volto *face*

Per parlare della letteratura

il poema epico *epic poem*
la poesia *poem, poetry*
la narrativa *fiction*
la raccolta *collection*
la rima *rhyme*
il romanzo *novel*
il romanziere *novel writer*
il saggio *essay*
la saggistica *essay writing, nonfiction*
la strofa *stanza*
il trattato *treatise*
il verso *verse*

Come si esprimono i secoli
I secoli si possono esprimere in cifre romane, in cifre arabiche o in lettere.

il V secolo, il XIII secolo

il 5º secolo, il 13º secolo

il quinto secolo, il tredicesimo secolo

In genere, quando si parla di arte o letteratura, incominciando con il tredicesimo secolo fino al ventesimo secolo, si esprimono così:

il Duecento (1200–1299)

il Trecento (1300–1399)

il Quattrocento (1400–1499)

il Cinquecento (1500–1599)

il Seicento (1600–1699)

il Settecento (1700–1799)

l'Ottocento (1800–1899)

il Novecento (1900–1999)

(Vedi p. 408 per altre informazioni sui secoli.)

I periodi storici ed artistici

il Medioevo
l'umanesimo
il Rinascimento
il manierismo
il barocco
l'illuminismo
il romanticismo
il Risorgimento
l'età moderna
il postmoderno

LE PAROLE IN PRATICA

 A L'intruso. A coppie, trovate la parola che secondo voi non c'entra e spiegate perché.

1. il bronzo	il dipinto	il marmo
2. i ruderi	il volto	i templi
3. la pittura	l'opera	il verso
4. la composizione	il trattato	la prospettiva
5. la raccolta	la poesia	la rima
6. scolpire	restaurare	idealizzare
7. il campanile	la basilica	la strofa
8. lo sfondo	il primo piano	il gesto
9. la narrativa	la saggistica	la cupola

B Associazioni! A piccoli gruppi, fate una lista di tutte le cose, persone e attività che associate con i seguenti termini. Poi leggete la vostra lista alla classe e giustificate le vostre scelte.

1. la narrativa
2. la poesia
3. scolpire
4. dipingere
5. la prospettiva
6. restaurare
7. la bellezza
8. il classicismo
9. un'opera
10. il Rinascimento

C Che cos'è? Indica di che cosa si tratta.

1. È l'autore di una lunga opera narrativa.
2. È un lungo saggio che parla metodicamente di una scienza, una tecnica o un tema particolare.
3. È la tecnica di rappresentare i rapporti spaziali di figure e oggetti dipinti.
4. È un'altra parola per indicare il viso di una persona.
5. È una struttura architettonica per le campane accanto a una chiesa.
6. È una lunga composizione poetica che narra vicende eroiche.

D I secoli. Indica i seguenti periodi storici in un altro modo.

1. il XV secolo
2. il 6º secolo
3. il Duecento
4. il dodicesimo secolo
5. il XVIII secolo
6. il Seicento

DISCUTIAMO INSIEME

Studia gli avverbi, i comparativi e i superlativi regolari.

A Cosa sapete della cultura italiana? A piccoli gruppi, fate una lista dei monumenti e delle opere letterarie e artistiche italiane che conoscete. Quindi scrivete cosa sapete di essi. Poi riferite alla classe i risultati. Chi conosce meglio la cultura italiana? Cosa avete imparato di nuovo?

B La cultura italiana. Vedi **Cosa sappiamo degli italiani,** *Quaderno degli esercizi,* Capitolo 11 e rispondi alle seguenti domande. Poi paragona le tue risposte con quelle di un compagno/ una compagna.

1. Attraverso i secoli, quali popoli e culture lasciarono le loro impronte (*impressions*) sulla penisola italiana?
2. Quali secoli sono identificati con il Medioevo? Descrivi brevemente il clima politico, sociale ed economico durante questo periodo. Quali sono le caratteristiche delle opere letterarie e artistiche medievali?
3. Parla brevemente dell'umanesimo e del Rinascimento. Perché sono considerati il principio dell'età moderna? Quali sono alcune caratteristiche di questi movimenti culturali?
4. Parla brevemente delle differenze fra il barocco e il Rinascimento.

C Le sculture. Prima prepara una breve descrizione di una delle sculture che seguono. Poi lavorando con una persona che ha scelto l'altra scultura, usate le vostre descrizioni per confrontare le due opere. Discutete:

1. Sono simili o diverse? Come?
2. Quali caratteristiche rinascimentali e barocche si notano nelle due opere?
3. Quale vi piace di più? Perché?
4. Discutete le vostre conclusioni con la classe. Cosa ne pensano gli altri?

La Pietà, *Michelangelo, Basilica di San Pietro*

Apollo e Dafne, *Gian Lorenzo Bernini, 1623 (Roma, Galleria Borghese)*

D Opere d'arte. A coppie, descrivete e paragonate le opere che seguono. Prendete in considerazione: il soggetto, la composizione, lo sfondo, lo stile e il periodo storico. Come sono simili? Come sono diverse? Quale opera vi piace di più? Perché? Poi discutete le vostre conclusioni con la classe.

Maestà, *Duccio di Buoninsegna, 1308 (Siena, Museo dell'Opera Metropolitana del Duomo)*

Madonna dal collo lungo, *Francesco Mazzola, detto il Parmigianino, 1534–1539 (Firenze, Uffizi)*

L'Italia corporativa, *Mario Sironi, 1936 (Milano, Palazzo dell'Informazione)*

E Le opere letterarie. Il Quattrocento e il Cinquecento sono caratterizzati dal culto del classicismo, inteso come la ricerca della bellezza, dell'armonia e dell'equilibrio. Questi valori si traducono anche in modelli ideali di comportamento. Ne *Il libro del Cortegiano*, di Baldassar Castiglione, e ne *Il Principe*, di Niccolò Machiavelli, scritti nel Cinquecento, è evidente questo filone (*current*) tipico del Rinascimento. Nel primo brano Castiglione descrive in che cosa consiste la grazia (*grace*), considerata una delle principali virtù del perfetto gentiluomo. Nel secondo, Machiavelli descrive le qualità che deve avere un principe che vuole mantenere il suo stato. Leggi i brani e poi, a coppie, rispondete alle domande che seguono.

A. E come la pecchia[1] ne' verdi prati sempre tra l'erbe va carpendo[2], i fiori, così il nostro cortegiano averà da rubare questa grazia da que' che a lui parerà che la tenghino[3] e da ciascun quella parte che più sarà laudevole; ... Ma avendo io già più volte pensato meco onde nasca questa grazia, lasciando quelli che dalle stelle[4] l'hanno, trovo una regula universalissima, la qual mi par valer circa questo in tutte le cose umane che si facciano o dicano più che alcuna altra, e ciò è fuggir quanto più si po[5], e come un asperissimo e pericoloso scoglio[6], la affettazione; e, per dir forse una nova parola, usar in ogni cosa una certa sprezzatura, che nasconda l'arte e dimostri ciò che si fa e dice venir fatto senza fatica e quasi senza pensarvi. Da questo credo io che derivi assai la grazia.

[1]*bee* [2]*snatching* [3]*have it* [4]*were born with it* [5]*can* [6]*reef*

(Da *Il libro del Cortegiano*, pp. 123–124, di Baldesar Castiglione, a cura di Bruno Maier, Torino: Unione Tipografica–Editrice Torinese. © Unione Tipografica–Editrice Torinese.)

B. Resta ora a vedere quali debbano essere e' modi e governi di uno principe con sudditi[1] o con li amici. ... Lasciando adunque indrieto le cose circa uno principe immaginate, e discorrendo quelle che sono vere, dico che tutti li uomini, quando se ne parla, e massime e' principi, per essere posti più alti, sono notati[2] di alcune di queste qualità che arrecano[3] loro o biasmo[4] o laude[5]. ...

Et io so che ciascuno confesserà che sarebbe laudabilissima cosa in uno principe trovarsi di tutte le soprascritte qualità, quello che sono tenute buone: ma, perché non si possono avere, né interamente osservare, per le condizioni umane che non lo consentono, gli è necessario essere tanto prudente, che sappi fuggire l'infamia di quelle che li torrebbano[6] lo stato, e da quelle che non gnene tolgano guardarsi, se elli è possibile; ma, non possendo, vi si può con meno respetto lasciare andare. Et etiam non si curi di incorrere nella fama di quelli vizii, sanza quali e' possa difficilmente salvare lo stato ...

[1]*subjects* [2]*endowed* [3]*bring* [4]*blame* [5]*praise* [6]*would take away*

(Da *Il Principe*, pp. 277–279, di Niccolò Machiavelli, nel *Italiana per le Scuole medie superiori*, Vol. IV, Giuseppe Petronio.)

1. In base a quello che sapete del Rinascimento, discutete perché «la grazia» è considerata una virtù importante.
2. Secondo Castiglione, come deve acquistare «la grazia» il cortegiano?
3. Che cos'è «l'affettazione»? e «la sprezzatura»?
4. Come riflettono questi due concetti gli ideali del Rinascimento?
5. Pensate che questi concetti di «grazia», «affettazione» e «sprezzatura» siano ancora evidenti nella cultura italiana? In quali aspetti della realtà italiana si possono notare?

6. In base al brano de *Il Principe* che avete letto, indicate quali delle seguenti affermazioni sono vere e quali false. Correggete quelle false.

_____ a. In questo brano Machiavelli analizza come deve comportarsi un capo di governo.

_____ b. Machiavelli pensa che gli esseri umani siano in realtà tutti buoni.

_____ c. Machiavelli non crede che un governante possa sempre essere buono, onesto e giusto.

_____ d. Machiavelli dice che un governante deve fare tutto quello che è necessario per mantenere il suo stato.

_____ e. Machiavelli non conclude che i fini giustificano i mezzi.

PER LEGGERE
Prima di leggere

A Le meraviglie *(marvels)* del mio Paese. Lavorate a piccoli gruppi. Ogni studente scrive il nome di tre meraviglie che considera importantissime nel suo Paese e quattro aggettivi per descriverle. Poi ogni studente cerca di convincere le persone nel suo gruppo che i suoi siti sono i più belli e i più importanti. Infine presentate i risultati del vostro gruppo alla classe e giustificate le vostre scelte.

B Il patrimonio artistico. La mappa seguente mostra le meraviglie dell'Italia che nel corso degli anni l'Unesco (United Nations Educational, Scientific and Cultural Organization) ha riconosciuto come facenti parte del patrimonio dell'umanità. A piccoli gruppi, esaminate la mappa e rispondete alle domande che seguono.

1. Quali sono alcune delle meraviglie dell'Italia?
2. Dove sono situate?
3. Ne conoscete qualcuna? Quale? Descrivetela. L'avete mai visitata? Raccontate l'esperienza.
4. Quale di queste meraviglie vi piacerebbe visitare? Perché?

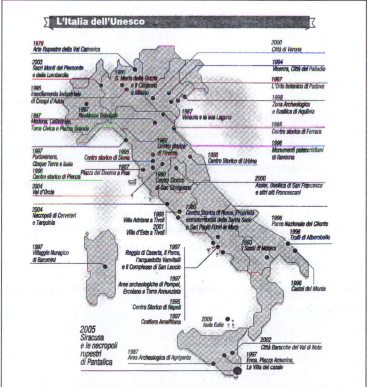

(«L'Italia dell'Unesco», *La Repubblica*, 16 luglio 2005, p. 36. © 2005 Gruppo Editoriale L'Espresso S.p.A.)

C **Il mondo delle meraviglie.** Leggi i titoli dell'articolo che segue e immagina gli argomenti che saranno trattati.

Leggiamo

L'Europa e il Mediterraneo primeggiano[1] per la cultura, gli altri continenti per la natura

Ecco il mondo delle meraviglie tesori Unesco, Italia a quota 40

Il nostro paese è ancora primo, entra Siracusa

PARIGI – Siracusa e le necropoli di Pantalica entrano a far parte del patrimonio dell'umanità e l'Italia conferma così il suo primato[2] di paese più ricco di cultura al mondo. Nella sua annuale riunione che si è svolta a Durban, in Sudafrica, il Comitato del patrimonio mondiale ha esaminato le numerose richieste avanzate da quarantadue paesi e scelto alcuni siti culturali e naturali, che vanno ad allungare la lista dei luoghi da proteggere come beni planetari.

La salvaguardia ambientale e culturale è diventata nel corso degli anni l'attività più conosciuta dell'Unesco e l'iscrizione nel patrimonio mondiale è ormai un simbolo ricercato, poiché offre pubblicità e porta molti turisti. Nata nel 1972, la Convenzione per il patrimonio mondiale si è rivelata uno strumento indispensabile, se non altro perché la dichiarazione di pericolo per certi siti ha permesso il loro salvataggio[3] grazie alla mobilitazione internazionale. La particolarità di questa iniziativa dell'Unesco è infatti di negare il carattere nazionale dei beni iscritti: «Quel che rende eccezionale il concetto di patrimonio mondiale è la sua applicazione universale. I siti del patrimonio mondiale appartengono a tutti i popoli del mondo, senza tener conto del territorio su cui sono situati».

È sulla base di questa filosofia che ogni anno vengono esaminate le candidature provenienti da ogni angolo del pianeta. E il primato del nostro paese non sorprende: quaranta siti iscritti, cioè tutte le grandi città d'arte, ma anche le Cinque Terre, la Val d'Orcia, le Eolie, le residenze dei Savoia, i trulli, la costa amalfitana e tanti altri luoghi. L'inserimento di Siracusa era quasi dovuto, come ricorda la motivazione: «L'iscrizione si giustifica in quanto la colonia di Siracusa, che occupò il territorio dove si era precedentemente sviluppata la civiltà preistorica di Pantalica, divenne presto il più importante centro della cultura greca del Mediterraneo, primeggiando anche sulle rivali Cartagine ed Atene». Il Comitato sottolinea anche l'unicità della città siciliana: «La stratificazione umana, culturale, architettonica ed artistica che caratterizza l'area di Siracusa dimostra come non ci siano esempi analoghi nella storia del Mediterraneo, che pure è caratterizzato da una grande diversità culturale: dall'antichità greca al barocco la città è un significativo esempio di un bene di eccezionale valore universale».

Salgono a cinque i siti siciliani iscritti nel patrimonio mondiale, un numero superato solo dalla Toscana.

(«Ecco il mondo delle meraviglie tesori Unesco, Italia a quota 40», di Giampiero Martinotti, *La Repubblica*, 16 luglio 2005, p. 36. © 2005 Gruppo Editoriale L'Espresso S.p.A.)

[1]*excel* [2]*record* [3]*rescue*

A I tesori Unesco. Dopo aver letto l'articolo, a coppie, trovate informazioni per giustificare le seguenti affermazioni.

1. L'Italia è ancora il Paese più ricco di cultura del mondo.
2. L'Unesco ha avuto un ruolo fondamentale nel salvaguardare la cultura e l'ambiente del mondo.
3. Le iniziative dell'Unesco ci aiutano ad apprezzare tutti i beni naturali e culturali del mondo.
4. Tutti i Paesi del mondo vorrebbero che i loro siti fossero iscritti nella lista del patrimonio dell'umanità.
5. Non è facile far parte del patrimonio mondiale.
6. Nella cultura italiana sono rappresentati tutti i periodi storici.
7. La Sicilia è una delle regioni italiane più ricche di cultura.
8. La Toscana è importantissima per la sua ricchezza culturale.

 B L'Italia. A piccoli gruppi, discutete le informazioni che sono nel testo sui seguenti argomenti:

1. l'importanza della cultura italiana nel mondo
2. le meraviglie italiane
3. la storia e cultura di Siracusa

La musica italiana

Pavarotti & Friends

 A *Pavarotti & Friends.* A coppie, osservate la foto e rispondete alle domande che seguono.

1. Descrivete la foto. Di che cosa si tratta?
2. Cosa sapete di questo spettacolo?
3. Quali di questi cantanti conoscete? Cosa sapete di loro? Vi piacciono?
4. Sono venuti qualche volta a cantare nel vostro Paese? Chi? Quando? Dove?
5. Che tipo di musica cantano?

B La prova d'orchestra. Identifica gli strumenti musicali che seguono scrivendo accanto ad ognuno il nome corretto. Poi paragona le tue risposte a quelle di un compagno/una compagna. E voi, suonate uno strumento musicale? Quale? Quale vi piacerebbe suonare? Perché?

a. il violino	f. la batteria
b. la chitarra	g. il basso
c. l'arpa	h. il sassofono
d. il flauto	i. il trombone
e. la tromba	j. il clarinetto

1. _____

2. _____

3. _____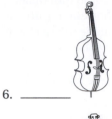

4. _____

5. _____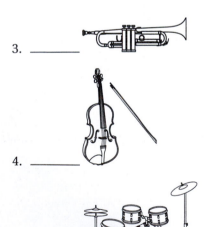

6. _____

7. _____

8. _____

9. _____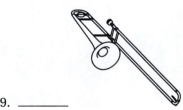

10. _____

C Indovina! A coppie, indicate di chi o di che cosa si tratta.

1. È un uomo o una donna che canta.
2. È la persona che dirige l'orchestra.
3. Sono gli uomini e donne che suonano gli strumenti.
4. È la persona che suona il piano.
5. È la persona che compone la musica.
6. È una specie di melodramma. Gli interpreti cantano sulla scena.
7. Il pubblico lo fa alla fine di uno spettacolo.
8. È dove studiano in Italia le persone che vogliono dedicarsi a tempo pieno alla musica.
9. Le persone che cantano professionalmente ne hanno una bellissima.
10. È il testo in verso o in prosa di un'opera musicale.

Se risuona «Bella ciao»

Eppure, a differenza della musica americana, dove il folk, il blues e il country lasciano tracce che arrivano quasi intatte fino a noi attraverso Woody Guthrie, Bob Dylan e perfino Bruce Springsteen, le nostre ballate popolari, la canzone di protesta, gli inni antimilitaristi, gli slogan cantati contro i licenziamenti[1], i padroni[2], i manicomi[3], subivano il marchio contingente del conflitto e della militanza. Tutta la canzone politica era segnata indelebilmente da un'epoca e dal suo sentimento.

A mano a mano che l'impegno rifluiva[4], questa musica sarebbe diventata un deposito da consegnare alle ricerche accademiche e ai festival culturali, senza osmosi diretta con il gusto popolare. Dopo essere stata parte di una storia e di un vissuto, oggi essa è in prevalenza memoria.

[1]*dismissals* [2]*bosses* [3]*asylums* [4]*flowed back*

(Da «Se risuona ‹Bella ciao›», di Edmondo Berselli, *La Repubblica*, 16 luglio 2005, p. 46. © 2005 Gruppo Editoriale L'Espresso S.p.A.)

THE BITTER RICE, (aka RISO AMARO), Doris Dowling, 1949

A Le mondine (*Rice-weeders*). Scrivi una breve descrizione della foto rispondendo alle domande che seguono.

1. Pensi che sia una foto contemporanea?
2. Come sono vestite le donne? Chi è probabile che siano? A quale classe sociale credi che appartengano? Cosa è possibile che facciano?
3. Immagina come sarà la vita di queste donne. Ci sono situazioni simili nel tuo Paese? Descrivile e paragonale a quella ritratta nella foto.
4. Infine paragona la tua descrizione a quella di altri compagni. Avete le stesse informazioni?

B **I canti popolari.** Leggi la citazione e poi, a coppie, rispondete alle domande che seguono.

1. Secondo la citazione, quali temi sono trattati nei canti popolari italiani?
2. Sono temi sempre attuali?
3. Sempre secondo la citazione, qual è la differenza fra i canti popolari italiani e quelli americani?
4. Conoscete qualche canto popolare del vostro Paese? Quali temi tratta? È un canto sempre attuale? Perché?
5. Discutete dei possibili legami fra la foto e la citazione.

Come in tutti i Paesi del mondo, in Italia la musica è molto importante. Si ascolta un po' di tutto: l'opera, la musica classica, le canzoni popolari, il blues, il country, il rock, il rap, il jazz, l'hip hop e tanti altri generi. I giovani ascoltano molta musica rock e pop, particolarmente quella dei Paesi anglosassoni. Molto apprezzati dai giovani sono anche i cantautori italiani, che compongono e cantano le loro proprie canzoni.

PAROLE UTILI

Per parlare della musica

comporre (-ponere) *to compose*
fischiare *to boo* (lit. *to whistle*)
la melodia *melody, tune*
il palco(scenico) *stage*
le parole / il testo *lyrics*
il posto numerato *numbered seat*
la prova *rehearsal*
il ritornello *refrain*
il ritmo *rhythm*
lo spartito *score*

Per parlare della musica lirica

il basso *bass*
il coro *chorus, choir*

il palco *theater box*
la platea *orchestra seats*
il/la soprano *soprano*
la sinfonia *symphony*
il tenore *tenor*

Per parlare della musica pop

la band *band*
il cantautore *singer-songwriter*
fare una tournée *to go on tour*
incidere *to record*
la tastiera *keyboard*
un tour *tour*

I generi musicali
il blues
l'hip hop
il jazz
la musica classica
la musica country (il country)
la musica da camera *chamber music*
la musica folk (il folk)
la musica leggera / pop
la musica rock (il rock)
la musica sinfonica
l'opera (lirica)
la musica rap (il rap)

LE PAROLE IN PRATICA

 A **L'intruso.** A coppie, indicate la parola che secondo voi non c'entra e spiegate perché.

1. la melodia — il ritmo — lo spartito
2. comporre — fischiare — applaudire
3. il palco — la sinfonia — il coro
4. il posto numerato — le prove — la platea
5. il basso — il cantautore — il tenore
6. il palcoscenico — l'aria — le parole
7. la tastiera — la band — la sinfonia
8. la musica classica — il rock — il blues

B Associazioni. Quanti termini musicali conoscete? A coppie, completate gli schemi.

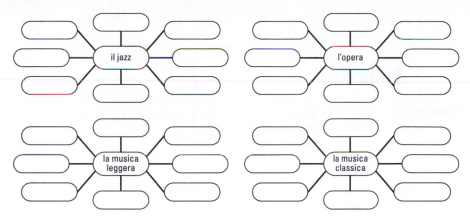

C Che cos'è? Lavorate a gruppi. Ogni studente scrive una definizione di almeno tre delle seguenti parole. Poi la legge ad alta voce e le persone del gruppo devono indovinare di quale vocabolo si tratta.

1. il palcoscenico
2. fischiare
3. le prove
4. il ritornello
5. il palco
6. la tastiera
7. il cantautore
8. il posto numerato
9. lo spartito
10. il coro
11. la sinfonia
12. incidere
13. la band
14. fare una tournée
15. il soprano
16. comporre

DISCUTIAMO INSIEME

A La storia della musica. Vedi **Cosa sappiamo degli italiani,** *Quaderno degli esercizi,* Capitolo 11 e rispondi alle domande. Poi a gruppi, discutete le vostre risposte.

> Studia i comparativi e i superlativi irregolari e gli aggettivi e i pronomi indefiniti.

1. Com'era la musica nel Medioevo? Quali generi musicali erano popolari? Perché?
2. Come cambiò la musica nel Rinascimento? Chi furono alcuni compositori importanti di questo periodo? Che cosa composero?
3. Quando nasce l'opera lirica? In quale periodo è particolarmente popolare? In che cosa consiste? Chi sono alcuni compositori italiani molto importanti? Che cosa sapete di loro?
4. Rileggi «'O sole mio» a p. 219 e indica alcune caratteristiche delle canzoni popolari regionali. In quale lingua sono scritte? Quali temi trattano?
5. Chi sono alcuni cantautori italiani importanti? Quali temi trattano nelle loro canzoni?

B **«Bella ciao».** A coppie, leggete le parole di «Bella ciao» e poi rispondete alle domande che seguono.

Bella ciao

Questa mattina mi son svegliato
oh bella ciao, bella ciao, bella ciao, ciao, ciao,
questa mattina mi son svegliato
e ho trovato l'invasor.
Oh partigiano, portami via
oh bella ciao, bella ciao, bella ciao, ciao, ciao,
oh partigiano, portami via,
che mi sento di morir.
E se io muoio lassù in montagna
oh bella ciao, bella ciao, bella ciao, ciao, ciao,
e se io muoio lassù in montagna
tu mi devi seppellir[1].
Seppellire sulla montagna,
oh bella ciao, bella ciao, bella ciao, ciao, ciao,
seppellire sulla montagna
sotto l'ombra di un bel fior.
E le genti che passeranno,
oh bella ciao, bella ciao, bella ciao, ciao, ciao,
e le genti che passeranno
mi diranno: «Che bel fior».
È questo il fiore del partigiano,
oh bella ciao, bella ciao, bella ciao, ciao, ciao,
è questo il fiore del partigiano
morto per la libertà.

[1] *bury*

(Secondo il sito http://www.anpi.it.)

1. Brevemente riassumete le idee principali della canzone.
2. Di che tipo di canzone pensate che si tratti? Perché?
3. Quando pensate che sia stata scritta? Perché?
4. Di quale eventi storici pensate che parli? Cosa ricordate dei partigiani?
5. A quali altre situazioni sociali e politiche potrebbe riferirsi?
6. Volete ascoltare la canzone? Sul sito di *Crescendo!* per questo capitolo potete trovare l'indirizzo. Vi piace? Perché?

C La Scala. Il trafiletto che segue parla della Scala, uno dei più famosi teatri lirici del mondo. Leggilo e rispondi alle domande che seguono. Poi paragona le tue risposte a quelle di un compagno/una compagna.

Anno 1778, nasce la Scala

L'inaugurazione in agosto, con tanta afa, ricchi e poveracci

Era una serata afosa il 3 agosto 1778. Fu allora che Milano scoprì di avere la Scala. Il teatro, disegnato da Giuseppe Piermarini, era magnifico, innovativo. Non si erano mai visti sei ordini di palchi uguali, loggione[1] compreso, con i parapetti[2] decorati, ornati a rilievo, dorati. Lo stemma gentilizio della famiglia faceva sfoggio[3] di sé sulla balaustra del proprio palco, arredato e tappezzato a proprio gusto, con sfoggio di stoffe, stucchi, specchi.

La platea, con 700 sedie mobili, destinate a servitù e militari quando c'erano gli spettacoli, veniva svuotata[4] di tutto per trasformarsi in sala da ballo. La luce delle candele illuminava il teatro: poca per vedere i cantanti, tanto che il palcoscenico si protendeva in avanti, con un profondo proscenio, non solo per consentire l'ascolto, ma per far vedere i divi dell'epoca. L'orchestra era su un piano inclinato appena sotto la ribalta[5]: fu Richard Wagner a inventare il «golfo mistico», l'attuale buca per i musicisti (la Scala la adottò nel 1907).

Allora a teatro si andava non solo per la musica: si giocava d'azzardo nei ridotti[6], si scambiavano visite di palco in palco, si cenava. C'era un ristorante al mezzanino con una decina di salette e un'osteria presso il loggione. Le famiglie patrizie si facevano portare la cena da casa. Per molti anni fu un'avventura camminare sotto le finestre della Scala: da sopra pioveva di tutto, avanzi di cibo e altro.

Divisi fra palchisti e loggionisti, i milanesi consumavano a teatro il settecentesco rito della differenza di casta, uniti da quella passione musical-teatrale.

---

[1]*gallery* [2]*parapet* [3]*show* [4]*emptied* [5]*front of stage* [6]*foyer*

(«Anno 1778, nasce la Scala», *Panorama,* 2 dicembre 2004, p. 269. © 2004 Arnoldo Mondadori S.p.A.)

1. Indica sei cose che adesso sai della struttura del teatro.
2. Indica tre cose che sai del passato della Scala.
3. Com'è cambiato il teatro?
4. Indica tre cose che allora i milanesi facevano a teatro che adesso non fanno più.
5. C'è un teatro tanto famoso e importante come la Scala nel tuo Paese? Com'è simile? Com'è diverso?

D L'opera. A coppie, discutete delle vostre esperienze con l'opera.

1. Siete mai stati all'opera? Cosa avete visto? Dove? Vi è piaciuta? Perché sì o perché no? Un giorno, vi piacerebbe vedere un'opera lirica?
2. È facile vedere un'opera lirica nella vostra città? Perché? L'opera è molto popolare fra i vostri connazionali? Pensate che sia molto popolare in Italia? Perché?
3. Conoscete i nomi di opere famose? e di compositori? e di cantanti lirici?

E **«La donna è mobile».** Il brano seguente, in cui il duca di Mantova esprime le sue idee sulle donne, è tratto dal *Rigoletto* di Giuseppe Verdi. Dopo averlo letto, rispondi alle domande che seguono e poi discuti le tue risposte con la classe.

La donna è mobile

La donna è mobile
qual piuma[1] al vento,
muta[2] d'accento
e di pensier.

Sempre un amabile
leggiadro[3] viso,
in pianto o in riso
è menzognero[4].

È sempre misero
Chi a lei s'affida,
Chi le confida
mal cauto[5] il core!

Pur mai non sentesi[6]
felice appieno[7]
chi su quel seno
non liba[8] amore!

[1]*feather* [2]*changes* [3]*lovely* [4]*lying* [5]*cautious* [6]*feels* [7]*fully* [8]*toast*

(Da «La donna è mobile», di Giuseppe Verdi.)

1. Trascrivi in italiano moderno le quattro strofe.
2. Cosa pensa il duca, il protagonista di *Rigoletto,* delle donne?
3. A quale conclusione arriva il duca alla fine dell'aria?
4. Secondo te, quali aggettivi descrivono meglio il carattere del duca? Perché?

PER LEGGERE
Prima di leggere

A **Tutti i gusti sono gusti!** Prepara una lista di otto domande per intervistare un compagno/una compagna e scoprire i suoi gusti musicali. Poi scrivi un biglietto al tuo professore/alla tua professoressa paragonando i tuoi gusti ai suoi. Che altro hai scoperto del tuo compagno/della tua compagna e dei suoi rapporti con la musica?

B **Ma io veramente preferirei...** Il tuo migliore amico/La tua migliore amica vorrebbe che tu l'accompagnassi all'opera sabato sera. L'opera non ti è mai piaciuta molto e poi sabato c'è il concerto del tuo cantante preferito. A coppie, ricostruite il dialogo.

C La musica. A coppie, esaminate la copertina che segue. Secondo voi, di che tipo di musica si tratta? Perché? Vi piacciono questi generi musicali?

(Zucchero, album cover of "ZU & CO," Universal Music Italia)

Leggiamo

Biografia di Zucchero (1955)

Adelmo Fornaciari, in arte Zucchero, nasce nel 1955 in un paesino nella provincia rurale di Reggio Emilia, Roncocesi, da una famiglia contadina. Durante l'infanzia la sua passione principale è il calcio tanto che diviene il portiere[1] della squadra dei «pulcini»[2] della Reggiana. È proprio in questo periodo che viene soprannominato «Zucchero» dal suo maestro elementare forse per la sua dolcezza o forse per le sue belle guance paffute.

Inizia a suonare la chitarra grazie all'insegnamento di uno studente americano di colore che frequenta la facoltà di Veterinaria a Bologna. La prima canzone che suona con la sua prima chitarra è «Sittin' on a dock of the bay» di Otis Redding. Si appassiona al rhythm'n'blues ed alla musica del delta del Mississippi. Il suo idolo è Joe Cocker.

Fonda tra il 1970 e il 1978 alcuni gruppi musicali con i quali porta il R&B nei locali da ballo della regione. La sua passione è talmente forte che lo porta ad abbandonare gli studi presso la Facoltà di Veterinaria ed a dedicarsi interamente alla musica scrivendo canzoni per la sua band *Sugar & Candies*. Tuttavia, per sopravvivere, inizia a comporre canzoni per artisti di fama quali Fred Bongusto. Nel 1981

[1]*goalkeeper* [2]*"chicks"*

vince il Festival di Castrocaro per voci nuove e negli anni successivi partecipa più volte all'altro grande festival della canzone italiana, il Festival di Sanremo, con esiti non eccezionali.

Nel 1983, insoddisfatto del suo lavoro, decide di prendersi una pausa e lavorare a San Francisco, dove collabora con il produttore Corrado Rustici ed il bassista blues Randy Jackson. È questo il momento di svolta[3] della sua carriera. Nel 1985 presenta a Sanremo il brano «Donne» con la Randy Jackson Band ed ottiene un certo successo di pubblico soprattutto giovanile. L'album «Zucchero & Randy Jackson Band» gli permette di acquisire una certa credibilità nell'ambito del panorama musicale italiano e l'anno successivo con il brano «Rispetto» scala l'Hit parade italiana.

Nel frattempo Zucchero decide di andare a fare un lungo viaggio alla ricerca delle radici della sua musica nel delta del Mississippi, a Memphis, New Orleans, ... Il risultato di questo viaggio è l'album «Blue's» che nel 1987 diviene il disco più venduto dell'anno e viene distribuito anche in Europa e negli Stati Uniti. Il brano «Dune mosse» attira l'attenzione di Miles Davis, con cui Zucchero reincide[4] il pezzo.

Nel 1989 «Oro incenso e Birra» permette a Zucchero di raggiungere l'apice[5] del successo e ad esso collaborano anche Eric Clapton ed Ennio Morricone. Parte un tour di otto mesi e Zucchero incontra in Inghilterra Paul Young, con il quale incide la versione inglese di «Senza una donna» ed il brano ed entra nella top 20 americana. Nel frattempo Zucchero si esibisce in dodici concerti alla Royal Albert Hall di Londra con Eric Clapton alla chitarra.

Nel 1990 esce «Miserere», canzone duettata con Luciano Pavarotti nel disco e con l'allora sconosciuto Andrea Bocelli durante il tour, e successivamente l'album dallo stesso titolo a cui collaborano Elvis Costello e Bono Vox. Molti sono gli album realizzati da Zucchero fino al 2004 in cui realizza «Sugar & Co» con una lunga serie di duetti tra i quali quelli con Sting e Macy Gray ed il successo è assicurato per una delle maggiori star del panorama musicale italiano.

[3]*turning point* [4]*rerecords* [5]*summit, apex*

Parliamo e discutiamo

A Zucchero. Indica quali di queste affermazioni sono vere e quali false. Correggi le affermazioni false con esempi tratti dal testo. Poi confronta i tuoi risultati con quelli di un compagno/una compagna.

_____ 1. I genitori di Zucchero lavoravano in una grande industria in Emilia.

_____ 2. Non si sa da dove viene il soprannome «Zucchero».

_____ 3. Nonostante il suo amore per il calcio, non ha mai avuto l'opportunità di giocarci.

_____ 4. Da giovane ha conosciuto un ragazzo americano che gli ha insegnato a suonare la chitarra.

_____ 5. Si è iscritto alla Facoltà di Veterinaria e in pochi anni si è laureato.

_____ 6. Agli inizi della carriera, Zucchero ha fatto tournée con vari gruppi musicali, per i quali ha scritto anche canzoni.

_____ 7. Zucchero ha partecipato a vari festival sempre con grande successo.

_____ 8. È con la canzone «Donne» che Zucchero comincia a farsi conoscere e apprezzare da un pubblico giovanile.

_____ 9. Dopo il 1985 Zucchero cambia il suo stile musicale.

_____ 10. Zucchero ha duettato con famosi cantanti italiani e europei.

B L'Italia e gli italiani. Rileggi l'articolo e a coppie discutete tutto quello che avete imparato di Zucchero e dei generi di musica popolari in Italia.

Per conoscere l'Italia e gli italiani

A L'arte in Italia. A piccoli gruppi, riassumete tutto quello che avete imparato dell'arte italiana. Prendete in considerazione i seguenti punti.

1. le varie civiltà che lasciarono le loro tracce sulla penisola italiana
2. le differenze che avete notato fra l'arte medievale, rinascimentale e barocca
3. l'importanza del classicismo e del Rinascimento in Italia

B Gli artisti italiani. Trova informazioni sulla vita e le opere di uno dei seguenti artisti. Poi spiega alla classe quello che hai scoperto. Porta anche foto delle sue opere in classe e spiega se ti piace o no e perché.

1. Cimabue
2. Masaccio
3. Donatello
4. Fra Angelico
5. Piero della Francesca
6. Andrea Mantegna
7. Tiziano
8. Caravaggio

C Gli scrittori italiani. Cerca informazioni sulla vita e le opere di uno dei seguenti scrittori e poi riferisci alla classe quello che hai imparato.

1. Giacomo da Lentini
2. Francesco Petrarca
3. Giovanni Boccaccio
4. Ariosto
5. Vittoria Colonna
6. Tasso
7. Alessandro Manzoni
8. Giuseppe Ungaretti
9. Gaspara Stampa
10. Veronica Franco

D **La musica in Italia.** A piccoli gruppi, riassumete tutto quello che avete imparato della musica in Italia. Poi paragonatela alla musica del vostro Paese. Com'è simile? Com'è diversa? Vi piace? Perché?

E **I grandi musicisti italiani.** Trova informazioni sulla vita e le opere di uno dei seguenti cantanti, compositori o musicisti. Riferisci alla classe quello che hai scoperto. Porta anche in classe un esempio della loro musica e spiega perché ti piace o no. C'è qualche cantante moderno italiano che ti piace? Parlane alla classe.

1. Lucio Dalla
2. Jovanotti
3. Antonio Vivaldi
4. Giuseppe Verdi
5. Giacomo Puccini
6. Gioacchino Rossini
7. Vincenzo Bellini
8. Laura Pausini

In rete

A **La Galleria degli Uffizi.** Trova informazioni sugli Uffizi. Perché gli Uffizi è considerato uno dei musei più importanti del mondo? Riferisci alla classe le informazioni che hai trovato.

Clicca sul sito di *Crescendo!* per il Capitolo 11: academic.cengage.com/ Italian/crescendo

B **Il** *David.* Trova il David di Michelangelo, di Bernini e di Donatello. Descrivi le statue e paragonale. Come sono simili? Come sono diverse? Quale ti piace di più? Perché? Parlane con i tuoi compagni.

C **Il patrimonio mondiale Unesco.** Trova informazioni su almeno due delle seguenti città italiane che fanno parte del Patrimonio Mondiale Unesco. Poi racconta alla classe quello che hai scoperto. Perché sono state scelte a far parte del patrimonio mondiale? Porta in classe una foto del sito e spiega alla classe cosa ne pensi tu. Sono abbastanza importanti? Perché?

1. Alberobello
2. Caserta
3. Ercolano
4. Ferrara
5. Necropoli di Cerveteri e Tarquinia
6. Vicenza
7. Lipari
8. Aquileia
9. Porto Venere
10. San Gimignano

D **Domenico Modugno.** Conosci Domenico Modugno? Trova informazioni sui seguenti punti:

1. la sua infanzia e gioventù
2. perché è considerato il padre dei cantautori italiani
3. gli anni del successso
4. il successo internazionale
5. le sue canzoni

E **Luciano Pavarotti.** Cosa sai di Luciano Pavarotti? Trova informazioni sul suo passato e sui suoi tanti impegni e attività. Ascolta anche le sue canzoni. Ti piacciono? Perché?

Caro Diario

For your next journal entry, consider the question addressed to you at the beginning of this chapter: **E per te, che importanza ha la cultura italiana?** There are many possible ways to approach this question. For example, did you learn about Italian culture directly from your family when you were growing up? What was the lasting impact on you? Or, have you traveled in Italy? If so, how did what you saw affect you? Alternatively, you may have learned about Italian culture in other classes. Have you ever taken an art history class, a music class, or an Italian literature class? Who are your favorite Italian artists and musicians? Which authors have you read? Did you find them interesting? For yet another approach and perspective, you may choose to talk about contemporary Italian music that you like and listen to—or that you don't like—and explain why.

Strutture

Gli avverbi

Adverbs can indicate time, place, manner, or quantity. They can modify verbs, adjectives, and other adverbs. They are invariable in form.

La famiglia dei Medici non ha **sempre** governato Firenze.	*The Medici family didn't always govern Florence.*
Questi scritti sono **così** belli.	*These writings are so beautiful.*
Questo romanzo è **troppo** lungo.	*This novel is too long.*
Quest'autore scrive **molto** bene.	*This writer writes very well.*

A La formazione degli avverbi

1. Adverbs are often formed by adding **-mente** to the feminine singular form of the corresponding adjectives.

chiaro → chiar**a** → chiara**mente**   *clearly*

lento → lent**a** → lenta**mente**   *slowly*

dolce → dolce**mente**   *sweetly*

Adjectives that end in **-le** or **-re** drop the final **-e** before adding **-mente**.

difficil**e** → diffici**lmente**

regola**re** → regola**rmente**

2. Some common adverbs are identical in form to the corresponding adjectives.

Lavorano **sodo**.	*They work hard.*
Parlate **piano**!	*Speak slowly!*

3. Some common adverbs can be modified by adding suffixes after dropping the final vowel. For more information on suffixes, see p. 421.

bene + -one	ben**one**	*great*
male + -uccio	mal**uccio**	*not so great*
poco + -ino	poch**ino**	*a little bit*

4. Di più and **di meno** are used after a verb to express *more* or *less* when there is no second element of comparison.

Devi leggere **di più**.	*You have to read more.*
Lavora sempre **di meno**.	*She always works less.*

B La posizione degli avverbi

1. Adverbs usually follow the verb, but they can precede it for emphasis.

Disegna **velocemente**.	*She draws quickly.*
Subito lo devi fare!	*Right away you have to do it!*

2. Anche usually precedes the word it modifies.

Anche loro lavorarono per i Medici.	*They also worked for the Medici.*

3. An adverb that modifies an adjective precedes the adjective.

È una scultura **molto** bella.	*It's a very beautiful statue.*

To express the English *also* in the sense of *besides, in addition, furthermore,* or *moreover,* **inoltre** must be used.

È stato uno dei più grandi uomini politici dell'epoca. **Inoltre**, ha contribuito immensamente allo sviluppo di tutte le arti.

He was one of the greatest statesmen of the period. In addition, he contributed immensely to the development of all the arts.

A **Il centro storico.** Descrivi a un'amica una scena a cui hai assistito nel centro storico di Firenze. Completa le frasi, formando degli avverbi dagli aggettivi in parentesi.

1. Il traffico si muoveva _____ (lento).
2. Gli automobilisti aspettavano _____ (paziente) nelle loro macchine.
3. Un vigile urbano dirigeva il traffico _____ (diligente).
4. _____ (Improvviso) una macchina si è fermata in mezzo alla strada.
5. Un uomo ha aperto _____ (brusco) lo sportello della macchina, ed è sceso _____ (frettoloso).
6. Il vigile urbano ha cominciato a fischiare _____ (energico) e ad agitare le mani _____ (frenetico).
7. L'uomo si è mosso _____ (svogliato, *unwilling*) verso il vigile urbano, e _____ (gentile) gli ha chiesto dove poteva trovare il *David.*
8. Il vigile gli ha risposto _____ (furioso) che non poteva bloccare tutto il traffico.
9. Nel frattempo gli altri automobilisti suonavano il clacson _____ (isterico).
10. Il vigile ha preso il taccuino (*notebook*) e _____ (immediato) gli ha fatto una multa.
11. L'uomo ha cercato _____ (inutile) di spiegare che voleva solo un'informazione.

 B **Sinonomi e opposti.** A coppie, indicate un sinonimo e/o un avverbio opposto alle seguenti parole. Poi inventate delle frasi con le parole da voi indicate.

1. sempre
2. presto
3. spesso
4. raramente
5. piano
6. molto
7. di solito
8. abbastanza

I comparativi e i superlativi regolari

In Italian, as in English, comparatives and superlatives are used to compare two or more people, places, things, or concepts.

Lorenzo dei Medici era **più** furbo **di** suo padre.
Lorenzo dei Medici was more cunning than his father.

Firenze è **più** piccola **di** Roma.
Florence is smaller than Rome.

Questo dipinto è **meno** interessante **di** quello.
This painting is less interesting than that one.

Il platonismo è un concetto **complicatissimo**.
Platonism is a very complicated concept.

A I comparativi

Comparatives are used to compare two or more specific people, places, things, or concepts.

1. The following forms are used to make comparisons of equality:

(così) + *adjective* or *adverb* + **come**	*as . . . as*
(tanto) + *adjective, adverb,* or *noun* + **quanto**	*as . . . as*

Quest'opera è (**così**) importante **come** quella.   *This work is as important*
Quest'opera è (**tanto**) importante **quanto** quella.   *as that one.*

a. Così and **tanto** are often not expressed. Note that (**così**)… **come** and (**tanto**)… **quanto** are interchangeable when used with adjectives or adverbs.

b. When comparing nouns, (**tanto**)… **quanto** is used. **Tanto** and **quanto** usually agree in number and gender with the nouns they modify.

> Ha scritto (**tanti**) trattat**i** quant**e**   *He wrote as many treatises as*
> poesi**e**.   *poems.*

c. (**Tanto**)… **quanto** can also mean *as much as*. In this case, it is invariable.

> Mi piacciono (**tanto**) le città medievali   *I like medieval cities as much as*
> **quanto** le città rinascimentali.   *Renaissance cities.*

d. (**Tanto**) **quanto** is also used to mean *as much as* when comparing verbs. In this case it acts as an adverb and is invariable. (**Tanto**) **quanto** (undivided) is placed after the verb. **Tanto** is usually omitted.

> Passeggia per le vie della città (**tanto**)   *She strolls through the streets of*
> **quanto** te.   *the city as much as you do.*

e. Personal pronouns are used in their stressed form after **come** or **quanto**.

> È (**tanto**) alto **quanto me**.
> È (**così**) alto **come me**.   *He's as tall as I am.*

> Lavora (**tanto**) lentamente **quanto te**.
> Lavora (**così**) lentamente **come te**.   *He works as slowly as you.*

2. The following forms are used to point out inequalities and dissimilarities.

più... di **più... che**	*more . . . than, -er . . . than*
meno... di **meno... che**	*less . . . than, fewer . . . than*

a. Più... di and **meno... di** are used with numbers and when comparing *two different* people, places, or things with regard to the same quality. The adjective always agrees in gender and number with the first noun. **Di** combines with the definite article.

In Italia ci sono **più di** quaranta siti che fanno parte del patrimonio dell'umanità.	*In Italy there are more than forty sites that are part of the artistic patrimony of humanity.*
La chiesa è **più** antica **del** palazzo comunale.	*The church is older than the municipal building.*
Firenze è **meno** tranquilla **di** Ferrara.	*Florence is less quiet than Ferrara.*

b. Più... che and **meno... che** are used when comparing two nouns, two adjectives, two adverbs, or verbs in relation to the same person, thing, place, or action.

In questo museo ci sono **più** statue **che** dipinti.	*In this museum there are more statues than paintings.*
Carlo ha **più** audacia **che** buon senso.	*Carlo has more daring than good sense.*
Nel centro storico è **meno** difficile camminare **che** circolare in macchina.	*In the historical center it is less difficult to walk than to get around by car.*

c. Più... che and **meno... che** are also used when the second element of the comparison is preceded by a preposition.

A Firenze fa più caldo **che** a Bolzano.	*It's hotter in Florence than in Bolzano.*

d. When a comparison is followed by a conjugated verb, the following forms are used.

---

più / meno... di quel(lo) che + *indicative*

di quanto + *indicative* or *subjunctive*

che non + *subjunctive*

Questi monumenti sono più belli **di quello che dicevano**.	*These monuments are more beautiful than what they said.*
A Firenze ci sono più musei **di quanto non immaginiate**.	*In Florence there are more museums than you can imagine.*

B Il superlativo relativo

The relative superlative (*the most, the least, the ... -est*) is used to compare people, things, or concepts to a group or an entire category. It is formed with the definite article plus **più** or **meno** followed by the adjective or adverb. The adjective and the article agree in gender and number with the first element of the comparison. **Di**, or less frequently **tra** (*among*), is used before the second element of the comparison. **Di** contracts with the definite article that follows it.

I monumenti **più importanti della** città sono nel quartiere medievale.	*The most important monuments in the city are in the medieval quarter of the city.*
È **la** piazza **più bella tra** (**fra**) tutte le piazze italiane.	*It is the most beautiful of all the Italian squares.*
Sono **le** opere **meno interessanti dell**'umanesimo.	*They are the least interesting works of Humanism.*

1. The superlative can either precede or follow the noun. When it follows the noun, the article is not repeated.

Le statue **più moderne** del periodo si
   trovano in quel museo.
Le **più moderne** statue del periodo
   si trovano in quel museo.

*The most modern statues of the period
   are in that museum.*

Le poesie **meno felici** della raccolta
   sono state scritte alla fine della
   sua vita.
Le **meno felici** poesie della raccolta
   sono state scritte alla fine della
   sua vita.

*The least happy poems of the collection
   were written at the end of her life.*

2. The subjunctive is often used in a verb clause that follows the relative superlative. See page 204 for more information on the use of the relative superlative with the subjunctive.

San Gimignano è **la** città **più pittoresca**
   che io **conosca**.

*San Gimignano is the most
   picturesque city that I know.*

C Il superlativo assoluto

The absolute superlative (*very, extremely, the most/least + adjective, adverb*) is used to express the highest possible degree of a given quality or adverb; it is not used in comparisons. The absolute superlative of an adjective always agrees in gender and number with the noun it modifies.

Queste strade medievali sono **strettissime**.

*These medieval streets are very
   narrow.*

Ha cominciato **tardissimo** a scrivere.

He started writing very late.

1. The absolute superlative can be formed by dropping the final vowel of an adjective or adverb and adding the suffix **-issimo**.

bello → bell**issimo**

elegante → elegant**issimo**

vicino → vicin**issimo**

a. Adjectives that end in **-co** and **-go**, add the suffix **-issimo** to the masculine plural form after dropping the final vowel.

antico → anti**chi** → antich**issimo**

simpatico → simpati**ci** → simpatic**issimo**

lungo → lun**ghi** → lungh**issimo**

Questi poemi sono **lunghissimi**.   *These poems are extremely long.*

b. Adverbs that end in **-mente**, add **-mente** to the feminine form of the superlative adjective.

difficile → difficil**issimo** → difficil**issima** → difficil**issimamente**

raro → rar**issimo** → rar**issima** → rar**issimamente**

2. The absolute superlative can also be expressed with the adverbs **molto, assai, estremamente, incredibilmente, infinitamente, altamente,** before an adjective or adverb.

Sono concetti **complicatissimi**.
Sono concetti **molto** (**assai**)   *They are very complicated concepts.*
   (**incredibilmente**) complicati.

3. The prefixes **arci-, stra-, super-,** and **ultra-** added to an adjective or adverb also express the absolute superlative.

un autobus stracolmo	*an overloaded bus*
un treno superveloce	*an extremely fast train*
una città ultramoderna	*an extremely modern city*

4. The absolute superlative can also be expressed by certain stock phrases and intensifiers.

bagnato fradicio	*soaking wet*
brutto da morire	*unbearably ugly*
ricco sfondato	*filthy rich*
stanco morto	*dead-tired*
innamorato cotto	*madly in love*

5. The absolute superlative can, at times, also be expressed by repeating the adjective or adverb.

È un uomo **buono buono**.   *He is a very good man.*
È entrato **zitto zitto**.   *He entered very quietly.*

ESERCIZI

A Milano. Immagina di descrivere Milano. Riscrivi le seguenti frasi usando *(tanto)... quanto* o *(così)... come.*

1. Milano è bella. Anche Roma è bella.
2. Milano è importante. Anche Londra e Parigi sono importanti.
3. Milano è bella. Milano è anche interessante.
4. I servizi che offre sono efficienti. I servizi sono anche moderni.
5. Per spostarsi i milanesi usano i mezzi pubblici. I milanesi usano anche le macchine.
6. A Milano ci sono strade eleganti. A Milano ci sono anche palazzi signorili.
7. A Milano ci sono molti musei. A Milano ci sono anche molti teatri.
8. La gente che ci vive è colta. La gente è anche gentile.
9. Alla gente piace prendere un aperitivo in Galleria. Gli piace anche fare una passeggiata in Corso Vittorio.
10. Lo smog a Milano è fastidioso. Lo smog a Milano è anche nocivo (*harmful*).

B Le città italiane. Immagina di paragonare le città italiane a quelle degli USA. Completa le frasi con i comparativi di maggioranza o minoranza.

1. Conosco _____ _____ dieci città italiane.
2. È chiaro che, in generale, le città metropoli italiane sono _____ grandi _____ città americane.

3. Roma e Milano, per esempio, sono _____ piccole _____ Los Angeles e New York.
4. Nelle città italiane ci sono _____ abitanti _____ nelle città americane.
5. A Los Angeles ci sono _____ _____ otto milioni di abitanti.
6. A Roma ce ne sono _____ _____ tre milioni.
7. Le città italiane sono _____ pittoresche _____ moderne.
8. A Roma ci sono _____ monumenti antichi _____ costruzioni moderne.
9. A New York ci sono _____ grattacieli (*skyscrapers*) moderni _____ palazzi antichi.
10. In America le strade sono _____ larghe _____ in Italia.

C Roma. Immagina di descrivere le bellezze di Roma. Scrivi delle frasi con i seguenti elementi. Usa il superlativo relativo e fa' tutti i cambiamenti necessari.

1. statue / bello / barocco
2. ruderi / antico / Europa
3. chiesa / grande / mondo cristiano
4. opere / importante / Michelangelo
5. centro storico / antico / Italia
6. negozi / elegante / regione
7. fontane / famoso / zona
8. manifestazioni culturali / prestigioso / anno
9. monumento funebre / grande / Italia meridionale

D Firenze. Immagina di essere a Firenze per la prima volta. Descrivi le tue prime impressioni. Scrivi delle frasi usando il superlativo assoluto e facendo tutti i cambiamenti necessari.

1. Firenze / bella
2. musei / famoso
3. strade / elegante
4. centro storico / antico
5. piazze / largo
6. negozi / costoso
7. Galleria degli Uffizi / grande
8. i palazzi / antico
9. strade / affollato
10. i fiorentini / simpatico

E Le città più belle del mio Paese. Scrivi il nome di tre città del tuo Paese che secondo te un turista dovrebbe visitare. Prepara anche una lista per giustificare le tue opinioni. Poi a piccoli gruppi immaginate la seguente situazione: Un amico italiano vorrebbe visitare il vostro Paese. Ha poco tempo e non sa quali città visitare. Con il tuo gruppo discuti quali città dovrebbe visitare e perché. Quindi scrivi una lettera all'amico e convincilo a visitare le città che tu hai scelto, spiegando perché.

L'appuntamento

Una telefonata
dal ristorante.

Un cartellone pubblicitario.

Una gondola a Venezia.

Che buon gelato!

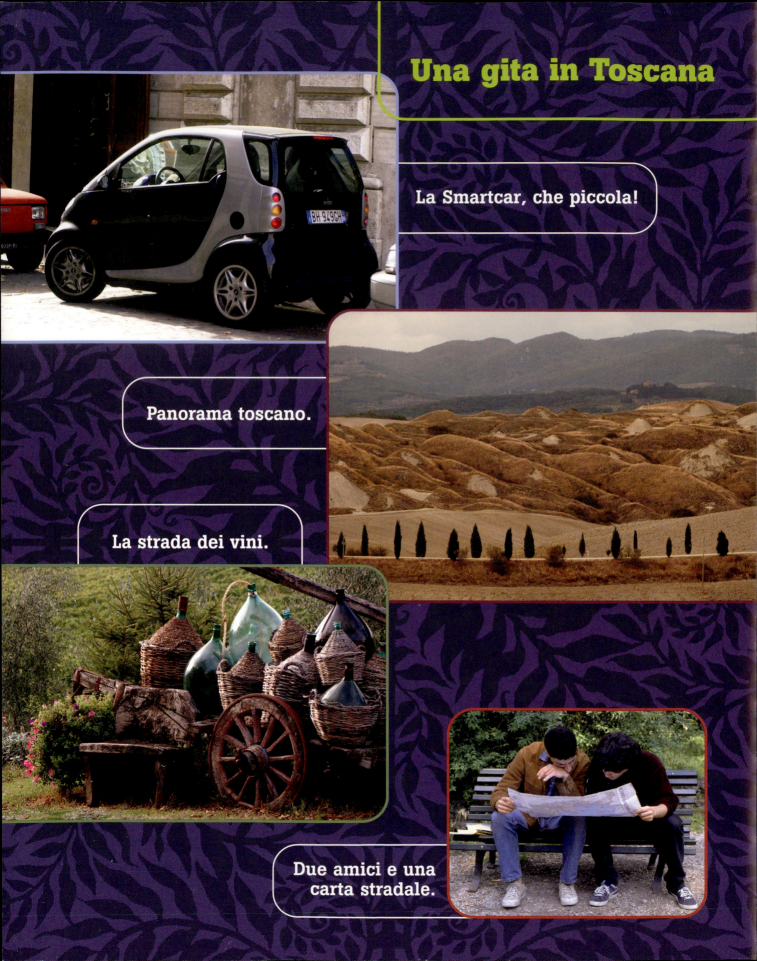

Una gita in Toscana

La Smartcar, che piccola!

Panorama toscano.

La strada dei vini.

Due amici e una carta stradale.

In campagna.

La facciata del duomo di Siena.

Una strada affollata di San Gimignano.

O no, un incidente stradale!

All'università

Alla Sapienza di Roma.

UNIVERSITÁ DEGLI STUDI DI ROMA
" LA SAPIENZA "

AGLI STUDENTI CHE POSTEGGIANO
I PROPRI MOTORINI
SU QUESTO PIAZZALE SARÁ APPLICATO
PROVVEDIMENTO DISCIPLINARE

(DELIBERA DEL SENATO ACCADEMICO DEL 14/07/95)

Buon giorno, professoressa!

All'esame scritto.

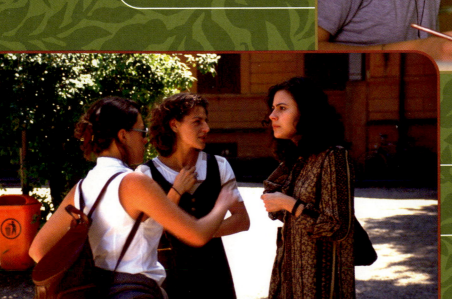

Ciao, ragazze!

I comparativi e i superlativi irregolari

Some adjectives and adverbs have irregular comparative and superlative forms.

A *Alto, basso, buono, cattivo, grande* e *piccolo*

The adjectives **alto**, **basso**, **buono**, **cattivo**, **grande**, and **piccolo** have irregular forms in addition to their regular ones. The regular form usually indicates physical qualities, while the irregular form designates more abstract characteristics.

	Comparativo	Superlativo	
		Relativo	Assoluto
alto	più alto	il più alto	altissimo
	superiore	il supremo	supremo
	higher	*the highest*	*very high*
basso	più basso	il più basso	bassissimo
	inferiore	l'infimo	infimo
	lower	*the lowest*	*very low*
buono	più buono	il più buono	buonissimo
	migliore	il migliore	ottimo
	better	*the best*	*very good, excellent*
cattivo	più cattivo	il più cattivo	cattivissimo
	peggiore	il peggiore	pessimo
	worse	*the worst*	*very bad*
grande	più grande	il più grande	grandissimo
	maggiore	il maggiore	massimo
	bigger, greater	*the biggest, the greatest*	*very big, very great*
piccolo	più piccolo	il più piccolo	piccolissimo
	minore	il minore	minimo
	smaller	*the smallest*	*very small, slightest*

1. The regular forms of **buono** and **cattivo** are also commonly used to describe the tastes of foods, while the irregular forms are used to refer to quality in general.

Questa pizza è **più buona** di quella.	*This pizza is better than that one.*
Questo è **il migliore** ristorante della città.	*This is the best restaurant in the city.*
Questi spaghetti sono **buonissimi**.	*These spaghetti are very good.*
È un'**ottima** idea!	*It's an excellent idea!*

2. The regular forms of **grande** and **piccolo** usually refer to physical size. The irregular forms refer to quality in the abstract.

C'è un museo **grandissimo** vicino al centro.	*There is a very large museum near the center of town.*
Le opere **maggiori** di quell'artista sono in questo museo.	*The major works of that artist are in this museum.*
La *Vita Nuova* è un libro **piccolissimo**.	*The Vita Nuova is a very small book.*
Molte delle opere **minori** di Dante sono in latino.	*Many of Dante's minor works are in Latin.*

Maggiore, minore, migliore, and **peggiore** often drop the final **-e** before singular nouns that do not begin with **s** + *consonant* or **z**.

La **maggior** parte della popolazione vive in centri urbani.

The majority of the population lives in the suburbs.

B Bene, male, molto e poco

The adverbs **bene**, **male**, **molto**, and **poco** have irregular comparative and superlative forms.

	Comparativo		Superlativo	
		Relativo	Assoluto	
bene	meglio	(il) meglio	molto bene, benissimo, ottimamente	
	better	*the best*	*very well*	
male	peggio	(il) peggio	molto male, malissimo, pessimamente	
	worse	*the worst*	*very badly*	
molto	più, di più	(il) più	moltissimo	
	more	*the most*	*very much*	
poco	meno, di meno	(il) meno	pochissimo	
	less	*the least*	*very little*	

Remember: Adverbs are used to modify actions and qualities, and they are always invariable.

Io canto abbastanza **bene**, ma lei canta **meglio** di me.	*I sing quite well, but she sings better than me.*
Lui scrive **male** e loro scrivono ancora **peggio**.	*He writes poorly, and they write even worse.*

ESERCIZI

A L'opposto. Indica l'opposto dei seguenti aggettivi e avverbi.

1. migliore
2. cattivo
3. meglio
4. più
5. maggiore
6. più alto
7. inferiore
8. più grande
9. ottimo
10. minimo

B La forma giusta. Completa le frasi scegliendo la parola giusta.

1. Questi spaghetti sono veramente (ottimi / meglio).
2. Ho letto le opere (più grandi / maggiori) di Boccaccio.
3. Le sue ultime opere sono (più alti / superiori).
4. Il palco non è (grandissimo / maggiore).
5. La sua voce è (peggio / peggiore).
6. I miei fratelli (minori / meno) studiano canto.
7. Suonano (meglio / migliore) di me.
8. Mio fratello non è alto; infatti è (più basso / inferiore) di me.

C I miei cantanti preferiti. A coppie, paragonate i vostri cantanti preferiti scrivendo frasi con le seguenti parole.

1. migliore
2. peggio
3. massimo
4. pessimo
5. inferiore
6. superiore
7. meno
8. più

Gli aggettivi e i pronomi indefiniti

Indefinite adjectives and pronouns indicate unspecified people, things, numbers, and qualities. Some indefinites are used only as adjectives, some only as pronouns, and some as both.

Compro sempre **tutti** i CD di Zucchero.	*I always buy all of Zucchero's CDs.*
Tutti comprano i CD di Zucchero.	*Everyone buys Zucchero's CDs.*

A Gli aggettivi indefiniti

The following are the most common indefinite adjectives. They are invariable and always used with a singular noun.

ogni *each, every*	**Ogni** ragazzo ha il proprio iPod. *Every kid has his own iPod.*
qualche *some, a few*	Mi piace **qualche** canzone di Jovanotti. *I like some of Jovanotti's songs.*
qualsiasi *any, any sort of*	Canta un'aria **qualsiasi**. *Sing any aria.*
qualunque *any, any sort of*	**Qualunque** canzone mi va bene. *Any song is fine with me.*

> The subjunctive is frequently used in a dependent clause introduced by **qualunque, qualsiasi,** or **chiunque.** See pages 203 and 416 for more information on this usage of the subjunctive.
>
> **Qualunque** decisione lui **prenda**, andrà bene per me.
> *Whatever decision he makes, will be fine with me.*
>
> **Chiunque venga**, non ci sono.
> *Whoever should come, I'm not here.*

B I pronomi indefiniti

The most common indefinite pronouns are listed below. Some can only be used to refer to people and some only to things. They are always used in the singular.

Persone		Cose	
chiunque	*anyone*	niente, nulla	*nothing*
ognuno	*everyone*	qualcosa	*something*
qualcuno (qualcheduno)	*someone*	qualcuno/-a	*some*
		uno/-a	*one*

Qualcuno mi ha detto che non canta più.	*Someone told me that he no longer sings.*
Non mi piacciono tutte le sue canzoni, ma **qualcuna** è proprio bella.	*I don't like all her songs, but some are really beautiful.*

1. **Qualcosa**, **niente**, and **nulla** are considered masculine for agreement purposes.

Niente è stat**o** ancora detto.   *Nothing has yet been said.*
Qualcosa è success**o**.   *Something happened.*

2. When used with an adjective, **qualcosa**, **niente**, and **nulla** are followed by the preposition **di**. With an infinitive, they take the preposition **da**. See pages 127, and 409–413 for more information on the use of prepositions.

Non c'è niente **di** nuovo in tutto questo.   *There is nothing new in all this.*
Non c'è niente **da** fare.   *There is nothing that can be done.*

C   Aggettivi e pronomi indefiniti

The following indefinites can be used as both adjectives and pronouns.

	Aggettivo	Pronome
alcuni/-e *some, a few*	Ci sono **alcune** parol**e** difficili. *There are some difficult words.*	**Alcune** invece sono facili. *Some instead are easy.*
altro/-a/-i/-e *other*	C'è un **altro** motiv**o**. *There is another reason.*	Dove sono **gli altri**? *Where are the others?*
certo/-a/-i/-e *certain*	**Certe** canzon**i** popolari sono bellissime. *Some popular songs are very beautiful.*	**Certi** pensano che gli italiani siano grandi cantanti lirici. *Certain people (Some) think that Italians are great opera singers.*
ciascun/-uno/ -una/un' *each, each one*	Ascoltiamo **ciascun'** aria attentamente. *Let's listen to each aria carefully.*	**Ciascuno** ha i propri gusti. *Each one has his/her own tastes.*
molto/-a/-i/-e *many, a lot, much*	Ho comprato **molti** CD. *I bought many CDs.*	**Molti** ascoltano le sue canzoni. *Many (people) listen to her songs.*
nessun/-uno/ -una/-un' *any, no, none, no one*	Non ho **nessun** b**i**gliett**o**. *I don't have any tickets.*	**Nessuno** è andato al concerto. *No one went to the concert.*
parecchio/-a/ -chi/-che *a lot (of), several*	Sono andata all'opera **parecchie** volt**e**. *I've been to the opera several times.*	**Parecchi** mi hanno detto che è molto bella. *Several (people) have told me that it is very beautiful.*
poco/-a/-chi/ -che *little, few*	Oggi ho **poco** temp**o**. *Today I have little time.*	**Pochi** pensano che la cultura italiana sia omogenea. *Few (people) think that Italian culture is homogeneous.*
quanto/-a/-i/-e *how much, how many*	**Quante** persone vengono? *How many people are coming?*	**Quanti** vengono? *How many are coming?*

	Aggettivo	**Pronome**
tale/-i *such, so-and-so*	**Tali** idee mi fanno paura. *Such ideas scare me.*	**Una tale** è venuta a trovarmi. *A Ms. So-and-so came to visit me.*
tanto/-a/-i/-e *so much,* *so many*	Hanno inciso **tanti CD**. *They recorded so many CDs.*	**Tanti** me ne hanno parlato. *So many (people) have spoken to me about him/her/it.*
troppo/-a/-i/-e *too much,* *too many*	Hai bevuto **troppo** vino. *You drank too much wine.*	**Troppi** non lo capiscono. *Too many (people) don't understand him.*
tutto/-a/-i/-e *all, whole,* *every,* *everything,* *everyone*	Abbiamo visto **tutta** l'opera. *We saw the whole opera.* Conosco **tutte le** opere di Dante. *I am familiar with all of Dante's works.*	Hai capito **tutto**? *Did you understand everything?* Non **tutti** conoscono Leopardi. *Not everyone knows Leopardi.*

1. **Ciascuno** and **nessuno** are always singular, and as adjectives, they can refer to people or things. When they are used as adjectives, they precede the noun and follow the same pattern as the indefinite article **un/uno/una/un'**.

> **Ciascuna** band farà un tour l'anno prossimo.
> Non conosco **nessun r**itornell**o**.

> *Each band will do a tour next year.*
> *I don't know any refrains.*

2. **Molto, parecchio**, **poco, quanto, tanto**, and **troppo** used as adjectives can be singular or plural. They have four forms and can refer to people or things.

> **Quante** parole conosci?
> Ne conosco **poche**.

> *How many words do you know?*
> *I know very few of them.*

3. **Tutto** must be used with a definite article when it is used as an adjective.

> Mi piace **tutta la** musica. Ascolto **tutto**.

> *I like all music. I listen to everything.*

4. **Molto, parecchio**, **poco, quanto, tanto**, and **troppo** can also be used as adverbs to modify verbs and adjectives. When they are used as adverbs, they are invariable.

> Quest'aria è **troppo** bella!
> I cantautori cantano **molto** bene.

> *This aria is too beautiful!*
> *The singer-songwriters sing very well.*

> **Tutt'e due, tutt'e tre**, etc., is used to express the English *both* or *all*. The definite article is used when these expressions are used with a noun.
>
> **Tutt'e due** vengono.
> *They are both coming.*
>
> **Tutt'e tre le** canzoni mi piacciono.
> *I like all three songs.*

ESERCIZI

A L'opposto. Indica l'opposto dei seguenti aggettivi e pronomi indefiniti.

1. qualcosa
2. molto/-a/-i/-e
3. parecchio/-a/-i/-e
4. tutti
5. alcuni/-e
6. ogni
7. qualsiasi
8. niente

B Ancora l'opposto. Scrivi l'opposto delle frasi facendo tutti i cambiamenti necessari.

1. Nessuno fischia.
2. Ha composto poche opere.
3. Capisco tutte le parole.
4. Tutti preferiscono un posto numerato.
5. Fanno molti tour.
6. Non ho prenotato nessun posto in platea.
7. Ha inciso tante canzoni.
8. Tutti i cantanti parteciperanno al festival.

C L'espressione giusta. Completa le frasi scegliendo la parola giusta.

1. Non ho sentito (niente / ciascuno).
2. Hanno mangiato (qualcosa / qualcuno) prima di uscire.
3. (Tutti / Nessuno) sono venuti al concerto.
4. (Ogni / Ognuno) cantante ha portato il proprio spartito.
5. Abbiamo ascoltato (alcune / certe) band.
6. (Quanti / Chiunque) biglietti ti hanno regalato?
7. (Qualunque / Qualcuno) può partecipare al festival.
8. Ho prenotato un posto (qualsiasi / qualche).

D La musica contemporanea. A piccoli gruppi, immaginate di parlare a uno studente italiano della musica contemporanea nel vostro Paese. Scrivete una o più frasi con i seguenti aggettivi e pronomi indefiniti. Poi leggete le vostre affermazioni alla classe.

1. tale
2. certo
3. altro
4. nulla
5. ciascuno
6. qualcuno
7. chiunque
8. ognuno
9. uno
10. qualcosa

Ascoltiamo

«O mio babbino caro», *Gianni Schicchi*

A **«O mio babbino caro».** Ascolta il brano lirico da *Gianni Schicchi* (Giacomo Puccini, 1858–1924), in cui la protagonista Lauretta, figlia di Gianni Schicchi, parla di un anello che vuole comprare. Mentre ascolti, completa il brano con le parole che mancano.

O mio babbino _____

_____ è bello, è bello!

Vo' _____ in Porta Rossa

a comperar _____

Sì, sì, ci _____ andare!

e se _____ indarno

_____ sul Ponte Vecchio

ma per buttarmi _____.

Mi struggo e _____ tormento!

O Dio, vorrei _____!

Babbo, pietà, _____.

B **L'aria.** Indica quali delle seguenti affermazioni sono vere e quali false.

_____ 1. È un'aria allegra.

_____ 2. La protagonista vuole sposarsi.

_____ 3. La protagonista parla a sua madre.

_____ 4. La protagonista vuole comprare un anello sul Ponte Vecchio.

Testi e contesti

COSA SAPPIAMO DI GIACOMO LEOPARDI?

Leggi i dati biografici sullo scrittore e poi rispondi alle domande.

Giacomo Leopardi nacque a Recanati nelle Marche nel 1798 da una famiglia nobile, ma in grave dissesto finanzario. A quei tempi Recanati faceva parte dello Stato pontificio, uno degli stati più arretrati (*backwards*) d'Italia. Leopardi quindi crebbe in un ambiente culturalmente e intellettualmente arretrato e in una famiglia incapace di offrirgli l'affetto di cui aveva tanto bisogno.

Sentendosi solo e isolato, a dieci anni si dedicò a tempo pieno allo studio, leggendo tutti i libri nella ricca biblioteca paterna, dalla letteratura italiana a quella classica e ebraica. Questi anni di intenso e disperato studio gli rovinarono la salute e lo isolarono ancora di più. L'estraneazione (*estrangement*) dal mondo che lo circonda e il continuo fallito (*failed*) tentativo di stabilire un contatto con esso, che spesso si traduce in un amaro pessimismo, sono temi ricorrenti nelle opere di Leopardi e particolarmente nei canti lirici. Leopardi morì nel 1837.

Fra le sue numerose opere sono da ricordare: *Lo Zibaldone*, *Canti* e *Le operette morali*.

La poesia che leggeremo, «Il sabato del villaggio», 1829, fa parte della seconda fase lirica leopardiana, di un gruppo di poesie che la critica ha definito «i grandi idilli». In queste opere il pessimismo leopardiano assume nuove e più ampie forme poetiche.

Domande: 1. Quando e dove nacque Giacomo Leopardi? 2. Com'era l'ambiente in cui visse? 3. Quali sono alcune sue opere importanti? 4. Quali temi sono evidenti nelle sue opere?

PRIMA DI LEGGERE

 **«Il sabato del villaggio».** Leggi il titolo e i primi sette versi della poesia e poi a coppie rispondete alle domande che seguono.

1. Secondo voi, di che cosa parla la poesia?
2. Che cosa descrive il poeta nei primi sette versi?
3. Quando si svolge la scena? Cosa lo suggerisce?
4. Che linguaggio usa Leopardi? Date esempi specifici dal testo.
5. Quali sensazioni e sentimenti suscita la scena? Perché?

MENTRE LEGGETE

Sottolineate tutti i riferimenti temporali e indicate con un cerchio i vari personaggi che appaiono nella poesia.

Il sabato del villaggio

La donzelletta vien dalla campagna,
in sul calar del sole[1],
col suo fascio[2] dell'erba; e reca in mano
un mazzolin[3] di rose e di viole,
5   onde[4], siccome suole[5],
ornare ella si appresta[6]
dimani, al dì di festa, il petto[7] e il crine[8].
Siede con le vicine
su la scala a filar[9] la vecchierella,
10   incontro[10] là dove si perde il giorno;
e novellando[11] vien del suo buon tempo,
quando ai dì della festa ella si ornava,
ed ancor sana e snella
solea[12] danzar la sera intra di quei
15   ch'ebbe compagni dell'età più bella.
Già tutta l'aria imbruna[13],
torna azzurro il sereno, e tornan l'ombre
giù da' colli e da' tetti,
al biancheggiar della recente luna.
20   Or la squilla[14] dà segno
della festa che viene;
ed a quel suon diresti
che il cor si rinconforta.
I fanciulli[15] gridando
25   su la piazzuola[16] in frotta[17],
e qua e là saltando,
fanno un lieto romore:
e intanto riede[18] alla sua parca[19] mensa,
fischiando, il zappatore[20],
30   e seco[21] pensa al dì del suo riposo.

Poi quando intorno è spenta ogni altra face[22],
e tutto l'altro tace,
odi[23] il martel[24] picchiare, odi la sega[25]
del legnaiuol[26], che veglia[27]
35   nella chiusa bottega alla lucerna[28],
e s'affretta, e s'adopra[29]
di fornir l'opra anzi il chiarir dell'alba[30].

Questo di sette è il più gradito giorno,
pien di speme[31] e di gioia:
40   diman[32] tristezza e noia
recheran[33] l'ore, ed al travaglio usato[34]
ciascun in suo pensier farà ritorno.

Garzoncello scherzoso[35],

[1]*sunset*
[2]*bundle*
[3]*small bunch*
[4]*with which;* [5]*as she always does;* [6]*is getting ready;* [7]*her bosom;* [8]*her hair*

[9]*spinning*
[10]*facing*
[11]*talking*

[12]*used*

[13]*has darkened*

[14]*peal of bells*

[15]*children*
[16]*little piazza;* [17]*in swarms*

[18]*goes back;* [19]*meager*
[20]*hoer*
[21]*to himself*

[22]*light*

[23]*you hear;* [24]*the hammer;* [25]*the saw;* [26]*carpenter;* [27]*stays up;* [28]*lantern;* [29]*to take great pains;* [30]*lightening of dawn*

[31]*hope*
[32]*tomorrow*
[33]*will bring;* [34]*usual labor*

cotesta età fiorita[36]
è come un giorno d'allegrezza pieno,
45   giorno chiaro, sereno,
che percorre alla festa di tua vita.
Godi[37], fanciullo mio; stato soave,
stagion lieta è cotesta.
Altro dirti non vo'[38]; ma la tua festa
50   ch'anco tardi a venir non ti sia grave.

[35]*Mischievous little boy*
[36]*flowering age of yours (adolescence)*

[37]*Enjoy*

[38]*I don't want to say anything else*

(Da «Il sabato del villaggio», pp. 545–547, di Giacomo Leopardi, nel *Canti*, 1974, Milano: Biblioteca Universale Rizzoli. © 1974 Rizzoli Editore.)

DOPO LA LETTURA

Comprensione del testo. Descrivi l'ambiente in cui sono ritratti i personaggi che hai trovato fornendo le seguenti informazioni.

Personaggi	Ora	Ambiente	Azione

PARLIAMO E DISCUTIAMO

1. A coppie, discutete e paragonate le informazioni che avete trovato per ogni personaggio.
2. A coppie, indicate come viene rappresentato il villaggio dal poeta. Secondo voi, qual è il suo atteggiamento verso il mondo che descrive? Motivate le vostre risposte. Parlate del linguaggio e delle immagini usate.
3. A coppie, rileggete le ultime due strofe e rispondete alle domande che seguono.
   a. Chi parla in queste strofe?
   b. Che tono usa il poeta?
   c. Secondo il Leopardi, quale «di sette è il più gradito giorno»? Perché?
   d. Cosa rappresenta nella poesia il giorno che precede il giorno di festa?
   e. Nell'ultima strofa che avvertimenti (*admonitions*) dà il poeta al «garzoncello»? Perché?
   f. Com'è vista la giovinezza? A che cosa è paragonata?
4. A coppie, paragonate «Il sabato del villaggio» ai versi di Poliziano a p. 363. Come sono simili? Come sono diversi?
5. Vi piace la poesia del Leopardi? Perché?

Per scrivere

Come parafrasare

Paraphrasing is a technique frequently used to clarify the meaning of complex texts. Paraphrasing may simply involve restating a passage in another form or in other words. Or it may involve expanding upon and developing logically the ideas and concepts in a text.

It is often useful to paraphrase a poem because poetic texts tend to be less direct than prose texts. Poets use language and various literary devices to convey emotions and sensations in very few words. It is up to the reader to interpret a poet's words and techniques and to grasp the subtle nuances of a poem. Paraphrasing—restating in prose the poet's words—can enhance our understanding of a poetic text. We use the same terms he/she uses or simpler synonyms to restate a poem's content. At times, we might also have to explain or elaborate on a concept or idea that is particularly concise and dense.

PRIMA DI SCRIVERE

A good paraphrase requires a clear understanding of the text, a broad vocabulary, and a good command of syntax. Before you start writing, read carefully the text you want to paraphrase. Make sure you understand all the words. You will probably have to consult a dictionary since poets often use less-familiar words and expressions. Then consider how you can restate the poetic text in prose, using clear, simple language. Be prepared also to expand on complex concepts.

ADESSO SCRIVIAMO

Keeping these suggestions in mind, write a paraphrase of one or more of the texts suggested in the **Temi** section below. Be prepared to share one of your paraphrases with classmates who have chosen the same text.

Temi

1. «Il sabato del villaggio», Giacomo Leopardi, pp. 399–400.
2. «Falsetto», Eugenio Montale, p. 76.
3. Un'aria lirica italiana che ti piace.

Capitolo 12

Strutture

I numeri cardinali e ordinali

I giorni, i mesi, le stagioni, l'anno, i secoli

L'uso delle preposizioni

Le preposizioni e congiunzioni

Altri usi del congiuntivo

Altri usi di *se*

Lasciare + l'infinito

I suffissi

I verbi di percezione e l'infinito

Il trapassato prossimo e il trapassato remoto

I modi indefiniti: l'infinito, il gerundio e il participio

Vittorio Sciosia /© CuboImages srl / Alamy

Ricapitoliamo

La realtà italiana

Strutture

I numeri cardinali e ordinali

Cardinal numbers are used in counting and to indicate a specific quantity. Ordinal numbers are used to indicate position in a series.

A I numeri cardinali

Cardinal numbers are invariable, with the exception of **uno** and **mille**.

1. The cardinal numbers from 1 to 30 are as follows:

1	uno	11	undici	21	ventuno
2	due	12	dodici	22	ventidue
3	tre	13	tredici	23	ventitré
4	quattro	14	quattordici	24	ventiquattro
5	cinque	15	quindici	25	venticinque
6	sei	16	sedici	26	ventisei
7	sette	17	diciassette	27	ventisette
8	otto	18	diciotto	28	ventotto
9	nove	19	diciannove	29	ventinove
10	dieci	20	venti	30	trenta

2. The numbers from 31 to 99 are formed the same way. Round numbers from 40 upward are as follows:

40	quaranta	100	cento	700	settecento
50	cinquanta	200	duecento	800	ottocento
60	sessanta	300	trecento	900	novecento
70	settanta	400	quattrocento	1000	mille
80	ottanta	500	cinquecento	1.000.000	un milione
90	novanta	600	seicento	1.000.000.000	un miliardo

Note that in compound numbers ending in **uno** and **otto**, the number representing the tens and hundreds drops its final vowel.

21	ventuno	28	ventotto	88	ottantotto
131	centotrentuno				

3. **Uno** has the same forms as the indefinite article **un**.

un **gatt**o	*a cat*
uno **specchi**o	*a mirror*
un **uom**o	*a man*
una **scal**a	*a ladder*
un'**insegn**a	*a sign*

> Compound numbers formed with **uno** can drop the final **-o** before masculine plural nouns.
>
> ventun gatti
> quarantun uomini

4. In compound numbers formed with **tre**, there is a written accent on **tre**.

33	trenta**tré**	83	ottanta**tré**	103	cento**tré**

5. **Mille** (one thousand) becomes **mila** in the plural.

   2.000   duemila   8.020   ottomilaventi   10.900   diecimilanovecento

6. Numbers are written as a single word in Italian.

   345   trecentoquarantacinque   7.683   settemilaseicentottantatré

Milione and **miliardo**, however, usually are not written as a single word.

due milioni	quattro miliardi
two million	*four billion*

7. When **milione** and **miliardo** are used with a noun, they are accompanied by the preposition **di**.

due milioni **di** persone	quattro miliardi **di** euro
two million people	*four billion euros*

8. In Italian, a comma is used instead of a decimal point with percentages.

Circa il **22,3**% (*ventidue virgola tre per cento*) della popolazione festeggia il Natale a casa con la famiglia.	*About 22.3% of the population celebrates Christmas at home with the family.*

9. Instead of a comma, as in English, Italian uses a period between hundreds, thousands, and millions.

   5.250   332.300   10.000.000

10. To indicate approximate quantities, the suffix **-ina** can be added to a round number between ten and ninety after dropping the final vowel. If a noun follows, it is accompanied by the preposition **di**.

A tavola c'era **una decina** di persone.	*At the table there were around ten people.*

Un centinaio (*pl.* **centinaia**) and **un migliaio** (*pl.* **migliaia**) indicate approximate numbers in hundreds and thousands.

C'erano **centinaia** di persone per le strade.	*There were hundreds of people in the streets.*
Ci aspettavamo meno di **un migliaio** di spettatori.	*We expected fewer than a thousand spectators.*

B I numeri ordinali

Ordinal numbers, such as *first* and *twelfth*, indicate position in a series.

1. The ordinal numbers from one to ten are as follows:

primo	*first*		sesto	*sixth*
secondo	*second*		settimo	*seventh*
terzo	*third*		ottavo	*eighth*
quarto	*fourth*		nono	*ninth*
quinto	*fifth*		decimo	*tenth*

2. Ordinal numbers above ten are formed by dropping the final vowel of the cardinal number and adding the suffix **-esimo**.

undic**i** → undic**esimo**	*eleventh*
diciasset**te** → diciassett**esimo**	*seventeenth*
ventott**o** → ventott**esimo**	*twenty-eighth*
sessantun**o** → sessantun**esimo**	*sixty-first*
cent**o** → cent**esimo**	*hundredth*

In ordinal numbers, **mille** does not become **mila** in the plural.

duemil**a** → duemill**esimo**	*two-thousandth*

3. In Italian, ordinal numbers function like other adjectives. They have four forms and agree in number and gender with the noun they modify. An ordinal number is accompanied by the definite article, which contracts with a preposition.

Abbiamo prenotato **i** prim**i** post**i** **nelle** prim**e** fil**e**.

We reserved the first seats in the first rows.

> With names of popes, rulers, and royalty, the definite article is not used.
>
> Elisabetta I   Enrico IV
> (**prima**)   (**quarto**)
>
> Elizabeth I   Henry IV
> (the First)   (the Fourth)

4. Ordinal numbers are usually written out. They can also be expressed using the cardinal form of the number and a superscript: ° with masculine nouns; ª with feminine nouns.

il sesto re	il 6° re
the sixth king	*the 6th king*
la quarta dimensione	la 4ª dimensione
the fourth dimension	*the 4th dimension*

C Le frazioni

Fractions are expressed as in English, using a cardinal number as the numerator and an ordinal number as the denominator.

un terzo	un quarto	due quinti
one-third	*one-fourth*	*two-fifths*

Mezzo and **metà** are used to express one-half. **Mezzo** is generally used as an adjective and **metà** as a noun. With specific measurements, only **mezzo** can be used.

Ho comprato **mezzo** chil**o** di torroni.	*I bought half a kilo of torroni.*
Ho dato **metà** del panettone alla nonna.	*I gave half of the panettone to my grandmother.*

ESERCIZI

A I prezzi. Immagina il prezzo in euro dei seguenti oggetti. Scrivi i numeri in cifre e in lettere. Poi paragona la tua lista a quella di un compagno/una compagna. Avete gli stessi prezzi?

1. una penna stilografica d'oro
2. un maglione di lana di cachemire
3. una scatola di cioccolatini
4. uno zainetto di Prada
5. un libro d'arte

6. una macchina sportiva
7. una camicia di seta
8. una cravatta firmata di Ferragamo
9. una segreteria telefonica
10. una cassetta di vini pregiati

B **Le ricorrenze.** Paolo e la sorella discutono di date e avvenimenti importanti nella loro vita e in quella di alcuni loro amici e parenti. Paolo non è d'accordo con le affermazioni della sorella. Completa le frasi con la forma corretta in lettere dei numeri ordinali o cardinali.

1. SORELLA: Giulio adesso ha _____ (6) anni. La settimana scorsa abbiamo festeggiato il suo _____ compleanno.

2. PAOLO: Non è vero. Giulio ha già _____ (7) anni. La settimana scorsa abbiamo festeggiato il suo _____ compleanno.

3. SORELLA: Rosalba e Mario sono sposati da _____ (10) anni. Il mese scorso ci hanno invitato al loro _____ anniversario.

4. PAOLO: Ma no! Loro sono sposati da _____ (14) anni. Il mese scorso ci hanno invitato al loro _____ anniversario.

5. SORELLA: Mario ha cominciato l'università lo scorso settembre. Questo è il suo _____ anno di università.

6. PAOLO: Non è vero. Mario si è iscritto all'università _____ (3) anni fa. Questo è il suo _____ anno.

7. SORELLA: Roberto si è sposato _____ (2) volte. La _____ moglie si chiamava Giulia. La _____ moglie, invece, si chiama Renata.

8. PAOLO: Non è vero. Roberto ha divorziato da tutte e due le mogli. Con la _____ moglie è stato sposato _____ (5) anni. Dalla _____ moglie poi ha divorziato nel _____ (7) anno di matrimonio.

C **Che numero è?** Lavorando a piccoli gruppi, a turno, uno studente/una studentessa legge uno dei seguenti numeri e gli altri lo indicano.

1. 68,45%
2. $\frac{3}{4}$
3. 15ª
4. 6.324
5. 1.662.000
6. $\frac{1}{4}$
7. 75,29%
8. 698
9. 11º
10. 100º
11. 4,78%
12. 58

I giorni, i mesi, le stagioni, l'anno, i secoli

In Italian, the names of the days and seasons are never capitalized and months rarely are.

Vengo **lunedì**.   *I'm coming on Monday.*
Si laurea a **maggio**.   *She is graduating in May.*
Mi piace la **primavera**.   *I like spring.*

A I giorni della settimana

The days of the week are: **lunedì**, **martedì**, **mercoledì**, **giovedì**, **venerdì**, **sabato**, and **domenica**. **Lunedì** is the first day of the Italian week.

1. No preposition is used when referring to a specific day.

> **Lunedì** incominciano a vendemmiare.   *Monday they will start harvesting the grapes.*

2. When referring to a habitual action, the definite article is used with the singular form of the day of the week.

> **Il** sabato sera andiamo al cinema.   *On Saturday evenings we go to the movies.*
>
> **La** domenica andiamo a mangiare fuori.   *On Sundays we go out to eat.*

3. To inquire what day of the week it is, the phrase **Che giorno è oggi?** is used.

B I mesi dell'anno

The months of the year are as follows:

gennaio	aprile	luglio	ottobre
febbraio	maggio	agosto	novembre
marzo	giugno	settembre	dicembre

1. **A**, or less often **in**, are used to express *in + the month*.

> **A** gennaio i bambini italiani ricevono regali dalla Befana.   *In January, Italian children receive presents from Befana.*

2. When a specific date is stated, the day precedes the month. Cardinal rather than ordinal numbers are used, with the exception of the first day of the month (**il primo**). The masculine singular article precedes the number.

> **il** cinque marzo   **il** primo giugno   **l'**undici aprile
> *March 5*   *June 1*   *April 11*

When dates are abbreviated, the day also precedes the month.

> **5**/3   **1**/6   **11**/4
> *March 5*   *June 1*   *April 11*

3. To ask the date, the expressions **Qual è la data di oggi?** and **Quanti ne abbiamo oggi?** are used.

> Qual è **la data** di oggi?   *What's today's date?*
> — Oggi è **il sei luglio**.   —*Today is July 6th.*
>
> **Quanti ne** abbiamo oggi?   *What's today's date?*
> — Oggi **ne** abbiamo **sei**.   —*Today is the sixth.*

> The use of **di** before the name of the month is optional.
>
> Il primo (**di**) gennaio lo passiamo sempre in montagna.
>
> *We always spend January 1st in the mountains.*

C Le stagioni

The seasons are as follows:

la primavera	l'estate (*f.*)	l'autunno	l'inverno
spring	*summer*	*fall, autumn*	*winter*

1. **In**, **a**, or **di** are used, without the definite article, to express *in + the season*: **in (a) primavera, d' (in) estate, in (d') autunno, d' (in) inverno**.

> **In** primavera, dalla settimana santa in poi, ci sono molti turisti a Firenze.
>
> *In the spring, from Holy Week on, there are many tourists in Florence.*

2. The definite article is used when the name of the season is the subject or direct object of the sentence.

> **L'**inverno lo passiamo sempre in città. *We always spend the winter in the city.*

> The adjectives **primaverile**, **estivo/-a**, **autunnale**, and **invernale** agree in gender and number with the nouns they modify.
>
> | le piogge **primaverili** | i colori **autunnali** |
> |---|---|
> | *spring rains* | *fall colors* |
> | gli abiti **estivi** | le scene **invernali** |
> | *summer clothes* | *winter scenes* |

D L'anno

When referring to a year, the masculine singular definite article is used. The article contracts with prepositions.

> Si dice che Cristoforo Colombo scoprì l'America **nel** 1492.
>
> *It is said that Christopher Columbus discovered America in 1492.*

E I secoli

Centuries are commonly expressed in hundreds, especially when referring to an artistic or historical era.

1200–1299	il Duecento	1600–1699	il Seicento
1300–1399	il Trecento	1700–1799	il Settecento
1400–1499	il Quattrocento	1800–1899	l'Ottocento
1500–1599	il Cinquecento	1900–1999	il Novecento

> Boccaccio e Petrarca sono due importanti scrittori del **Trecento**.
> La poesia del **Novecento** non è facile da capire.
>
> *Boccaccio and Petrarca are two important writers of the 1300s.*
> *The poetry of the 1900s is not easy to understand.*

1. Centuries can also be expressed as ordinal numbers, as in English. The word **secolo** (century) follows the ordinal number.

> il quindicesimo secolo   il ventesimo secolo
> *the fifteenth century*   *the twentieth century*

2. The abbreviations **a.C.** (**avanti Cristo**) and **d.C.** (**dopo Cristo**) are used to express the equivalent of the English *B.C.* and *A.D.*

ESERCIZI

A La famiglia Manfredini. Leggi i seguenti dati sulla famiglia Manfredini e poi rispondi alle domande.

Nella famiglia Manfredini il padre è nato il 25 aprile del 1935. La moglie è nata quattro anni dopo. Il compleanno della loro prima figlia è tre giorni dopo quello del padre. Lei è nata quando lui aveva 25 anni. Quando la bambina aveva sei anni, è nato un fratellino, due giorni prima di Natale. Dopo diversi anni, quando il maschietto aveva otto anni, alla famiglia si è aggiunta un'altra bambina, nata quattro giorni dopo Capodanno.

1. In che anno è nata la signora Manfredini?
2. Quando è il compleanno della prima figlia?
3. In che anno è nata la prima figlia?
4. Quando è nato il secondo figlio?
5. Quando è nata l'ultima bambina?
6. Quanti anni aveva la prima bambina quando è nata l'ultima?
7. Quanti anni aveva la signora Manfredini quando è nata l'ultima figlia?

B Le stagioni. Indica le date dell'inizio e della fine delle quattro stagioni.

1. primavera _____
2. estate _____
3. autunno _____
4. inverno _____

C I secoli. Indica in quale secolo ebbero luogo i seguenti eventi e, quando è possibile, in quale anno.

1. Quando arrivò in America Cristoforo Colombo?
2. Quando visse Michelangelo?
3. Quando visse Galileo Galilei?
4. Quando scoppiò la rivoluzione americana?
5. Quando ci fu la rivoluzione francese?
6. Quando finì la seconda guerra mondiale?

L'uso delle preposizioni

Prepositions cannot usually be translated literally, because the functions they perform are not identical in Italian and English. (See pages 126–127.)

A La preposizione *di*

1. **Di** is used to indicate possession, place of origin, what something is made of, and the author of a work or designer of an object.

— **Di chi** è quel palazzo?	—*Whose building is that?*
— È **di** Lorenzo Martini.	—*It's Lorenzo Martini's.*
È difficile definire la cultura **di** un popolo.	*It's difficult to define the culture of a people.*
Sono **di** Roma.	*I'm from Rome.*
Mi piacciono i maglioni **di** cachemire.	*I like cashmere sweaters.*
Ho letto tutti i libri **di** Severgnini.	*I read all of Severgnini's books.*
Questa borsa è **di** Prada.	*This is a Prada bag.*

For more information on the uses of the preposition **di**, see page 127.

2. **Di** is also used to specify the qualities of something.

È un problema **di** grande complessità.   *It's a problem of great complexity.*

3. **Di** is also used to express the partitive (see pages 93–94), either with the definite article or in the phrase **un po'** (**poco**) **di**.

La polizia ha scoperto **dei** traffici illegali.   *The police discovered some illegal dealings.*

4. **Di** is used in comparisons.

Il Nord è più industrializzato **del** Sud.   *The North is more industrialized than the South.*

5. **Di** is used in time expressions.

Di sera molti italiani si ritrovano in piazza.   *At night, many Italians get together in the square.*

6. **Di** is used to specify age.

È una donna **di** trent'anni.   *She is a thirty-year-old woman.*

7. **Di** is used with measurements.

Ha una casa **di** 200 metri quadrati.   *She has a 200-square-meter house.*

8. In expressions like **parlare di**, **discutere di**, and **trattare di**, the preposition indicates the subject of discussion.

Agli italiani piace parlare **di** politica.   *Italians like to talk about politics.*

See Appendix A, pages 439–440 for a list of verbs and adjectives that take the preposition **di**.

B La preposizione *a*

1. **A** is used with many expressions of place, including the following:

a casa	*at home*	a scuola	*at school*
a teatro	*at the theater*	al mare	*at the beach*
all'estero	*abroad*	al cinema	*at the movies*

Se l'economia andrà male, me ne andrò **all'**estero.   *If the economy turns bad, I will go abroad.*

2. **A** is also used with the names of cities and small islands as destinations and places of residence.

Andiamo **a** Roma per Natale.   *We're going to Rome for Christmas.*
Abitano **a** Napoli.   *They live in Naples.*
Passiamo l'estate **a** Capri.   *We spend the summer in Capri.*

3. **A** is used with most indirect objects. (See pages 134–135.)

Abbiamo dato il nostro indirizzo **all'**avvocato.   *We have given our address to the lawyer.*

4. A is used in many expressions that indicate the manner or means of doing something.

parlare **ad** alta voce	*to speak loudly*
andare **a** piedi	*to go by foot*
andare **a** cavallo	*to go on horseback, to go horseback riding*
comprare **a** credito	*to buy on credit*
comprare **a** rate	*to buy in installments*

Note the difference between Italian and English in the following expressions using **a**.

alla televisione	*on TV*
alla radio	*on the radio*

See Appendix A, page 449 for a list of verbs and adjectives that take the preposition **a** before an infinitive.

C   La preposizione *da*

1. Da is used in expressions of time to indicate an action or situation that began in the past and continues into the present. (See pages 26–27.)

È senza lavoro **da** due anni.	*He has been out of work for two years.*

2. Da is also used in past-tense statements to describe actions or circumstances that continued until a given point in the past. (See marginal note, page 59.)

Quando ci siamo conosciuti, studiavo medicina **da** quattro anni.	*When we met, I had been studying medicine for four years.*

3. Da is used to specify the agent in passive phrases. (See pages 350–351.)

L'inglese è ormai parlato **da** quasi tutti.	*By now, English is spoken by almost everyone.*

4. Da is used with nouns and pronouns to express *at the house of, at the office of, at the restaurant of,* and the like. (See page 127.)

Stasera ci incontriamo **dai** miei.	*Tonight we are going to meet at my family's place.*
Venite **da** me o **dal** professore?	*Are you coming to my house or the professor's?*

5. Da can indicate what something is used for.

le scarpe **da** tennis	*tennis shoes*
la sala **da** pranzo	*dining room*
la macchina **da** scrivere	*typewriter*

6. Da can be used with a noun to express the equivalent of the English *as* or *like*.

Ha fatto una figura **da** cafone.	*He behaved like a peasant.*

7. Da can also be used with nouns and adjectives denoting age.

Impariamo le tradizioni **da** piccoli e poi **da** giovani spesso ci ribelliamo.	*We learn traditions as kids, and then as teenagers we often rebel.*

8. Followed by an infinitive, **da** can introduce a clause that indicates necessity or consequence.

Non c'è niente **da** fare per eliminare le ingiustizie sociali?	*Is there anything that can be done to eliminate social injustices?*
Saresti così gentile **da** accompagnarmi a casa?	*Would you be so kind as to accompany me home?*

9. Da is also used to indicate place of origin.

Veniamo **da** un'altra regione.	*We come from another region.*

D La preposizione *in*

1. In is used in many expressions of place, such as the following:

in biblioteca	*at/to the library*
in campagna	*in/to the country*
in chiesa	*at/to church*
in città	*in/to the city*
in classe	*in/to the classroom*
in montagna	*in/to the mountains*
in piscina	*in/to the swimming pool*

Vanno spesso **in città**.	*They often go to the city.*
Studiamo **in biblioteca**.	*We study in the library.*

When the above expressions are modified, **in** is used with a definite article.

Nuotiamo **in** piscina.	*We swim in the pool.*
Nuotiamo **nella** grande piscina.	*We swim in the large pool.*

2. In is used with names of continents, countries, states, regions, and large islands. (See pages 126–127.)

In passato molti italiani sono emigrati **in** America.	*In the past, many Italians emigrated to America.*

When continents, countries, states, regions, and large islands are modified, **in** is used with a definite article.

Viviamo **in** California.	*We live in California.*
Viviamo **nella bella** California.	*We live in beautiful California.*

3. In is used with means of transportation. (See page 127.)

in aereo	*by plane*	in barca	*by boat*
in bicicletta	*by bicycle*	in macchina	*by car*
in treno	*by train*	in autobus	*by bus*

I prigionieri mandati al confino hanno viaggiato **in** treno.	*The prisoners sent into confinement traveled by train.*

E La preposizione *su*

1. Su is used with numbers to indicate an approximate quantity. This usage corresponds to the English *about*, and the Italian **circa**.

I cittadini italiani sono **sui** cinquantotto milioni.	*Italian citizens number about fifty-eight million.*

2. Su is used with verbs like **leggere** and **scrivere** and titles or types of publications, such as **giornale**, **libro**, and **rivista**, to indicate where something is printed.

Ho letto le statistiche **sul** libro di sociologia e poi anche **sull'**ultimo numero de *L'Espresso*.	*I read the statistics in the sociology book and then also in the last L'Espresso.*

F La preposizione *fra (tra)*

1. Fra (**tra**) is also used to indicate the English equivalent of *between, among, in the middle of.*

Il paesino si trova **fra** due colline.	*The little town is between two small hills.*
Siamo **tra** amici.	*We are among friends.*

2. Fra (**tra**) is also used to specify individual people, places, things, and concepts among others.

Solo uno **fra** i miei amici parla più di due lingue.	*Only one of my friends speaks more than two languages.*

3. Fra (**tra**) is used with expressions of time to indicate the length of time before a future event will take place.

Partiremo **fra** due settimane.	*We will leave in two weeks.*

ESERCIZI

A Un italiano all'estero. Un italiano all'estero parla dei suoi connazionali. Completa le frasi scegliendo le preposizioni corrette.

1. Solo (di / da) quando sono qui capisco a fondo il carattere (dei / fra i) miei connazionali.
2. (All' / Nell') estero non tutti capiscono come sono gli italiani.
3. Vorrei spiegare (alla / dalla) gente che cosa significa essere italiano.
4. Ho letto (sul / nel) giornale che la crescita della popolazione italiana è zero.
5. Invece tanti ancora credono che le famiglie italiane siano più numerose (di / fra) quelle di altre nazioni.
6. Il gusto estetizzante (degli / dagli) italiani a volte non piace (agli / sugli) altri europei.
7. Ci sono molte cose (da / di) leggere e studiare per comprendere un popolo.
8. Fra le cose più importanti (da / a) sapere vi è la storia di una nazione.
9. Anche la forma (di / in) governo ci aiuta (di / a) capire.
10. I rapporti privati (in / a) Italia sono importanti, perché gli italiani non si fidano (delle / sulle) istituzioni.
11. Quando (in / fra) tre mesi tornerò (in / a) Firenze, capirò meglio i miei concittadini.

B Uno straniero in Italia. Uno straniero innamorato dell'Italia spera di restarci a lungo. Completa le frasi con le preposizioni semplici o articolate corrette.

1. Sono arrivato _____ Roma un mese fa.
2. Poi sono andato subito _____ Milano _____ treno.
3. Le bellezze naturali _____ Paese mi hanno colpito.
4. _____ treno ho incontrato _____ studenti italiani molto simpatici.
5. Abbiamo parlato _____ politica e _____ economia.
6. Avevano letto tante cose _____ mio Paese _____ giornali italiani, e sapevano quello che succede _____ estero.
7. Avevano sentito _____ radio e visto _____ televisione che cosa era successo _____ mio Paese.
8. Ho deciso _____ cercare lavoro e per adesso faccio il cameriere _____ un ristorante _____ centro.

Le preposizioni e congiunzioni

Some Italian prepositions can also be used as conjunctions. A conjunction introduces an entire clause or a verb. These are the common prepositions that can also be used as conjunctions.

Preposizione	Congiunzione
dopo (di)	**dopo che**
Dopo la discussione, andammo a letto.	**Dopo che** avevamo finito di discutere, andammo a letto.
After the discussion, we went to bed.	*After we had finished discussing, we went to bed.*
prima di	**prima che**
Prima di noi, nessuno c'era mai andato.	**Prima che** ci **andassimo** noi, nessuno c'era mai andato.
Before us, no one had gone.	*Before we went, no one had gone.*
da	**da quando**
Dalla morte del padre, pensa solo alla vendetta.	**Da quando** il padre è stato ucciso, pensa solo alla vendetta.
Since his father's death, he thinks only of revenge.	*Since his father was killed, he has thought only of revenge.*
fino a	**finché (non)**
Fino ad oggi non sapevo niente degli italiani nel mondo.	**Finché** il professore **non** ce ne **avrà parlato**, non sapremo niente di sicuro.
Until today, I didn't know anything about Italians living abroad.	*Until our professor speaks to us about it, we won't know anything for certain.*
senza (di)	**senza che**
Senza il suo appoggio, non potremo vincere.	Ha capito i problemi della Sicilia **senza che** glieli **spiegassero**.
Without her support, we won't be able to win.	*He understood Sicily's problems without their explaining them to him.*

Preposizione	Congiunzione
a causa di	**perché**
Lo considerano un delinquente **a causa dei** suoi amici. *They consider him a criminal because of his friends.*	Lo considerano un delinquente **perché** ha amici che sono coinvolti nel traffico della droga. *They consider him a criminal because he has friends involved in drug trafficking.*

1. **Dopo** and **senza** are followed by **di** before stressed pronouns.

Dopo **di lui**, vennero altri.	*After him, others came.*
Senza di loro non possiamo partire.	*Without them we can't leave.*

2. **Dopo** is used with the compound infinitive when the subjects of the two clauses are the same.

Dopo avere parlato con i prigionieri, capimmo tutto.	*After having spoken to the prisoners, we understood everything.*
Dopo che i prigionieri avevano parlato con noi, capimmo tutto.	*After the prisoners had spoken to us, we understood everything.*

3. To express *since* in the sense of *because*, Italian uses **dato che**, **poiché**, and **siccome**.

Dato che (**Poiché / Siccome**) nessuno lo aiuta, tornerà al suo Paese.	*Since nobody is helping him, he will return to his country.*

4. **Prima che** and **senza che** are followed by the subjunctive. When the subject of the two clauses is the same, **prima di** and **senza di** are used instead, followed by the infinitive. (See page 203.)

Prima che la gente lo **accusasse**, confessò.	*Before people accused him, he confessed.*
Prima di confessare, parlò con la famiglia.	*Before he confessed, he talked with his family.*

ESERCIZI

A **Gli anziani in Italia.** Nel brano seguente si parla delle persone anziane in Italia. Completalo con una delle preposizioni o congiunzioni seguenti.

dopo (di)	finché	da quando
prima (di)	a causa	fino a
dal	dopo che	senza (che)
dato che	prima che	perché

_____ (1) studi più recenti, si credeva che la vecchiaia fosse una malattia. Invece, _____ (2) sono stati pubblicati tanti risultati medici, si pensa alla terza età non come malattia, ma come crescita. _____ (3) la popolazione anziana è in aumento, a partire _____ (4) 1982 sono state aperte le università della terza età, _____ (5) l'anno dell'anziano aveva messo in luce l'esigenza di un rinnovamento culturale. _____ (6) del numero degli iscritti, lo Stato deve pensare a far sorgere questi centri di studio anche in località lontane dalle grandi città. _____ (7) nascesse quest'università, una persona anziana aveva poche possibilità di rinnovamento culturale. Questi studi però vengono fatti _____ (8) ci sia nessun coordinamento con il mondo del lavoro.

B Frasi e sempre più frasi. A coppie, scrivete almeno due frasi originali con ognuna delle seguenti espressioni.

1. senza che / senza (di)
2. prima che / prima di
3. dopo che / dopo (di)
4. a causa di / perché
5. fino a / finché
6. da / da quando

Altri usi del congiuntivo

The subjunctive mood expresses actions and events that are not factual, objective, or real. The subjunctive is normally used in a dependent clause, introduced by verbs and expressions that indicate desires, beliefs, opinions, feelings, possibility, probability, and necessity.

Spero che lo **facciano** stasera.	*I hope they do it tonight.*
Bisognava che lui me lo **dicesse**.	*It was necessary that he tell it to me.*

The subjunctive is also used after certain conjunctions, indefinite forms and expressions, and the relative superlative.

Benché non la **conoscessi**, la invitai a cena.	*Even though I didn't know her, I invited her to dinner.*
Qualunque strada **prendiate**, vi porterà a Roma.	*Any road you take will lead you to Rome.*
È **il** mezzo di trasporto **meno affidabile** che io **conosca**.	*It's the least reliable means of transportation I know of.*

For more information on these uses of the subjunctive, see pages 203–204.

A   Il congiuntivo con l'articolo e i pronomi indefiniti

Relative clauses introduced by the indefinite article and by the following indefinite pronouns call for the subjunctive when the conditions or actions stated in the clause are not objective or real.

un/uno/una/un'	Cerco **un** posto che **sia** proprio tranquillo.
a/an	*I'm looking for a place that is peaceful.*
qualcosa	Trovami **qualcosa** che non **costi** molto.
something	*Find me something that doesn't cost much.*
qualcuno	Conosci **qualcuno** che **possa** consigliarmi un buon albergo?
someone/anyone	*Do you know anyone who can recommend a good hotel?*

B Il congiuntivo in proposizioni indipendenti

Although the subjunctive is primarily used in dependent clauses, it is sometimes also used in independent clauses.

1. The present subjunctive is used in exclamations expressing a heartfelt wish or invocation, sometimes but not always, introduced by **che**.

Che lo **trovino** loro un posto tranquillo!	*Let them find a quiet spot!*
Sia benedetto il cielo!	*May heaven be blessed!*

2. The present or past subjunctive is used in questions introduced by **che** to raise a supposition or possibility.

Perché non abbiamo ricevuto i biglietti? Che ce li **diano** all'aeroporto?	*Why haven't we received the tickets? Is it possible they're going to give them to us at the airport?*
Perché non ha telefonato? Che **sia** già **partito**?	*Why hasn't he called? Could it be that he has already left?*

3. The imperfect and past perfect subjunctive are used to express a wish or an unsatisfied desire.

Magari ci **fosse** il sole domani!	*If only it would be sunny tomorrow!*
Non l'**avessi** mai **fatto**!	*I wish I had never done it!*

ESERCIZI

A Arrivo in montagna. Sei appena arrivato/-a in montagna e parli con il proprietario della pensione dove alloggerai. Completa il dialogo usando il congiuntivo presente o passato.

1. IMPIEGATO: C'è qualcos'altro che io _____ (potere) fare per Lei?
2.   TU: Cerco solo un posto che _____ (essere) molto rilassante.
3. IMPIEGATO: Chiunque _____ (venire) qui, vuole sempre ritornarci.
4.   TU: C'è qualcuno che _____ (potere) accompagnarmi in paese in macchina?
5. IMPIEGATO: La faccio accompagnare dovunque Lei _____ (volere) andare.
6.   TU: Questi sembrano i luoghi più tranquilli che io _____ (vedere) mai.
7. IMPIEGATO: Sono sicuro che questa sarà la vacanza più bella che Lei _____ (fare) mai in tutta la Sua vita.
8.   TU: Per ora qui non c'è niente che non mi _____ (piacere).

B Vacanze ideali! A coppie, completate le seguenti frasi e parlate di vacanze ideali.

1. Cerchiamo un albergo che _____.
2. Dovunque _____.
3. Compriamo qualcosa che _____.
4. Magari _____!
5. Perché non ci hanno dato una camera? Che _____?
6. Che _____!
7. Vogliamo qualcuno che _____!
8. Sono le spiagge più belle che _____!

Altri usi di *se*

Se is used in hypothetical sentences to state the conditions necessary for an action to occur. In these sentences, **se** is followed by the indicative if the conditions are real or possible; it is followed by the subjunctive when the conditions are plausible, but unlikely to occur or no longer possible.

Se tu lo **inviti**, viene.	*If you invite him, he'll come.*
Se tu lo **invitassi**, verrebbe.	*If you were to invite him, he would come.*
Se tu lo **avessi invitato**, sarebbe venuto.	*If you had invited him, he would have come.*

For more information on the use of **se** in hypothetical sentences, see pages 204–205.

A *Se* con il congiuntivo imperfetto

Se is used with the imperfect subjunctive to make a suggestion, comparable to *How about . . . ?*, *What if . . . ?*, or *Suppose . . . ?*

Se invitassimo tutti a casa?	*Suppose we invited everyone to our house?*

> The expression **Che ne diresti di** + *the infinitive* can also introduce a suggestion.
>
> **Che ne diresti di passare** qualche giorno al mare?
>
> *What would you say to spending a few days at the beach?*

B *Se* con il congiuntivo imperfetto e trapassato

Se is also used with the imperfect or past perfect subjunctive to express a wish or a regret, equivalent to *If only . . .*

Se potessi perdere qualche chilo!	*If only I could lose a few kilos!*
Se non **avessi mangiato** tanto!	*If only I hadn't eaten so much!*

C *Se* con dubbio e incertezza

Se is used with verbs of doubt or uncertainty and in questions to mean *whether*. The context determines which mood the verb is in.

Chiedigli **se verrà** anche lui.	*Ask him whether he will come too.*
Vorrei sapere **se** lei **parteciperebbe** al banchetto.	*I would like to know whether she would participate in the banquet.*
Non so **se** lei **abbia** ragione.	*I don't know whether she is right.*

ESERCIZI

Se... Un tuo amico si lamenta sempre della sua apparenza e della sua salute. Dagli dei consigli, completando in modo logico le frasi che seguono.

1. Se lavori troppo, ...
2. Se ti riposassi di più, ...
3. Se farai ginnastica, ...
4. Se mangiassi meglio, ...
5. Avresti avuto più tempo per te stesso se...
6. Se fossi andato dal medico subito, ...
7. Se non ti sentivi bene, ...
8. Saresti più felice se...
9. Se...
10. Se...

Lasciare + l'infinito

The construction **lasciare** (*to allow, to let, to permit*) + *the infinitive* is used to indicate that a person is (1) allowing something to be done, or (2) letting someone do something. It is equivalent to the English *let* + *the infinitive*. The subject of the verb **lasciare** allows the action to be performed.

Lasciamo parlare il giornalista.	*We let the journalist speak.*
Lascia preparare la cena a Maria.	*He/She allows Maria to prepare the dinner.*

The construction **lasciare** + *the infinitive* can have one object or two objects.

1. If this construction has one object, it is always a direct object.

Lasciamo intervistare Giovanna.	*We let Giovanna be interviewed.*
[**La** lasciamo intervistare.]	[*We let her be interviewed.*]
Hanno lasciato entrare gli invitati.	*They allowed the guests to enter.*
[**Li** hanno lasciat**i** entrare.]	[*They let them enter.*]

2. When the subject of the sentence allows someone else to do something, there are often two objects. The object of **lasciare**—the person who performs the action—becomes the indirect object, and the object of the infinitive—the person or thing acted on—is the direct object.

Lascia cantare una canzone **a Maria**.	*Let Maria sing a song.*
[Lascia**gliela** cantare.]	[*Let her sing it.*]

3. Direct- and indirect-object pronouns, **ne**, and **ci** (**vi**) always precede the conjugated form of **lasciare**. They are attached to the informal imperative, the infinitive, the gerund, and the past participle.

Glieli lasciamo comprare.	*We let them buy them.*
Lasciate**la** entrare!	*Let her come in!*
Non lasciar**la** venire!	*Don't let her come!*

4. In compound tenses, **lasciare** + *the infinitive* is always conjugated with **avere**. The past participle agrees with the direct-object pronoun.

L'abbiamo lasciata finire ai ragazzi.	*We allowed the kids to finish it.*
Li hanno lasciati mangiare.	*They allowed them to eat.*

5. When **lasciare** + *the infinitive* is used with a reflexive verb, the reflexive pronoun is omitted.

Il moderatore **si alza**. Lascialo **alzare**.	*The moderator gets up. Let him get up.*

6. The construction **permettere di** + *the infinitive* can be substituted for **lasciare** + *the infinitive*. **Permettere** always takes an indirect object.

Permetti **a Carlo** di telefonare.	*Let Carlo call.*
Gli permetti di telefonare.	*Let him call.*

The object pronoun of a second verb used with **permettere** attaches to the infinitive after dropping the final **-e**.

Permettiamo ai ragazzi di guardare **programmi culturali**.	*We let the kids watch cultural programs.*
Permettiamo ai ragazzi di guardar**li**.	*We let the kids watch them.*

7. Allowing or permitting someone to do something can also be expressed with **lasciare** or **permettere** + **che** + *the subjunctive*.

Lasciano che loro **producano** quel serial.	*They allow them to produce that serial.*
Permettete che **sia** io a firmare l'articolo.	*Let me be the one to sign the article.*

ESERCIZI

A **I figli.** Due genitori discutono su quello che permettono o non permettono di fare ai figli. Riscrivi le frasi una prima volta usando *lasciare* + l'infinito e poi una seconda sostituendo ai nomi i pronomi.

Esempio: Mio marito non vuole che i miei figli vedano film violenti.
Mio marito non lascia vedere film violenti ai figli.
Mio marito non glieli lascia vedere.

1. Io non voglio che il mio figlio minore guardi la televisione.
2. Mia moglie non vuole che nostra figlia legga i giornali di moda.
3. Noi non vogliamo che i ragazzi leggano i fumetti (*comics*).
4. Io voglio che mio figlio legga solo i romanzi classici.
5. Mio marito non vuole che le ragazze vedano film romantici.
6. Mia moglie vuole che i bambini guardino unicamente programmi educativi.
7. Io voglio che la mia figlia maggiore legga solo riviste d'economia e politica.
8. Noi non vogliamo che i nostri figli vadano troppo spesso al cinema.

B **I programmi televisivi.** Due registi della televisione discutono di alcuni progetti che hanno appena terminato. Immagina le loro risposte alle seguenti domande. Usa la costruzione *lasciare* + l'infinito e sostituisci ai nomi i pronomi.

Esempio: Il direttore ha permesso che tu scegliessi le ballerine?
Sì, il direttore me le ha lasciate scegliere.

1. I musicisti hanno permesso che tu scegliessi i brani musicali?
2. Tu hai permesso che gli addetti alla pubblicità interrompessero il tuo varietà?
3. Le costumiste hanno permesso che la prima attrice scegliesse i suoi abiti?
4. Il produttore ti ha permesso di spendere tutti i soldi?
5. Tu hai permesso al famoso comico di dire tutto quello che voleva?
6. Hanno permesso che la presentatrice portasse vestiti molto vistosi?

C **La pubblicità.** Ecco alcune regole sulla pubblicità. Riscrivi le frasi sostituendo al congiuntivo *permettere di* + l'infinito e facendo i cambiamenti necessari.

1. Le regole non permettono che in una pubblicità indichiamo il prezzo del prodotto.
2. Le regole non permettono che facciamo il paragone con un altro prodotto.
3. Le regole permettono che il proprietario faccia personalmente pubblicità ai propri prodotti.
4. Le regole non permettono che si parli male di un altro prodotto.
5. Le regole permettono che si usino altre lingue oltre all'italiano.
6. Le regole permettono che anche i bambini facciano la pubblicità.

D **Mi lasciavano..., ma non mi lasciavano...** Fa' una lista delle cose che i tuoi genitori o insegnanti ti lasciavano fare quando eri piccolo/-a e di quelle che non ti lasciavano fare. Poi paragona la tua lista a quella di altri due o più studenti. Quindi spiega alla classe le differenze e somiglianze.

I suffissi

In Italian, suffixes can be added to nouns, adjectives, and adverbs to convey nuances of size or quality or to express the speaker's feelings toward the person, place, or thing.

Quella cas**etta** è proprio bell**ina**.   *That little house is really cute.*

However, a given suffix cannot be used with all nouns, adjectives, and adverbs. Because there are no rules governing the choice of suffixes, it is important to focus on recognizing and comprehending suffixes and actively using only those you are familiar with.

1. The following suffixes denote smallness and sometimes cuteness and/or affection.

-ino/-a/-i/-e	ragazzo	ragazz**ino**	*small boy*
-etto/-a/-i/-e	piccolo	piccol**etto**...	*cute little ...*
-ello/-a/-i/-e	paese	paes**ello**	*sweet little village*
-icello/-a/-i/-e	campo	camp**icello**	*sweet little field*
-acchiotto	orso	ors**acchiotto**	*cute (stuffed) bear*
-iccino/-a/-i/-e	libro	libr**iccino**	*cute little book*
-olino/-a/-i/-e	sasso	sass**olino**	*small pebble*
-uccio/-a/-i/-e	avvocato	avvocat**uccio**	*insignificant lawyer*

2. The suffix **-one** indicates largeness.

-one/-oni	febbre	febbr**one**	*high fever*
	naso	nas**one**	*big nose*
Feminine nouns become masculine when the suffix **-one** is added.			
la borsa	*purse*	**il** bors**one**	*large bag, travel bag*
la porta	*door*	**il** port**one**	*large front door of a building*
la donna	*woman*	**il** donn**one**	*big woman*
la febbr**e**	*fever*	**il** febbr**one**	*high fever*

3. The following suffixes denote worthlessness or scorn.

-accio/-a/-i/-e	parola	parol**accia**	*a vulgar word*
-astro/-a/-i/-e	poeta	poet**astro**	*an inferior poet*

4. Some nouns change their gender and meaning when suffixes are added.

la finestra   **il** finestr**ino**   *small window (of a car, train, or plane)*

5. More than one suffix can be added to a noun.

casa → cas**etta** → cas**ettina**   *cute little house*
libro → libr**etto** → libr**ettino**   *nice little book*

A **Il telegiornale.** Le seguenti notizie sono tratte dal telegiornale della notte. Spiega con aggettivi appropriati i nomi in corsivo.

1. Una *ragazzina* è stata investita stasera mentre attraversava una *stradina* di campagna.
2. Un famoso attore ha sposato un'*attricetta* sconosciuta in una *chiesetta* di un *paesello* di montagna. La coppia si trasferirà in una *casuccia* in collina circondata da un *giardinetto*.
3. Una *coppietta* anziana vince la lotteria e decide di comprarsi un *macchinone* americano.
4. La critica denuncia il best seller della settimana e lo definisce un *libraccio*.
5. Sono appena stati pubblicati molti istruttivi e divertenti *libriccini* per bambini.
6. Viene finalmente restaurato il *portone* del municipio.
7. Un'*impresuccia* di mobilio di un *paesotto* di provincia riesce a concludere un *affarone* di miliardi con una ditta internazionale.
8. Una *vecchietta* ha denunciato l'elettricista per un *lavoretto* fatto in casa e finito male.

B **«Il sabato del villaggio».** Leggi la poesia di Leopardi a pp. 399–400 e trova tutti i suffissi. Poi spiega con uno o più aggettivi il loro significato.

C **La pubblicità.** Stai guardando degli spot pubblicitari alla televisione. Quali parole e quali suffissi useresti per le seguenti immagini?

1. Il naso molto grosso di un vecchio attore
2. Una bambina di due anni molto graziosa
   a. le mani
   b. i piedi
   c. la faccia
   d. i vestiti
3. Un piccolo e bel paese di montagna
4. Un giocatore di pallacanestro alto e grosso
   a. le mani
   b. i piedi

D **Le descrizioni.** A gruppi, inventate una storia buffa al passato usando le seguenti parole.

1. la faccina
2. gli occhioni
3. la boccaccia
4. un donnone
5. un febbrone
6. un ragazzaccio
7. una nonnina
8. un paesello
9. un vestituccio
10. un librone

I verbi di percezione e l'infinito

Verbs of perception indicate people, things, or actions that one sees, observes, or hears. The most commonly used verbs of perception in Italian are as follows:

ascoltare	*to listen*
guardare	*to look, to watch*
notare	*to notice*
osservare	*to observe, to watch*
scorgere	*to perceive, to discern*
sentire	*to hear*
udire	*to hear*
vedere	*to see*

A I verbi di percezione con l'infinito

Verbs of perception can be followed directly by an infinitive, even if the subjects of the conjugated verb and the infinitive differ.

Ho visto il ragazzo **cadere**.   *I saw the boy fall down.*
Ho visto un uomo **scappare**.   *I saw a man running away.*

1. When the infinitive has both a subject and an object, the subject precedes the infinitive and the object follows it.

Ho osservato il colpevole **nascondere** la pistola.   *I observed the suspect hide the pistol.*

2. When the subject of the infinitive is a direct-object pronoun, it precedes the conjugated verb of perception.

L'ho visto nascondere la pistola.   *I saw him hide the pistol.*

3. When the object of the infinitive is a pronoun, it attaches to the infinitive.

Ho osservato il colpevole **nasconderla**.   *I observed the suspect hide it.*

4. When the infinitive is reflexive, the reflexive pronoun attaches to the infinitive.

Ho visto il ragazzo **rialzarsi** da terra.   *I saw the boy get up off the ground.*

B I verbi di percezione con un verbo coniugato

Verbs of perception can also be followed by a relative clause introduced by **che** or **mentre**.

Ho sentito i ragazzi **che gridavano**.   *I heard the boys yelling.*
Ho visto la ragazza **mentre usciva**.   *I saw the girl while she was going out.*

ESERCIZI

A Una storia violenta. Immagina di raccontare la storia di un film che hai visto alla televisione. Completa le frasi con un verbo all'infinito o con una frase relativa introdotta da *che*. Fa' attenzione ai tempi dei verbi.

1. L'uomo non ha visto la donna che _____.
2. La donna, entrata in casa di nascosto, ha notato l'uomo che _____.
3. L'uomo stava guardando fuori dalla finestra un giovane _____.

4. L'uomo però ha sentito la donna _____ e ha udito il cane che
   _____.
5. Io ho notato un'altra persona sconosciuta _____.
6. Ho osservato gli attori _____.

B Un incidente? Hai mai assistito ad un incidente o ad un fatto insolito?
Completa le frasi in maniera logica, usando l'infinito.

1. Ieri sera, tornando a casa, ho visto _____.
2. Sono riuscito/-a a scorgere _____ e ho notato _____.
3. Nel frattempo sentivo _____ e ho udito _____.
4. Mi sono accorto/-a di _____.

C Un fatto insolito. Adesso, a piccoli gruppi, raccontate un fatto insolito che vi è
capitato recentemente. Usate i verbi di percezione.

Il trapassato prossimo e il trapassato remoto

The past perfect is used to express actions that had occurred before other actions in
the past. The past perfect corresponds to the English *had + the past participle (had
bought, had celebrated)*.

Non **è venuto** al veglione perché lo **avevano** già **invitato** a un'altra festa.	*He didn't come to the ball because they had already invited him to another party.*
Non gli **diedi** niente perché gli **avevo** già **fatto** un regalo.	*I didn't give him anything because I had already given him a gift.*
Dopo che i bambini **avevano aperto** i regali, **abbiamo mangiato**.	*After the children had opened the gifts, we ate.*
Le festività **cominciarono** dopo che **ebbero allestito** le bancarelle.	*The festivities began after they had set up the stands.*

There are two past perfect tenses in Italian that correspond to the English past
perfect, the **trapassato prossimo** and the **trapassato remoto**. The formation and
usage of the **trapassato prossimo** can be found on pages 67–68.

A La formazione del trapassato remoto

The **trapassato remoto** is also a compound tense. It is formed with the **passato
remoto** of **avere** or **essere** + *the past participle* of the verb. Transitive verbs are
conjugated with **avere**. Intransitive and reflexive verbs are conjugated with **essere**. The
agreement of the past participle follows the same rules as the other compound tenses.

Appena **furono partiti**, ci accorgemmo dell'errore.	*As soon as they had left, we became aware of the mistake.*

	festeggiare	andare	vestirsi
io	ebbi festeggiato	fui andato/-a	mi fui vestito/-a
tu	avesti festeggiato	fosti andato/-a	ti fosti vestito/-a
Lei/lei/lui	ebbe festeggiato	fu andato/-a	si fu vestito/-a
noi	avemmo festeggiato	fummo andati/-e	ci fummo vestiti/-e
voi	aveste festeggiato	foste andati/-e	vi foste vestiti/-e
Loro/loro	ebbero festeggiato	furono andati/-e	si furono vestiti/-e

B L'uso del trapassato remoto

Unlike the **trapassato prossimo**, the **trapassato remoto** can only be used in subordinate clauses. It always indicates a past action that occurred before another one, expressed by the past absolute (**passato remoto**). It is introduced by the expressions: **dopo che, quando, appena/non appena**.

Dopo che furono ritornati, si riposarono.	*After they had returned, they rested.*
(Non) appena l'ebbe vista, decise di invitarla al veglione.	*As soon as he saw her, he decided to invite her to the ball.*

Even in the above cases, the **trapassato prossimo** is commonly used in modern conversational Italian. The **trapassato remoto** is used rarely and is mostly encountered in formal or literary writings.

ESERCIZI

A Il trapassato remoto? Indica in quali delle seguenti frasi si potrebbe usare il trapassato remoto. Indica anche il soggetto delle azioni.

1. (Me lo aveva già detto. / Me lo ebbe già detto.)
2. Sapevo che (aveva festeggiato / ebbe festeggiato) il suo compleanno.
3. Dopo che (aveva lasciato / ebbe lasciato) Firenze, visse a Verona per alcuni anni.
4. Quando (avevo capito / ebbi capito) di cosa si trattava, gli ho telefonato.
5. Appena (erano arrivati / furono arrivati), ci raccontarono tutto.
6. Quando (si era laureata / si fu laureata), trovò subito un posto di lavoro.

B La storia del mio Paese. A coppie, narrate alcuni avvenimenti importanti nella storia del vostro Paese scrivendo sei frasi con il trapassato remoto.

C Il giorno delle nozze. La signora Albertini descrive alla nipote cosa fece il giorno delle sue nozze. Completa il brano con la forma corretta del trapassato prossimo, del trapassato remoto, del passato remoto o dell'imperfetto.

Quella mattina (io) _____ (1. essere) molto stanca perché la notte prima non _____ (2. dormire) molto. Dopo che (io) _____ (3. svegliarsi), _____ (4. alzarsi) subito. Appena mia madre _____ (5. sentire) che io _____ (6. alzarsi), (lei) _____ (7. preparare) la colazione. Quando io _____ (8. finire) di mangiare, (io) _____ (9. farsi) una bella doccia. Dopo che _____ (10. fare) la doccia, (io) _____ (11. mettersi) la vestaglia. Poi (io) _____ (12. andare) in salotto e _____ (13. vedere) i regali che _____ (14. arrivare) il giorno prima. Dopo che io e mia madre li _____ (15. aprire), (io) _____ (16. leggere) i telegrammi che i miei amici mi _____ (17. mandare) quella mattina. Quando (io) _____ (18. andare) nella mia camera da letto e _____ (19. vedere) l'abito da sposa che mia madre _____ (20. mettere) sul letto, (io) _____ (21. cominciare) a piangere per l'emozione. Poi _____ (22. venire) la parrucchiera (*hairdresser*). Dopo che lei mi _____ (23. pettinare), mi _____ (24. aiutare) a vestirmi.

I modi indefiniti: l'infinito, il gerundio e il participio

There are three indefinite moods in Italian: the infinitive, the gerund, and the participle. They are referred to as "indefinite" because they are not conjugated; their form does not specify the subject of the action or when it occurs.

Nel **giudicare** il fascismo dobbiamo **cercare** di **capire** la storia.	*In judging fascism, we must try to understand history.*
Vedendo la nostra città distrutta, ci siamo messi a piangere.	*Upon seeing our city destroyed, we started crying.*
Le truppe **vincenti** furono clementi con i vinti.	*The victorious troops were merciful with the defeated.*

A L'infinito

The infinitive is equivalent to the English, *to + verb (to win, to lose)*. The infinitive has a present tense and a past tense.

I partigiani speravano di **sconfiggere** i fascisti.	*The partisans hoped to defeat the fascists.*
I partigiani speravano di **aver sconfitto** i fascisti.	*The partisans hoped to have defeated the fascists.*

1. The present infinitive of regular verbs has three endings: **-are, -ere, -ire**. The past infinitive (see pages 239–240) is formed with the present infinitive of **essere** or **avere** + *the past participle*. The past participle of verbs conjugated with **essere** agrees with the subject it refers to.

2. Reflexive, direct- and indirect-object pronouns, and **ci** (**vi**) and **ne** are always attached to the infinitive after the final **-e** is dropped. With the past infinitive, direct-object pronouns and **ne** agree with the past participle.

La nazione deve prepara**rsi** alla guerra.	*The nation must get ready for war.*
Dopo aver**li** interroga**ti**, liberò i prigionieri.	*After having questioned them, he set the prisoners free.*
Pensiamo di aver**gli** già spiegato tutto.	*We believe we have already explained everything to him.*
Dubito di esser**ci** già stata.	*I doubt I have already been there.*
Potrebbe aver**ne** bisogno.	*She might need it.*

3. The present infinitive is used to express actions that are contemporary to the action of the main verb or that follow it. The action in the main clause can be in the future, present, or past.

Uccideranno anche i civili *They will even kill civilians*		
Uccidono anche i civili *They even kill civilians*	**per vendicarsi**. *to avenge themselves.*	
Uccidevano anche i civili *They even killed civilians*		

The past infinitive is used to indicate actions that take place before the action of the main verb.

Sparano
They fire

Spareranno   solo dopo **aver visto** il nemico.
They will fire   *only after having seen the enemy.*

Hanno sparato
They fired

For more information on the formation and use of the past infinitive, see pages 239–240.

B   L'uso dell'infinito presente

1. The simple infinitive can be used to give instructions and orders.

Spingere la porta.	*Push the door.*
Aggiungere due uova all'impasto.	*Add two eggs to the mixture.*

2. Like the *-ing* form of the verb in English, the infinitive is often used as a noun. Adjectives that modify the infinitive are always masculine singular.

Viaggiare in tempo di guerra è pericoloso.	*Traveling in wartime is dangerous.*

3. The infinitive can also be used to form impersonal expressions with **essere**.

Non **è** sempre **facile scegliere** la parte giusta.	*It is not always easy to choose the right side.*

4. The infinitive can also be the object of a preposition or a prepositional phrase.
   a. After the prepositions **a**, **con**, **da**, **in**, **su**, and **tra**, the article must be used with the infinitive.

Nel giudicare il fascismo dobbiamo cercare di capire la storia.	*In judging fascism, we must try to understand history.*
Al vedere la città distrutta, i reduci piansero.	*Upon seeing the city destroyed, the veterans wept.*

   b. After the prepositions **prima di**, **dopo**, and **senza**, the infinitive is not used with an article.

Prima di giudicare, cerchiamo di capire.	*Before judging, let's try to understand.*
Non si può cambiare il presente **senza capire** il passato.	*We can't change the present without understanding the past.*
Ha sparato **dopo aver** visto il nemico.	*He fired after having seen the enemy.*

   c. The preposition **per** followed by the infinitive expresses purpose.

Mussolini eliminava ogni forma di opposizione **per mantenere** il potere.	*Mussolini eliminated every form of opposition in order to keep his power.*

5. The infinitive can follow an adjective, usually accompanied by the preposition **a**, **da**, or **di**.

I registi neorealisti erano **attenti a mostrare** la realtà in ogni minimo particolare.	*The neorealist directors were careful to show reality in every tiny detail.*
I soldati erano **stanchi di combattere**.	*The soldiers were tired of fighting.*
Erano **felici di ritornare** a casa.	*They were happy to return home.*
È una situazione **difficile da capire**.	*It's a situation (that is) hard to understand.*

A list of common adjectives that take the prepositions **a**, **da**, and **di** can be found in Appendix A, page 439.

6. When the infinitive follows a noun or a pronoun, it is usually accompanied by the preposition **di** or **da**, **per**, or less often **a**. **Da** + **l'infinito** expresses purpose or use.

il permesso **di scrivere**	*permission to write*
una scena **da girare**	*a scene to film*
un esempio **per capire**	*an example to understand*
un investimento **a perdere**	*a losing investment*

7. When a conjugated verb is followed by another verb, the second verb is in the infinitive. The modal verbs **dovere**, **potere**, and **volere** and some other common verbs require no preposition before the infinitive. Other verbs require the preposition **a** or **di**.

Vogliamo firmare il trattato di pace.	*We want to sign the peace treaty.*
Non **devono partire** adesso.	*They must not leave now.*
La nazione intera **desidera dimenticare** la guerra.	*The entire nation wants to forget the war.*
Abbiamo **provato a dimenticare**.	*We tried to forget.*
Ci siamo accorti di non **poter** vincere.	*We realized that we could not win.*

For a list of common verbs used with or without a preposition before the infinitive, see Appendix A, page 439.

ESERCIZI

A Budino (*pudding*) alle fragole. Riscrivi la ricetta cambiando le frasi dall'imperativo all'infinito.

1. Spruzzate delle fragole con un liquore alle fragole e lasciatele riposare in una ciotola.
2. Aggiungete dei pistacchi al gelato. Mettete lo stampo in un contenitore con dei cubetti di ghiaccio. Versate il gelato a cucchiaiate nello stampo.
3. Ponete lo stampo nel freezer per 3–4 ore.
4. Frullate le fragole per circa 60 secondi. Montate la panna e aggiungetela alle fragole.
5. Montate a neve alcuni albumi d'uovo.
6. Versate nel centro dello stampo le fragole, la panna e gli albumi d'uovo montati a neve. Copritelo e mettetelo in freezer per alcune ore.
7. Capovolgete lo stampo su un piatto e rimettetelo in freezer per alcuni minuti.
8. Decorate con la panna, delle fettine di limone e pezzettini di fragola.

Pensare can be followed by either **a** or **di**.

Pensare a means both to think about and to take care of someone or something.

Penso spesso **ai** giorni della guerra e ai vecchi amici.

I often think about the days of war and my old friends.

Pensate **a** salvarvi. Pensiamo noi **ai** bambini.

Think about saving yourselves. We will take care of the children.

Pensare di is used in questions to elicit an opinion of something or someone. When followed by the infinitive, **pensare di** indicates a plan or intention to do something.

Cosa **pensi del** fascismo?

What do you think of fascism?

Pensano di abbandonare la città.

They are thinking of abandoning the city.

B **Il fascismo.** Un confinato politico parla delle sue idee sul fascismo. Riscrivi le frasi usando l'infinito corrispondente ai nomi in corsivo. Fa' i cambiamenti necessari.

Esempio: *La soppressione* della libertà è propria del fascismo.
Sopprimere la libertà è proprio del fascismo.

1. *La vita* sotto il regime è un incubo (*nightmare*).
2. *La punizione* degli oppositori politici è sbagliata.
3. *Il pensiero* della prigionia ci fa star male.
4. *Lo studio* del passato ci aiuta a capire il presente.
5. *Il bombardamento* delle città fu uno spiacevole errore.
6. *L'abbandono* delle città era necessario.

C **Riflessioni.** Un reduce ricorda le sue esperienze di guerra. Riscrivi le frasi e sostituisci le frasi in corsivo con l'infinito facendo tutti i cambiamenti necessari.

1. Ho visto la gente *che moriva*.
2. Sappiamo *che abbiamo sbagliato*.
3. Sono stato arrestato *perché ho rifiutato* di uccidere un civile.
4. *Appena ebbi visto* un soldato morire, capii che la guerra era sbagliata.
5. Ho sentito i bambini *che piangevano* per la fame.

D **Il fascismo in Italia.** Nelle frasi seguenti si discute della storia del fascismo in Italia. Riscrivi le frasi sostituendo i verbi in corsivo con l'infinito corrispondente. Usa la preposizione corretta quando è necessaria e fa' i cambiamenti necessari.

Esempio: Mussolini *ottenne* il potere nel 1921.
Mussolini riuscì **a ottenere il potere nel 1921.**

1. La borghesia *trovò* nel fascismo una difesa contro il comunismo.
   La borghesia credeva _____.
2. La propaganda fascista nelle scuole *convinceva* i giovani.
   La propaganda fascista aiutava _____.
3. La censura *controllava* i giornali, i libri e il cinema.
   La censura doveva _____.
4. Mussolini *si alleò* con Hitler.
   Mussolini volle _____.
5. All'inizio le truppe italiane *vincevano*.
   All'inizio le truppe italiane sembravano _____.
6. Finalmente anche gli americani *entrarono* in guerra.
   Finalmente anche gli americani decisero _____.
7. Gli italiani *si divisero* fra gli alleati al sud e il governo fascista al nord.
   Gli italiani dovettero _____.
8. Molti soldati *si rifugiavano* sulle montagne per combattere.
   Molti soldati sceglievano _____.
9. Lentamente gli alleati e i partigiani *liberarono* l'Italia, procedendo dal sud al nord.
   Lentamente gli alleati e i partigiani poterono _____.

E La fine della guerra. Un giornalista americano in Europa alla fine della seconda guerra mondiale scrive alla redazione (*editorial office*) le sue impressioni. Completa le frasi con la preposizione corretta quando è necessario.

1. La gente sembra _____ essere felice.
2. In città è difficile _____ trovare da mangiare.
3. I soldati sono contenti _____ tornare a casa.
4. I cittadini cominciano _____ ricostruire le case.
5. Le scuole continuano _____ funzionare.
6. Gli intellettuali desiderano _____ farsi interpreti della realtà.
7. La censura smise _____ operare e _____ esistere.
8. Gli ospedali erano difficili _____ far funzionare.
9. I cittadini dovevano _____ scegliere fra monarchia e repubblica.
10. Tutti aiutarono _____ riprendere la normalità.

C Il gerundio

The gerund is equivalent to the *-ing* form of the verb in English (*running, flying*). Like the infinitive, it is indefinite; its form does not indicate who performs the action or when the action occurs. The gerund has two tenses, a present tense and a past tense.

Passeggiando per la città ho visto Carlo.	*While I was strolling in the city, I saw Carlo.*
Avendo fatto una passeggiata, ho incontrato Carlo.	*Having taken a walk, I met Carlo.*

1. The gerund in Italian is not accompanied by a preposition. By contrast, the English gerund is often preceded by *on, upon, in,* or *by.*

2. The present gerund of regular verbs is formed by adding **-ando** to the stems of **-are** verbs and **-endo** to the stems of **-ere** and **-ire** verbs.

bombard**are** → bombard**ando**	*bombarding*
vinc**ere** → vinc**endo**	*winning*
fin**ire** → fin**endo**	*ending*

A few verbs form the present gerund with irregular stems obtained from an archaic form of the infinitive.

bere → bev**ere** → bev**endo**	*drinking*
dire → dic**ere** → dic**endo**	*saying*
fare → fac**ere** → fac**endo**	*doing, making*
condurre → conduc**ere** → conduc**endo**	*leading*
porre → pon**ere** → pon**endo**	*putting, placing*

3. The past gerund is formed with the simple gerund of **avere** or **essere** + *the past participle.*

bombardare	avendo bombardato
uscire	essendo uscito/-a
vestirsi	essendosi vestito/-a

See pages 239–240 for more information on the formation of the past gerund.

4. Reflexive pronouns, direct- and indirect-object pronouns, and **ci** (**vi**) and **ne** are attached to the gerund.

Preparandosi a partire per la guerra, il soldato piangeva.	*Getting ready to leave for the war, the soldier cried.*
Parlandogli, ho capito tutto.	*Speaking to him, I understood everything.*
Avendoli visti, siamo partiti.	*Having seen them, we left.*

5. The past gerund indicates an action that took place before the action in the main clause, which can be in the future, present, or past. The subjects of the two clauses can be the same or different.

Avendo vinto (**Dopo aver vinto**) la guerra, gli alleati occuparono la città.
Avendo Luigi finito (**Dopo che Luigi ebbe finito**) di raccontare le sue esperienze in guerra, **io** scoppiai a piangere.

See pages 239–240 for more information on this usage of the past gerund.

6. The present gerund is used to express an action that takes place at the same time as the action in the main clause, which can be in the future, present, or past.

	la gente applaudirà. *the people will applaud.*
Vedendoli passare, *Seeing them pass by,*	la gente applaude. *the people applaud.*
	la gente applaudiva. *the people applauded.*

a. The present gerund can replace hypothetical and temporal clauses introduced by **se**, **mentre**, or **quando** *if the subject is the same as that of the main clause.*

Piangendo (**Se piangi**) non risolvi niente.	*Crying doesn't solve anything.*
Camminando (**Mentre camminavo**) ho visto tante macerie.	*While walking, I saw lots of rubble.*

b. The present gerund can also be used to express the means or manner by which something is done, comparable to the English *by* + *-ing* form.

Imparerai molto **studiando** la storia.	*You will learn a lot by studying history.*

c. The present or past gerund can replace clauses introduced by **dato che**, **poiché**, or **siccome** (*since*) describing the condition that gives rise to the action in the main clause. In this case, the gerund can be used when the subjects of the two clauses differ.

Non **volendo** la moglie (**Dato che/ Poiché/Siccome** la moglie non **vuole**) abbandonare la casa durante i bombardamenti, il marito va in campagna da solo.	*Since his wife doesn't want to abandon the house during the bombings, the husband goes to the country alone.*
Essendo caduto il fascismo (**Dato che/ Poiché/Siccome** il fascismo **era caduto**), i partigiani si sentivano liberi.	*Since fascism had fallen, the partisans felt free.*

d. When used with the conjunction **pure** (**pur**), the gerund can replace **benché** or **sebbene** + *subjunctive clauses*, the English equivalent of *although* or *even though*.

Pur non **avendo** (**Sebbene** non **avessero**) libertà di parola, tanti antifascisti continuarono ad opporsi al regime.	*In spite of not having freedom of speech, many antifascists continued to oppose the regime.*

7. The present gerund can also be used with the present, future, or imperfect of **stare** to describe an action in progress in the present, future, or past.

Stiamo raccogliendo informazioni sulla Resistenza.	*We are gathering information on the Resistance.*
Gli alleati **staranno sbarcando** adesso.	*The Allies are probably landing now.*
Nicola **stava dormendo** quando cominciò il bombardamento.	*Nicola was sleeping when the bombing started.*

More information on the formation and usage of the progressive construction can be found on pages 206–207.

ESERCIZI

A **Un film neorealista.** Il brano seguente descrive una scena di un film neorealista nei minimi particolari. Riscrivi le frasi e sostituisci le espressioni indicate con una forma del gerundio. Usa **pure** (**pur**) quando è necessario.

Esempio: *Quando vedono* questa scena, gli spettatori si commuovono.
Vedendo questa scena, gli spettatori si commuovono.

1. Un gruppo di soldati guarda la prima attrice che *attraversa* la piazza.
2. Vediamo la protagonista vestita poveramente *mentre cerca* un negozio per comprare qualcosa da mangiare.
3. *Benché non abbia* neanche una lira, riesce a farsi dare del pane.
4. *Dopo aver comprato* il pane, *mentre torna* a casa, incontra una vecchia amica.
5. *Mentre guardano* le due donne che parlano, i soldati ridono, *poiché queste sembrano* molto povere.
6. *Dopo aver salutato* l'amica, la protagonista rientra a casa, dove un bambino piccolo dorme ancora.
7. Quando il bambino si sveglia, la madre gli dà del pane e latte e lo calma *con il raccontargli* una favola.
8. *Sebbene si sia svegliato* di cattivo umore, *nel vedere* la madre e *nel sentire* la storia, il bambino sorride.

B **Il fascismo.** Due storici esprimono i loro giudizi sul fascismo e la seconda guerra mondiale. Riscrivi le frasi usando il gerundio semplice o composto al posto delle espressioni indicate. Fa' tutti i cambiamenti necessari.

Esempio: Carlo Levi *aveva espresso* la sua opposizione e fu mandato al confino ad Eboli.
Avendo espresso la sua opposizione, Carlo Levi fu mandato al confino ad Eboli.

1. *Benché non fossero d'accordo*, molti accettarono il regime.
2. *Poiché all'inizio non era sembrata* una dittatura, il regime fu accettato da molti.

3. *Sebbene avessero dimostrato* grande coraggio, i soldati persero perché non avevano le armi adatte.
4. *Dopo che ebbero capito* la vera natura del fascismo, tanti intellettuali passarono all'opposizione.
5. *Volevano* esprimere le proprie idee liberamente e per questo molti andarono in esilio in Francia.
6. Mussolini prima *promulgò* le leggi razziali e poi cercò di farle eseguire.

C Esperienze di guerra. Un soldato torna a casa e racconta le sue esperienze di guerra. Riscrivi le frasi usando il gerundio presente o passato al posto dei verbi in corsivo e facendo i cambiamenti necessari. Usa **pure** (**pur**) quando è necessario.

Esempio: *Se avessi saputo* com'era realmente, non sarei partito.
Sapendo com'era realmente, non sarei partito.

1. *Mentre salivamo* sull'aereo, avevamo paura.
2. *Dopo essere arrivato* al fronte, mi sono sentito più coraggioso.
3. *Con il fare* sempre più esperienze, ho avuto meno paura.
4. *Dopo aver visto* le crudeltà della guerra, sono diventato pacifista.
5. *Dato che c'erano* bombardamenti ogni giorno, i soldati si tenevano al riparo.
6. *Poiché la vita in città era pericolosa*, la gente sfollava nelle campagne.
7. *Benché pensassi* di essere preparato a tutto, sono rimasto inorridito.
8. *Mentre tornavano* a casa, i soldati sentivano il bisogno di raccontare tutto.
9. *Dopo aver rivisto* i luoghi a me cari, mi sono commosso.
10. *Benché questa città non sia stata bombardata*, mostra i segni della guerra.

D Il dopoguerra. Subito dopo la guerra, un giovane giornalista decide di descrivere la realtà intorno a sé. Completa le frasi dando l'equivalente in italiano delle espressioni in corsivo. Scegli tra l'infinito e il gerundio.

_____ (1. *While walking*) e _____ (2. *upon seeing*) la distruzione della città, Roberto decise di raccontare la verità. Pensava infatti che _____ (3. *describing*) la realtà in quel momento fosse molto importante. _____ (4. *Writing*) poi è anche un impegno politico, infatti _____ (5. *choosing*) un argomento o un altro, uno scrittore rivela sempre la propria ideologia.

Dopo _____ (6. *having looked*) intorno, Roberto vide l'estrema povertà di tanta gente, il dolore e le conseguenze della guerra. _____ (7. *Having considered*) tutte le possibilità, decise di parlare di un suo povero conoscente, Antonio. _____ (8. *Having lost*) la casa in un bombardamento, Antonio non aveva dove andare. _____ (9. *Being*) così povero era per lui motivo di vergogna. _____ (10. *Realizing*) dei bisogni di Antonio, Roberto decise di aiutarlo. Dopo _____ (11. *having written*) un articolo, lo pubblicò sul giornale locale. Un ricco signore, _____ (12. *reading*) l'articolo, si commosse e offrì lavoro ad Antonio.

D Il participio

The participle, like the infinitive and gerund, is an indefinite mood; it is not conjugated.

1. The present participle is formed by adding **-ante** to the stem of **-are** verbs and **-ente** to the stem of **-ere** and **-ire** verbs.

stanc**are** → stanc**ante**	*tiring*
combatt**ere** → combatt**ente**	*fighting*
divert**ire** → divert**ente**	*amusing*

a. The present participle is frequently used as an adjective. It agrees with the noun it modifies.

Le truppe **vincenti** furono clementi con i vinti.	*The victorious troops were merciful with the defeated.*

b. The present participle is also used as a noun.

l'abitante	*resident*
il combattente	*fighter*
il cantante	*singer*
l'insegnante	*teacher*

c. Very rarely, the present participle is used as a verb.

Il neorealismo è un genere di film **rappresentante** (che rappresenta) la realtà.	*Neorealism is a genre of film that depicts reality.*

2. The past participle of regular verbs is formed by adding the following endings to the stems of **-are**, **-ere**, and **-ire** verbs.

film**are** → film**ato**
perd**ere** → perd**uto**
rifer**ire** → rifer**ito**

See Appendix E, pages 441–446, for a list of the past participles of irregular verbs.

a. The past participle is used with the auxiliary verbs **avere** and **essere** to form all compound tenses.

Il regista ha **finito** in fretta il primo film del dopoguerra.	*The director finished the first postwar movie quickly.*
Il regista è **ritornato** nel suo paese natale.	*The director returned to his native town.*

b. The past participle can also be used as an adjective and sometimes as a noun.

Paisà è un film neorealista **girato** per le strade.	*Paisà is a neorealist movie filmed in the streets.*
Nella seconda guerra mondiale **i morti** furono molti.	*During the Second World War the dead were numerous.*

c. The past participle can also be used without the auxiliary in a dependent clause to indicate an action that occurred before another. This construction is called the **costruzione assoluta**, which can replace **dopo** + *the past infinitive* or the past gerund.

Persa (**Dopo aver perso** / **Avendo perso**) la guerra, gli italiani iniziarono la ricostruzione del Paese.	*Having lost the war, Italians began reconstruction of the country.*

Appena (*as soon as*) is frequently used with the past participle in a **costruzione assoluta**.

Appena finito il primo film, il regista divenne famoso.	*As soon as he finished his first film, the director became famous.*

For more information on this usage of the past participle, see pages 239–240.

ESERCIZI

A **Un film del dopoguerra.** Un compagno ti chiede le tue impressioni su un film del dopoguerra. Rispondi alle sue domande e usa la forma corretta del participio presente o passato dei verbi dati.

IL COMPAGNO: È un bel film?

TU: Più che bello, è molto _____ (1. interessare) e gli attori sono _____ (2. brillare).

IL COMPAGNO: Che storia è?

TU: È la storia di un gruppo di _____ (3. combattere) antifascisti.

IL COMPAGNO: Come si svolge?

TU: È un film di guerra, quindi ci sono molti _____ (4. morire). Il regista non condanna nessuno, né i vincitori né i _____ (5. vincere).

IL COMPAGNO: Qual è lo stile del film?

TU: È lo stile neorealista, la forma più _____ (6. correre) dei film del dopoguerra. È un film _____ (7. rappresentare) di una certa ideologia politica.

IL COMPAGNO: Chi sono i protagonisti?

TU: Oltre ai partigiani, anche la gente comune che si teneva _____ (8. nascondere) in campagna e alcuni _____ (9. abitare) della città.

IL COMPAGNO: Perché ti è piaciuto?

TU: Perché rappresenta un momento del nostro _____ (10. passare) ed è il _____ (11. risultare) di una ricerca storica sul periodo _____ (12. comprendere) tra l'avvento del fascismo e la fine della guerra.

B **Il realismo.** Riscrivi la seguente lettera scritta a un regista sostituendo all'infinito e al gerundio dei verbi indicati la costruzione assoluta.

Caro Signor Luzi,

dopo aver visto il Suo film tre volte, ho sentito il desiderio di scriverLe.

Mi ha commosso la scena in cui la protagonista, *avendo ritrovato* i suoi tre figli, li abbraccia e li bacia. *Dopo aver notato* il suo viso così espressivo, ho pianto. Ho pianto anche prima, quando il marito, essendo stato arrestato dai tedeschi, *dopo aver preso* la giacca, bacia la moglie per l'ultima volta. *Dopo aver considerato* le condizioni in cui Lei ha girato il film, è difficile credere che abbia potuto realizzare un tale capolavoro. *AvendoLe creato* difficoltà d'ogni tipo, alla fine le autorità Le hanno dato il permesso di girare il film. Ho letto che Lei, *avendo avuto* il permesso di girare il film, non ha perso tempo. *Dopo aver cercato* gli attori a Roma, ha scelto gente del popolo. *Avendo scelto* attori non professionisti, gli ha insegnato a recitare. Complimenti ancora per il meraviglioso risultato ottenuto!

Un Suo ammiratore
Fernando Cioni

C **Sul set di un film.** Completa le frasi con la forma corretta dell'infinito, del gerundio o del participio.

1. Il film racconta di due partigiani che si organizzano per _____ (difendere) una collina.
2. L'attore protagonista si prepara a _____ (sparare), _____ (prendere) in mano una pistola.
3. _____ (Dargli) gli ultimi consigli, il regista gli ricorda che cosa deve _____ (fare).
4. I tecnici, _____ (allestire) la scena, si ritirano per non _____ (essere) visti.
5. Nella prima inquadratura (*shot*), il ragazzo e il suo compagno, dopo _____ (rimanere) svegli tutta la notte, devono _____ (aspettare) due partigiani che verranno a _____ (sostituirli).
6. _____ (Vedere) i due compagni, il ragazzo va a _____ (dormire) e l'amico chiede di _____ (fumare) una sigaretta.
7. Nella seconda scena, pur _____ (trovarsi) nello stesso posto, il ragazzo sembra diverso.
8. Egli appare più maturo, come se fosse cresciuto, dopo _____ (vivere) una brutta esperienza.
9. _____ (Ascoltare) il colloquio tra il giovane e l'amico, si capisce che è stato costretto ad _____ (uccidere) un nemico.
10. La scena è molto realista: si vede il viso di un soldato che sta _____ (morire).

D **Un film sul dopoguerra.** Un giovane regista impegnato decide di girare un film sull'immediato dopoguerra in Italia. Completa le frasi con la forma corretta dell'infinito, del gerundio o del participio passato dei verbi dati.

Ho sempre desiderato _____ (1. girare) un film sul dopoguerra. Adesso sono felice di _____ (2. avere) questa opportunità. Dopo _____ (3. trovare) un produttore adatto, cercherò uno sceneggiatore. Lo sceneggiatore, _____ (4. leggere) i vari libri che gli proporrò, sceglierà il più interessante. Pur _____ (5. sceglierlo) secondo criteri cinematografici, dovrà adattarlo al cinema e preparare la sceneggiatura. Una volta _____ (6. preparare) la sceneggiatura, comincerò a cercare gli attori. Dopo _____ (7. vedere) tanti film con attori famosi, ho deciso che preferisco volti nuovi di attori poco noti. _____ (8. Decidere) a chi dare le parti del film è un compito difficile. _____ (9. Finire) la selezione e _____ (10. determinare) i luoghi dove girare il film, saremo pronti per _____ (11. iniziare).

Appendices

Appendice A | *Preposizioni dopo verbi e aggettivi*

VERBI + PREPOSIZIONI

Verbo + a + infinito
abituarsi a *to get used to*
affrettarsi a *to hurry*
aiutare a *to help*
andare a *to go (do something)*
cominciare (incominciare) a *to start, to begin*
condannare a *to condemn*
continuare a *to continue*
convincere a *to convince*
correre a *to run (to do something)*
costringere a *to compel, to force*
decidersi a *to make up one's mind*
divertirsi a *to have a good time*
fare meglio a *to be better off*
fermarsi a *to stop (to do something)*
imparare a *to learn*
incoraggiare a *to encourage*
insegnare a *to teach*
invitare a *to invite*
mandare a *to send*
mettersi a *to begin (to do something)*
obbligare a *to oblige, to compel*
passare a *to stop by (to do something)*
pensare a *to think about*
persuadere a *to persuade*
preparare a *to prepare*
provare a *to try*
rinunciare a *to give up*
riprendere a *to resume, to start again*
riuscire a *to succeed, to manage*
sbrigarsi a *to hurry*
servire a *to be good for*
tornare a *to return*
venire a *to come (to do something)*

Verbo + di + infinito
accettare di *to accept*
accorgersi di *to notice*
ammettere di *to admit*
aspettare di *to wait for*
aspettarsi di *to expect*
augurare di *to wish*
augurarsi di *to hope*
avere bisogno di *to need*
avere fretta di *to be in a hurry*
avere l'impressione di *to have the feeling*

avere intenzione di *to intend*
avere paura di *to be afraid*
avere ragione di *to be right*
avere torto di *to be wrong*
avere vergogna di *to be ashamed*
avere voglia di *to feel like*
cercare di *to try*
cessare di *to stop*
chiedere di *to ask (for)*
comandare di *to order*
confessare di *to confess*
consigliare di *to advise*
credere di *to believe*
decidere di *to decide*
dimenticare (dimenticarsi) di *to forget*
dire di *to say, to tell*
dispiacere di *to be sorry*
domandare di *to ask*
dubitare di *to doubt*
essere in grado di *to be in a position to*
fantasticare di *to imagine*
fare a meno di *to do without*
fidarsi di *to trust*
fingere di *to pretend*
finire di *to finish*
illudersi di *to delude oneself*
immaginare di *to imagine*
impedire di *to prevent*
lamentarsi di *to complain about*
meravigliarsi di *to be surprised*
minacciare di *to threaten*
offrire di *to offer*
ordinare di *to order*
pensare di *to plan*
pentirsi di *to repent*
permettere di *to permit*
pregare di *to beg*
preoccuparsi di *to worry*
proibire di *to prohibit*
promettere di *to promise*
proporre di *to propose*
rendersi conto di *to realize*
ricordare (ricordarsi) di *to remember*
rifiutare (rifiutarsi) di *to refuse*
ringraziare di *to thank*
sapere di *to know*
scegliere di *to choose*

Terza coniugazione: *finire* (isc)

INDICATIVO

PRESENTE	PASSATO PROSSIMO	IMPERFETTO	TRAPASSATO PROSSIMO	PASSATO REMOTO	TRAPASSATO REMOTO	FUTURO	FUTURO ANTERIORE
finisco	ho finito	finivo	avevo finito	finii	ebbi finito	finirò	avrò finito
finisci	hai finito	finivi	avevi finito	finisti	avesti finito	finirai	avrai finito
finisce	ha finito	finiva	aveva finito	finì	ebbe finito	finirà	avrà finito
finiamo	abbiamo finito	finivamo	avevamo finito	finimmo	avemmo finito	finiremo	avremo finito
finite	avete finito	finivate	avevate finito	finiste	aveste finito	finirete	avrete finito
finiscono	hanno finito	finivano	avevano finito	finirono	ebbero finito	finiranno	avranno finito

CONGIUNTIVO

PRESENTE	PASSATO	IMPERFETTO	TRAPASSATO
finisca	abbia finito	finissi	avessi finito
finisca	abbia finito	finissi	avessi finito
finisca	abbia finito	finisse	avesse finito
finiamo	abbiamo finito	finissimo	avessimo finito
finiate	abbiate finito	finiste	aveste finito
finiscano	abbiano finito	finissero	avessero finito

CONDIZIONALE

PRESENTE	PASSATO
finirei	avrei finito
finiresti	avresti finito
finirebbe	avrebbe finito
finiremmo	avremmo finito
finireste	avreste finito
finirebbero	avrebbero finito

IMPERATIVO

(tu)	finisci (*non finire*)
(noi)	finiamo
(voi)	finite
(Lei)	finisca
(Loro)	finiscano

INFINITO

PRESENTE	PASSATO
finire	avere finito

PARTICIPIO

PRESENTE	PASSATO
finente	finito

GERUNDIO

PRESENTE	PASSATO
finendo	avendo finito

avere

INDICATIVO

PRESENTE	PASSATO PROSSIMO	IMPERFETTO	TRAPASSATO PROSSIMO	PASSATO REMOTO	TRAPASSATO REMOTO	FUTURO	FUTURO ANTERIORE
ho	ho avuto	avevo	avevo avuto	ebbi	ebbi avuto	avrò	avrò avuto
hai	hai avuto	avevi	avevi avuto	avesti	avesti avuto	avrai	avrai avuto
ha	ha avuto	aveva	aveva avuto	ebbe	ebbe avuto	avrà	avrà avuto
abbiamo	abbiamo avuto	avevamo	avevamo avuto	avemmo	avemmo avuto	avremo	avremo avuto
avete	avete avuto	avevate	avevate avuto	aveste	aveste avuto	avrete	avrete avuto
hanno	hanno avuto	avevano	avevano avuto	ebbero	ebbero avuto	avranno	avranno avuto

CONGIUNTIVO

PRESENTE	PASSATO	IMPERFETTO	TRAPASSATO
abbia	abbia avuto	avessi	avessi avuto
abbia	abbia avuto	avessi	avessi avuto
abbia	abbia avuto	avesse	avesse avuto
abbiamo	abbiamo avuto	avessimo	avessimo avuto
abbiate	abbiate avuto	aveste	aveste avuto
abbiano	abbiano avuto	avessero	avessero avuto

CONDIZIONALE

PRESENTE	PASSATO
avrei	avrei avuto
avresti	avresti avuto
avrebbe	avrebbe avuto
avremmo	avremmo avuto
avreste	avreste avuto
avrebbero	avrebbero avuto

IMPERATIVO

(tu)	abbi (*non* avere)
(noi)	abbiamo
(voi)	abbiate
(Lei)	abbia
(Loro)	abbiano

INFINITO

PRESENTE	PASSATO
avere	avere avuto

PARTICIPIO

PRESENTE	PASSATO
avente	avuto

GERUNDIO

PRESENTE	PASSATO
avendo	avendo avuto

Seconda coniugazione: *vendere*

INDICATIVO

PRESENTE	PASSATO PROSSIMO	IMPERFETTO	TRAPASSATO PROSSIMO	PASSATO REMOTO	TRAPASSATO REMOTO	FUTURO	FUTURO ANTERIORE
vendo	ho venduto	vendevo	avevo venduto	vendei (vendetti)	ebbi venduto	venderò	avrò venduto
vendi	hai venduto	vendevi	avevi venduto	vendesti	avesti venduto	venderai	avrai venduto
vende	ha venduto	vendeva	aveva venduto	vendé (vendette)	ebbe venduto	venderà	avrà venduto
vendiamo	abbiamo venduto	vendevamo	avevamo venduto	vendemmo	avemmo venduto	venderemo	avremo venduto
vendete	avete venduto	vendevate	avevate venduto	vendeste	aveste venduto	venderete	avrete venduto
vendono	hanno venduto	vendevano	avevano venduto	venderono (vendettero)	ebbero venduto	venderanno	avranno venduto

CONGIUNTIVO

PRESENTE	PASSATO	IMPERFETTO	TRAPASSATO
venda	abbia venduto	vendessi	avessi venduto
venda	abbia venduto	vendessi	avessi venduto
venda	abbia venduto	vendesse	avesse venduto
vendiamo	abbiamo venduto	vendessimo	avessimo venduto
vendiate	abbiate venduto	vendeste	aveste venduto
vendano	abbiano venduto	vendessero	avessero venduto

CONDIZIONALE

PRESENTE	PASSATO
venderei	avrei venduto
venderesti	avresti venduto
venderebbe	avrebbe venduto
venderemmo	avremmo venduto
vendereste	avreste venduto
venderebbero	avrebbero venduto

IMPERATIVO

(tu)	vendi (*non* vendere)
(noi)	vendiamo
(voi)	vendete
(Lei)	venda
(Loro)	vendano

INFINITO

PRESENTE	PASSATO
vendere	avere venduto

PARTICIPIO

PRESENTE	PASSATO
vendente	venduto

GERUNDIO

PRESENTE	PASSATO
vendendo	avendo venduto

Terza coniugazione: *dormire*

INDICATIVO

PRESENTE	PASSATO PROSSIMO	IMPERFETTO	TRAPASSATO PROSSIMO	PASSATO REMOTO	TRAPASSATO REMOTO	FUTURO	FUTURO ANTERIORE
dormo	ho dormito	dormivo	avevo dormito	dormii	ebbi dormito	dormirò	avrò dormito
dormi	hai dormito	dormivi	avevi dormito	dormisti	avesti dormito	dormirai	avrai dormito
dorme	ha dormito	dormiva	aveva dormito	dormì	ebbe dormito	dormirà	avrà dormito
dormiamo	abbiamo dormito	dormivamo	avevamo dormito	dormimmo	avemmo dormito	dormiremo	avremo dormito
dormite	avete dormito	dormivate	avevate dormito	dormiste	aveste dormito	dormirete	avrete dormito
dormono	hanno dormito	dormivano	avevano dormito	dormirono	ebbero dormito	dormiranno	avranno dormito

CONGIUNTIVO

PRESENTE	PASSATO	IMPERFETTO	TRAPASSATO
dorma	abbia dormito	dormissi	avessi dormito
dorma	abbia dormito	dormissi	avessi dormito
dorma	abbia dormito	dormisse	avesse dormito
dormiamo	abbiamo dormito	dormissimo	avessimo dormito
dormiate	abbiate dormito	dormiste	aveste dormito
dormano	abbiano dormito	dormissero	avessero dormito

CONDIZIONALE

PRESENTE	PASSATO
dormirei	avrei dormito
dormiresti	avresti dormito
dormirebbe	avrebbe dormito
dormiremmo	avremmo dormito
dormireste	avreste dormito
dormirebbero	avrebbero dormito

IMPERATIVO

(tu)	dormi (*non dormire*)
(noi)	dormiamo
(voi)	dormite
(Lei)	dorma
(Loro)	dormano

INFINITO

PRESENTE	PASSATO
dormire	avere dormito

PARTICIPIO

PRESENTE	PASSATO
dormente	dormito

GERUNDIO

PRESENTE	PASSATO
dormendo	avendo dormito

sentirsela di *to feel up to*
servirsi di *to use*
sforzarsi di *to force oneself*
smettere di *to stop*
sognare (sognarsi) di *to dream*
sperare di *to hope*
stancarsi di *to get tired*
suggerire di *to suggest*
temere di *to fear*
tentare di *to attempt*
trattare di *to address, to be about*
non vedere l'ora di *to look forward to*
vergognarsi di *to be shy (bashful), to be ashamed (embarrassed) about*
vietare di *to forbid*

Verbo + su + infinito
contare su *to count on*
riflettere su *to ponder on*

Verbo + infinito (senza preposizione)
amare *to love*
desiderare *to wish*
dovere *to have to, must*
fare *to do, to make*
lasciare *to let, to allow*
piacere *to like, to be pleasing*
potere *to be able*
preferire *to prefer*
sapere *to know*
sembrare *to seem, to appear*
volere *to want*

AGGETTIVI + PREPOSIZIONI + INFINITO

Aggettivo + a + infinito
abituato a *accustomed*
attento a *careful*
disposto a *willing*
pronto a *ready*
solo a *only*
ultimo a *last*
unico a *only*

Aggettivo + da + infinito
bello da *beautiful*
brutto da *ugly*
buono da *good*
cattivo da *bad*
difficile da *difficult*
facile da *easy*

Aggettivo + di + infinito
capace di *capable*
contento di *happy*
curioso di *curious*
desideroso di *eager*
felice di *happy*
incapace di *incapable*
scontento di *unhappy*
sicuro di *sure*
soddisfatto di *satisfied*
spiacente di *sorry*
stanco di *tired*
triste di *sad*

Appendice B | *Verbi regolari*

Prima coniugazione: *parlare*

INDICATIVO

PRESENTE	PASSATO PROSSIMO	IMPERFETTO	TRAPASSATO PROSSIMO	PASSATO REMOTO	TRAPASSATO REMOTO	FUTURO	FUTURO ANTERIORE
parlo	ho parlato	parlavo	avevo parlato	parlai	ebbi parlato	parlerò	avrò parlato
parli	hai parlato	parlavi	avevi parlato	parlasti	avesti parlato	parlerai	avrai parlato
parla	ha parlato	parlava	aveva parlato	parlò	ebbe parlato	parlerà	avrà parlato
parliamo	abbiamo parlato	parlavamo	avevamo parlato	parlammo	avemmo parlato	parleremo	avremo parlato
parlate	avete parlato	parlavate	avevate parlato	parlaste	aveste parlato	parlerete	avrete parlato
parlano	hanno parlato	parlavano	avevano parlato	parlarono	ebbero parlato	parleranno	avranno parlato

CONGIUNTIVO

PRESENTE	PASSATO	IMPERFETTO	TRAPASSATO
parli	abbia parlato	parlassi	avessi parlato
parli	abbia parlato	parlassi	avessi parlato
parli	abbia parlato	parlasse	avesse parlato
parliamo	abbiamo parlato	parlassimo	avessimo parlato
parliate	abbiate parlato	parlaste	aveste parlato
parlino	abbiano parlato	parlassero	avessero parlato

CONDIZIONALE

PRESENTE	PASSATO
parlerei	avrei parlato
parleresti	avresti parlato
parlerebbe	avrebbe parlato
parleremmo	avremmo parlato
parlereste	avreste parlato
parlerebbero	avrebbero parlato

IMPERATIVO

(tu)	parla (*non* parlare)
(noi)	parliamo
(voi)	parlate
(Lei)	parli
(Loro)	parlino

INFINITO

PRESENTE	PASSATO
parlare	avere parlato

PARTICIPIO

PRESENTE	PASSATO
parlante	parlato

GERUNDIO

PRESENTE	PASSATO
parlando	avendo parlato

essere

INDICATIVO

PRESENTE	PASSATO PROSSIMO	IMPERFETTO	PASSATO REMOTO	TRAPASSATO PROSSIMO	TRAPASSATO REMOTO	FUTURO	FUTURO ANTERIORE
sono	sono stato/a	ero	fui	ero stato/a	fui stato/a	sarò	sarò stato/a
sei	sei stato/a	eri	fosti	eri stato/a	fosti stato/a	sarai	sarai stato/a
è	è stato/a	era	fu	era stato/a	fu stato/a	sarà	sarà stato/a
siamo	siamo stati/e	eravamo	fummo	eravamo stati/e	fummo stati/e	saremo	saremo stati/e
siete	siete stati/e	eravate	foste	eravate stati/e	foste stati/e	sarete	sarete stati/e
sono	sono stati/e	erano	furono	erano stati/e	furono stati/e	saranno	saranno stati/e

CONGIUNTIVO

PRESENTE	PASSATO	IMPERFETTO	TRAPASSATO
sia	sia stato/a	fossi	fossi stato/a
sia	sia stato/a	fossi	fossi stato/a
sia	sia stato/a	fosse	fosse stato/a
siamo	siamo stati/e	fossimo	fossimo stati/e
siate	siate stati/e	foste	foste stati/e
siano	siano stati/e	fossero	fossero stati/e

CONDIZIONALE

PRESENTE	PASSATO
sarei	sarei stato/a
saresti	saresti stato/a
sarebbe	sarebbe stato/a
saremmo	saremmo stati/e
sareste	sareste stati/e
sarebbero	sarebbero stati/e

IMPERATIVO

(tu)	sii (*non* essere)
(noi)	siamo
(voi)	siate
(Lei)	sia
(Loro)	siano

INFINITO

PRESENTE	PASSATO
essere	essere stato/a

PARTICIPIO

PRESENTE	PASSATO
stante	stato/a

GERUNDIO

PRESENTE	PASSATO
stando	essendo stato/a

Appendice D | *I verbi che prendono l'ausiliare* essere

In addition to all reflexive verbs, the following verbs are conjugated with **essere** in compound tenses.

accadere *to happen*
andare *to go*
arrivare *to arrive*
arrossire *to blush*
avvenire *to happen*
bastare *to be enough, to be sufficient*
cadere *to fall*
*cambiare *to change*
capitare *to happen*
*cominciare *to begin, to start*
comparire *to appear*
*correre *to run*
costare *to cost*
crescere *to grow*
dimagrire *to lose weight*
dipendere *to depend*
dispiacere *to be sorry*
divenire *to become*
diventare *to become*
durare *to last*
emergere *to emerge*
entrare *to enter*
esistere *to exist*
esplodere *to explode*
essere *to be*
evadere *to escape*
*finire *to finish*
fuggire *to run away, to flee*
giungere *to arrive, to reach*
*guarire *to get well, to heal, to cure*
impazzire *to go crazy*
*importare *to matter, to import*
ingrassare *to gain weight, to get fat*
mancare *to lack, to be lacking*
morire *to die*
nascere *to be born*

parere *to seem*
partire *to leave, to depart*
*passare *to pass time; to pass by*
piacere *to like, to be pleasing*
restare *to remain, to stay*
ricorrere *to occur, to appeal*
rimanere *to remain*
ripartire *to leave again, to depart again*
*ripassare *to pass by again, to review*
*risalire *to climb up again, to go up again*
risultare *to result*
ritornare *to return*
riuscire *to manage, to succeed*
*salire *to get on, to go up, to come up*
*saltare *to jump, to skip*
scappare *to run away*
*scattare *to take a snapshot, to spring up*
scendere *to descend, to go down, to get off, to come down*
scivolare *to slide, to slip*
scomparire *to disappear*
scoppiare *to explode, to break out*
sembrare *to seem*
*servire *to serve, to need*
sorgere *to rise*
sparire *to disappear*
spiacere *to be sorry*
*sprizzare *to sparkle, to burst*
stare *to stay, to remain*
succedere *to happen*
tornare *to return*
uscire *to go out*
valere *to be worth*
venire *to come*
*volare *to fly*

---

*These verbs can be conjugated with **essere** or **avere** (see p. 63).

Appendice E | *Verbi irregolari*

The following verbs are irregular only in the tenses and moods listed here.
The other forms are regular.

---

accadere *to happen* (see **cadere**)

---

accendere *to turn on, to light*
PASSATO REMOTO: accesi, accendesti, accese, accendemmo, accendeste, accesero
PARTICIPIO PASSATO: acceso

---

accogliere *to welcome, to receive* (see **cogliere**)

---

accorgersi *to notice, to realize, to become aware*
PASSATO REMOTO: mi accorsi, ti accorgesti, si accorse, ci accorgemmo, vi accorgeste, si accorsero
PARTICIPIO PASSATO: accorto

---

affiggere *to post*
PASSATO REMOTO: affissi, affiggesti, affisse, affiggemmo, affiggeste, affissero
PARTICIPIO PASSATO: affisso

---

affliggere *to trouble, to torment*
PASSATO REMOTO: afflissi, affliggesti, afflisse, affliggemmo, affliggeste, afflissero
PARTICIPIO PASSATO: afflitto

---

aggiungere *to add* (see **giungere**)

---

andare *to go*
INDICATIVO PRESENTE: vado, vai, va, andiamo, andate, vanno
FUTURO: andrò, andrai, andrà, andremo, andrete, andranno
CONDIZIONALE: andrei, andresti, andrebbe, andremmo, andreste, andrebbero
CONGIUNTIVO PRESENTE: vada, vada, vada, andiamo, andiate, vadano
IMPERATIVO: va' (vai), andiamo, andate, vada, vadano

---

apparire *to appear*
INDICATIVO PRESENTE: appaio (apparisco), appari, appare, appariamo, apparite, appaiono
PASSATO REMOTO: apparvi, apparisti, apparve, apparimmo, appariste, apparvero
CONGIUNTIVO PRESENTE: appaia, appaia, appaia, appariamo, appariate, appaiano
IMPERATIVO: appari, appariamo, apparite, appaia, appaiano
PARTICIPIO PASSATO: apparso

---

appendere *to hang*
PASSATO REMOTO: appesi, appendesti, appese, appendemmo, appendeste, appesero
PARTICIPIO PASSATO: appeso

---

apprendere *to learn* (see **prendere**)

---

aprire *to open*
PARTICIPIO PASSATO: aperto

---

assistere *to help*
PARTICIPIO PASSATO: assistito

---

assumere *to hire*
PASSATO REMOTO: assunsi, assumesti, assunse, assumemmo, assumeste, assunsero
PARTICIPIO PASSATO: assunto

attendere *to wait*
PASSATO REMOTO: attesi, attendesti, attese, attendemmo, attendeste, attesero
PARTICIPIO PASSATO: atteso

avvenire *to happen* (see **venire**)

bere *to drink*
INDICATIVO PRESENTE: bevo, bevi, beve, beviamo, bevete, bevono
INDICATIVO IMPERFETTO: bevevo, bevevi, beveva, bevevamo, bevevate, bevevano
PASSATO REMOTO: bevvi, bevesti, bevve, bevemmo, beveste, bevvero
FUTURO: berrò, berrai, berrà, berremo, berrete, berranno
CONDIZIONALE: berrei, berresti, berrebbe, berremmo, berreste, berrebbero
CONGIUNTIVO PRESENTE: beva, beva, beva, beviamo, beviate, bevano
CONGIUNTIVO IMPERFETTO: bevessi, bevessi, bevesse, bevessimo, beveste, bevessero
IMPERATIVO: bevi, beviamo, bevete, beva, bevano
PARTICIPIO PASSATO: bevuto
GERUNDIO: bevendo

cadere *to fall*
PASSATO REMOTO: caddi, cadesti, cadde, cademmo, cadeste, caddero
FUTURO: cadrò, cadrai, cadrà, cadremo, cadrete, cadranno
CONDIZIONALE: cadrei, cadresti, cadrebbe, cadremmo, cadreste, cadrebbero

chiedere *to ask (for)*
PASSATO REMOTO: chiesi, chiedesti, chiese, chiedemmo, chiedeste, chiesero
PARTICIPIO PASSATO: chiesto

chiudere *to close*
PASSATO REMOTO: chiusi, chiudesti, chiuse, chiudemmo, chiudeste, chiusero
PARTICIPIO PASSATO: chiuso

cogliere *to pick, to seize, to grasp*
INDICATIVO PRESENTE: colgo, cogli, coglie, cogliamo, cogliete, colgono
PASSATO REMOTO: colsi, cogliesti, colse, cogliemmo, coglieste, colsero
CONGIUNTIVO PRESENTE: colga, colga, colga, cogliamo, cogliate, colgano
IMPERATIVO: cogli, cogliamo, cogliete, colga, colgano
PARTICIPIO PASSATO: colto

coinvolgere *to involve* (see **volgere**)

commettere *to commit, to do, to make* (see **mettere**)

commuovere *to move, to touch* (see **muovere**)

comparire *to appear* (see **apparire**)

comprendere *to understand, to comprehend* (see **prendere**)

concludere *to conclude*
PASSATO REMOTO: conclusi, concludesti, concluse, concludemmo, concludeste, conclusero
PARTICIPIO PASSATO: concluso

condividere *to share* (see **dividere**)

condurre *to lead, to drive, to take*
INDICATIVO PRESENTE: conduco, conduci, conduce, conduciamo, conducete, conducono
INDICATIVO IMPERFETTO: conducevo, conducevi, conduceva, conducevamo, conducevate, conducevano
PASSATO REMOTO: condussi, conducesti, condusse, conducemmo, conduceste, condussero
FUTURO: condurrò, condurrai, condurrà, condurremo, condurrete, condurranno
CONDIZIONALE: condurrei, condurresti, condurrebbe, condurremmo, condurreste, condurrebbero
CONGIUNTIVO PRESENTE: conduca, conduca, conduca, conduciamo, conduciate, conducano

CONGIUNTIVO IMPERFETTO:	conducessi, conducessi, conducesse, conducessimo, conduceste, conducessero
IMPERATIVO:	conduci, conduciamo, conducete, conduca, conducano
PARTICIPIO PRESENTE:	conducente
PARTICIPIO PASSATO:	condotto
GERUNDIO:	conducendo

confondere *to confuse*

PASSATO REMOTO:	confusi, confondesti, confuse, confondemmo, confondeste, confusero
PARTICIPIO PASSATO:	confuso

conoscere *to know, to be acquainted*

PASSATO REMOTO:	conobbi, conoscesti, conobbe, conoscemmo, conosceste, conobbero
PARTICIPIO PASSATO:	conosciuto

contenere *to contain* (see **tenere**)

contrarre *to contract* (see **trarre**)

convenire *to meet, to gather, to agree, to admit* (see **venire**)

convincere *to convince* (see **vincere**)

coprire *to cover*

PARTICIPIO PASSATO:	coperto

correre *to run*

PASSATO REMOTO:	corsi, corresti, corse, corremmo, correste, corsero
PARTICIPIO PASSATO:	corso

crescere *to grow*

PASSATO REMOTO:	crebbi, crescesti, crebbe, crescemmo, cresceste, crebbero
PARTICIPIO PASSATO:	cresciuto

cuocere *to cook*

PASSATO REMOTO:	cossi, cocesti, cosse, cocemmo, coceste, cossero
PARTICIPIO PASSATO:	cotto

dare *to give*

INDICATIVO PRESENTE:	do, dai, dà, diamo, date, danno
PASSATO REMOTO:	diedi (detti), desti, diede (dette), demmo, deste, diedero (dettero)
FUTURO:	darò, darai, darà, daremo, darete, daranno
CONDIZIONALE:	darei, daresti, darebbe, daremmo, dareste, darebbero
CONGIUNTIVO PRESENTE:	dia, dia, dia, diamo, diate, diano
CONGIUNTIVO IMPERFETTO:	dessi, dessi, desse, dessimo, deste, dessero
IMPERATIVO:	da' (dai), diamo, date, dia, diano
PARTICIPIO PASSATO:	dato

decidere *to decide*

PASSATO REMOTO:	decisi, decidesti, decise, decidemmo, decideste, decisero
PARTICIPIO PASSATO:	deciso

dedurre *to deduce, to infer* (see **condurre**)

descrivere *to describe* (see **scrivere**)

difendere *to defend*

PASSATO REMOTO:	difesi, difendesti, difese, difendemmo, difendeste, difesero
PARTICIPIO PASSATO:	difeso

dipingere *to paint*

PASSATO REMOTO:	dipinsi, dipingesti, dipinse, dipingemmo, dipingeste, dipinsero
PARTICIPIO PASSATO:	dipinto

dire *to say, to tell*

INDICATIVO PRESENTE:	dico, dici, dice, diciamo, dite, dicono
INDICATIVO IMPERFETTO:	dicevo, dicevi, diceva, dicevamo, dicevate, dicevano
PASSATO REMOTO:	dissi, dicesti, disse, dicemmo, diceste, dissero
CONGIUNTIVO PRESENTE:	dica, dica, dica, diciamo, diciate, dicano
CONGIUNTIVO IMPERFETTO:	dicessi, dicessi, dicesse, dicessimo, diceste, dicessero
IMPERATIVO:	di', diciamo, dite, dica, dicano
PARTICIPIO PASSATO:	detto
GERUNDIO:	dicendo

dirigere *to direct*

PASSATO REMOTO:	diressi, dirigesti, diresse, dirigemmo, dirigeste, diressero
PARTICIPIO PASSATO:	diretto

discutere *to discuss*

PASSATO REMOTO:	discussi, discutesti, discusse, discutemmo, discuteste, discussero
PARTICIPIO PASSATO:	discusso

disdire *to cancel, to retract* (see **dire**)

disfare *to undo, to unpack* (see **fare**)

dispiacere *to be sorry* (see **piacere**)

distendere *to relax, to stretch (out)* (see **stendere**)

distrarre *to distract* (see **trarre**)

distruggere *to destroy*

PASSATO REMOTO:	distrussi, distruggesti, distrusse, distruggemmo, distruggeste, distrussero
PARTICIPIO PASSATO:	distrutto

divenire *to become* (see **venire**)

dividere *to divide*

PASSATO REMOTO:	divisi, dividesti, divise, dividemmo, divideste, divisero
PARTICIPIO PASSATO:	diviso

dovere *to have to, must*

INDICATIVO PRESENTE:	devo (debbo), devi, deve, dobbiamo, dovete, devono (debbono)
FUTURO:	dovrò, dovrai, dovrà, dovremo, dovrete, dovranno
CONDIZIONALE:	dovrei, dovresti, dovrebbe, dovremmo, dovreste, dovrebbero
CONGIUNTIVO PRESENTE:	debba (deva), debba (deva), debba (deva), dobbiamo, dobbiate, debbano

eleggere *to elect* (see **leggere**)

emergere *to emerge*

PASSATO REMOTO:	emersi, emergesti, emerse, emergemmo, emergeste, emersero
PARTICIPIO PASSATO:	emerso

esplodere *to explode*

PASSATO REMOTO:	esplosi, esplodesti, esplose, esplodemmo, esplodeste, esplosero
PARTICIPIO PASSATO:	esploso

esprimere *to express*

PASSATO REMOTO:	espressi, esprimesti, espresse, esprimemmo, esprimeste, espressero
PARTICIPIO PASSATO:	espresso

evadere *to escape*

PASSATO REMOTO:	evasi, evadesti, evase, evademmo, evadeste, evasero
PARTICIPIO PASSATO:	evaso

fare *to do, to make*

INDICATIVO PRESENTE:	faccio, fai, fa, facciamo, fate, fanno
INDICATIVO IMPERFETTO:	facevo, facevi, faceva, facevamo, facevate, facevano
FUTURO:	farò, farai, farà, faremo, farete, faranno
CONDIZIONALE:	farei, faresti, farebbe, faremmo, fareste, farebbero
CONGIUNTIVO PRESENTE:	faccia, faccia, faccia, facciamo, facciate, facciano
CONGIUNTIVO IMPERFETTO:	facessi, facessi, facesse, facessimo, faceste, facessero
IMPERATIVO:	fa' (fai), facciamo, fate, faccia, facciano
PARTICIPIO PASSATO:	fatto
GERUNDIO:	facendo

fingere *to pretend, to make believe*

PASSATO REMOTO:	finsi, fingesti, finse, fingemmo, fingeste, finsero
PARTICIPIO PASSATO:	finto

friggere *to fry*

PASSATO REMOTO:	frissi, friggesti, frisse, friggemmo, friggeste, frissero
PARTICIPIO PASSATO:	fritto

giungere *to arrive, to reach*

PASSATO REMOTO:	giunsi, giungesti, giunse, giungemmo, giungeste, giunsero
PARTICIPIO PASSATO:	giunto

godere *to enjoy*

FUTURO:	godrò, godrai, godrà, godremo, godrete, godranno
CONDIZIONALE:	godrei, godresti, godrebbe, godremmo, godreste, godrebbero

illudere *to delude*

PASSATO REMOTO:	illusi, illudesti, illuse, illudemmo, illudeste, illusero
PARTICIPIO PASSATO:	illuso

imporre *to impose* (see **porre**)

indire *to call, to summon* (see **dire**)

insistere *to insist*

PARTICIPIO PASSATO:	insistito

intervenire *to intervene* (see **venire**)

introdurre *to introduce* (see **condurre**)

leggere *to read*

PASSATO REMOTO:	lessi, leggesti, lesse, leggemmo, leggeste, lessero
PARTICIPIO PASSATO:	letto

mantenere *to maintain, to support, to keep* (see **tenere**)

mettere *to place, to put*

PASSATO REMOTO:	misi, mettesti, mise, mettemmo, metteste, misero
PARTICIPIO PASSATO:	messo

mordere *to bite*

PASSATO REMOTO:	morsi, mordesti, morse, mordemmo, mordeste, morsero
PARTICIPIO PASSATO:	morso

morire *to die*

INDICATIVO PRESENTE:	muoio, muori, muore, moriamo, morite, muoiono
CONGIUNTIVO PRESENTE:	muoia, muoia, muoia, moriamo, moriate, muoiano
IMPERATIVO:	muori, moriamo, morite, muoia, muoiano
PARTICIPIO PASSATO:	morto

muovere *to move*

INDICATIVO PRESENTE:	muovo, muovi, muove, muoviamo (moviamo), muovete (movete), muovono
PASSATO REMOTO:	mossi, movesti, mosse, movemmo, moveste, mossero
CONGIUNTIVO PRESENTE:	muova, muova, muova, moviamo, moviate, muovano
PARTICIPIO PASSATO:	mosso

nascere *to be born*

PASSATO REMOTO:	nacqui, nascesti, nacque, nascemmo, nasceste, nacquero
PARTICIPIO PASSATO:	nato

nascondere *to hide*

PASSATO REMOTO:	nascosi, nascondesti, nascose, nascondemmo, nascondeste, nascosero
PARTICIPIO PASSATO:	nascosto

offendere *to offend*

PASSATO REMOTO:	offesi, offendesti, offese, offendemmo, offendeste, offesero
PARTICIPIO PASSATO:	offeso

offrire *to offer*

PARTICIPIO PASSATO:	offerto

opporre *to oppose* (see **porre**)

ottenere *to obtain* (see **tenere**)

parere *to seem*

INDICATIVO PRESENTE:	paio, pari, pare, pariamo, parete, paiono
PASSATO REMOTO:	parvi, paresti, parve, paremmo, pareste, parvero
FUTURO:	parrò, parrai, parrà, parremo, parrete, parranno
CONDIZIONALE:	parrei, parresti, parrebbe, parremmo, parreste, parrebbero
CONGIUNTIVO PRESENTE:	paia, paia, paia, pariamo, pariate, paiano
PARTICIPIO PASSATO:	parso

percuotere *to beat, to hit, to strike*

INDICATIVO PRESENTE:	percuoto, percuoti, percuote, percotiamo, percotete, percuotono
PASSATO REMOTO:	percossi, percotesti, percosse, percotemmo, percoteste, percossero
CONGIUNTIVO PRESENTE:	percuota, percuota, percuota, percotiamo, percotiate, percuotano
PARTICIPIO PASSATO:	percosso

perdere *to lose*

PASSATO REMOTO:	persi, perdesti, perse, perdemmo, perdeste, persero
PARTICIPIO PASSATO:	perso

permettere *to permit, to allow* (see **mettere**)

persuadere *to persuade*

PASSATO REMOTO:	persuasi, persuadesti, persuase, persuademmo, persuadeste, persuasero
PARTICIPIO PASSATO:	persuaso

piacere *to like, to please*

INDICATIVO PRESENTE:	piaccio, piaci, piace, piacciamo, piacete, piacciono
PASSATO REMOTO:	piacqui, piacesti, piacque, piacemmo, piaceste, piacquero
CONGIUNTIVO PRESENTE:	piaccia, piaccia, piaccia, piacciamo, piacciate, piacciano
PARTICIPIO PASSATO:	piaciuto

piangere *to cry*

PASSATO REMOTO:	piansi, piangesti, pianse, piangemmo, piangeste, piansero
PARTICIPIO PASSATO:	pianto

piovere *to rain*

PASSATO REMOTO:	piovve, piovvero

porre *to put, to place*

INDICATIVO PRESENTE:	pongo, poni, pone, poniamo, ponete, pongono
INDICATIVO IMPERFETTO:	ponevo, ponevi, poneva, ponevamo, ponevate, ponevano
PASSATO REMOTO:	posi, ponesti, pose, ponemmo, poneste, posero
CONGIUNTIVO PRESENTE:	ponga, ponga, ponga, poniamo, poniate, pongano
CONGIUNTIVO IMPERFETTO:	ponessi, ponessi, ponesse, ponessimo, poneste, ponessero
IMPERATIVO:	poni, poniamo, ponete, ponga, pongano
PARTICIPIO PASSATO:	posto
GERUNDIO:	ponendo

possedere *to own, to possess* (see **sedere**)

potere *to be able*

INDICATIVO PRESENTE:	posso, puoi, può, possiamo, potete, possono
FUTURO:	potrò, potrai, potrà, potremo, potrete, potranno
CONDIZIONALE:	potrei, potresti, potrebbe, potremmo, potreste, potrebbero
CONGIUNTIVO PRESENTE:	possa, possa, possa, possiamo, possiate, possano

prendere *to take*

PASSATO REMOTO:	presi, prendesti, prese, prendemmo, prendeste, presero
PARTICIPIO PASSATO:	preso

prevedere *to foresee* (see **vedere**)

produrre *to produce* (see **condurre**)

promettere *to promise* (see **mettere**)

promuovere *to promote, to pass* (see **muovere**)

proporre *to propose* (see **porre**)

proteggere *to protect*

PASSATO REMOTO:	protessi, proteggesti, protesse, proteggemmo, proteggeste, protessero
PARTICIPIO PASSATO:	protetto

provvedere *to provide* (see **vedere**)

raccogliere *to pick, to gather* (see **cogliere**)

radere *to shave*

PASSATO REMOTO:	rasi, radesti, rase, rademmo, radeste, rasero
PARTICIPIO PASSATO:	raso

raggiungere *to reach* (see **giungere**)

reggere *to bear, to support, to carry*

PASSATO REMOTO:	ressi, reggesti, resse, reggemmo, reggeste, ressero
PARTICIPIO PASSATO:	retto

rendere *to give back, to return*

PASSATO REMOTO:	resi, rendesti, rese, rendemmo, rendeste, resero
PARTICIPIO PASSATO:	reso

resistere *to resist* (see **assistere**)

richiedere *to require, to apply for* (see **chiedere**)

ridere *to laugh*

PASSATO REMOTO:	risi, ridesti, rise, ridemmo, rideste, risero
PARTICIPIO PASSATO:	riso

	ridurre *to reduce* (see **condurre**)

	riempire *to fill*
INDICATIVO PRESENTE:	riempio, riempi, riempie, riempiamo, riempite, riempiono
CONGIUNTIVO PRESENTE:	riempia, riempia, riempia, riempiamo, riempiate, riempiano
IMPERATIVO:	riempi, riempiamo, riempite, riempia, riempiano

	rifare *to do again, to redo* (see **fare**)

	rimanere *to remain*
INDICATIVO PRESENTE:	rimango, rimani, rimane, rimaniamo, rimanete, rimangono
PASSATO REMOTO:	rimasi, rimanesti, rimase, rimanemmo, rimaneste, rimasero
FUTURO:	rimarrò, rimarrai, rimarrà, rimarremo, rimarrete, rimarranno
CONDIZIONALE:	rimarrei, rimarresti, rimarrebbe, rimarremmo, rimarreste, rimarrebbero
CONGIUNTIVO PRESENTE:	rimanga, rimanga, rimanga, rimaniamo, rimaniate, rimangano
IMPERATIVO:	rimani, rimaniamo, rimanete, rimanga, rimangano
PARTICIPIO PASSATO:	rimasto

	riprendere *to resume, to start again* (see **prendere**)

	risolvere *to resolve*
PASSATO REMOTO:	risolsi, risolvesti, risolse, risolvemmo, risolveste, risolsero
PARTICIPIO PASSATO:	risolto

	rispondere *to answer*
PASSATO REMOTO:	risposi, rispondesti, rispose, rispondemmo, rispondeste, risposero
PARTICIPIO PASSATO:	risposto

	ritenere *to retain* (see **tenere**)

	riuscire *to succeed, to manage, to go out again* (see **uscire**)

	rivedere *to see again* (see **vedere**)

	rivolgere *to turn, to address* (see **volgere**)

	rompere *to break*
PASSATO REMOTO:	ruppi, rompesti, ruppe, rompemmo, rompeste, ruppero
PARTICIPIO PASSATO:	rotto

	salire *to get on, to go up, to come up*
INDICATIVO PRESENTE:	salgo, sali, sale, saliamo, salite, salgono
CONGIUNTIVO PRESENTE:	salga, salga, salga, saliamo, saliate, salgano
IMPERATIVO:	sali, saliamo, salite, salga, salgano

	sapere *to know*
INDICATIVO PRESENTE:	so, sai, sa, sappiamo, sapete, sanno
PASSATO REMOTO:	seppi, sapesti, seppe, sapemmo, sapeste, seppero
FUTURO:	saprò, saprai, saprà, sapremo, saprete, sapranno
CONDIZIONALE:	saprei, sapresti, saprebbe, sapremmo, sapreste, saprebbero
CONGIUNTIVO PRESENTE:	sappia, sappia, sappia, sappiamo, sappiate, sappiano
IMPERATIVO:	sappi, sappiamo, sappiate, sappia, sappiano

	scegliere *to choose*
INDICATIVO PRESENTE:	scelgo, scegli, sceglie, scegliamo, scegliete, scelgono
PASSATO REMOTO:	scelsi, scegliesti, scelse, scegliemmo, sceglieste, scelsero
CONGIUNTIVO PRESENTE:	scelga, scelga, scelga, scegliamo, scegliate, scelgano
IMPERATIVO:	scegli, scegliamo, scegliete, scelga, scelgano
PARTICIPIO PASSATO:	scelto

	scendere *to descend, to go down, to come down, to get off*
PASSATO REMOTO:	scesi, scendesti, scese, scendemmo, scendeste, scesero
PARTICIPIO PASSATO:	sceso

	sciogliere *to untie, to loosen, to dissolve, to melt*
INDICATIVO PRESENTE:	sciolgo, sciogli, scioglie, sciogliamo, sciogliete, sciolgono
PASSATO REMOTO:	sciolsi, sciogliesti, sciolse, sciogliemmo, scioglieste, sciolsero
CONGIUNTIVO PRESENTE:	sciolga, sciolga, sciolga, sciogliamo, sciogliate, sciolgano
IMPERATIVO:	sciogli, sciogliamo, sciogliete, sciolga, sciolgano
PARTICIPIO PASSATO:	sciolto

scomparire *to disappear* (see **apparire**)

scomporre *to decompose, to disarrange* (see **porre**)

	scoprire *to discover*
PARTICIPIO PASSATO:	scoperto

	scrivere *to write*
PASSATO REMOTO:	scrissi, scrivesti, scrisse, scrivemmo, scriveste, scrissero
PARTICIPIO PASSATO:	scritto

	scuotere *to shake*
PASSATO REMOTO:	scossi, scuotesti, scosse, scuotemmo, scuoteste, scossero
PARTICIPIO PASSATO:	scosso

	sedere *to sit*
INDICATIVO PRESENTE:	siedo (seggo), siedi, siede, sediamo, sedete, siedono (seggono)
CONGIUNTIVO PRESENTE:	sieda (segga), sieda, sieda, sediamo, sediate, siedano (seggano)
IMPERATIVO:	siedi, sediamo, sedete, sieda (segga), siedano (seggano)

	soffrire *to suffer*
PARTICIPIO PASSATO:	sofferto

	sorgere *to rise*
PASSATO REMOTO:	sorsi, sorgesti, sorse, sorgemmo, sorgeste, sorsero
PARTICIPIO PASSATO:	sorto

sorridere *to smile* (see **ridere**)

sospendere *to suspend* (see **spendere**)

sostenere *to maintain, to support* (see **tenere**)

	spargere *to scatter, to shed, to spread*
PASSATO REMOTO:	sparsi, spargesti, sparse, spargemmo, spargeste, sparsero
PARTICIPIO PASSATO:	sparso

	spegnere *to turn off, to put out, to extinguish*
INDICATIVO PRESENTE:	spengo, spegni, spegne, spegniamo, spegnete, spengono
PASSATO REMOTO:	spensi, spegnesti, spense, spegnemmo, spegneste, spensero
CONGIUNTIVO PRESENTE:	spenga, spenga, spenga, spegniamo, spegniate, spengano
IMPERATIVO:	spegni, spegniamo, spegniate, spenga, spengano
PARTICIPIO PASSATO:	spento

	spendere *to spend*
PASSATO REMOTO:	spesi, spendesti, spese, spendemmo, spendeste, spesero
PARTICIPIO PASSATO:	speso

	spingere *to push*
PASSATO REMOTO:	spinsi, spingesti, spinse, spingemmo, spingeste, spinsero
PARTICIPIO PASSATO:	spinto

stare *to stay, to remain*
INDICATIVO PRESENTE: sto, stai, sta, stiamo, state, stanno
PASSATO REMOTO: stetti, stesti, stette, stemmo, steste, stettero
FUTURO: starò, starai, starà, staremo, starete, staranno
CONDIZIONALE: starei, staresti, starebbe, staremmo, stareste, starebbero
CONGIUNTIVO PRESENTE: stia, stia, stia, stiamo, stiate, stiano
CONGIUNTIVO IMPERFETTO: stessi, stessi, stesse, stessimo, steste, stessero
IMPERATIVO: sta' (stai), stiamo, state, stia, stiano
PARTICIPIO PASSATO: stato

stendere *to spread out, to stretch out*
PASSATO REMOTO: stesi, stendesti, stese, stendemmo, stendeste, stesero
PARTICIPIO PASSATO: steso

stringere *to press, to squeeze, to clasp, to tighten*
PASSATO REMOTO: strinsi, stringesti, strinse, stringemmo, stringeste, strinsero
PARTICIPIO PASSATO: stretto

supporre *to suppose* (see **porre**)

tacere *to be silent, to keep silent, to hold one's tongue*
INDICATIVO PRESENTE: taccio, taci, tace, taciamo, tacete, tacciono
PASSATO REMOTO: tacqui, tacesti, tacque, tacemmo, taceste, tacquero
CONGIUNTIVO PRESENTE: taccia, taccia, taccia, tacciamo, tacciate, tacciano
IMPERATIVO: taci, taciamo, tacete, taccia, tacciano
PARTICIPIO PASSATO: taciuto

tenere *to keep, to hold*
INDICATIVO PRESENTE: tengo, tieni, tiene, teniamo, tenete, tengono
PASSATO REMOTO: tenni, tenesti, tenne, tenemmo, teneste, tennero
FUTURO: terrò, terrai, terrà, terremo, terrete, terranno
CONDIZIONALE: terrei, terresti, terrebbe, terremmo, terreste, terrebbero
CONGIUNTIVO PRESENTE: tenga, tenga, tenga, teniamo, teniate, tengano
IMPERATIVO: tieni, teniamo, tenete, tenga, tengano

tingere *to dye*
PASSATO REMOTO: tinsi, tingesti, tinse, tingemmo, tingeste, tinsero
PARTICIPIO PASSATO: tinto

togliere *to take away, to take off, to remove*
INDICATIVO PRESENTE: tolgo, togli, toglie, togliamo, togliete, tolgono
PASSATO REMOTO: tolsi, togliesti, tolse, togliemmo, toglieste, tolsero
CONGIUNTIVO PRESENTE: tolga, tolga, tolga, togliamo, togliate, tolgano
IMPERATIVO: togli, togliamo, togliete, tolga, tolgano
PARTICIPIO PASSATO: tolto

tradurre *to translate* (see **condurre**)

trarre *to draw, to pull*
INDICATIVO PRESENTE: traggo, trai, trae, traiamo, traete, traggono
INDICATIVO IMPERFETTO: traevo, traevi, traeva, traevamo, traevate, traevano
PASSATO REMOTO: trassi, traesti, trasse, traemmo, traeste, trassero
CONGIUNTIVO PRESENTE: tragga, tragga, tragga, traiamo, traiate, traggano
CONGIUNTIVO IMPERFETTO: traessi, traessi, traesse, traessimo, traeste, traessero
IMPERATIVO: trai, traiamo, traete, tragga, traggano
PARTICIPIO PASSATO: tratto
GERUNDIO: traendo

trascorrere *to spend (time)* (see **correre**)

trasmettere *to transmit* (see **mettere**)

trattenere *to hold back* (see **tenere**)

udire *to hear, to listen to*
INDICATIVO PRESENTE:	odo, odi, ode, udiamo, udite, odono
FUTURO:	udrò (udirò), udrai (udirai), udrà (udirà), udremo (udiremo), udrete (udirete), udranno (udiranno)
CONDIZIONALE:	udrei (udirei), udresti (udiresti), udrebbe (udirebbe), udremmo (udiremmo), udreste (udireste), udrebbero (udirebbero)
CONGIUNTIVO PRESENTE:	oda, oda, oda, udiamo, udiate, odano
IMPERATIVO:	odi, udiamo, udite, oda, odano

uscire *to go out*
INDICATIVO PRESENTE:	esco, esci, esce, usciamo, uscite, escono
CONGIUNTIVO PRESENTE:	esca, esca, esca, usciamo, usciate, escano
IMPERATIVO:	esci, usciamo, uscite, esca, escano

valere *to be worth*
INDICATIVO PRESENTE:	valgo, vali, vale, valiamo, valete, valgono
PASSATO REMOTO:	valsi, valesti, valse, valemmo, valeste, valsero
FUTURO:	varrò, varrai, varrà, varremo, varrete, varranno
CONDIZIONALE:	varrei, varresti, varrebbe, varremmo, varreste, varrebbero
CONGIUNTIVO PRESENTE:	valga, valga, valga, valiamo, valiate, valgano
PARTICIPIO PASSATO:	valso

vedere *to see*
PASSATO REMOTO:	vidi, vedesti, vide, vedemmo, vedeste, videro
FUTURO:	vedrò, vedrai, vedrà, vedremo, vedrete, vedranno
CONDIZIONALE:	vedrei, vedresti, vedrebbe, vedremmo, vedreste, vedrebbero
PARTICIPIO PASSATO:	visto (veduto)

venire *to come*
INDICATIVO PRESENTE:	vengo, vieni, viene, veniamo, venite, vengono
PASSATO REMOTO:	venni, venisti, venne, venimmo, veniste, vennero
FUTURO:	verrò, verrai, verrà, verremo, verrete, verranno
CONDIZIONALE:	verrei, verresti, verrebbe, verremmo, verreste, verrebbero
CONGIUNTIVO PRESENTE:	venga, venga, venga, veniamo, veniate, vengano
IMPERATIVO:	vieni, veniamo, venite, venga, vengano
PARTICIPIO PASSATO:	venuto

vincere *to win*
PASSATO REMOTO:	vinsi, vincesti, vinse, vincemmo, vinceste, vinsero
PARTICIPIO PASSATO:	vinto

vivere *to live*
PASSATO REMOTO:	vissi, vivesti, visse, vivemmo, viveste, vissero
FUTURO:	vivrò, vivrai, vivrà, vivremo, vivrete, vivranno
CONDIZIONALE:	vivrei, vivresti, vivrebbe, vivremmo, vivreste, vivrebbero
PARTICIPIO PASSATO:	vissuto

volere *to want*
INDICATIVO PRESENTE:	voglio, vuoi, vuole, vogliamo, volete, vogliono
PASSATO REMOTO:	volli, volesti, volle, volemmo, voleste, vollero
FUTURO:	vorrò, vorrai, vorrà, vorremo, vorrete, vorranno
CONDIZIONALE:	vorrei, vorresti, vorrebbe, vorremmo, vorreste, vorrebbero
CONGIUNTIVO PRESENTE:	voglia, voglia, voglia, vogliamo, vogliate, vogliano
IMPERATIVO:	vogli, vogliamo, vogliate, voglia, vogliano

volgere *to turn*
PASSATO REMOTO:	volsi, volgesti, volse, volgemmo, volgeste, volsero
PARTICIPIO PASSATO:	volto

Appendice F | *Verbi ed espressioni che richiedono il congiuntivo*

The following verbs and expressions usually require the subjunctive in the dependent clause when there is an explicit subject.

ESPRESSIONI IMPERSONALI

bisogna *it is necessary*
è bene *it is good*
è difficile *it is difficult*
è facile *it is easy*
è giusto *it is right*
è importante *it is important*
è impossibile *it is impossible*
è improbabile *it is improbable*
è incredibile *it is incredible*
è indispensabile *it is indispensable*
è meglio *it is better*
è naturale *it is natural*
è necessario *it is necessary*
è normale *it is normal*
è ora *it is time*
è peccato *it is a pity, too bad*
è possibile *it is possible*
è preferibile *it is preferable*
è probabile *it is probable*
è raro *it is rare*
è strano *it is strange*
è utile/inutile *it is useful/useless*
è una vergogna *it is a shame*
occorre *it is necessary*
pare *it seems*
può darsi *it could be*
può essere *it may be*
sembra *it seems*

EMOZIONI E SENTIMENTI

avere paura *to be afraid*
dispiacere *to be sorry*
essere contento/scontento *to be happy/unhappy*
essere felice/infelice *to be happy/unhappy*

essere sorpreso *to be surprised*
non vedere l'ora *to look forward to*
rallegrarsi *to be happy*
rincrescere *to mind*
temere *to be afraid*

DESIDERIO E VOLONTÀ

aspettare *to wait for*
aspettarsi *to expect*
augurarsi *to hope*
desiderare *to desire*
esigere *to demand*
insistere *to insist*
piacere *to like, to please*
preferire *to prefer*
pretendere *to demand*
richiedere *to require*
sperare *to hope*
volere *to want*

DUBBIO, OPINIONE E INCERTEZZA

credere *to believe*
dubitare *to doubt*
non essere sicuro *to be uncertain*
pensare *to think*
non sapere (se) *not to know (if)*
supporre *to suppose*

Appendice G | *Verbi regolari della terza coniugazione*

There are two types of third-conjugation verbs. Verbs like **dormire** are conjugated by adding the present-tense endings directly to the verb stem. In verbs like **finire**, **-isc** is inserted before all endings except the first- and second-person plural. These are some common verbs conjugated like **finire**:

capire *to understand*
colpire *to hit*
costruire *to construct*
favorire *to favor*
ferire *to wound*
fornire *to furnish*
guarire *to heal*
inserire *to insert*
obbedire *to obey*
preferire *to prefer*
proibire *to prohibit*
pulire *to clean*
restituire *to give back*
riferire *to relate, to refer*
sparire *to disappear*
stabilire *to establish*
suggerire *to suggest*
trasferirsi *to move*
unire *to unite*

These are some common verbs conjugated like **dormire**:

aprire *to open*
avvertire *to inform, to warn*
divertire *to amuse*
fuggire *to flee*
offrire *to offer*
partire *to leave*
scoprire *to discover*
seguire *to follow*
sentire *to hear*
servire *to serve*
soffrire *to suffer*
vestire *to dress*

Vocabolario | *italiano-inglese*

This Italian-English vocabulary contains all active vocabulary that appears in the student text and selected passive vocabulary. Identified by chapter number, the active vocabulary includes words and expressions from the **Parole utili** and the **Strutture** sections. Passive vocabulary consists of words and expressions that are given an English gloss in the exercises, instruction lines, and the **Temi** and **Leggiamo** readings. It also includes certain key terms from the **Testi e contesti** sections. For words with multiple definitions, only the meaning used in this text is provided.

The gender of nouns is indicated by the abbreviations *m.* or *f.* and only irregular plural forms are given. Adjectives are listed under the masculine singular form. An asterisk (*) after a verb indicates that it is irregular and included in **Appendice E**. For irregular verbs not listed in **Appendice E**, the past participle and **passato remoto** forms are provided. Verbs followed by **(-isc)** are third-conjugation verbs that insert -isc- in some forms of the present indicative, subjunctive, and imperative.

The following abbreviations are used in this vocabulary:

adj.	adjective		*n.*	noun
adv.	adverb		*p.p.*	past participle
conj.	conjunction		*p.r.*	**passato remoto**
fig.	figuratively		*prep.*	preposition
lit.	literally		*pron.*	pronoun
m./f.	gender		*v.*	verb

A

a *(prep.)* at, to, on, in 4; **a caso** at random 5; **a causa di** because of 12; **a destra di** *(prep.)* to the right of 4; **a rate** in installments 5; **a sinistra di** *(prep.)* to the left of 4; **avere a carico** to support 5; **mettere a bagno** to soak 8

a.C. (avanti Cristo) before Christ, B.C. 12

a modo mio my own way 5

abbassare *(v.)* to lower 6

abbinare to combine, match 8

abbracciarsi *(v.)* to hug 2

abbronzato *(adj.)* tanned 1

abitante *(n., m./f.)* resident 12

abolire (-isc) *(v.)* to abolish 6

accanto a *(prep.)* next to, beside 4

accedere *(v.)* to approach 5

accendere* *(v.)* to light, to turn on 7

accendini *(n., m., pl.)* cigarette lighters 5

acciughe *(n., f., pl.)* anchovies 8

accorgersi* *(v.)* to notice (*p.r.* **mi accorsi**) 2, 7; **accorgersi di** *(v.)* to notice, to realize 4

adattarsi *(v.)* to fit, to adapt 5

addetto/-a *(n., m./f.)* staff member, member of work force 10

addosso *(prep.)* on 7

afa *(n., f.)* mugginess 2

affabile *(adj.)* cordial 1

affacciarsi *(v.)* to appear 5

affamato starving 5

affannarsi to struggle 2

affari *(n., m., pl.)* business 8, 10

affermare *(v.)* to state, to assert 9; **affermarsi** *(v.)* to assert 3

afferrare *(v.)* to grasp 3

affettare *(v.)* to slice, to cut off 9

affettuoso *(adj.)* loving, affectionate 2

affiancato next to 4; assigned, flanked 6

affidare *(v.)* to entrust; **affidato** entrusted 10

affinché *(conj.)* in order to, in order that, so that 6

affliggere* *(v.)* to afflict, to trouble 10

affresco *(n., m.)* fresco 11

affrontare *(v.)* to face 3

agevolare *(v.)* to make easier, to facilitate 6; **agevole** *(adj.)* easy 9

aggirarsi *(v.)* to wander about 7

aggressivo *(adj.)* aggressive 9

agguerrito hardened 10

aglio *(n., m.)* garlic 8

agnellini *(n., m., pl.)* little lambs 7

agosto *(n., m.)* August 12

aguzzava sharpened 9

aiutare *(v.)* to help 5

al contrario on the contrary 5

al vapore steamed 8

alba *(n., f.)* dawn 2

albi *(n., m., pl.)* associations 7; lists, registers 10

alcuno *(adj.)* any, some 3; **alcuni/-e** some, a few 11

alimenti biologici *(n., m., pl.)* organic foods 8

all'altezza capable 10

alla fine *(adv.)* at last 1

alla lunga in the long run 8

alla radio on the radio 12

alla televisione on TV 12

allargamento *(n., m.)* broadening 6

alleato *(n., m.)* ally 9

allegare *(v.)* to attach 4

allenarsi *(v.)* to train, to practice, to get in shape 1

allestire *(v.)* to erect 7

allevato bred 8

allievo *(n., m.)* apprentice, pupil 9

allo stesso tempo *(conj.)* at the same time 1

alloggi *(n., m., pl.)* housing 5

alloro *(n., m.)* laurel 8

almeno *(conj.)* at least, however 6

altezzoso *(adj.)* haughty 5

alto *(adj.)* high 11; **più alto** higher 11; **il più alto** the highest 11; **altissimo** very high 11

altolocato *(adj.)* well-connected 10

altro dirti non vo' I don't want to say anything else 11

altro *(adj.)* other 11

altrove *(adv.)* elsewhere 4

alzare *(v.)* to raise 6; **alzarsi** *(v.)* to get up 2

amaramente *(adv.)* bitterly 5

ambientare *(v.)* to set, to place 9; **ambientarsi** *(v.)* to settle in 1

ambiente *(n., m.)* environment 4, 6

ambulanti *(n., m., pl.)* street vendors 5

amico/amica *(n., m./f.)* friend

amministratore delegato *(n.)* managing director, CEO 10

ammucchiato *(adj.)* heaped up 5

ammuffito *(adj.)* moldy 10

anche *(conj.)* also 11; **anche se** *(adv.)* even if 5

ancora again; **non... ancora** not yet 4

andare* *(v.)* to go 1, 2, 3, 5, 12; **andare a cavallo** to go on horseback, to go horseback riding 12; **andare a piedi** to go by foot 12; **andare d'accordo (con)** *(v.)* to get along (with) 2; **andare in pensione** *(v.)* to retire 3; **andare pazzo (per)** *(v.)* to be crazy about something/someone 2

andarsene *(v.)* to leave, to take off 4

anima *(n., f.)* soul 1, 5; **anima gemella** *(n., f.)* soulmate 1

annerito *(adj.)* blackened 10

anno *(n., m.)* year; **l'anno passato/scorso** last year 2

annoiarsi *(v.)* to get bored 1

annullare *(v.)* to delete, to erase 4

annusare *(v.)* (fig., to smell out, to sniff)

anzi *(adv.)* as a matter of fact 5

aperto *(adj.)* frank, sincere, open 1

apparecchiare *(v.)* to set

apparire* *(v.)* to appear 7

appena *(adv.)* as soon as 2, 3, 12

appieno *(adv.)* fully 11

appollaiarsi *(v.)* to perch 8

apprezzare *(v.)* to appreciate 8

approfittare *(v.)* to take advantage 3, 6

approvare *(v.)* to approve (of); to confirm 6

aprile *(n., m.)* April 12

aprire* *(v.)* to open 2

architetto *(n., m.)* architect 3

arma *(n., f.)* weapon 9

armi *(n., f., pl.)* military 9

armonia delle forme harmony of forms 11

arrecare *(v.)* to bring 11

arretrato *(adj.)* backwards 11

arrotondare *(v.)* to add to, to round 3; to round off 6; **arrotondamento** rounding off 6

artigiano *(n., m.)* artisan 3, 7

arto *(n., m.)* hand, limb 7

asciugacapelli *(n., m.)* hairdryer 1

asciugamano *(n., m.)* towel 1

asciugarsi *(v.)* to dry oneself 1

ascoltare *(v.)* to listen to 2, 3, 12

asilo politico *(n., m.)* political asylum 5

aspettare *(v.)* to wait for 3; **aspettarsi** *(v.)* to expect 5

assaggiare *(v.)* to taste 8

asse *(n., f.)* plank 3

astuzie *(n., f., pl.)* acts of shrewdness 6

atmosfera *(n., f.)* atmosphere 11

atterrito *(adj.)* terrified 9

attore *(n., m.)* actor 1

attraversare *(v.)* to cross 1

attrice *(n., f.)* actress 1

attuale *(adj.)* current, contemporary 4

audace *(adj.)* bold, brave 3

aumentare *(v.)* to increase 6

auto(mobile) *(n., f.)* automobile, car 1

autorità *(n., f.)* authority 9

autoritario *(adj.)* authoritative 2

autunno *(n., m.)* fall, autumn 1; **autunnale** *(adj.)* autumnal 12

avanzare *(v.)* to go forward 3

avercela con qualcuno *(v.)* to have it in for someone, to be mad at someone 4

avere* *(v.)* to have 1, 2, 3, 5, 7; **avere bisogno di** to need 1; **avere caldo** to be hot 1; **avere fame** to be hungry 1; **avere freddo** to be cold 1; **avere fretta** to be in a hurry 1; **avere intenzione di** to intend to do something; 3 **avere paura di** to fear, to be afraid of 1; **avere ragione** to be right 1; **avere sete** to be thirsty 1; **avere sonno** to be sleepy 1; **avere torto** to be wrong 1; **avere un bel/buon atteggiamento** to have a good/bad attitude 2; **avere un sogno nel cassetto** to have a secret dream 3; **avere voglia di** to feel like doing something or having something 1; **avere... anni** to be . . . years old 1

avvenire* *(v.)* to happen 1, 2

avventore *(n., m.)* customer 9

avversità *(n., f.)* adversity 3

avvertimenti *(n., m., pl.)* admonitions 11

avvocato/avvocatessa *(n., m./f.)* lawyer 3; **avvocatuccio** insignificant lawyer 12

avvolto *(adj.)* wrapped 9

azienda *(n., f.)* company 1, firm 3; **azienda tranviaria** *(n., f.)* bus company 2

B

babbo *(n., m.)* dad 2

badante *(n., m.)* caregiver 5; **badanti** *(n., m., pl.)* caregivers 5

bagnato fradicio soaking wet 11

bagordi *(n., m., pl.)* debauchery 6

balenii *(n., m., pl.)* flashings 5

balzare *(v.)* to jump; **balzando giù** jumping out 4

bancarella *(n., f.)* stall, booth 7

banco *(n., m.)* counter 9

banconota *(n., f.)* banknote 6

banda *(n., f.)* band 7; **band** *(n., f.)* band 11

baratto *(n., m.)* barter 7

barattolo (di) *(n., m.)* jar (of) 8

barocco *(adj.)* Baroque 11

barriera doganale *(n., f.)* customs barrier 6

barzelletta *(n., f.)* joke 2

basilica *(n., f.)* basilica 11

basilico *(n., m.)* basil 8

basso *(adj.)* low 11; **più basso** lower 11; **il più basso** the lowest 11; **bassissimo** very low 11

basso *(n., m.)* bass 11

bastare *(v.)* to be enough, to suffice 7

batteria *(n., f.)* battery 4; drums

bellezza *(n., f.)* beauty 11

bello *(adj.)* pretty, handsome 1

benché *(conj.)* although, in spite of, even though, even if 6, 12

bene *(adv.)* well 11; **molto bene** very well 11; **benissimo** very well 11

benestante *(adj.)* affluent

beni *(n., m., pl.)* goods 6, 10; **beni di consumo** consumer goods 6

benone *(adv.)* great 11

bere* *(v.)* to drink 1, 2, 3, 5, 6, 7

biasimo *(n., m.)* blame 11

bici(cletta) *(n., f.)* bicycle 1

bidelli *(n., m., pl.)* janitors 9

bidoni *(n., m., pl.)* containers 6; jugs 9

biglietto *(n., m.)* note 1

bilancio *(n., m.)* budget 6, 10

biologico *(adj.)* organic 6

bisnonno/bisnonna *(n., m./f.)* great-grandparents *(pl.* **i bisnonni)** 2

bisogna necessary 5

bisognare *(v.)* to have to, to be necessary; **bisognava** it was necessary 12

bissare *(v.)* to repeat, to call for an encore 4

bisunto *(adj.)* greasy 4

blindato *(adj.)* armored 4

bocca *(n., f.)* mouth

boccali *(n., m., pl.)* mugs 5

boccia *(n., f.)* bud 11

bolletta *(n., f.)* bill 4

bollino *(n., m.)* little stamp 8

bomba *(n., f.)* bomb 9

bombardare *(v.)* to bomb 9; **il bombardamento** bombardment 9

borgo *(n., m.)* village 7

borsa *(n., f.)* purse 12; **il borsone** *(n., m.)* large bag, travel bag 12; *(n., f.)* stock market 10; **borsa di studio** *(n., f.)* scholarship 5

boscaioli *(n., m., pl.)* foresters 5

boschi *(n., m., pl.)* forests 3, 4

bottega *(n., f.)* shop 3

botteghino *(n., m.)* box-office 3

bozze *(n., f., pl.)* galleys, drafts 1; sketches 6

braccio *(n., m.)* arm *(pl.* **le braccia)** 1

brande *(n., f., pl.)* folding beds 3

brano *(n., m.)* passage 1

brevetto *(n., m.)* patent 10

bronzo *(n., m.)* bronze 11

brutto *(adj.)* ugly 1; **brutto da morire** unbearably ugly 11

budino *(n., m.)* pudding 12; **budino di riso** *(n., m.)* rice pudding 8

buffo *(adj.)* funny 1

bugiardo *(adj.)* liar 2

buongustaio *(n., m.)* gourmet 8

buonissimo very good, excellent 11

buono *(adj.)* good 1, 11; **più buono** better 11; **il più buono** the best 11

burocrazia *(n., f.)* bureaucracy 5

busta (di) *(n., f.)* bag (of) 8

buttare *(v.)* to throw away 9

C

caccia *(n., f.)* search, hunt 6

cadere* *(v.)* to fall 3, 7; **caduto** fallen 7

cala *(v.)* comes down 8

calamai *(n., m., pl.)* ink-wells 2

calar del sole sunset 11

calato *(adj.)* lowered 1

calo *(n., m.)* decline 10

calzatura *(n., f.)* footwear 10

cambiare *(v.)* to change 2; **cambiarsi** *(v.)* to change 1

cambio *(n., m.)* exchange rate 10

camminare *(v.)* to walk 2

campagna *(n., f.)* country 3

campanile *(n., m.)* bell tower 11

campare *(v.)* to live; **campa** lives 6

campione *(n., m.)* sample 4

campo *(n., m.)* field 12; **campi** *(n., m., pl.)* fields 3; **campicello** sweet little field 12

cancellare *(v.)* to delete, to erase 4

candido *(adj.)* white 11

cani da caccia *(n., m., pl.)* hunting dogs 4

cantante *(n., m./f.)* singer 1, 12

cantautore *(n., m.)* singer-songwriter 11

cantiere *(n., m.)* construction site 5

cantina *(n., f.)* wine cellar 8; **cantine** *(n., f., pl.)* wine cellars 10

capi *(n., m., pl.)* articles 10

capo *(n., m.)* boss 3

cappella *(n., f.)* chapel 11

cappellino *(n., m.)* little hat 3

capriccioso *(adj.)* naughty 2

capufficio *(n., m.)* supervisor 3

caramelle *(n., f., pl.)* candy 2

carattere *(n., m.)* character, personality

carenza *(n., f.)* lack, shortage 5

carica batterie *(n., m.)* battery charger 4

caricatura *(n., f.)* caricature 4

carico *(adj.)* full 9

carico *(n., m.)* load 4

carnagione *(n., f.)* complexion 1

carovita *(n., m.)* high cost of living 6

carpendo *(v.)* snatching 11

carpentiere *(n., m.)* carpenter 5

carrello *(n., m.)* carriage, (grocery) cart 6

carri armati *(n., m., pl.)* tanks 9

carta dei vini *(n., f.)* wine list 8

cartoline *(n., f., pl.)* postcards 2

cartomante *(n., m./f.)* fortuneteller 7

casa *(n., f.)* house 12; **casettina** cute little house 12; **a casa** at home 2; **casa discografica** record company 10; **casa stregata** *(n., f.)* haunted house 7

cascina *(n., f.)* farmhouse 8

casello *(n., m.)* tollbooth 10

catena *(n., f.)* chain 8; **catena di montaggio** *(n., f.)* assembly line 3; **catena di negozi** chain of stores 10

cattedrale *(n., f.)* cathedral 11

cattivo *(adj.)* bad 1, 11; **più cattivo** worse 11; **il più cattivo** the worst 11; **cattivissimo** very bad 11

catturare *(v.)* to capture 9

cauto *(adj.)* cautious 3, 11

cavallo *(n., m.)* horse 7

cavarsela *(v.)* to manage, to get by 4

cavato managed 4

censura *(n., f.)* censorship 9

cercapersone *(n., m.)* pager 4

cercare *(v.)* to look for 1, 3

cerchiolini *(n., m., pl.)* little dots 1

certezza *(n., f.)* certainty 2

certo *(adj.)* certain 11

cervelli in fuga brain drain 5

ceto medio *(n., m.)* middle class 6; **ceto subalterno** *(n., m.)* lower class 9

cetriuolo *(n., m.)* cucumber 8

chattare *(v.)* to chat online 4

che riconduce that goes back to 5

che who, whom, that, which 9; **il che** which is 9; **Che...!** What . . . ! 10; **Che cosa?** What? 10; **Che?** What? What kind of . . . ? 10; **non... che** not only 4

chi he/she who, those who 9; **Chi?** Who? 10

chiacchierare *(v.)* to talk, to chat

chiamare sul cellulare *(v.)* to call on a cell phone 4

chiaramente *(adv.)* clearly 11

chiarir dell'alba lightening of dawn 11

chiaro *(adj.)* light, clear 1, 11

chiazza *(n., f.)* spot 1

chic stylish 4

chiedere* *(v.)* to ask for 2, 3, 4, 7, 9; **chiedere consigli** *(v.)* to ask for advice 3

chiocciola *(n., f.)* snail; @ 8

chiromante *(n., m./f.)* palmist 3; palm reader 7

chiudere* *(v.)* to close 2, 7

chiunque anyone, whoever 6, 11

ci us, to us, ourselves 4

ci lasciavano let us 2

ci si strappava we tore 9

ciascuno/-una/un' each, each one 11

ciclostile *(n., m.)* stencil machine 5

cieco *(adj.)* blind 9

ciglio *(n., m.)* eyelash (*pl.* **le ciglia**) 1

cigolio *(n., m.)* squeal 7

ciminiere *(n., f., pl.)* smokestacks 10

cinema *(n., m.)* movie 12; **cinema(tografo)** *(n., m.)* cinematography, cinema 1

cinta *(n., f.,)* perimeter; type of pig specific to Siena 10

ciò which is 9; **ciò che** that which, what 9

ciotola *(n., f.)* bowl 8; **ciotole** *(n., f., pl.)* bowls 10

cipolla *(n., f.)* onion 8

circostanza *(n., f.)* circumstance 5

clandestino *(n., m./f.)* illegal immigrant 5

classe subalterno *(n., f.)* lower class 9

classicismo *(n., m.)* classicism 11

cliccare *(v.)* to click on 4

clima *(n., m.)* climate 1

code *(n., f., pl.)* lines 6

codesto (cotesto) *(adj.)* that, those 8

cognato/cognata *(n., m./f.)* brother-in-law/sister-in-law (*pl.* **i cognati**) 2

colf *(n., f.)* housekeeper 6

collegare *(v.)* to connect, to link, to log on 4

collinare hilly 3

colmo *(adj.)* full 9

colombi *(n., m., pl.)* doves 9

colore *(n., m.)* color 1; **colori intensi/sommessi** intense/subdued colors 11

coloro they, them, those 8; **coloro che** people who, one who, whoever, whomever 9

colpa *(n., f.)* fault 2

colpi *(n., m., pl.)* blows 8

colto picked 10

coltivare *(v.)* to grow 8

colto *(adj.)* cultured 1

colui/colei he/him, she/her, that one 8; **colui/colei che** people who, one who, whoever, whomever 9

combattere *(v.)* to fight 9, 12; **combattente** fighter, fighting 12

come *(adv.)* how, as; **come se** as if 6; **Come?** How? 10; **Come mai?** How come? 10; **Come...!** How . . . ! 10; **(così)... come** as . . . as 11

come se fosse stato di vetro as if he were made of glass 2

come sistemarli what to do with them 5

cominciare *(v.)* to begin, to start 1, 2, 5

commercialista *(n., m.)* Certified Public Accountant 3

commerciante *(n., m.)* merchant 6

commercio *(n., m.)* trade 3

commesso/commessa *(n., m./f.)* salesperson 2, 3

commuovere* *(v.)* to move emotionally 9

compaesano *(n., m.)* fellow townsman 10

competere *(v.)* to compete 10

competività *(n., f.)* competitiveness 10

compilare un modulo *(v.)* to fill out a form 3

comporre *(v.)* to compose 11

composizione *(n., f.)* composition 11

compostezza *(n., f.)* decorum 11

comprare a credito *(v.)* to buy on credit 12

comprare a rate *(v.)* to buy in installments 12

computer *(n., m.)* computer 1

comunque *(adv.)* anyhow, in any case 2; no matter how, however 6

con *(prep.)* with 4

concerto *(n., m.)* concert 7

concorrenza *(n., f.)* competition 10

concorso (truccato) *(n., f.)* (fixed) civil service exam 5

condimento *(n., m.)* dressing 8

condizione *(n., f.)* condition; **a condizione che** *(conj.)* provided that, on the condition that 6

condurre* *(v.)* to conduct 3, 7

confacente *(adj.)* suited 3

confezionato *(adj.)* manufactured 3

confino *(n., m.)* confinement 9

congelato *(adj.)* frozen 10

connazionali *(n., m., pl.)* compatriots 5

cono *(n., m.)* cone 8

conoscere* *(v.)* to know 2, 7

conquistarlo/la *(v.)* to win him/her over 1

consenso *(n., m.)* consent 9

conservante *(n., m.)* preservative 8

consigliare *(v.)* to advise 4

consumatore *(n., m.)* consumer 6

contadino *(n., m.)* peasant 7

conto corrente *(n., m.)* checking account 4

contrada *(n., f.)* country, district 7

contraddire* *(v.)* to contradict 1

contraffatto *(adj.)* counterfeit, imitated 10

contraffazione *(n., f.)* counterfeit, imitation 10

convincere* *(v.)* to persuade 1

convivere* *(v.)* to live together 5

coperchio *(n., m.)* lid 6

coppa (di) *(n., f.)* cup, dish (of) 8

coro *(n., m.)* chorus, choir 11

corona *(n., f.)* crown 6

corporatura *(n., f.)* body, build 1

correre* *(v.)* to run 2, 7

corsie *(n., f., pl.)* lanes 3

cortile *(n., m.)* courtyard 2

Cosa? What? 10

cosciente *(adj.)* aware 4

così *(adv.)* so 11

cosicché *(conj.)* in order to, in order that, so that 6

coso *(n., m.)* what's-his-name 7

costoro they, them, these 8

costretto a rifugiarsi forced to hide 2

costui/costei he/him, she/her, this one 8

costume *(n., m.)* costume 7; **costumi** *(n., m., pl.)* customs 7

cotesta età fiorita this flowering age of yours (adolescence) 11

cotto *(adj.)* cooked 8

credenza *(n., f.)* belief, cupboard 7

credere *(v.)* to believe 5, 7; **credere nei fantasmi** *(v.)* to believe in ghosts 7; **credere nei sogni** *(v.)* to believe in dreams 3

crescere* *(v.)* to grow up 2

crine *(n., m.)* hair (poetic) 11; **crino** *(n., m.)* hair 11

crisi *(n., f.)* crisis 1

croccante *(adj.)* crisp 8

crollato *(adj.)* collapsed 10

crudo *(adj.)* raw 8

cuciva *(v.)* sewed 3

cugino/cugina *(n., m./f.)* cousins (*pl.* **i cugini**) 2

cui whom, which, where 9; **il/la/i/le cui** whose 9; **in cui** when 9

cupola *(n., f.)* dome 11

curriculum *(n., m.)* résumé, CV 3

custode *(n., m.)* caretaker 5

D

d.C. (dopo Cristo) after Christ, A.D. 12

da *(prep.)* from 4, since 12; **da parte** aside 10

damigiana *(n., f.)* demijohn 6

dare* *(v.)* to give 1, 3, 5, 6, 7; **dare consigli** *(v.)* to give advice 3; **dare le dimissioni** *(v.)* to resign, to quit 3; **datogli** given to him 7

dato che since (because) 12

datore di lavoro *(n., m.)* employer 3

davanti a *(prep.)* in front of 4

debito *(n., m.)* debt 10

debolezza *(n., f.)* weakness 9

decidere* *(v.)* to decide 2, 7

decimo *(adj.)* tenth 12

deciso *(adj.)* certain 3

deficit *(n., m.)* deficit 10

degrado *(n., m.)* decline 3

degustazione *(n., f.)* tasting 7

dei miei stivali third-rate (*lit.,* of my boots) 7

del/della quale (dei/delle quali) whose 9

dello/della some, a few 1

delocalizzare *(v.)* to move operations abroad 10

deluso *(adj.)* disappointed 5

denaro *(n., m.)* money 1

dentifricio *(n., m.)* toothpaste 1

dentro *(adv.)* inside 9

deodorante *(n., m.)* deodorant 1

derivare *(v.)* to derive

desiderare *(v.)* to desire, to want 5

destar(e) *(v.)* to awaken 11

destino *(n., m.)* destiny 7

detto *(n., m.)* saying 7

dì *(n., m.)* day 7

di *(prep.)* of, 's 4; **di mattina** in the morning 1; **di notte** at night 1; **del pomeriggio** in the afternoon 1; **di sera** in the evening 1

di colpo suddenly, sharply 7

di fondo in the background 8

di fronte a *(prep.)* across from 4

di fuoco vehement 2

di lusso *(adj.)* elegant 4

di magro with lean meat 8
di solito *(adv.)* usually 2
dialetto *(n., m.)* dialect 7
diamine damn it 9
dicembre *(n., m.)* December 12
dietro (a) *(prep.)* behind 4, 9
difendere* *(v.)* to defend 7
difficile *(adj.)* unlikely 5; difficult 11; **difficilmente** *(adv.)* with difficulty 11
digiuno *(adj.)* starving 9
diman(e) *(adv.)* tomorrow poetic 11
dimenticare *(v.)* to forget 5; **dimenticarsi di** *(v.)* to forget about 4
diminuire (-isc) *(v.)* to decrease 6
dio *(n., m.)* god 1
dipingere* *(v.)* to paint 7
dipinto *(n., m.)* painting 11
diploma *(n., m.)* diploma 1
dire* *(v.)* to say, to tell, to speak *(p.p.* **detto)** 1, 2, 5, 6, 7, 9; **dire bugie** *(v.)* to tell lies; 2; **dire parolacce** *(v.)* to swear/say bad words 2
direttiva *(n., f.)* directive 6
direttore/direttrice *(n., m./f.)* director 1
dirigente *(n., m./f.)* manager 3
diritti *(n., m., pl.)* rights 5; **diritti civili** *(n., m., pl.)* civil rights 9
dirocca tears down 3
dirotto *(adj.)* desperately 5
discografiche record companies 3
discount *(n., m.)* discount grocery store 6
discriminazione razziale *(n., f.)* racial discrimination 5
discutere* *(v.)* to discuss 7
disgrazia *(n., f.)* accident 2
disgraziato *(n., m.)* what a rat, wretch 4
disoccupato *(n., m.)* unemployed worker 3
disoccupazione *(n., f.)* unemployment 9
dispense *(n., f., pl.)* lecture notes 4
dispetti *(n., m., pl.)* spiteful deeds 2
dispiacere* *(v.)* to be sorry 7; **non dispiacere** not to mind 7

disponibile *(adj.)* available, free 1
disprezzo *(n., m.)* contempt 9
dissipando dispelling 10
distrarre* *(v.)* to distract *(p.p.* **distratto)** 9
distrutto *(adj.)* destroyed 9
dito *(n., m.)* finger *(pl.* **le dita)** 1
ditta *(n., f.)* company 3
dittatore *(n., m.)* dictator 9
dittatura *(n., f.)* dictatorship 9
divario *(n., m.)* difference, gap 10
diventare *(v.)* to become 3
diversità *(n., f.)* diversity 5
divertire *(v.)* to amuse 12; **divertente** amusing 12
divisorie *(n., m., pl.)* partitions 3
divo/-a *(n., m./f.)* star 4
documentario *(n., m.)* documentary 4
documento *(n., m.)* file 4
dogana customs
dolce *(adj.)* sweet 2, 8, 11; **dolcemente** *(adv.)* sweetly 11
domandare *(v.)* to ask 4, 9
domenica *(n., f.)* Sunday 1
donna *(n., f.)* woman 12; **donnone** *(n., m.)* big woman 12
dopo *(adv.)* then 1; after 9; *(prep.)* after 3; **dopo che** after 2
dopobarba *(n., m.)* aftershave 1
dopoguerra *(n., m.)* postwar period 5
doppiare *(v.)* to dub 4; **doppiato** dubbed 4
doppio *(n., m.)* double 5
dorato gold, gilded 6
dormire *(v.)* to sleep 1, 2
dorso *(n., m.)* back 8
dottore/dottoressa *(n., m./f.)* doctor 3
Dove? Where? 10
dovere* *(v.)* to have to 1, 2, 3, 5; **dovere** *(n., m.)* duty
dovunque *(adv.)* wherever, everywhere 6
dubitare *(v.)* to doubt 5
duce *(n., m.)* leader 9
dunque *(adv.)* therefore 2
duomo *(n., m.)* cathedral 11
durissimo *(adj.)* hard as a rock 8
duro *(adj.)* hard, tough

E

ebreo *(adj.)* Jewish 2
ecco *(adv.)* here is, here are, there is, there are 3
eccovi la giunta there is more 7
ecologico *(adj.)* ecological 6
educato *(adj.)* polite, well-mannered 2
educazione *(n., f.)* upbringing 1
elettricista *(n., m.)* electrician 3
eliminare *(v.)* to eliminate 5
emigrare *(v.)* to emigrate 5; **emigrante** *(n., m.)* emigrant 5
emotivo *(adj.)* emotional 1
emozionato *(adj.)* moved 2
empire (empirsi) *(v.)* to fill 11
enfiato *(adj.)* swollen 8
ennesimo *(adj.)* nth 4
enogastronomia fine wine and gourmet food 8
enoteca *(n., m.)* wine shop 8
entrarci *(v.)* to have something to do with something 4
entrata *(n., f.)* revenue, income 10
eppure *(conj.)* yet, however 2
equilibrio *(n., m.)* balance 8
erbe *(n., f., pl.)* herbs 8
eroso eroded 6
esaudire *(v.)* to grant; **esaudivano** granted 7
esclamare *(v.)* to exclaim 9
esempio per capire an example to understand 12
esercito *(n., m.)* army 9
esigente *(adj.)* demanding 2
esigenze *(n., f., pl.)* needs 8
esiguo *(adj.)* slight 3
esiti *(v.)* you hesitate 3
esito *(n., m.)* outcome 4
espansione coloniale *(n., f.)* colonial expansion 9
espansivo *(adj.)* demonstrative 1
esplodere* *(v.)* to explode 9
esportare *(v.)* to export 10
esportazione *(n., f.)* export 10
essere* *(v.)* to be 1, 2, 3, 5, 6, 7; **essere contento/-a** *(v.)* to be happy 5; **essere di moda** *(v.)* to be in style 4; **essere felice** *(v.)* to

be happy 5; **essere infelice** *(v.)* to be unhappy 5; **essere contento/-a** *(v.)* to be unhappy 5; **essere sicuro/-a** *(v.)* to be certain 5; **essere sorpreso/-a** *(v.)* to be surprised 5; **è abbattuto** is hit 6; **è intasato** is clogged up 4

estate *(n., f.)* summer 1, 12; **estivo** *(adj.)* summery 12

esterno *(adj.)* exterior 9

estero *(adj.)* abroad 4, 12

estraniazione *(n., f.)* estrangement 11

estranei *(n., pl.)* strangers 5

estratto took out 4

estroverso *(adj.)* extroverted 1

età moderna modern age 11

etichetta *(n., f.)* label 4

etnico *(adj.)* ethnic 5

europeismo *(n., m.)* Europeanism 6

europeista *(n., m.)* Europeanist 6

evasore fiscale *(n., m.)* tax evader 10

evitare *(v.)* to avoid, to evade

extracomunitario/-a *(n., m./f.)* person from a country outside the European Union 5

F

fa *(adj.)* ago; **un anno/un'ora/un mese fa** a year/an hour/a month ago 2

fabbrica *(n., f.)* factory 3

fabbro *(n., m.)* locksmith 4

faccenda *(n., f.)* matter 7

face *(n., f.)* light, torch poetic 11

facile *(adj.)* likely 5

fagotto *(n., m.)* bundle 9

fallito failed 11

falsario *(n., m.)* counterfeiter 10

famiglia *(n., f.)* family 2

fanciulle *(n., f., pl.)* maidens 11; **fanciulli** *(n., m., pl.)* children 11

fango *(n., m.)* mud 1; **fangoso** *(adj.)* muddy 5

fantasioso *(adj.)* imaginative 1

fantasma *(n., m.)* ghost 7

farcela *(v.)* to succeed, to manage 3, to cope 4

farcito *(adj.)* stuffed 8

fare* *(v.)* to do, to make 1, 2, 3, 5, 6, 7; **fare a botte** *(v.)* to come to blows 2; **fare aspettare** *(v.)* to keep someone waiting 8; **fare bollire** *(v.)* to boil something 8; **fare castelli in aria** *(v.)* to build castles in the air 3; **fare commissioni** to run errands 1; **fare cuocere** *(v.)* to cook something 8; **fare da sfondo** *(v.)* to serve as setting, background 9; **fare delle ricerche** *(v.)* to do research 5; **fare domanda** *(v.)* to apply 3; **fare finta** *(v.)* to pretend 2; **fare i capricci** *(v.)* to have tantrums 2; **fare impazzire** *(v.)* to drive someone mad 2; **fare l'appello** to call roll 2; **fare la spesa** *(v.)* to grocery shop 6; **fare le corna** *(v.)* a typical Italian hand gesture to ward off evil influences and bad luck 7; **fare le spese** *(v.)* to shop 6; **far pagare** *(v.)* to charge someone 8; **far quadrare i bilanci** *(v.)* to balance budgets 10; **far sapere** *(v.)* to let someone know something 8; **fare un pisolino** to take a nap 1; **fare un tournée** *(v.)* to go on tour 11; **far vedere** *(v.)* to show someone 8; **faremmo volentieri a meno** we would willingly do without 4; **farle la corte** *(v.)* to court her 3; **faccio* per posare** *(v.)* I try to lay down 2; **faceva proprio fatica** *(v.)* had difficulty 3

farfalla *(n., f.)* butterfly 1

farsi i fatti suoi *(v.)* to mind one's own business 5; **farsi capire** *(v.)* to make oneself understood 8; **farsi prestare** *(v.)* to borrow something 8; **farsi vedere** *(v.)* to show oneself 8; **farsi vivo** *(v.)* to show up 8

fasci *(n., m., pl.)* fasces (symbol of authority in ancient Rome and adopted by Mussolini as a symbol of the Fascist Party) 9

fascio *(n., m.)* bundle 11

fata *(n., f.)* fairy 7

fatica *(n., f.)* labor, toil 1; difficulty, trouble 6

faticoso *(adj.)* tiring 1

fato *(n., m.)* fate 7

fattorino *(n., m.)* ticket agent 2

fatti *(n., m., pl.)* news, events

fattura *(n., f.)* spell 7

fatturato sales volume 8, 10

fave *(n., f., pl.)* fava beans 4

favola *(n., f.)* fable 7

favorevole *(adj.)* favorable 10

fazzoletto *(n., m.)* handkerchief 2, 9

febbraio *(n., m.)* February 12

febbre *(n., f.)* fever 12; **febbrone** *(n., m.)* high fever 12

fedeli seguaci *(n., m., pl.)* loyal followers 9

fedi *(n., f., pl.)* wedding bands 9

fegato *(n., m.)* liver 4

fermare to stop 5; **fermata successiva** *(n., f.)* next stop 2

ferro *(n., m.)* iron 5

festeggiare *(v.)* to celebrate 12; **festeggiamenti** *(n., m., pl.)* celebrations 7

fetta *(n., f.)* slice 1

fiaba *(n., f.)* fairy tale 7

fidare *(v.)* to trust 8; **fidano** trust 8

fiera *(n., f.)* fair 7

figlio/figlia *(n., m./f.)* son/daughter; child *(pl.* **figli***)* 2

filar(e) *(v.)* to spin 11

file *(n., f., pl.)* rows 1

file *(n., m.)* file *(pl.* **i file***)* 4

filetto *(n., m.)* fillet 8

film di avventure *(n., m.)* adventure film 4; **film d'evasione** escapist film 4; **film giallo** mystery film 4; **film dell'orrore** horror film 4

filmare *(v.)* to shoot 9

filo *(n., m.)* thread 3; **il filo diretto** *(n., m.)* a direct line 4

filone *(n., m.)* current 11

finalmente at last, finally

finché *(conj.)* until, till 3, 12

finestra *(n., f.)* window 12; **finestrino** *(n., m.)* small window (of a car/train/plane) 12

finire (-isc) *(v.)* to finish 1, 2, 3, 7, 8, 12

finire nel cestino della carta straccia to end up in the trash basket 2

fino a *(prep.)* till, until 4

fiorire *(v.)* to bloom 10

firmato signed, made by a famous designer 4

fischiare *(v.)* to boo (*lit.*, to whistle) 11; **fischietti** *(n., m., pl.)* little whistles 10

fitto *(adj.)* heavy, thick 8

flagello *(n., m.)* plague 6

fondevano *(v.)* burned, melted 10

fondi *(n., m., pl.)* funds 5

fondotinta *(n., m.)* foundation, makeup 1

forno a microonde *(n., m.)* microwave oven 8

fortilizi *(n., m., pl.)* forts 3

forza *(n., f.)* strength 5, 8; force 9

foto(grafia) *(n., f.)* photograph, photography 1

fra *(prep.)* in, within 3; between 9; **fra (tra)** *(prep.)* between, among, in the middle of 12

fradicio *(adj.)* rotten, soaked 1

frastornato *(adj.)* dizzy 5

frastuono *(n., m.)* din 8

frazioni *(n., f., pl.)* districts 7

frenata *(n., f.)* standstill 8

fresco *(adj.)* fresh 8

friggere* *(v.)* to fry 8

frigo(rifero) *(n., m.)* refrigerator 1

frontiera *(n., f.)* border 6; **frontiere** *(n., f., pl.)* borders 5

frustrato *(adj.)* frustrated 5

fuggire *(v.)* to avoid, to escape, to run away 5

fumetti *(n., m., pl.)* comics 12

fuochi d'artificio *(n., m., pl.)* fireworks 7

fuori *(prep.)* outside 9

furbo *(adj.)* sly, shrewd 1

G

gara *(n., f.)* contest 2; competition 7

garanzia collateral, guarantee 10

garbo *(n., m.)* gracefulness, style 4

garzoncello scherzoso mischevious little boy 11

gastronomia *(n., f.)* gastronomy 7

gatto *(n., m.)* cat 12

genitore *(n., m.)* parent 1; **genitori** *(n., m., pl.)* parents 2

gennaio *(n., m.)* January 12

gente *(n., f.)* people 10

genuino *(adj.)* natural, pure, unprocessed 8

gerghi *(n., m., pl.)* jargon 9

gestione *(n., f.)* management 10; **gestionale** management 3

gestire (-isc) *(v.)* to manage 10

gesto *(n., m.)* gestur 11

ghiaccio *(n., m.)* ice 5

ghirlande *(n., f., pl.)* garlands 11

gigli *(n., m., pl.)* lilies 11

ginocchio *(n., m.)* knee (*pl.* **le ginocchia, i ginocchi**) 1

giocare *(v.)* to play 2; **giocare a campana** *(v.)* to play hop-scotch 2; **giocare a nascondino** *(v.)* to play hide and seek 2; **giocare a rincorrersi** *(v.)* to play tag 2

giostra *(n., f.)* ride 7

giovane *(adj.)* young 1

giovedì *(n., m.)* Thursday 1

gira *(v.)* stirs 8

girare un film *(v.)* to film 9

girarsi *(v.)* to spin 9

giugno *(n., m.)* June 12

giusto *(adj.)* right 5

gli fa eco echoes his words 5

globalizzazione *(n., f.)* globalization 6

gobbo *(adj.)* hunchback 7

goccia *(n., f.)* drop 8

godere to enjoy 11

golosi *(n., m., pl.)* gluttons 7; *(fig.)* those with a sweet tooth 6

golosità *(n., f.)* gluttony 8

gomma *(n., f.)* rubber 10

gorgo *(n., m.)* whirlpool 3

governo *(n., m.)* government 6

gradasso *(n., m.)* braggart 7

gradini *(n., m., pl.)* steps 2

grande *(adj.)* large, great 1; big 11; **più grande** bigger, greater 11; **il più grande** the biggest, the greatest 11; **grandissimo** very big, very great 11

grassi *(n., m., pl.)* fats 8

grattacieli *(n., m., pl.)* skyscrapers 11

gratuggiare *(v.)* to grate 8

grave *(adj.)* serious 2

grazia *(n., f.)* grace 11

gregari *(n., m., pl.)* privates (mil.) 9

gregge *(n., m.)* flock 7

grembiulone *(n., m., pl.)* big aprons 7

grembo *(n., m.)* lap 11

gremito full 9

griffe *(n., f.)* label 4

guado wading 2

guai *(n., m., pl.)* difficulties 7

guaire *(v.)* to yelp 4

guardare *(v.)* to look at 3; to watch 12

guarnire *(v.)* to garnish 8

guerra *(n., f.)* war 2

guerricciola little battle 7

guscio *(n., m.)* shell 8

gustare *(v.)* to enjoy 8

gusto *(n., m.)* taste 8

H

hobby *(n., m.)* hobby

hotel *(n., m.)* hotel

I

idealizzare *(v.)* to idealize 9, 11; **l'idealizzazione** *(n., f.)* idealization 9, 11

ideare *(v.)* to conceive, to plan 10

identikit *(n., f.)* profile 5

idraulico/-a *(n.)* plumber 3

ieri *(adv.)* yesterday 2; **l'altro ieri** the day before yesterday 2

iettatura *(n., f.)* evil eye 7

igiene *(n., f.)* hygiene 9

il/la quale (i/le quali) who, whom, that, which 9

imbruna *(v.)* has darkened 11

imitare *(v.)* to imitate 11

imitazione *(n., f.)* imitation 11

immedesimare(-arsi) *(v.)* to identify (oneself) with 2

impastare *(v.)* to knead 9

impedire (-isc) *(v.)* to prevent 3

impegna *(v.)* binds 3

impegno *(n., m.)* engagement 5; **impegnato** *(adj.)* committed, engaged 2, 9

imperialismo *(n., m.)* imperialism 9

imperialista *(n., m.)* imperialist 9

impermalito *(adj.)* offended 7

importante *(adj.)* important 5

importare *(v.)* to import 10

importazione *(n., f.)* import 10

impossibile *(adj.)* impossible 5

imposta *(n., f.)* tax 10

imprenditore/imprenditrice *(n., m./f.)* entrepreneur 10

impresa *(n., f.)* enterprise, undertaking 10

imprestami *(v.)* lend me 7

imprevisto *(adj.)* unforeseen 3

improbabile *(adj.)* improbable 5

impronte *(n., f., pl.)* impressions 11

improvvisamente *(adj.)* all of a sudden 2

in *(prep.)* in, to, on, at 4; **in aereo** by plane 12; **in autobus** by bus 12; **in barca** by boat 12; **in biblioteca** at/to the library 12; **in bicicletta** by bicycle 12; **in campagna** in/to the country 12; **in chiesa** at/to church 12; **in cima a** *(prep.)* on top of 3, 4; **in città** in/to the city 12; **in classe** in/to the classroom 12; **in fondo a** *(prep.)* at the bottom/end of 4; **in frotta** in swarms 11; **in macchina** by car 12; **in montagna** in/to the mountains 12; **in piscina** in/to the swimming pool 12; **in prima serata** prime time 4; **in seguito** *(adv.)* after 1; **in treno** by train 12; **in verità** in reality 5

inafferrabile *(adj.)* elusive 9

incastrato *(adj.)* stuck 6

incidere *(v.)* to record 11

incontrarsi *(v.)* to meet with 1

incontro facing 11

incorniciato framed 3

incrementare *(v.)* to increase 10

incubo *(n., m.)* nightmare 12

indagare *(v.)* to investigate 4

indagine *(n., f.)* study 3

indeciso *(adj.)* uncertain 3

indimenticabile *(adj.)* unforgettable 2

indolenzisca *(v.)* hurts, aches 8

indovino/-a *(n., m./f.)* fortuneteller 7

indugiare *(v.)* to hesitate, to delay 10

inedito *(adj.)* unpublished 4, 9

inferiore *(adj.)* lower 11

infilare *(adj.)* to slip on 8

infimo very low 11; **l'infimo** the lowest 11

infine *(adv.)* finally 1

inflazione *(n., f.)* inflation 10

influenzare *(v.)* to influence 3

influsso *(n., m.)* influence 7

informatica *(n., f.)* computer science 4

infrastrutture *(n., f., pl.)* infrastructures 10

ingiustizia *(n., f.)* injustice 9

ingoia *(v.)* swallows 4

ingombrare *(v.)* to crowd 8

ingredienti freschi *(n., m., pl.)* fresh ingredients 8; **ingredienti naturali** natural ingredients 8; **ingredienti semplici** simple ingredients 8; **ingredienti tradizionali** traditional ingredients 8; **ingredienti di qualità** quality ingredients 8

iniezione *(n., f.)* shot 8

iniziare *(v.)* to begin, to initiate 5

iniziativa *(n., f.)* initiative 6

innamorarsi *(v.)* to fall in love 2; **innamorato cotto** madly in love 11; **innamorato** *(adj.)* in love with 1

innovativo *(adj.)* original, inventive 8

inoltre *(adv.)* also, besides, in addition, furthermore, moreover 11; *(conj.)* in addition 1

inquadratura *(n., f.)* shot 12

insalatona *(n., f.)* large mixed salad 8

insegna *(n., f.)* sign 7

insegnante *(n., m./f.)* teacher 12

insegnare *(v.)* to teach 4

inseguendo chasing; pursue 8

insipido *(adj.)* bland, tasteless 8

insistere *(v.)* to insist 5

installare *(v.)* to install 4

integrazione *(n., f.)* integration 5

interno *(n., m.)* interior 9

interpretare *(v.)* to play 4

interprete *(n., m./f.)* actor/actress 4

intestare to give title 10

intrattenere *(v.)* to entertain 4, 9

intraversato *(adj.)* angry 8

invadere *(v.)* to invade 9

invasione *(n., f.)* invasion 9

invece *(adv.)* instead 2; **invece di** *(prep.)* instead of 4

inverno *(n., m.)* winter 1, 12; **invernale** *(adj.)* wintry 12

investendolo running over him 3

investimento a perdere a losing investment 12

investire *(v.)* to invest; to run over or into 10; **investito** run into 10

inviare *(v.)* to send 1, 4

invidia *(n., f.)* envy 7

invidiare *(v.)* to envy 5;

involtino *(n., m.)* small parcel 9

ipermercato *(n., m.)* large supermarket 6

ipoteche *(n., f., pl.)* mortgages 10

irreale *(adj.)* imaginary 7

irrisorio *(adj.)* ridiculous 10

L

la tenghino have it 11

labbro *(n., m.)* lip *(pl.* **le labbra***)* 1

ladro *(n., m.)* a thief 2

lagrime *(n., f., pl.)* tears 2

lamentarsi *(v.)* to complain 1

lampioni *(n., m., pl.)* street lamps 5

lampo *(n., m.)* flash 2

lanciato *(adj.)* launched 9

largo *(adj.)* wide 1

lasciare *(v.)* to leave behind 1; to leave 5; to allow, to let, to permit 12

lastrone *(n., m.)* plate 4

latteo *(adj.)* milky white 5

lattice *(n., m.)* latex 8

lattina di coca light *(n., f.)* can of diet coke 8

laude *(n., f.)* praise 11

lavello *(n., m.)* kitchen sink 8

lavorare *(v.)* to work 3

lavorativo *(adj.)* work related 5

lavoro nero *(n., m.)* work "under the table" 5

lecca-lecca *(n., m.)* lollipop 2

lecconeria *(n., f., pl.)* delicacies 7

legami *(n., m., pl.)* connections 7

legato *(adj.)* tied 3; **legato** tied back 10

legge *(n., f.)* law 6; **legge razziale** racially restrictive law 9

leggere* *(v.)* to read 1, 2, 5, 7; **leggere le carte** *(v.)* to read one's cards 7; **leggere le offerte di lavoro** *(v.)* to read job offerings 3

leggero *(adj.)* light 8

leggiadro *(adj.)* lovely 11

legnaiuolo *(n., m.)* carpenter poetic 11

legumi *(n., m., pl.)* legumes 8

lembo *(n., m.)* skirt fold 11

lento *(adj.)* slow 11; **lentamente** *(adv.)* slowly 11

letame *(n., m.)* manure 6

lettore CD/DVD *(n., m.)* CD/DVD player 4

lì/là *(adv.)* there 8

liba toast 11

libero scambio *(n., m.)* free exchange 6

libero/libera professionista *(n., m./f.)* professional 3

libertà *(n., f.)* liberty 9

libertari *(n., m., pl.)* anarchists 9

libro *(n., m.)* book 12; **librettino** nice little book 12; **libriccino** cute little book 12

licenziamenti *(n., m., pl.)* dismissals 11

lieto *(adj.)* happy 2

lievitato risen 9

lineamenti *(n., m., pl.)* features 1

liquidare *(v.)* pay off 10

lirica *(n., f.)* lyric poetry, opera 11

liscio *(adj.)* smooth, straight 1; *(adv.)* smoothly 5

listini stracciati *(n., m., pl.)* slashed prices 6

litigare *(v.)* to fight 2

litro asciutto *(n., m.)* dry wine 9

lo/la the 1

lontano da *(prep.)* far from 4

look *(n., m.)* look 4

loquace *(adj.)* talkative 1

loro *(m./f., formal)* their *(pl.* **i loro/le loro**) 2

Loro *(m./f., formal)* your *(pl.* **i Loro/le Loro**) 2

lotta *(n., f.)* struggle 9

lottare *(v.)* to fight 9

lucerna *(n., f.)* lantern 11

lucido *(adj.)* spic and span 8; shiny 5

luglio *(n., m.)* July 12

luna park *(n., m.)* amusement park 7

lunario *(n., m.)* almanac

lunedì *(n., m.)* Monday 1

lungo *(adj.)* long 1

luoghi comuni *(n., m., pl.)* clichés 4

lutto loss, mourning, grief

M

ma *(conj.)* but 1

macchia *(n., f.)* bush, jungle 10

macchina cinematografica/da presa *(n., f.)* movie camera 9; **macchina da scrivere** *(n., f.)* typewriter 12

macerie *(n., f., pl.)* ruins, rubble 9

madre *(n., f.)* mother 1

magagne *(n., f., pl.)* flaws 10

magari *(adv.)* perhaps 2; if only, I wish it were so 6

magazzini *(n., m., pl.)* warehouses, department stores 3

maggio *(n., m.)* May 12

maggiore *(adj.)* bigger, greater 11; **il maggiore** the biggest, the greatest 11

magnifico *(adj.)* magnificent 1

mago/-a *(n., m./f.)* magician, wizard 7

mai never; **mai mentì** never lied 7; **non... mai** *(adv.)* never 2, 4

maionese *(n., f.)* mayonnaise 8

male *(adv.)* badly 11; **molto male** very badly 11; **malissimo** very badly 11

maleducato/-a *(adj.)* rude, ill-mannered 2

malefico *(adj.)* harmful, evil 7

malgrado *(conj.)* although, in spite of, even though, even if 6

malocchio *(n., m.)* evil eye 7

maluccio *(adv.)* not so great 11

mancanza *(n., f.)* lack, shortage 5

mancare *(v.)* to miss, to be lacking, to be out of 7

mance facoltative *(n., f., pl.)* optional tips 5

manco *(adv.)* not even 9

mandare *(v.)* to send; **mandare un fax** *(v.)* to send a fax 4; **mandavamo in giro** sent around 5

mandorla *(n., f.)* almond; **a mandorla** *(adj.)* almond-shaped 2, 5; **mandorle** *(n., f., pl.)* almonds 8

mangiare *(v.)* to eat 1

manico *(n., m.)* handle 8

manicomi *(n., m., pl.)* asylums 11

manierismo *(n., m.)* mannerism 11

manifestazione *(n., f.)* event, performance 7

manodopera *(n., f.)* labor 5

mansioni *(n., f., pl.)* tasks 3

mantenere* *(v.)* to support, to maintain 1; **mantenersi in forma** to stay in shape 1

marca *(n., f.)* brand name 4

marchio *(n., m.)* stamp, mark, brand 6

mare *(n., m.)* beach 12

marmo *(n., m.)* marble 11

martedì *(n., m.)* Tuesday 1

martello *(n., m.)* hammer 11

marzo *(n., m.)* March 12

mascara *(n., m.)* mascara 1

maschera *(n., f.)* mask 7

maschilista sexist 9

massiccio *(adj.)* massive 10

massimo *(adj.)* very big, very great 11

mattone *(n., m.)* brick 4; **mattoni** *(n., m., pl.)* bricks 10

mazzolino *(n., m.)* small bunch 11

meccanico *(n., m.)* mechanic 3

Medioevo *(n., m.)* Middle Ages 11

meglio *(adj.)* better 5

meglio *(adv.)* better 11; **(il) meglio** the best 11

melodia *(n., f.)* melody, tune 11

meno less 11; **di meno** less 11; **(il) meno** the least 6, 11; **meno... di quanto** less . . . than/that which 11; **meno... di quel(lo) che** less . . . than/that which 11; **meno... di/che** less . . . than, fewer . . . than 11

mense del popolo soup kitchens 9

menta *(n., f.)* mint 8

mentre *(conj.)* while 1, 2

menzognero *(adj.)* lying 11

meraviglie *(n., f., pl.)* marvels 11

mercato estero/mondiale *(n., m.)* foreign/world market 10; **mercato rionale** *(n., m.)* neighborhood market 6

merce *(n., f.)* merchandise 6; **merci** *(n., f., pl.)* merchandise 3

mercoledì *(n., m.)* Wednesday 1

metà *(adj.)* half 5

meta *(n., f.)* destination 5; goal 9; **mete più ambite** most sought-after destinations 5

mettere* *(v.)* to put, to place 2, 7; **messa a punto** having written 10; **messo via** put away 5; **metterci** *(v.)* to take (time) 4; **mettersi** *(v.)* to put on, to place oneself 1; to take 4

mezzaluna *(n., f.)* chopping knife 8

mi trascina via drags me away 1

micidiale *(adj.)* lethal 5

miele *(n., m.)* honey 8

migliorare *(v.)* to improve 5

migliore *(adj.)* better 11; **il migliore** the best 11

migrante *(n., m.)* migrant 5

migrazione interna *(n., f.)* internal migration 5

miliardo *(n., m.)* billion 12

milione *(n., m.)* million 12

militarista *(n., m.)* militarist 9

miniato illuminated 6

minimo very small, slightest, least 11

minoranza etnica *(n., f.)* ethnic minority 5

minore *(adj.)* smaller 11; **il minore** the smallest 11

minuto *(adj.)* small 1

mio/mia my (pl. **i miei/le mie**) 2

miseria *(n., f.)* poverty 5

mistificare *(v.)* to mystify 9

mobilio *(n., m.)* furniture 10

modo *(n., m.)* manner; **in modo che** *(conj.)* in order to, in order that, so that 6

moglie *(n., f.)* wife 1

molto *(adj.)* very 1; *(adv.)* very 11; much, a lot; **molto/-a/-i/-e** many, a lot, much 11; **moltissimo** very much 11

mondine *(n., f., pl.)* rice-weeders 11

moneta unica *(n., f.)* single currency 6

monolocale *(n., m.)* studio apartment 5

monomarca one label 4

montoni *(n., m., pl.)* rams 7

monumentalità delle figure *(n., f.)* monumentality of the figures 11

morale *(n., f.)* moral 7

morbido *(adj.)* soft 1

morire* *(v.)* to die 2; **morisse qualcuna** one of them could die 7

morso *(n., m.)* bite 7

mosso *(adj.)* moved 1

mostra *(n., f.)* exhibit 7

motore di ricerca *(n., m.)* search engine 4

motto *(n., m.)* saying 7

mozzato cut off 8

multietnico *(adj.)* multiethnic 5

multinazionale *(n., f.)* multinational 3, 10

munito armed 6

muratore *(n., m.)* construction worker 5

musica da camera *(n., f.)* chamber music 11; **musica leggera** *(n., f.)* pop music 11; **musica sinfonica** *(n., f.)* symphonic music 11

musicista *(n., m./f.)* musician 1

muta *(v.)* changes 11

muto *(n., m.)* silent 4

mutuo *(n., m.)* mortgage 4

N

narrativa *(n., f.)* fiction 11

nascere* *(v.)* to be born 2, 7

nascondere* *(v.)* to hide 9

naso *(n., m.)* nose 12; **nasone** big nose 12

navigare *(v.)* to surf 4

nazionalismo *(n., m.)* nationalism 9

necessario *(adj.)* necessary 5

negozio di quartiere *(n., m.)* small neighborhood shop 6

nel caso che *(conj.)* in case 6

nemico *(adj.)* enemy 9

neo *(n., m.)* flaw 10

neorealista *(adj.)* neorealist

nervoso *(adj.)* nervous 2

nessuno/-una/un' any, no, none, no one 11; **non... nessun/-o/-a** not . . . any 4; **non... nessuno** no one, not anyone 4

nicchia *(n., f.)* niche 8

niente *(adv.)* nothing 11; **non... niente** nothing 4

nipote/nipote *(n., m./f.)* nephew, niece; grandson/granddaughter (pl. **i nipoti**) 2

nocciole *(n., f., pl.)* hazelnuts 8

nocivo *(adj.)* unhealthy 8; harmful 11

nodi *(n., m., pl.)* knots 9

noia boredom

non approdavano a nullo if nothing comes of it 6

non gli davano retta they paid no attention to him 2

non ha mai fatto molto caso she never noticed 3

non sopporti can't stand 1

non... affatto not at all 4

non... mica not at all, not in the least 4

non... né... né neither . . . nor 4

non... neanche not even, not either 4

non... nemmeno not even, not either 4

non... neppure not even, not either 4

non... nulla nothing 4

nonno/nonna *(n., m./f.)* grandfather/grandmother 2

nono *(adj.)* ninth 12

nonostante *(conj.)* although, in spite of, even though, even if 6

norma *(n., f.)* rule 6

nostrano *(adj.)* local 4

nostro/nostra our *(pl.* **i nostri/le nostre)** 2

notare *(v.)* to notice 12

notato endowed 11

novellando talking 11

novello *(adj.)* new 11

novembre *(n., m.)* November 12

nozze *(n., f., pl.)* wedding 2

nulla *(adv.)* nothing 11

nuotare *(v.)* to swim 2

nuova fiera *(n., f.)* trade fair 5

nuovo *(adj.)* new 1

O

obbedire (-isc) *(v.)* to obey 2

obbligatorio *(adj.)* compulsory, obligatory 9

obliare *(v.)* to forget

oca *(n., f.)* goose 7

occorrere *(v.)* to need, to be necessary 7; **occorre** you have to 3

occupare *(v.)* to occupy 9

occupazione *(n., f.)* occupation (of a place) 9

odi *(v.)* you hear 11

odiare *(v.)* to hate 2

offese *(n., f., pl.)* wrongs 5

offrire* *(v.)* to offer *(p.p.* **offerto)** 2, 8

ogni *(adj.)* each, every 11; **ogni giorno/settimana/mese/anno** *(adv.)* every day/week/month/year 2; **ogni sua foglia spande** expands every petal 11; **ogni tanto** *(adv.)* now and then 2

ognuno everyone 11

oliera *(n., f.)* oil cruet 8

olivastro/-a *(adj.)* olive-skinned 1

oltre a *(conj.)* besides 1; *(prep.)* in addition to 4

omaggio *(n., m.)* homage 7

ombretto *(n., f.)* eyeshadow 1

onde with which poetic 11

ondulato *(adj.)* wavy 1

onorevole *(adj.)* honorable 9

opera *(n., f.)* opera, work 11

operaio/-a *(n., m./f.)* worker 3

opinione *(n., f.)* opinion 1

opporre *(v.)* to oppose 1

opportunità *(n., f.)* opportunity 5

opposizione *(n., f.)* opposition 9

opuscoli *(n., m., pl.)* pamphlets 5

ora *(n., f.)* time 5

origano *(n., m.)* oregano 8

oriundi italiani *(n., m., pl.)* persons of Italian extraction 5

oroscopo *(n., m.)* horoscope 3

orso *(n., m.)* bear 12; **orsacchiotto** cute (stuffed) bear 12

ortaggi freschi *(n., m., pl.)* fresh vegetables 8

orto *(n., m.)* vegetable garden 8

ortografia spelling

orzo *(n., m.)* barley 8

osava dared 7

ospitare *(v.)* to host 5

osservare *(v.)* to observe, to watch 12

osso *(n., m.)* bone *(pl.* **le ossa)** 1

ostacolo *(n., m.)* obstacle 5

ostinato *(adj.)* stubborn 1

ottavo *(adj.)* eighth 12

ottenere* *(v.)* to obtain 1

ottimamente *(adv.)* very well 11

ottimo *(adj.)* very good, excellent 11

ottobre *(n., m.)* October 12

outlet *(n., m.)* outlet 6

ovunque *(adv.)* wherever 6

ovvero in other words, that is

oziare *(v.)* to idle 1

ozio *(n., m.)* idleness 1

P

pacchetto (di) *(n., m.)* package (of) 8

pacifista *(n., m.)* pacifist 9

padre *(n., m.)* father 1

padrino *(n., m.)* godfather 4

padroni *(n., m., pl.)* bosses 11

paese *(n., m.)* village 12; **paesello** sweet little village 12

paesi emergenti developing countries 10

pagare *(v.)* to pay for 1, 3, 5

paio *(n., m.)* pair *(pl.* **le paia)** 1

palco *(n., m.)* theater box 11; **palco(scenico)** *(n., m.)* stage 11

pallido *(adj.)* pale 1

panchina *(n., f.)* bench 2

pancia *(n., f.)* tummy 10

paniere *(n., m.)* basket 6

panino *(n., m.)* sandwich 8

panorama *(n., m.)* panorama 1

papa *(n., m.)* pope 1

parco *(adj.)* meagre poetic 11

pare it seem(s) 5

parecchio/-a/-chi/-che a lot (of), several 11

parenti *(n., m., pl.)* relatives 2

parlare *(v.)* to speak 1, 3; **parlare al cellulare** *(v.)* to talk on the cellular phone 1; **parlare ad alta voce** *(v.)* to speak loudly 12

parola *(n., f.)* word 12; **parolaccia** a vulgar word 12; **parole** *(n., f., pl.)* lyrics 11

partigiano *(adj.)* partisan 2, 9

partire *(v.)* to leave 6

partoriva *(v.)* generated 6

parrucchiera *(n., f.)* hairdresser 3, 12

pascolare (pascere) *(v.)* to graze 7

passare *(v.)* to spend, to stop by 2

passo withered 11

passeggiare *(v.)* to stroll 2

passerelle *(n., f., pl.)* high-fashion runways 3

pasta sfoglia *(n., f.)* puff pastry 8

pasticcini *(n., m., pl.)* pastries 1

pasto veloce *(n., m.)* fast food 8

patatine fritte *(n., f., pl.)* french fries 8

patirà will suffer 8

patiti *(n., m., pl.) (fig.)* fans 6

patriottico *(adj.)* patriotic 9

patriottismo *(n., m.)* patriotism 9

patto *(n., m.)* pact, condition; **a patto che** *(conj.)* provided that, on the condition that 6

pattumiere *(n., f., pl.)* trash cans 9

peccato too bad, pity 5

pecchia *(n., f.)* bee 11

pecore *(n., f.)* sheep 7

peggio *(adv.)* worse 11; **(il) peggio** the worst 11

pegno *(n., m.)* token 8

pelle *(n., f.)* skin 1

pelosa di cotica thick skin 7

pennuto *(adj.)* feathered 7

pensare *(v.)* to think 5; **pensare a** *(v.)* to think about someone/ something, to take care of someone/ something 12; **pensare di** *(v.)* to think about (doing something), to intend to do (something) 3, 12

pentirsi *(v.)* to repent 7

pentito regretted 5

per *(prep.)* for, by, to, through 4, 6; **per combinazione** by chance 9; **per esempio** for example 5

perché *(conj.)* in order to, in order that, so that 6; because 12; **Perché?** Why? 10

perdere* *(v.)* to lose 2, 7

pericolo *(n., m.)* danger 9

pericoloso *(adj.)* dangerous 3

periodico periodical

permesso di lavoro *(n., m.)* work permit 5; **permesso di scrivere** permission to write 12; **permesso di soggiorno** *(n., m.)* residence permit 5

permettere di* *(v.)* to let 12

permissivo/-a *(adj.)* permissive 2

però *(conj.)* but, however 1

pertica *(n., f.)* rod, perch 3

pesante *(adj.)* heavy 8

peso *(n., m.)* weight 1

pessimo very bad 11; **pessimamente** very badly 11

pettinarsi *(v.)* to comb one's hair 1

pettine *(n., m.)* comb 1

petto *(n., m.)* bosom 11

piacere* *(v.)* to be pleasing to, to like 1, 5, 7

piangere* *(v.)* to cry 2, 7

piano *(adv.)* slowly 11

piastrelle *(n., f., pl.)* tiles 10

piazzuola *(n., f.)* little piazza 11

piccante *(adj.)* spicy 8

picchiare(-arsi) *(v.)* to hit, to come to blows 2; **picchiai** I banged 9

piccolo *(adj.)* small 1, 11, 12; **più piccolo** smaller 11; **il più piccolo** the smallest 11; **piccolissimo** very small, slightest 11; **piccoletto** cute little 12

pietanza *(n., f.)* course, dish 8

PIL (Prodotto Interno Lordo) *(n., m.)* GDP (Gross Domestic Product) 10

piluccare *(v.)* to nibble, to pluck 8

pirata *(adj.)* counterfeit 5

piroscafi *(n., m., pl.)* steamships 5

pittura *(n., f.)* painting 11

più more 11; **di più** more 11; **(il) più** the most 6, 11; **non… più** no longer, no more 4; **più… di/che** more . . . than, -er . . . than 11; **più… di quanto** more . . . than/ that which 11; **più… di quel(lo) che** more . . . than/that which 11

più tardi *(adv.)* later 1

piuma *(n., f.)* feather 11

pizza al taglio *(n., f.)* pizza slices 8

platea *(n., f.)* orchestra seats 11

poco *(adj.)* little, few 11; **un po'/poco di** a bit of, some 3; **pochino** a little bit 11; **pochissimo** very little 11

poema epico *(n., m.)* epic poem 11

poesia *(n., f.)* poem, poetry 11

poeta *(n., m.)* poet 1, 12; **poetastro** inferior poet 12

poi *(adv.)* then 1

poiché *(conj.)* since (because) 12

polpastrello *(n., m.)* fingertip 4

poltiglia *(n., f.)* pulp 8

pompe *(n., f., pl.)* pumps 10

ponticello *(n., m.)* tiny bridge, footbridge 3

popolare *(adj.)* popular

porcellini *(n., m., pl.)* little pigs 5

porre* *(v.)* to put, to place 1, 2, 3, 6

porta *(n., f.)* door 12; **portone** *(n., m.)* large front door of a building 12

portare bene/fortuna *(v.)* to bring good luck 7; **portare male/ sfortuna** *(v.)* to bring bad luck 7

portata *(n., f.)* course, dish 8

portatile *(n., m.)* laptop computer, portable 4

possibile *(adj.)* possible 5

posta elettronica *(n., f.)* electronic mail 4

postmoderno *(n., m.)* postmodernism 11

posto accademico *(n., m.)* position in a university 5; **posto numerato** *(n., m.)* numbered seat 11

potere* *(v.)* to be able to 1, 2, 3, 5; **potere d'acquisto** buying power 6; **può darsi** it could be 5; **può essere** it may be 5

povertà *(n., f.)* poverty 9

pozzo *(n., m.)* well 2

pranzo *(n., m.)* lunch

pratico *(adj.)* practical 3

preconcetto *(n., m.)* preconception 4

preda *(n., f.)* prey 8

preferibile *(adj.)* preferable 5

preferire *(v.)* to prefer 5

pregiudizio *(n., m.)* prejudice 4

premiare *(v.)* to reward 2

premuroso *(adj.)* considerate 8; eager 9

premuto *(adj.)* pressed 4

prendere* *(v.)* to take *(p.p.* **preso)** 2, 7, 8; **prendere accordi** *(v.)* to make arrangements 6

prendersela *(v.)* to take offense 4

preparare *(v.)* to prepare 8

prepotente *(adj.)* overbearing, arrogant 1

prescritto established 3

presso *(prep.)* at, near 9

pretende demands 5

prevedere* il futuro *(v.)* to foresee the future 3

previsioni *(n., f., pl.)* expectations, predictions, forecasts 3

prezzemolo *(n., m.)* parsley 8

prezzo *(n., m.)* price 6

prigione *(n., f.)* prison 3, 9

prima *(adv.)* first; *(n., f.)* premiere 1; **prima che** *(conj.)* before 6; **prima di** *(prep.)* before 4; **prima di recarsi** before going 5; **la prima uscita a due** first date 1

primato *(n., m.)* record 11

primavera *(n., f.)* spring 1, 12; **primaverile** *(adj.)* spring 12

primeggiano *(v.)* excel 11

primo *(adj.)* first 6, 12; **primo piano** *(n., m.)* foreground 11

pro capite per capita 10

probabile *(adj.)* probable 5

problema *(n., m.)* problem 1

processione *(n., f.)* procession 7

prodotto artigianale artisan product 7; **prodotto locale** *(n., m.)* local product 8; **prodotto stagionale** seasonal product 8; **prodotto della terra** fresh product (*lit.,* from the earth) 8

produrre* *(v.)* to produce 10

produzione *(n., f.)* production 10

profugo *(n., m.)* refugee 5

profumi dell'orto *(n., m., pl.)* aromatic plants 8

profumo *(n., m.)* perfume 1

programma *(n., m.)* program 1, 4

promulgare *(v.)* to promulgate 9

promuovere* *(v.)* to promote 6

propaganda *(n., f.)* propaganda 9

proporre* *(v.)* to propose 7

proprietà fondiarie *(n., f., pl.)* land 10

proprietario *(n., m.)* owner 10

proprio especially 5

prosciuga drains 4

prospettiva *(n., f.)* prospective 11

prova *(n., f.)* rehearsal 11

provenivano came 10

proverbio *(n., m.)* proverb 7

provocare *(v.)* to provoke 7

provviste *(n., f., pl.)* groceries 2; supplies 3

prudente *(adj.)* prudent 3

pugno *(n., m.)* handful 8; fist 9

pulsante *(n., m.)* push button 4

punire (-isc) *(v.)* to punish 2

pur only 11

pur riconoscendo even recognizing 4

purché *(conj.)* provided that, on the condition that 6

pure (pur) *(conj.)* also, even, even though, although, in spite of, too 12

Q

qualche *(adj.)* some, any, a few 3, 11; **qualche volta** *(adv.)* sometimes 2

qualcosa something 11, 12

qualcuno (qualcheduno) someone, anyone 11, 12; **qualcuno/-a** some 11

Quale?/Quali? Which? 10

qualità della vita *(n., f.)* quality of life 5

qualsiasi *(adj.)* any, any sort of, whatever, whichever 6, 11

qualunque *(adj.)* any, any sort of, whatever, whichever 6, 11, 12

quando when 2

quanto that which, that 9; **quanti** everyone who, all those who 9; **(tanto)... quanto** as . . . as, as much as 11; **quanto/-a/-i/-e** how much, how many 11; **Quanto... !** How much . . . ! 10

quantunque *(conj.)* although, in spite of, even though, even if 6

quartiere *(n., m.)* neighborhood

quarto *(adj.)* fourth 12

quello *(adj.)* that, that one, former 8; **quello/-a/-i/-e che** people who, one who, whoever, whomever 9; **quello che** that which, that 9

questione *(n., f.)* problem

questo *(adj.)* this, this one, latter 7, 8

qui/qua *(adv.)* here 8

quietato abated

quindi *(adv.)* then 1, therefore 2

quinto *(adj.)* fifth 12

quotidiano everyday, daily

R

raccolta *(n., f.)* collection 11

raccomandarsi *(v.)* to give advice and suggestions 8

radicato rooted 5

radio(telefonia) *(n., f.)* radio, radiotelephony 1

rado rare; **di rado** seldom

raffinato *(adj.)* sophisticated, refined 8

raffineria *(n., f.)* refinery 5

ragazzo *(n., m.)* boy 12; **ragazzino** small boy 12

ragione *(n., f.)* reason, motive 5

ragnatela *(n., f.,)* web

ragno *(n., m.)* spider 7

rallentamento *(n., m.)* slowdown 8

rametti *(n., m., pl.)* stems 8

ramingo *(adj.)* wandering 8

rammarico *(n., m.)* regret 1

rampante *(adj.)* aspiring, driven 1

rapido *(adj.)* intensive 4

raramente *(adv.)* rarely 2

rasoio *(n., m.)* razor 1; **rasoio elettrico** *(n., m.)* electric razor 1

razza *(n., f.)* race 3

razzismo *(n., m.)* racism 4

razzista *(n., m./f.)* racist 5

re *(n., m.)* king 1

realista *(adj.)* realistic 3

recessione *(n., f.)* recession 10

recheran will bring poetic 11

recipiente *(n., m.)* container 8

redazione *(n., f.)* editorial office 12

redditizio *(adj.)* profitable 5

reddito *(n., m.)* income 3

reduce *(n., m.)* veteran 9

reggere *(v.)* to hold 5

reggeva carried 9

regime fascista *(n., m.)* Fascist Regime 9

regionalismo regionalism

regista *(n., m./f.)* director (film) 4

registrazione *(n., f.)* recording 3

regola *(n., f.)* rule 5; **regole** *(n., f., pl.)* rules 8

regolare *(adj.)* regular, punctual 11; **regolarmente** *(adv.)* regularly 11

relazioni *(n., f., pl.)* reports 6

rendersi conto di *(v.)* to notice, to realize 4

rendite *(n., f., pl.)* income 10

resistente *(adj.)* strong 4

resoconto *(n., m.)* report 5

respinto turned-off 5

respiro *(n., m.)* breath 6

restare *(v.)* to remain 7

restaurare *(v.)* to restore 11

restio *(adj.)* reluctant 1

rete (*n., f.*) Web 4
retrocedere (*v.*) to back up 3
ribalta limelight 8
ribassi (*n., m., pl.*) fall, drop in prices 6
ricamato (*adj.*) embroidered 7
ricavare (*v.*) to draw 3
ricavato (*n., m.*) proceeds 10
riccio (*adj.*) curly 1
ricco sfondato filthy rich 11
ricerca (*n., f.*) research 2; search 4
ricercatore/ricercatrice (*n., m./f.*) researcher 5
ricetta (*n., f.*) recipe 8
ricevimento (*n., m.*) reception 1
riconoscenza (*n., f.*) gratitude 10
ricordarsi (*v.*) to remember 3; **ricordarsi di** (*v.*) to remember about 4
ricorrenza (*n., f.*) occurrence, festivity 7
ricostruzione (*n., f.*) reconstruction 9
ridere* (*v.*) to laugh 2
ridurre* (*v.*) to reduce 1
riempire* (*v.*) to fill up, to be filled up 6
rifiatare (*v.*) to breathe 9
rifluiva flowed back 11
rifugiarsi (*v.*) to take shelter 9
riga (*n., f.*) part 2, 5
rilassarsi (*v.*) to relax 1
rima (*n., f.*) rhyme 11
rimanere* (*v.*) to stay, to remain 1, 3, 7
rimmel (*n., m.*) mascara 1
rimpianti (*n., m., pl.*) regrets 2
rimproveravano reproached 9
rimprovero (*n., m.*) criticism 1
Rinascimento (*n., m.*) Renaissance 11
rinato (*adj.*) reborn 9
rincari (*n., m., pl.*) rise in prices 6
rincasò returned home 2
ringhiera (*n., f.*) railing 9
rinomato (*adj.*) famous 8
rinunciare (*v.*) to forgo, to give up 6
rinviato delayed 8
ripassarsi (*v.*) to review 5
ripetere (*v.*) to repeat 2, 9

ripetizioni (*n., f., pl.*) private lessons 2
riposarsi (*v.*) to rest 1
riprendere (*v.*) to shoot (film) 9; **la ripresa** shot, take 9; **riprendere fiato** (*v.*) to catch your breath 6
risanato healed 10
risarcimento (*n., m.*) indemnity 10
Risorgimento (*n., m.*) period of Italian revival during the mid-19th century 11
risorse (*n., f., pl.*) resources 5
risparmiare (*v.*) to save 6; **risparmiato** spared 9
risparmio (*n., m.*) savings 6
rispecchiare (*v.*) to reflect 9
rispondere* (*v.*) to answer, to respond 2, 4, 7, 9
ritieni believe 1
ritmo (*n., m.*) rhythm 11
rito (*n., m.*) rite 7
ritornare (*v.*) to return 2; **ritornarsi** (*v.*) to return 4
ritornello (*n., m.*) refrain 11
ritrovarsi con (*v.*) to get together with 1
rituale (*n., m.*) ritual 7
riuscire* (*v.*) to be able, to succeed 6; **riuscita** success 8
riva (*n., f.*) shore 7
rivolgersi (*v.*) to turn (to); **si rivolgono** turn to 6; **rivolgersi a un ufficio di collocamento** (*v.*) to turn to an employment office 3
romanticismo (*n., m.*) romanticism 11
romanziere (*n., m.*) novel writer 11
romanzo (*n., m.*) novel 11
rosmarino (*n., m.*) rosemary 8
rossetto (*n., m.*) lipstick 1
rotaie (*n., f., pl.*) tracks 5
rotolare (*v.*) to roll down 5; **rotolare giù a valanga** (*v.*) to tumble down like an avalanche 2
rovente (*adj.*) red-hot 4
rovesciando knocking over 9
rovesciato thrown back 5
rovinato (*adj.*) ruined 11
rubrica (*n., f.*) address book 4
ruderi (*n., m., pl.*) ruins, remains 11

rugoso (*adj.*) wrinkled 1
rustico (*adj.*) rustic 7

S

sabato (*n., m.*) Saturday 1
sacchetto di carta/plastica (*n., m.*) paper/plastic bag 8
saggezza (*n., f.*) wisdom 7
saggio (*n., m.*) essay 11; **saggistica** (*n., f.*) essay writing, nonfiction 11
sagra village feast 7
sala da pranzo (*n., f.*) dining room 12
salire* (*v.*) to ascend, to get on 1; to go up, to get in 2
saltare la mosca al naso got upset (*lit.*, a fly jumped on his nose) 7
saltato fried quickly 8
salto (*n., m.*) jump 2
salvaguardare (*v.*) to protect
salvare (*v.*) to save 2, 4
salvataggio (*n., m.*) rescue 11
salvia (*n., f.*) sage 8
sanatoria (*n., f.*) amnesty 5
sangue di bue (*n., m.*) oxblood 9
sano (*adj.*) healthy 8
Santissimo (*n., m.*) Holy Sacrament 9
santo (*adj.*) saint, holy 1; **santo patrono** (*n., m.*) patron saint 7
sapere* (*v.*) to know 1, 2, 3, 5, 7; **sapere di** (*v.*) to know about 4; **sappi** be aware 3
sapore (*n., m.*) taste 7, 8; **i sapori** (*n., m., pl.*) flavors 8; **saporito/-a** (*adj.*) tasty, full of flavor 8
sarta (*n., f.*) seamstress 3
sasso (*n., m.*) pebble 12; **sassolino** small pebble 12
sbagliare (*v.*) to make a mistake 1; to make mistakes in 5
sballone (*n., m.*) boaster, braggart 10
sbarcato (*adj.*) landed 5
sbertucciato (*adj.*) worn out 1
sbriciolato (*adj.*) crumbled 8
sbrigare (*v.*) to manage 2
sbucato emerged 7
sbuffa snorts 4

scaglia *(n., f.)* flake 8
scala *(n., f.)* ladder 12
scaldabagni *(n., m., pl.)* water heaters 6
scambiare *(v.)* to exchange 6
scambio *(n., m.)* exchange 6
scampolo *(n., m.)* remnant 6
scandagliare *(v.)* to probe 3
scantonai I sneaked away 9
scapoli *(n., m., pl.)* bachelors 9
scappare *(v.)* to run 5
scaricare *(v.)* to download 4
scaricò unleashed 7
scarpe da tennis *(n., f., pl.)* tennis shoes 12
scarti *(n., m., pl.)* seconds 10
scatola (di) *(n., f.)* box (of) 8
scatoletta *(n., f.)* can 8
scatto *(n., m.)* outburst 9
scegliere* *(v.)* to choose 1
scena *(n., f.)* scene 9
scena da girare scene to film 12
scendere* *(v.)* to go down 2; to get off, to go down 7
scherzare *(v.)* to joke 2
schiacciato *(adj.)* crushed 9
schiaffo *(n., m.)* slap 9
schiuma *(n., f.)* foam 8; schiuma da barba *(n., f.)* shaving cream 1
sciare *(v.)* to ski 1, 2
scindere *(v.)* to separate 4
scivolare *(v.)* to slide 5
scoglio *(n., m.)* reef 11
scolare *(v.)* to drain 8
scolpire (-isc) *(v.)* to sculpt 11
sconfiggere *(v.)* to defeat 9
scongiuro *(n., m.)* gesture to ward off evil influences/bad luck (i.e., knock on wood) 7
scontato expected 4
sconto *(n., m.)* discount 5; sconti sales
sconvolge turns upside down 8
scoppiava was bursting 11
scorgere *(v.)* to perceive, to discern 12
scorreva flowed 5
scorta *(n., f.)* supply 6
scrittore/scrittrice *(n., m./f.)* writer 3

scrivere* *(v.)* to write 1, 2, 3, 7
scrutare *(v.)* to search 2
sculaccioni *(n., m., pl.)* spanking 2
scuola *(n., f.)* school 12
scuote shakes 4, 5
scuro *(adj.)* dark 1
sdraiato lying down 1
se *(conj.)* if, if only, How about . . . ?, What if . . . ?, Suppose . . . ? 6, 12; se no or else 9
sé yourself *(form.)*, himself, herself, yourselves *(form.)*, themselves, oneself, itself 9
sebbene *(conj.)* although, even though, in spite of, even if 6, 12
seco to himself 11
secolo *(n., m.)* century 11, 12
secondo *(adj.)* second 12
sedersi *(v.)* to seat oneself 2
sega *(n., f.)* saw 11
seggiole *(n., f., pl.)* chairs 9
segno zodiacale *(n., m.)* sign of the zodiac 3
segreteria telefonica *(n., f.)* answering machine 4
seguire *(v.)* to follow 3
sembra it seems 5
sempre *(adv.)* always 11
senape *(n., f.)* mustard 8
senso *(n., m.)* direction 5; senso dell'orientamento sense of direction
sentire *(v.)* to hear 12; sentirsi *(v.)* to feel 2; sentesi feels 11; sentirci *(v.)* to be able to hear 4
senza *(prep.)* without 9, 12
senzatetto *(n., m./f.)* homeless person *(pl.* i/le senzatetto) 5
seppellire *(v.)* bury 11
sequestrato *(adj.)* seized 10
serie *(n., f.)* series 1
serio *(adj.)* serious 2
servire *(v.)* to be useful, to need, to be necessary 7; to serve 8; servirsi a volontà *(v.)* to help oneself 2
servizio *(n., m.)* service 6; servizi *(n., m., pl.)* service industry 10
servizio all'americana *(n., m.)* place mats 8

sesto *(adj.)* sixth 12
settembre *(n., m.)* September 12
settimo *(adj.)* seventh 12
settore *(n., m.)* sector, field 10
severo *(adj.)* strict 2
sfacciato *(adj.)* impudent 9
sfavillante *(adj.)* shining 7
sfavorevole *(adj.)* unfavorable 10
sfidare *(v.)* to challenge; si sfideranno will challenge each other 7
sfila in fretta slips off 8
sfilacciato *(adj.)* frayed 9
sfilata *(n., f.)* fashion show 3; parade 7
sfilatino *(n., m.)* loaf 9
sfiorato *(adj.)* touched 3
sfollare *(v.)* to evacuate 9
sfollamento *(n., m.)* evacuation 9
sfondato broken 10
sfondo *(n., m.)* background 2, 11
sfornato take out of the oven 8
sforzo *(n., m.)* effort 1, 6; sforzando struggling 1
sfrutta exploits 10
sfruttare *(v.)* to exploit 5
sfruttamento *(n., m.)* exploitation 9
sfumatura *(n., f.)* overtone 5
sghignazzare *(v.)* to laugh scornfully 7
sguardo *(n., m.)* glance 1
si appresta is getting ready 11
si infilò entered 2
si mormorava rumoured 5
si scorgevano could be seen 3
si sdegna becomes indignant 1
si stabilisce settles 5
si trova alle prese finds himself in the grip 5
siccome *(conj.)* since (because) 12; siccome suole as she always does 11
sigle *(n., f., pl.)* logos 4
siimi propizio be favorable to me 7
simpatico *(adj.)* pleasant 1
sindacati *(n., m., pl.)* unions 7
sindaco *(n., m.)* mayor 10
sinfonia *(n., f.)* symphony 11
sipario *(n., m.)* curtain 7
sito *(n., m.)* site 4

smania (*n., f.*) longing 9

snodi (*n., m., pl.*) networks 10

soci (*n., m., pl.*) members 8

società/S.p.A. (Società per Azioni) (*n., f.*) company/corporation 10

socievole (*adj.*) sociable 1

sodalizio (*n., m.*) brotherhood 2

soddisfatto (*adj.*) satisfied 2

sodo (*adj./adv.*) hard 11

soffrire* (*v.*) to suffer 5

sognare ad occhi aperti (*v.*) to daydream 3

sognatore (*adj.*) dreamer 3

solcato furrowed 2

solidarietà (*n., f.*) solidarity 5

solo (*adj.*) only 6

solubile (*adj.*) instant 8

somigliare (*v.*) to resemble 4

sopprimere (*v.*) to suppress 9

sopra (*prep.*) on, on top of, above 9

sopracciglio (*n., m.*) eyebrow (*pl.* **le sopracciglia**) 1

soprano (*n.*) soprano 11

soprattutto (*adj.*) above all 5

sopravvivere* (*v.*) to survive 5

sorridere* (*v.*) to smile 2

sorte (*n., f.*) destiny, fate, fortune 3, 7

sorvegliato (*adj.*) watched over 5

sospinto dalle onde pushed by the waves 2

sospira sighs 9

sosta (*n., f.*) stopping 5; stop 7

sostenere* un colloquio (*v.*) to have a job interview 3

sotto (*prep.*) under 9; **sottosopra** (*adj.*) topsy-turvy 10

sottotitoli (*n., m., pl.*) subtitles 4

sovvenzionare (*v.*) to subsidize 10

spacci (*n., m., pl.*) outlets 6

spacciatore (*n., m.*) pusher 5

spada (*n., f.*) sword 9

sparare (*v.*) to shoot 9

sparire* (*v.*) to disappear 2

spartito (*n., m.*) musical score 11

spaventare(-arsi) (*v.*) to scare, to get scared 2

spazzola (*n., f.*) hairbrush 1

spazzolino da denti (*n., m.*) toothbrush 1

specchio (*n., m.*) mirror 12

speme (*n., f.*) hope poetic 11

spendere* (*v.*) to spend 2, 6, 7

sperare (*v.*) to hope 5; **spero** I hope 12

sperimentare (*v.*) to test 5

spesa (*n., f.*) expense, expenditure 10

spesso (*adj.*) thick 8

spezie (*n., f., pl.*) spices 8

spiccato plucked 3

spigolo (*n., m.*) edge 3

spinato (*adj.*) herringbone 9

spingere* (*v.*) to push 8; **spinto** pushed 9

spino (*n., m.*) thorn 11

spirito (*n., m.*) spirit 7; **spirito nazionalistico** (*n., m.*) nationalistic spirit 6

spiritoso (*adj.*) witty 5

spogliarsi (*v.*) to get undressed 1

sporco (*adj.*) filth 8

spostarsi (*v.*) to move 6

sprecare (*v.*) to waste 1, 6; **sprecato** wasted 3

spregio (*n., m.*) contempt; **in spregio** to the harm 6

squilla (*n., f.*) peal 11

squisito (*adj.*) exquisite, delicious 8

stabilimento (*n., m.*) plant 10

staccare (*v.*) to stop working; to detach 1

stage (*n., m.*) internship 3

stagionale (*adj.*) seasonal 8

stampa (*n., f.*) press 9

stancare (*v.*) to tire 12; **stancante** tiring 12; **stancarsi** (*v.*) to get tired 1

stanco (*adj.*) tired 1; **stanco morto** dead-tired 11

star (*n., m./f.*) star 4

stare* (*v.*) to stay, to be 1, 3, 5, 6, 7; **stare per** (*v.*) to be about to (do something) 3; **starsene** (*v.*) to stay 4

statura (*n., f.*) height 1

stendersi (*v.*) to lie down 8

stento (*n., m.*) difficulty 10

stereotipo (*n., m.*) stereotype 4

stilista (*n., m./f.*) designer 4

stimolante stimulating 5

stoffa (*n., f.*) fabric 3

stoffetta (*n., f.*) cloth 9

storto (*adj.*) crooked 7

stracci (*n., m., pl.*) rags 7

stracciato (*adj.*) slashed 5

stracolmo overloaded 11

strano (*adj.*) strange 5

straordinario overtime 5

strappa tears 4

strategia (*n., f.*) strategy 10

stride shrieks 3

stringere* to wring 9

strizzato wrung 8

strofa (*n., f.*) stanza 11

studi cinematografici (*n., m., pl.*) movie studios 9

studiare (*v.*) to study 1

studio (*n., m.*) a professional's office 3

su (*prep.*) on, in 4, 9

subiamo undergo 4

subito right away 11

succedere (*v.*) to happen (*p.p.* **è successo**) 2, 7; **successe** (*p.r.*) it happened 7

successivo/-a (*adj.*) following 3

sudditi (*n., m., pl.*) subjects 5, 11

sugo (*n., m.*) sauce 8

suino (*n., m.*) swine; pork 7

suo/sua his, hers, its (*pl.* **i suoi/le sue**) 2

Suo/Sua (*formal*) your (*pl.* **i Suoi/le Sue**) 2

suore (*n., f., pl.*) nuns 5

superare (*v.*) to overcome 3

superato outdated 4

superficie (*n., f.*) area 8

superiore higher 11

superò passed 2

supremo very high 11; **il supremo** the highest 11

surgelato (*n., m.*) frozen food 1, 8

sussurrare (*v.*) to whisper; **sussurrava** whispered 6

svariato (*adj.*) varied 3

sveglio (*adj.*) quick 1

svelare (*v.*) to reveal 9

sventurato (*adj.*) unfortunate 8

sviluppo (*n., m.*) development 6, 10

svogliato unwilling 11

svolgersi (*v.*) to unfold 1

T

taccuino *(n., m.)* notebook 11
taciturno *(adj.)* sullen 1
tagliare *(v.)* to cut 8
tagliere *(n., m.)* cutting board 8
tale *(n., m.)* guy 3; **tale/-i** such, so-and-so 11
talismano *(n., m.)* amulet, charm 7
tallonato closely followed 4
tanto in gamba in good shape 7
tanto/-a/-i/-e so much, so many 11
tappa *(n., f.)* stage 3; **tappe** *(n., f., pl.)* stages 4
tarocchi *(n., m., pl.)* tarot cards 7
tassa *(n., f.)* tax 10
tasso *(n., m.)* interest rate 4; rate 9, 10; **tasso di disoccupazione** *(n., m.)* unemployment rate 10
tastiera *(n., f.)* keyboard 11
tavola calda *(n., f.)* self-service restaurant 8
teatro *(n., m.)* theater 12
telefonare *(v.)* to call 4
telefonino *(n., m.)* cell phone 4
telegramma *(n., m.)* telegram 1
tema *(n., m.)* theme 1
tempio *(n., m.)* temple *(pl.* **i templi)** 11
tempo verbale tense 2
tenere* *(v.)* to hold, to keep 1, 3; **tenerci a** *(v.)* to value, to care about 4
tenore *(n., m.)* tenor 11
tenore di vita *(n., m.)* standard of living 5
tenuta *(n., f.)* estate 10
terre assai luntane far-off lands (southern dialect) 5
terrina *(n., f.)* tureen 8
terziario *(n., m.)* service industry 10
terzo *(adj.)* third 12
tessera *(n., f.)* card 9
tessile *(adj.)* textile 10
testardo *(adj.)* stubborn 2
testo *(n., m.)* lyrics 11
ti capita happens to you 1; do you ever 3
timo *(n., m.)* thyme 8
timoroso *(adj.)* fearful 3

tinello *(n., m.)* breakfast area 8
tirare *(v.)* pull 8; **tirare fuori** to bring up, pull out 9; **tirando i capelli** pulling his/her hair 2
tirocinio *(n., m.)* apprenticeship 6
titolare *(n.)* owner 10
titolo *(n., m.)* bond, stock 10
tizio *(n., m.)* guy 4
toast *(n., m.)* sandwich 8
toccare *(v.)* to touch, to concern, to be the turn of; **toccare ferro** *(v.)* to touch iron (for good luck, to ward off evil influences) 7; **tocca** touches 9; **toccò** it was the turn of 7; **mi toccò** I got 5
togliere* *(v.)* to take off 1; **togliersi** *(v.)* to take off 1; **tolse** took away 2
tolleranza *(n., f.)* tolerance 5
topo *(n., m.)* mouse; **grigio-topo** grey mouse 6
torrette *(n., f., pl.)* turrets 3
totalitario *(adj.)* totalitarian 9
tour tour 11
tra (fra) *(prep.)* between 4, 9; among 11
traccia *(n., f.)* trace 1
tradurre * *(v.)* to translate 1, 2, 6
tragitto *(n., m.)* trip 10
tramezzino *(n., m.)* sandwich 8
tramite by 7
tranello *(n., m.)* trick 2
trarre* *(v.)* to draw 2, 6
trascorrere *(v.)* to spend; **trascorri** spend 1
trascura neglects 8
trasferirsi (-isc) *(v.)* to move (to) 5
trattato *(n., m.)* treatise 11
trattato processed 8
trattoria *(n., f.)* traditional restaurant 8
travaglio *(n., m.)* usual labor 11
travi *(n., f., pl.)* beams 10
trespolo *(n., m.)* stool 8
trillo *(n., m.)* ring 4
tritare *(v.)* to mince 8
troppo *(adj.)* too 1; *(adv.)* too long. 11; **troppo/-a/-i/-e** too much, too many 11
truccarsi *(v.)* to put on makeup 1
tubo (di) *(n., m.)* a tube (of) 8

tuo/tua *(informal)* your *(pl.* **i tuoi/le tue)** 2
tuorlo *(n., m.)* yoke 8
turbare *(v.)* to agitate, to disturb 3
turbinio whirling 1
tutela *(n., f.)* protection 3
tuttavia *(adv.)* nevertheless, yet 2
tutto all, whole, every, everything, everyone 11; **tutto ciò che** everything that, all that, that which, what 9; **tutt'e due** both 11; **tutt'e tre** all three 11; **tutto il giorno** *(adj.)* the whole day 2; **tutti i giorni** *(adv.)* every day 2; **tutti quanti** everyone who, all those who 9; **tutto quanto** everything that, all that, that which, what 9; **tutti quelli che** everyone who, all those who 9; **tutto quello che** everything that, all that, that which, what 9

U

ubbidiente *(adj.)* obedient 2
ubbie *(n., f., pl.)* whims 3
ubicazione *(n., f.)* location 8
ubriaco *(adj.)* drunk 9
uccidere *(v.)* to kill 9; **ucciso** killed 1
udire *(v.)* to hear 12; **udì** heard 2
ufficio *(n., m.)* office
uguale *(adj.)* equal 5
ulteriore further
ultimo *(adj.)* last 6
umanesimo *(n., m.)* humanism 11
umano *(adj.)* humane 5
umore *(n., m.)* mood
un crollar di spalle a shrug of the shoulders 3
un giorno sì un giorno no *(adv.)* every other day 2
un/uno/un'/una a, an 1, 12
unico *(adj.)* only 6
unire (-isc) *(v.)* to unite
uno/-a one 11, 12
unto *(n., m.)* grease 8
uomo *(n., m.)* man 1, 12
uovo *(n., m.)* egg *(pl.* **le uova)** 1
urbano urban
urlo *(n., m.)* scream 5; **urla** shouts 8

usanza (n., f.) custom 7
uscire* (v.) to go out 1, 5
ustionante (adj.) boiling hot 5
uvetta (n., f.) raisins 8

V

vago (adj.) lovely 11
valige di ventiquattro ore overnight bags 5
valori (n., m., pl.) values 4
valuta (n., f.) currency 10
valutare (v.) to evaluate 10
vaschetta (di) (n., f.) small tub (of) 8
vasetto (di) (n., m.) small jar (of) 8
vecchio (adj.) old 1
vedere* (v.) to see 2, 3, 7, 12; **vederci** (v.) to be able to see 4
vedova (n., f.) widow 5
veggenti (n., pl.) seers 7
veglia stays up 11
vegliano watch over 8
veletta short veil 3
vellutato (adj.) velvety, smooth 8
velocemente (adv.) quickly 11
vendere (v.) to sell 2

venditore ambulante (n., m.) street vendor, peddler 5
venerdì (n., m.) Friday 1
venire* (v.) to come 1, 2, 7
venne coinvolto became involved 7
ventre della balena (n., m.) belly of the whale 5
verdure fresche (n., f., pl.) fresh vegetables 8
vermiglio (adj.) crimson 11
verso (prep.) toward 9; (n., m.) verse 11
vertice (n., m.) summit 8
vertiginoso (adj.) astronomical 10
vestirsi (v.) to dress oneself 1, 12
viaggiare (v.) to travel 2, 6
viavai (n., m.) bustle 5
vicenda (n., f.) event 9; **vicende** (n., f., pl.) events 7
vicino a (prep.) next to, near 4
vicolo cieco (n., m.) blind alley 9
videogioco (n., m.) videogame 4
vincere* (v.) to win 7
vincolante (adj.) binding 6
viola (adj., invariable) purple 1
violenza (n., f.) violence 9
virgolette (n., f., pl.) quotation marks 9

virtù (n., f.) virtue 1
virus (n., m.) virus 4
viso (n., m.) face 1
vivere* (v.) to live 2, 3, 5, 7
viziare (v.) to spoil 2; **viziato** (adj.) spoiled 1
voglia (n., f.) birthmark 7; desire 11
volerci (v.) to take (time, money, effort) 4
volere* (v.) to want to 1, 2, 3, 5, 7; **volere(-rsi) bene a** (v.) to love (to love each other) 2
volta (n., f.) time; **una volta** once 1; **a sua volta** in its turn 5; **per volta** at a time 2
voltarsi (v.) to turn around
volto (n., m.) face 1, 11
vostro/vostra (familiar) your (pl. **i vostri/le vostre**) 2
voto grade

Z

zappatore (n., m.) hoer 11
zio/zia (n.) uncle/aunt (pl. **gli zii**) 2
zitelle (n., f., pl.) old-maids 9
zona area, neighborhood
zoppo (n., m.) lame person 7

Indice

Credits

This page constitutes an extension of the copyright page. We have made every effort to trace the ownership of all copyrighted material and to secure permission from copyright holders. In the event of any question arising as to the use of any material, we will be pleased to make the necessary corrections in future printings. Thanks are due to the following authors, publishers, and agents for permission to use the material indicated.

PHOTO CREDITS

p. 1: © David Frazier/The Image Works; p. 2 top left: Michael Chevis/Alamy; p. 2 top right: Stefano Rellandini/Reuters/Corbis; p. 2 bottom left: Stephane Cardinale/People Avenue/Corbis; p. 2 middle: Peter Marlow/Magnum; p. 2 bottom right: Allstar Picture Library/Alamy; p. 2 bottom: Ginevra de' Benci (obverse), Leonardo da Vinci, Ailsa Mellon Bruce Fund, © National Gallery of Art, Washington, c. 1474; p. 7: © Cecilia Boggio; p. 14: Mona Lisa, ca. 1503–06S, Leonardo da Vinci (1452–1519 Italian) Oil on wood panel, Musee du Louvre, Paris. © Superstock, Inc.; p. 35: © GiovannettiGranataimages.com; p. 39: © Granataimages.com; p. 40: © Cecilia Boggio; p. 41: "Marie", Modigliani, Private Collection, Switzerland/ Giraudon/Art Resource; p. 45 top: © David Klammer/ Visum/The Image Works; p. 45 middle: © Alessandro Bianchi/Reuters/Corbis; p. 45 bottom: © Di Vita/ Granataimages.com; p. 48: Lorenzo Medici the Magnificent (1449–1492) by Vasari. Florence, Uffizi Gallery. 1470. ©Roger-Viollet / Topham / The Image Works; p. 52: © Granata/Granataimages.com; p. 74: Photo courtesy of Università Bocconi; p. 75 top left: © Dennis Marsico/Corbis; p. 75 top right: © Bill Bachmann/Index Stock Imagery, Inc.; p. 75 bottom left: © John Russell/Photonica/Getty Images; p. 76: The Birth of Venus, ca. 1484, Sandro Botticelli (1444–1510 Italian), Tempera on wood panel, Galleria degli Uffizi, Florence, Italy, © SuperStock, Inc. / SuperStock; p. 82: Melanconia, 1912 (oil on canvas), Chirico, Giorgio de (1888–1978), © Estorick Collection, London, UK/The Bridgeman Art Library; p. 103: © Meridiana/Granataimages.com; p. 110 inset: AP/ Wide World Photos; p. 111: © David Frazier/The Image Works; p. 119 left: © Stock Italia/Alamy; p. 119 right: © f1 online/Alamy; p. 140 top left: ©DI GIROLAMO – GRANATA PRESS SERVICE/The Image Works; p. 140 top right: Tim Brightmore/Alamy; p. 140 bottom left: David Parker/Photo Researchers, Inc.; p. 140 bottom right: Courtesy of Merriam-Webster; p. 141: © Granata/ The Image Works; p. 145: © Alessandro Tarantino/ AP Photo; p. 145 bottom right: © Alessio Filippi; p. 146: © Kathy DeWitt/Alamy; p. 147: © Album; p. 149: © Grazia Neri Photography; p. 150: © La Presse; p. 152: © Luca Bruno/AP Photo; p. 154 top left: © University of Chicago / AIP / Photo Researchers, Inc.; p. 154 top right: © Culver Pictures, Inc./SuperStock; p. 154 bottom left: JEAN-PIERRE CLATOT/AFP/Getty Images; p. 154 bottom right: © Great Falls Tribune, File/AP Photo; p. 155: © Lewis W. Hine/George Eastman House/Getty Images; p. 170: © Weegee (Arthur Fellig)/International Centre of Photography/ Getty Images; p. 175: © Alberto Ramella Photography; p. 180: © SuperStock, Inc. / SuperStock; p. 183: AP Photo/Sandro Pace; p. 192: Tania/Contrasto; p. 209: © Villa/Granataimages.com; p. 214: © POPPER-FOTO / Alamy; p. 215: © MARTIN DALTON / Alamy; p. 216: anticoli / olycom; p. 219: © Iconotec / Alamy; p. 222: ©Stefano Rellandini/Reuters/CORBIS; p. 223 top: 1A Photo/Alamy; p. 223 bottom: © Lebrecht Music and Arts Photo Library / Alamy; p. 229: Per gentile concessione della Rusconi Libri Srl; p. 244: © Sophie Bassouls/SYGMA/CORBIS; p. 248: © Cubo Images/ Index Stock; p. 249 top left: foodfolio/Alamy; p. 249 top right: © PhotoAlto / SuperStock; p. 249 bottom left: © D. Hurst / Alamy; p. 249 bottom right: © Granataimages.com; p. 253: Per gentile concessione

Patriot-News, Paul Chaplin/AP Photo; p. 255: © Andrea "Slim" Donetti; p. 259 left: © Stephanie Maze/CORBIS; p. 259 right: © Giancarlo Pradelli/Corbis; p. 280: © Serao/Olycom SPA; p. 286: © Bettmann/CORBIS; p. 287: ©Adam Eastland/Alamy; p. 288: © 2006 Artists Rights Society (ARS), New York / SIAE, Rome; p. 298: © Hulton-Deutsch Collection/ CORBIS; p. 299 top: FARABOLAFOTO; p. 299 bottom: VISMAGE / THE KOBAL COLLECTION/ The Picture Desk; p. 303 left: The Kobal Collection/ CCC/ Concordia/The Picture Desk; p. 303 right: ©Publifoto/Olycom SPA; p. 322: © ÂLLERA/ GRANATAIMAGES.COM; p. 327: © Robert Holmes/ CORBIS; p. 328: © www.vittorebuzzi.it / Alamy; p. 335: © Luca Babini Photography; p. 345: © Carlo Orsi Photography; p. 354 top left: © Mike Abrahams / Alamy; p. 354 top right: © Royalty-Free/Corbis; p. 354 bottom left: Stefano Scata/The Image Bank/Getty Images; p. 354 bottom right: Courtesy of the authors; p. 360: ©Scala / Art Resource, NY; p. 361 top left: Vanni / Art Resource, NY; p. 361 top right: Alinari/Art Resource, NY; p. 361 bottom: © eStock Photo / SIME s.a.s — All rights reserved; p. 364: Scala / Art Resource, NY; p. 367 top left: Scala / Art Resource, NY; p. 367 top right: Alinari/Art Resource, NY; p. 367 middle: The Art Archive / Museo dell'Opera del Duomo Siena / Dagli Orti; p. 367 bottom left: Scala / Art Resource, NY; p. 367 bottom right: © 2006 Artists Rights Society (ARS), New York / SIAE, Rome; p. 371: GIORGIO BENVENUTI / ANSA / PAL; p. 373: THE BITTER RICE, (aka RISO AMARO), Doris Dowling, 1949; p. 402: Vittorio Sciosia / © CuboImages srl / Alamy.

REALIA CREDITS

p. 6: "Questi single vogliono incontrare l'anima gemella". *Donna Moderna*, 9 giugno 2004, pp. 233–234. © 2004 Arnoldo Mondadori Editore S.p.A.; p. 10: *Viaggi di Repubblica*, 4 novembre 2004, p. 7; p. 11: Abridged from Vernon Coleman, "75 test per conoscersi e valorizzarsi nella vita e nel lavoro," Edizioni Franco Angeli, Milano 1994, p. 120.; p. 12: "La doppia vita di Giovanna, rockstar per gioco", *Donna Moderna*, 24 marzo 2004, p. 35. © 2004 Arnoldo Mondadori Editore S.p.A.; p. 13: Cartoon: "Psicomamme," © PAT CARRA; p. 14: Per gentile concessione di Telecom Italia; p. 44 top: "Mammoni d'Europa," *Sorrisi e Canzoni*, January 5, 2000, p. 1. © 2000 Arnoldo Mondadori Editore S.p.A.; p. 44 middle: "Tiranno Baby," *Panorama*, May 27, 2004, p. 213. © Arnoldo Mondadori S.p.A.; p. 44 bottom: Chart based on statistics published by Istituto Superiore di Sanità, Roma.; p. 51: Biographical information from Giorgio Bocca's *L'inferno*, Arnoldo Mondadori Editore, Milano, 1992.; p. 52: Abridged from "Rita Levi Montalcini," *Amica*, 1998, n. 38, pp. 101 and 103, RCS Media Group, S.p.A.; p. 54: Chart from "Testi genetici a pacchetto," *Panorama*, June 9, 2005, p. 43.; p. 70: Cover from *Favole al telefono*, by Gianni Rodari, 1993, Edizioni E. Elle, Trieste.; p. 78: Abridged from Vernon Coleman, "75 test per conoscersi e valorizzarsi nella vita e nel lavoro," Edizioni Franco Angeli, Milano 1994, p. 120.; p. 79 top right: Cartoon: "Diventerò ricco potente famoso…," © PAT CARRA; p. 79 bottom left: Cartoon: "Le donne belle sposano gli uomini ricchi…," © PAT CARRA.; p. 79 bottom right: Cartoon: "I soldi non bastano a comprare la felicità…," © PAT CARRA.; p. 80: "Confessioni di una giovane modella," *Donna Moderna* – Mondadori, March 21, 2001, pp. 76–77.; p. 85: Paola Oriunno, "Un mestiere giovane," *Donna Moderna* – Mondadori, March 24, 2004, p. 239; p. 86: Luigi Ceccarini, "Imprenditori di se stessi: sogno segreto degli italiani. Ma dal lavoro vogliono sicurezza e soddisfazione," Repubblica.it, October 17, 2004; p. 112: Cover of *Italiani con valigia*, di Beppe Severgnini, 1997, Milano: Biblioteca Universale Rizzoli. © RCS Libri S.p.A.; p. 115: Used with permission from McDonald's Corporation; p. 116 bottom left: Cartoon: "Faccio un corso di full-immersion in inglese…", © PAT CARRA; p. 116 middle right: "Domenica Brunch", *Firenze spettacolo*, novembre 2004, p. 119. © Nuova editoriale Florence Press srl; p. 119 top: Marina Cicogna, "Fergie: 'Potevo finire come Diana. Mi ha salvato il calore dell'Italia'", *Vanity Fair* – Condé Nast, November 11, 2004, p. 22. p. 122: "Le piace il cinema italiano?", *Donna Moderna* – Mondadori, March 21, 2001, p. 17; p. 125: Adattato da www.masseriatorrecoccaro.com. Per gentile concessione di Masseria Torre Coccaro, Puglia; p. 150: "Che guaio, Miss Trieste è slovena", *Panorama* – Mondadori, September 16, 2004, p. 65; p. 161: Advertisement for "Harmony: corpo, mente, spirito", *Firenze Spettacolo* – Nuova Editoriale Press, November 2004, p. 81; p. 162 top: "Immigrati, in centinaia arrivano nelle isole siciliane", Repubblica.it, September 23, 2003; p. 162 bottom: Adattato da «Il Nostro Far Est», *L'Espresso*, 30 giugno 2005, p. 30 © 2005 Gruppo Editoriale L'Espresso S.p.A.; p. 181: © Palamento europeo – Ufficio per l'Italia; pp. 181–182: L'europeismo degli italiani, redazioneportale@cnel.it, Consiglio Nazionale dell'Economia e del Lavoro; p. 186: "Soluzione radicale: usiamo l'esperanto", *Il*

Venerdì, La Repubblica, February 27, 2004, p. 23; p. 189: Flora Casalinuovo, "La zuccheriera e altre 11 cose che l'Europa sta cambiando", *Donna Moderna* – Mondadori, p. 130–131; p. 190: *Vanity Fair*, 3 febbraio 2005, p. 18. © 2005 Edizioni Conde Nast Spa; p. 191: "Movimento di difesa del cittadino"; p. 195 top: Cartoon: "Chissà se arriverò alla fine del mese…", © PAT CARRA; p. 195 bottom: L'europeismo degli italiani, redazioneportale@cnel.it, Consiglio Nazionale dell'Economia e del Lavoro; p. 197: L'europeismo degli italiani, redazioneportale@cnel.it, Consiglio Nazionale dell'Economia e del Lavoro; p. 209: *Italini si diventa*, di Beppe Severgnini, © RCS Libri S.p.A., 1998, Milano; p. 220 left: © Regione Emilia-Romagna; p. 220 right: Regione Friuli Venezia Giulia; p. 221: Da *Visto*, 25 febbraio 2005, p. 38. © Gruppo RCS Periodici; p. 222: Isa Grassano, "Alla fiera dell'oca", *I viaggi di Repubblica*, November 11 2004, p. 8. © 2004 Gruppo editoriale L'Espresso; p. 227 top: "Il venerdì 17 porta sfortuna, il seventeen invece no", in *Il Venerdì – La Repubblica*, October 29, 2004, p. 23; p. 227: *Sorrisi e Canzoni*, 3 gennaio 2004, p. 65; p. 229 top: Per gentile concessione della Rusconi Libri Srl; p. 229 bottom: *L'agenda di Ferrara,* Year 1, N. 13, p. 6; p. 250: © Osteria Da Ugo; p. 260: Excerpts from the "Manifesto" of the International Movement Slow Food; p. 263: Charts from *Monitor Alimentare*, Doxa S.p.A., Milano; p. 264 top: "Un pranzo da ufficio", *Cucina moderna* – Mondadori, June 2005, p. 56; p. 264 bottom: "Idee gustose per la tavola", *Cucina moderna* – Mondadori, June 2005, p. 88; p. 266: "Le origini della pizza Margherita", *Sale & Pepe* – Mondadori, p. 68; p. 267: Per gentile concessione della Colussi Group; p. 271, Ex. A: Adapted from "Pesto alla genovese", by Luciana Pagani, *Cucina superveloce: Le guide pratiche di Grazia* – Mondadori; p. 271 Ex. B: Adapted from *Arte in cucina,* maggio 2005, p. 32; pp. 291, 292, Illustrations N. 12, 18, 24: from "C'era una volta il duce", Savelli S.p.A., 1975, pp. 325, 325 and 327; p. 293: Aldo Cairoli, "Vent'anni di vita italiana", *Focus Stori*a – N. 3 Gruner+Jahr/Mondadori S.p.a.; p. 295: Aldo Cairoli, "Vent'anni di vita italiana", *Focus Storia* – N.3, Gruner+Jahr/Mondadori S.p.a.; pp. 297–298: Aldo Cairoli, "Vent'anni di vita italiana", *Focus Storia,* N. 3 – Gruner+Jahr/Mondadori S.p.a.; p. 305: Cartoon "Non vi possono essere ebrei…", La difesa della razza, November 20, 1938; p. 329: Chart: "La situazione del distretto fermano", in "Non ci faremo mai fare le scarpe", by Gianluca Ferraris, *Economy*, Mondadori, June 23, 2005, p. 48; p. 333 top: Gabriele Barbiglia, "Dalla banca alla ricotta", *Panorama* – Mondadori, December 9, 2004, p. 347; p. 333 bottom right: Chart: "Troppi parenti", *Economy* – Mondadori, June 23, 2005, p. 25; p. 334: "Nuova generazione Fiat", *Panorama,* December 9, 2004, p. 30; p. 336: Cartoon by Altan. © Altan / Quipos; p. 337: "Ipotesi assurda", *Economy* – Mondadori, June 23, 2005, p. 56; p. 339: Advertisement for *Economy.* Cover: "Perché non siamo competitivi", in Panorama, November 11, 2004, p. 60; p. 340: Advertisement for *Economy.*"È arrivato un bastimento carico di…", in Panorama, June 2 2005, p. 251; p. 324 top: "Le importazioni nell'UE", from Così la Cina ci rovina, in *Panorama,* June 9, 2005, p. 132; p. 342 bottom left: "Quanti italiani arrivano in fondo", *Il Venerdì, La Repubblica,* May 20 2005, p. 33; p. 342 bottom right: "Tanti psicologi, pochi matematici", Il Venerdì – *La Repubblica,* May 20, 2005, p. 35; p. 369: Abridged from "Il mondo delle meraviglie", by Giampiero Martinotti, *La Repubblica,* July 16, 2005, p.36; p. 377: "Anno 1978, nasce la Scala", *Panorama,* December 2, 2004, p. 269; p. 379: Zucchero, cover from the album "ZU & CO", Universal Music Italia.

TEXT CREDITS

p. 2: P. Chiara, "Il volto e la maschera," *Gli anni e i giorni*, p. 5, Edizioni Studio Tesi, 1988; p. 4: Stefano Cardini, "50 domande a Serena," *Donna moderna*, 9 giugno 2004, pp. 126–127, Mondadori; p. 5: "10 domande per parlare di te," from Per trovare l'anima gemella, *Donna Moderna*, 9 giugno 2004, p. 236, Mondadori; p. 8: Gianni Rodari, "Il secondo libro delle filastrocche" (Trieste: Einaudi, 1985), p. 15. © Edizioni EL; pp. 36– 37: N. Ginzburg, "Lui e io," from *Le piccole virtù*, in Opere, Torino: Einaudi, 1962; p. 41: Maria Luisa Spaziani, *La stella del libero arbitrio*, Arnoldo Mondadori Editore, Milano, 1986, p. 36; p. 43: Susanna Agnelli, *Vestivamo alla Marinara*, Arnoldo Mondadori Editore, Milano 1975, pp. 30–31; pp. 71–72: Gianni Rodari, "Tonino l'invisibile," in *Favole al telefono,* (Torino: Einaudi Ragazzi, 1971), pp. 13–15. © Edizioni E. Elle, Trieste; p. 76: From "Falsetto," by Eugenio Montale, *Tutte le poesie,* © 1984, courtesy of Arnoldo Mondadori Editore, Milano; pp. 104–106: Gianni Celati, "Ragazza giapponese," in *Narratori delle pianure*, Agenzia letteraria Antonella Antonelli, Milano, 1989, pp. 16–20; p. 82: Luigi Fontanella, *Ceres,* Caramanica Editore, 1996, pp. 46–47; p. 112: Maria Pia Pozzato, "Ma dove stiamo andando?", N. 46, November 11, 2004, p. 36, *Vanity Fair* – Edizioni Condè Nast Spa; p. 117: Luisa Guerini Rocco, "Preferisco un cibo

Bompiani, Sonzogno, Etas S.p.A – RCS Libri, 1954, pp. 320–332; p. 329: Chart from "L'Italia va in serie B senza i suoi distretti", by Marco Fortis, *Economy – Panorama,* June 23, 2005, p. 46; p. 329: Gianluca Ferraris, "Non ci faremo mai fare le scarpe", *Economy –* Mondadori, June 23, 2005, p. 48; p. 331: "L'Italia è un paese di poveri ricchi, *Gente –* Hachette Rusconi Editore, November 25, 2004, pp. 42–43; p. 332: "La natura femminile delle cose", *Il Venerdì – La Repubblica,* July 15, 2005, p. 115; p. 335: Paola Ciana, "Alessia Antinori: vino nobile", *Vanity Fair,* N. 21, June 2, 2005, Edizioni Condè Nast S.p.a; p. 337 top: Abridged table from *L'Espresso,* June 16, 2005, p. 43; p. 337 bottom: Mario Deaglio, "Ipotesi assurda" in "Se domani non ci fosse più l'euro", *Economy –* Mondadori, June 23, 2005, p. 56; p. 341 top: "Multinazionali: I piani di Andrea Guerra per la Luxottica", *Panorama –* Mondadori, 16 giugno 2005, p. 127; p. 341 bottom: Maurizio Tortorella, "Parola d'ordine: polarizzare", *Panorama –* Mondadori, June 23, 2005, pp. 44–45; p. 343: Francesco Briglia, "Creatività, l'Italia è fuori corso", N.21, *Vanity Fair,* June 2, 2005, Edizioni Condè Nast S.p.a.; p. 345: "Business 2005: Il nuovo Bon ton", in *Panorama –* Mondadori, December 9, 2004, p. 314; pp. 355–357: Gianni Celati, "La ragazza di Sermide", pp. 81–85, in *Narratori delle pianure,* Agenzia letteraria Antonella Antonelli, Milano; pp. 363–364: Angelo Poliziano, *I' mi trovai fanciulle, un bel mattino...*; p. 368 top: Baldesar Castiglione, *Il libro del Cortegiano*; p. 368 bottom: Niccolò Machiavelli, *Il principe*; p. 370: Abridged from "Il mondo delle meraviglie", by Giampiero Martinotti, *La Repubblica,* July 16, 2005, p. 36; p. 373: "Se risuona 'Bella Ciao'", di Edmondo Berselli, *La Repubblica,* July 16, 2005, p. 46; p. 376: Song lyrics from http://www.anpi.it/ canzoniere/bellaciao.htm; p. 378: "La donna è mobile", *Rigoletto, Giuseppe Verdi*; pp. 399–400: Giacomo Leopardi, *Il sabato del villaggio.*